해방의 공간, 점령의 시간

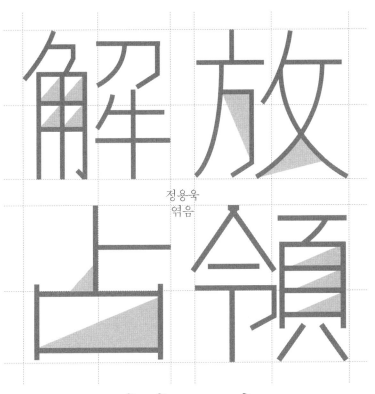

解放 占領

정용욱
엮음

해방의 공간,
점령의 시간

푸른역사

책을 펴내며

1945년 8월 15일 일제가 패망함에 따라 한국은 '해방'되었다. 그로부터 1948년 8월에 이르는 시기를 흔히 '해방 직후' 또는 '해방 공간'으로 칭한다. 한국이 식민지배로부터 해방되었다는 사실과 열화와 같이 들끓었던 한국 사회의 독립 열망, 그리고 새로운 국가를 건설하기 위해 한국인들이 품었던 열정과 그들이 뿌린 피땀을 서사적으로 표현한 시기 규정이자 명칭일 것이다. 하지만 해방은 곧바로 외국 군대의 분할 점령으로 이어졌다. 일본이 연합군에게 항복하자 미군과 소련군이 북위 38도선을 경계로 한반도의 남과 북을 '점령'했다. 이로써 새 국가 건설과 사회 개혁을 위해서 기울인 한국인들의 노력은 외국 군대의 점령하에서 제대로 개화하지 못한 채 분단으로 귀결되었다.

8·15 이후 한반도에는 해방의 감격과 점령의 엄중함이 공존했고, 양자가 서로 교차했다. '해방'과 '점령'이라는 두 개의 호칭은 그 시기의 역사적 상황을 바라보는 서로 다른 시각과 관점을 반영하지만 그 시기는 어느 한쪽의 시각으로 일원화할 수 없는 복잡함과 역동성을 지녔다. '해방의 공간, 점령의 시간'이라는 제목은 그 복잡한 역동의 시기를 함축한 비유적 표현이자, 그 시기를 온몸으로 겪었던 한국인

들에게 해방과 점령이라는 이중 규정이 어떻게 다가왔는지, 또 당대인들이 그것을 어떻게 체감하고 대응했는지 구체적으로 해명해야 한다는 필자들의 문제의식을 반영한다.

해방 공간 또는 점령기로 불리는 그 시기는 현대 한국의 원형原型을 이루었고, 또 한국전쟁의 배경을 형성하는 전사前史에 해당하는 만큼 국내외 학계에서 많은 연구가 축적되었다. 1980년대부터 본격화한 국내의 연구는 미국과 소련의 대한對韓정책과 점령 통치, 남북한 주요 정당·사회단체들과 지도자들의 활동, 남북한 경제구조의 변화 등을 주로 분석했고 많은 성과를 축적했다. 이러한 연구 성과들은 그 시기 한국 사회의 구조와 역사적 성격에 대한 거시적 이해를 가능하게 했고, 최근에는 사회사와 일상사 분야로 연구가 확장되면서 그 당시 민중 생활을 구체적으로 이해할 수 있는 연구도 나오기 시작했다. 이 책은 기존의 연구 성과 위에 서서 그 시기 한국 사회의 실태와 그것을 지배한 내외 조건, 한국인의 대응을 종합적으로 분석함으로써 당대의 역사를 구조와 일상의 결합으로 재구성하려는 시도의 일환이다.

해방 직후의 시기와 대면하여 그로부터 무언가 지혜를 길어 올릴 생각이라면 개인이 되었든 집단적 실체로서 대중이 되었든 당시를 살았던 보통사람들의 삶과 애환, 정서와 의식세계를 진지하게 돌아보려는 노력이 필요하다. 일상사, 생활사와 같은 미시사가 얄궂게도 종종 구조사의 대척적 개념으로 오해되기도 하지만 '아래로부터의 역사'는 보통사람의 입장에서 일상으로부터 구조를 해명하고, 또 미시로부터 거시를 지향하는 역사 이해 방식이다. 이러한 관점과 접근 방식은 해방된 민중이자 동시에 피점령민이었던 당시 한국인들의 상황을 역사주의적으로 이해할 수 있게 해줄 것이고, 또 해당 사회를 이념적으로 재단하여 단순화하거나 왜곡하는 반反역사주의적 이해 방식을 넘어서게 해줄 것이다.

건국절이나 이승만 국부 논란 같이 역사적 상상력은커녕 과거에 대한 비판적 성찰이나 미래에 대한 전망은 찾아볼 수 없고, 사실적으로도 지탱하기 어려운 주장들이 여전히 한국 사회 일각에서 제기된다. 이는 역사를 역사로 대면하지 못하고, 특정 집단의 현재적 이해관계를 과거에 투영함으로써 역사를 조잡하고 천박한 박제품으로 만들어버리는 행위이다. 역사 왜곡의 정치적 효용성이 지금도 우리 사회에 존재하고, 그것을 가능케 하는 재생산 구조 역시 뿌리 깊게 작동하고 있음을 보여준다. 그러나 2016년 늦가을부터 작년 봄까지 광장에 모였던 촛불들은 왜곡된 역사 인식의 허구성과 정치적 의도, 그것의 재생산 기제를 머리뿐만 아니라 몸으로 깨우쳤고, 이제는 그것을 지탱하던 한국 현대사의 적폐 구조를 청산하기 위해 애쓰고 있다. 70여 년 전 이 땅의 민초들도 새 국가, 새 사회를 건설하기 위해 광장과 골목, 마을 어귀나 사랑방에 모여 시국담과 애환을 서로 나누었을 것이다. 이 책은 그들이 나눈 얘기들과 그들이 바라본 해방과 점령을 전달하고자 한다.

이 책은 점령정책, 점령기 한국 사회, 점령 이후로 구분된 3부로 구성되었다. 1부의 네 편은 점령기 한국 사회를 규정한 미군 점령정책의 실태를 사법, 정치, 홍보, 경제의 측면에서 각각 살펴보았다. 1부는 미군정 점령정책에 대한 이해를 단순히 통치기구의 기능이나 정책 내용 분석에 한정하지 않고, 그것이 한국 사회에 끼친 영향까지 추적했다. 특히 미군정 점령 통치의 법적 근거들과 그 적용 사례, '10월 항쟁'의 선후책 마련을 둘러싸고 미군정 당국자들과 중간파 지도자들 사이에 진행된 교섭의 전개 양상과 그 귀결, 미군정 공보기구의 조직적 변천과 홍보정책의 변화, 해방 직후 남한의 대표적 산업 가운데 하나였던 면방직공업의 부침과 미군정 경제정책의 연관성 등에 주목했다.

2부는 해방 정국의 커다란 의혹 사건 중 하나였던 정판사사건 피의자들의 재심청구서 분석, 트루먼 미국 대통령의 특사 웨드마이어 장군에게 보낸 한국인들의 편지를 전반적으로 분석한 글과 그 편지들 가운데 지식인의 편지에 주목한 글, 미군정이 수행한 여론조사를 분석한 두 편의 글, 우익 청년단 테러의 전개 양상 및 그것이 당시 정국 변화와 가지는 연관성에 관한 분석 등 모두 여섯 편의 글로 구성되었다. 여론조사를 분석한 글들은 미군정이 수행한 여론조사 자료 전체에 대한 교차 검토와 엄밀한 사료 비판을 통해 여론 동향 변화가 가지는 정치사회적 맥락, 한국인들의 현안 인식과 그 발현 양상을 분석했다. 여론조사 자료가 사실은 점령자의 기획과 피점령자의 반응이 복잡하게 얽힌 합성물이고, 그것이 반영하는 현실을 제대로 이해하기 위해서는 비판적이고 징후적인 독해가 필요함을 보여준다. 2부의 글들은 미군정 자료는 물론 진정서나 편지같이 한국인들이 작성한 자료들을 새로 발굴하여 당시 한국 사회의 동향 및 점령정책의 시기적 변화가 가지는 의미와 맥락을 당대인의 시각으로 재구성했다.

3부는 정부 수립 이후의 한미관계를 살핀 두 편의 글과 유엔한국위원단의 활동을 다룬 한 편의 글로 구성되었다. 미국이 한국 정부 수립 과정에서 했던 중요한 역할에도 불구하고 의외로 그 과정을 총괄한 미국대사관에 대한 연구가 없었다. 주한미대사관에 대한 글은 대사관 설치 과정과 활동을 분석해 점령의 주체에서 외교관계의 상대방이 되어가는 미국의 초기 대한정책의 실상을 점검한다. 한미경제안정위원회에 대한 글은 정부 수립 직후 한미관계의 핵심 현안 중 하나였던 미국의 대한對韓 경제원조의 실상과 성격을 분석했다. 유엔한국위원단의 활동에 대한 분석은 국제 사회도 남과 북의 분리정부 수립이 결코 한국 문제의 해결책이 아니었음을 잘 알았고, 분단을 해소하기 위해 나름대로 노력했음을 보여준다. 3부의 글들은 점령의 결과가 그 이후 한반도 정세에 어떤 영향을 끼쳤고, 한국 사회에 어떻게 계승되었는 지를 보여준다.

이 책의 필자 중 한 사람인 신승욱 군이 우리 곁을 떠난 지 벌써 다섯 해가 지났다. 그해 여름 겪었던 황망함은 좀처럼 익숙해질 수도 없고, 또 평생 사라지지 않을 기억으로 남을 것이다. 이 책은 동학들이 그를 기리기 위해 만들었다. 그런 의미에서 이 책은 그와 그의 벗들이 나누었던 우정과, 학문적 동지애의 다른 표현이다. 그들이 공유했던 학문적 열정이 이 책에 실린 글들보다 훨씬 오래도록 후세에 기억되기를 바란다. 그와 못 다 나눈 얘기들이 못내 아쉽다.

필자들을 대표하여
정용욱 씀

● 책을 펴내며 ··· 4

1부 점령정책(1945~1948)

[1장]------주한미군정의 점령정책과
법률심의국의 활동 ································· 17

1. 헤이그규약과 미국의 남한 점령계획
2. 주한미군정의 기구 개편과 점령정책 입안 과정
3. 법률심의국의 인적 구성
4. 법률심의국의 역할, 점령행정 체계화
5. 맺음말

[2장]-------10월 항쟁과 조미朝美공동회담 ························· 61

1. 식량 부족과 미온적인 친일파 청산
2. 10월 항쟁에 대한 시각차
3. 조미공동회담의 구성과 논의 내용
4. 회담의 '예견된 실패'와 단독정부 수립의 그림자

[3장]------- 점령과 분단의 설득기구 ································· 90
-미군정 공보기구의 변천(1945. 8~1948. 5)
1. 한국인을 설득하라: 개혁 유보와 남한 단독정부 수립

2. 미군정의 점령 통치와 홍보
　2-1. 공보부 창설, '사실상의 정부' 역할 뒷받침
　2-2. 공보부의 조직과 역할 그리고 한계
　2-3. 10월 항쟁 이후 공보 조직 개편과 지방 활동 확대
3. 미국의 대한정책과 분단 설득하기
　3-1. 주한미군사령부 공보원 창설과 공격적 역선전
　3-2. 미국의 남한 단독정부 수립정책과 공보원 지원 강화
　3-3. 한국문제의 유엔 이관과 공보원 지부의 설립
　3-4. 제헌선거 홍보 위해 공보원 지부 대거 동원
4. 정부 수립 이후 공보부·공보원의 유산

[4장]------- 미군정의 면방직공업 정책과 그 영향 ·················128

1. 미군정이 면방직공업을 중시한 까닭
2. 해방 직후 면방직공장의 기계 소리가 멈춘 이유
3. 경제 통제정책의 시험대 "면직물 가격을 잡아라"
4. 1946년, 가격 이원화와 대규모 공장 중점 지원 병행
5. 1947년, 조선방직협회 중심 민간 역할 확대
6. 대외의존성의 확대와 독점구조 형성

2부 점령기 한국 사회(1945~1948)

[1장]------- '조선정판사사건'을 보는 또 다른 시각 ··············159
　　　　　　 -〈재심 청구를 위한 석명서〉를 중심으로

1. 사건 개요
2. 〈석명서〉의 주요 내용
　2-1. 고문에 의한 강제 자백
　2-2. 위폐 제조 사실 자체에 대한 의문점
　2-3. 조공朝共은 과연 위조지폐를 어디에 썼는가
3. 〈석명서〉의 자료적 가치와 정판사사건

[2장]------ 점령시대를 보는 엇갈린 시선 ···························185
 ─1947년 웨드마이어사절단의 방한과 한국인의 대응

1. 미군정기 정치와 사회의 교차점을 찾아서
2. 동북아시아 정세의 변화와 웨드마이어사절단의 방한
3. 주한미군정 당국의 대응과 건의
4. 기로에 선 한국 정계: 미소공동위원회와 총선거 사이에서
5. 웨드마이어에게 보낸 편지로 보는 점령 사회의 민낯
6. 웨드마이어 보고서, 냉전에 대비한 동북아 정책 지침

[3장]------ 웨드마이어 장군 전상서 ·······························218
 ─네 지식인이 논한 1947년 8월의 시국과 그 타개책

1. 트루먼 대통령 특사 웨드마이어 장군의 방한
2. 정인보, 오기영, 강용흘, 신남철의 해방 전후
3. 네 지식인의 편지에 나타난 현실 인식
4. 공통의 현실에서 이산離散의 미래로
5. 단정안의 현실화와 지식인의 대응

[4장]------ 미군정 여론조사로 읽는 한국 사회 ·····················258

1. 점령 통치의 바로미터, 여론조사
2. '여론 샘플링 여행'에서 가두조사로
3. 전국 여론조사: 정책 실패와 미군정 신뢰 하락
4. 서울 여론조사: 정치 공작과 여론
5. '불통'의 여론조사: 왜곡된 민주주의

**[5장]------ 미군정기 후반전,
       현지조사와 지방 여론** ······························· 283

1. 미군정은 왜 지방에 조사팀을 보냈나
2. 조사팀이 파악하려 했던 것
3. 작은 마을은 물정을 몰라 현혹되기 쉽다?
4. 현혹보다 힘이 센 것
5. 맺음말

[6장]------ 점령기 우익 청년단 테러의
　　　　　　 양상과 성격 ·· 312

1. 점령기, 테러의 시대
2. 식민 유산의 또 다른 잔재, 우익 청년단 테러
3. 반탁 테러의 발생과 확산
4. 1차 미소공위 휴회 이후 테러의 전국적 확산
5. 1947년 우익 청년단 조직 확대와 테러의 일상화
6. 단독정부 수립과 테러의 국가폭력화
7. 반공이란 허울을 쓴 국가폭력과의 결별을 위하여

3부 점령 이후(1948~1950)

[1장]------ 1·2차 유엔한국위원단의
　　　　　　 평화통일 중재 활동(1948~1950) ··························355

1. 유엔한국위원단의 임무와 조직 운영
　1-1. 3·4차 유엔총회의 한국문제 논의에서 평화통일 기조의 부침
　1-2. 유엔한국위원단의 운영과 대표단·사무국·미국의 역학관계
2. 유엔한국위원단의 평화통일 중재 활동
　2-1. 1차 위원단의 활동과 민족주의 진영의 대응
　2-2. 대북 접촉 시도를 둘러싼 갈등
3. 유엔한국위원단의 군사 분쟁 감시 활동
　3-1. 군사감시반 설치 논의
　3-2. 한국전쟁 발발 전후 군사감시반의 활동
4. 남은 과제, 위원단 내부 논의

[2장]------주한미대사관을 통해본
    초기 한미 외교관계(1948~1950)····················· 411

1. 수직적 점령관계에서 수평적 외교관계로
2. 미국대사관, 한국에 들어서다
3. 안정화를 위해 민주주의를 희생하다
4. 선거를 둘러싼 한국과 미국의 갈등
5. 정부 수립 이후에도 여전했던 미국의 '개입'

[3장]------정부 수립 이후 미국의
    한국 경제 구조 조정 ··· 441
        -1950년 한미경제안정위원회의 설립과 안정화 정책의 성격

1. 미국이 한국판 마셜 플랜을 실시한 이유
2. 삐걱거리는 원조정책과 경제위기 격화
3. 미국, 한국 경제정책에 직접 개입하다: 한미경제안정위원회의 설립
4. 한미경제안정위원회의 안정화 정책
    4-1. 긴축재정과 재정구조 개편
    4-2. 미곡 자유시장과 대일 미곡 수출 추진
    4-3. 원조물자 운영 개편
    4-4. 단일환율 추진
5. 단기적 안정화 성공, 장기적 구조 조정 실패

● 주석 ·· 482
● 찾아보기 ·· 573

01
점령정책(1945~1948)

1945년 8월 15일, 일제의 패망으로 한국인들은 '선물'처럼 해방을 맞았다. 일제강점기 36년간 많은 한국의 독립운동가들이 국내외에서 끈질기게 싸워왔지만 2차 세계대전과 태평양전쟁에서 승리한 연합국은 한국을 동등한 승전국으로 대우하지 않았다. 연합국은 한국을 패전국 일본의 식민지이자 그 일부로 인식했기에, 미국, 영국, 소련, 중국 등의 승전국은 한국을 일본으로부터 독립시키되, 즉시 독립 방식이 아니라 강대국들이 일정기간 관리한 뒤 독립시키는 '신탁통치' 방식을 선택했다. 이에 따른 미·소군의 한반도 진주와 38선 분할 점령은 한반도에 '해방의 공간, 점령의 시간'이라는 모순된 시공간을 만들어냈다. 한국인들은 해방의 기쁨을 충분히 누리기도 전에 곧 외국군에게 점령당한 셈이었고, 미·소군도 일본군 무장해제 등 점령군으로서의 역할과 동시에 곧 독립시켜야 할 해방 공간의 한국인들을 관리, 통치하는 주체로서 이중 역할을 수행해야 했다.

특히 38선 이남을 점령한 미국은 망명정부를 자임했던 대한민국임시정부와 전국에 건국준비위원회를 조직해 자치능력을 증명한 '인민공화국', 양대 세력을 부정하고 미군정의 직접 통치를 선포했다. 미군정은 조선총독부 조직과 인력을 활용하는 '현상유지 정책'을 통해 친일파 청산이라는 해방기의 시대적 요구를 미루고, 통치의 효율성을 선택했다. 이는 필연적으로 38선 이남의 정치적 '보수화'를 초래했고 한국인 정치세력의 형성에 심대한 영향을 끼쳤다. 따라서 지금까지 이 시기 미국의 대한對韓정책 연구는 해방 공간에서 미군정의 성격과 그 작동 방식을 해명하고자 하는 차원에서 이루어졌다. 이를 통해 미군정이 하나의 주체로서 세계 냉전보다 더 빠르게 한반도에 냉전 질서를 구축했고 해방 공간의 구조와 성격을 규정하는 데 분명한 영향력을 행사했음이 밝혀졌다. 이러한 연구는 정치사를 시작으로, 한국 경제의 구조와 성격에 큰 영향을 끼친 토지개혁 및 귀속재산 처리 문제부터 친일 청산 문제에 이르기까지 거시적 차원에서 다양한 주제를 다루며 축적되어왔다.

1부에서 소개하는 네 편의 글은 이러한 거시적 차원의 '미군정기 해방 공간'에 대한 이해를 바탕으로 미군정의 사법·정치·공보·경제정책과 그것이 한국 사회에 미친 영향을 더욱 구체적이고 미시적 차원에서 해명하고 있다. 고지훈은 주한미군정 법률심의국의 활동을 중심으로 미국의 남한 점령이 갖는 복합적 의미를 구체적으로 밝히고 있다. 다시 말해 미군정은 대한민국임시정부나 인민공화국과 같은 자치정부를 인정하지 않음으로써 '주권정부 없는 점령'이라는 특수한 점령 형태를 창출했으며, 결국 한국의 주권 귀속 여부는 점령이 종료될 즈음 주한미군정 당국에 의해 미국이 '주권 보유자–점령권력–자치권력'이라는 '3중역할'을 한 것으로 결론 내려졌다는 것이다. 이런 상황에서 주한미군정 법률심의국은 점령행정에 수반한 문제들에 대한 법률자문을 제공하면서 귀속재산 처리, 점령 비용과 정부 비용의 구분, 한국인 국적의 판정, 주한미군정의 자유재량권 등 다양한 문제들을 판단했음을 규명했다.

이동원은 해방 후 미국인과 한국인 사이의 최초의 한미회담이라 할 수 있는 '조미朝美공동회담'의 활동을 통해 해방 공간에서 최대 문제가 무엇이었으며 이에 대한 해결책을 미군정 측과 한국의 중간파 정치인들이 어떻게 해결하고자 했는지를 규명했다. 식량 문제와 친일파 청산 문제를 둘러싼 사회적 모순이 1946년 10월 항쟁으로 분출했을 때 미군정은 좌우합작위원회의 한국인 중간파 정치인들과 공동으로 이 사건을 조사하고 해결책을 제시하고자 했으며, 중간파 정치인들도 이러한 논의 틀을 이용해 자신들의 요구사항을 미군정 측에 관철시키고자 노력했다는 것이다.

한편 박수현과 김수향의 글은 각각 미군정의 공보정책과 경제정책을, '변화'에 초점을 맞춰 분석했다. 두 글은 미군정 정책이 남한 정세 및 미국의 대한정책과 조응하며 시기적·조직적으로 '변화'하는 과정을 추적하는 동시에 점령정책이 남한 사람들의 의식 혹은 남한의 경제 구조의 '변화'에 끼친 영향을 탐색했다. 박수현은 미군정 공보기구의 변천 과정을 중심으로 미군정이 수행한 공보의 내용·대상·목표가 10월 항쟁과 같은 남한 내부 정세는 물론 남한 단독정부 수립, 한국 문제의 유엔 이관이라는 미국의 대한정책에 따라 변화하는 양상을 구체적으로 규명했다. 박수현이 정책의 변화에 집중했다면 김수향은 점령정책이 가져온 변화에 좀 더 주목했다. 김수향은 경제위기에 대응해 수립된 군정의 면방직공업 정책의 구체적 내용을 밝히고, 이러한 정책을 통해 식민지기와 유사하면서도 또 다른 공업 구조가 만들어지는 과정을 규명했다.

— 이동원

[1장]
주한미군정의 점령정책과
법률심의국의 활동

미국의 신탁통치계획은 1942년 이후 진행되어 한국에 대한 최종정책으로 확정되었다. 최근 군정기 연구들에서는 자칫 한국문제의 처리 방식에서 상부였던 미 정부와 남한 현지의 점령 당국을 대등한 정책 주체로서 갈등-경쟁관계였던 것으로 파악하는 경향이 있다. 그러나 이는 미국의 대외정책상의 위계질서와도 맞지 않으며, 경우에 따라서는 미국의 대한정책과 그에 따른 결과가 별다른 의도와 준비가 없는 무원칙하고 불가피한 것이었다고 해석될 우려가 있다. 여기에 점령행정 내부의 운영 방식에 관한 실증적 연구의 부재 역시 미국의 남한 개입정책의 통일적 인식을 가로막고 있다.

이 글은 이러한 문제의식에 따라 먼저 신탁통치계획과는 구분되는 미국의 남한 점령계획을 검토할 것이다. 점령행정의 방향을 상부의 정책, 현지체제 그리고 국제법의 틀 속에서 유지하고자 했던 미군정 사법부 법률심의국의 활동이 검토 대상이 될 것이다. 법률심의국이 어떠한 인물들로 구성되었으며, 그들이 활용한 자료는 무엇인지 그리고 이를 통해 드러나는 주한미군정의 역할과 점령행정의 특성을《법견해선집》(이하《선집》으로 표기)[1]이라는 자료를 중심으로 살펴볼 것이다.

1. 헤이그규약과 미국의 남한 점령계획

군사점령에 관한 국제관례는 국가 간의 조약이나 각국의 야전규범 Field Manual 등에 의해 발전되어, 1907년 제2차 헤이그평화회의에서 '육전에 관한 헤이그규약 4'로 성문화되었다. 미국이 남한을 점령한 1945년 9월 현재 군사점령에 관한 유일한 성문법규는 바로 이 헤이그규약이었다. 이에 따르면 군사점령이란 교전 중에만 발생하며 반드시 교전국 영토에만 국한된다. 이 점은 헤이그규약에 규정된 군사점령이 한 가지 중요한 전제를 내포하고 있음을 보여주는데, 피점령 지역은 점령국의 영토가 아니며 이 지역의 주권은 그대로 유지된다는 사실이다. 군사점령을 영토 병합과 구분해주는 가장 뚜렷한 특징인 피점령 지역 주권정부의 존재는 헤이그규약이 설정한 가장 기본적인 전제였지만, 남한의 점령에서 이 문제는 점령이 종료될 때까지 해결되지 못했으며 점령행정에서도 많은 어려움을 낳았다.

헤이그규약은 '사회에 대한 최소한의 정부 간섭'이라는 당시의 자유주의적 국가관에 입각했기 때문에, 주권정부를 대신해 피점령 지역을 통치해야 하는 점령국의 역할에 대해서도 소극적으로 규정하고 있다. 이른바 '점령행정의 소헌법전小憲法典'이라고 불리는 헤이그규약 43조는 점령국의 의무를 포괄적으로 규정하면서 "점령국은 피점령 지역의 질서를 복구·유지하기 위해 현존 법률을 존중한 채" 점령행정을 펴나갈 것을 규정하고 있다.[2] 이는 곧 헤이그규약이 체결될 당시까지 군사점령은 단순한 '군사적 필요military necessity'라는 목적으로만 인정되었으며, 군사점령이 피점령 지역 내부 문제, 즉 민사 업무civil affairs와는 무관하거나 혹은 적어도 민사 업무 수행이 군사점령의 주요한 목표는 아니었음을 의미했다. 19세기에 풍미했던 자유주의 사상은 또한 전쟁관에도 영향을 미쳐 전쟁은 단순한 군대 사이의 전투행위로 이해되었고, 점령군과 피점령 지역의 주민은 이해의 불일치나 상호 간섭의 가능성이 별로 없는 것으로 인식되었다. 이에 따라 점령국의 역할은 단순한 군사적 목적을 갖는 활동으로 이해되어 피점령 지역 민간인들을 상대로 하는 민사 업무는, 헤이그규약을 포함한 넓은 의미의 '점령법'에서는 공백 상태로 남게 되었다.

헤이그규약의 이러한 특징은 미국의 야전규범에 반영되었다.[3] 1945년 당시 미 야전규범의 내용은 대체로 '군사적 필요성 우위 원칙', '현체제의 유지'라는 헤이그규약의 특성을 유지했으며 미국의 남한 점령 역시 이 같은 점령관을 바탕으로 했다. 주한미군정 사법부 법률조사국장을 역임한 프랭켈Ernst Frankel은 미국의 남한 점령이 헤이그규약의 제약 아래 있음을 다음과 같이 밝힌 바 있다.

> 미군정이 전통적인 군사점령국으로서의 기능을 하는 한 그것은 군사점령에 관한 국제법의 제약 아래에 있는데, 여기에는 1907년의 헤이그규약도 포함된다.[4]

한편 민사 업무에 관한 삼부조정위원회SWNCC 지령에도 남한에 대한 미국의 개입이 헤이그규약 등에서 규정된 관례적인 군사점령 형태로 진행될 것임을 밝히고 있다.[5] 남한을 점령할 무렵인 1945년 9월까지 미국의 대한정책 속에서 점령 당국이 수행해야 할 민사 업무에 관한 계획은 그다지 많지 않았는데, 이는 군사점령의 역할을 단순히 '법과 질서의 유지', '현존체제의 유지' 정도로만 간주했던 정책 담당자들의 사고를 그대로 반영하는 것이었다. 한국문제에 관한 근본적인 해결 방침을 제시한 탁치계획에 따르면 미국의 남한 점령은 '일본의 패망–탁치 적용'의 잠정적인 기간에 실시되는 것이었고, 점령 당국의 역할은 헤이그규약에 반영된 소극적인 것에 불과했다.

이는 남한을 점령한 미 제24군단에 하달한 〈기초지령〉에 잘 나타나 있다. 민사 업무에 관한 방대하면서도 규정적인 이 〈기초지령〉은 가장 중요한 '총론 및 정치(1부)'에서 민사 업무의 기본 목표를 "자주독립국가의 재건을 촉진케 하기 위해서"라고 했지만, 실제의 행동지침에서는 대부분 일본군의 무장해제 및 군국주의 단체 해산과 같은 군사적 목표에만 초점을 맞추고 있다. 경제와 금융 문제를 다루고 있는 〈기초지령〉의 2부 역시 이러한 원칙과 크게 다르지 않다.

미국의 남한 점령정책이 소극적이었던 이유는 바로 한국문제의 궁극적 처리, 즉 광범한 사회·경제적 개혁 등의 문제는 신탁통치가 수립된 이후에 적용될 것이라는 대한정책상의 원칙 때문이었다. 하지만 남한의 사정에 따라 그러한 미국의 계획이 그대로 적용될 수는 없었다. 점령 당국이 가능한 한 민사 업무에 개입하지 않고 군사적 업무에만 치중할 수 있기 위해서는 피점령 지역 고유의 행정체제가 전제되어야 한다. 군사점령이 일반적으로 이러한 간접 점령의 형태를 띠는 것은 앞서 살펴본 바와 같이 헤이그규약에 내재한 '피점령 지역 주권정부 존재의 인정'이라는 원칙에 따른 자연스런 결과였다. 그러나 남한의 경우 일본의 주권이 부정되었고 또한 남한 주민들 역시 총독부가 그대로 유지되는 것에 대해 부정적이었기 때문에 애초부터 총독부를 원형 그대로 이용하는 것은 불가능했다. 또한 전쟁 동안 미국의 원칙이었던 임정臨政 불승인 및 남한 점령 당국의 인공人共 부인 방침에 따라 한국인들에 의해 자발적으로 구성된 자치정부가 인정되지도 않았다.[6] 피점령 지역의 주권정부가 존재하지 않는 상태에서 국내외 독립운동 세력에 그러한 권한을 승인하지 않았던 미국의 정책에 대해서 프랭켈은 다음과 같이 설명하고 있다.

> 적대행위의 종식은 합병 이전의 한국을 부활시키지 않았으며 새로운 한국이라는 국가를 창출한 것도 아니다. 한국이 일본으로부터 분리된 것은 1910년 8월 29일의 합병조약의 파기로 인한 것이 아니다; 한국의 해방은 한국 인민들의 혁명투쟁에 의해 달성된 것이 아니다.[7]

임정으로 대표되는 망명세력 그리고 인공으로 대변되는 자생적 정치세력의 주권보유론을 모두 부인했던 것은 전후 한국문제의 처리에 미국의 이해관계를 관철시키기 위한 필연적인 조치였다. 그러나 미정부의 이러한 대한정책상의 고려에 따른 한국 주권의 불인정이 '주권정부 없는 점령'이라는 특수한 점령 형태를 창출한 것이었다. 그리고 이러한 조건은 남한의 경우 미국이 점령에 참여한 이탈리아, 오스트리아, 일본과는 달리 점령 당국이 현존 질서를 단순히 '복구−유지'하는 정도로 민사 업무 개입을 최소화할 수 없는 문제를 낳았다.

이러한 사정으로 피점령 지역 주권정부의 기득권을 인정하며, 또한 주권정부의 대행자로서 자치정부의 존재와 활동을 묵인하는 헤이그 규약 및 19세기적 점령관은 남한의 경우 적용될 수 없었다. 이 점은 군사점령 자체의 성립 가능성을 위협하는 것이었다. 즉, 영토와 국민은 존재하지만 주권의 담지자가 없었던 것이다. 포츠담선언과 일본의 항복문서에 표현된 "일본 열도를 제외한 영토에 대한 모든 권리를 포기한다"라는 구절은 그 자체만으로는 한국의 주권 문제를 해결하지 못했다. 점령 및 한국문제의 최종 처리와 관련하여 주권의 귀속 여부는 매우 민감하고도 중요할 수밖에 없었는데, 이는 45년 10월경 미 국무부 산하 극동지역위원회로 하여금 한국 주권을 일본으로부터 분리하는 것을 연합국 공동선언 형식으로 발표하는 것을 고려하게 했다. '일본 주권 포기에 관한 연합국 공동선언계획'은 주일 정치고문 애치슨의 요청으로 이루어졌는데, 그는 사안의 중대성에 비추어볼 때 이른 시일 안에 일본으로부터 한국의 주권을 분리한다는 선언이 이루어져야 한다고 45년 10~11월 사이에 여러 차례 요청했다.[8] 그러나 결국 한국의 주권 귀속 여부는 점령이 진행되던 당시에는 해결되지 않았다. 점령이 종료될 즈음 주한미군정 당국은 미국의 역할을 '주권 보유자—점령 권력—자치 권력'이라는 '3중역할론'으로 결론 내렸다.[9]

첫 번째 주권 보유자로서의 자임은 한국인의 정치적 능력을 부인하는 미국의 오랜 원칙을 다르게 표현한 것이었다. 주권정부가 없는 지역에 대한 군사점령이란 사실상 영토의 병합과 다름이 없었는데, 이는 "전쟁을 통해 영토적 변경을 꾀하지 않는다"라는 미국의 전쟁 목적과는 모순되었다.[10] 그렇기 때문에 점령 당국 스스로가 주권정부의 역할을 대행함으로써 이를 해결하고자 했던 것이다. 두 번째 역할인 점령국으로서의 역할은 점령 관례에 따라 군사점령국에게 주어지는

권한이었는데 이는 비교적 엄격하고 제한적인 것이었다.[11]

세 번째 역할은 자치정부municipal government로서의 역할인데 주권의 담지자로서 추상적인 주권정부와는 구분되는 실질적인 행정 업무를 담당하는 현실의 정부를 의미한다. 앞서 살펴본 바와 같이 미국의 남한 점령은 주권정부의 부재로 인해 군사작전과 무관한 민사 업무까지 점령군이 담당하는 직접 점령의 형태로 이는 점령의 역사에서 흔치 않은 경우였다. 이 점은 곧 군사점령의 목적에 직접적으로 관련이 없는 민간 행정 분야에 대한 피점령 주민의 자치를 부정한 것으로 점령 당국의 책임과 권한을 확장하는 결과를 낳게 된다. 주한미군정은 사실상 민사 업무를 담당하기 위한 자치정부에 해당하는 것이었는데, 점령군은 이를 '사실상의 정부de facto government'라고 호칭했다. 실제 점령 당국 스스로 점령 업무의 대부분은 '점령국으로서의 관례적인 권한과 역할'이 아닌 '자치정부로서의 활동'이 압도적이었다고 평가하는 데에서 보듯 '3중역할론' 가운데 가장 핵심은 세 번째의 역할이라고 할 수 있을 것이다.

이상에서 살펴본 바와 같이 남한 점령 당시 미국이 이해하는 그리고 점령법에 표현된 군사점령의 의미는 직접적인 전투행위와 관련된, 19세기적 관념에 충실한 것이었지만, 남한에 진주한 미 제24군단은 점령국으로서의 군사적 임무에 더하여 미국의 대한정책의 논리적 귀결에 따라 남한에 대한 '주권정부–자치정부'의 역할까지 맡게 되었다. 애초 군사점령을 한시적이고 제한적인 것으로 생각했기 때문에 점령 당국의 확장된 역할에 걸맞은 세부적인 통치 및 점령계획은 수립되어 있지 않았다. 결국 남한 점령을 전후하여 미24군단 혹은 삼부조정위원회가 작성한 점령계획 어디에도 사실상의 정부로서 주한미군정의 세부적인 활동지침을 담은 문서는 없었다.

현지 점령 당국으로서는 현존체제의 유지가 현실적으로 불가능했기 때문에, 군사적 필요에 따른 활동을 넘어 민사 업무에까지 권한을 확장해야만 하며 이를 위한 전문요원과 국제정책 통제부가 필요하다고 역설했다. 그러나 상부의 방침은 여전히 군사점령의 역할을 잠정적인 것으로 규정하고 있었기 때문에 근본적 해결은 탁치 실시 때까지 미루어져야 했다. 그래서 문제의 해결은 임시방편적일 수밖에 없었는데, 그것은 바로 현지 점령 당국의 자유재량권에 맡기는 것이었다. 앞서 언급한 민사 업무에 관한 〈기초지령〉은 이러한 현지의 요청에 대한 상부의 해답이었다. 즉, 민사 업무에 관련된 구체적인 지침이나 계획을 전달하지는 않지만 현지 점령사령관의 판단에 따라 미국의 "대한정책을 염두에 두면서" 필요한 조치를 취해나갈 것을 지시했던 것이다.

점령 초반기였던 45년 말에는 탁치에 관한 미소美蘇 협상이 진행되고 있었으며, 12월 27일 모스크바 3상회의 결정이 내려지기까지 미국은 한국문제의 처리를 위해 소련과의 협상에 주력하고 있었다. 탁치로 대표되는 대한정책에서 현지 점령 당국이 차지하고 있는 비중은 그다지 중요하지 않았는데, 이 점은 앞서 45년 하반기의 중요한 두 가지 지침을 통해 살펴본 바와 같다. 또한 9월 8일부터 남한에 진주한 미 제24군단이 전술점령을 종료하고 민사 업무를 담당할 군정부대에 점령 업무를 이관한 것이 46년 초반경이었다는 점을 염두에 둔다면 대한정책의 전반적인 기조와 점령 당국의 행정적 능력 미비에 따라 점령 직후 3~4개월 동안 현지 점령 당국의 '자유재량권'은 잠재적일 수밖에 없었다.[12] 특히 남한 통치의 세부 문제를 해결하기에는 남한을 점령한 제24군단이 보유한 업무 능력은 턱없이 부족했다.

남한 점령의 임무를 단지 한반도와 가까운 위치에 있다는 이유만으로 제24군단에게 부여했던 것은 남한 점령 당국이 담당해야 할 업무의 성격을 '군사적 업무'로만 간주했기 때문에 어찌 보면 매우 당연한 결정이었다. 그렇지만 진주 이후 남한 점령 당국이 담당해야 할 업무의 성격이 군사적 업무뿐만 아니라 사실상 정부 활동 전반에 해당한다는 것이 분명해지면서 사정은 달라졌다. 행정 전문관료가 필요하다는 요청이나, 행정전문가를 하지의 고문으로 파견해달라는 요청은 점령 이후의 상황에 따른 불가피한 조치였다. 일본인 공무원이 해임된 자리를 미군이 대체해야 했는데, 초기에는 비전문가들이 이러한 행정 업무를 담당했지만 차츰 민사 업무를 위한 전문 관리들이 미국과 필리핀 등지에서 충원되기 시작했다. 초기 총독부 기구를 그대로 인수하여 민사 업무를 수행했던 점령 당국은 민정요원들로 구성된 군정부대에 의해 남한 전 지역에 대한 통제를 확립하고, 1차 미소공위美蘇共委가 결렬되어 남한 점령의 지위가 위협받는 46년 초반 대대적인 군정기구 개편을 단행한다. 이 와중에 점령 행정의 통일성을 유지하고 상부 정책의 틀 속에 점령 행정이 진행될 수 있도록 새로운 기구들을 수립했다.

2. 주한미군정의 기구 개편과 점령정책 입안 과정

1946년 1월 8일 주한미군정이 선포되었다. 이는 남한 전역에 대한 행정통제가 전술점령군으로부터 군정부대로 구성된 주한미군정의 행정체제로 이양되었음을 의미하는 것이었다. 그러나 주한미군정은 총독부의 통치체제를 거의 그대로 유지했다. 남한 진주 직후 점령정책 입안과 관련하여 주목되는 것이 바로 총무과와 기획과 그리고 민정장관실이다.

총무과는 법률적 자문 그리고 정책적 결정을 적절한 법률용어로 구성하는 역할을 담당했다. 2개의 기구가 총무과와 긴밀하게 협조했다. 기획과는 정책과 활동을 권고하는 업무를 담당했고, 민정장관실은 군정장관을 위한 최종 결정을 준비했다.[13]

남한 점령 초반기 세 기구가 긴밀한 협조체제를 구축했던 것은 오로지 총독부 체제에 대한 점령 당국의 자의적 이해 방식에 따른 것이라고 추측되는데, '군정의 조직과 기능 매뉴얼'[14]에 따르면 군정장관의 정책 결정 이전 단계에서 점령정책의 '종합–조정' 역할은 민정장관실이 담당했다. 기획과의 업무 역시 "점령정책을 입안하고 조정하는 과정"이었던 것으로 보인다.[15] 기획과는 곧 폐지되었는데 기획 관련 업무는 민정장관실로, 통계·조사 관련 업무는 서무처로 각각 이전되었다.[16]

정확한 시기는 확인되지 않지만 총무국bureau은 종전 시점에 관방 총무과General Affairs Section로 편제되어 있었는데,[17]《미군정사》에 따르면 점령 초기 총무과는 10개의 부서로 구성되었으며 그 기능은 크게 법률 관련, 문서 관련, 법률도서 운영 업무 등으로 나눌 수 있다.[18] 이 가운데 특히 법률 관련 4개 부서는 군정 초기에 발포된 법령, 일반 고시, 임면 사령의 작성과 통제회사의 수립, 다양한 군정기구의 재조직 및 창출이라는 점령 초기 가장 중요한 "진지 구축 업무"를 담당했다.[19] 총무과 내 법률분과의 활동은 단순한 법률 자문 혹은 법률 실무에 그치는 것이 아니라 다양한 지령과 법규의 해석 작업을 통해 구체적인 업무지침을 생산하는 것이었다. 이를《주한미군사》에서는 "정책입안권"이라고 표현하고 있다. 이처럼 총무과 산하의 법률분과는 민정장관실과 기획과와의 긴밀한 협조 속에서 단순한 조언에 머무르지 않고 점령 통치체제의 개편이라는 점령 초기의 가장 핵심적인 사업에서 중추적 역할을 담당했다.

그러나 점령 초반의 이러한 3각 협조체제는 얼마 가지 않았다. 1946년 초반부터 이루어진 군정기구 개편을 통해 총무과의 기능이 각기 서무처와 사법부로 흡수되고 기획과 역시 폐지되면서 46년 4월경에는 민정장관실 및 사법부 법률분과의 '이원체제'가 성립된 것이다. 46년 초반기 군정기구 개편은 현실적으로는 전술군에 의한 군정이 종료되고 군정요원들이 전술군으로부터 군정 업무를 이양 받았던 시기가 46년 초반경이었다는 점에 의해 가능했겠지만, 모스크바 3상회의 결정 및 1차 미소공위를 전후한 통치체제의 위기와도 관련된 것이었다. 1차 미소공위의 결렬이 곧 한국 독립의 유보로 이해될 경우 미국의 군사점령의 가장 중요한 명분인 한국 독립의 원조라는 명분을 상실하게 되며 이는 곧 점령의 종식, 즉 한국 국민의 양군兩軍 철퇴 요구로까지 나갈 것이라고 우려했던 것이다. 이러한 위기를 맞아서 미 정부와 주한미군정은 새로운 대한정책 수립과 전 사회적 통제체제 강화, 그리고 군정기구 개편으로 대응했다.[20] 이에 따라 점령의 제1 국면이 종료되고 새로운 국면이 조성되기 시작하던 46년 5월경에는 군정 산하 기구들의 점령정책 및 행정을 종합적으로 검토, 조정할 수 있는 기구로 민정장관실 및 총무과에서 이전된 사법부 법률분과로 정리되었다. 이관된 법률분과(이하 '법제서法制署'로 표기)는 법률심의국과 업무상 밀접한 관련을 갖는 두 개의 기구로 구성되었는데, 각 부서의 기능은 다음과 같다.

- 법률심의국: 군정과 관련된 모든 법률적 문제에 대한 견해를 제공한다.
- 법률기초국: 관보에 수록되는 모든 법령과 군정장관의 지령, 명령 그리고 중앙정부의 부部와 처處가 발령하는 법규 및 군정장관의 임면사령을 기초하고 발간을 준비하며, 모든 정부 산하 부서 혹은 여타 기관에 의해 요청되는 법률문서를 작성한다.
- 법률조사국: 타 부서에서 요청하는 법률의 조사, 그리고 타국에서 시행되는 법률과 현행 법률의 비교 연구, 그리고 필요한 법률의 변경조치를 부장에게 권고하는 것.[21]

이를 보면 46년 4월경 확립된 사법부 법제서는 식민지시기 법무국 소관 업무가 아니라 총무과에서 이전되어온 기능을 담당했던 것을 알 수 있는데, 이들 3개의 기구는 비록 사법부 산하에 편제되었지만 그 기능은 입법 실무 작업 및 입법 제안, 행정 업무에 대한 사법적 심사 및 권고 등의 업무를 총괄 담당하는 것이었다. 이는 입법-사법-행정의 3권 분립이라는 근대적인 권력분립론에 입각하지 않은 점령 권력의 특성 때문으로 볼 수 있다. 즉, 남한의 군사점령에서 행정-입법-사법의 3권은 모두 군정장관에게 집중되었는데, 군정장관이 이처럼 복잡한 책임과 권한을 수행할 수 있기 위해서는 전문가들로 구성된 자문기관이 필요했던 것이다. 이 체제는 군정이 기능했던 48년 8월까지 지속되었다.

1946년 초반 진행된 군정기구 개편 속에서 특히 사법부 법제서의 역할이 의미를 가지는 것은 앞서 지적했듯이 삼부조정위원회SWNCC, 태평양사령부 등 상부의 지령만으로는 민사 업무에 바로 적용할 수 있는 실천 방침이 부족했고 현장의 민사장교들에게 통일적인 지침을 내릴 필요가 있었기 때문이었다. 사법부 법제서의 역할은 상부의 지령 등을 근거로 하여 구체적인 업무지침을 작성하는 데에 집중되어 있었다.

군정법령 67호(1946. 4. 2) 및 46년 초반 3건의 군정장관 지령, 그리고 〈군정 매뉴얼〉(1946. 4, 6)을 종합하면 현지 점령 당국의 점령정책 입안과 점령행정에서의 법률심의국 역할은 다음과 같다.

1. 정책 초안의 작성과 실무적 검토(해당 군정부서 및 민정장관실)
2. 군정장관 혹은 군정장관 대리의 승인(정책적 승인)
3. 법규 초안의 작성(해당 군정부서 혹은 법률기초국)
4. 법률심의국의 승인(법률적 승인)
5. 군정장관의 최종 승인 및 관보 수록
6. 법규에 따른 점령행정에서 발생하는 문제에 대한 법률 자문(법률심의국)

3. 법률심의국의 인적 구성

1946년 초 군정기구를 정비하는 과정에서 점령행정 전반에 걸쳐 상부의 지침, 남한의 현체제 등의 조건을 고려하여 행동지침을 작성하고 그에 따른 업무를 감독하기 위한 체제가 확립되었다. 심의국은 특히 법률 자문이라는 형식으로 이러한 역할을 담당했는데, 심의국의 구성과 그 활동에 대해서는 군정청 사법부가 점령 직후 편찬한 《선집》을 통해서 살펴볼 것이다. 법률 자문의 형식은 법률견해서legal opinion(이하 〈견해〉로 표기)를 작성하여 질의 부서에 회신하는 것이었다. 〈견해〉의 양식은 첫머리에 심의국이 자체적으로 부여한 일련번호와 날짜가 수록되어 있고 그 아래에 작성자 및 승인자의 이름과 질의 제출기관 그리고 제목과 본문이 나와 있다. 심의국은 약 28개월 동안 1,600여 건의 〈견해〉를 작성했으며, 이 가운데 450건을 선별한 것이 바로 위 자료집의 내용이다.

총무처의 역사를 설명하기 위해 작성된 한 문서에서는 총무처(심의국) 활동이 필요했던 이유로 "현존체제에 기반한 점령행정"과 "상부 명령의 수행"이 서로 대립되고 모순될 수밖에 없다는 점을 지적하고 있다.

끊임없는 법률적 문제 해결의 필요성은 (점령행정이 기반하는—인용자 주) 두 근거인 '법에 의한 지배'와 '상부의 명령'이 이원적duality of sources 이라는 사실에서부터 기인하는 것이었다.[22]

상부의 지침은 현지 점령 당국이 발하는 법규적 수단을 통해 집행 될 수밖에 없는데, 많은 경우 상부의 명령은 남한의 법체제 및 국제법 과 모순되었다. 심의국의 활동은 자신들이 보유한 법 기술legal technicality을 동원하여 양자 간의 대립으로 발생하는 문제들을 해결하 는 것이었는데, 궁극적으로 이는 현장의 군정관리들이 마주칠 애로사항을 사전에 해결하고 이를 통해 보다 효율적이고 통일적인 원칙을 마련하는 것이었다. 점령행정의 모순적인 두 가지 원천으로 인해 발생하는 문제를 해결하기 위해서 심의국 직원들에게 요구되는 것은 무엇보다도 법률가적 자질이었다.

심의국에서 활동했던 법무참모legal staff들은 현역 군인인 법무장교 legal officer와 군속civilian으로 불리는 민간 출신 법률가로 나눌 수 있다. 심의국에서 활동한 법무참모의 연인원은 최소 38명에 이른다.《관보》에 드러나지 않기 때문에 심의국 국장을 포함한 직원들의 편제를 정확하게 알 수는 없으나, 초대 국장은 퍼글러가 맡았으며 스캇, 코넬리, 스타일스가 뒤를 이었다. 이들은 대부분 미국에서 변호사직을 보유했던 것으로 추측되는데, 퍼글러나 프랭켈처럼 법률학의 대가들도 포함된, 최고의 자질을 갖춘 전문가 집단이었다. 주한미군정에는 이들 법무참모 외에도 전문지식을 갖춘 민사장교들이 각 산하기구에서 활약했던 것으로 보이는데, 이처럼 전문지식을 갖춘 민사요원들이 충원될 수 있었던 것은 미국의 민사장교 양성프로그램 덕분이었다.

심의국은 점령행정이 마주친 구체적 문제들에 대한 법률 자문을 제공하면서 당면 문제를 해결하기 위해 유의할 법규들이 무엇인지 광범하게 수집했다. 주한미군정 역시 이 문제에 대해 명확한 입장을 정하지 못했는데, 미군정기 법체계를 둘러싼 많은 혼란은, 궁극적으로 본다면 헌법과 같은 최상위 규범이 부재했고, 또한 기존의 법규범과 사회 현실이 많은 부분에서 충돌할 수밖에 없다는 데서 기인했다. 이러한 문제는 추상적으로 제기되기보다는 실무적인 차원에서 더 많은 문제를 발생시켰는데, 심의국에 제출된 질의의 많은 부분이 법체계의 불안정에서 발생하는 문제였다. 이는 독립된 연구주제라고 할 만큼 방대한 작업이 필요할 것이기 때문에, 이 글에서는 우선 〈견해〉에서 보이는 법원法源 가운데 '미국에 의한 점령'으로 발생한 특성을 중심으로 살펴보기로 하겠다.

〈견해〉에 인용된 국제법 자료들을 보면 국제법, FM 27-10, '헤이그규약', 오펜하임의 《국제법》, 핵워스의 《국제법》 등으로 점령국의 권한, 의무, 국적 문제, 기타 등에서 모두 58차례에 걸쳐서 드러난다. 이 중 가장 큰 문제는 바로 점령국의 권한이었다. 〈견해〉에서 헤이그규약을 직접 인용하고 있는 것은 총 10회인데 점령국의 권한과 관련하여 인용되는 조항은 피점령 지역 주민의 재화와 용역에 대한 징발권에 관한 52조, 피점령 지역 공공재산-동산-에 대한 징발권에 관한 53조, 피점령 지역 공공재산-부동산-에 대한 용익권과 관련한 55조이다. 〈견해〉 503호만이 점령국에 대한 금지조항이라 할 수 있는 56조를 인용하고 있다.[23] 또한 헤이그규약을 직접 언급하지는 않지만, 국제법 및 FM 27-10 등을 통해 인정되고 있는 점령국의 권한은 한국 법원에 대한 개입권한(869호), 군정의 광범한 입법권(1360호), 언론 검열권(239호) 등이 있다.

의무조항으로 들고 있는 것은 헤이그규약의 56조 및 46조(사유재산 몰수 금지)와 관련된 것이 가장 많고,[24] 43조(피점령 지역 법률-체제의 유지의 의무)와 관련된 것은 〈견해〉 705호, 1482호이다. 주한미군정의 광범한 남한체제 변화 노력에 비춰 헤이그규약 43조가 거의 고려되지 않고 있다는 것은 사실상 법률전문가들로 구성된 심의국에서조차 점령 당국에 의한 선의의 개입은 규약 43조의 존재를 무시할 수 있는 명분으로 인정되었던 사실을 보여준다.

이처럼 심의국이 국제법 조항을 활용한 방식을 보면 심의국 스스로 활동이 필요한 이유로 생각했던 '근거의 이원성duality of sources'을 어떻게 해결했는지를 잘 보여준다. 즉, 상부 지침의 집행을 위한 점령행정 분야에서 점령 당국의 권한 확장이 필요할 경우 국제법이 점령국에게 부여한 권한조항에서 유추하고 있으며, 점령 당국의 의무조항과 관련해서는 가능한 한 언급을 자제하면서 피점령 지역체제 개편을 위한 활동을 정당화하고 있는 것이다. 이는 곧 심의국이 점령행정을 수행하는 데 국제법 조항을 규제 사항으로 간주한 것이 아니라 점령 당국의 권한을 확장하고 피점령 지역에서의 활동영역을 넓히기 위해 기술적으로 활용했다는 것을 의미한다. 이는 주한미군정이 점령 당국의 소극적 역할론에 근거하고 있던 헤이그규약에 대한 이탈 조짐을 보여주는 것인데, 새롭게 변화한 대한정책에 따라 현지 점령 당국도 더 이상 민사 업무와 관련하여 자신의 권한과 책임을 제한할 수 없게 된 상황도 작용했던 것으로 보인다.

한편 심의국의 활동은 점령행정에서 발생하는 법적인 문제를 자신들의 법 기술에 의해 해결하는 것에만 국한되었던 것은 아니었다. 심의국은 법률적 기술로 해결할 수 있는 문제와 그렇지 못한 경우를 구분하여 전자의 경우 자신들이 제공하는 법률 자문이 처리할 수 있게 했지만, 후자의 경우에는 적절한 책임자를 확정해주었다. 이러한 일련의 활동이 반복되면서 미 정부의 권한과는 구분되는 현지 점령 당국의 자유재량권의 내용이 규정될 수 있었다.

4. 법률심의국의 역할, 점령행정 체계화

법률심의국에서 처리했던 문제 가운데 가장 쟁점이 되는 것이 바로 귀속재산 처리와 점령 비용의 문제였다. 귀속재산 문제는 모두 172건으로 《선집》에서 가장 많이 다루어졌다. 귀속재산과 관련한 〈견해〉는 내용상 크게 네 가지로 나눌 수 있다. 사유재산 몰수라는 국제법 원칙 파기에 대한 새로운 법리 창출, 귀속 여부의 판단, 귀속재산의 운영, 귀속재산의 불하에 관한 것이다. 이 가운데 귀속 여부의 판단은 궁극적으로는 심의국이 아니라 사법부 소청국과 재산소청위원회의 업무에 속하는 것이기 때문에 이 글에서는 이를 제외하고 귀속에 관한 법리와 귀속회사 운영 그리고 귀속재산 불하와 관련된 〈견해〉들만을 분석할 것이다.

먼저 귀속재산 몰수에 따른 새로운 법리의 창출을 담고 있는 〈견해〉는 그다지 많지 않지만 당시 심의국이 남한 점령의 성격을 어떻게 파악하고 있는지를 보여주기 때문에 눈여겨볼 필요가 있다. 다음 인용문은 조선농회 소유의 재산에 대해 군정이 어떠한 권리를 가지는지에 대한 심의국의 〈견해〉의 내용이다.

조선농회는 헤이그규약이 성립될 당시에는 생소했던 종류의 조직이다.……양차 대전을 통해서 독재적 체제는 새로운 형태의 계획경제를 발전시켰으며……사적인 조직들의 단순한 정부의 도구로서의 변화의 시도는 일본뿐 아니라 독일 전체주의의 가장 뚜렷한 특징 가운데 하나였다.[25]

〈견해〉 489호는 주한미군정에 의한 일본인 사유재산 몰수와 적국 사유재산 보호라는 점령법 간의 모순을 현지 점령 당국이 어떻게 비켜가고자 했는지 잘 드러내준다. 헤이그규약이 지방자치단체 및 과학·종교·예술 관련 공공단체를 사유재산으로 인정하여 몰수할 수 없도록 규정했지만 식민지하 조선의 공공단체는 전시체제를 거치면서 준공공semi-public 기구가 되었기 때문에 귀속이 가능하다는 것이 심의국의 해석이었다.[26] 그러나 일본인 개인 혹은 회사 법인이 소유했던 재산에 대한 귀속 조치는 여전히 국제법 위반이라는 비난의 여지가 있었다. 이 점은 1, 2차 세계대전에서 드러난 전승국의 특권 및 그에 따른 사유재산 징발이라는 명분으로 해소하고자 했다. 심의국은 정부-준정부-개인 소유 여부를 불문하고 적국재산 전체에 대해서 전승국은 몰수 권한을 보유했다고 해석하여 일본인 개인 재산의 군정 귀속조치가 새로운 관례로서 이미 헤이그규약을 대체하고 있음을 강조하고 있다.

상부 지침이 점령법과 모순될 경우 법률심의국 나아가서 주한미군정은 재빨리 헤이그규약으로부터 이탈했으며, 그 방식은 점령법에 대한 전면 부인이 아니라 새로운 선례를 창조함으로써 국제법의 외연을 확장하는 것이었다. 현지 점령 당국이 새로운 법리를 스스로 마련해야 했던 것은 일본인 재산 몰수에 대한 상부의 지침이 귀속 의무만을 부과할 뿐 그에 따른 법적 문제의 해결에 대해서는 침묵하고 있었기 때문이었다. 일본인의 사유재산도 보호하겠다는 주한미군정의 방침이 전면 몰수로 전환한 것은 〈기초지령〉에 따른 상부의 명령 때문인 것으로 보이는데, 〈기초지령〉에는 접수만 지시할 뿐 사유재산권 몰수와 관련된 점령국 권한의 법적 근거가 없었다.

이처럼 귀속조치가 갖는 법리적 문제점을 심의국이 합리화했다는 사실이 주한미군정의 점령행정에 끼친 영향력은 군정의 각 기관들이 사유재산 몰수에 대한 소모적인 법리 논쟁과 혼란을 조기에 방지하여 군정에게 주어진 임무, 즉 귀속재산의 유지와 관리라는 본연의 임무에 충실하게 만들었다는 사실이다. 《선집》에 수록된 귀속재산 관련 질의들이 자치단체, 일본인 개인 소유 재산의 귀속 가능성 여부보다는 대부분 접수된 재산의 운영에 관한 문제였다는 사실로도 이를 확인할 수 있다.

귀속재산의 운영과 관련하여 심의국은 대부분 재산관리인의 궁극적인 권한을 인정하는 것으로 해결했다. 군정은 귀속재산에 대한 운영 책임을 귀속재산의 성격에 따라 신한공사, 농무부, 상무부, 재무부, 운수부 등 다양한 기관에 위임했다. 그러나 귀속재산에 대한 궁극적인 책임은 관재처에 있었는데, 귀속행정 실무에서는 종종 실무부서의 운영 책임과 재산관리인들의 최종 책임에 대한 명확한 경계선이 불분명한 관계로 많은 문제가 제기되었던 것으로 보인다. 이에 대해 심의국은 성격상 귀속재산의 운영은 법률적 문제라기보다는 '기업가적 판단business judgement' 혹은 '행정재량권administrative discretion'에 따라 처리되어야 한다고 여겨 이러한 자질을 갖춘 재산관리인에게 재량권을 전적으로 위임했다. 즉 최종 책임자가 관재처임을 재확인시킴으로써 귀속행정이 전반적인 통일성을 유지하면서도 기업가적 자질을 갖춘 재산관리인들이 효과적으로 집행할 수 있게 했던 것이다.

일본인 재산의 전면 접수와 귀속재산 운영에 관한 문제는 상부 정책의 시행을 위한 국제법으로부터의 일탈 그리고 관재처의 재량권 인정으로 현지에서 해결될 수 있었지만, 귀속재산의 불하는 그렇지 못했다. 사안의 중요성으로 인해 귀속재산에 대한 남한 주민의 관심은 지대했으며 군정으로서도 이에 관한 확고한 원칙을 마련할 필요가 있었다. 그러나 귀속재산의 불하와 관련한 원칙을 마련하는 데에 심의국은 실패했는데, 그 이유를 일본인 재산에 대한 최종 정책을 끝내 확정하지 못한 상부 정책의 미비에서 찾을 수 있을 것이다.

일본의 해외재산의 처리 문제는 전후 배상과 관련하여 연합국과의 평화조약 협상 과정에서 종합적으로 해결되어야 했기 때문에 남한 점령 당국이 내부적으로 해결할 수 있는 문제가 아니었다. 군정이 관리하고 있던 귀속재산을 어떤 절차를 거쳐 한국 정부에 이관할 것인지 혹은 부분적으로 불하할 것인지에 대해서 심의국은 상부의 최종적인 결정을 기다려야 하며 "어쩌면" 일본과의 평화조약이 체결되어야만 가능할 것이라는 입장이었다. 이는 일본인 재산의 전면 몰수를 지시한 삼부조정위원회SWNCC 176/8 등 상부 지침이 귀속재산의 유지, 관리 의무를 명시하고 있었기 때문이다.[27] 그러나 귀속재산의 부분적인 불하를 지시했던 상부의 지시는 '신탁관리자로서 귀속재산의 유지, 관리'와 '부분적인 불하' 사이에서 심의국을 혼란스럽게 만들었다. 점령행정의 통일성과 실무 부서들이 바로 적용할 수 있는 실천방침을 확정해야 했던 심의국으로서는 '신탁관리자로서의 임무'와 '판매'라는 조화되기 힘든 문제를 동시에 충족시킬 해법을 찾아야만 했기에 불협화음이 빚어질 수밖에 없었다.

귀속재산 불하 반대론은 '귀속재산의 최종 처분권은 미국 정부 소유'라는 논리로, 그리고 찬성론은 '상부의 지령에 의한 군정장관의 재량권'을 근거로 하고 있다. 귀속재산 처분에 관한 상부 지침을 통일된 실행 방침, 즉 현지에서의 점령정책으로 구체화하지 못했던 심의국의 한계는 곧 귀속행정의 불통일이라는 자기비판을 낳기도 했다.[28] 귀속재산 불하가 남한 자본주의를 재구조화하는 데 미친 영향은 따로 평가해야 하겠지만 이와 관련한 심의국의 활동을 본다면 상부 지침의 현지화와 관련된 또 다른 면을 찾아볼 수 있다.

보안상의 문제로 3급 기밀 혹은 2급 기밀로 분류된 상부의 지침을 관보에 기록하는 것은 적절하지 못하다. 그러나……주한미군정의 모든 지령들은 상부인 미 정부의 지령에 부합되는 방식으로 해석되어져야만 한다.[29]

〈견해〉 599호는 귀속재산의 채무변제 가능성을 묻는 관재처 질의에 대한 답변이었다. 귀속재산의 채무변제는 군정장관의 4월 27일 자 지령[30]에 따른 것이었는데, 이즈음 군정은 귀속행정과 관련하여 한 가지 중대한 결정을 내렸다. 즉 종래 군정법령 33호에 따라 일본인의 지분이 조금이라도 포함된 법인의 경우 예외 없이 군정에 귀속되다가 46년 4월 8일의 '정책급전례政策及前例'에 따라 귀속회사와 접수회사가 구분되어 일본인 지분이 2분의 1 이하인 법인은 군정에 귀속되지 않게 되었다. 그리고 이러한 원칙에 따라 접수회사와 귀속회사에 대한 귀속행정의 실무지침이 변경될 필요가 있었는데, 채무이행 여부에 관한 46년 4월 27일자 지령이 그 가운데 하나였다.

주목할 점은 46년 4월경의 정책 전환이 현지 점령 당국의 이니셔티브에 의한 것인가 아니면 상부의 지령에 따른 것인가라는 점이다. 〈견해〉 599호에 따르자면 46년 4월경의 정책 전환은 귀속재산의 가치를 보존하고 유지할 것을 명령한 상부 지침 및 그에 따른 군정법령과 어굿난 것이었다.[31] 이를 본다면 46년 4월경의 귀속회사의 채무에 관한 새로운 정책 원칙은 상부 지령이 아니라 현지 점령 당국 스스로 채택한 방침이었을 가능성이 크다. 599호의 작성자는 상부 지침을 군정법령과 지령 등의 방식으로 현지화하는 과정에서 "보안상의 문제" 때문에 기밀 분류된 상부 지령을 있는 그대로 표현할 수 없다는 점을 지적하고 있다. 그런데 상부 지침을 현지화하는 작업에서 상부의 정책적 의도가 왜곡될 가능성이 존재했는데, "전적으로 출판된 기록물에만 의존"이라는 표현은 바로 이 점을 지적하고 있다. 즉, 미국 정부의 대한정책 틀 속에서 현지의 점령행정을 운영해야 할 주한미군정으로서는 이론과 실천, 추상과 구체, 상부 정책과 군정의 점령정책 사이에서 발생할 수 있는 충돌을 방지하고 완화하고자 했던 것이다. 이는 앞서 보았듯이 점령정책의 결정과 집행이 상부 지침이 제공한 전체 틀에 맞추는 것이 심의국의 주요한 임무였다는 사실을 재차 보여준다.

그러나 심의국의 조정 작업이 순탄치만은 않았다. 상부의 방침 속의 모순이 드러날 경우 현지 점령 당국자들 특히 심의국 직원들의 법률적 기술은 발휘될 수 없었다. 특정 분야에서의 상부 방침이 확정되지 않았고 또한 모순적이고 대립되는 지령이 내려올 경우 심의국으로서도 불능을 선언할 수밖에 없었던 것이다. 그러나 심의국의 불능 선언이 곧 이 문제와 관련한 현지 점령 당국의 불능을 의미하는 것은 아니었다. 귀속행정과 관련하여 상부 지침, 현지 법률, 국제법 등을 참고하여 심의국이 보유한 법기술로 해결될 사안이 아닌 경우 대부분 상부의 정책적 결정에 맡기거나 재산관리인의 '기업가적 판단'에 맡겼다. 이와 관련하여 귀속행정의 상당한 영역까지 자유재량권이 부여된 재산관리인 집단의 활동은 주한미군정의 귀속정책에서 상당한 의미를 가졌다고 할 것이다.

한편 심의국에 제출된 질의 가운데 점령 비용과 정부 비용의 구분 문제는 미국의 남한 점령이 갖는 특수한 성격으로 인해 야기된 것이었다. 미국의 남한 점령은 주권정부 그리고 이의 현실태로서 민사 업무를 대행할 수 있는 자치정부가 존재하지 않는 상태에서 이루어졌기 때문에, 점령국인 미국이 이 세 가지 역할을 모두 떠맡는 특수한 형태였다. 이는 점령 당국에 특수한 재정정책 문제를 발생시켰는데, 바로 '점령 비용occupational costs'과 '정부 비용governmental costs'을 구분하는 것이었다. 이에 관한 질의는 모두 열한 차례 제기되었다.

미 제24군단과 주한미군정은 모두 주한미군 산하에 편제되었지만 회계상으로는 가능한 한 양자를 구분했다. 이러한 구분은 점령 비용이 패전국에 대한 전쟁배상의 형식으로 청구되어야 했기 때문에 필요했는데, 군정 내에서는 많은 기구들이 이를 혼동했거나 제대로 구분할 수 없었다. 점령 당국이 남한의 자치정부 역할까지 담당하고 있는 상황에서 점령 업무와 민사 업무를 구분하는 것은 사실상 불가능한 것이었는데, 그럼에도 점령 당국은 군정장관의 지령으로 가능한 한 양자를 구분하고자 했으며 모호한 비용의 경우 이를 판단할 군정 내 기관을 확정했던 것이다.

심의국은 비용 판단의 근거로 46년 4월 25일의 군정장관 지령을 들었다. 하지만 이는 정부 비용과 점령 비용에 대한 추상적인 규정만을 담고 있을 뿐이어서, 구체적인 사례에서는 이 지령을 토대로 판단하는 재량권을 재무부에 위임했다. 비용 판단의 책임을 재무부에 위임했던 4월 25일자 군정장관 지령 이전에 작성된 〈견해〉 7호와 21호를 보면 군정장관의 동 지령이 있기 이전에는 심의국에서 이러한 문제를 판단했으며, 이를 위한 관련 지령의 발포를 추천한 것도 심의국이었음을 짐작할 수 있다. '점령 비용 대 정부 비용' 문제의 해결 방식은 상부 지침이 현지 실천 방침으로 구체화되는 경로를 보여준다. 즉, "점령 비용을 구분해야 한다"는 추상적인 〈기초지령〉의 지시사항은 군정 지휘부가 심의국의 법률 자문을 얻어 직접 처리했지만, 군정기구가 정비되고 행정 전반에 대한 장악력이 높아지면서 해당 부서가 직접 처리할 수 있도록 조치되었던 것이다.

한편 점령 비용과 정부 비용의 분리, 즉 전술군(제24군단)과 자치정부(주한미군정)의 구분은 통합된 전체(주한미군)로서 점령 당국을 묘한 이율배반에 빠뜨렸다. 즉, 사실상 주한미군정과 제24군단은 모두 미국 정부의 한 기관에 불과했지만, 군정은 자신의 임무를 사실상의 정부로 그리고 24군단은 점령군으로 규정하고 있었기 때문에 전술군과 군정은 형식상 점령국·자치정부로 구분되었다. 이는 앞서 살펴본 주한미군정의 지위에 관한 법리적 해석에만 존재하는 구분은 아니었으며, 점령행정에서 실질적인 문제를 발생시켰다. 그 대표적인 사례가 바로 정부(군정) 소유 재산에 대해 전술군이 입힌 '피해보상 청구' 문제였다. 《선집》에는 전술군과 군정 사이의 분쟁을 포함하여 소청 관련 〈견해〉가 모두 28건이 보인다.

점령군은 〈기초지령〉에 따라 일본인 소유의 공·사유재산 전부를 몰수하기 이전부터 이미 대부분의 정부 재산을 접수했는데 여기에는 전술군의 필요에 따라 징발된 것도 포함되었다. 그러나 법령 33호[32]의 규정에 따라 전술군이 접수한 일본의 공공재산 역시 군정에 귀속되었고, 해당 재산에 대한 보존 임무는 군정이 책임지게 되었다. 이 과정에서 재산을 둘러싼 '이율배반' 문제가 발생했다.

통상적인 군사점령에서 점령 당국은 피점령 지역의 사유재산을 징발할 수 있다. 이에 대해서는 보상의 의무가 있지만 보상의 절차와 비율에 대해서 점령법이 침묵하고 있기 때문에 점령 당국은 자국의 군사매뉴얼 등에 의존할 수밖에 없었다. 미국 역시 마찬가지였는데 FM 27-5와 육군 규약집Army Regulation에 보상절차가 규정되었던 것으로 보인다. 하지만 귀속재산의 손실에 대한 보상은 기존의 점령 역사에서는 발생하지 않았던 문제로, 점령국과 주권정부가 분리되지 않았던 남한 점령에서 처음 발생한 것이었다. FM 27-5 혹은 육군 규약집에 규정된 소청 처리절차는 점령이 진행되고 있는 당시 피점령 지역 주민의 피해를 보상하기 위한 것이었다. 그러한 종류의 소청은 궁극적으로 '전승국의 시혜matter of grace'[33]라는 차원에서 이루어지는 것이지, 국제법상 피점령 주민의 권리와는 무관했다. 점령에 의해 야기되는 진정한 의미의 소청 문제는 사실상 점령이 종료된 이후 주권정부의 복귀와 함께 평화조약 체결 및 이에 입각한 배상 문제가 해결되면서 점령국과 피점령 지역의 주권정부 사이에 이루어진다. 그러나 남한 점령에서 이 문제는 동시에 그리고 점령 당국 내부에서 발생했다. 스스로 '사실상의 정부'라고 자처한 군정 소속 미국 관리들 가운데에는 자치정부로서의 자신들 역할에 충실한 나머지 전술군을 상대로 한 소청 절차를 확립해달라고 심의국에 요청했던 것이다. 이 문제에 대해서 심의국은 지속적으로 "행정적으로 처리되어야 하며 법률적 문제를 제기하지 않는다"며 실무 관리들이 자의적으로 처리하거나 혹은 무시해도 좋다는 입장을 고수했다. 그러나 1947년 시점부터 이러한 입장은 약간씩 변화하기 시작했다. 심의국은 귀속재산에 포함된 한국인의 지분을 포함하여 전체 가치를 보호하기 위해서 소청 절차를 확립하여 미군 관리가 처리하라고 지시했다. 이 방침은 이후의 〈견해〉들에서도, 강도의 차이는 있지만 점차 확립된 처리절차에 따라 허용될 것임을 시사하는 것으로도 확인된다.

점령 비용과 정부 비용의 구분 문제는 비록 당시 한국인들에게는 알려지지 않은 이면의 역사이며 또한 점령 당국 내부의 사소한 문제로 치부될 수도 있을 것이다. 점령 당국에게도 낯선 이 문제는 초기에는 비교적 가볍게 처리될 수 있었다. 그러나 조심스럽게 소청은 가능하다고 판단되었으며, 1947년 초반경 많은 논의와 상부 지침을 기반으로 이는 일종의 의무조항으로 발전하게 되었다.[34] 소청 해결 비용은 경우에 따라서는 미국의 부담이 될 수도 있었는데,[35] 미국 정부의 비용 지출에 관한 한 "점령 당국이 개입할 수 없음"이라고 판정했던 이전의 입장에 비추어본다면 매우 이례적인 일이 아닐 수 없다.[36]

나머지 종류의 소청사건에 대해서도 심의국은 기본적으로 '전승국의 시혜'라는 원칙을 유지했는데, 대부분 실무 부서의 판단에 맡기고 있다. 그러나 때때로 주한미군이 관련된 재산-인명 피해사건인 경우에는 점령 관례에 따라 처리할 수 있지만, 군정이 관련된 재산-인명 피해사건에 있어서는 그것이 관례로 굳어져서는 안 되며,[37] 또한 식민지 시기에서도 그러한 종류의 소청은 결코 허용되지 않았다는 것을 근거로 삼았다.

귀속재산의 불하와 관련하여 상부 지침에 내재한 논리적 모순으로 인해 현지 점령 당국이 통일된 원칙을 확정하지 못하고 점령행정에서 혼란을 발생시켰던 것과는 달리, 동일한 조건임에도 불구하고 심의국 스스로 내부 원칙을 확정했던 대표적인 사례는 바로 국적에 관한 문제였다.[38] 앞서 살펴보았듯이 한국의 주권 귀속 문제와 관련하여 미국 정부와 점령 당국은 한국인 주권 보유는 부정했지만, 당시 점령 당국이 주권적 권리를 행사하고 있었다. 이는 곧 남한의 주권을 점령 당국인 미국이 보유하고 있음을 보여주는 것이었다. 그러나 이러한 미국의 입장은 대외적으로 합리화될 수 없었으며, 이로 인해 한국 주권과 관련된 연합국 선언이 한 차례 고려되다가 취소되기도 했다. 이는 한국의 주권 문제와 관련하여 한국인의 주권적 권리의 행사를 부정하는 원칙은 확고했지만 점령 상태하에서 이 문제를 어떻게 해결해야 할지는 입장이 분명하지 않았다는 점을 보여준다. 그러나 현지 점령 당국은 점령행정상의 필요로 국적 판정 원칙을 수립해야 할 처지에 놓이게 되었다.

일본인 사유재산으로 판정되어 군정에 귀속된 재산 가운데 일본인 소유로 기록되어 있지만 사실상 한국인이 소유하고 있거나, 해방 전후에 일본인에게서 매입했지만 등기되지 못한 토지의 소유권 등 복잡한 법률적 판단을 필요로 하는 문제가 발생하면서 한국인과 일본인을 명확하게 구분할 필요가 생겼다. 《선집》에 보이는 국적 문제에 관한 최초의 〈견해〉는 46년 4월 25일 작성된 것으로 보이는 〈견해〉 67호인데, 여기에서는 일본인과는 구분되는 한국인에 대한 최초의 개념 규정이 보인다.

(식민통치 기간 동안-필자 주) 한국인들은 완전한 시민적·정치적 권리를 보유하지 않았다.……일본의 법률과 제도하에서 완전한 시민적·정치적 권리를 보유하지 못한 사람들을 한국인들로 간주할 수 있을 것이다.……본 개념 정의는 단지 가이드로서의 의미를 지닐 뿐이다.[39]

국적 문제 처리의 원칙은 국제법상 한국 시민권citizenship이란 개념은 아직 없어 일본 국적임은 분명하지만, 전쟁 중 미국의 정책[40]에 의하거나 일본에 의해 탄압받았다는 사실을 고려할 때에 한국인들을 일본인으로 처리할 수 없다는 원칙이 먼저 확립되었다. 이런 원칙이 확정된 이상 구체적인 사건에 필요한 국적 판정을 위한 기준이 필요했다. 국적 판정의 기준으로 심의국이 채택한 것은 바로 한국 호적Family Register이었다. 호적을 기준으로 한 한국인 판정 원칙은 비교적 초기에 확립된 이후 계속 유지되었다. 그러나 군정이 이처럼 호적을 기준으로 한국인이라는 국적 개념을 마련하고 또한 적용할 수 있었던 것은 그것이 순전히 주한미군정 내부 문제인 경우에 가능했다. 국적 및 주권 문제가 군정 내부가 아닌 연합국의 배상정책과 관련되었던 경우 미국 내부에서도 대립되는 의견이 제기되기도 했다. 일례로 연합군 최고사령부SCAP에서는 한국인을 일본인과 구분하려는 주한미군정의 입장에 반대했다.[41] 즉 한국을 여전히 일본에 종속된 지역으로 처리하여 남한에서 사용된 점령 비용을 일본 정부가 지불하게 해야 한다는 것이었다. 〈견해〉 1269호는 이러한 연합군 최고사령부의 입장에 대해서 반박하는 것으로, 국적에 관한 가장 자세한 정의를 담고 있다.

카이로와 포츠담 선언은 필연적으로 한국에 대한 일본의 잔재를 일소시켰으며, 비록 완전한 국가는 아니지만 형성 중에 있는in the making 한국을 만들었다.······이것만으로 한국 시민권Korean Citizenship이라는 개념을 충족시킬 수는 없지만, 이 개념은 (점령 당국의-필자 주) 활동에 의해 형성되었다.······법령 33호는 일본인 재산의 귀속을 명하지만 한국인 재산은 귀속되지 않았으며, 이는 한국 국적에 대한 기준을 필

요로 하는데, 당분간 이것은 호적에 등록되는 한국인에 관한 규칙을
채용하기로 되었다.……한국의 상황은 전례가 없으며 관습적인 국제
법의 인용으로는 도움이 안 된다.……1차 세계대전 동안 피억압 민족
의 대부분은 비록 기술적으로는 오스트리아-헝가리 제국에 종속된 시
민들이었지만, 연합국 국민으로 취급되는 것이 허용되었다.……선례
가 없는 상황에서는 새로운 선례가 수립되어야 하며, 국제법과 보통법
은 그러한 방식으로 발전해왔다.[42]

연합군 최고사령부에 하달된 지침에는 일본 내 한국인 취급 원칙을
적국민으로 할 수 있도록 재량권을 부여하고 있으나, 남한 점령사령
부에 대한 〈기초지령〉에는 해방된 국민으로 대우할 것을 지시하고 있
다. 내부 문제에 국한되었을 때에는 연합군 최고사령부의 일본 점령
정책과 남한 점령 당국의 점령정책이 문제가 되지 않았으나, 대일 청
구와 남한 점령 비용 처리 문제와 관련하여 연합군 최고사령부가 남
한 점령 당국의 내부 지침에 이의를 제기하면서 미국 대한정책의 모
순이 다시 한번 드러난 것이다.

국적 판정과 관련하여 상부의 지침과 국제법은 침묵하고 있었지만,
심의국에서는 귀속재산 판정에 활용했던 호적을 기준으로 한 일본인
과 한국인의 구별 원칙을 유지하여 한국인을 일본인과 동일하게 적국
민으로 취급하려던 연합군 최고사령부의 입장에 반대했다. 이처럼 남
한 현지의 점령 당국은 상부의 지침과 현재의 국제법으로 해결될 수
없는 문제에 대해서 독자적인 원칙을 마련했다. 이는 상부의 지침에
의한 것도 아니었고, 당시까지의 국제법 조항에 근거한 것도 아니었
다. 현지 점령 당국이 점령행정에 필요했던 활동지침을 스스로 창조

한 것이었다. 이는 심의국이 설치되면서 주한미군정 수뇌부가 의도했던 점령행정의 통일성 부여 및 구체적 행정지침을 필요로 했던 군정 각 기구들의 요청 모두에 답하는 것으로 심의국의 역할의 일면을 드러내주는 사례라고 할 것이다.

다음으로 《선집》에는 '언론 자유·정치 활동'과 관련하여 모두 16건의 〈견해〉가 수록되어 있다. 이 주제와 관련해서 심의국은 상부의 지침과 남한의 현실 그리고 점령국의 의무와 권한 사이에서 상당히 혼란스러웠던 것으로 보인다. 언론 자유와 정치 활동에 관해서는 〈기초지령〉에서 추상적 원칙만을 제시했다.

〈기초지령〉에 따르자면 언론 자유 및 정치 활동의 자유를 비롯한 모든 자유주의적 개혁은 점령군의 의무이긴 했지만 어디까지나 점령군의 안전이 먼저였다. 심의국은 구체적인 사건들이 군정의 안위를 심각하게 위협하는지 신중히 고려했으며, 초기에는 비교적 자유주의적 입장을 고수했다. 그러나 46년 중반 이후 심의국은 이러한 분야에 대해 '법률적 문제가 아니'라는 이유로 점령사령부의 권한을 인정했다.

다음의 〈견해〉 239호는 언론 자유에 관한 비교적 초기의 〈견해〉인데, 이 주제와 관련하여 가장 많은 참고자료를 담고 있다.

군정은 비록 언론의 자유를 인정했지만, 여기에는 군사점령에 따른 제한이 따른다.……그러나 모든 경우에 있어서 우리는 군사적 필요 military necessity와 진보적 국가의 기본적 원칙으로 미국이 인정하는 바인 특권과 자유 사이에서 균형을 유지해야만 할 것이다.……군정에 대한 범죄의 예방과 한국인에 대한 공정한 대우를 위하여 그러한 행위를 처벌의 대상이 되는 범죄행위로 규정할 필요가 있다.[43]

여기에서는 "진보적 국가로서 미국이 허용하는 언론 자유"와 "군사적 편의"라는 두 가지 대립된 원칙의 충돌을 지적하고 있다. 상부의 지침이 담고 있는 모순적인 정책에 대한 심의국의 해석 작업만으로 해결책이 마련되지는 않았다. 심의국은 정책적 판단, 즉 "matter of policy"라는 답변을 종종 주곤 했는데, 두 원칙 사이에서 균형을 유지하는 것은 궁극적으로는 점령사령부의 결정에 의존할 수밖에 없다고 결론 내린 것이다. 즉, 〈기초지령〉에서 규정한 두 원칙은 상황에 따라 현지 점령 당국자들의 정책적 결정에 따라 처리될 문제였으며, 이러한 의미에서 언론 자유 및 정치 활동에 대한 〈기초지령〉의 지침은 현지 점령 당국에게 활동 공간을 제공한 셈이었다.

여기에서 우리는 심의국 활동이 점령정책의 결정 과정에서 지니는 독특한 의미를 확인할 수 있다. 즉 스스로의 업무 영역을 법률적 문제에만 국한시킴으로써 또 다른 효과를 발생시켰는데, 바로 점령사령부의 폭넓은 정책 결정권을 확인해주었다는 사실이다. 전통적인 군사점령국으로서의 권한 및 군사적 필요라는 원칙과 언론 자유를 비롯한 4대 자유를 보장하는 것은 진보적 국가로서 미국의 정책이라는 두 가지 모순된 원칙은 점령사령부에게 일관되고 명료한 행동지침이 될 수 없었다. 양자 사이에서 어디에 중심을 둘 것인지의 문제는 궁극적으로 남한 점령 권력의 이데올로기적 본질을 드러낼 수밖에 없는 중요한 정치적 결정이 필요했다. 그리고 그러한 결정을 현지의 점령 당국이 내릴 수 있다고 혹은 내려야 한다고 심의국이 자문했던 것이다. 결국 점령 초기에는 비교적 폭넓은 정당 활동과 언론 활동이 보장된 반면 46년 중반 이후 정세의 변화와 함께 군정의 정당·언론정책은 급변했다. 하지만 심의국에서는 그러한 균형의 유지가 자의적이어서는 안

되며 또한 군정 하부 기관(군사법원)에 의해 적절히 이뤄지기 힘들다는 점을 우려하기도 했다. 또한 언론 자유와 관련한 문제가 군정 하부 기관의 업무로 이관되기 위한 전제로서, 개인적 판단이 초래하는 문제점을 보완하기 위해서는 객관적인 시스템이 구축되어야 한다고 제안했다.[44]

마지막으로 살펴볼 주제는 주한미군정의 자유재량권 문제이다. 주한미군정이 자처했던 주권정부로서의 활동을 살펴봄으로써 점령 당국의 확대된 권한을 확인하는 동시에, 《선집》에 수록된 〈견해〉들을 종합해 현지 점령 당국의 자유재량권이 어떻게 인정되고 있는지를 살펴보도록 하겠다.

《선집》 전체에 걸쳐 특정 점령정책에서 주한미군정의 권한을 설명하면서 주권정부 혹은 사실상의 정부[45]가 보유한 권한으로부터 유추하고 있는 〈견해〉는 〈표 1〉과 같이 8건이 확인된다. 여기에 수록된 8건의 〈견해〉 가운데 〈견해〉 281호만이 점령 당국에 의해 피점령 지역에 존재하는 행정제도의 개편이 어느 범위까지 가능한지를 자문하면서, 서울특별시를 창출하는 것은 결국 헌법적 절차에 따라야만 하며 비록 군정하에서 서울특별시가 수립되더라도 이후 수립될 한국 정부에 의해 번복될 것이라는 회의적인 입장을 표하고 있다. 나머지는 모두 주한미군정은 주권정부가 보유한 권한과 동등한 권한을 가지며 그에 따른 여러 조치들이 군정에 의해 가능함을 자문하고 있다. 주권 보유자로서 주한미군정의 권한을 인정하는 위 〈견해〉들은 그러나, 여타의 〈견해〉에 비해 한 가지 특성을 가지고 있다.

앞서 언급한 대로 심의국은 스스로의 활동을 법률적 문제에 국한시키고 있기 때문에, 법규적인 근거를 제시할 수 있는 경우는 가능한 모든 수단을 동원했다. 또한 특정 문제에 대한 법규적 근거가 미약하거나 특히 상부 지침과 관련하여서 모순된 두 개 이상의 규정이 존재할 경우 그 판단을 상부에 위임하는 것이 심의국이 〈견해〉를 작성하는 원칙이었는데, 군정의 주권적 권한과 관련해서는 아무런 근거도 제시하지 않는다는 것이다.

심의국이 주한미군정의 주권적 지위와 관련하여 국제법적 근거를 제시할 수 없었던 것은 앞서 살펴본 바와 같이 군사점령과 병합은 구분되어야 하기 때문이었다. 식민지 혹은 '보호령protectorate'이 아닌

〈표 1〉 〈견해〉에 수록된 주권 귀속 문제

	작성자	일자	관련 내용
36호	퍼글러 외	46.5.7	어업권은 주권의 행사에 포함되며 이미 (군정에게) 확보된 것이다.
107호	애플턴	46.4.10	주권정부로부터 분리되는 지역의 채무는 그 지역 (주권) 정부에게 이관된다……도 군정이 채무를 변제하는 데 법률적 문제 없다.
281호	퍼글러	46.4.26	시정부는 주권(정부)에 의해 결정되며, 헌법규정 등을 통해 수립된다……서울시 헌장은 이후 한국 입법부에 의해 폐기될 것이다.
512호	퍼글러	46.7.24	국가state는 외국인을 자국민과 동등하게 취급…… 그러나 그 수단은 국가 간 조약을 통함……군정은 일본인을 차별할 수 있음.
799호	퍼글러	47.2.3	모스크바 협정에 따라 임정이 수립될 때까지 남한 정부는 군정장관의 명령을 수행해야 함.
952호	퍼글러	47.3.14	정치선동가의 자유를 어느 정도 허용할 것인가는 주권적 권리에 의해 결정. 그 표준을 정하는 것은 정책적 문제임.
998호	모나간	47.4.15	군정은 미국 헌법이 규정하는 '적절한 절차due process'와 같은 헌법적 제한으로부터 자유로운 주권 보유자이다.
1585호	라이만	48.6.5	주권의 행사는 주한미군정에 의해 이루어져오고 있다.

출처: 《선집》.

한 주권을 대리한다는 것은 있을 수 없었으며, 군사점령이 주권정부의 존재를 부정하는 것도 아니었다. 또한 비록 군정장관이 총독의 권한을 그대로 인수한다고 했지만, 식민지 조선의 주권을 보유한 것은 일본 천황이지 총독이 아니었기 때문에 총독의 권한으로부터 유추해낼 수도 없는 것이었다. 가능한 방법은 미국 정부가 당분간 현지 점령당국이 남한에 대한 주권을 관리하며, 한국의 주권정부가 수립될 때까지 주권적 권한에 근거한 정부 활동은 주한미군정이 담당할 것이라는 지침 혹은 성명을 발표하는 것이었다. 그러나 앞서 보았듯이 주한정치고문의 반복되는 요청에도 불구하고 한국의 주권 귀속에 관한 연합국 성명은 초안 작성으로 끝났으며, 점령이 종료될 때까지 이 문제는 해결되지 못했다.

이러한 상황에서 점령 당국이 스스로를 남한의 주권정부로 자처하게 된 데에는 현실적인 필요성 때문이었던 것으로 보인다. 즉, 점령 당국이 구 왕조, 중경 임시정부, 인공에 대해 그들의 주권 보유를 부정하고 또한 일본의 주권 보유를 부정한 이상 주권적 권한에 의거해서만 가능한 점령행정의 분야가 존재했던 것이다.[46] 이러한 문제에서 심의국은 점령 당국에게는 주권적 권한이 없으므로 불가능하다고 판단한 것이 아니라 정반대의 결론을 내렸다.[47]

주한미군정의 주권적 권한과 관련하여 주목할 만한 것은 바로 과도입법의원, 남한 과도정부와 같이 '과도정부'를 조직하는 문제였는데, 《선집》에는 이러한 '군정의 한인화 정책'과 관련하여 모두 9건의 〈견해〉가 수록되어 있다. 피점령 지역의 새로운 정치조직 혹은 정부조직을 구성하는 것은 당시의 점령법에 비추어본다면 사실상 불가능한 일이었다. 심의국은 이러한 주한미군정 정책의 근거로 상부의 지침 혹은 상부의 정책을 들었는데, 비록 점령법과 충돌되더라도 상부의 지침이 지시하는 한 심의국에서는 상부의 지침을 근거로 군정의 권한을 합리화하고 있는 것은 앞서도 언급한 바 있다.

입법의원 및 과도정부의 수립 등 군정의 한인화와 관련하여 심의국이 일관되게 견지하고 있는 원칙은 점령사령부에 의해 언제든지 철회할 수 있는 문제 혹은 점령사령부의 정책적 결정에 따라 조치되어야 할 것이라고 하여, 이와 관련한 상부의 정책은 현지 점령 당국에게 광범한 재량권을 부여한 것으로 해석하고 있다는 점이다. 언론 자유, 귀속재산 문제에서처럼 상부 지침에 내재한 모순된 원칙이나 점령법상에 없어 미국의 점령 활동에 대한 국제적 비난의 여지가 있는 문제는 가능한 한 주한미군정 내에서 해결되었다. 주권정부로서의 권한 역시 마찬가지였는데, 한국의 주권 귀속 여부에 대해 미 정부가 침묵하고 있었던 반면 현지 점령 당국은 적극적으로 이를 활용하여 점령행정의 근거로 활용하고자 했다. 이러한 심의국 활동 및 주한미군정 권한의 확장은 상부의 지침이 문제의 해결책을 명시적으로 지시하지 않는 영역에서 현지 점령 당국이 스스로 해답을 구하는 과정에서 차츰 확대되었는데, 이는 결국 현지 점령 당국의 자유재량권이 점령행정에서 중요한 역할을 차지하게 되었음을 의미하는 것이다.

남한 점령 당국이 수행해야 할 민사 업무의 목표와 내용에 대해서 그다지 많은 계획을 갖지 못했던 미국은 점령 초기에는 남한 현지에서 발생하는 문제의 해결에 현지 점령 당국 책임자들의 자유재량권을 비교적 인정해주었다. 하지만 현상유지 원칙에 입각하고 있던 점령 초기의 상황은 정책 결정 주체로서 점령 당국의 자유재량권이 그다지 필요하지 않았다. 또한 훈련된 민사요원이 부족했고 군정의 행정체제가 불완전해 점령 당국이 정책 주체로서 활동할 수 있는 여건이 아직 성숙되지 못한 상황이었다. 그러나 46년 초반 군정기구의 정비와 1차 미소공위 결렬 이후 상황은 상부의 정책을 근거로 점령 당국이 현실적인 실행지침을 마련하고 집행해야 할 능력을 요구했다. 이러한 사정은 점령 당국의 자유재량권이 보다 적극적으로 발휘될 수 있는 여건을 마련했는데, 이 '자유재량권'의 개념은 현재까지의 연구 성과로 볼 때 분명한 것은 아니다. 이는 선험적으로 규정될 것이 아니라 주한미군정의 점령행정을 면밀하게 분석해 실증적으로 고찰되어야 할 문제일 것이다.[48] 필자는 앞서 살펴보았던 일련의 〈견해〉에 대한 분석을 통해 이러한 문제를 살펴볼 것인데, 심의국이 법률적 사안에만 자신들의 활동을 국한시키고 있었다는 사실로 인해서 《선집》에 대한 분석은 주한미군정에서의 심의국의 의미를 파악할 수 있을 뿐 아니라 주한미군정 내부의 상하관계 나아가서 현지 점령 당국과 미 정부와의 관계를 이해할 수 있게 해주며, '정책 집행 수단이자 정책 결정 주체로서' 미국의 남한 개입 과정에서 주한미군정이 어떠한 지위에 놓여 있었는지를 확인시켜줄 것이다.

앞서 보았듯이 심의국은 자신들의 법률적 기술을 발휘하여 현존하는 법규(상부 지침, 일본 법규, 국제법)의 해석을 통해 해당 질의에 답변하지 못하는 경우 곧바로 불능임을 선언하고, 군정 지휘부 및 하부 군정기구들에게 직접 결정할 수 있는 문제와 상부의 결정에 맡겨야 할 문제들을 구분해주었다. 심의국이 답할 수 없는 비법률적 문제의 해결책은 세 가지 종류였다. (1) 현지 점령 당국이 개입할 수 없으며 상부인 미 정부의 조치가 필요한 경우, (2) 군정 지휘부의 정책적 고려 matter of policy에 따라 결정되어야 할 경우, (3) 실무를 담당한 각 부서가 행정재량권에 입각하여 결정하는 경우가 바로 그것이다.[49] 이 중 현지 점령 당국의 권한이 아닌 상부의 대한정책상의 문제로 판단한 것을 제외한 두 가지를 '자유재량권'[50]으로 분류할 것인데, 《선집》에 수록된 〈견해〉에 의하면 이 같은 점령 당국의 재량권 확인 작업은 심의국의 중요한 업무 가운데 하나였다. 먼저 점령 당국의 재량권을 벗어나는 문제로 심의국이 명시적으로 군정의 개입 여지가 없음을 선언한 것은 총 13회에 달한다. 이 가운데 귀속재산 불하와 관련된 것이 8회, 소청 관련 사건이 2회이며, 크레딧 설정, 일본으로부터의 문화재 반환, 라디오 호출부호의 변경과 관련한 것이 각 1회씩이다.

〈표 2〉에서는 상부의 지침에 따라 특정 점령정책을 수행한 사례는 제외했는데, 그 이유는 심의국 나아가서 현지 점령 당국이 상부의 지침과 관련하여 자신에게 주어진 권한을 어떻게 이해하고 있었는지의 여부를 측정하기 위해서이다.

〈견해〉 전체에서 차지하는 비중은 물론이고 귀속재산 문제를 제외한다면 심의국의 판정에서 상부의 지령이 군정의 활동을 제한하는 역할을 거의 하지 못했다는 것을 알 수 있다. 상부의 지침에 대한 심의국의 이해 방식은 오히려 그 반대였는데, 군정 지휘부의 재량권과 군정 각 단위의 행정재량권을 광범하게 인정하고 있다. 《선집》에는 점령사령부의 정책 결정에 의해 특정한 문제가 해결되어야 한다고 판단한 〈표 3〉과 같이 모두 34회가 수록되어 있다. 주제별로 보면 지방 군정의 운영을 비롯한 점령행정 실무에 관한 것이 가장 많고, 귀속재산 문제가 5회, 언론·정치 활동 관련 사건이 7회, 재판 관할권 관련이 2회, 기타 4회 등이다.

이처럼 군정 지휘부의 정책 결정에 위임한 대부분의 경우는 법률적 문제가 아니라 확정된 상부의 지침이 점령 당국의 구체적 활동을 명시적으로 규정하지 않는 영역에서 발생했고, 심의국은 그러한 문제에서 해결의 주체는 점령군 사령부였음을 확인해주었다. 점령군 사령부의 정책 결정과 관련한 심의국 활동을 보면 46년 초반 '이원체제의 성립'으로 법률 관련 업무와 전반적인 정책 조정 업무가 군정장관의 정책 결정 이전 단계에서 효율적으로 기능하고 있었음을 알 수 있다. 즉, 단순한 법률 해석만으로 충분한 행정 업무의 경우에는 굳이 '군정장관-군정장관 대리-민정장관'으로 이어지는 군정 지휘부의 개입이 필요하지 않게 되었다.

심의국은 점령정책의 최고결정권자로서 군정장관이 자신의 권한의 행사를 보다 효율적으로 만듦으로서 군정 지휘부가 직접 개입해야 할 지점을 명확하게 밝혀주었던 것이다. 특히 심의국이 '정책적 문제'라고 판단한 사안들은 대개 군정장관의 무제한적 권한과 관련된 것이 많았다. 심의국은 이러한 문제를 법률의 제한에 따라 일정한 한계를 설정하지 않고 군정 지휘부의 판단에 맡김으로써 국제법 적용 사례에서도 확인되었듯이 점령 당국이 자신들에게 주어진 권한을 보다 광범하게 발휘할 수 있는 기반을 제공해주었다.

이와 같은 자유재량권은 군정 지휘부에게만 부여되었던 것은 아니었다. 심의국은 총 29회에 걸쳐 질의기관 혹은 여타의 군정부서에 대해서 관련 사건의 판단을 스스로 내릴 것을 지시했다. 귀속재산에 관한 한 최종적인 관리-운영의 책임권을 재산관리인의 것으로 확인한 것을 비롯하여, 귀속재산 관련 사건이면서도 타부서에 대해 재량권의 인정, 군정의 내부 회계 문제에 대한 결정권, 점령 비용의 결정과 관련하여 재무부 등에 부여한 것 등이 있다. 심의국의 행정재량권을 인정했던 것은 업무의 특수성이 가장 우선적으로 고려되었던 것으로 보인다.

<표 2> 현지 점령 당국의 재량권의 한계

	작성자	질의기관	일자	내용
37호	프랭켈 외	재무부	46.5.14	귀속재산의 처분권
123호	애플턴	소청장교	46.3.30	소청처리에 육군 규약을 적용할지의 여부
139호	머레이	재무부	46.5.13	귀속재산의 처분권
278호	퍼글러	관재처	46.5.24	접수회사의 자산 처분권
299호	퍼글러	상무부	46.4.29	미국으로부터의 크레딧 도입
335호	퍼글러	체신부	46.5.17	방송에 관한 국제협약의 변경
358호	라스커	재산관리인	46.5.31	귀속재산의 처분권
599호	프랭켈	관재처	46.9.10	귀속재산에 대한 채무변제권
609호	프랭켈	군정장관 대리 외	46.9.11	귀속재산에 대한 최종 결정권
683호	프랭켈	재산관리인	46.10.21	한국의 지위에 관한 최종 결정권
1278호	퍼글러	민정장관	47.10.4	평화조약에 한국입장의 반영
1369호	라이만	외무처	47.12.?	귀속재산의 처분권과 평화조약
1511호	라이만	외무처 외	48.4.23	귀속재산에 포함된 연합국민 이해 보장

출처: 《선집》.

<표 3> 군정 지휘부의 재량권 인정

	작성자	질의기관	일자	주제
25	필립스	운수부	46.3.14	미군 진주 이전 발생한 일본인에 의한 횡령사건의 처리
36	퍼글러 외	군정장관 외	46.5.17	주권의 일부로서 어업권을 말소할 수 있는 군정 권한
98	크라머	물자통제회사	46.3.21	귀속재산에 대한 채무의 변제
128	애플턴	농무부	46.3.27	수산조직의 통합을 위한 정책
130	머피	상무부	46.5.6	한국인의 군정에 대한 기부금 허용 문제

163	필립스	경무부	불명	"본국本局은 정책적 문제에 대해서는 판단하지 않을 것임"
304	겔러	Military Mayor	46.8.27	시 군정 권한의 확장
306	프랭켈	노동부	46.5.6	특정산업에 대한 노동분쟁의 불허
494	머피	민정장관	46.7.16	행정구역 및 총독부령의 변경
543	린너루스	물자통제회사	46.8.10	일본군 물자의 해안경비대 지급
632	퍼글러	재무부	46.9.20	귀속회사에 대한 담보설정권 및 부분적 처분권
668	퍼글러	농무부	46.10.18	소작회에 대한 보조금 지급(총독부의 관행)
718	퍼글러	민정장관	46.11.5	남한 점령의 특수성은 법률적 문제 아닌 정책적 고려 문제
786	퍼글러	군정장관 대리	47.1.24	귀속재산 운영에 의한 이익금의 처리
851	프랭켈	문교부	47.1.17	미군-한국인 사이의 아동에 대한 정책
895	프랭켈	농무부	47.2.7	무역회사의 해산권
952	퍼글러	군정장관	47.3.14	amnesty에 관한 권한
989	모나간	육군행정과 Office of Army administration	47.4.14	해방된 지역을 점령한 점령국의 징발권
1038	프랭켈	관재처	47.5.17	귀속재산 관련 상부 지침에 대한 자유로운libera 해석
1064	프랭켈	물자통제회사	47.5.6	귀속재산에 대한 부분적 처분권
1085	굿맨	토목부	47.6.17	한국인의 용역 징발권
1134	캠프벨	민정장관	47.6.26	헌병재판소 v 한국법원의 관할권 결정
1180	라이만	서무처	47.8.1	군정내 한국인 직원의 단체결성 허용 여부
1181	퍼글러	보건후생부	47.8.4	소송의 정부 명의를 군정으로 할지 과도정부로 할지의 여부
1201	퍼글러	군정장관 대리	47.8.15	입법의원의 권한 및 군정장관의 거부권
1307	톰길	정치고문	47.10.27	한국 법원이 내린 선고에 대한 재심권
1420	스캇	민정장관	48.2.3	군정의 한인화

출처:《선집》.

특히 귀속재산의 운영과 관리는 기업가적 자질을 갖춘 전문요원들에 의해서만 가능했을 것인데, 귀속 여부의 판단 및 귀속재산의 불하만 제외하고 거의 절대적인 재량권이 주어졌다. 이 문제는 재산관리인의 편제, 인원, 실질적인 활동, 보다 중요하게는 재산관리인들에게 재량권이 주어졌던 근거였던 그들의 기업가적 자질의 이면에 남한 자본주의의 재편과 관련하여 어떤 이데올로기적 편향이 작용했는지를 종합적으로 고찰해야만 그 의미가 보다 분명해질 것이다.

군정의 회계 문제, 점령 비용의 결정, 그리고 무역 관련 업무에는 귀속재산 업무와 마찬가지로 전문적인 자질을 갖춘 관리가 필요하게 된다. 이러한 영역에서 회계장교, 재정고문 등이 관여했을 것으로 추측되는데, 주한미군정 내 민사요원들을 상세하게 연구하지 않고서는 이러한 하부 기관의 행정재량권이 갖는 본질적인 의미를 파악할 수 없다. 그러나 이상의 분석을 통해 본다면 현지 점령 당국의 자유재량권과 관련하여 특정 분야의 업무에서는 군정 각 기구의 미군 관리들의 결정에 의해 집행될 만큼 점령행정이 세분화되고 체계화되었다는 점을 확인할 수 있다. 아울러 점령사령부의 정책 결정과 더불어 상부의 대한정책의 기계적인 집행이 아닌 현지 점령 당국의 능동적인 활동이 주한미군정의 점령행정에 내재하고 있었다고 할 것이다. 이는 점령정책의 결정이라는 영역에서 상부인 미 정부와 경쟁-대립할 가능성도 배제하지 않는다고 할 것이다.

5. 맺음말

미 제24군단이 남한에 진주할 무렵 군사점령에 관한 성문법규는 19세기적 국가관과 전쟁관에 입각하여 체결된 '헤이그규약'이 유일했다. 즉, 사회와 경제 분야에 대한 최소한의 정부 개입을 미덕으로 삼고 있던 자유방임적 정치사상은 전쟁관과 점령관占領觀에도 영향을 주었는데, 헤이그규약은 피점령 지역의 민간 활동에 대한 점령국의 개입을 가능한 한 최소화했다. 피점령 지역의 민사 업무에 관한 한 '소극적 역할론'에 입각해 있던 이러한 점령관은 미국의 대한정책에도 반영되어, 신탁통치계획과 제24군단의 점령계획에는 탁치로 전환하기 위한 잠정적 수단인 군사점령의 기간과 성격이 불분명한 상태로 남게 되었다. 남한 점령 당국이 정부로서 광범한 통치 업무를 담당해야 했던 또 다른 이유는 한국인의 주권 보유 부정이라는 대한정책상의 원칙도 작용했다. 탁치계획의 가장 큰 전제는 바로 한국인이 자치 능력을 갖추지 못했다는 점인데, 이로 인해 남한에 진주한 제24군단은 인공, 임정 그리고 구 대한제국에 대해 주권정부로서의 자격을 부정했다. 한국을 일본으로부터 분리한다는 연합국의 전쟁 공약과 남한 내 정치집단에 대한 불인정은 "피점령 지역의 주권정부 인정"이라는 군사점령의 가장 중요한 원칙을 부정하는 것이었다. 이 점은 미국의 남한 점령을 영토 병합과 구분할 수 없게 만들었으며, 궁극적으로는 남한 주민의 반발을 초래하여 남한 내 미국의 지위를 불안정하게 만들 수 있었다. 남한 내에 한국인으로 구성된 자치정부를 구성하는 문제는 점령 직후부터 주한미군 정치고문을 중심으로 논의되었지만, 자치정부의 성격상 주권정부와 분리될 수 없다는 점이 문제가 되었다.

결국 남한 점령 당국은 주한미군정 내 한국인 직원을 충원하여 점령의 불안정성을 군정의 한인화 정책으로 해결하면서, 사실상 주한미군정의 책임과 권한을 확장하여 '점령국-주권정부-자치정부'의 역할 모두를 스스로 떠맡게 되었다.

미국은 1942년 이래 군사점령하의 민사 업무를 담당하기 위하여 각 분야 전문가들을 선발하여 민사요원으로 훈련시켜왔다. 법률심의국에서 근무했던 법률참모들 역시 최고의 자질을 갖춘 전문-자문요원으로서, 주한미군정이 마주친 점령행정상의 어려움을 자신들의 법 기술을 활용하여 해결해나갔다. 이들은 업무 특성상 상부 지침과 국제법 그리고 한국인들이 제공하는 정보에 이르기까지 다양한 자료를 활용할 수 있었는데 단순한 법해석뿐 아니라 정책적 대안을 제시하면서 주한미군정의 점령행정을 상부 지침과 국제법적 틀 속에서 유지해나가고자 했다. 그들은 법률적 자문을 통해 현지 점령사령부가 개입해야 할 '정치적 영역', '이데올로기의 문제'가 무엇인지를 분명히 해주었으며, 하부 기관들이 행정적으로 처리할 수 있는 실무적 문제들을 구분해주었다. 양자는 모두 정책 집행 수단으로서의 역할이 아닌 통치 주체로서, 정책 결정 주체로서 주한미군정의 지위를 보다 분명히 드러내는 사례라 할 것이다. •고지훈

2장

10월 항쟁과
조미朝美공동회담

1. 식량 부족과 미온적인 친일파 청산

일제 강점 이후 36년 만에 해방을 맞이한 한국인들에게 가장 중요하고 시급한 문제는 한반도에 정부를 수립하고 자주독립 국가를 건설하는 것이었다. 그러나 2차 세계대전의 승전국인 미국과 소련이 38선을 중심으로 한반도를 분할 점령하고 한국문제를 2차 세계대전 전후 처리 문제와 함께 취급하면서 상황은 복잡해졌다. 강대국들은 해방 전부터 한국의 즉시 독립이 아니라 '적절한 절차'를 거쳐 독립시키고자 했고, 미·영·소 3국의 외무장관이 협의한 모스크바 3상회의 결과 한국의 독립절차로 미소공동위원회를 통한 임시정부 수립, 최대 5년의 신탁통치 이후 독립이라는 까다로운 절차를 제시했다. 결국 해방 이후 한국인들의 자주독립국가 건설은 강대국들의 세력 분할 문제와 연동되었고 미소공동위원회는 갈등 끝에 임시정부를 수립하지 못한 채 1946년 5월 무기한 휴회되고 말았다.

국가건설 문제가 난항을 겪는 가운데 한국인들의 삶을 더욱 어렵게 만들었던 것은 식량, 주택, 의료 같은 실생활의 문제였다. 일제강점기 동안 일본과 만주를 연결하며 일본제국의 블록경제 속에서 성장한 조선 경제는 1931년 만주사변 이래 15년의 전시체제기를 겪으면서 점차 피폐해졌고 그나마도 해방 이후 블록경제가 붕괴되면서 급속하게 위축되었다. 미군과 소련군에 의한 한반도 분할 점령은 이러한 위축을 더욱 가속화시켰고, 해방 이후 수백만에 이르는 귀환동포들로 인해 식량과 주택 부족, 전염병 문제는 더욱 악화되었다. 게다가 38선 이남의 한반도를 점령한 미 육군 제24군단은 태평양전쟁을 승리로 이끈 뛰어난 전투부대였으나 한국인들의 삶의 문제를 해결할 만한 경험과 능력은 부족했다. 그런 그들이 38선 이남의 유일한 행정기관임을 자임한 미군정을 통해 직접 통치를 실시하면서 문제는 엎친 데 덮친 격이 되었다.

특히 식량 문제가 가장 심각했다. 해방 직후 증가한 인구까지 고려할 때, 1년간 1인당 곡물소비 가능량은 0.937석으로 절대량에도 부족한 형편이었다.[1] 이런 상황에서 중요한 것은 미군정 당국의 식량정책과 수집-배급 조절이었는데, 미군정은 이 부분에서 실패를 거듭했다. 군정은 초기에는 자유시장 정책을 채택했다가 투기 수요가 조성되고 물가가 급등 조짐을 보이자 부분적인 가격규제 조치를 취했고, 1946년 초부터는 식량의 수집·배급, 생활필수품의 배급 및 가격 통제를 본격적으로 실시했다. 그러나 미곡 수집 방식이 일제의 공출을 연상시키는데다가 미곡 수집에 대한 보상인 생필품의 구입이 어려워 수집 실적은 좋지 않았다.[2] 그나마 수집에 비해 배급정책은 매우 소홀하여

여기에 크게 의존했던 도시민들은 더 큰 어려움을 겪어야 했다.[3]

먹고사는 문제만큼이나 해방 이후 한국인들에게 중요했던 또 다른 문제는 친일파 청산 문제였다. 식민지였던 나라에서 해방 이후 독립운동 세력이 독립국가 건설을 주도하고 식민통치에 일조한 부역 행위자들을 처벌하는 것은 정당하고 자연스러운 일이었다. 그러나 미군정이 직접 통치를 실시하면서 한국인 독립운동 세력의 정치 활동 공간 자체가 축소되었고, 미군정이 '현상유지 정책'을 천명하며 지주, 기업가들을 기반으로 한 한국민주당을 지원함으로써 친일파 청산 문제가 심각하게 대두되었다. '현상유지 정책'이란 일제강점기에 조선총독부 하에서 일했던 한국인들을 그대로 유지하여 미군정 통치에 활용하는 정책으로, 친일 경찰과 관료들의 복귀는 한국인들의 반발을 살 수밖에 없었다. 게다가 미군정의 지원하에 한국민주당의 조병옥, 장택상이 경무부장과 수도경찰청장으로 경찰을 지휘하면서 친일 경력을 가진 경찰들이 독립운동 세력의 정치 활동을 감시하고 통제하는 웃지 못할 상황이 벌어졌다.

1946년 가을, 9월 대구·경북 지역의 총파업이 도화선이 되어 전국적으로 확산된 '10월 항쟁'은 이런 문제들이 누적되어 폭발한 결과였다. 파업과 소요 사태가 식량 부족과 같은 민생고에서 기인한 것임은 10월 항쟁에서 표출된 대중들의 요구를 통해서 확인할 수 있다. 경북 지역에서 경찰 관련 문제 다음으로 많이 등장한 요구는 식량 및 생활난에 대한 것이었다.[4] 경남 지역에서도 도시에서는 '식량 배급의 실시'가, 농촌에서는 '식량 공출 반대', '소작료 3·7제 실시'가 주된 경제적 요구였다.[5]

당시 각 정당들도 파업과 소요 사태가 민생고에서 기인한 것임을 공통적으로 지적했다. 여운형이 이끄는 인민당은 "쌀을 달라는 요구는 이제야 일반 직장에서만 부르짖는 소리가 아니라 인민 전체가 부르짖는 소리이니 일부 선동에 의한 파괴적 파업으로만 알아서는 중대한 오해다"라고 주장했고, 사회민주당도 "요컨대 금번 파업은 순수한 민생 문제로서 발생한 것인 만큼 그 원만 해결은 오직 절실한 민중의 사회 문제에 대한 그 요구조건을 화속히 들어주어야 할 것이다"라고 지적했다.[6] 미군정에 적극 협력했던 한민당조차 "철도종업원의 파업을 위시하여 각지에서 발생한 파업은 모 정당의 정치적 모략이 있었다 할지라도 발단은 식량 문제인 것이 사실이다. (중략) 당국은 이에 대한 책임을 지며 식량 행정에 일대 전환을 단행하여야 할 것이다"라고 하여 식량 문제와 군정 당국의 정책적 실패를 인정했다.[7]

또 한 가지 빼놓을 수 없는 것은 10월 항쟁에서 시위대의 직접적인 공격이 대부분 경찰과 군정 관리에게 집중되었다는 사실이다.[8] 이는 경찰이 인민위원회 등 민중조직을 탄압, 분쇄하는 선봉이었으며 곡물 수집에서도 많은 횡포를 부렸고, 군정 관리들도 식량난과 양곡 수집으로 시민·농민들에게 큰 반발을 샀기 때문이었다.[9] 그러나 보다 중요한 이유는 경찰과 군정 관리 대다수가 친일파로 간주되었고 실제로 그러했다는 점이다.[10]

따라서 대중이 경찰과 군정 관리들을 직접 공격했던 것은, 일제 치하에서 겪은 고난과 고통이 해방 이후까지 되풀이되는 데 대한 대중적 울분과 복수심의 표현으로 볼 수 있다. 그런데 이는 군정의 일관된 '현상유지 정책'에서 비롯된 것이었다.[11] 결국 미국인에 대한 직접 공격은 극히 드물었다 할지라도 경찰과 군정 관리에 대한 공격은 곧 친일파에 대한 공격이자 미군정에 대한 대중적 반감을 드러내는, 그 자

체로서 매우 정치적인 의미를 갖는 일이었다.[12]

10월 항쟁은 이렇듯 해방 이후 누적된 사회경제적, 정치적 모순들이 폭발한 것이었기 때문에 미군정은 어떤 식으로든 해결책을 제시하고 사태를 수습하지 않을 수 없었다. 그러나 '항쟁'을 바라보는 미군정과 한국인들 사이에는 분명한 시각 차이가 존재했고, 이는 10월 항쟁에 대한 조사 과정에서 미묘하게 드러났다.

2. 10월 항쟁에 대한 시각차

미군정은 10월 항쟁을 "남조선에 거주하지 않는 선동자들이 일으킨 사건"이며 "선동자들의 정치적 목적을 달성시키자는 음모"라고 규정했다.[13] 그러나 그들의 실제 대응은 이러한 표면적 규정이 사실과 다름을 자인하는 것이었다. 미군정은 전술군을 파견해 물리적으로 진압하는 동시에, 조사단을 파견해 원인 규명과 수습책 마련을 위한 조사를 철저히 했다. 이는 일반적인 소요나 폭동에 대한 대응과는 다른 양상으로, 조사는 네 차례에 걸쳐 이루어졌고 그때마다 보고서가 작성되었다.[14]

처음 두 차례 조사는 아놀드 소장의 뒤를 이어 미소공동위원회 미국 측 수석대표였던 브라운Albert E. Brown 소장이 진행했다. 브라운은 점령군사령관 하지, 군정장관 러취와 함께 한국문제와 관련하여 가장 핵심적인 미군정 측 인물로 국내 정치에도 깊숙이 개입하고 있었다.[15] 이 정도 인물이 직접 조사에 나섰다는 사실은 미군정이 10월 항쟁을 매우 심각한 사태로 인식했고, 이를 단순 소요나 폭동으로 다루지 않앉음을 의미한다.

　브라운은 10월 4일 대구 공안장교 프레지아 소령, 제1연대 지휘관 포츠 대령, 경상북도 군정지사 헤론 대령의 진술을 통해 대구 상황을 조사한 후 10월 10일에는 대구 지역 저명인사 19명을 인터뷰하고 권장 조치를 마련했다. 조사 대상이 미군정과 우익계 인사들에게 편중되었지만 브라운은 이를 통해 16개 항목에 이르는 소요 원인과 소요 종식을 위한 제안을 담은 권장 조치를 하지에게 제출했다. 그가 제안한 권장 조치에는 미곡 수집계획 및 배급체계의 재검토, 경찰에 대한 미군의 감독과 지원 증대, 경찰을 자주 순환 근무시킬 것, 2주 또는 3주간 경상도 입법의원 선거의 연기를 고려할 것 등 비교적 폭넓고 현실적인 내용을 담고 있었다. 물론 이것이 그대로 정책에 반영되지는 않았지만, 이때 확보한 16개 항목의 소요 원인은 브라운이 이후 조미공동회담에서 제시한 14개 의제의 근간이 된다는 점에서 의미가 있다.[16]

　나머지 두 차례의 조사는 각각 제24군사령부 헌병참모실과 감찰참모실이 맡았다. 이 조사에서도 경찰과 양곡 수집에 대한 적개심이 공통적으로 지적되었는데, 여기에 덧붙여 헤론 대령과 프레지아 소령 등 군정 요원의 책임에 대한 상세한 조사가 포함되었다는 것이 특징이다. 이렇게 제24군사령부에서 군정 요원들의 책임을 물었던 것은 10월 항쟁의 대처 과정에서 나타난 군정 관계자와 전술군 장교들 사이의 갈등, 군정 지휘체계와 한국 경찰 지휘체계의 갈등을 반영하는 것이었다.[17]

　당시 한국인 정치세력들도 각자의 입장에서 원인 분석과 대책을 내놓았고 그중에는 민주주의민족전선(이하 민전), 각 정당 시국대책간담회(이하 각 정당 간담회)[18] 등과 같이 독자적으로 조사에 나선 정치세력도 있었다. 한민당과 민주의원을 비롯한 우익은 여론을 고려하여 식량 문제를 인정했지만 기본적으로 정치적 모략 혹은 극렬분자의 선동에 무게를 둠으로써 미군정의 공식 입장과 궤를 같이 했다.[19] 이에 한민당 연락부장 조헌영趙憲泳은 극렬 파괴분자의 선동·모략이 진정한 원인이므로 우익세력의 조장과 신망 있는 경찰지도자를 임명할 것을 수습책으로 제시했다.[20] 우익은 좌익이나 중간파 정치세력과 달리 직접 조사보다는 경찰과 미군정에 의한 수습을 기대하고 우익과 경찰의 강화를 모색했던 것이다.

조선공산당의 지하화 이후 이들의 입장을 대변해온 민전은 남조선인민봉기조사단을 구성하여 조사에 착수했다. 10월 8일부터 열흘 이상 대구와 각 지방을 조사하고 귀환한 조사단은 "소요의 근본 원인은 일부에서 말하는 정치적 선동으로 일어난 것이 아니고 생활난에 빠진 민중의 불평불만이 일시에 폭발한 것"이라고 규정했다.[21] 11월 1일, 이들의 보고를 종합한 조사보고서가 러취 군정장관에게 제출되었는데 여기에는 8개 항목의 원인遠因과 근인近因이 담겨 있었다. 그 내용을 정리한 것이 〈표 1〉이다.[22]

〈표 1〉 민전 남조선인민봉기조사단이 조사한 10월 항쟁의 원인

원인	① 식량부족으로 인하여 기아 상태임에도 수집한 식량을 배급치 않음
	② 일제시대의 악질 관공리와 친일파 민족반역자 친팟쇼분자의 등용
	③ 조령모개朝令暮改의 법령과 말단관리의 비법 위령으로 군정을 의구 불신임
	④ 사소한 사건에도 구타 검거 투옥 총살을 자행
근인	① 파업원을 불법 총살함이 수 차이며 가해자를 오히려 표창
	② 하곡 수집을 농민의 생활을 무시하고 구타 폭행 검거 투옥 등으로 강행
	③ 식량부족으로 일반 시민이 아사에 직면
	④ 경찰을 군정의 앞잡이로 보고 조선독립의 방해자로 인식

출처: 《독립신보》 1946. 11. 1; 《경향신문》 1946. 11. 2.

민전 의장단은 이를 바탕으로 5개 항목의 해결책을 제시했다. 이는 중농中農 이하에 대한 강제 공출 철폐, 1일 3홉 이상의 식량 배급, 테러 행위 근절과 악질 경찰 처단, 애국자 석방, 정간 신문의 무조건 속간 등 구체적인 사안과 경찰의 민주화, 행정권 이양, 친일파 숙청, 무상몰수·무상분배의 토지개혁 등 근본적인 문제를 모두 포괄하는 것이었다.

좌우합작위원회 이외의 중간파 세력이 결집했던 각 정당 간담회에서도 "남조선 각처에서 일어난 소요사건의 진상과 사건 발생의 원인을 구명하여 만전의 대책을 수립하고자" 남조선 비상사태 각 정당 연합조사단(이하 연합조사단)을 조직했다.[23] 10월 21일 조직된 연합조사단은 경부선, 중앙선, 호남선의 3개 방면에서 각 정당이 차출한 8~9인으로 구성되었다. 조사단은 하지에게 조사의 자유를 보장하고 편의를 도모하도록 명령할 것과 버스 제공, 공보부원과 기자단 파견, 라디오 방송 등을 요청하기도 했다.[24] 이와 함께 10월 25일에는 하지에게 10월 항쟁에 대한 공동의견서를 제출해 선동에 의한 것이라는 규정에 항의하고 (1) 조국해방 전도에 대한 절망감, (2) 일제 잔재적 반동분자에 대한 극도의 증오, (3) 무정견한 식량정책에서 나온 가혹한 공출제에 대한 반감과 식량난을 항쟁의 원인으로 지적했다.[25]

좌익과 중간파 세력의 직접 조사와 독자적 원인 구명, 해결책 제시는 10월 항쟁이 심각한 정치적·사회적 위기 상황으로, 군정 당국에만 맡겨서는 근본적 해결이 어렵다고 판단했음을 의미하는 것이었다. 이는 10월 항쟁을 정치적 음모에 의한 소요나 폭동으로 규정하려는 미군정에게 큰 부담으로 작용했다. 미군정의 조사 활동은 어디까지나 내부적으로 상황을 파악하려는 것이었을 뿐, 스스로 자신들의 실책을 인정하고 개혁 요구를 수용하려는 것은 아니었다. 따라서 미군정은 항쟁의 원인과 대책에 대한 각계의 의견을 수렴하는 모양새를 갖추면서 자신들의 의도대로 10월 항쟁을 수습할 계기를 마련하는 것이 필요했다. 이를 위해 미군정이 선택한 방식은 좌우합작위원회를 끌어들이는 것이었다. 좌우합작위원회는 합작운동을 주도하면서 대중적 명망을 얻고 있었고, 합작 추진 과정에서 미군정과 긴밀한 협조관계를 유지하고 있었기에 미군정에게 가장 적절한 파트너가 될 수 있었다.

하지는 10월 19일 브라운에게 "남조선의 상황이 날로 심각해져 소요 횟수가 늘어나고 소요 발생 지역이 확대되고 있다"며 조사를 중단하라고 지시했다. 그리고 브라운은 같은 날 곧바로 김규식을 만나 좌우합작위원회가 남조선 소요 종식에 기여할 수 있는 바에 대해 논의했다.[26] 이러한 정황은 미군정이 독자적인 해결의 한계를 절감하고 좌우합작위원회를 활용하여 상황을 타개해나가는 쪽으로 방향을 전환했음을 보여준다. 미군정의 구상은 며칠 뒤인 10월 23일, 미군정 요인들과 좌우합작위원회 대표들이 조미공동회담을 구성함으로써 현실화되었다.

좌우합작위원회의 김규식도 회담 성립 직후인 10월 25일, 조미공동회담을 "남조선 소요사건으로 인한 동족상잔의 참극을 눈앞에 보고 이의 긴급한 해결책을 민족적 입장에서 미군정 당국과 격의 없이 토의하기 위하여 나의 제안으로 모이게 된 회담"이라고 설명했다.[27] 그러나 좌우합작위원회가 조미공동회담에 참석한 배경에는 이러한 공식적 입장보다도 당시 김규식과 좌우합작위원회가 처한 어려움이 크게 작용했다. 좌우합작위원회의 또 다른 기둥이라 할 수 있는 여운형이 미군정의 입법기구 구상에 반대하여 이 무렵 좌우합작위원회를 사실상 이탈했고, 이로써 좌우합작위원회는 좌우 정치세력을 포괄하지 못한 중도우파 단체로 전락했던 것이다.

애초에 중간파 정치세력이 좌우합작운동을 시작한 이유는 미소공동위원회를 재개하기 위해서였다. 한국인 정치세력이 최대한 폭넓게 참여해야 미소공동위원회를 통해 미국과 소련이 모두 만족할 수 있는 임시정부를 수립할 수 있었던 것이다. 그러나 미군정이 좌우합작운동을 지지했던 것은 중간파 정치세력을 중심으로 미군정 자문기관인 입법의원을 구성하여 우호적인 지지 기반을 마련하고자 의도한 것이었다. 이러한 '입법기관'의 창설은 남한만의 단독정부 수립 준비로 해석될 수 있었기 때문에 여운형을 비롯한 많은 한국인 정치세력은 이에 반대하는 입장을 분명히 했다. 그러나 김규식은 좌우합작위원회가 입법의원을 주도할 수 있다고 믿었고, 이런 상황에서 미군정과의 협상력을 높이고 입법의원 문제 등 정치현안에 대해 미군정과 제도적으로 논의, 협상할 수 있는 공간이 필요했다.

결국 김규식이 주도한 좌우합작위원회가 조미공동회담에 참여했던 것은 1차적으로는 10월 항쟁을 수습하기 위한 것이었지만, 동시에 미군정과의 협상을 통해 입법의원에 대한 애초의 구상을 실현하고 이를 통해 여운형을 다시 좌우합작위원회로 끌어들여 합작위원회 중심으로 정국을 장악하기 위한 것이었다. 10월 항쟁의 성격상 항쟁의 원인과 대책에 대한 논의는 곧바로 정치·경제적 현안들과 그 해결 방식에 대한 논의로 연결될 수 있는 만큼 매우 중요한 의미를 가졌다. 따라서 조미공동회담은 10월 항쟁을 수습하기 위한 한미공동대책위원회의 성격을 갖는 동시에, 입법의원의 주도권 확보 및 한국의 정치·경제적 현안들과 그에 대한 해결 방식을 둘러싸고 미군정과 좌우합작위원회 양측의 입장이 충돌하는 대결장의 성격을 가졌다.

3. 조미공동회담의 구성과 논의 내용

1946년 10월 23일 조미공동회담 제1차 회의가 시작되었다. 당시 언론은 좌우합작위원회가 남조선 일대의 대소요사건과 민생 문제의 곤란으로 야기된 민족 최대의 난국을 타개하기 위해 하지에게 '남조선 혼란대책위원회' 조직을 제안했고, 하지가 이에 동의하여 '남조선 혼란사건조사위원'들을 임명함으로써 조미공동회담이 성립되었다고 보도했다.[28]

회담의 구성원은 하지의 임명을 받는 형식으로, 한국인 측은 좌우합작위원회의 김규식, 원세훈, 안재홍, 김붕준, 최동오, 여운형, 박건웅, 장권, 미군정 측은 브라운 소장, 러취Archer L. Lerch 소장, 웨커링 John Weckerling 준장, 헬믹Charles. G. Helmick 준장, 존슨Edgar. A. J. Johnson 박사와 번스Arthur C. Bunce 박사가 참여했다.[29] 회담 종반에 이르러 근로대중당 당수 강순이 추가되고 장권 대신 여운홍이 참석하는 등 약간의 변동이 있었지만 기본적인 틀은 한국인 측 8인, 미군정 측 6인으로 유지되었다.

한국인 측 대표로 선정된 8인은 미군정이 입법의원 문제를 좌우합작위원회에 제안한 후 이를 논의하고 합작 7원칙에 서명한 좌우익 대표들로, 당시로서는 이들이 곧 좌우합작위원회의 좌우익 대표 전부라고 볼 수 있다. 7월 11일 선정된 좌우합작위원회 10인의 대표들과 비교했을 때, 우익 대표 5인인 김규식, 원세훈, 안재홍, 김붕준, 최동오는 변함이 없었지만, 좌익 대표는 여운형을 제외하고 모두 좌우합작위원회를 이탈했다. 이는 합작 5원칙 발표 이후 좌익이 실질적으로 좌우합작에서 손을 뗐고 여운형, 박건웅, 장권은 좌익 대표가 아닌 개인 자격 혹은 특정 당의 대표로 좌우합작을 추진했기 때문이다.[30] 따라서 이들 8인이 조미공동회담에 참여했다는 것은 비록 중도우파 중심으로 위상이 축소되긴 했으나 좌우합작위원회가 위원회 차원에서 참여했음을 의미했다. 그러나 입법기구 문제로 합작위원회에서 사실상 이탈한 여운형이 조미공동회담에 얼마나 적극적으로 참여할 것인가는 의문이었다.

　미군정 측에서도 군정청의 핵심 요인들이 참여했다. 브라운은 미소공위 미국 대표단 수석위원을 맡고 있었고, 러취는 군정장관, 웨커링은 미소공위 미국 대표단 단원이자 하지 중장 대리였다. 헬믹은 10월 1일 입국했지만 11월 4일 군정장관 대리에 임명되었고,[31] 존슨은 노동국 상무부장으로 재직하다 9월, 민정장관직을 맡았다.[32] 번스는 하지의 경제고문이자 미소공위 미국 대표단 단원으로 활동했고, 군정청 중앙경제위원회 위원으로 재직하던 중 10월 22일 공사로 승격되었다.[33]

〈표 2〉 조미공동회담의 인적 구성

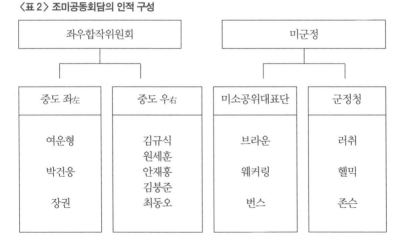

좌우합작위원회		미군정	
중도 좌左	중도 우右	미소공위대표단	군정청
여운형	김규식	브라운	러취
	원세훈		
박건웅	안재홍	웨커링	헬믹
	김붕준		
장권	최동오	번스	존슨

출처: 〈회의록〉 1946. 10. 23~1946. 12. 10.

당시 미군정 내에는 미소공위 대표단과 산하 정치고문단으로 대표되는 자유주의적 경향과, 군정청을 중심으로 한 반공주의적 경향이 존재했는데 미군정 측의 구성은 이를 반영하는 것이었다. 전자는 중간파 활용정책과 입법의원 설립공작을 주도했던 브라운, 웨커링, 번스였고, 후자는 군정장관 러취, 군정장관 대리 헬믹, 민정장관 존슨이었다.[34] 공산주의자들을 배제한 상태에서 점령정책의 안정적 기반을 형성한다는 기조에는 현격하게 입장을 달리하지 않았지만, 구체적 상황 인식과 정책 수행 방식에 있어서는 주목할 만한 차이를 보였다.[35] 앞의 〈표 2〉는 지금까지 살펴본 조미공동회담의 인적 구성을 정리한 것이다.

10월 23일, 브라운이 의장을 맡아 덕수궁에서 열린 첫 회의에서는 10월 항쟁의 원인에 대한 전반적인 논의가 시작되었다. 국가건설 지연과 식량 문제 등 다양한 문제가 제기되었으나 박건웅과 여운형 대리 이임수, 김규식 등이 공통적으로 제기한 것은 경찰 문제로, 김규식은 경찰 대부분이 친일 경력자이자 한민당 관계자라는 사실을 지적했다.[36] 그러나 첫 회의인 만큼 구체적인 논의는 다음으로 미뤄졌고, 모든 회의를 기밀로 할 것을 결정하고, "동회同會는 남조선에서 현재 혼란을 일으키게 된 원인과 그 상태를 일반적으로 검토하고", "모든 정보와 해결책을 숙의한 후에 현 상태의 개선안을 제출하기로 했다"는 성명을 발표하는 수준에서 마무리되었다.[37]

2차 회의에서는 브라운이 제안한 14개 항목의 '소요사태' 원인이 원세훈의 제안에 따라 인사·경제·정치의 3개 범주로 분류되었는데, 이것이 3차 회의에서 의제로 채택되면서 4차 회의부터는 10월 항쟁의 원인에 대한 본격적인 논의가 시작될 수 있었다. 이는 10월 26일 공보부 발표를 통해 공개되었는데, 〈표 3〉은 이를 정리한 것이다.

브라운이 제안한 14개 항목에 대해서는 좌우합작위원회 측에서도 별다른 이견이 없었다. 선동자 문제를 포함했지만 경찰 문제와 친일파 문제, 미곡 수집·분배 등의 중요한 문제들을 상세히 담고 있었고, 임시정부 수립의 지연, 정당 관계, 정부의 이상적 구성 문제와 같은 근본적 정치 문제까지 포함하는 충실한 내용이기 때문이었다. 이러한 내용은 선동자들의 선동만을 강조했던 하지의 성명과는 질적으로 다른 것이었다. 여기에 바탕이 되었던 것은 10월 10일 브라운이 대구 지역 저명인사 19명으로부터 확보한 16개 항목의 소요 원인이었다. 이들 저명인사는 경상북도 지사, 대구 시장, 사민당 경북도당 위원장 등 대부분 우익계로 분류될 수 있는 인물들이었지만 소요의 원인을 구체적이고 다양하게 제시했다.

박헌영도 10월 항쟁을 분석한 논문에서 조미공동회담에서 발표한 14개 항목의 10월 항쟁 원인을 제시하고 "객관적 사실에 바탕한 일반 여론을 무시할 수 없기 때문에 관제적 소요 원인 조사기관인 한미공동회담에서도 엄연한 객관적 사실을 부정할 수 없게 된 것"이라고 평

〈표 3〉 10월 26일, 조미공동회담이 발표한 10월 항쟁의 원인

1. 인사 문제	① 경찰에 대한 반목 ② 군정청 내에 친일파의 침입 ③ 군정에 있어서의 통역관의 영향 ④ 일부 조선인 관리의 부정행위 ⑤ 남조선의 최대복리를 방해하는 선동자
2. 경제 문제	⑥ 미곡 수집계획 ⑦ 미곡 배급계획 ⑧ 임금 물가 및 인플레 ⑨ 전재민의 주택으로 인한 인민의 실망 ⑩ 경제회복의 부진에 대한 실망
3. 정치 문제	⑪ 조선임시정부 수립의 지연 ⑫ 적산관리 ⑬ 정당관계 ⑭ 정부의 이상적 구성 문제 (㉮ 인민의 요구를 만족시키는 정부 ㉯ 진정한 애국자로 구성된 정부 ㉰ 확고한 행정방침 ㉱ 정부로부터 악질분자 숙청)

출처: 〈회의록〉 1946. 10. 25; 《서울신문》 1946. 10. 27.

가했다.[38] 이는 박헌영의 지적대로 어쩔 수 없이 여론을 반영한 것이었지만, 동시에 브라운을 중심으로 한 미소공위 미국 대표단이 미군정 내에서는 비교적 자유주의적 성향을 가진 집단이었다는 사실과도 무관하지 않을 것이다. 이제 문제는 조미공동회담이 이 의제들을 구체적으로 어떻게 파악해나가고, 어떤 해결책을 강구할 것이며, 그 해결책들이 제대로 실현될 수 있을 것인가 하는 것이었다.

조미공동회담은 10월 28일 열린 4차 회의부터 14개 항목의 항쟁 원인 중 첫 번째 분류 범주인 인사 문제에 대한 논의에 들어갔다. 인사 문제에 대한 조사는 21차 회의까지 계속되었고 하지에게 제출할 건의서를 작성하는 것으로 마무리되었다.

4차 회의에서 9차 회의까지는 인사 문제 전반과 증언을 청취할 증인 출석에 대한 논의가 진행되었다. 인사 문제에 포함된 내용은 (1) 경찰에 대한 반목, (2) 군정청 내에 친일파의 침입, (3) 군정에 있어서의 통역관의 영향, (4) 일부 조선인 관리의 부정행위, (5) 남조선의 최대 복리를 방해하는 선동자, 이렇게 모두 다섯 가지였는데 이 중 가장 중요한 문제는 경찰과 친일파 문제였다.

4차 회의에서는 경찰에 대한 반목의 원인으로 장태송, 노덕술, 김정호, 강수창, 황옥 등 일제 시기부터 악명을 떨쳤던 고위직 경찰들이 거론되었고,[39] 5차 회의에서 원세훈이 박재수, 이익흥, 최경진, 장자관 등 10여 명을 추가로 지목했다.[40] 6차 회의부터는 군정청 내 친일파의 존재에 대한 논의가 시작되었다. 러취나 존슨은 친일파 중 악질적인 부류와 그렇지 않은 부류를 구별하고 청산을 최소화할 것을 강조한 반면, 김규식은 좌익과 소비에트 당국이 북에서 친일 잔재 청산을 자랑하고 있음을, 원세훈은 친일파로 인해 한국 정부 건설이 유예

되고 대중이 미 점령군에게 실망하고 있음을 강조했다.[41] 7차 회의에서는 친일파로 분류될 수 있는 유형과 예외 규칙에 대한 논의가 있었고,[42] 8차 회의에서는 원세훈이 수도경찰청 휘하의 10개 경찰서장이 모두 친일파라는 점을 지적했으며, 경무부장 조병옥과 수도경찰청장 장택상을 증인으로 출석시켜 이들의 증언을 청취하는 방식에 대해 논의했다.[43] 9차 회의에서는 통역관의 군정에서의 영향력 행사, 일부 조선인 관리의 부정행위에 대한 논의가 진행되었다. 안재홍, 김규식, 원세훈은 통역관의 자격 문제를 공통적으로 거론했고, 안재홍은 관리들의 생활고를, 김규식은 신한공사 총재 정환범鄭桓範의 자격 문제를 지적했다. 안재홍은 미국인 관리들이 행정 훈련을 받지 않은 군인이라는 점과 너무 자주 교체된다는 점을 지적했는데, 이에 대해 러취는 미국인과 한국인 관리들의 부정부패를 조사하는 3개 그룹의 존재와 역할에 대해 설명했다.[44]

9차 회의에 이르기까지 조미공동회담에서 이루어진 대부분의 논의는 10월 항쟁의 원인 중 인사 문제에 대한 것이었고, 이는 10월 항쟁의 조사기구라는 조미공동회담의 외형적 규정에 부합하는 활동이었다. 그런데 이러한 논의 중 간간이 입법의원에 대한 논의가 진행되었던 것은 주목할 만한 일이다. 주로 좌우합작위원회 측에서 제기했던 입법의원에 대한 논의는 조미공동회담의 외형적 목표와는 무관한 것이었다. 그러나 입법의원의 주도권 장악을 목표로 했던 좌우합작위원회에게 이는 사활이 걸린 문제였고 조미공동회담에 참여한 중요한 이유이기도 했다. 법령 발표 이후 대다수 정치세력이 입법의원에 반대하는 입장을 표명하는 와중에도 김규식 중심의 좌우합작위원회는 입법의원 선거 결과가 나올 때까지 지켜보자는 입장이었다. 그러나 선거 결과가 드러나면서 사태의 추이가 자신들의 의도와는 다른 방향으로 전개되자 이를 수수방관할 수 없었던 것이다.

조미공동회담 7차 회의가 있던 10월 31일, 입법의원 선거가 마무리되었을 때 선거 결과는 우익의 압승이었다. 민선의원 총 45명에 대한 선거 결과 한민당 14명, 독립촉성회 17명, 한독당 3명, 인민위원회 2명, 무소속 9명이 당선되었던 것이다.[45] 그러나 이는 미군정의 승리였다. 미군정은 남한에서 선거절차가 결과에 얼마나 큰 영향을 미칠지 잘 알고 있었고 이에 철저히 대비했다.[46] 미군정은 4단계에 걸친 간접선거 방식을 채택했고, 남녀 구별 없는 보통선거를 표방하면서도 실질적으로는 세대주로 선거권을 한정했다.[47] 이때 세대주란 납세자를 말하는 것으로, 이로 인해 빈농이나 소작농, 여성은 선거에서 원천적으로 배제되었다. 더군다나 10월 항쟁 기간에 선거를 강행해 대부분의 좌익들이 출마할 수 없었고, 법령 발표 후 채 일주일도 안 되어 선거를 시행하여 선거 사실조차 모르는 경우가 많았다.[48] 결국 미군정은 우익의 압승을 예상하고 선거라는 '민주주의적' 방식을 선택했던 것이다.[49]

좌우합작위원회는 입법의원을 중간파 중심으로 장악하고자 했으므로 전체 의원의 절반이나 되는 민선의원 선거가 우익의 압승으로 끝나는 것을 용납할 수 없었다. 이 때문에 김규식은 4차 회의에서 우익의 일방적인 승리는 워싱턴의 바람에도 역행하는 것이라며 좌익의 제안대로 선거를 늦추거나 입법부 개원을 12월 1일 정도로 연기할 것을 제안했다. 뿐만 아니라 첫 번째 단계의 선거를 무효로 하거나 입법의원 90명 모두를 좌우합작위원회가 추천하는 방식도 제안했다. 그러나 이에 대한 본격적인 논의는 이루어지지 않았다.[50] 입법의원에 대한 논의는 6차 회의에서도 이어졌다. 번스는 대중이 우익을 혐오한다면 선거에서 당선될 수 없을 것이라고 주장했지만, 박건웅은 군정, 경찰, 재판부 그리고 다른 모든 부서에서 우익이 주요 권력을 잡고 있기 때문에 그것은 매우 간단한 일이라고 반박했다.[51] 입법의원 선거 결과가 나온 다음 날인 8차 회의에서는 회의록에 기록되지 않았지만 법령 118호에 대한 장시간의 토론이 뒤따랐다.[52] 이는 아마도 선거가 규정대로 진행되었는가를 가리기 위한, 법령 118호에 대한 해석 논쟁이었을 것이다.

그러나 의장 브라운은 8차 회의 말미에 앞으로는 의사 항목에 올라 있는 주제에만 주의를 한정할 것을 요청하여 회담에서 더 이상 입법의원 문제를 거론하지 못하게 했다. 9차 회의에서 김규식이 하지에게 선거 무효를 요청한 사실을 언급하자 이에 대한 약간의 토론이 뒤따랐을 뿐이다.[53] 좌우합작위원회가 여러 차례 입법의원 개원 연기, 혹은 선거 무효 요구를 언론에 공개하면서 결국 입법의원 개원이 12월 초로 연기되었지만, 입법의원 개원을 늦추는 것만으로는 우익의 입법의원 장악을 막을 수 없었다.[54] 이제 조미공동회담에 참석한 중간파 인사들은 다른 방식으로 활로를 모색해야 했다.

4. 회담의 '예견된 실패'와 단독정부 수립의 그림자

10차 회의부터는 인사 문제에 관련된 증인들을 출석시켜 증언을 청취하고 질문하는 방식으로 조사가 본격화되었다. 18차 회의까지 증인들이 출석했고, 21차 회의를 끝으로 인사 문제에 대한 건의안을 결정

했다. 〈표 4〉는 10차 회의부터 18차 회의까지의 출석 증인들을 정리
한 것이다.

회의에 출석한 증인들을 보면 블레소 민정장관 고문과 로빈슨 대령
을 뺀 나머지 증인들은 모두 경찰 문제와 관련이 있었다. 경찰은 탄압
자나 과잉진압자를 넘어 친일파를 표상했기 때문에, 인사 문제를 다
룰 때 1차적으로 조사해야 할 대상이었다. 그러나 이보다 더 중요한
원인은 조미공동회담 확대 무산, 우익의 민선의원 장악으로 궁지에
몰린 중간파 인사들의 현실이었다. 이들에게 경찰·친일파 문제의 해
결은 10월 항쟁 진압과 입법의원 선거를 통해 우익에게 넘어간 정치
적 주도권을 탈환할 수 있는 마지막 기회였던 것이다.

10차, 11차 회의에 경무부장 고문 맥그린이 출석한 것은 의미가 있
었다. 8차 회의에서 조병옥과 장택상을 증인으로 출석시키는 문제가
거론되었을 때, 러취는 맥그린이 그들과 함께 출석하기를 원한다고

〈표 4〉 10~18차 회의 출석 증인

회의	일자	증인
10차 회의	46.11.5.	맥그린William H. Maglin 경무부장 고문
11차 회의	46.11.7.	맥그린 경무부장 고문, 조병옥 경무부장
12차 회의	46.11.8.	조병옥 (지방행을 이유로 출석하지 않음)
13차 회의	46.11.12.	장택상 수도경찰청장
14차 회의	46.11.14.	조병옥 경무부장
15차 회의	46.11.15.	최능진 수사국장, 블레소Hugh H. Bledsoe 민정장관 고문
16차 회의	46.11.18.	로빈슨John M. Robinson 24군 정보부 부 참모장
17차 회의	46.11.19.	조성직, 고재봉
18차 회의	46.11.21.	신현창

출처: 〈회의록〉 1946. 11. 5~1946. 11. 21.

전했고 이 때문에 맥그린의 증인 출석이 이루어졌다.[55] 맥그린은 경찰의 병력과 조직, 선발에 대해 증언했고 경찰에 전직 일제 경찰이 얼마나 포함되어 있는가를 설명했다.[56]

그러나 맥그린의 진짜 역할은 제기된 여러 문제들을 경찰 입장에서 충실히 옹호하는 것이었다. 맥그린은 도道 경찰청장들의 일제하 경찰 전력을 묻는 질문에 "경험이 없는 상관을 존중하는 경찰은 거의 없다"고 변호했고, 경찰이 우익 청년조직을 동원한다는 지적에 대해서 "어느 나라 경찰이라도 불법적인 요소에 의해 공격받을 때 훌륭한 시민들이 도와주는 것을 받아들일 것"이라고 해명했다. 맥그린은 10월 25일 있었던 마크 게인과의 대화에서 "그들이 일본을 위해서 훌륭히 업무를 수행할 수 있다면 우리를 위해서도 그럴 수 있으리라고 생각합니다. 그러므로 일본인이 훈련시킨 사람들을 경찰에서 몰아내는 일은 공정하지 못할 것입니다"라고 경찰에 대한 미군정의 입장을 적나라하게 드러내었다.[57]

11차 회의에 경무부장 조병옥이 출석했지만 회의 시간이 얼마 남지 않아 기초적인 질문과 답변만 이루어졌고, 12차 회의에는 증인 출석을 회피하기 위해 조사차 지방에 내려간다는 핑계로 불참했다.[58] 이 때문에 장택상이 먼저 13차 회의에 증인으로 출석했다. 장택상은 수도경찰청장이자 제1경무총감으로 경찰의 2인자였고, 한민당 요인이었다.[59] 장택상도 주로 경찰의 전력前歷 문제, 우익 정당·청년단체와의 관계에 대한 질문을 받았지만, 경찰의 일제하 전력을 축소하려 했고 우익 정당·청년단체와의 관계도 모두 부인했다.[60]

14차 회의에 출석한 조병옥도 장택상과 유사한 태도를 취했다. 많은 경찰들이 일제하 전력이 있음을 부인하지 못했지만,[61] "소련인들조차 혁명 이후에 경찰과 정규군을 조직할 때 경험자를 이용하기로 결정했다"며 이들을 옹호했고, "한국인들 중 압도적인 다수가 사고와 행동에 있어서 우익이기 때문에 경찰도 사람으로서 무의식중에 우익에 호의를 가질 수 있다"는 궤변을 늘어놓았다.[62] 조병옥은 조미공동회담 개최 전 군정장관 러취가 "이번 회담의 결과에 따라 당신의 진퇴 문제가 결정되고 또 그러한 중요한 회담인 고로 회담 출석 전에 만반의 해명 준비를 갖추도록 하라"고 귀띔했다고 회고하기도 했는데,[63] 이는 맥그린의 회담 출석에서도 볼 수 있었듯이 미군정이 이들을 공공연하게 비호했음을 보여준다.

그러나 좌우합작위원회 측의 요청으로 15차 회의에 출석한 수사국장 최능진은 조병옥·장택상과는 전혀 다른 태도를 취했다. 그는 미곡수집과 관련된 경찰의 부패를 부인하지 않았고, 경찰 고위 관직 중 30퍼센트 정도의 악질적인 친일 경찰들을 애국자로 대체해야 한다고 주장했다. 브라운이 그들의 경험 없이 경찰의 효율이 유지될 수 있겠냐고 질문했지만, 최능진은 자신도 형사 업무를 한 달 반 만에 미국인 장교에게 배웠다며 "새로운 제복이 경찰을 민주화시키지 않는다"고 답변했다. 최능진의 증언은 현직 고위 경찰의 증언으로는 매우 놀라운 것이었지만, 안창호의 영향을 받아 계몽적 민족주의에 입각해 활동했고, 해방 이후 조만식·현준혁과 평남 치안유지회를 발족시켜 평남 건준 치안부장을 맡았던 전력으로 미루어보면 충분히 이해할 수 있는 것이었다. 최능진이 애초에 경찰에 투신했던 것도 남한에 일본 경찰 출신들이 그대로 남아 있다는 소식에 격분하여, 남한에서는 정치 활동보다 친일파 처벌 등 민족정기를 확립하는 일이 시급하다고 생각했기 때문이었다.[64] 그러나 최능진의 이러한 소신에 대한 대가는

12월 2일, 조병옥의 갑작스러운 파면 통고로 되돌아왔고, 이에 굴하지 않고 공개 회답장을 공표하는 등 강하게 반발했으나 12월 24일에는 명예훼손 혐의로 불구속 입건되기에 이르렀다.[65]

15차 회의에는 군정 관리 선발과 통역 문제를 증언하기 위해 전 군정청 인사과장이자 민정장관 고문 블레소 중령이 출석하기도 했지만, 공정하게 관리를 선발하고 있다는 원론적인 답변만 했을 뿐이고,[66] 16차 회의에는 10월 항쟁과 관련하여 남한 상황과 관련된 비밀정보를 제공하기 위해 로빈슨 대령이 출석했으나 기밀을 이유로 회의록에조차 기록되지 않았다.[67] 좌우합작위원회의 요청에 따라 17차, 18차 회의에 출석한 조성직, 고재봉, 신현창 등은 경찰의 폭행과 이유 없는 체포, 지원비 명목의 금품 갈취 사례 등을 증언했으나, 피해자 입장에서 개인적인 경험을 진술할 수 있었을 뿐 정치적인 문제를 증언할 수는 없었다.[68]

18차 회의 이후부터는 앞서 논의한 인사 문제를 정리하여 하지에게 제출할 건의안을 작성했고, 이는 21차 회의가 있던 11월 26일 하지에게 제출되었다.[69] 건의안은 강제력이 없었기 때문에 조미공동회담에서 미군정과 좌우합작위원회가 어떤 합의를 이루었는가를 보여줄 뿐이었다. 이는 공보부 발표들과 마찬가지로 미군정이 10월 항쟁을 충실히 해결하려 애쓰고 있다는 인상을 주는 데 활용되었다.

그러나 이 권고사항의 작성을 둘러싸고 좌우합작위원회와 미군정이 명백한 의견 차이를 드러냈던 것에 주목할 필요가 있다. 이는 경찰 문제를 해결함에 있어서 조병옥, 장택상을 해임하는 방안과 관련된 것이었다. 경찰·친일파 문제의 해결로 우익에게 넘어간 정치적 주도권을 탈환할 마지막 기회를 노리고 있던 좌우합작위원회 인사들은 경찰과 한민당의 연결고리였던 조병옥과 장택상 해임을 건의하지 않을 수 없었다. 따라서 좌우합작위원회는 이들을 모두 해임해야 한다고 주장했고, 특히 안재홍은 조병옥이 좌우합작에 반대하는 박헌영 이외의 또 한 사람, 즉 이승만과 연대하고 있음을 지적했다. 그러나 브라운은 11월 21일 18차 회의에서 절충안으로 장택상만을 해임하는 방안을 제안했다. 미군정 인사들 내에서도 이 문제에 대해서는 이견이 있었다. 조병옥 해임 반대는 모두 마찬가지였지만, 헬믹과 존슨은 장택상 해임 역시 반대했다.[70] 이것은 앞에서 언급했던 미군정 내의 자유주의적 경향과 반공주의적 경향의 차이가 구체적 사안에서 표출된 것이었다.

미군정 내의 자유주의적 경향을 대변했던 미소공위 대표단 인사들은 브라운의 제안이 있기 바로 전날인 11월 20일, 따로 모임을 갖고 입법의원과 경찰 문제에 대해 논의했다. 브라운, 번스, 랭던, 키니, 버취는 조병옥은 유임시키고, 장택상은 해임해야 한다는 방침을 만장일치로 결정했다. 장택상의 해임은 그의 지나친 당파성과 우익 청년조직의 활용도 원인이 되었지만, 조병옥의 해임만큼 경찰을 약화시키지 않을 것이라는 고려가 결정적으로 작용했다. 이들은 장택상 해임을 통해 좌우합작위원회를 만족시키고 군정이 좌우합작위원회를 지지한다는 인상을 주려했을 뿐, 경찰을 약화시키거나 민주화하려는 의도는 전혀 없었다.[71] 결국 이 문제는 조병옥 해임에 대해서는 미군정과 좌우합작위원회 양측의 의견을 모두 건의안에 담는 것으로 합의되었고, 장택상 해임은 투표를 거쳐 해임을 건의하는 쪽으로 마무리되었다.[72]

인사 문제에 대한 논의는 이렇게 21차 회의로 마무리되었지만, 이는 애초에 논의하고자 했던 14개 항목 중 불과 5개 항목만이 완결된 것이었다. 12월 초로 예정된 입법의원 개원이 임박했기 때문에 11월 29일 열린 22차 회의부터 마지막 27차 회의까지는 두 번째 대분류 항목이었던 경제 문제에 대한 논의가 진행되었다. 22차 회의에서는 경제 문제에 대한 전반적인 논의가 있었고, 이후에는 인사 문제를 조사할 때와 마찬가지로 경제 문제와 관련된 증인들의 증언을 청취했다. 〈표 5〉는 23차부터 27차 회의까지 경제 문제와 관련하여 출석한 증인들을 정리한 것이다.

경제 문제에 대한 조사는 미곡 수집과 분배 문제를 중심으로 이루어졌고 식량과 생필품 배급 현황도 중요하게 거론되었다. 입법의원 개원까지 얼마 남지 않았고 출석한 증인들이 대부분 경제 관료였으며 번스와 존슨이 미군정 경제정책의 핵심 브레인들이었기 때문에, 조사는 대체로 이들에게 현황을 보고 받고 미군정 경제정책을 확인하는 식으로 이루어졌다.

그럼에도 경제 문제의 해결책에 관해서는 좌우합작위원회 인사들과 미군정 관료들 사이에 이견이 나타났다. 22차 회의에서 김붕준, 안재

〈표 5〉 23차~27차 회의 출석 증인

회의	일자	증인
23차 회의	46.12.2	지용은 중앙식량행정처장, 힐Carroll V. Hill 국민식량관리관, 키니Robert A. Kinney 중앙경제위원회 상임간사
24차 회의	46.12.3	지용은, 힐, 키니
25차 회의	46.12.5	윌슨James E. Wilson 서울시장 고문, 나철하 경기도 식량부장, 커스마이어즈J.T. Kusmierz 경기도 식량부장 고문, 고필관
26차 회의	46.12.9	이동제 조선생필품회사 지배인, 지용은, 힐, 한인석
27차 회의	46.12.10	로렌Allan Loren 군정청 재정고문

출처: 〈회의록〉 1946. 12. 2~1946. 12. 10.

홍은 군정에 의한 식량 통제의 실패를 비판하며 차라리 미곡의 자유시장으로 회귀할 것을 주장했으나, 번스와 존슨은 경제정책의 일관성이 중요하며, 국제식량대책위원회의 식량 원조를 받기 위해서는 식량 통제가 불가피하고, 미곡 수집만 계획대로 실행된다면 문제가 해결될 수 있다며 이에 반대했다.[73] 미군정의 식량 공출정책이 농민층의 저항에 직면할 수밖에 없었던 근본적인 원인은 농민층의 희생을 강요하는 낮은 공출대금에 있었기 때문에,[74] 좌우합작위원회 측은 현실적인 미곡 가격 실현을 위해 자유시장 전환을 주장한 것이었으나, 번스는 미곡 수집 가격이 매우 공정하며 농민들의 저항도 없다고 주장했다.[75]

그러나 24차 회의에서 번스 스스로 고백했듯이 미곡 가격은 인플레이션 통제와 임금 상승 억제를 위한 안전장치의 성격을 갖고 있었기에, 공출의 대가로 농민들에게 지급되는 생필품의 공급 확대와 가격 하락이 연계될 때까지 농민층의 희생은 불가피한 것이었다.[76] 인플레이션 해결책도 김붕준은 통화개혁을 주장했으나, 군정청 재정고문 로렌은 통화개혁은 물가안정 이후에나 효과를 거둘 수 있다며 세입을 늘리고 세출을 줄이는 긴축재정의 기조를 강조했다.[77] 그러나 이러한 논의는 완결되지 못했고, 조미공동회담에서 논의하기로 계획한 14개 의제 중 8번째 항목인 임금·물가 및 인플레이션에 대한 로렌 군정청 재정고문의 증언을 들은 27차 회의를 끝으로 조미공동회담은 마무리되었다.

이미 22차 회의 다음 날인 11월 30일, 입법의원 개원이 12월 12일로 발표되었고,[78] 12월 7일에는 조미공동회담에 참석했던 좌우합작위원회 인사 대부분이 입법의원 관선의원으로 선임되었기 때문에 조미공동회담은 입법의원이 성립되면서 자연스럽게 해체되었다.[79] 김규식은 26차 회의에서 회담이 독립적으로 조사하지 못하고 주로 군정 측 증인들의 증언을 청취했던 것을 한계로 지적하면서 이런 식으로 일이 진행되면 입법의원에서도 많은 일을 하지 못할 것이라고 우려했다.[80] 그는 27차 회의에서 입법의원이 수일 내로 열릴 것이니 조미공동회담에서 얻은 정보를 그곳에서 사용하자며 일말의 기대감을 나타내기도 했다.[81] 그러나 조미공동회담에서 결말을 보지 못한 경찰·친일파 문제와 그 밖의 인사·경제·정치 문제가 한민당과 독촉獨促 등 우익세력이 민선의원을 장악한 입법의원에서 좌우합작위원회의 의도대로 해결될 가능성은 높지 않았다.

12월 10일 27차 회의를 마지막으로 조미공동회담이 종료되었으나 앞서 인사 문제에 대한 건의안이 하지에게 제출되었고, 하지도 이에 대해 모종의 조치를 취하지 않을 수 없었다. 인사 문제를 조사할 때 중요하게 취급했던 것이 경찰·친일파 문제였기 때문에 권고사항에서도 역시 이 문제가 중요하게 다루어졌다. 그러나 하지의 입장은 실질적 효과를 낼 수 있는 조병옥·장택상 해임 사안에 대한 태도에서 분명히 드러났다.

앞서 보았듯이 조병옥·장택상 해임 문제는 건의안 작성 과정에서 미군정과 좌우합작위원회가 가장 팽팽하게 대립한 지점이었고, 결국 장택상 해임을 최소 조건으로 하고 조병옥 해임은 하지의 재량에 맡기는 것으로 합의한 문제였다. 따라서 건의안 1. (d)항에는 장택상 해임 내용만이 기재되었지만 조병옥 해임을 주장하는 좌우합작위원회의 의사는 기밀사항으로 하지에게 전달되었다. 그러나 하지는 건의안 내용만으로는 조병옥을 해임할 만한 이유를 전혀 발견할 수 없다는 입장이었고,[82] 장택상 해임에 대해서도 뚜렷한 이유 없이 아무런 조치를 취하지 않았다. 장택상 해임 건은 11월 20일 브라운과 미소공위 대표단 산하 정치고문들의 회합에서 좌우합작위원회를 만족시킬 수 있고, 조병옥 해임만큼 경찰에 미치는 타격이 없을 것이라는 판단하에 이미 만장일치로 합의된 내용이었다.[83] 그러나 브라운이 지적했듯이 이는 순전히 하지의 명령으로 무산되었다.[84] 애초에 송진우의 추천을 받아 조병옥을 경찰 수장으로 낙점하고 장택상을 경찰 2인자에 올려놓은 장본인은 하지였다.[85] 하지는 미군정을 지탱하는 이들의 역할과 비중을 누구보다 잘 알고 있었기에 브라운보다는 헬믹과 존슨의 입장에 더 가까웠던 것이다.[86]

이로써 좌우합작위원회 인사들이 조미공동회담을 통해 거둘 수 있는 마지막 성과였던 경찰·친일파 문제의 해결은 하지의 반대로 좌절되었다. 결국 좌우합작위원회가 조미공동회담에 참여함으로써 거둔 가시적 성과는 입법의원 선거에 대한 지속적인 문제 제기를 통해 서울과 강원도에서 재선거를 실시하도록 했던 것과, 의제로 채택된 인사·경제·정치 문제, 특히 경찰·친일파 문제를 미군정과 함께 공론화한 정도였다.

민선의원 선거에서 우익 압승을 만회하고 조미공동회담에서 공론화한 제반 개혁을 마무리 짓기 위해 좌우합작위원회 인사들 대부분은 입법의원에 참여했다. 여운형과 장권을 제외하고 김규식, 원세훈, 최동오, 안재홍, 김붕준, 박건웅, 여운홍, 강순이 관선의원에 선정된 것이다. 그러나 결과적으로 민선 45명, 관선 45명으로 구성된 입법의원의 대다수를 차지하며 입법의원을 장악했던 것은 한민당과 독촉을 중심으로 한 우익세력이었다. 이 때문에 김규식과 중간파 정치세력이 입법의원을 장악해 민주개혁을 수행하고 남북합작까지 이어나가려

했던 구상은 시작도 되기 전부터 난관에 부딪힐 수밖에 없었다.

그럼에도 입법의원 내의 중간파 의원들은 1947년 3월 5일, 부일협력자·민족반역자·전범·간상배 처단 특별법률안(이하 '친일파 등 처벌법') 초안을 본회의에 제출했다.[87] 이는 조미공동회담에서 실현하지 못했던 경찰·친일파 문제를 입법을 통해 해결하려는 움직임이었다. 이에 대한 우익의 반발은 예상된 것이었지만, 미군정의 반대는 우익의 지연책보다 더 큰 변수로 작용했다. 미군정은 '친일파 등 처벌법'을 지연시키고 우익과 미군정이 추진해온 보통선거법의 즉시 통과가 이루어지도록 적극적인 개입을 시작했다. 군정장관 러취는 5월 8일, '친일파 등 처벌법' 제정에 반대한다는 서한을 입법의원에 발송했고,[88] 5월 13일, 입법의원 의장 김규식에게 재차 보통선거법 제정 촉구 서한을 송부했다.[89]

결국 김규식의 양보로 선거법 수정안이 먼저 상정되었고 '친일파 등 처벌법'은 제출 후 4개월 만에 3차례 수정을 거쳐 7월 2일 통과되었다.[90] 이는 조미공동회담부터 이어온 중간파의 노력의 산물이자 입법의원 활동 과정에서 얻은 유일한 성과였다는 점에서 의미가 있었다. 또한 반제反帝 과제에 대한 자주적 해결의 진일보를 의미하는 것이기도 했다.

그러나 문제는 법령 118호에 의해 입법기구가 제정한 법률의 최종 행사권한이 군정장관에게 있다는 점이었다. 군정은 군정장관의 처리 기일이 법제화되어 있지 않다는 점을 이용하여 '친일파 등 처벌법'이 군정에 회부된 이후 4개월 동안 아무런 조치도 취하지 않다가 47년 11월 27일에야 인준 보류 서한을 보냈다. 헬믹에 이어 군정장관에 취임한 딘William F. Dean 소장은 "원칙적으로는 이러한 종류의 법률이 필요는 하나 그것은 전 조선全朝鮮 민족의 의사가 명백히 될 때, 즉 전 의원이 민선民選으로 된 의원에서 나와야 한다"고 변명했다.[91] 그러나 이는 군정장관의 거부권 발동을 3개 조항에 한해서만 행사하겠다던 약속에 명백히 위배되는 것이었다.[92] 이 문제는 유엔 임시위원단 내한과 남한 단독정부 수립 움직임의 표면화로 유야무야되었지만, 과도입법의원이 무용지물이므로 해산하는 것이 낫겠다는 입의立議 해산론을 대두시킴으로써 결국 입법의원 해산의 계기가 되었다.[93]

김규식 중심의 중간파는 이 과정에서 47년 12월 6일, 좌우의 해체 요구와 내부의 무용론에 시달리던 좌우합작위원회를 해체했고, 중간파의 재결집을 시도하기 위해 12월 20일 민족자주연맹을 결성하여 남북협상의 길을 모색해나갔다.[94] 결국 조미공동회담에서 제기되었던 제반 개혁의 문제는 중간파 정치세력에 의해 입법의원에서 실현 가능성을 모색하는 단계까지 이르렀으나, 미군정과 우익에 의한 입법의원 공전空轉과 2차 미소공위의 결렬 이후 급박하게 진행된 남한 단독정부 수립의 소용돌이 속에서 현실화되지 못한 채 후대의 과제로 남게 되었다. •이동원

3장

점령과 분단의 설득기구
―미군정 공보기구의 변천(1945. 8~1948. 5)

1. 한국인을 설득하라: 개혁 유보와 남한 단독정부 수립

1945년 8월 9일, 일본 나가사키에 원자폭탄이 떨어졌다. 히로시마에 원자폭탄이 투하된 지 사흘만이었다. 그날 밤 일본은 항복 의사를 연합국 측에 전달했고, 8월 15일, 일본의 패전을 알리는 히로히토 천황의 라디오 방송이 조선에 울려 퍼졌다.[1]

감격의 해방을 맞은 한국인들은 일본인이 곧 물러가고, 머지않아 민족반역자들을 배제한 독립정부를 수립할 수 있을 것이라고 믿었다. 하지만 일본에게 승리한 것은 조선군이 아닌 연합군이었기에, 그 과정은 당시 조선인이 열망하듯이 빠르고 명쾌한 것이 아니었다. 연합국에게 조선은 수많은 점령지들 중 하나였고, 패전국의 전후 처리를 두고 연합국의 이해관계가 복잡하게 얽혀 있는 상황에서 한국 정부 수립 문제는 국제정세의 제약을 받을 수밖에 없었다. 그 결과 해방 이후 대한민국 정부가 수립되기까지 약 3년이 걸렸다. 그동안 미소 냉전이 시작되어, 해방된 조선은 냉전의 소용돌이에 빨려들어갔다.

미군정기 연구들은 일찍이 해방 이후부터 정부 수립까지 3년 동안 미군정이 사회구조를 어떻게 바꾸어놓았는가, 이 시기의 사회 변화가 의미하는 바는 무엇인가에 대해 천착했다. 미군정기 3년이 이후 남한 사회의 구조적 틀을 마련했다고 보았기 때문이다. 그 결과 미군정의 남한 정치·사회 재편의 구체적 내용이 드러났고, 미군정의 점령정책과 한국인들의 열망 간에는 큰 차이가 있었음이 밝혀졌다. 또한 1947년 냉전이 시작되기도 전인 1945년에 이미 남한에서 '친일파·민족반역자 vs 애국자'의 정국 구도가 '좌우 대립' 구도로 변질되었는데, 미군정이 이에 개입했으며 그 과정에서 친일파·민족반역자가 애국자로 둔갑했음이 밝혀졌다.

최근에는 이러한 연구 결과를 바탕으로, 미군정이 국가 수립과 사회개혁 열망에 가득 차 있던 한국인들을 어떻게 설득하며 점령통치를 펼치려 했는지, 그것이 한국인의 의식에 어떤 영향을 끼쳤는지에 대한 연구로 주제가 확장, 심화되었다. 즉, 미군정은 경찰 및 국방경비대 등 물리력을 장악하고 있었지만, 여기에만 의지해서 남한을 통치할 수는 없었다. 점령 초기에는 사회개혁을 열망하고 즉시 독립을 염원하는 한국인들에게 개혁의 유보와 점령정책을 납득시켜야 했고, 점령 후기에는 분단국가의 수립을 설명하고 설득해야 했던 것이다.

미군정은 점령정책 및 미국의 대한정책을 한국인에게 납득시키기 위해 '공보'를 실시했다. '공보'는 'Information', 'Public Information', 'Public Relation', 'Civil Information' 등으로 불렸지만, 본질적으로 이는 '선전Propaganda'이다. 미국은 'Propaganda'라는 용어는 소련의 것으로 치부하고, 그 대신 'Information'을 사용했다. 그리고 '선전'은 거짓을 근거로 하지만 '공보'는 사실을 바탕으로 한다고 주장했다. 하지만 미국의 공보정책 담당자들도 '선전'과 '공보'를 혼용했고, 미군정 공보 담당자도 '공보'는 곧 '선전'을 의미한다고 인정했다.[2] '선전'은 "개인, 단체, 정부가 자신의 시각을 대중이 수용하고, 반대파의 관점은 거부하도록 언어·시각자료 또는 상징적인 방법을 이용하는 조직적인 시도"라고 정의할 수 있다.[3] 미군정의 공보 활동도 결국은 점령군과 미국의 입장을 대중들에게 관철시키기 위한 선전이었다.

미군정은 어떤 선전기구로 무슨 내용을 설득하려 했을까? 그리고 선전기구와 선전 내용, 선전 대상은 남한 점령 기간 동안에 어떻게 변화했을까? 해방 직후인 1945년 9월부터 대한민국 정부 수립 직전 제헌선거가 치러진 1948년 5월까지의 미군정 공보기구 조직의 변화를 추적하여 이를 살펴보자.

2. 미군정의 점령 통치와 홍보

2-1. 공보부 창설, '사실상의 정부' 역할 뒷받침

1945년 9월 8일, 미군이 인천항에 상륙했다. 이 시기 미군의 남한 군사점령 목표는 정부 수립 이전까지 치안을 확보하고 일본군을 무장해제하는 것이었다.[4] 그러나 한반도에 주권정부가 없는 상태에서 점령군이 남한을 직접 통치하게 되자, 점령군은 민사 업무까지 담당하는 '사실상의 정부de facto government' 역할을 맡게 되었다.

미군정이 '사실상의 정부' 역할을 할 수 있도록 뒷받침해준 것이 군정의 공보기구였다. 공보기구를 창설한 주축은 2차 세계대전 시 마닐라에서 활약한 심리전 파견대였다. 이들은 한국에 상륙하여 조선총독부 관방官房 산하의 정보과를 접수했다. 정보과는 전시체제기인 1941년 11월 26일 총독부 관방에 설립된 부서로, 그 임무는 첫째 총독의 시정방침을 내외에 알리고, 둘째 군과 긴밀한 연락하에 전투의식을 고양하고, 셋째 총독부의 눈·귀·입이 되어 조선의 산업 상황, 인심 동향을 알 수 있도록 하는 것이었다. 설립 이후 정보과는 도서·영화 등 각종 매체를 검열했다.

정보과는 미군이 접수한 이후 1945년 11월 공보과로 명칭이 변경되었고, 1946년 2월에 공보국으로 승격되어 관방 산하에서 벗어났으며, 3월에는 공보부DPI(Department of Public Information)로 승격되었다. 관방 소속의 다른 과課들이 국局으로 승격된 데 비해 공보부는 그 지위가 한 단계 더 높아진 것으로, 이는 미군정이 공보 활동의 중요성을 인식했음을 의미한다. 공보부는 미 본국과의 연계하에 미국의 대한정책이나 미국식 체제를 홍보하는 조직이라기보다는 원활한 남한 통치를 위한 정부기구의 성격이 강했다. 이는 공보부의 활동 목표, 지휘계통상의 위치, 구성원 등을 통해 알 수 있다.

먼저 공보부의 활동 목표는 한국인 주요 인물 심사와 이들과 미군정과의 연결, 군정 활동 공보, 여론 수집과 분석, 언론 지도, 정당 및 신문·간행물의 등록·허가·검열·감사, 영화의 제작·배포·상영, 라디오 방송 등이었다.[5] 이러한 활동 목표 중 주요 인사 관련 정보 수집, 여론 수집 및 분석, 정당 등록 등은 남한 정세를 파악하기 위한 것으로서 미군정 공보 활동의 특수성을 보여준다. 9월 초부터 공보부는 지역신문, 라디오 방송 관계자들을 인터뷰했으며, 9월 12일 하지의

'정당은 오라' 성명을 듣기 위해 시청에 모여든 사람들의 소속 정당을 전부 등록한 것을 시작으로 남한 내 정당을 통제했다. 또한 1946년 2월 군정법령 55호를 통해 모든 정당들이 공보부에 인원 및 회계 등 관련 정보를 등록할 것을 공표했는데, 공보부는 이를 바탕으로 언제든지 회계를 포함한 모든 정보를 조사할 권한이 있었으며 제출된 정보가 부적절하다고 판단될 경우 정당 해산까지 명령할 수 있었다.

또한 공보부 요원들은 남한 정치가들의 활동을 주시했다. 예를 들어 공보부 여론조사과는 1946년 4월부터 6월까지 이승만이 지방에서 우익의 기반을 다지기 위해 실시한 '남선순행南鮮巡行'을 따라다니며 분위기를 살폈다. 경찰의 이승만 호위 상황, 군중의 환영 분위기, 강연의 호응도 등을 관찰했으며, 강연이 끝난 뒤에는 지역 정치가와 관료들에게 순행의 영향력과 효과를 인터뷰했다.

2차 세계대전 이후 미군이 점령한 지역에서 공보기구의 임무는 통상적으로 언론과 교육을 통한 민주주의 홍보와 교육이었다. 이에 비추어볼 때 공보부의 이러한 정보 수집 활동은 '사실상의 정부'로서 주한미군정 기구가 갖는 특수한 성격이었다. 예를 들어 미군이 일본을 간접 통치했을 때, 연합군 최고사령부SCAP 산하에는 주한미군정 공보부와 유사한 역할을 담당하는 민간정보교육국CI&E(Civil Information & Education)이 있었는데, 이는 일본과 한국의 공보·교육·종교정책 등에 대한 맥아더의 자문기구였다. 이 기구는 언론·교육·종교 분야에 잔존한 군국주의 영향을 제거하고, 민주주의 이상과 원칙을 선전·교육하는 임무를 맡았다. 언론을 통해 2차 세계대전 시 일본의 만행을 알리고, 미국의 원폭 투하에 대한 보도를 검열하는 한편 미국식 민주주의를 홍보했다. 또한 교육개혁을 실시하여 군국주의 성향의 교사들을 학교에서 추방하고, 교과서를 수정했으며 미국식 교육제도를 도입했다. 종교 분야에서는 신사神社에 대한 자금 지원과 정부 관료의 신사참배 등을 금지하고, 교육기관에서 신도의 내용을 가르칠 수 없도록 했으며 종교의 자유를 보장하려 했다. 이처럼 민간정보교육국은 이데올로기와 관련된 언론·교육·종교 분야의 민주주의적 개혁 및 민주주의 홍보를 목표로 했던 반면, 미군정 공보부는 교육과 연계한 민주주의 홍보·지도보다는 남한 정세를 파악하는 데 더 큰 노력을 기울인 것이다. 만약 점령군이 점령지에 대한 소극적 점령 역할만을 부여받았다면, 남한 정세를 파악할 필요도, 정세에 영향을 미칠 필요도 없었을 것이다. 이처럼 공보기구는 미군정이 '사실상의 정부'로서 남한을 직접 통치하기 위해 반드시 필요한 조직이었다.

미군정 공보부의 특수한 성격은 미국이 한국을 위한 구체적인 공보정책을 마련해놓지 않았다는 점에서도 기인했다. 미군이 남한을 점령한 직후 미국이 점령군에게 하달한 〈한국의 미군 점령 지역 내 민간행정에 관해 미 육군 태평양지구 사령관에게 주는 최초의 기초지령〉(이하 〈기초지령〉)의 공보지침은 "우편, 무선, 라디오, 전화, 전신, 전보, 영화, 신문을 포함한 민간통신에 대한 최소한의 통제와 검열을 실시할 것, 이러한 통제하에 모든 채널과 매체를 통해 국내외 뉴스 및 정보 배포를 촉진하고 장려할 것, 모든 매체가 미국의 이상 및 민주주의 원칙을 배포하여 한국인들이 민주적인 정부를 수립할 수 있도록 지도할 것, 미국의 대한정책에 대한 한국인들의 이해와 지지를 넓히기 위해 공보 프로그램을 최대한 이용할 것"이라는 원론적이고 포괄적인 것에 불과했다.

이러한 지침을 바탕으로 미군정 공보 활동을 정책적·물질적으로 지원해줄 책임이 있는 미국의 부서는 국무부의 국제정보문화국OIC 과 육군부 민정국CAD이었으나, 이 두 기구도 한국에서의 공보 활동 에는 큰 관심을 기울이지 않았다. 미 국무부 국제정보문화국의 공보 계획에서 한국은 일본과 같은 범주로 묶여 있었는데, 한국의 경우 1945년 11월 현재 담당자조차 없는 상황이었다. 이는 일본에서의 공 보 활동이 미국과 정책적·물리적 연계하에 이루어진 것과 대조적인 것이었다.

공보 활동과 관련한 미군정의 정책적·물질적 지원 요청은 미 본국 과 미군정 공보부 간에 직통라인이 설치되지 않은 채, 항상 도쿄의 맥 아더 사령부GHQ/SCAP를 통해야 했기 때문에 원활히 이루어질 수 없었다. 이러한 미 본국의 정책적·물질적 지원 부족과 지휘계통상의 한계로 인해 미군정의 공보 활동은 더욱더 독자적인 성격을 띠게 되 었다. 공보부는 〈기초지령〉이 규정한 '미국의 이상 및 민주주의 원칙' 의 배포와 '미국의 대한정책에 대한 한국인들의 이해와 지지'를 넓히 기 위한 공보 활동보다는, 미군정의 점령 통치를 위해 남한의 정세를 파악하고 언론을 통제, 이용하는 데 더 주의를 기울이게 되었다.

한편 점령 초기 공보부 소속 미국인들은 대부분 공보 분야의 전문 성은 물론 민사 경험도 없는 직업군인이었다. 반면 여론 수집 및 정세 파악 분야 담당자들은 명문학교를 졸업하거나 군정 요원 훈련을 받은 이들로서, 남한 정세를 세밀히 파악했다. 예를 들어 1946년 좌우합작 을 주선한 버취Leonard M. Bertch는 홀리 크로스Holy Cross 대학 철학 박사이자 하버드 법대 출신의 변호사로 1946년 초 한국에 도착한 즉 시 공보부에서 《정치동향Political Trends》의 집필을 맡았다. 그는 이를 통해 한국 정치와 주요 인사들에 대해 파악할 수 있었고, 후에 주한미군사령관과 군정장관의 정치고문이 되었다. 또한 여론조사과장이었던 로빈슨Richard Robinson은 하버드대 경영학 석사 출신으로, 고급장교 요원을 양성하는 샬롯스빌Charlottesville 군정학교와 하버드대 극동지역 민정학교를 졸업한 사람이었다. 그는 여론조사를 통해 남한 민심의 동향을 파악할 수 있었기 때문에 점령 당국에 군정에 대한 여론이 악화되었음을 경고하고 경찰 개혁을 실시해야 한다는 보고서를 제출하는 등 남한 정세 파악에 탁월한 능력을 갖고 있었다.

한편 공보부는 선교사를 고용하기도 했다. 대표적인 예가 여론국 정치교육과의 선교사 피셔Ernest Fisher였다. 정치교육과는 신문, 강연, 라디오, 전단 등을 통해 민주주의에 대해 교육하는 부서로서, 민주주의를 알리라는 본국의 기본지침에 사실상 가장 부합하는 임무를 담당하였다. 그러나 이 부서를 책임진 피셔와 전직 군목 한 명은 제대로 활동을 하지 못했던 것으로 보인다. 이들은 주로 특정 한국인들에게 설교하는 일에만 치중했으며, 그 내용도 미국을 파업이나 사기, 부패, 암시장, 정치적 부정, 불성실한 정치인, 폭리 등이 전혀 없는 나라, 불간섭주의의 경제가 스스로 운영되는 나라로 묘사하는 것에 불과했다.

이처럼 공보부 소속 미국인들이 공보 활동과 민사 경험이 없는 직업군인이 중심이 된 가운데 정세 파악 업무를 맡은 몇몇 고급인력으로 구성되었다면, 관리로 고용된 한국인들은 대부분 국내, 일본, 미국에서 고등교육을 받았거나 언론 분야에서 활동한 경력이 있는 인텔리들이었다. 〈표 1〉은 공보부 소속 한국인들의 학력, 경력, 직책을 정리한 것이다.[6]

조사가 가능한 한국인 직원 총 24명 가운데 언론계 경력이 있는 인사는 6명, 미국 유학 경력이 있는 인사는 9명이다. 그 외 인사들도 국

내 및 일본에서 고등교육을 받은 인텔리들이었다. 이 중 언론학 외에
도 미국에서 신학, 영문학, 역사학 등을 전공한 이들이 눈에 띄는데,
이들은 미국식 가치관에 친숙했을 가능성이 크다. 공보부 소속 한국
인들의 역할은 통역과 같은 보조적인 업무와 여론지도층으로서 정보
를 제공하는 데 그쳤을 것이다. 일례로 1945년 말까지 공보부에서 활
동한 이묘묵은 주한미군사령관 하지와 미군정 공보부 부장 뉴먼의 개
인 통역관이자 한국인의 관습과 심리에 관한 문제를 자문해주는 고문
으로 활동했다.

〈표 1〉 공보부 소속 한국인(1945~1947)

이름	학력	언론 관련 경력	직책
김건열金健烈	와세다早稻田대학 고등사범부		경기도 공보과장
김길준金吉俊	릿쿄立敎대학		공보국장
김진용金辰用	경성약학전문학교	일본 오사카 매일신문 특파원, 매일신보사 장, 세계일보 부사장	경기도 공보과장
김태원金泰源	상하이 호강上海滬江 대학 영문과	신문기자, 저작, 번역	연락사무국장
민병원閔丙元	일본日本대학 예술과		공보국 출판제작과장
박인덕朴仁德	이화학당 졸업 웨슬리안대학, 콜롬비아대학 석사		여론국 정치교육과
박종만朴鍾萬	보스턴대학		공보국장
박홍래朴洪來	공주고등보통학교		여론국 소속

설정식薛貞植	연희전문 마운트유니온대, 하버드대 영문학		여론국장
윤길현尹吉鉉	경성법학전문대학교		충청북도 공보과장
윤덕종尹惠鍾	주오中央대학 전문부 법과 졸업, 주오대학 법과 중퇴	동아일보, 조선일보 등 신문기자, 해방 후 경제공론사 주간	공보국 출판문화과 조사계, 경상남도 공보과장
윤하영尹河英	프린스턴신학교		여론국 여론조사과장
이묘묵李卯默	시라큐스대학 역사학과	1945년 9월 9일 영자 신문 코리아타임즈 창간	관방공보과장대리
이원목李源穆	경성법정		충청남도 공보과장
이철원李哲源	콜롬비아대학 신문학과		공보부장
이혜구李惠求	경성제대 법문학부 영문과		방송국장
정은채鄭殷采	주오中央대학 법과		여론국 정치연구과장
최봉윤崔鳳潤	UCLA		여론국 정치교육과장, 공보부 차장
최선식崔瑄植	동아고등공업학교 토목과		번역관
최신욱崔信旭	고베神戸YMCA중학교		공보부 소속
한치진韓稚振	남가주대학 문학부		여론국 정치교육과
홍양명洪陽明	중앙중학 중퇴, 와세다대학 영문과 졸업	조선일보 상해특파원, 조선일보 본사 외신부장	미군정 공보부 방송국장, 과도정부 정치분석과장
홍을수洪乙秀	도쿄명교東京名敎 중학교		경상남도 공보과장

공보부의 활동 목표들 중 남한 정세 파악이 중시되었으며, 공보부가 미국의 지침 및 지원이 부족한 가운데 활동했다는 점은 공보부가 미 본국과 느슨하게 연계된 상태에서 독자적으로 활동했음을 보여준다. 공보부 소속 인원들이 공보 분야의 전문가가 아니었고, 오히려 정세 파악에 유능한 사람들이었다는 점도 공보부가 남한 통치에 필요한 활동에 집중했음을 알게 해준다.

2-2. 공보부의 조직과 역할 그리고 한계

공보부는 여론 수집기구인 여론국과 홍보를 담당하는 공보국으로 구성되었다. 공보부의 조직도는 〈그림 1〉과 같다.[7]

이 중 여론국의 활동은 공보부 활동의 정치적 성격을 잘 보여준다. 여론국의 주요 부서는 조사과, 정치분석과, 여론조사과였다. 조사과와 정치분석과는 정치정보를, 여론조사과는 여론 수집 임무를 맡았

〈그림 1〉 공보부 조직도

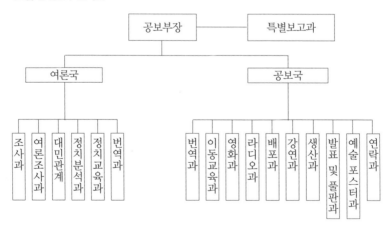

다. 조사과는 어떤 첩보든 군정기관이 이용할 수 있도록 기록하고 준비하는 정보 수집기구이다. 이 기구는 미 육군 제24군단 정보참모부 G-2와 연락을 유지하며 정당에 관한 방대한 정보의 맥락을 잡았을 뿐만 아니라, 식료품·연료·의복 및 기타 상품들의 가격목록을 작성했다. 정치분석과는 조사과에서 정리한 정보들을 분석하는 한편, 저명한 한국인 정치지도자들을 면담하고, 중요한 정치 모임에 대표들을 참석시켜 정보를 수집한 뒤 이들을 종합하여《정치동향*Political Trends*》이라는 주간보고서를 작성해 관련 기관에 회람시켰다. 이러한 정보 수집 결과 남한 정치에 관한 핵심 정보들은 모두 공보부에 모여 점령 당국에 제출되었다. 예를 들어 미군정이 한국인 고문단 창설을 결정하자 공보부는 고문으로 적절한 인사들의 명단을 작성하여 군정장관에게 제출했다. 지방의 정치정보도 주요 인사들과 공보 관계자들의 인터뷰를 통해 수집되었다. 지방 공보장교의 임무는 지역 정치 상황, 정당·정치지도자들의 계획과 리더십, 활동을 철저히 파악하는 것이었다. 각 도의 내무부 공보과는 정당, 간행물, 정치적 활동들에 대한 정보를 수집했고, 정당과 단체들의 등록뿐만 아니라 모임의 허가권까지 가지고 있었다.[8]

　여론조사과는 인터뷰팀들을 조직하여 그때그때 중요한 이슈에 대해 서울을 중심으로 여론조사를 실시했다. 서울 지역에서 시행된 여론조사들은 주로 미군정의 정책이나 법령에 대한 여론을 묻는 것이었던 반면, 지방 여론조사는 사람들이 모였을 때 무슨 주제에 관해 주로 얘기하는지, 군정에 호의적인지, 미군과 한국인 간에 충돌은 없었는지, 주요 물품들의 가격은 얼마인지 등 포괄적이고 전반적인 분위기를 파악하기 위한 것이었다. 여론조사과는 서울과 지방의 여론조사 결과들을 종합하여 《여론동향Opinion Trends》이라는 주간보고서를 작성해서 관련 기관에 회람시켰다. 미군정의 점령정책은 친일파 처단, 경찰 개혁, 정치세력에 대한 평가 등 여러 면에서 한국인의 정치·사회적 개혁 구상과 차이가 있었기 때문에 한국인의 열망은 정책에 반영될 수 없었다. 또한 미군정이 언론을 통제하여 한국인이 정치적 입장을 매체로 표명하는 것조차 제한되었기 때문에, 미군정은 민심을 파악하기 위해 직접 여론을 수집했던 것이다. 훗날 군사관軍史官은 여론국의 여론동향 파악 활동에 대해 점령군이 피점령국의 반응을 살핀 역사상 가장 독특한 시도 중 하나였다고 평가했는데, 이러한 평가는 미군정 공보 활동의 특수한 성격을 보여준다.

한편 공보국은 매체를 통제하고, 여론국을 통해 파악한 정보를 바탕으로 필요한 내용을 배포했다. 미군정은 각종 신문, 통신사, 인쇄소를 접수하고, 신문 및 정기간행물을 모두 공보부에 등록하도록 했다. 공보부는 매주 언론보도를 통해 보도자료를 배포하는 한편, 사후 검열을 실시하여 군정을 비난하거나 점령 통치를 방해한다고 판단되는 기사를 실은 신문들은 정간하거나 폐간했다. 공보부에 등록, 수집된 신문 및 정기간행물은 경찰의 취체를 거쳐 경찰이 관련 언론인을 구속하는 데에도 이용되었다.

라디오과는 미군정이 경성방송국 및 지역방송국 9개를 모두 접수한 뒤, 라디오 프로그램을 편성, 감독했다. 주한미군사령관 하지를 비롯한 고위 관료들의 성명서가 반복해서 방송되었으며, 군정정책을 홍보하는 프로그램도 편성되었다. 또한 한국 정당 대표들이 교대로 연설하는 프로그램도 있었다. 조선공산당도 이에 참여했지만, 정치 강연 원고들은 모두 공보부 강연과에서 검열을 거친 후 방송국으로 보내졌고, 방송자는 검열된 원고를 그대로 읽어야 했다. 영화의 제작, 배급, 상영은 영화과가 통제했다. 1946년 3월 소련 영화는 상영이 금지되었고, 그 외의 한국 및 외국 영화들도 모두 공보부가 검열했다.

미군정이 모든 언론매체를 통제했다는 것은 미군정이 배포하는 정보가 사람들에게 매우 강력한 영향을 미칠 수 있는 조건을 마련했다는 의미를 갖는다. 매체에 발표되는 모든 정보는 사전 또는 사후에 미군정의 검열을 거쳐야 했던 반면, 미군정은 신문이나 라디오를 통해 얼마든지 정보를 공표할 수 있었기 때문이다. 1945년 말 신탁통치 파동을 일으킨《동아일보》왜곡사건에서 알 수 있듯이 점령 당국은 남한 정세에 점령 당국의 의도를 관철시키기 위해 공보기구를 이용했다. 소련이 한반도의 신탁통치를 주장하고 미국은 즉시 독립을 주장했다는 1945년 12월 27일자《동아일보》기사는 같은 날짜 미 육군 태평양방면군 신문《태평양 성조기*Pacific Stars and Stripes*》에 실린 기사에 기초한 것이었다. 이는 모스크바 3상회의의 협정문이 발표되기도 전에 기사화된 것으로, 신탁통치가 미국이 먼저 제안하고 관철시키고자 한 구상이라는 점에서 사실과 달랐다. 당시의 통신기술로 외신이 하루 만에 도착하는 것은 불가능했고, 미군정이 공보기구를 통해 보도자료를 국내 언론에 배포했다는 점을 볼 때《동아일보》왜곡기사에 미군정 공보기구가 관련되어 있음을 짐작할 수 있다.

미국은 한국의 즉시 독립을 원하는 반면 소련은 신탁통치안을 원한다고 왜곡 보도되는 과정에서 이 결정의 핵심은 신탁통치가 아니라 조선임시정부 수립이라는 것이 제대로 보도되지 않으면서, 남한 정국은 신탁통치 찬성세력과 반대세력 간의 격렬한 대립으로 치달았다. 이를 기회로 친일파, 매국노, 민족반역자들은 우익이 주도하던 반탁

反託투쟁에 가담해 애국자로 둔갑하여 신탁통치안 찬성세력을 매국노, 민족반역자로 몰아세웠다.[9] 《동아일보》의 왜곡 보도로 신탁통치가 즉시 독립을 가로막는다는 점이 부각되었기 때문에, 우익의 반탁투쟁은 즉시 독립을 원하던 대중의 지지를 얻었다. 해방 이후 '친일파=매국노=민족반역자 vs 애국자'로 나뉘었던 정국 구도는 《동아일보》의 보도를 계기로 '우=반탁=애국자 vs 좌=찬탁=매국노=민족반역자'의 구도로 급속도로 전환되었다. 이러한 새로운 대립구도는 친일파 세력을 재등용하던 미군정의 점령정책을 조금 더 수월하게 만들어주는 역할을 했을 뿐만 아니라, 정당성과 대중적 지지 면에서 열세였던 우익에게 활로를 만들어줌으로써 우익을 중심으로 남한 정치를 재편하려던 미군정에 힘을 실어주었다.[10]

이처럼 언론매체를 통한 공보 활동은 남한 정세에 큰 파급 효과를 미쳤지만, 그 효과가 정치의 중심인 서울 지역에 집중되고 지방 농촌에는 덜하다는 한계가 있었다. 언론매체가 서울과 지방의 도시 지역을 중심으로 보급되었기 때문이다. 신문의 경우 서울에서 발행되는 신문들이 발행부수의 대부분을 차지했다. 라디오도 1945년 남한에서 등록한 수신기가 20만 8,000대였고 1948년 4월 30일 현재 청취자는 15만 6,733명이었으나, 이 가운데 서울과 경기도 지역 주민이 전체 라디오의 75퍼센트를 소유했다. 나머지도 대부분 전국의 주요 도시 주민들이 소유한 것이었다. 극장은 해방 직후 주로 큰 도시에만 96개가 있었으며, 1946년 5월에서 8월까지 미국 영화를 관람한 관객 수는 전체 37만 5,000명이었으나 이 중 서울의 관객 수가 81.1퍼센트를 차지했다.[11] 이처럼 서울 지역과 달리 인쇄 시설 및 용지 부족, 라디오 수신기의 저조한 보급률, 전기·교통·통신 시설 미비 등으로 인해 지방 농촌 지역에는 미디어가 매우 드물게 보급되었다.

공보부가 직접 간행, 배부했던 출판물로 지방까지 배포한 대표적인 것은 농민을 대상으로 한 《농민주보》였다. 《농민주보》는 1945년 12월 17일 처음 간행되었는데, 주요 군정정책, 일반 뉴스, 농업, 아이들을 위한 페이지 등 2페이지로 구성된 한글판 무료간행물이었다. 그러나 중앙→지방시청→각 지역으로 배포하거나, 군 경찰서장→면 경찰서장→면 학교감독관→학교 어린이들로 전달하는 등 여러 단계를 거치는 배포 방식 때문에 군정 관료나 지역의 장들, 부유한 지주로 유통이 제한되고 일반 농민에게는 전달되기 힘들었다는 한계가 있었다.

요컨대 남한 정세 파악과 언론 통제 및 이용은 미군정 공보기구가 갖는 특수한 성격이었다. 그러나 이러한 활동은 그 영향력이 서울 및 지방 대도시에 한정된다는 점, 그리고 미국의 대한정책 또는 민주주의 공보 활동보다 미군정이 점령 통치를 위해 그때그때 필요한 공보 활동을 더 중시한다는 한계가 있었다. 이를 극복하기 위해 지방으로 공보 활동을 확산하는 등 대한 공보정책 강화를 담당할 새로운 공보 기구가 조직되었다.

2-3. 10월 항쟁 이후 공보 조직 개편과 지방 활동 확대

1946년 9월 3일 공보장교 란킨 로버츠Rankin Roberts 중령이 주한미군사령관 하지와 연합군 최고사령관 맥아더에게 제출한 〈한국에서의 정치 교육·공보계획 촉진안〉(이하 〈촉진안〉)은 미군정의 공보 활동이 변화하는 계기가 되었다. 보고서의 중심 내용은 남한 내 역선전의 강화, 미 본국의 물자 지원 확보, 공보전문가의 채용이었다. 1946년 10

월, 로버츠는 군정장관 아놀드와 함께 방미하여 약 두 달 간 국무부와 육군부 담당자들과 〈촉진안〉의 실현 방안을 협의했다.

이 중 역선전의 강화는 9월 총파업과 10월 항쟁 이후 미군정이 그 필요성을 절감한 데 따른 것이었다. 미군정은 특히 10월 항쟁의 이유가 점령정책의 실패 때문이 아니라 공산주의자의 선동 때문이었다고 보았다. 공산주의자들이 "아주 사소한 자극에 의해서도 갑자기 난폭한 혼란으로 터질 수 있는 폭발적 상황을 찾아내" 유혈행동과 무법행위를 사주한 결과, 경찰에 불만을 가지고 있던 사람들이 선동의 제물이 되었다는 것이다. 보고서는 공산주의자들은 잘 조직되어, 남한 전역에 걸쳐 정보에 어두운 사람들을 선동할 수 있었다고 평가했다. 이에 미군정은 역선전과 군정정책 공보를 전국적으로 실시하기 위한 장비를 요청했다. 미 육군부 민정국CAD과 국무부 국제정보문화국OIC은 방송 장비와 인쇄 장비를 지원하기로 했다.

또한 로버츠는 미국에서 민간인 공보전문가들을 채용했다. 공보부의 미국인들이 대부분 군인이었다는 점과 비교할 때 이는 획기적인 일이었다. 총 6명이 1946년 말 한국에 도착했다. 책임자는 제임스 스튜어트James L. Stewart로, 그는 중국, 일본, 인도에서 통신원·특파원으로 활동했고, 2차 세계대전 시 전쟁공보처Office of War Information 소속으로 중국에서 선전 활동을 담당한 전문가였다.[12]

지방 공보 활동을 강화하려는 미군정의 노력은 1946년 10월 18일자 공보부 조직 개편에 반영되었다. 이 시기 공보부 개편은 미군정의 미국인들을 한국인으로 대체한다는 군정 '한인화韓人化 정책'에 따라, 한국인을 공보부 부서장으로 임명하고 공보부의 미군을 철수하기 위해 이루어졌으나, 개편 방향은 지방 공보 활동의 강화를 반영했다. 지방과의 연락을 강화하고, 지방에 효율적인 정보 배포를 실시하도록 조직이 개편되었던 것이다. 이는 군정정책에 대한 전국의 여론을 파악하고 정책이 원활히 실시될 수 있도록 홍보하기 위한 것이었다. 〈그림 2〉는 개편된 공보부 조직체계이다.[13]

공보국과 여론국의 2국으로 구성되었던 공보부는 공보국, 여론국, 방송국, 출판국, 연락사무국의 5국으로 확대되었는데 특히 신설된 연락사무국은 지방의 정보를 수집하고, 더 많은 사람들에게 홍보가 가능하도록 문자 이외의 수단을 통해 공보하며, 이를 위해 공보부 내의 협조를 이끌어내는 조직이었다. 연락사무국은 기존의 이동교육과 및 강연과, 신설된 대민관계과, 시각교육과, 지방연락과로 구성되었다. 이 중 특히 시각교육과는 단편 영화와 슬라이드를 이용하여 현안들을 알리고 그 해결책을 설득하는 부서로서, 글을 읽을 줄 모르는 사람들을 의식한 것이었다. 지방연락과는 지방에서 공보 활동을 하는 부대들을 돕도록 부서 간의 협조를 이끌어내는 조직이었다.

한편 공보자료를 효율적으로 배포하는 방법도 모색되었다. 주로 한국인들로 구성된 여론국 번역과는 정보 배포를 촉진시킬 수 있는 방법을 권고하는 역할을, 여론조사과는 배포한 자료에 대해 반응을 파악하고 한국의 현안들에 관한 정보를 효율적으로 배포하는 방법을 조사하는 역할을 맡았다. 또한 시위 전단과 리플렛을 번역하여 정치·사회적 의견을 수집하고 군정정책에 대한 반응을 파악하여 적절히 대응하는 것도 중시되었다.

1946년 11월의 미곡 수집 캠페인은 재조직된 공보부를 바탕으로 미군정이 지방 대중들에게 펼친 대규모 선전 활동이었다. 미군정은 좌익이 추수기에 맞춰 농민들로 하여금 미곡 수집 반대를 선동하려고

<그림 2> 1946년 10월 이후 공보부 조직도

한다는 방첩대의 보고에 따라, 미곡 수집을 시작하면서 동시에 남한 전역에 대대적으로 전단을 살포했다. 약 180만 장에 달하는 전단이 공중 살포(45퍼센트), 전술군(5퍼센트), 지방 군정(50퍼센트)을 통해 배포되었다.[14] 1947년 10월 한국문제의 유엔 이관을 알리는 전단이 106만 장 배포되었다는 점을 감안할 때,[15] 이 시기 전단 배포의 규모가 엄청났음을 짐작할 수 있다.

이처럼 미군정은 군정정책 공보와 역선전을 지방으로 확산하기 위해 본국에 지원을 요청하고 공보부를 개편했다. 그런데 1947년 초 미소공동위원회 재개가 결정되자 역선전뿐만 아니라 미국의 대한정책을 알리는 것이 중요해졌고, 이를 위해 공보기구 조직이 새로운 차원으로 개편되었다.

3. 미국의 대한정책과 분단 설득하기

3-1. 주한미군사령부 공보원 창설과 공격적 역선전

1947년 초, 제2차 미소공동위원회의 재개가 결정되었다. 1945년 12월 모스크바 3상회의의 결정에 따라, 조선 임시정부 수립과 신탁통치의 구체적인 방안을 논의하기 위한 미소공동위원회는 1946년 3월 덕수궁에서 미소 대표가 참가한 가운데 개최되었다가, 신탁통치에 반대하는 한국 단체들을 참가시키느냐 마느냐의 문제를 놓고 약 한 달 만에 휴회한 상태였다. 신탁통치는 미국이 주장한 방안이었으나 역설적이게도 우익이 반탁을 견지하는 바람에 휴회된 것이다.

제2차 미소공동위원회의 재개가 결정되자, 남한 정국에는 또다시

반탁 움직임이 일었다. 미군정은 우익의 반탁 선전과 좌익의 선전에 대항하고 한국인들의 미소공동위원회 지지를 이끌어내야 했다. 이를 위해 1947년 1월 주한미군사령부 공보과 산하에 특별참모부서로 강연과가 설치되었다. 강연과는 미군정청 소속이 아니라 주한미군사령부 소속이었기 때문에 군정 '한인화'가 이미 완료된 공보부의 지휘체계 밖에 있었다.

강연과는 남한 전역을 다니면서 미국의 대한정책과 미군정의 입장을 전달했다. 1947년 5월 30일경 강연과 소속 연설가는 21명이었는데, 강연 주제는 첫째, 자유롭고 독립된 한국을 수립하는 문제, 둘째, 성인 교육과 과학적 농업 등 자기계발 문제였다. 강연자들은 서울에서 교육을 받고 전국에서 활동했다. 또한 정해진 내용에서 이탈하지 않도록 한 달에 한 번 교육을 받았으며, 특정 정당의 입장을 강연하면 해임되었다. 강연의 주요 청중은 라디오와 신문에 접근할 수 없는 사람들이었다. 미군정은 지방에 사는 대다수의 한국인들은 문자가 아닌 말을 통해 정보를 얻는다고 생각했다. 즉, 대도시 이외의 지역에서는 정치적·사회적 개념이 직접적인 대민접촉을 통해 형성된다는 것이다. 공보부가 언론매체를 통해 서울을 중심으로 활동했던 반면 강연과는 대민접촉을 통해 지방을 포함한 전국에서 활동하고자 한 것이다.

이러한 강연과는 점령군이 새로운 공보기구를 만들기 위한 사전 조직이었다. 1947년 5월 30일 점령군은 스튜어트를 책임자로 하여 미국의 대한정책 공보기구인 주한미군사령부 공보원OCI(Office of Civil Information)을 창설했다. 창설 당시 공보원은 실질적인 조직 없이 강연과와 몇몇 간행물 출판 기능이 합쳐진 서류상의 조직이었다. 형식상으로는 강연과가 공보원으로 이전되었지만, 실제로는 공보원이 강연과를 모태로 창설된 것이다. 공보원의 창설로 공보기구는 공식적으로 미군정청 공보부와 주한미군사령부 공보원으로 이원화되었다. 〈그림 3〉은 공보원의 조직적 위상을 나타낸 것이다.

공보원은 1947년 4월 스튜어트가 주한미군사령관 하지에게 제출한 〈선전계획Propaganda Plan〉이라는 보고서에 따라 설립되었는데 스튜어트는 주한미군사령부가 공보를 담당해야 하는 이유로 군정의 '한국인화'를 언급했다.[16] 그는 "만약 군정하에서 (공보부—역주) 단독으로 공보 활동이 계속된다면 한국인들은 미국의 메시지가 아니라, 한국인 지도자들 중 소수의 파벌이 한국인에게 하고 싶은 미국 이야기를 듣게 될 것"이라 경고하고, 공보부가 담당하는 많은 활동을 주한미군사령관 휘하로 집중시켜야 한다고 주장했다.

미군정은 공보 활동을 한국인에게 맡기는 것을 매우 우려했다. 1946년 10월 군정 '한인화' 방침에 따라 미군정청의 다른 부서들과 함께 공보부도 한국인이 책임자로 임명되었으며, 미국인은 고문이 되었다. 또한 1946년 12월 공보부의 모든 미국인이 주한미군사령부본부 부속

〈그림 3〉 공보원의 조직상의 위치

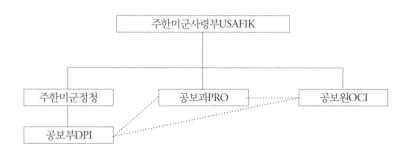

* 실선은 지휘관계, 점선은 연락관계 표시

건물로 이동함으로써 공보부의 '한인화'가 완료되었다. 이러한 공보부의 한인화 과정 및 미국인 고문제도의 실시는 여타의 군정청 기관들과 별다른 차이가 없다. 미국인 고문이 최종적인 결재권을 행사한다는 한계가 있다는 점도 여타의 군정조직들과 같았다. 그러나 공보부의 경우 여기서 더 나아가 부서 자체의 기능을 담당하는 미국인 기관인 공보원이 설립되었다는 점은 미군정이 한국인들에게 공보를 맡기는 것을 매우 우려했음을 보여준다.

스튜어트가 〈선전계획〉에서 언급한 '미국의 메시지'는 미국의 정치·경제체제를 설명하는 것, 미국인은 한국인을 지배할 의도가 없으며 한국 정부 수립을 도우려 한다는 것이었다. 공보원은 궁극적으로 미국의 대한정책과 미국식 체제에 대한 한국인의 지지를 이끌어내고, 장기적으로 점령군이 한국을 떠난 후에도 한국인이 미국에 호의적인 감정을 갖게 만들고자 했다. 이처럼 공보원은 대한정책을 홍보하는 한편 이를 방해하는 선전에는 미국식 체제가 다른 체제들보다 우월하다는 역선전을 실시할 계획이었다. 스튜어트는 공보원을 "공격적이고 독립적인 선전과 역선전을 담당하는 기구"라고 정의했다. 그는 또한 한국에서 공보의 긴급성을 역설하며 미국 및 그 어떤 해외 전구戰區에도 공보원에 상응하는 기구는 없다고 강조했다.

공보원은 대민접촉을 통해 전국의 한국인들에게 공보 활동을 실시하고자 했다. 스튜어트의 〈선전계획〉에서 이를 담당하는 부서는 지방부로, 이는 새 조직에서 가장 중요한 부서였다. 공보원의 부서는 지방부, 조사부, 미디어부, 행정부로 계획되었는데, 이 중 지방부는 지방에 요원들을 파견하는 문제를 담당했다. 미국의 메시지를 주입받은 요원들을 시장, 축제 장소, 찻집, 도로 교차점 등 모든 회합 장소에 투입하고, 영화 및 미국 보급품 등 모든 자원을 동원해 청중을 모집할 임무를 맡았다. 지방부 산하 분석과는 미국의 선전과 반대파 선전의 영향을 평가하는 일을 맡았다. 또한 지방 활동과 관련해 자동차와 가솔린 배급, 공보물의 공중 살포를 위한 비행기 배정을 요구했다. 한편 조사부는 G-2, 군정, 미소공동위원회 파일이 갖고 있는 정보를 서로 연관시키는 부서였다. 〈선전계획〉을 바탕으로 공보원이 실제로 조직될 때 조사부는 계획상 지방부 산하에 있던 분석과와 합쳐져 조사분석과가 되었다. 조사분석과는 공보 활동의 두뇌 역할을 하는 부서로서 선전의 유형, 시기, 방법을 정했다. 미디어부는 서울 중앙라디오방송국의 정책과 경영을 관리하고 운영하는 부서였다.

공보원 창설로 공보의 주체는 군정청 공보부의 한국인과 주한미군사령부 공보원의 미국인으로 이원화되었다. 그러나 이것이 미국인은 미국과 관련한 공보만을 담당하고 군정정책 공보는 한국인이 전적으로 맡는다는 것을 의미하지는 않았다. 한국인의 역할이 이전보다는 중요해졌지만, 공보원의 미국인들과 공보부의 미국인 고문들이 공보부의 활동을 감독했다. 공보원 원장은 공보부의 고문으로서 공보정책을 전반적으로 감독했다. 공보부 부고문은 매일 아침 한국인 공보부장과 회의를 갖고 공보부의 실질적인 모든 활동에 대해 자문했다.

미국인은 특히 언론 배포 감독을 중시했다. 한국인이 작성하여 배포하는 보도자료는 공보부의 미국인 고문들이 계속 검토했다. 또한 공보원은 한국 신문과 출판물에 미국에 관한 잘못된 내용이 실리지 않도록 하고, 한국인이 제공한 뉴스가 미국과 미국의 정책에 대해 우호적인지 여부를 평가했다. 한편 영화는 대부분 한국 영화사를 통해 제작되었는데, 이때 제작사와의 계약, 제작 감독, 자료와 물품 제공 및 영사기의 획득과 배포까지 모든 실질적인 업무는 1947년 12월부터 공보원이 담당했다. 공보부가 만들던 'Korean Newsreel' 영화시리즈는 1948년 1월 공보원으로 이전되어 'Progress of Korea'라는 제목으로 2주마다 제작되었다. 공보부는 공보원의 영화 제작에 필요한 장비를 공급해줄 뿐이었다. 또한 공보부의 영화 검열, 허가, 감독 역할은 미국인 고문이 맡았다. 공보원의 활동이 확장되면서 공보부는 그 역할이 축소되었고 그나마도 실질적인 권한은 미국인 고문이 갖고 있었다. 제헌선거가 끝난 1948년 6월, 공보부는 한국인으로만 구성되어 있었지만 그 활동은 많이 축소된 상태였다. 정치 분석 및 여론조사 기능이 대폭 축소되어 《정치동향》은 더 이상 출판되지 않았으며 여론조사팀도 폐지되었다. 또한 《농민주보》도 출판되지 않았다.

이처럼 공보부의 '성공적인 한국인화'는 미국인 고문들이 한국인들을 각 부서의 실무를 담당하도록 교육시키는 일이 끝났다는 것을 의미했던 것이지, 공보부를 한국인의 책임하에 넘겨주어 한국인 담당의 공보부와 미국인 담당의 공보원으로 공보기구를 분리한다는 것이 아니었다. 한국인화의 성공은 공보원이 공보 활동을 담당하고 공보부가 이를 실무적으로 보조하는 역할분담이 가능케 되었음을 의미했다.

요컨대 1947년 5월 공보원이 조직되었지만, 이 시기 공보원은 강연과를 중심으로 한 서류상의 빈약한 조직에 불과했다. 그러나 점차 미국의 대한정책이 미소美蘇 협조를 통한 조선 임시정부 수립 및 신탁통치안에서, 한국문제의 단독처리로 바뀜에 따라 대한 공보정책 역시 변화하게 되었고, 공보원은 미국의 정책·물자 지원하에 활동을 시작하고 조직을 갖추어나갔다.

3-2. 미국의 남한 단독정부 수립정책과 공보원 지원 강화

1947년 5월 22일 제2차 미소공동위원회가 재개되었지만, 미국은 이의 성사가 불가능하다고 판단했다. 1947년 3월 트루먼 독트린과 1947년 6월의 마셜 플랜으로 본격적으로 시작된 미소 냉전은 더 이상 미소 협조가 불가능함을 뜻했다. 이제 미국은 미소 협조를 통해 조선 임시정부를 수립하고 한동안 신탁통치를 실시한다는 기존의 대한정책을 폐기하고, 7월 중순부터 남한 현지와 미 본국에서 한국문제의 단독처리를 위한 준비를 시작했다. 이에 따라 대한 공보정책은 미국과 미국의 변화된 대한정책을 알리는 것으로 변화했으며, 미 본국과 미군정 공보 활동의 연계가 강화되었다.

포괄적이었던 기존의 공보지침은 1947년 6월 26일자 정책문서에서 "미국 점령정책의 목표를 달성할 수 있도록 미국의 역사, 제도, 문화, 업적에 대한 한국인들의 지식과 이해를 넓힐 것", "학교, 강연, 전시와 이동교육단을 이용하여 현재 성인교육 프로그램을 확장한다"는 것으로 한층 구체화되었다. 이는 미소 협력이 불가능해져 미국이 한국문제를 단독으로 처리해야 할 경우 한국인의 우호적인 대미 인식이 필수적이었기 때문이다. 이 문서는 미국이 한국문제의 단독처리를 준비하기 시작한 7월 중순에 〈한국의 군정을 위한 중간지령〉으로 맥아더와 하지에게 하달되었다. 공보정책의 강화에 따라 워싱턴과 공보원 간의 직통 연락선이 설치되었다. 공보원은 국무부와 육군부 민정국 재교육계가 설정해놓은 공보지침 아래 공보정책을 만들게 되었다. 구체적인 물자 지원계획이 수립되는 등 점령군의 공보 활동에 대한 미 본국의 지원은 이전보다 강화되었다. 또한 미 본국의 지원하에 1948년 예산이 집행되는 1947년 7월, 공보원은 건물을 배정받아 활동을 시작했다.

강연과의 활동 외에 공보원의 가장 중요한 활동은 주간《세계신보》의 발간 및 배포였다. 이 신문은 1947년 초 스튜어트가 고안한 6×9인치 한 장으로 구성된 무료신문이다. 미국 통신사들이 기사를 제공하는 신문들은 큰 도시에만 제공되었으므로, 지방 촌락과 인구 5만이하의 도시를 대상으로《세계신보》를 배포한 것이다. 그 주의 국내외 뉴스와 관련해 중요한 속보들을 확실히 배포하고, 해당 속보에 대한 배경을 설명하는 것이 주목표였다.《세계신보》는 미국 메시지를전달하는 데 특히 효과적인 매체로 평가되었다. 첫 배포는 5만 부였으며 1947년 10월 초까지 20만 부로 발행부수가 증가했다. 선발된 한국 기관, 공중 살포, 6·7보병사단 순찰대에 의해 전국으로 배포되었다. 공보원은《세계신보》와《농민주보》두 신문 모두의 발행과 배포책임을 맡고 있었지만 남한의 용지 사정 악화와《세계신보》확장으로《농민주보》의 배포가 제한되었다.

1947년 7월부터 12월까지 공보원의 주요 활동은 전국 지역 조사였다. 공보원은 공보부의 이동교육열차를 공보원으로 이전시켜 1947년 7월부터 12월까지 총 7차례에 걸쳐 전남, 전북, 경북, 경남, 강원, 충남 등 전국의 농촌 지역을 다니며 공보 활동을 하는 한편 지역정보를 수집했다. 이 조사는 면·리 단위까지 도달하는 효율적인 배포 방식을 알아내고 지방의 정치적·사회적 특성에 맞게 공보를 펼치기 위한 것이었다. 따라서 공보원은 기존 공보부 선전물의 수용 실태, 문맹률, 라디오 보급 현황 등 미디어 관련 현황뿐만 아니라 해당 지역의 정치색까지 면밀히 조사했다. 즉 해당 지역에서 가장 활발히 활동하는 정치단체·정당은 무엇인지, 이들과 관료·경찰과의 관계는 얼마나 밀접한지, 좌익의 선전 활동은 어떤 방식으로 이루어지고 있는지 등을 조사한 것이다. 이 조사들은 이후 공보원의 활동에 반영되었다. 예를 들어 다른 지역에 비해 유독 강원도 주민이 북한의 남한 침공을 우려한다고 파악되자, 이 지역의 인구가 적음에도 불구하고 경계선 지역의 사람들에게 북한의 게릴라 침투에 굴복하지 말고 남한 정부를 믿고 지지하라는 특별 공보를 펼쳤다.

3-3. 한국문제의 유엔 이관과 공보원 지부의 설립

제2차 미소공동위원회가 결렬되자 미국은 1947년 9월 한국문제를 유엔에 이관했다. 11월 유엔 총회에서 유엔 감시하의 남북 총선거를 통한 한국통일안이 가결되었고, 1948년 2월 유엔 소총회는 한국에서 가능한 지역에서 총선거를 실시하기로 가결했다. 유엔 감시하 총선거안은 소련 측의 거부가 확실했다. 따라서 미국은 한국문제를 이관한 시점부터 내심 남한 단독정부 수립을 준비했는데, 이를 위해서는 미국의 입장을 다수의 한국인에게 전달하는 일이 매우 중요해졌다.

공보원은 기존 활동의 규모를 확장하는 한편 성인교육 교재 및 장비 지원, 라디오 방송, 영화 제작 등 새로운 활동을 시작했다. 공보원은 이처럼 활동을 확장하는 한편 이를 지방으로 더욱 확산하기 위해 근본적인 해결 방안을 모색했다. 1947년 7월부터 11월까지 행했던 현지조사는 지방에 지부를 설립할 것을 강조한 바 있는데, 한국문제의 유엔 이관 이후 지부 건설을 위한 점령군의 노력이 가속화되었다.

1947년 11월 10일경 공보원은 영화과, 라디오과, 지방지부를 제외한 나머지 부서의 조직을 이미 완비한 상태였다. 〈그림 4〉는 이 시기

확장된 공보원 조직을 보여준다.[17]

또한 이 시기 공보원의 활동 규모도 이전보다 확장된 상태였다. 《세계신보》 발행부수를 호당 5만 부에서 20만 부로 늘렸고, 한국문제의 유엔 이관을 담은 전단 106만 장을 비롯한 기타 팸플릿, 포스터, 전단들을 간행했으며, 이동교육단이 남한의 여섯 지역을 돌며 영화 상영과 연설, 간행물 배포, 시각자료 전시, 여론조사를 실시하여 한국인 약 145만 명이 이동교육열차의 영향을 받았다. 이어 1947년 12월에는 문교부와 협의하여 성인교육을 실시했다.[18]

공보원은 한국문제의 유엔 이관 공보 및 한국인의 선거참여 유도임무를 맡게 되자, 지방에 지부를 설립하고 활동을 한층 강화했다. 1947년 12월 23일 자 〈공보원(주한미군사령부)과 공보부(주한미군정청)의 통합보고서〉(이하 〈통합보고서〉)는 공보원 조직 확장의 근거가 되었다.[19]

〈그림 4〉 1947년 11월 공보원 조직도

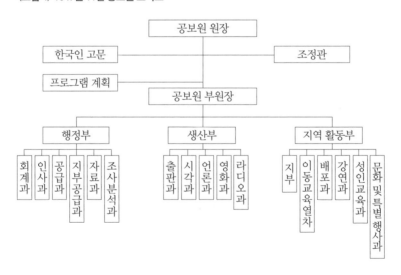

주한미군사령관 하지의 지시로 꾸려진 위원회는 공보원과 공보부의 조직, 기능, 내부 절차, 인원 활용, 중복기능 및 불필요한 활동 등 조직의 모든 측면을 총체적으로 조사했다. 이 조사의 의미는 공보원의 문관 확충 및 미국인 공보부 요원의 공보원 이전 근거가 마련되었다는 점이다. 특히 공보원 지부의 대규모 인원 충원이 지시되었다는 점이 중요하다.

조사 당시 공보부의 미국인 고문은 39명이었다. 위원회는 이를 27명으로 축소할 것을 지시했다. 공보원의 미국인은 37명이었으나, 공보부로부터의 이전 및 미 본국에서의 채용을 통해 61명으로 증원이 추진되었다. 이에 따라 1948년 1월부터 5월까지 공보원에 정치 분석가, 농업 분석가, 정보 전문가 등 조사 분석 전문가, 시각 전시 및 언론 전문가, 지부 담당자 등 24명의 문관이 충원되었다.

공보부에서 공보원으로 인원 이전이 지시된 분야는 라디오, 지부, 타이핑, 속기사 분야였다. 이 중 특히 주목할 만한 것은 공보원 지부로의 인원 이전이다. 지부 설립은 이 시기 공보원의 최우선 사항이었다. 1947년 9월 12일 부산지부가 개원되었지만, 그 외 지부는 담당자가 없기 때문에 설립이 불가능했다. 지부를 담당할 수 있는 사람들은 1947년 11월 당시 2명뿐이었고, 〈통합보고서〉를 위한 조사 당시 지부 소속은 문관 5명뿐이었다. 위원회는 지방지부에 문관 11명을 추가로 배정하여 부산, 광주, 대구, 대전, 청주, 춘천, 전주, 인천 등 총 8개 지부에 지부장과 부지부장을 한 명씩 할당할 것을 지시했다. 필요한 요원은 공보부의 인원에서 확충하되 여의치 않을 경우 미 본국에서 채용할 것을 지시했다.

한편 공보원은 지부 설립을 위한 물자 확보에 노력을 기울였다. 공보원의 재정과 물자 공급 책임은 공보부가 맡고 있었기 때문에 물자의 원활한 공급을 위해 1948년 1월 공보원 인원 몇몇을 중앙경제위원회로 이전했다. 또한 하지는 1948년 3월 19일 모든 전술사령관과 군정대원들에게 4월 15일까지 지부 설립과 활동을 위한 물자 지원 및 협력을 최우선 순위에 두라는 훈령을 내렸다. 그리고 4월 8일 군수품을 민수품으로 전환하여 공보원에 보급할 것을 지시했다. 군수품을 민수품으로 전환하는 비상책까지 동원한 결과 지부 설립은 신속히 이루어졌다. 1947년 9월 부산, 대구지부 설립에 이어 48년 1월에는 인천, 2월에는 강원도 춘천, 충북 청주, 3월 이후 전북 전주, 개성, 전남광주, 서울, 그리고 대전에 지부가 설립되었다. 지부 조직이 완비된 후 공보원의 조직을 그림으로 나타내면 〈그림 5〉와 같다.[20]

〈그림 5〉 1948년 3월 공보원 조직도

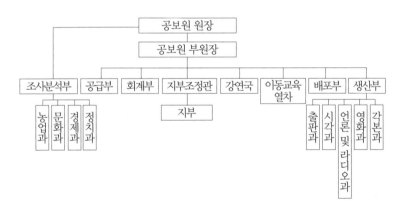

3-4. 제헌선거 홍보 위해 공보원 지부 대거 동원

공보원 지부는 육군부 민정국이 제공한 장서로 구성된 도서관과 영화 상영, 강연, 영어교실, 성인교실을 위한 강당을 중심으로 구성되었다. 그러나 지부는 실내 활동보다 남한 사람들을 직접 접촉하는 거점이라는 점에서 중요했다. 지부는 홍보물을 배포하는 수단으로서, 선거에서 매우 중요한 역할을 할 것이라고 평가되었다.

지부장은 해당 지역의 한국인과 접촉하고 홍보물 배포 경로를 알아내기 위해 상당 시간 지역을 시찰했다. 지부들은 각 지역의 중심에 위치하여 이동교육대를 주변 지역으로 보내 영화를 상영하고, 문건을 배포하고, 구전口傳 캠페인을 실시하는 임무를 맡았다. 1948년 3월 15일까지 지부는 450만 부 이상의 문건을 배포했는데, 한 문건을 여러 명이 돌려본다는 사실을 감안하면 파급 효과는 더욱 컸을 것이다. 또한 지부들은 때때로 라디오 프로그램을 제작해 지역 방송국을 통해 방송했다. 중앙의 공보원에서 제작한 영화들은 지부로 보내져 지역 영화관이나 지부에서 직접 상영했다.

지부는 지방의 정보를 수집하는 역할도 했다. 군정, 방첩대, 미군 범죄수사대, 전술군들과 연락을 유지하고, 한국인 전문가 조직, 언론 협회, 법조계, 의료계, 상업계, 학교 및 대학총장들과 접촉했다. 또한 여론조사를 시행하여 자체적으로 필요한 정보와 공보원 조사분석과에 보낼 정보를 파악했다. 그리고 출판 시설, 농업 전망, 지역 정치조직들의 활동 분석과 지역 속보 등 공보원이 요청하는 특별 정보를 수집하여 제출했다. 1948년 1월 공보원 조사분석과는 지부장이 매달 제출할 보고서 양식을 만들었는데, 월간 보고서는 활동 설명, 공보 프로그램의 효율성, 지역 정치·사회·경제에 대한 설명 등을 포함했다. 중앙의 조사분석과는 각 지부가 작성한 월간보고서들을 생산부가 이용할 수 있도록 정리했다.

공보원은 지부를 통해 획득한 전국의 정보들을 바탕으로 신속하게 정책을 만들고 수정했다. 여러 매체를 통해 배포할 내용을 정확히 판단해, 상황에 맞게 만들어내는 것은 공보의 성공을 위해 필수적이었다. 예를 들어 1948년 4월 평양에서 남북회담이 열리자, 공보원은 남북회담이 "남한 옵저버 소수와 북한의 회담"이라는 "강력하고 교묘한 입론"을 고안해냈다. 그리고 "만약 남북회담 참가자들의 평판을 나쁘게 만들지 않았더라면 아마 이것이 남한 선거에의 대규모 참여계획을 망쳤을 것"이라고 평가했다.

공보원은 1948년 5월에 있을 제헌선거를 위해 1948년 3월부터 5월까지 지부를 통해 대대적인 선거홍보에 돌입했다. 남한만의 단독정부를 수립하기 위한 제헌선거가 정당성을 얻기 위해서는 높은 투표율이 중요했다. 이에 따라 지부장들을 3월 8일과 9일에 공보원으로 소집해 3월 30일을 선거등록 시작일로 간주하여 홍보를 진행할 것을 지시했다. 공보원의 활동은 선거홍보를 위해 대규모로 확대되었는데,[21] 지부들은 이를 군과 면 단위 지역으로 확산했다. 지부는 간행물을 자동차와 우편, 지부 주변의 모든 길에 뿌리는 방법을 통해 배포했다. 또한 확성기를 지부 및 시·군의 핵심 지역에 설치하고 라디오를 배포했으며, 지역 신문에 보도자료를 제공하고 선거 관련 광고를 게재했다. 또한 지부장은 선거에 개입하기도 했다. 예를 들어 춘천지부장은 도 선거위원회의 미국인 고문들 중 한 명으로 활동했고 선거팀 훈련을 도왔으며, 선거 당일에 선거감시원으로 활동했다. 이러한 지부 활동을 통해 공보원은 "남한의 거의 모든 한국인에게 도달할 수 있는 전면적인 공보 방법과 노하우를 터득했다"고 자평했다.

지부 선거홍보 활동의 대표적인 예는 모범적인 지부라고 인정받은 부산지부의 4월 이후 5월 10일까지의 활동을 들 수 있다. 다음은 부산지부의 선거홍보 활동을 요약한 것이다.[22]

1. 4월 선거등록일 마지막 날부터 선거 당일 전날까지 30일간 배포된 선거 홍보물은 거의 200만 부이다. 경상남도 모든 군에 모든 방법을 동원하여 배포했다. 마산, 부산 라디오 방송을 통해 최대한 광고했다. 약 10만 명이 선거 영화를 보았고 공보부와 공보원 강연반이 도 전역에서 활동했다.

2. 4월 14일, 선거 홍보물 총 8만 7,000부를 공보원 우편목록에 있는 군수, 면장, 시민들에게 우편으로 보냈다. 《세계신보》41, 42호가 포함되었다.

3. 4월 19일, 식량행정처 펠프스Phelps가 4만 부의 자료를 가지고 양산, 울산, 밀양, 창녕군으로 떠났다.

4. 4월 20일, 공보장교 서머링Sommerling이 마산군에 6만 5,000부의 문건을 가지고 갔다.

5. 4월 23일, 도 군정의 트럭 한 대를 빌려 김해, 울산, 밀양, 창녕에 자료를 배포하기 위해 2주 동안 도를 여행했다. 증폭기(앰프) 4개, 라디오세트 50개, 영화〈국민투표The People Vote〉와 영사기, 전단 7만 부를 싣고 갔다. 트럭은 공보원 강연팀장인 송 씨가 책임을 맡았다. 5월 7일 돌아오자마자 송 씨는 트럭이 도의 두 군데만 빼고는 전부 다니며 자료를 배포했고, 약 3만 1,500명에게 영화를 상영하고, 라디오를 모두 배포했다고 보고했으며 전반적으로 여행은 매우 성공

적이었다고 평가했다. 송 씨는 영화가 매우 효과적인 교육 수단이라고 말했다……합천에서는 도로를 따라 나무와 돌에 5월 10일을 알리는 포스터들을 붙였다. 최신 한국 노래와 오래된 한국 노래의 곡들에 가사를 붙여 학교 어린이들이 부르게 했다. 노래의 주제는 선거가 한국 독립으로 가는 한 단계라는 것이었다.

6. 4월 26일, 식량배급소의 이 씨가 의령, 진양, 창녕, 그리고 함안군에 8만 부의 자료를 가지고 갔다.

7. 4월 28일, 《세계신보》 44호를 도 전역에 배포할 수 있도록 6사단 G-2의 장교에게 주었다. 같은 날, 《세계신보》 41, 42, 44호 17만 2,000부를 항구와 섬에 배포하기 위해 한국 해안경비대에게 주었다. 거제도도 포함되었는데, 거제 인구는 20만 명 이상이다.

8. 5월 3일, 25만 부의 'P-35'를 공중 살포하기 위해 5월 5, 6, 7일에 G-2로 보냈다. 그리고 3만 부는 전술군이 배포하도록 G-2에 보냈다.

9. 5월 4일, 공보원 직원들이 탄 트럭 두 대가 선거전단과 다른 자료들 총 46만 부를 싣고 도 전역에 배포하기 위해 부산을 출발했다. 자료는 《세계신보》 42, 44, 45호, 《농민주보》, 'p-34', 'p-35', 'AE-16'을 포함한다. 같은 날 《세계신보》 42, 43, 44, 45호, MS-26, 《농민주보》 26만 부를 공보원 구독자, 면장, 군수에게 우편으로 보냈다. 또한 5월 4일, 공보부 서머링Semmerling은 하동과 산천군으로 《세계신보》 43, 44, 45호, 'P-35', 'AE-16', 《농민주보》 총 7만 부를 가지고 갔다.

10. 5월 5일, 《세계신보》 45호 6만 5,000부를 전술군이 배포하도록 6사단 G-2에 전달했다(후략-역주).

11. 5월 7일, 서울 공보원의 지시에 따라 《세계신보》 46호 12만 5,000부를 공중 살포하기 위해 6사단에 보냈다.

12. 5월 8일, 《세계신보》 46호 6만 5,000부를 6사단에 전달했고, 공보원 트럭 두 대가 《세계신보》 46호 32만 부와 《세계신보》 45호 3만 5,000부, 갖가지 포스터와 보충자료들을 각 군에 배포하기 위해 부산을 출발했다. 같은 날 군정 지시하에 지방에 가는 감시팀 단장에게 포스터와 간행물들을 주었다.

13. 도 전역에서 수행된 프로그램 외에도, 야외 영화 상영엔 시민 약 3만 명이 관람했다. 4월 26일부터 5월 10일까지 부산 극장과 교외 영화관들의 관할 아래 〈국민투표The People Vote〉가 상영되었다. 스피커가 달린 화려한 지프차 한 대가 도시 곳곳에서 매일 홍보했다. 여성단체들을 위한 특별회의를 개최했고, 정치단체들과 기타 단체들이 요청한 문건들을 준비했다.

부산지부의 활동에서 보듯이 선거홍보 활동의 규모는 매우 컸으며, 이를 위해 공보원 지부 외에도 기타 군정기구나 전술군도 동원되었다. 즉 사실상 주한미군의 모든 조직이 총동원된 것이다. 또한 마을 단위로 선거를 홍보하기 위해 강연, 영화, 라디오, 확성기, 전단, 간행물 등의 수단이 이용되었을 뿐 아니라 식량행정처와 식량배급소의 직원들을 통해서도 간행물을 배포했다는 점, 선거홍보 노래를 만들어 학교에서 아이들에게 부르게 했다는 점 등은 주목할 만하다. 식량을 배급받고 학교에서 수업을 듣는 매우 일상적인 행위 속에 선거의 중요성이 각인될 수 있었던 것이다.

4. 정부 수립 이후 공보부·공보원의 유산

선거가 끝난 후 공보원 및 공보원 지부의 역할은 변화했으며 활동 규모도 대폭 축소되었다. 공보원의 역할은 국회와의 긴밀한 연락 유지, 국회 지지, 신정부 수립 보조 등으로 변했다. 미국을 '살아남으려고 분투하는 작은 국가들의 옹호자'로 강조하는 내용이었다.

공보원 지부들은 선거 이후 한국인의 문화 활동을 장려하고 미국 문화를 보여주는 활동에 중점을 두었다. 지방민의 삶 속에 미국 문화를 침투시키는 기관이 된 것이다. 지부는 회의, 음악회, 주민 활동 등을 위한 모임 장소로서 지방에서 꼭 필요한 곳으로 만들어질 계획이었다.

이승만 정부가 수립된 후 주한미군정청 공보부는 대한민국 정부 공보처가 되었고, 주한미군사령부 공보원은 1949년 7월부터 주한미대사관이 접수하여 미국공보원USIS(United States Information Service)으로 개칭했다. 공보처는 미군정기 공보부와 마찬가지로 언론 통제를 실시하여 1948년 9월 22일 "좌익적 색채를 띤 신문을 단속하고 이북의 괴뢰정권을 인정하는 언론을 일소하겠다"는 언론정책을 발표했다. 또한 정부를 비판하는 신문 및 간행물들을 정·폐간하고 관련자들을 구속했다. 이승만 정부 수립 후 10개월간 정·폐간된 정기간행물은 60여 개에 이르렀다.

한편 미국공보원은 주한미군사령부 공보원의 미국체제 선전 및 공산주의체제 비난 활동을 계속했다. 1949년 3월 미국은 국가안전보장회의 NSC8/2 정책문서에서 "한국의 특수한 상황에 부합하는 선전 활동을 할 것"을 명시했는데, 이는 공산주의자의 '정치적·경제적 협작'을 논박하고, 새로운 정부가 민주주의 이상 아래 생존하고 발전할 수 있다는 신념을 남한 사람들에게 심어주는 것이었다.

　이처럼 미군정기 공보부와 공보원의 역할은 남한 정부 수립 이후 각각 대한민국 정부 공보처와 주한미대사관 산하 미국공보원으로 계승되었으며, 특히 미국공보원의 체제 선전 및 역선전 활동은 냉전의 심화에 따라 더욱 강화되었다. •박수현

4장

미군정의 면방직공업 정책과
그 영향

1. 미군정이 면방직공업을 중시한 까닭

1945년 8월 15일 해방과 함께 조선은 일본제국의 경제적 영향력에서 벗어났다. 해방은 36년의 식민지기 동안 형성된 경제구조의 재편을 예고했다. 그렇다면 조선의 38선 이남을 점령한 미군정이 시행한 경제정책의 목표와 성격은 무엇이며, 점령정책은 한국 경제에 어떠한 변화를 가져왔는가.

1980년대 이후 진행된 연구들은 미군정이 현상유지를 경제정책의 목표로 추구하는 가운데, 막대한 양의 일본인 재산(적산敵産)을 접수한 뒤 이를 민간에 판매하는 정책을 실시하여 한국에 자본주의적 질서가 자리 잡도록 이끌었다고 밝혔다. 더불어 식량, 생필품의 부족과 물가 상승으로 어지러웠던 해방 직후의 경제 상황은 물론 이에 대한 미군정의 대응책과 그 한계를 보여주었다.

이 글에서 주목하는 면방직공업 또한 이 세 가지 요소의 교차를 잘 보여주는 소재다.[1] 면방직공업은 36년간의 일제 통치가 남긴 경제적 유산이었다. 일제는 조선의 북부 지역을 군수기지로 만드는 한편, 남부 지역에서는 면방직공업으로 대표되는 경공업을 육성했다. 해방과 함께 남북한이 분할되자 남한 경제에서 면방직공업이 차지하는 위상은 더욱 높아졌다. 게다가 면방직공업이 생산하는 실과 옷감은 일상생활에서 없어서는 안 될 생활필수품이었다. 생필품의 가격이나 공급량이 변동되면 그 영향은 물가를 비롯한 경제 전반에 미친다. 그렇기에 면방직공업이 안정적인 생산구조를 갖추지 못하면 일상의 불편은 물론, 정치적·사회적 불안이 발생할 수 있었다. 따라서 미군정은 면방직공업에 관심을 갖고, 관련 정책을 시행했는데 이 과정에서 일본의 영향을 많이 받았던 면방직공업 또한 일정한 변화를 겪어야 했다.

미군정의 정책은 식민지기에 수립된 경제구조로부터 자유로울 수 없는 동시에 남한 경제의 변화에 따라 바뀌어야 했다. 이 글은 남한 경제의 변화에 따라 미군정의 면방직공업 정책은 어떻게 변화했는지, 식민지의 유산은 어떤 변화를 겪었는지, 물가 상승 등 각종 경제 현안과 면방직공업은 어떤 관계였는지를 구체적으로 규명할 것이다. 이를 통해 미군정기 경제를 이해할 수 있는 실마리를 제공하고자 한다.

2. 해방 직후 면방직공장의 기계 소리가 멈춘 이유

해방 직후 면방직공업은 남한의 경제구조에서 독보적인 위상을 가졌다. 전체 공업생산액에서 면방직공업이 차지하는 비중은 30~40퍼센트에 달했고, 기업체나 종업원의 수도 다른 공업에 비해 많았다. 이는 식민지기 동안 일제가 조선 남부 지역에서 대규모 공장 위주로 면방직공업을 육성한 결과였다.[2] 일제는 공업 간의 연관성을 고려하지 않은 채 원료 생산지나 교통망을 중심으로 개별 공업을 배치했다. 조선의 남·북부에서 각각 경공업과 중공업이 발달하는 가운데 면방직공업은 원료인 면화가 생산되는 남부 지역에서 성장했다. 조선 최초의 대규모 면방직공장인 조선방직주식회사(부산)를 비롯한 대공장은 조선 남부에 설립되었고, 이들 대공장은 면사와 면포 생산의 주축이었다. 해방 직후 남한에 있던 대규모 공장은 총 14개였다.[3] 이들 공장의 명칭과 소재지 등을 정리하면 〈표 1〉과 같다.

미·소 양군兩軍의 분할 점령으로 남북한 간의 경제교류가 단절된 상황에서 면방직공업은 남한의 경제 재건을 선도할 산업으로 인식되었다. 하지만 면방직공업계의 상황은 밝지 않았다. 1945년 하반기 동안 전체 방적기 25만 3,848개 추 중에서 가동된 기계는 1만 897개 추로 가동률은 4.29퍼센트에 불과했다. 직조 부문의 상황도 다르지 않아 6.84퍼센트의 조업률을 기록했다. 1945년 면방직공장의 가동률은 전쟁으로 정상 조업이 어려웠던 식민지기 말과 비교해도 매우 낮았다.[4]

면방직공업의 위축을 불러온 일차 원인은 일본 경제권과의 단절이었다. 〈표 1〉에서 볼 수 있듯이 대다수 면방직공장의 소유주는 일본인이었다. 일본인 소유 공장은 자금과 기술, 기계 등 공장 운영에 필요한 자원을 모두 일본에서 들여왔다. 해방과 함께 일본 경제와의 연계가 끊어지고, 일본인 자본가·기술자가 귀국하자 일본인 공장의 대다수는 휴업에 들어갔다. 경성방직 등 조선인 소유 공장의 경우에는 공장 운영을 위한 자금원이 고갈되지 않았기에 조업이 가능했지만 문제는 다른 곳에 있었다. 식민지기 조선에 설치된 모든 면방직기계는 일본 제품이었고 기계 부속품 또한 일본에서 수입되었다. 조선-일본 간 교역이 단절되면서 방직기계 작동에 필수적인 기료품機料品 수입도 중단되었다.[5] 이런 상황에서 조선인 소유 공장도 순조롭게 운영되긴 어려웠다.

대다수 면방직공장이 조업을 중단한 가운데 1945년 9월 미군이 한반도에 진주, 남한을 직접 통치했다. 점령 초기 미군정이 추구할 목표

〈표1〉 해방 직후 남한 소재 대규모 면방직공장

공장명	소재지	소유주	설비 상황 및 특징	
			방적기	직포기
종연방직鍾淵紡織	광주	일본인	○	○
	서울	일본인	○	○
	춘천	일본인	해방 당시 공장 건설 미완	
동양방적東洋紡績	인천	일본인	○	○
	서울	일본인	○	○
조선방직朝鮮紡織	부산	일본인	○	○
대화방적大和紡績	경기	일본인	×	○
조선면화朝鮮棉花	목포	일본인	×	○
대일본방적大日本紡績	서울	일본인	×	○
조선제마朝鮮製麻	인천	일본인	○	×
군시방적群是紡績	대구	일본인	해방 직후 화재로 전소全燒, 1947년 공장 재건	
오우방적吳羽紡績	대구	일본인	해방 당시 공장 건설 미완	
경성방직京城紡織	서울	조선인	○	○
송고실업松髙實業	개성	조선인	×	○

출처: 대한방직협회,《창립 10주년기념지》I, 1957, 12~13쪽을 토대로 작성.

로 〈한국의 미군 점령 지역 내 민간 행정 업무에 대하여 태평양 방면 미군 최고사령관에게 보내는 최초의 기초지령〉(이하 〈기초지령〉)이 하달되었다. 〈기초지령〉은 정치·경제·사회 분야에 걸쳐 점령군의 목표와 정책 방향을 명시했는데, 경제 분야에서 추구할 목표는 다음의 네 가지였다. 첫째는 점령군의 수요 충족, 둘째는 식량 등 생필품의 정상적인 생산과 생산의 증가, 셋째는 한국 경제에서 일제 잔재의 일소, 넷째는 일본에 대한 경제적 의존에서 한국을 독립시킬 여건의 조성이다.[6] 〈기초지령〉에 제시된 경제 목표를 달성하기 위해서 미군정은 생필품인 면제품을 증산하고 면방직공업의 대일對日 의존성을 벗어나게 할 필요가 있었다. 그러나 미군정은 면방직공업은 물론 경제 전반에 대한 구체적인 정책을 수립하지 않았다.

점령 초기 미군정이 경제정책을 수립하지 않았던 이유는 미국의 대한정책에서 찾을 수 있다. 1945년 미국의 대한정책은 신탁통치를 거쳐 남북한을 통합한 단일정부를 수립하는 것이었다. 미국은 조만간 한반도가 통일될 것이며, 남한 점령 기간이 길지 않을 것이라고 예상했다. 이러한 인식을 바탕으로 미군정은 현상유지를 경제정책 기조로 삼고 남한에서 질병과 기아를 방지하는 것 이상의 정책을 추구하지 않았다.[7] 〈기초지령〉의 강조점 또한 남한 경제를 안정시키고 한국인의 복지를 증진하기보다는 점령지에서 패전국 일본의 영향력을 제거하고 연합군의 입지를 강화하는 데 있었다.[8]

미군정이 관심을 가진 것은 일본인이 남기고 간 재산, 즉 적산이었다. 점령 직후부터 미군정은 일본·일본인이 남기고 간 공공기관과 농지, 기업체 등 적산을 접수했다. 1945년 말 미군정은 군정법령 33호 〈재한일본인 재산의 권리귀속에 관한 건〉을 발표하여 적산 소유권을 미군정에 귀속시켰다.[9] 미군정은 1945년 10월부터 일본인 소유의 면방직공장을 접수하고 이를 직접 관리·운영하거나 한국인 관리인을 파견했다.[10] 이 같은 정책에도 불구하고 미군정에 귀속된 면방직공장은 정상적으로 운영되지 못했다. 공장의 관리·감독을 철저히 하지 않았기 때문이다. 이에 따라 공장의 기계·원료가 밀반출되는가 하면 미군정이 임명한 한국인 관리인들 또한 공장의 물자를 팔아 개인 재산을 늘리는 데 몰두했다. 일례로 1945년 11월에서 1946년 말까지 군정청 감찰부가 경인 지역의 100개 귀속기업체를 조사한 결과, 대부분의 기업에서 관리인의 부정이 적발되었다.[11]

면방직공업은 물론 남한 경제 전반이 어려움을 겪고 있었지만 근본적인 대책은 마련되지 않았다. 그러한 가운데 노동자들이 주축이 되어 공장을 가동하기 시작했다. 면방직공업 또한 1945년 9월 경성방직을 시작으로 종연방직(광주공장)이 조업을 재개했고, 대화방적과 조선제마도 공장을 가동했다. 그 결과 1945년 하반기에 4개 공장에서 총 면사 64만 5,600파운드, 면포 3만 8,110필이 생산되었다. 이는 1941년 조선에서 생산되었던 면제품의 1퍼센트에 불과한 것으로[12] 당시 면방직공업이 얼마나 위축되었는지를 잘 보여준다.

3. 경제 통제정책의 시험대 "면직물 가격을 잡아라"

1946년 6월 미군정 내에 '방직공장 운영부Textile operating sub sectio(이하 운영부)'가 신설되었다.[13] 운영부는 그 명칭에서 볼 수 있듯이 방직공장의 운영·관리를 전담하는 기구였다. 미군정기 동안 운영부와 같은 성격의 조직, 즉 특정 공업 부문의 공장 운영을 전담하는 부서가 설치된 사례는 찾아보기 어렵다. 그러한 점에서 운영부 신설은 면방직공업에 대한 미군정의 관심이 상당했음을 보여준다. 앞에서 본 바와 같이 미군정은 1945년에는 귀속재산 관리정책의 일환으로 일본인 소유의 방직공장을 접수한 것 외에 면방직공업 정책을 수립하지 않았다. 그렇다면 변화를 불러온 배경은 무엇일까. 그에 대한 답은 남한의 경제 상황과 이에 대한 미군정의 인식 및 대응책에서 찾을 수 있다.

1946년 초 남한은 경제위기로 몸살을 앓았다. 식량 부족과 물가 상승은 사람들의 생활은 물론 군정의 존립에 위협이 될 정도로 심각했다. 미군정이 가장 시급한 경제 현안으로 인식한 것은 식량 부족이었다. 미군정은 점령 직후인 1945년 10월 〈미곡의 자유시장 정책〉을 공포했다. 이는 식민지시기 동안 실시되었던 쌀 수집·배급정책의 해제를 의미했다. 10월이 되면 쌀이 출하되어 곡물 가격이 안정될 거라는 미군정의 낙관과 달리 쌀값이 상승했다. 쌀을 매점매석하는 행위가 횡행했기 때문이다. 쌀값이 오르자 도시에선 식량 부족 문제가 대두했다. 미군정은 1946년 1월 말 〈미곡수집령米穀收集令〉을 공포하여 농민들로부터 쌀을 수집해 도시민들에게 쌀을 배급하려 했다.[14] 그런데 미군정이 책정한 쌀 수집 가격은 생산비에도 미치지 못했고, 수개월 전에 수확된 곡식은 이미 어느 정도 소비된 후였다. 결국 미군정의 첫 번째 미곡 수집은 실패로 돌아갔다.

미곡 수집이 실패한 뒤로 도시 지역의 식량위기는 더욱 심화되었다. 1946년 3월부터 대도시를 중심으로 쌀을 요구하는 시민들의 시위가 빈번하게 발생했다.[15] 미군정이 "만일 서울로 식량을 반입하기 위한 신속하고 단호한 조치를 취하지 않을 경우, 군정에 대한 비난이 시시각각 가열되어 급속하게 폭동의 단계에 이를 것"이라고 우려할 정도였다.[16] 미군정은 자유시장 정책이 완전히 실패했음을 자인하고 식량관리기구를 신설하여 식량 수집·배급정책을 실시했다. 그러나 1946년도 여름에 실시된 하곡夏穀(보리) 수집에서도 군정은 목표를 달성하지 못했다.

1946년 상반기 두 차례 실시된 식량 수집정책이 실패한 이유로 낮은 수집 가격과 수집기구의 비민주성이 지적되었지만 미군정은 재정 부족과 물가 상승을 이유로 수집 가격을 올리지 않았고, 경찰을 동원하는 강제적인 수집정책을 이어나갔다. 군정이 모색한 해결책의 하나는 면제품, 고무신 등을 보상물자로 지급하는 것이었다.[17] 미군정은 농민의 직물 수요가 높기 때문에 군정이 직물을 배급하면 농민들이 수집정책에 협조적일 거라고 생각했다.[18] "경제 통제정책을 실천해나갈 자신을 얻느냐, 얻지 못하느냐 하는 하나의 시험대"로 간주되었던 1946년도 추곡秋穀(쌀) 수집을 앞둔 상황에서도 미군정은 보상물자를 지급해 낮은 수집 가격을 보완하고 농민의 참여를 독려할 수 있다고 생각했다.[19] 식량 공출정책의 근본적인 문제점을 도외시한 미군정은 보상물자로 지급할 면제품 생산으로 관심을 돌렸다.

경제위기를 불러온 또 다른 원인은 급격한 물가 상승이었다. '광등물가狂登物價'로 불리는 초고도 물가 상승에 직면한 미군정은 물가억제책을 마련했다. 1945년 10월 30일 발표된 군정법령 제19호 〈국가적 비상시기의 선고〉가 그것이다. 이 법령은 생필품의 부족과 물가 상승으로 인해 국가적 위기가 초래되고 있다고 지적하며, 제3조 '폭리에 대한 보호'에서 면제품 등 생필품의 매점행위와 폭리 취득을 불법으로 규정했다.

　미군정이 폭리 단속 방침을 발표한 이후에도 물가 상승세가 이어졌다. 1945년 하반기~1946년 상반기 물가 상승 국면에서 주목할 것은 직물 가격이 급격하게 변동했다는 점이다.[20] 당시 직물 가격의 상승률은 다른 품목과 비교해 월등히 높았다. 1945년 8월 하순 직물의 전국 도매가를 100으로 잡았을 때 10월에는 315로 상승했고 1945년 12월에는 770이라는 놀라운 수치를 기록했다.[21] 넉 달 만에 직물 가격이 7배 이상 오른 것이다.

　당시 신문은 물가 상승에서 "쌀값이 주동적이 아니라는 것을 간과하여서는 안 될 것"이라며, "직물 등의 생필품이 천정 없이 인위적으로 앙등된 데 원인하여 미가米價는 이에 추수하는 경향을 보인다"고 지적했다.[22] 즉, 직물 등 생필품 가격의 상승을 쌀 가격이 따라가고, 쌀값의 상승이 다시 생필품 가격의 상승을 초래하는 악순환이 계속된다는 이야기였다.

〈표 2〉 직물·곡물·광목의 서울시 도매물가지수(1945. 8~1946. 4)

항목 날짜	곡물	직물	광목	인견평직 人絹平織	마포麻布
1945. 8.	100	100	100	100	100
1945. 10.	69	228	240	154	250
1945. 12.	107	398	320	231	300
1946. 1.	159	474	360	269	350
1946. 2.	253	508	400	269	350
1946. 3.	441	706	920	385	350
1946. 4.	443	702	800	385	350

출처: 조선은행조사부, 《조선경제연보》 Ⅲ, 1948, 119~122쪽.

각종 직물 중에서도 면직물의 가격상승폭은 무척 높았다. 이는 해방 이후부터 1946년 4월까지 각종 물자의 서울시 도매물가지수를 정리한 〈표 2〉로 알 수 있다.

곡물에 비해 직물의 가격상승폭이, 직물 중에서도 면직물인 광목의 가격상승폭이 가장 큰 것을 볼 수 있다. 광목의 서울시 도매물가지수는 1946년 3월을 기점으로 전체 직물의 물가지수를 상회했고, 이후에도 광목의 가격은 높게 유지되었다. 같은 시기 다른 직물류인 인견이나 마의 가격상승폭과도 크게 대비된다.

면직물 가격이 급등한 이유는 무엇보다 생산량이 부족했기 때문이다. 현재와 마찬가지로 직물은 생필품으로, 직물 중에서도 가격이 저렴하고 사계절 모두 사용할 수 있는 면직물에 대한 수요는 높을 수밖에 없다. 1949년 당시 한국은행조사부는 1인당 연간 면직물 최소 소비량을 15필로 보았다. 실제로 면직물 소비가 극도로 제한되었던 1942년도에도 1인당 면직물 소비량은 3필이었다.[23] 그런데 1945년도에 생산된 면포 3만 8,110필을 남한 인구 2,000만 명에게 배포하면, 1인당 0.002필만이 돌아갈 수 있었다.

면직물 부족은 가격 상승을 불러오는 동시에 면직물을 투기 대상으로 만들었다. 1945년 말부터 직물을 비롯한 생필품이 투기 대상으로 매매되고 있음을 지적하는 기사가 연일 신문에 실렸다.[24] 미군정은 1946년 4월 법령 19호의 후속 조치로 폭리의 한계를 도매 10퍼센트, 소매 30퍼센트로 정해 물가 안정을 도모했다. 하지만 공급량이 절대적으로 부족한 상황에서 유통 과정에서 발생하는 이윤이나 판매 가격을 통제하는 것은 근본적인 대책이 될 수 없었다. 이 같은 경제 상황은 미군정이 면제품 증산에 관심을 기울이게 되는 계기가 되었다.

미군정이 면제품 공급을 늘리기 위해 추진한 정책은 두 가지였다. 하나는 미국에서 생산된 면제품을 원조로 들여오는 것이고, 다른 하나는 면방직공장의 가동률을 높여 면제품을 증산하는 것이었다.[25]

미군정은 면제품을 비롯한 생필품과 식료품을 원조로 들여오기 위해 민간물자보급계획Civilian Supply Program(이하 〈계획〉)을 수립했다. 미군정이 1945년 말 수립한 1차 〈계획〉이 미국에서 승인된 것은 1946년 6월이었다.[26] 승인이 지연되는 동안 남한에선 경제위기가 심화되었다. 이에 미군정은 1차 〈계획〉이 승인되기 전부터 2차 〈계획〉을 수립했다. 미군정의 경제 관련 최고심의의결기관인 중앙경제위원회National Economic Board(NEB)는 1946년 4월부터 국무부가 파견한 경제사절단과 함께 2차 〈계획〉을 구상했다. 하지만 2차 〈계획〉 또한 재원이 확보되지 않아 중단되었다. 두 차례에 걸친 민간물자보급계획이 미군정의 구상대로 실행되지는 않았지만 1946년 동안 4,949만 달러에 달하는 원조물자가 미국과 일본으로부터 도입되었다. 하지만 이는 미군정의 목표치인 2억 8,879만 7,000달러의 17퍼센트에 불과했다. 원조물자의 구체적인 내역을 보면 식료품과 비료가 전체의 50퍼센트 이상을 차지했고 피복류는 전체 물자의 10퍼센트에 그쳤다.[27]

원조물자로 면제품 공급량을 확대하려던 미군정의 계획은 목표를 이루지 못했다. 주목할 것은 2차 물자보급계획이 입안되는 과정에서 면방직공업에 대한 적극적인 정책이 모색되었다는 점이다. 생필품과 식량을 원조로 획득하는 것만을 추구했던 1차 〈계획〉과 달리 2차 〈계획〉의 목표는 원조 도입과 함께 경공업 분야의 생산을 증대시키는 것이었다.

중앙경제위원회는 2차 〈계획〉을 수립하는 과정에서 점령 목표를 성취하기 위해서는 경제적 안정이 필수적이라고 지적하며 그간 미군정이 수행한 경제정책은 단기적이고 소극적이었다고 평가했다. 군정이 남한에서 질병과 정치 불안을 방지한다는 점령 초기의 목표를 넘어 건전한 경제구조를 수립하는 것을 목표로 해야 한다는 것이 중앙경제위원회의 생각이었다.[28] 이러한 논의는 미군정의 인식 변화를 보여준다는 점에서 중요하다. 점령 초기 미군정 경제정책의 기조는 현상유지였고, 공업구조의 재편 혹은 공산품 증산정책은 전혀 마련되지 않았다. 그런데 2차 〈계획〉의 도입 과정에서 중앙경제위원회가 내린 결론은 미군정의 목표를 재조정해야 한다는 것이었다.

미군정의 인식이 바뀐 계기는 두 가지였다. 첫째 요인은 군정의 존립을 위협하는 경제위기였다. 식량 부족과 물가 상승 문제를 해결하기 위한 군정의 조치는 효과가 없었고, 원조물자의 도입도 순조롭지 않았다. 따라서 미군정은 다른 각도에서 문제에 접근해야 했다. 둘째 요인은 미소美蘇관계의 변화였다. 한반도 문제에 소련과의 협의를 모색했던 1차 미소공동위원회가 1946년 5월 결렬되면서, 점령은 예상과 달리 장기적이 되는 한편 소련과의 협조는 어려워졌다. 이러한 상황에서 한반도에 대한 미국의 입장은 잠정적이고 단기적인 것에서 장기적인 전망을 가진 것으로 변화했다.[29]

중앙경제위원회는 '건전한 한국 경제의 수립'이라는 새로운 목표를 달성하기 위한 세부 목표로 네 가지를 제시했다. 첫째는 가능한 한 높은 수준으로 경공업 제품의 생산을 확대할 것, 둘째는 식량 생산을 최대화 할 것, 셋째는 주요 공공시설과 통신·운송시설을 확보하고 유지할 것, 넷째는 광공업과 중공업에 대한 결정은 한국이 통일될 때까지 연기한다는 것이었다.[30]

경공업제품의 생산 증대와 관련하여 미군정은 남한의 공업은 잠재력이 있고 노동력이 충분하여 그 미래가 밝다고 전망했다. 하지만 불안정한 정세와 기술자 부족 등을 고려했을 때, 모든 경공업 분야에서 생산량의 증가를 꾀할 순 없다고 판단했다. 미군정은 필수적인 물자를 생산하는 경공업에 한해서만 증산이 필요하다고 생각했고, 기존 설비만으로 생산 증진이 가능한 산업에 역점을 둬야 한다고 판단했다. 경제위기와 밀접한 관련이 있고 대규모 설비를 갖춘 면방직공업은 미군정의 경공업 정책에서 일 순위를 차지했다.[31]

4. 1946년, 가격 이원화와 대규모 공장 중점 지원 병행

미군정의 면방직공업 정책은 1946년 6월 방직공장 운영부Textile operating sub section(이하 운영부)를 설치하면서 본격화되었다. 운영부는 귀속 방직공장의 운영·관리만을 전담하는 기구로 상무부 공업국 내에 있던 방직과의 산하 조직이었다.[32] 운영부는 지휘계통이나 기능이 독특했다.

우선 운영부는 방직과 내의 잡품계, 면마계 같은 조직들과는 다른 지휘계통 아래 있었다. 방직과의 최고 책임자는 한국인 방직과장과 미국인 고문 두 명이었다. 이들 중 각종 정책의 수립과 실행에서 핵심적인 역할을 담당한 것은 미국인 고문이었다. 운영부 또한 미국인 고문의 책임하에 있는 조직으로 한국인 방직과장은 운영부 업무에 관여할 수 없었다. 이는 운영부가 관리했던 대상이 귀속공장이며, 귀속재산과 관련된 업무의 최종 결정권이 미국인 고문에게 있었던 점에 기인했다.

　다음으로 운영부의 업무범위는 모든 귀속공장이 아니라 선별된 대규모 귀속공장으로 한정되었다. 미군정은 식민지기 면방직공업이 대규모 공장을 중심으로 발전했고, 이들 대공장이 면제품의 대부분을 생산했던 것을 알고 있었다. 그리고 인력이 충분하지 않은 상황에서 미군정은 모든 공장을 관리하는 것이 비효율적이라고 생각했다.[33] 이러한 인식에 따라 미군정은 대규모 면방직공장들과 소수의 견직絹織 (비단)공장만 운영부에 소속시켰다. 구체적으로 종연방직의 모든 자회사와 오우방적, 대일본방적, 동양방적, 조선방직 등이었다.

　운영부 설치에 따라 방직공업과 관련된 미군정 내 기구는 이원적으로 구성되었다. 원래 있었던 방직과에서는 면방직공업을 비롯한 방직공업 전반에 관한 정책 수립과 각종 사무를 담당했다. 신설된 운영부는 일부 귀속공장의 운영·관리에만 집중했다. 운영부가 실제 공장의 가동에 직접 관여한다는 점에서 미군정이 면방직공장의 운영은 물론 면방직공업계에 직접 개입하려는 의지를 지녔음을 확인할 수 있다. 또한 미군정의 정책 초점이 대량생산 능력을 갖춘 대공장이었다는 것을 알 수 있다.

　1946년 면방직공업과 관련된 행정조직의 정비와 맞물려 미군정은 구체적인 면방직공업 정책을 실시했는데 이는 크게 두 가지로 나눌 수 있다. 하나는 면방직공업의 생산·유통구조를 통제하는 것이고, 다른 하나는 생산 위축 원인을 해소하는 것이었다.

　면방직공업에 대한 미군정의 통제는 경제통제책의 일환으로 추진되었다. 미군정은 1946년 5월 28일 군정법령 90호 〈경제통제령〉을 발표하고 경제 통제를 본격화했다.[34] 미군정은 면포를 포함한 11종의 통제품을 지정한 뒤 그 유통 과정과 가격을 통제했다. 미군정은 귀속공장과 민영 공장에서 생산된 면포에 대해 각기 다른 정책을 취했다. 귀속공장에서 생산된 것은 자유판매가 완전히 금지되고, 미군정이 설치한 배급소를 통해서만 판매되었다. 판매 가격은 미군정이 정한 공장 출하 가격에 약간의 유통 마진을 덧붙인 것이었다. 민영 공장은 생산 면포를 자유롭게 판매할 수 있었지만 미군정이 설정한 최고 가격을 초과해선 안 되었다.[35]

생산품으로 한정되었던 미군정의 통제 범위는 면방직공업의 원료와 설비로 확대되었다. 1946년 9월 중앙경제위원회 규칙 제2호 〈방직의 원료 및 설비 통제에 관한 건〉이 공포되었다. 핵심은 모든 방직공장은 공장 설비를 상무부에 등록해야 한다는 것과, 군정청이 방직공업의 원료를 통제한다는 것이었다. 이에 따라 면방직공장은 물론 마방직이나 모방직공장도 미군정으로부터 원료와 설비를 통제받게 되었다. 곧이어 상무부는 군정에 등록한 공장에 한해서만 원료를 분배하고 신규 기계를 설치하겠다고 공표했다. 일련의 조치는 운영부에 소속되지 않은 민영 공장이나 소규모 귀속공장의 생산구조 전반을 통제하려는 미군정의 의도를 명확히 한 것이었다. 원료와 설비를 조달하기 위해 경성방직 등은 기계를 등록하고, 기계를 이전하거나 추가로 설치할 때 군정의 허가를 받아야 했다.

미군정은 면방직공업 통제정책을 마련하는 한편 증산정책을 시행했다. 즉, 면방직공장의 정상 조업을 가로막는 기료품·기술자·운영자금·원료 부족을 해소하기 위한 정책을 시행했다. 1946년 당시 가장 심각한 문제는 원료보다 기료품과 기술자 문제였다.[36] 남한에는 제철공장이 전무한데다 기계공장은 주로 38선 이북에 있었기 때문에 면방직공업계는 물론 공업 전반에서 기계부속품이 부족했다. 또한 식민지기 일본인 소유의 면방직공장은 기술자로 일본인만을 고용하고 조선인 기술자를 양성하는 데에는 관심을 두지 않았기 때문에 고급 기술을 가진 이가 드물었다. 기료품과 기술자 부족을 해결하기 위한 정책은 두 가지 방향에서 진행되었다. 우선 기료품 공장을 건설하고 기술자 양성을 위한 기술교육기관을 설립했다. 하지만 남한 내부에서 문제를 해결하려고 했던 정책은 지속적으로 추진되지 못했다. 이에 따라 미군정은 외부 지원을 통해 문제를 해결했다. 구체적으로 기료품 부족은 일본으로부터의 수입을 통해 완화되었다. 미군정은 1946년 하반기 점령 지역 구제원조Government Appropriation Relief in Occupied Areas(이하 GARIOA원조로 약칭)로 기료품을 수입했다.[37] 일본에서 수입된 기료품은 경성방직과 종연방직, 동양방적 등 대규모 면방직공장에 배분되었다. 한편 미국으로부터 방직공업 기술자를 초빙했지만 별다른 성과를 거두진 못했다. 면방직공장들은 경성방직의 기술자를 초빙하거나 일본인 기술자를 강제로 유임시켜 기술을 배웠다.[38]

다음으로 미군정은 자금난 해소를 위해 정부보증 대출을 시행했다. 당시 면방직공장의 재무구조는 무척 불안정했다. 운영자금이 부족했던 대다수 공장들은 외상거래로 원료인 원면을 구입해서 생산한 후 제품 판매대금으로 외상을 갚는 동시에 또 원면을 구매했다. 따라서 최종 생산품이 바로바로 팔리지 않으면 자금 부족으로 공장 가동을 중지해야 하는 상황이 빈번히 발생했다.[39] 귀속공장 간의 채무관계가 복잡한 것도 하나의 걸림돌이었다. 일례로 종연방직은 오우방적 등에 돈을 빌려준 동시에 원료 구입자금을 조선방직으로부터 빌린 상태였다. 일본 경제와의 단절로 운영자금 확보가 어려운 상황에서 귀속공장 간의 상호 대출이 늘어난 것으로, 귀속공장 간 상호대출액은 총 6,793만 5,947엔円에 달했다.[40] 귀속공장 간 대출은 일부 공장의 자금난이 전체 공장으로 확대될 수 있다는 점에서 개선이 필요했다.

미군정은 정부보증을 제공하여 면방직공장이 은행에서 운영자금을 대출받을 수 있도록 도왔다. 융자는 주로 대규모 귀속공장에 배당되었지만 민영 공장도 정부보증 대출을 받을 수 있었다. 은행대출은 공장이 처한 자금난을 일시적으로 해소하는 데 도움을 주었지만, 큰 성과를 거두진 못했다. 대출 절차가 복잡하고 승인된 대출 액수도 턱없이 적었기 때문이다.[41]

마지막으로 미군정은 면방직공업계에 안정적으로 원료를 제공하기 위해 면화 수집정책을 시행했다. 미군정의 면화 수집정책의 전개 양상은 미곡 수집정책과 무척 유사하다. 식민지시기 동안 총독부는 면화 재배를 장려하고, 수확된 면화를 수집하여 면방직공장에 판매했다. 면방직공장의 입장에선 안정적으로 면화를 획득할 구조가 갖추어져 있었던 셈이다. 점령 직후 식민지기의 모든 통제경제를 해제한 미군정은 농민들이 재배한 면화 또한 수집하지 않았다. 그렇지만 1946년까지 방직공업계는 원료난을 겪지 않았다. 가동되는 기계가 적어 해방 전에 구입한 재고 원료로 충당할 수 있었기 때문이다.

원면 부족 현상이 대두한 것은 1946년 후반이었다.[42] 1946년 대규모 면방직공장이 차차 가동되기 시작하면서 원면 소비량도 빠르게 증가했기 때문이다. 1946년 하반기 미군정은 면화 부족에 대비해 1946년산 면화 수집에 나섰다. 하지만 전체 수확된 총 1억 2,000만 파운드의 면화 중 600만 파운드(4.8퍼센트)를 수집하는 데 그쳤다. 면화 수집 정책이 실패한 이유 또한 낮은 수집 가격에서 비롯했다. 미군정은

1946년산 면화 수집 가격을 1근당 18원으로 정했고 한 달 뒤에는 15원으로 인하했다.[43] 당시 면화 1근의 생산비는 20~25원, 시장 가격이 85원이었다. 농민의 입장에서는 미군정의 수집에 응하는 것보다 시장에서 판매하는 것이 훨씬 이득이었다.[44] 농민에게서 면화를 구입한 것은 대체로 상인·조면업자였다. 이들은 면화 가격과 조면을 거친 원면 가격 간의 차이에서 발생하는 초과이윤을 노렸다. 상인에게 판매된 면화는 원면으로 가공되어 각종 방직공장에 재판매되었다. 한편으로는 면제품 생산이 극도로 위축되었기 때문에 농민들은 수확한 면화를 베틀 등으로 짜서 직접 사용하기도 했다.[45]

미군정은 면방직공업계가 직면한 모든 문제를 해결하진 못했지만 부족한 기료품과 운영자금을 공급했다. 또한 미군정은 조업을 중단한 귀속공장의 조업 재개를 돕고 운영을 재개한 귀속공장은 운영부 산하에서 관리했다. 이에 위축되었던 면방직공업계는 회복세를 보였다.

미군정은 이러한 결과를 두고 군정의 정책이 효력을 발휘한 결과라고 자평했다. 당시 경성방직의 사장이었던 김용완도 "미군정에서 적산공장을 움직여 방직공장의 가동이 비교적 빠르게 됐다"고 회고했다.[46] 1946년 미군정이 시행한 면방직공업 정책이 방직공장들의 조업을 이끄는 하나의 동력으로 작용했다고 평가할 수 있다. 물론 미군정

〈표 3〉 미군정기 방직공장의 조업률(단위: 퍼센트)

구분 \ 연도	1945	1946	1947	1948
방적기	4.3	37.6	53.1	56.5
직포기	6.8	45.4	54.5	55.4

출처: 대한방직협회, 《방협 창립 10주년 기념지》, 1957, 64~65쪽.

기 동안 면방직공장의 조업률이 50퍼센트대를 넘어서진 못했다는 것도 간과해선 안 될 것이다. 이는 미군정 정책의 근본적 한계에서 비롯했다. 미군정의 면방직공업 정책은 공업구조 전반을 조정하여 안정적인 생산기반을 만드는 것에 있지 않았다. 대규모 공장에 한정해 부족한 원료를 공급하고 운영자금을 일시적으로 대출하여, 당장에 필요한 수요를 충족하는 수준을 목표로 했다.

5. 1947년, 조선방직협회 중심 민간 역할 확대

1947년 4월 면방직공업과 관련된 미군정의 정책 방향에 변화가 나타났다. 운영부가 해체되면서 귀속공장은 물론 면방직공업 관련 정책을 수립, 실행하는 주체가 군정 내 한국인으로 옮겨간 것이었다. 한편으로는 동업자 조직인 조선방직협회가 창립되어 구체적인 실무를 대행했다. 이에 따라 미군정의 통제 강도와 범위는 약화되었다. 왜 이러한 변화가 일어났을까.

운영부의 해체는 3월에 발표된 관재령 9호에 따른 것이었다. 관재령 9호의 주된 내용은 귀속사업체의 관리·감독권을 미국인 재산관리관으로부터 각 부처의 한국인 부장에게로 이전한다는 것이었다. 귀속 면방직공장의 관리·감독권도 관재령 9호에 따라 한국인 상무부장에게로 이전되었다. 이에 미국인 고문의 책임하에서 귀속공장을 운영하고 관리해온 운영부도 자연스럽게 해체되었다. 운영부가 담당했던 업무는 생산위원회와 귀속사업국이 담당했다. 두 기관은 상무부가 감독권을 넘겨받은 귀속사업체 전반을 관리하고자 신설한 조직이었다. 생산위원회는 귀속기업체의 운영 상황을 감독하고 관련 정책을 입안하는 한·미공동회의체였다. 귀속사업국은 운영자금의 융자나 기술자 배치 등 생산 부문과 관련된 일을 담당했다. 귀속사업국에는 법률 및 재무 등에 대해 조언하는 미국인 고문이 있었다.

미군정 정책의 성격 변화는 조선방직협회(이하 방직협회)의 활동을 통해서도 살펴볼 수 있다. 방직협회는 1947년 4월 상무부의 승인을 얻어 설립된 방직공업계 내부의 동업자 조직이었다. 창립 당시 회원 공장은 10개 회사로 경성방직, 조선방직, 고려방직, 전남방직, 대한방직 등 대규모 면방직공장들이 주를 이뤘다. 그런데 방직협회의 활동 범위는 단순한 동업자 조직의 수준을 넘어섰다. 방직협회가 원면 배정은 물론 방직기계의 설치·이동에 직접적으로 관여한 것이 이를 보여준다. 방직협회는 면방직공장의 규모와 조업도 등을 조사한 뒤 이를 토대로 〈배급시안〉을 작성하여 미군정에 제출했다. 미군정은 1947년 4월에 최초로 도입된 미국산 원조 원면을 협회가 제출한 시안에 의거해 각 공장에 배분했다. 또한 방직협회는 원면 구입자금이 부족한 공장들이 많다는 점에 착안해 군정에 3개월간 외상구매를 할 수 있게 해달라고 건의했다. 방직협회의 건의는 미군정의 승인하에 실행되었다. 방직협회는 기계의 설치와 이동에도 관여했다. 협회는 남한 내 면방직공장이 보유한 기계 수와 미설치 기계 수 등을 조사한 뒤, 그 결과를 토대로 군정청과의 협의하에 기계 설치·이동 작업을 시행했다. 그 결과 1947년 말 일부 공장에 방직기가 증설되었다.

면방직공업에 대한 미군정의 직접적인 관여가 감소하는 한편, 한국인 관료와 업계 종사자의 활동 영역이 늘어나게 된 배경은 다양했다. 귀속공장에 대한 관리·감독권이 한국인에게로 이전된 데에는 관재령

9호의 실시가 직접적인 원인이었다. 시야를 넓히면 군정 내 한국인의 역할 확대는 이미 1946년 11월부터 시작되었다. 1946년 11월 미군정은 기존의 한미韓美 양 부장제도를 폐지하는 등 군정의 '한국인화'를 추진했다. 군정의 한국인화는 행정권을 한국인에게 이양하여 미군의 직접지배를 간접지배 형태로 바꾸고, 한국인 관료조직을 육성하려는 의도에서 실시되었다.[47] 운영부가 맡아보던 귀속공장 관련 사무가 상무부 내 한국인(조직)에게 이전된 것 또한 이러한 흐름에 따른 것으로 볼 수 있다.

다음으로 미군정은 방직협회에 원면 배정과 같은 실무를 맡김으로써 면방직공업계의 한국인들이 미군정에 가진 불만과 상호 갈등을 해소하고자 했다. 1946년 말 방직공업계 내부에서 협회를 결성해야 한다는 논의가 나오게 된 배경은 미군정과의 갈등 때문이었다. 당시 미군정과 민영 공장의 한국인 자본가는 물론 미군정과 귀속공장의 한국인 관리인 간에 일련의 갈등이 있었다. 민영 공장과 미군정은 원면 배정 방식을 두고 의견 차이를 보였다. 1946년 말 미군정은 군정이 보유한 원면을 운영부에 가입된 귀속공장에만 배정하고 운영부의 회원이 아닌 민영 공장은 배정 대상에서 제외한다는 방침을 정했다. 미군정이 원면을 차별적으로 배정한 이유는 당시 경제 상황에서 찾을 수 있다. 당시 생필품 가격 통제정책에도 불구하고 면제품 가격은 안정되지 않았다. 미군정의 통제를 받지 않는 민영 공장의 생산품은 여전히 높은 가격으로 거래되었기 때문이다. 미군정은 차별적인 원면 배정을 통해 두 가지 효과를 기대했다. 하나는 원면을 귀속공장에 집중해 통제 가능한 면제품 생산을 증가시키는 것이다. 다른 하나는 민영 공장에도 원면을 배정하는 대신, 민영 공장 생산품에 대한 통제권을 얻는 것이었다. 특히 미군정은 규모가 컸던 경성방직을 운영부에서 통제하고자 했다.

미군정의 방침에 경성방직을 비롯한 민영 공장은 강하게 반발했다. 미군정이 배정하는 원면의 가격은 시장에서 판매되는 원면 가격의 3분의 1에 불과했다. 원료비가 원가의 절반 이상을 차지하는 방직공업의 특성상 저렴한 원면의 확보는 필수적이었다. 또한 이후 원조 원면이 들어올 때에도 미군정이 차별적 배정을 고수할 가능성이 있었다. 결국 경성방직은 판매 가격이나 경로에 대해서 군정의 통제를 받기로 약속하고 원면을 배정받았다. 미군정이 원료 배정을 통해 종래 귀속 공장에만 적용되던 통제를 민영 공장으로 확장해나가자 경성방직은 대응책의 일환으로 동업자 조직을 결성하려고 했다.

귀속공장의 관리인과 미군정은 귀속공장의 운영 방식을 놓고 대립했다. 미군정은 관리인들이 개인적으로 이윤을 추구한다는 것을 내세워 관리인을 자주 교체하고, 상여금 등의 세세한 결정까지 미국인 재산관리관의 통제하에 두었다. 이에 대해 관리인들은 자신들이 공장 운영 권한이 거의 없으며, 군정의 가격 통제로 인해 이윤을 획득하는 것이 거의 불가능하다고 항변했다. 여기에 46년 말 미국인 고문의 귀속사업체 관리·감독권을 유지한다는 관재령 8호가 발표되자 관리인들의 불만은 더욱 커졌다. 관재령 8호가 발표된 이후 귀속 면방직공장의 관리인들은 관재령 철폐운동에 참여했다. 동시에 미군정의 정책에 조직적으로 대응할 필요에 따라 경성방직이 추진하는 협회 결성 움직임에 동참했다. 미군정은 면방직공업계 내부에서 동업자 조직이 결성되는 것에 대해 우호적이진 않았다. 그런데 1947년 관재령 9호와 함께 면방직공업 정책의 방향 전환이 필요하면서 방직협회를 보다 적극적으로 수용하는 방향으로 나아갔다. 미군정이 방직협회에게 중요한 실무를 대행하게 하는 등 이들의 움직임을 반대하지 않은 까닭은 무엇보다 방직협회의 지향이 미군정과 배치되지 않았던 점에서 찾을 수 있다.

방직협회는 회원 공장과 일부 귀속공장에만 원조 원면을 배정했고, 설비 증설도 이들 공장을 중심으로 진행했다. 이는 미군정이 기존에 진행해온 대규모 공장 중심의 면방직 정책과 크게 다르지 않았다. 방직협회는 협회에 가입한 대규모 공장과 일부 귀속공장에 원면과 기계 등을 배타적으로 배정했다. 이는 대규모 공장에 각종 자원을 집중시키는 미군정의 면방직공업 운영정책과 배치되는 것이 아니었다. 방직협회에게 실무를 맡긴다 하더라도 미군정의 의도는 1946년과 마찬가지로 관철될 수 있었다. 따라서 미군정은 동업자 조직을 결성하려는 한국인 자본가·관리인에 반대해 갈등을 키우기보다는, 방직협회를 지원하는 동시에 군정의 통제 아래에 두는 것이 더 유리하다고 인식했을 것이다.

마지막으로 면방직공업의 생산이 안정적인 궤도에 들어선 것도 영향을 미쳤다. 해방 직후 극심하게 위축되었던 면방직공업계는 1946년을 거치면서 조업률은 물론 생산량이 점진적으로 증가했다. 1947년 당시 미군정은 남한 방직공업의 상황이 만족스럽지는 않지만, 점령기간 동안 방직공업의 재건에 상당한 진전이 있었다고 평가하며, 기료품과 원면만 제공된다면 생산량은 더 증가할 것이라고 판단했다.[48] 미군정의 긍정적 평가는 무엇보다 원조를 통해 원료인 원면을 보다 안정적으로 확보할 수 있게 된 데서 비롯했다. 미군정은 1947년부터 국내산 면화의 생산량 및 수집량 감소를 이유로 외국산 원면을 국내로 도입했다. 4월 점령지구호원조GARIOA 자금으로 미국산 원면이 처음 도입된 이래 1947년 한 해 동안 미국산 원조 원면의 양은 1,400만 파운드에 달했다. 이는 1945년 8월부터 1946년 한 해, 즉 1년 5개월 동안 면방직공장이 소비한 원면 규모에 필적하는 양이었다.

　미군정의 긍정적 평가와 달리 당시 남한의 면방직공업계는 매우 불안정한 상태였다. 원면·기료품이 원조로 도입되는 시기나 배분이 지연되면, 면방직공장은 조업을 중단할 수밖에 없었다. 또한 기술과 기계를 여전히 일본에 의존했기 때문에 자립성이 결여되었다. 그러나 미군정의 방직공장 운영 목표는 면방직공업을 부흥시키거나, 자립적인 운영이 가능한 구조를 만드는 것이 아니었다. 미군정의 관심은 당장의 생산량을 증대시켜 수요를 충당하고 물가를 안정시키는 데 있었다. 이는 1946년 시작된 면방직공업 정책, 즉 기료품과 원면을 제공하고 운영자금을 대부하는 것을 통해 어느 정도 달성된 상태였다. 따라서 미군정이 이전처럼 직접적으로 공장의 운영과 생산을 통제할 필요성은 줄어들었다.

　이상에서 살펴본 바와 같이 1947년 4월을 기점으로 미군정의 면방직공업 관련 정책은 정책 실행의 주체, 행정기구 및 조직 등에서 일정한 변화를 보였다. 하지만 1946년에 미군정이 방직공업 정책을 수립하면서 지향했던 기본 목표는 변하지 않았다. 우선 미군정은 신규 설비의 도입보다는 기존 기계를 활용해 면제품을 증산하려 했다. 상무부는 1947년도 공업정책의 목표를 기존 설비의 보수·활용으로 설정하고, 이를 방직협회의 협조 아래 시행했다.[49] 그런데 이때 설치된 기계는 식민지 말기 일본에서 이전되었지만 설치는 안 된 것들로, 새롭게 구입한 것은 아니었다.[50] 이는 미군정의 공업정책이 생산시설의 확충과 같이 생산기반의 확대를 통해서 생산 능력을 제고하고, 남한의 공업을 부흥시키려는 것은 아니었음을 단적으로 보여준다. 따라서 기존 설비를 활용한 면제품 생산량 증가라는 목표는 미군정기 내내 유지되었다.[51]

다음으로 방직협회의 활동에서 볼 수 있듯이 대규모 공장 위주의 정책 기조 또한 변하지 않았다. 모든 면제품 생산의 기초가 되는, 실을 생산하는 방적기는 거의 대공장에만 존재했다. 그런데 이들 공장은 생산한 방적사(실)를 외부에 판매하지 않고 자신들의 공장에서 직접 소비했다.

〈표 5〉에서 볼 수 있듯이 공장 내부에서 자체 소비하는 원사原絲 비율은 미군정기 내내 높은 수치를 유지했다. 또한 판매된 면사가 이들 공장 이외의 직포공정에 사용된 것은 28퍼센트에 불과했다.[52] 따라서 미군정기 생산된 면직물의 80~90퍼센트는 대규모 공장이 독점 생산했다. 식민지기에 형성된 대공장의 면사 및 면포 독점 생산구조는 미군정기에도 크게 변하지 않았다.

마지막으로 미군정은 면방직공공업계에 대한 영향력을 유지했다. 일례로 관재령 9호는 귀속사업체 관리·감독권을 한국인에게 이양했지

〈표 5〉 대규모 공장의 원사 및 매사의 생산량(1945~1948)

연도	면사 생산량	원사(비율)	매사(비율)
1945	645,600	525,600(81.4)	120,000(18.6)
1946	8,825,200	7,935,800(90.1)	871,400(9.9)
1947	12,294,818	11,165,700(90.8)	1,129,1218(9.2)
1948	13,102,040	10,456,715(79.8)	2,645,325(20.2)

출처: 대한방직협회, 《방협 창립 10주년 기념지》, 1957, 65쪽.

만, 동시에 정책 변경 같은 중요 사항에 대해서는 미 고문관의 동의를 받도록 명시했다. 또한 앞서 보았듯이 생산위원회는 한미 공동의 회의로, 귀속공장 정책 수립 등에 대해 미군정이 개입할 통로가 확보되어 있었다. 한편 미군정이 원료나 기계 같은 공업자원의 배정을 방직협회에 일임했지만 각종 자원을 도입하는 시기와 도입량, 가격은 미군정이 단독으로 결정했다. 방직협회는 원면과 기료품을 구입할 때에도 면방직공업계의 참여를 보장해달라고 건의했지만 미군정기 내내 방직협회의 요청은 받아들여지지 않았다.

관재령 9호로 면방직공업과 관련된 군정 내 조직의 개편이 요구되는 한편, 면방직공업의 생산구조는 1945년과 비교해 안정되었다. 이에 따라 미군정이 귀속공장은 물론 민영 공장을 직접적으로 통제해야 할 필요는 줄었다. 미군정은 통제 범위와 강도를 약화시켰지만 여전히 큰 영향력을 발휘했다. 이는 대한민국 정부가 수립될 때까지 계속되었다.

6. 대외의존성의 확대와 독점구조 형성

미군정은 식민지기에 형성된 물적 유산을 군정의 점령 목표에 부합하도록 조정하는 면방직공업 정책을 시행했다. 정책의 핵심은 통제이되 미군정 혹은 남한이 직면한 경제 현안에 따라 구체적인 내용은 변화했다. 점령기간 동안 미군정은 방직공업 운용에 필요한 자원은 물론 면방직공업의 생산 및 유통체계를 직간접적으로 통제하는 정책을 펼쳤다. 이에 따라 면방직공업은 다음의 세 가지 특징을 갖게 되었다.

우선 면방직공업은 대외의존성이 높았다. 미군정은 공장 운영에 필요한 자원을 남한에서 조달하지 않고 원조로 도입하여 면방직공장에 제공했다. 면방직공업은 기계 및 기술을 식민지시기와 마찬가지로 일본에 의존했고, 원료는 원조 원면에 대한 의존이 심화되었다. 다음으로 대규모 면방직공장의 독점구조가 형성되었다. 미군정기 동안 생산된 면제품의 80~90퍼센트는 대규모 공장이 생산한 것이었다. 이는 미군정이 전체 면방직공장이 아닌 운영부와 방협紡協 소속의 대규모 공장 중심으로 정책을 실행하고, 원면·기료품 등 자원을 여기에 집중한 결과였다.

마지막으로 면방직공업계는 미군정의 영향력에서 자유롭지 않았다. 미군정은 면방직공업 운영에 필요한 자원을 독점적으로 공급하고, 군정의 통제하에 면방직공업이 운영되도록 했다. 방직협회가 결성되어 실무를 담당했지만 협회는 미군정이 주도하는 원면 및 기료품 도입 과정에 전면적으로 관여하진 못했다. 또한 면방직공업은 미군정이 보증한 은행대출 없이는 운영자금을 확보할 수 없을 정도로 자립성이 결여되어 있었다. 결국 미군정의 지원 없이 면방직공업계는 명맥을 유지할 수 없었다. •김수향

02
점령기 한국 사회(1945~1948)

1945~1948년은 해방 3년 또는 미군정기로 불린다. 일제의 식민지배에서 벗어났다는 점에서 해방 3년으로, 해방 직후 미국과 소련이 한반도를 북위 38도선을 경계로 점령했다는 점에서 미군정기로 규정될 수 있을 것이다. 어떻게 부르든 이 시기에 대한 관심은 주로 남북분단의 원인과 그 책임 소재를 규명하려는 데 초점이 맞춰져 있다고 할 수 있다. 따라서 연구의 주요 대상은 미국의 대한정책 및 주한미군정의 점령 정책, 그리고 이승만, 김구, 여운형, 조선공산당(박헌영), 한국민주당 등 좌·우익을 대표하는 남한의 주요 정치인 및 정치단체의 노선과 활동 등이었다. 해방 직후 한국인들에게 가장 중요한 과제가 국가 건설, 특히 통일된 민족국가 건설이었다는 점을 고려한다면 주요 정치세력의 노선과 활동에 관심이 집중되었던 것은 당연할지도 모른다. 이에 따라 좌우대립이 심화되고 남한 단독정부가 수립되어 가는 과정, 즉 분단이 고착되어 가는 과정에 대한 연구가 축적되었지만, 또 다른 연구의 공백에 주목하는 연구자들이 나타나기 시작했다. 이들은 미군정기 연구가 주로 미군정 및 정치인들에 관심을 두는 와중에 민중이 연구의 시야에서 사라졌다고 비판하고, 사회 속에서 일상을 살면서 지배에 저항하기도 하며 포섭되기도 하는 민중을 새롭게 인식해야 한다는 관점을 제시했다. 이들의 관심은 미군정기 사회의 실제적 상태를 규명하는 것에도 있었지만, 이들에게 더욱 중요한 것은 그 속에서 살아가는 민중의 이중성의 양태를 포착하는 것이었다. 때로는 권력에 순응하지만, 때로는 반항하고 저항하는 모순성을 그려내고자 했다. 그리고 이러한 이중성의 양태가 드러나는 사회의 구체적인 공간으로 농촌 자치단체나 말단 행정조직을 연구 대상으로 삼았다. 사회와 민중의 일상에 주목하는 이들의 연구는 새로운 관점을 제시하고 연구 대상 범위를 확대하는 등의 기여를 했지만 애초에 제기했던 문제를 충분히 논구하지는 못한 것으로 평가된다. 즉 그들의 연구는 동계洞契나 동회洞會 같은 사회 조직의 양태를 그려내기는 했으되, 이중성과 모순성의 민중 일상을 포착하는 데까지는 이르지 못했다. 이러한 한계는 이 연구들이 기존의 정치 중심의 미군정기 연구를 비판하고 일상과 자치의 영역을 강조하면서 정치 영역을 배제했기 때문이다. 하지만 정치를 배제한 사회 분석으로 민중의 포섭과 저항의 양상을 제대로 포착할 수 있을까?

解放

2부에 실린 6편의 글은 이런 물음에 답하려는 시도라고 할 수 있다. 이 글들만으로 충분한 답을 주기엔 부족하지만, 미군정기 사회의 양태의 일면을 정치적 조건 위에서 살펴볼 수는 있을 것이다. 2부의 글은 크게 두 가지로 나뉜다. 고지훈과 임나영의 글이 미군정기 사회 그 자체에 대한 분석에 주안점을 두고 있다면 나머지 4개의 글은 점령을 바라보는 한국인들의 여러 시선을 보여준다. 고지훈의 글은 본격적인 논문은 아니지만 〈정판사사건 재심청구를 위한 석명서〉라는 자료를 소개하면서 '조선정판사사건'에 대한 다른 해석의 가능성을 제기한다. 이 〈석명서〉는 조선공산당의 입장을 보여주는 중요한 자료이지만, 이 사건이 위조지폐 제작이 만연한 사회적 조건 속에서 가능했다는 점을 보여준다. 임나영의 글은 더욱 동태적인데, 1945~1948년 3년 동안 정치적 상황이 변함에 따라서 우익 청년단체가 어떻게 지방사회로 침투했는지, 또 그 과정에서 자행된 이들의 테러 행위를 구체적으로 그려낸다. 이 두 글이 보여주듯이 이 시기 사회적 조건은 정치적 사건에 이용되기도 했고 정치적 상황은 민중의 삶에 커다란 영향을 미쳤던 것이다. 다른 4개의 글은 점령기를 바라보는 한국인들의 생각을 다룬다. 송재경과 조민지의 글은 미군정의 여론조사를 통해서 점령기 한국인들의 여론을 살펴본다. 물론 여론조사는 조사 주체의 의도에 따라 결과가 달라질 수 있고 조사 문항이 제한된다는 한계가 있다. 이 두 글은 그러한 점을 고려하면서 조사 문항 분석 및 미군정 당국의 시행 의도를 분석해, 미군정이 여론조사를 통해 들여다보고자 했던 한국인들의 생각이 그들의 정책 의도와 어긋나고 있었다는 점을 보여준다.

마지막으로 정용욱과 정무용은 1947년 8~9월에 방한한 웨드마이어사절단에게 보낸 한국인들의 편지(진정서)를 통해서 미군정의 점령통치를 바라보는 한국인들의 인식을 서술한다. 정용욱은 학자이자 정치가, 문인이자 관리, 교수이자 이론가, 경제인이자 정치평론가로 각자의 영역에서 활발하게 활동한 신남철, 정인보, 강용흘, 오기영의 편지를 통해 미군정 점령통치에 대한 당대 지식인들의 시선을 보여준다. 반면 정무용은 웨드마이어사절단에게 보낸 무명의 한국인들의 편지를 분석해 남한 민중의 현실 인식과 그러한 인식의 밑바탕을 이루는 당시 사회상을 기술한다.

— 정무용

1장

'조선정판사사건'을 보는 또 다른 시각

-〈재심 청구를 위한 석명서〉를 중심으로[1]

위폐사건은 나로 하여금 베를린의 제국의회 의사당Reichstag Building 방화사건을 떠올리게 한다. 위폐사건으로 인해, 지금 조선의 공산당원들은 당시 독일 공산당원들만큼이나 비난받고 있다.
 -1946년 7월, 제1관구 경찰청에 배달된 발신인 불명의 서신에서

1946년 5월 15일, 1차 미소공동위원회가 휴회되었다고 발표된 지 일주일 만에 또 다른 경천동지할 뉴스가 터져나왔다. '조선정판사 위조지폐사건(이하 '정판사사건')'이었다. 일주일의 시차를 두고 터져나온 이 두 빅 뉴스는 전 세계가 빠져들게 될 냉전의 한국적 신호탄이었다. '정판사사건'은 그동안 법적으로 보장되던 공산주의자들의 활동이 사실상 불법화되는 이정표가 되었다.

이 사건은 좌익에 대한 미군정의 공세를 상징하는 사건으로 익히 잘 알려져 있다. 1946년 3~5월은 1차 미소공위美蘇共委가 진행되었다

는 점에서는 임시정부 수립 논의(=군정의 통제력 약화)와 군정기구의 재편(=군정의 통제력 강화)이라는, 권력의 재편을 둘러싼 두 개의 상반된 경향이 공존하던 시기였다. 정판사사건과 미소공위의 결렬은 3~5월에 진행되던 이 권력 재편의 상반된 움직임이 미군정 권력의 강화 쪽으로 무게중심이 이동하고 있음을 알려주는 상징적 사건이었다. 물론 이는 미국의 전반적인 대한정책 전환과 함께 진행된 것이다.

"역사에서 우연히 발생하는 사건은 없다"는 경구를 굳이 떠올리지 않더라도 정판사사건은 이 같은 권력의 향배를 둘러싼 각축에서 좌익의 의도가 실패했음을 알리는 한편, 군정과 미국의 이데올로기적 지향을 상징적으로 보여주었다. 하지만 정판사사건의 구체적 진상이나 좌익 측이 제기한 의혹, 수사 과정에서의 문제점 등을 자세히 밝힌 연구는 의외로 드물다.[2] 이 사건에 대해서는 대체로 '미군정의 좌익 탄압 빌미가 된 사건'으로 합의된 듯하나, 명시적으로 군정이 사건을 조작했다는 의혹을 제기하는 경우는 거의 없다. 이는 아마도 좌익 활동에는 이 같은 불법적 수단이 불가피하고 심지어는 정당하다고 하는 진보적 연구자들의 지나친 온정주의 때문이거나, 혹은 이 사건은 대세의 큰 흐름에 별 지장이 없는 돌출적 사건이었다는 해석 때문인 것으로 보인다. 후자의 경우 미국의 전반적인 대한정책 변화가 이미 결정되었기 때문에 사건의 조작 여부를 떠나 정세는 크게 달라지지 않았을 것이라는 입장에 서 있는 것으로 보인다. 그러나 정판사사건은 변화될 미국의 대한정책이 지향하고 있던 목표(지지 기반 확대/ 우익 원조/ 좌파의 분열 및 약화)가 달성되는 데 결정적 역할을 했다.

극히 일부를 제외하고는 공식 재판기록이 아직 발견되지 않은 상태이기 때문에 이 사건에 대한 총체적인 점검은 여전히 불가능한 상태이다. 다만 사건의 전반적인 추이는 당시 신문을 통해 재확인할 수 있을 것이다. 《동아일보》나 《대동신문》과 같은 우익 신문들은 경찰·검찰·재판부의 입장과 크게 다르지 않았기 때문에 이들 지면에서 이 사건의 또 다른 면모를 확인하기는 어렵다. 남은 방법은 좌익계 신문들인데 《해방일보》 등 좌익 신문 3종이 정간되었지만 공판이 거듭되면서 《현대일보》 등을 중심으로 쟁점에 대한 피고·좌익·공산당 측의 반박논리가 알려졌다.

뒤에 소개하겠지만 검찰 측의 논고를 비롯한 일부 재판기록을 담은 공식 출판물과 좌우익 신문을 제외하면, '정판사사건'과 관련된 자료는 거의 존재하지 않는다. 미군 정보참모부G-2 보고서의 일부를 제외하고는 미국의 비밀문서들 속에서도 이 사건은 거의 다뤄지지 않았다. 따라서 이 글에서 소개할 〈정판사사건 재심청구를 위한 석명서〉(이하 〈석명서〉)는 '정판사사건'과 관련한 자료의 빈곤을 부분적이나마 보완해주는 역할을 할 것이라 생각된다. 당시 좌익 신문들과 조선공산당의 성명 등을 통해 부분적으로 제기되었지만, 피고 측의 반박논리를 체계적으로 정리해놓은 이 자료를 통해서 사건의 또 다른 모습을 발견할 수 있을 것이다.

1. 사건 개요

'정판사사건'에 관한 공식적 해석은 간단명료하다. 조선공산당이 자금을 조달하고 남한 경제를 마비시키기 위해 1,200만 원 상당의 위조지폐를 제조, 유통시켰다는 것이다. 필자가 소개할 자료의 가치를

가늠해보기 위해 이 사건을 조금 더 상세히 재구성해볼 필요가 있다.[3]

미소공동위원회가 휴회된 직후인 5월 15일, 미군정청 공보부는 특별발표를 통해 제1관구 경찰청장 장택상의 수사보고를 토대로 대규모 위조지폐단 검거 사실을 알렸다.[4] 체포된 14명은 모두 조선공산당원이었으며, 2명의 미체포자는 이관술(조공 재정부장)과 권오직(해방일보사 사장)으로 모두 조선공산당의 고위간부였다. 체포된 인물들은 모두 조선정판사 직원으로 명단은 다음과 같다.

사장	박락종	(당 47년)
서무과장	송언필	(당 46년)
기술과장	김창선	(당 36년)
인쇄과장	신광범	(당 41년)
평판기술공	정명환	(당 30년)
동	이정환	(당 18년)
동	홍계훈	(당 31년)
화공	이한영	(당 39년)
공장장	안순규	(당 50년)
창고계주임	박상근	(당 43년)
재무과장	이정상	(당 46년)
평판기술공	김우용	(당 26년)
동	김영관	(당 25년)
동	김상선	(당 32년)[5]

'특별발표'에 따르면 "위조된 지폐의 규모는 최소 300만 원 이상이

었고, 체포된 위조단이 절취한 조선은행권 평판을 사용하여 조선공산당이 있던 근택빌딩 지하에서 위폐를 제작했다." 위폐 제조에 사용된 용지는 "얼마 전 인천부두에서 도난된 일본산 종이로 국내에서 생산되지 않는 것"이었다. 증거로는 "평판의 잔해인 듯한 철재와 지폐 인쇄에 사용되는 평판 초크 염료, 잉크 기타 제 재료"였다.

이 발표에 앞선 1946년 5월 3일, 본정서本町署(서장 이구범)는 위조지폐 제조혐의로 독립촉성중앙협의회 뚝섬지부 조직부장인 이원재[6] 외 3인을 체포한 바 있다. 소위 '뚝섬 위폐사건'이었는데, 이 사건의 관련자 중 한 사람이었던 김창선의 집에서 지폐 원판과 공산당원증이 발견되면서 사건은 걷잡을 수 없는 방향으로 흘러갔고, 불과 9일 만에 조선공산당 재정부장을 정점으로 하는 '16인조 위폐단'의 전모가 밝혀진 것이다. 15일 공식 발표가 경찰수사 내용을 정확히 반영하지 못했기 때문에 이 사건과 관련한 핵심 사항들이 몇 차례에 걸쳐 정정되거나 확대되었다. 공보부의 발표 다음 날 장택상 1관구 경찰청장은 "전날 공보부 발표에 수사 전모가 다 포함되지 못했다"며 추가 발표를 암시했다.

하루 전인 공보부 특별발표보다 훨씬 더 자세한 사건의 경위는 5월 17일 자《동아일보》가 "엄중 취조 중인데 이 범인들의 지금까지의 진술"에 따른 내용이라는 설명과 함께 특종 보도했다. 전날 발표에 빠져 있던 세부 증거목록도 제시되었고, 위폐 제조 동기, 사용처, 범행 과정 등이 훨씬 자세하게 밝혀져 있다.[7] 공보부 발표와 17일 자《동아일보》후속 보도의 가장 큰 차이점은 위폐 액수가 300만 원에서 900만 원으로 증가한 점,[8] 이관술·권오직이 위폐 제작을 직접 "지령"했다고 명시한 것, 위폐 제작 날짜·액수를 구체적으로 명시하여 제작횟수를 모두 5회로 못 박은 점, 100원권 원판을 포함한 총 11종의 압수품 목록을 제시한 점, 그리고 위폐 제작 목적을 당黨 경비 조달 외에 "경제 교란"이라 규정한 것 등이다.

공식적으로 이 사건은 1관구 경찰청 소속 본정서가 담당한 것으로 되어 있지만, 사건 초기부터 미군 CIC가 개입되어 있었다. CIC는 5월 6일과 18일 두 차례에 걸쳐 근택빌딩을 압수·수색했다. 이 과정에서 조선공산당의 재정장부를 비롯한 내부 문건[9]이 대거 압수되었다. CIC는 수사 초기 단계부터 깊이 개입하고 있었지만, 표면적으로는 근택빌딩 수색 외에는 특별한 개입 흔적이 드러나지 않았다.

체포된 관련자들은 본정서에서 2개월간 취조를 받은 다음, 7월 6일 관련자 14인 중 12명이 검찰에 송치되었다. 7월 19일 검찰의 청구에 따라 1심 공판이 7월 29일에 열렸다. 지난 두 달간 조선공산당을 비롯한 좌익의 끈질긴 저항으로 예고된 것처럼, 공판은 시작과 함께 아수라장이 되었다. 정치재판에 반대하는 좌익 군중에게 발포해 1명이 사망하고 1명이 중상을 입는 소동이 벌어졌고, 변호인단은 재판부 기피 신청을 제기해 공판은 무기 연기되었다. 8월 24일 2회 공판이 열렸고 선고심이 있었던 11월 28일까지 30여 차례의 심리가 열렸다. 이관술, 박낙종, 송언필, 김창선 등 핵심 관련자들에게 무기징역이 선고되었고, 나머지 피고들에 대해서도 10년, 5년형의 실형이 선고되면서 공식적인 재판은 모두 마무리되었다.

검찰의 논고와 재판 과정에서는 위폐액수 등 사건 과정과 관련한 혼선은 깨끗이 정리되었다. 재판부가 인정한 검찰의 공소사실에 따르면 조선공산당이 관련된 위조지폐 제조 과정은 다음과 같이 정리할 수 있다.

〈위폐 제작 경위〉

1) 해방 직후 9월 첫 주. 일본인 조선은행 직원이 100원권 인쇄를 위해 정판사에 지폐 인쇄를 위한 물품을 입수했고 당시 정판사 기술과장 이던 김창선이 은닉.

2) 김창선은 은닉해 두었던 징크판 4벌 가운데 한 벌을 뚝섬 위폐사건 관련자(배재룡)에게 판매.

3) 10월 중순, 아직 정판사에 남아 있던 징크판으로 위폐를 찍어 조공 의 재정 부족을 해결하자며 같이 당직 근무하던 송언필에게 조언. 송언필은 박낙종에게, 박낙종은 이관술에게 차례로 의사 전달하고 다시 역순으로 지령 하달하여, 10월 20일, 12월 27, 28, 29일, 2월 8, 9일 도합 6차례에 걸쳐 1,200만 원을 인쇄.

4) 위조된 지폐는 11월 말부터 조공朝共으로 '위장'하여 차입.

재판부가 채택한 증거목록으로는 위폐 인쇄를 위한 인쇄도구(징크 판, 인쇄용 잉크, 종이 등 다수), 100원권 위조지폐 33장, 조선공산당 재 정출납부 등이었다. 재판 과정에서《현대일보》등 좌익 언론과 조선 공산당 등에서는 피고들이 수사 과정에서 고문을 받았다는 사실을 집 중적으로 제기하면서 수사에서 재판에 이르기까지 조선공산당을 와 해하기 위한 조작된 정치적 음모라는 선전을 펼쳤다. 또한 공판 과정 에서 제기되었던 여러 쟁점들을 반박하면서 여론을 돌리기 위해 안간 힘을 다했다. 그러나 역부족이었다. 살인적 인플레로 고통 받던 당시 남한 사회는 경제 악화의 주범을 찾아야만 했고, 통화 남발의 주원인 으로 지목되던 위조지폐는 모든 이의 공적公敵이었다.《해방일보》를 비롯한 좌익 신문 3종이 정간당하면서 좌익의 호소력은 눈에 띄게 떨어졌고, 급기야 지방 차원에서 좌우익의 지지도는 역전되기 시작했다. 공판이 채 끝나기도 전에 박헌영과 이강국에 대한 수배령이 내려졌고, 9월 총파업과 10월 농민봉기는 조선공산당의 중심이 합법투쟁에서 비합법투쟁으로 서서히 옮겨가는 계기가 되었다. 1946년 중반경 남한 사회에서 벌어졌던 '좌우 역전 드라마'의 한가운데에 '정판사사건'이 있었다.

2. 〈석명서〉의 주요 내용

현재 남아 있는 정판사사건 관련 기록은 1947년 대건인쇄소에서 나온 전체 46쪽 분량의 재판기록(공판청구서, 논고 요지, 재논고 요지, 위조지폐사건 공판 요약표,[10] 공판 조서[11])이 유일하다. 이외에는 30여 차례 진행된 공판 상황이 언론에 부분적으로 알려진 것이 전부다.

선고 공판이 끝난 1946년 11월 28일을 전후한 시점은 총파업, 10월 항쟁, 좌익계열 3당 합당 그리고 입법의원 선거 등으로 남한 정국이 매우 급박하게 돌아가던 시점이어서 언론에서 이 사건을 다루는 빈도도 차츰 줄어들었다. '정판사사건'의 피고인 측 변호인단은 1심 직후 곧바로 대법원에 상고했다. 그리고 1947년 4월 11일, 대법원은 상고를 기각하고 사건을 종결지었다. 따라서 변호인단이 대법원 상고가 기각된 이후[12] 주한미군 최고사령관에게 제출한 것으로 보이는 〈상급법원에서 재심을 요구하는 석명서explanatory statement for appeal to the superior court〉[13]는 재판부와 언론에서 상세하게 다뤄지지 않았던 정판사사건의 또 다른 측면을 보여줄 수 있는 많지 않은 자료 가운데 하나로 생각된다.

자료 내용을 검토하기 전에 이 〈석명서〉와 함께 편철되어 있는 24 군단Inter-Staff routing slip에 따르면 이 〈석명서〉는 24군단 법무관 등을 거치면서 몇 차례 검토된 것으로 보인다. 이에 따르면 사건 처리와 직접 관련이 있던 주한미군정 법무관이나 경무국, CIC 라인이 아닌 것으로 보이는 법무관이 CIC의 조사 과정에서 법률적 실수가 있을지도 모르겠다고 언급한 점이 흥미롭다. 아울러 〈석명서〉 외에도 8월 13일 자, 주한미군정장관이 하지에게 보내는 보고서가 첨부되어 있다. 이는 〈석명서〉의 내용을 조사한 다음 군정이 취할 수 있는 조치를 강구하기 위한 것으로 보이는데, 8월 13일 자 군정장관(사령관)의 문서에서는 "이미 재판 과정에서 법원 연락장교[14]와 한국인 직원 등등이 긴밀하게 협조하여 처리된 것이므로 더 이상 추가적인 조치를 할 필요가 없다"고 단정하고 있다.[15] 즉, 〈석명서〉는 2차 미소공동위원회 재개 분위기가 무르익던 1947년 6월경에 작성, 제출되어 8월경 미군정 측에 의해 검토된 것이다.

〈석명서〉는 모두 118쪽으로 영문으로 타이핑되어 있는데, 문서의 첫머리에 정판사사건을 담당했던 변호인단의 성명이 타이핑과 자필 서명으로 표기되어 있다.[16] 서두에서 "재판은 전적으로 일본의 장기 통치와 한민당의 영향 아래 있는 경찰과 사법부의 판단 오인에 따른 것"이라며 1심 재판의 결과에 대해 그 부당성을 조목조목 따지고 있다. 〈석명서〉의 제목에도 나오듯이 이 문건은 당시 제도상 이미 사법적 심사가 종료[17]된 사건을 대법원에서 다시 심리해줄 것을 요구하는 것이다. 대법원에서 이미 상고 기각을 결정했음에도 불구하고 재심을 청구한 것은 당시의 정치 상황을 염두에 둔다면 여러 각도로 추측해볼 수 있을 것이다. 먼저 〈석명서〉에도 나오듯, 가능성은 희박했지만 우익의 공세와 좌익에 적대적이던 재판부와 여론으로 인한 부당한 재판 결과를 번복하려는 목적이 있었을 것이다.

미군정의 입장에서는 공산당의 반민중성을 상징하는 정판사사건 결과를 뒤집을 생각은 없었지만 전혀 방도가 없는 것은 아니었다. 김두한의 재판에서 보이듯, 군정 권력은 기존의 사법제도의 한계를 넘어서 있었으며 의지만 있으면 이 사건을 미군법원에서 재심할 수 있는 가능성이 완전히 봉쇄된 것은 아니었다. 아울러 〈석명서〉의 작성 및 제출이 대법원의 상고 기각 직후가 아니라 47년 6월이라는 점은 이 문건이 2차 미소공동위원회의 재개와 맞물려서 준비된 것임을 추측케 하며, 미소공위 석상에서 미군정 당국의 협상력에 영향을 주고자 하는 정치적 의도도 있음이 분명해 보인다.

이제 〈석명서〉의 내용을 검토해보자. 머리말에 해당하는 부분에는 검찰이 제출한 〈공판청구서〉에 적시된 '범죄 사실'을 길게 인용하면서, 이것이 정치적 고려에 따른 판결임을 강조한다.

위에 인용한 부분(검찰 측의 논고)은 재판부에 의해서 사실로 받아들여졌습니다. 그러나 이 주장은 의도적인 또 정치적인 고려에 따른 주장이라는 점에 주의해야만 합니다. 아울러 이 같은 주장은 조선공산당이 그것을 사용하려는 목적으로 은행권을 위조했다는 인상을 대중들에게 심으려는 목적으로, 판사들이 자신의 지위를 이용하여 억지로 만든 것입니다. 법적인 견지에서 보자면 위와 같은 범죄사실을 인정한 것은 증거주의rules of evidence를 위반한 것이며, 동기의 불분명함 그리고 조사의 불충분함을 감안한다면 이 주장은 무효라고 할 수밖에 없습니다(〈석명서〉 5쪽).

이 사건이 정치적 성격을 갖는 것임은 발생 초기부터 좌우를 막론하고 잘 이해되고 있었다. 당시 미군정과 우파 정당, 우익 성향의 신문들이 처음부터 이 사건을 무기로 조선공산당을 공격했던 것은 그 때문이었다. 조선공산당 측에서도 재판이 개시되기 전부터 '정치적 사건'임을 들어 무고를 주장했다. 〈석명서〉 역시 도입부에서부터 사건의 정치적 성격과 재판부의 편파성을 지적하고 있지만, 〈석명서〉의 내용은 대부분 이와는 무관한 사실관계 규명에 초점을 맞추고 있다.

우리는 이 사건을 담당하면서 그리고 이 사건을 검토해오면서 그 어떠한 정치적 동기에 의해서도 방해받지 않고 오로지 엄격한 법률적 잣대에 의해서 가능한 최대한의 중립적인 태도를 유지해왔다는 점을 기쁜 마음으로 말씀드릴 수 있습니다. (중략) 고도로 정치화된 판결이었으며, 어떤 식으로든지 사법당국자들의 권위와 군정 자신의 위엄을 손상시키는 것이 분명합니다. 이 때문에 우리는 진심으로 이 사건이 민주적이고 또 정치적인 선입견이 배제된 조사에 다시 한번 맡겨져야 한다고 요청하는 바입니다(〈석명서〉. 2~3쪽).

〈석명서〉는 단순히 이 사건이 좌파에 대한 우파의 모함이기 때문이 아니라, 법률적 잣대를 적용하더라도 명백히 '무죄'이기 때문에 재심을 요구한다는 점을 분명히 하고 있다. 즉, 수사 과정이나 재판 과정의 정치적 편파성이 문제가 아니라 법률적 문제를 제기하고자 한다는 점이다. 이에 따라 〈석명서〉는 검사의 논고를 하나하나 반박하는 형식으로 모두 17개의 항목에 걸쳐, 수사 과정·심의 심리 과정 및 선고 내용을 전면 부정하고 있다.

2-1. 고문에 의한 강제 자백

경찰과 검찰의 조사 과정에서 고문이 있었다는 것은 일찍부터 변호인 측에서 제기한 문제였는데, 재판부에서는 증거가 없다는 이유로 간단히 부정했다. 〈석명서〉는 여러 사례를 인용하면서 경찰과 검찰의 고문을 설명한다.

첫 번째 사례는 구금 기한(10일)을 훨씬 넘겨가며 진행된 경찰서에서의 조사가 불법이었으며, 일반적으로 경찰에서 고문이 진행되었던 일제의 관행을 생각한다면 이는 전적으로 부당한 것이며 고문을 위한 방편이었다는 점을 강조한다.[18] 또한 고문이 있었음을 간접적으로 추측케 하는 증거로 경찰의 심문조서(12회) 및 검찰의 심문조서(15회)에 기록된 각 피고들의 범죄 사실에 대한 진술이 모두 다르다는 점을 지적하고 있다. 즉, 〈석명서〉에 따르면 위폐사건을 주도한 것이 '어느 정도' 인정되는 김창선의 진술에 따라 다른 관련 피고들의 자백을 끼워 맞추기 위한 유도심문과 고문이 반복되었다는 것이다. 1심 재판부는 이 같은 증인들의 자백에 근거해서 유죄를 확인하고 있는데 이는 잘못이라는 것이 〈석명서〉의 주장이다.[19]

'정판사사건'의 가장 핵심적인 증거는 조선공산당의 핵심 간부들이 위조지폐 제작을 명령하고, 위조지폐를 공산당 자금으로 차입했다는 김창선의 '진술'이었다. 한데 〈석명서〉가 요약한 경찰 심문조서에 따르면 김창선은 각기 다른 형사들이 진행한 심문에서 액수, 관련자,

날짜 등을 모두 다르게 진술한 것으로 되어 있다.[20] 〈석명서〉는 김창선뿐만 아니라 검찰 측 논고에서 위폐 제작에 직접 참가한 6인(김창선, 정명환, 김상선, 김우용, 홍계훈, 박상근) 중 김우용을 제외한 나머지 5명 전원의 심문조서상의 문제점을 제기하고 있다.

위에 인용한 피고들의 여러 진술들은 전체 진술내용 가운데 단지 일부분에 지나지 않는 것입니다. 하지만 상기 인용한 내용만으로도 이번 사건의 주요 쟁점에 대해서 진술이 일치되지 않는다는 점을 증명하기에 충분합니다. 인쇄된 날짜 역시 말할 것도 없습니다. 무엇보다 먼저 위조지폐를 인쇄한 횟수와 날짜를 보면, 피고들은 2차 인쇄의 경우 이틀에 걸쳐 했다고 하기도 하고 4일간 진행했다고 말하기도 했습니다. 3차 인쇄 역시 3일, 6일 등으로 각기 다르며, 4차 인쇄는 4일 밤에 걸쳐서, 6차 인쇄는 6일 밤에 걸쳐 인쇄했다고도 진술했습니다. 두 번째로 인쇄된 은행권의 분량 문제입니다. 피고들은 제작된 은행권의 액수가 62만 엔, 18만 엔, 300만 엔, 400만 엔, 600만 엔, 800만 엔 그리고 최종적으로 1,2,00만 엔에까지 이르고 있습니다. 세 번째 문제는 인쇄에 가담한 사람들의 숫자입니다. 이에 대해서는 여러 상반된 진술들이 존재합니다. 오직 김창선과 김상선만이 참가했다고도 하고, 피고들 모두가 인쇄에 참가했다고도 하며, 피고들은 아무도 가담하지 않았고 김영관만이 가담했다고도 합니다. 혹은 피고들 모두는 물론이고 이에 더해 김영관과 김병철도 가담했다고 하기도 하고 피고 및 안순규만이 가담했다고 말하기도 합니다. 또 피고들과 이필상이 참가했다거나 피고 모두와 안순규, 이필상이 참가했다는 진술도 있습니다(〈석명서〉, 14~15쪽).

본정서 경찰은 5월 3일부터 검찰로 송치되었던 7월 9일까지 장장 66일 동안 관련 피의자들을 유치장에 구치한 상태에서 수사를 진행했다. 서울지방법원 검사국에서는 조재천·김홍섭 양 검사를 담당검사로 임명하고 6월 초순부터 본정서로 파견, 경찰과 함께 피의자들에 대한 수사를 진행했다. 〈석명서〉에도 설명하듯 식민지시기 고문은 주로 경찰서에서 경찰에 의해 행해졌으므로, 변호인단이 지적했듯이 불법적으로 진행된 본정서 수사는 단순한 유치기한 위반 문제가 아니었다. 피의자들이 경찰서에 계속 유치되었다는 사실은 이들이 계속해서 고문의 공포 아래에 놓여 있었다는 것을 의미했다.

1946년 6월 7일, 피고 정명환은 김홍섭 검사에게 위조지폐 제조사실을 부인했습니다. 한데 같은 날 정명환은 장창해 경관에게는 인쇄한 사실에 대해 시인했습니다. 따라서 정명환이 같은 날 같은 질문에 대해서 두 가지 상이한 진술을 했다는 사실은 다음을 의미함이 명백합니다. 즉, 피고가 장창해 경관에게 심문을 받는 와중에 고문을 당했거나 혹은 고문의 위협을 받은 나머지 두려워서 그랬던 것입니다(〈석명서〉. 16~17쪽).

1946년 9월 20일 증인으로 출두한 윤경옥尹璟玉과 11월 12일 출두한 증인 이영개李英介는 각각 법정에서 김창선이 경찰서에 있을 때 고문을 받았다는 사실을 증언했습니다(〈석명서〉. 18쪽).

김창선은 다른 피고가 10여 회 정도 취조를 받은 것과 달리 경찰에게 12회, 검사에게 15회 도합 27회의 취조를 당한 것으로 되어 있습니다.

이 같은 반복된 취조는 핵심적인 문제에 대해 제각기 모순되었던 다른 피고들의 진술들 사이의 일관성을 찾아내기 위한 것이었습니다(〈석명서〉, 18쪽).

〈석명서〉는 위조지폐의 엄청난 규모와 조직범죄를 확정하기 위해서 경찰과 검찰이 김창선의 진술을 표본으로 여타 증인의 진술을 끼워 맞추는 방식으로 취조가 진행되었으며, 이 과정에서 피고들의 각기 상이한 진술은 점차 김창선의 표본진술standard statement과 맞도록 고쳐졌다고 설명한다. 뒤에 설명하겠지만 1,200만 원에 달하는 위폐의 사용처를 밝히지 못한 경찰과 검찰 측으로서는 범죄에 대한 확신을 심어줄 수 있는 가장 유력한 증거는 바로 피의자들의 자백이었다. 〈석명서〉가 이처럼 장황하게 고문, 유도심문 등을 강조하면서 피의자 진술의 신뢰성에 문제를 제기한 것은 이 재판의 핵심 증거인 자백의 무용성을 강조하기 위함이었다.[21]

이처럼 고문수사에 따른 당연한 결과로 끼워 맞춰진 피고들과 증인들의 자백 및 증언은 논리적으로는 인정될 수 없다는 것이 〈석명서〉의 한결같은 주장이다. 일례로 위폐 제작 현장을 목격한 증인 안순규의 경우 6월 4일 검찰에 의해 수사에 소환된 정판사 공장장이었다. 그는 "2월 10일(일요일) 우연히 본정통을 산책하다 근택빌딩 앞을 지나치던 중 뒷문이 열린 것을 보았다"고 증언했다. 하지만 정판사 앞길에서는 뒷문이 안 보이며 뒷문으로 돌아가더라도 1.5미터 높이의 담장이 있기 때문에 그나마 제대로 보이지 않는다는 현장조사 기록을 제시하고 있다. 안순규를 비롯해서 배재룡과 이범구(본정서장) 등등 검찰 측에서 선정한 증인들의 증언 내용에 대한 반박 또한 포함되어 있다.

2-2. 위폐 제조 사실 자체에 대한 의문점

이 문제는 위폐사건과 관련한 쟁점 가운데서도 핵심적인 문제에 속한 것으로 〈석명서〉는 가장 많은 분량을 할애하고 있다. 위조지폐사건의 핵심은 바로 위조된 지폐의 존재이다. 〈석명서〉가 주장하는 '정판사사건'의 가장 큰 모순은 바로 증인들의 증언을 제외한 실질적인 '증거'가 전혀 없다는 점이었기 때문에, 위조지폐가 과연 있었는지, 피고들이 실제 위폐를 제작할 능력과 재료를 갖추고 있었는지의 여부는 매우 중요한 문제였다.[22] 그리고 재판정이 인정한 검찰 측 증거품목 가운데 위조지폐 제작과 관련한 핵심 물품들의 증거효력에 대해 집중적인 검토를 시작하고 있다.

증거 제1, 2, 3호인 9개의 징크판, 증거 제35호인 소각되고 남은 징크판들, 증거 제40호인 3개의 대형 징크판, 증거 제41호, 47호인 12매 및 20장의 모사지模寫紙(1매의 무게는 80근임), 증거 제42호인 4통의 붉은색 잉크, 증거 제43호인 263장의 모눈종이column paper, 증거 제45호인 33장의 조선은행 100원권 위조지폐. 이미 (1)에서 김창선을 비롯한 피고들의 진술이 고문과 고문 위협에 의한 것임을 확인한 바 있습니다. 이제 위의 물증들에 대해서 검토해보겠습니다.

사건 초기 경찰이 압수했던 100원권 징크판 3벌(1벌은 각기 3장으로 구성) 및 타다 남은 징크판은 모두 김창선의 집에서 발견되었고,[23] 잉크 등 나머지 인쇄용품은 정판사에서 나왔다. 5월 3일 본정서에 체포된 김창선은 '정판사사건'이 아니라 '뚝섬 위폐사건' 관련자 중 한 명이었다. 〈석명서〉는 이 점을 지적한다. 위폐의 가장 직접적인 증거인 100

원권 징크판은 정판사사건이 아니라 '뚝섬 위폐사건'의 증거품이라는 점이었다. 나머지 잉크와 종이 등 정판사에서 압수된 물품들은 "정판사가 인쇄소라는 것을 증명하는 데에는 유용하겠지만, 단지 그뿐"이라는 것이 〈석명서〉의 주장이다. 즉, 당시 재판부가 인정한 증거품들은 김창선이 절취해서 보관하고 있던 9장의 징크판 및 위조지폐 33장[24]을 제외하면, 나머지 위폐 인쇄와 관련된 물품들은 서울 시내 20~30군데의 인쇄소 어디서나 쉽게 발견할 수 있는 것이라는 점이다.

남은 쟁점은 33장의 100원권 위조지폐의 진위다. 보다 직접적인 증거로 재판부가 채택한 증거인 위폐[25]는 이 사건의 진위를 설명해주는 결정적인 사례라고 〈석명서〉는 주장한다. 〈석명서〉가 이 두 종류의 위폐(피고 제작 위폐와 경찰의 모의인쇄 위폐)를 비교하면서도 검찰과 상반된 결론을 내리는데, 이 같은 결론이 증인으로 채택된 화폐전문가의 진술에 근거하고 있다는 점은 흥미롭다. 나아가 두 지폐의 비교를 통해서 〈석명서〉는 재판부가 피고들에 의해 인쇄되었다고 하는 위폐 증거품(45호) 자체도 정판사가 아닌 다른 곳에서 인쇄된 것이라는 결론에 도달한다. 당시 장안에는 모두 9개의 서로 상이한 원판으로 찍은 40여 종류의 100원권 위조지폐가 유통되고 있었다. 지폐 인쇄의 특성상 100원권 원판을 모사해서 만든 징크판은 3장이 한 벌을 구성한다. 위조지폐를 만들 경우 이 징크판을 먼저 확보해야만 하는데, 공판 과정에 출두했던 조선은행의 지폐전문가는 시중에 유통되는 위조지폐의 종류를 징크판에 따라 크게 9종류로 나눌 수 있으며, 같은 계열의 징크판으로 찍은 위폐 중에도 여러 종류의 위폐가 나올 수 있다면서 모두 40종류의 위폐가 있음을 밝혔다.

〈석명서〉는 이 논리에 따라, 경찰이 김창선으로부터 압수한 징크판을 이용하여 공개적으로 시험 인쇄해서 찍었던 지폐와 경찰이 정판사에서 압수했다고 제시한 증거 제45호 지폐가 각기 다르다는 점을 강조하고 있는 것이다.[26] 〈석명서〉는 증거 제45호는 피고들의 유죄임을 확증하는 것이 아니라, 재판이 증거주의를 위반한 사례임을 반증한다고 최종적인 결론을 내린다.

법률적인 견지에서 보면 유죄임을 증명해줄 중요한 증거의 경우, 필요한 열 가지 조건 가운데 하나라도 요건을 충족시키지 못 한다면 결코 증거로 채택되어서는 안 됩니다. 하지만 증거 제45호의 경우 유죄를 확정하기 위한 증거로서는 단 하나의 조건도 충족시키지 못하고 있습니다. 따라서 증거 제45호가 피고들에 의해 정판사에서 인쇄되었다고 하는 판결은 증거규칙에 어긋남이 분명할뿐더러, 수사의 불충분함과 논리의 부족으로 심각하게 훼손되었습니다(〈석명서〉, 58쪽).

이 같은 〈석명서〉의 설명을 인정할 경우, 정판사사건과 관련된 증거 가운데 직접적인 것은 단 하나도 존재하지 않는 셈이 된다. (일관되지 못한) 자백과 모든 인쇄소에서 발견될 수 있는 인쇄용품들만 가지고는 위폐사건이 성립될 수 없기 때문에 〈석명서〉는 뒤에서 재차 이 문제를 기술적으로 설명하고 있다.

2-3. 조공朝共은 과연 위조지폐를 어디에 썼는가

정치적 문제보다 법리 다툼을 통해 무죄를 항변하고 있는 〈석명서〉가 징크판과 증거로 채택된 100원권 위폐의 진위 문제에 가장 많은 분량을 할애하고 있는 반면, 사실상 우리의 관심을 가장 많이 끄는 문제는 과연 1,200만 원이나 되는 위폐의 사용처다. 위폐가 실제 제작되었다면 과연 조선공산당은 어디에 지출했는지, 혹은 〈석명서〉의 주장대로 사건이 조작된 것이라면 경찰과 검찰은 어떤 논리를 동원하여 위조지폐의 사용처를 추정했는지 하는 문제이다. 조선공산당의 자금 문제는 당의 특성으로 인해 별반 알려진 바도 없거니와 무수한 추정만이 존재할 뿐 직접적으로 가늠해볼 객관적 자료가 턱없이 부족하다. 이 문제는 조공 본부를 압수수색한 CIC에 의해 대부분의 재정 관련 장부들이 압수되었기 때문에 그 대충의 규모라도 짐작해볼 수 있다는 점에서 흥미를 끈다.

〈석명서〉는 이 문제에 관한 한 앞서의 다른 항목에 비해 비교적 간단하고 포괄적인 설명으로 끝맺고 있다. 요지는 "공산당은 그 활동의 특성상 인민의 전위를 지향하고 당연히 재정 문제와 같은 지극히 은밀하고 비밀을 유지해야 하는 문제에 대해서 조심하고 있다"는 전제 하에서, 이 장부의 비밀을 검토하고 있다. 증거로 제출된 재정장부에는 1945년 11월 24일에서 1946년 5월 14일까지 이관술 명의로 차입된 28회의 수입 내역이 기재되어 있었다.

증거 제107호 현금출납장cash-book을 검토해보도록 하겠습니다. 위에 언급된 28회에 걸친 기입 내역에는 아마도 이관술이 개인적으로 사용한 내역을 위장한 항목이 존재할 것입니다. 하지만 해당되는 28회의 기재 내역의 대부분은 기부입니다. 기부자들은 대개의 경우 정치적인 이유 등으로 자신의 실명이 알려지는 것을 꺼려합니다. 정당 스스로도 보통의 경우 재정적인 문제와 관련해서는 매우 조심스럽게 다루며, 기부 수입이라고 할지라도 재정장부에는 기록되지 않는 경우가 있습니다. (중략) 게다가 상기 28항목의 기재 내역은 겨우 ___엔[27]에 불과합니다. 이 액수와 비교해보면 위조지폐를 제조해서 조선공산당으로 흘러갔다는 1,200만 엔 사이에는 너무 큰 차이가 존재합니다(《석명서》, 59~60쪽).

증거 제107호에 대해 검찰 측은 "조선공산당이 재정장부account-books를 이중으로 작성in duplicate했다는 점, 이관술 명의의 28회의 입금 내역이 있다는 점, 입금 내역은 당비도 아니고 기부금도 아니라는 점"을 들어 유죄의 증거라고 주장했다. 이중장부의 증거로는 증거 제107호와 법령 제55호에 근거해서 제출했던 회계장부와 액수와 항목이 맞지 않았기 때문이었다. 이 점은 조공이 성실하게 회계를 하지 않았으며 당연히 위폐로 입수한 항목이 장부 기입과는 별도로 자유롭게 사용되었을 것이 분명하다는 검찰 주장의 근거를 이루고 있다. 따라서 〈석명서〉는 조선공산당이 이중장부를 작성한 점을 시인하고 그 불가피한 사정을 설명한다. 공산당이 처했던 식민지 시절의 어려움(언제 배신할지 모르는 끄나풀, 변절자들을 상대했던 경험 등등) 등을 그 이유로 들었다.

아울러 〈석명서〉는 조공이 결코 재정적으로 곤란을 겪지 않았으며, 설혹 곤란이 있었다고 하더라도 송언필(조선공산당 당원)이나 김창선(사건 당시 조선공산당 당원이 아니었다) 같은 인물들이 조공의 재정 문제를 알 수 없었다는 점을 들어서 반박하고 있다.[28] 아울러 산하 단체들이 각기 자금을 조달해서 경비를 지출하기 때문에 위폐를 제조할 필요도 없었다는 점도 지적한다. 〈석명서〉는 아울러 "남한 경제의 혼란"을 조장하려 했다는 문제는 민중을 제일 중시하는 조공 같은 정당이 설혹 경제적 곤란을 겪더라도, 민중을 고통스럽게 하고 자칫 당의 자폭을 초래할지 모를 그 같은 위험을 감수할 하등의 이유가 없다는 점도 강조했다.[29]

조공의 위폐 사용 여부와 함께 위조된 지폐가 어떻게 사용되었는지를 정확히 규명하지 못한 점은 검찰 측의 논고가 안고 있는 가장 심각한 약점 가운데 하나였다. 하지만 이 문제는 의외로 〈석명서〉가 세세하고 단호하게 반박하지 않고 있다. 이 부분은 북한의 소련군정에 의해 정기적으로 일정한 자금이 지원되고 있었다는 점과 아울러 조공의 자금동원에 공개적으로 변론을 펼 수 없는 석연치 않은 구석이 있음을 짐작케 한다.[30]

이상의 중요한 3가지 항목 외에도 〈석명서〉는 '12월 27, 28, 29일 및 2월 8, 9일의 야간 인쇄가 사실상 불가능함', '뚝섬사건과의 관련성',[31] '관련자들의 조공당원 여부 문제'[32] '위폐 제조를 모의한 박낙종의 알리바이' 등 1심 재판의 선고가 잘못이라는 점을 조목조목 지적하고 있다.

3. 〈석명서〉의 자료적 가치와 정판사사건

앞서 언급한 것처럼 '정판사사건'의 본질은 위조지폐 문제가 아니라 조선공산당이 관련되어 있다는 점이었다. 1946년 5월경, 조선은행과 미군 정보기관에서도 인정하고 있는 것처럼 위조지폐사건은 흔하디흔한 범죄였다. 해방 직전 일제에 의한 통화 증발增發[33]과 일본인 철수에 따른 생산 감축은 상호작용하면서 살인적인 인플레[34]를 초래했다. 미군정의 소위 '자유시장 정책'은 이에 기름을 부은 격이었다. 해방된 지 불과 석 달 만에 초래된 경제난은 모스크바 3상회의 결정 못지않게 해방된 조선인들을 괴롭히는 난제였다.

조선 민중을 가장 괴롭히던 경제난의 원흉으로 조선공산당이 꼽힌 것은 순식간이었다. 좌익이 '인민의 벗'이 아니라 적이라는 우익세력의 정치공세는 '정판사사건'을 계기로 더욱 거세졌다. 지방에서 좌익과 경쟁하고 있던 우익세력은 이를 잘 활용했다. 미소공위 무기 휴회, 이승만의 지방순회 연설과 맞물리면서 우익 청년단체와 정당 지부조직은 좌익을 향해 전면 공세를 퍼부었다. "좌익은 조선의 독립을 방해하고 경제를 교란시키며 인민의 삶을 어렵게 한다"는 논리를 앞세워 대한독촉청년회는 공산주의 단체에 대한 기습공격을 준비하기도 했고,[35] 성난 농민은 조공의 지도자가 잘못된 지도노선에 사과해야 한다며 "당신은 당과 조선 인민에게 사악한 범죄를 저질렀다. 당신의 공산당은 '도둑정당Robber's Party'이라고 불러 마땅하다. 항복하라!"[36]고 다그치기도 했다.

대중에 대한 장악력뿐 아니라 당 내부의 균열도 초래되었다. 주한 미군 정보참모부에서는 이 같은 공산당의 내외 위기를 여유롭게 관망하고 있었다.

위폐사건 관련성을 강력히 부인하는 조선공산당의 성명에도 불구하고 공산당의 하급당원Communist rank and file들의 동요는 가라앉지 않는 것으로 보인다……당의 위신이 위폐사건으로 인해 심각하게 손상되었기 때문에 박헌영은 이관술, 권오직을 비롯해서 관련자들을 당에서 축출해야만 한다고 말했다. 당을 대표해서 박헌영이 대중에게 사과해야 한다는 점도 언급했다. Lee의 결론은: "이번 기회에 귀하가 우선 2선으로 후퇴resign하는 것도 고려해볼 만하다. 물론 여러 문제에 대한 권한을 보유하면서 일단 대중들의 정서가 누그러진 다음 다시 새로운 분위기하에서 컴백하는 것이다"(G-2 Periodic Report, No. 234, 1946년 5월 22일).

신뢰도를 알 수 없지만 공산당의 최근 새로운 정책에 대한 흥미로운 내용이 입수되었다. (중략) 공산당은 위폐사건과 같은 최근의 어려움으로 인해 많은 당원들이 이탈하고 다른 조직에 가담하게 되었음. 이 같은 사태로 인해 입당과 관련된 새로운 규칙이 만들어지게 됐다(G-2 Periodic Report, No.266, 1946년 6월 29일).

위조지폐와 조선공산당. 해방 후 만연했던 범죄 형태 중 하나를 당대의 가장 영향력 있는 정당과 연관 짓고, 나아가 그 정당의 정치적 이데올로기에 따른 필연적 결과임을 대중들에게 주지시켰던 주인공은 과연 누구일까? 현재까지 우리가 확보할 수 있는 가장 이른 시기의 미군 내부문건 중 하나는 이 점에 대한 추측을 가능케 한다. 초기부터 수사에 개입했던 CIC는, 조선공산당 본부 건물에 대한 1차 습격이 이루어진 직후 '정판사사건'이 어디로 흘러갈 것인지를 전망해주고 있다. CIC는 5월 10일경에서는 불투명하던 위폐 제조의 정치적 동기를 뚜렷하게 제시했다.

북한에서는 1945년 8월 이후 기간 동안 발행된 조선은행권이 통용되지 않는다; 따라서 북한에서는 이 위폐권이 유통되지 않는다. 1945년 9

월 절취된 동판이 북한으로 들어갔는지는 확인할 수 없다. 그러나 만약 그런 경우라면 남한의 정당 활동의 목적이나 미국 점령 지역의 경제혼란을 위해 그 같은 위폐를 북한에서 찍어내는 것을 추측할 수 있다.[37]

CIC는 조선공산당의 위조지폐 제작 여부보다는 김창선에 의해 절취된 동판의 행방에 보다 많은 관심을 보이고 있다. 이 문건은 김창선이 절취한 동판(징크판)의 개수를 모두 144개라고 파악하고 있는데, 경찰이 압수한 9개의 동판 외 나머지가 북한으로 들어갔을 가능성을 우려하고 있다. 아울러 만약에 북한에 흘러들어갔다면 그 목적을 "남한의 정당 활동의 목적이나 미국 점령 지역의 경제 혼란을 위해 그 같은 위폐를 북한에서 찍어내는 것을 추측할 수 있다"고 지적했다. 제2차 세계대전 중 나치의 심리전에 익숙하던 미군 CIC가 범행의 전모가 채 밝혀지기도 전부터 위폐 제작의 일반적인 정치적 효과 혹은 목적을 미리 확정하고 있다는 점은 의미심장하다.

일찍이 신채호도 외국화폐의 위조를 시도한 바 있지만 그것은 자금조달 목적이었지 만주의 일본경제권을 교란하기 위함은 아니었다.[38] 《동아일보》는 '정판사사건' 전인 1945년 12월에서 1946년 4월 사이, 아홉 차례의 위조지폐사건 사례를 보도하면서 그것이 결과적으로 남한의 경제 혼란 원인이 되었다고 보도한 경우는 있지만, 단 한 건도 경제 교란이 위조지폐 제조의 첫 번째 목적이라고 해설하지는 않았다. 5월 8일 조병옥 경무부장의 회견에도 '정판사사건'과 같은 위폐사범들이 경제 혼란을 초래한다는 표현은 있지만, 그것이 위폐 제조의 목적이라는 표현은 나오지 않는다. 이러한 분위기는 조선공산당 본부에 대한 습격이 마무리된 5월 10일경부터 바뀌기 시작한다. 15일 공보부의 공식 발표에서는 분명하지 않았지만, 17일《동아일보》보도에서는 '검사국 당국자'의 표현을 빌려 "해방 후 경제 교란을 목적"이라는 새로운 위폐 제작 목적이 분명히 제시되기 시작했다. 이날의 동아일보 단독보도는 '정판사사건'에 대한 가장 상세하고도 정치적 의도가 개재되어 있었다. 화음을 맞추기라도 하듯 16일 독립촉성국민회는 기자회견을 통해 '정판사사건'과 조선공산당의 목표가 "조선 경제를 교란하며 국민생활을 파훼破毁"하기 위한 것이라고 목청을 높였다. 러취 군정장관은 5월 19일 통화 증발의 주 원인이 패주 직전 일본의 지폐 남발에 있었음에도 불구하고 "조선처럼 통화 상태가 좋은 곳은 없다. 일본이나 중국보다도 좋은 편이다. 이는 당국에서 통화 상태를 잘 보호하여온 때문"이라며, 사실상 '정판사사건'과 관련된 조선공산당에게 해방 직후 남한에 초래된 인플레이션의 전적인 책임을 물을 것임을 시사했다. 김창선이 '뚝섬 위폐사건' 관련자로 체포된 지 보름 만에 미군정과 우익세력은 미소공위 휴회의 파장과 남한 경제악화 문제 그리고 조선공산당이라는 강력한 야당 타도를 한꺼번에 해결할 수 있는 호기를 잡게 된 것이다.

주지하듯, 미소공위 휴회와 '정판사사건'은 재건된 조선공산당을 결국 파멸로 몰아넣었다. 북한을 방문하고 돌아온 박헌영은 신전술로 전환했고, 9월 총파업과 10월 농민항쟁을 거쳐 남조선노동당이라는 새로운 간판을 내걸어야만 했다. 이는 식민지시기부터 이어져온 민족해방운동의 전통의 빛이 바랬음을 의미한다. 남한 내 좌파운동이 내리막길로 접어들었음을 알리는 신호였으며, 박헌영의 좌파 내 헤게모니도 급격히 위축되기 시작했다. 이런 의미에서 '정판사사건'을 1933년 '제국의회 의사당 방화사건'에 비견하는 것은 우연이 아니었다.

미소공위의 휴회가 미소의 합작품이었다면, '정판사사건'은 군정과 경찰 그리고 조선공산당 사이에서 발생한 복잡한 결과물이었다. 〈석명서〉는 이 '결정적 사건pivotal event'에 대한 조선공산당 측의 입장을 가장 체계적으로, 그리고 법리적 견지에서 설명하고 있는 거의 유일한 실물자료이다. •고지훈

2장

점령시대를 보는 엇갈린 시선
-1947년 웨드마이어사절단의 방한과 한국인의 대응

1. 미군정기 정치와 사회의 교차점을 찾아서

해방 직후 한국인들이 현실에서 부딪힌 문제는 무엇이었을까? 그들은 당시 현실을 어떻게 인식했을까? 미군정기 한국인들의 현실 인식은 정치지도자들의 인식, 정당·사회단체의 노선과 활동을 분석하는 차원에서 연구되었다.[1] 이에 대해 미군정기 사회사 연구자들은 종래 미군정기 연구가 미군정과 정치지도자에 주안점을 두었다고 비판하고 "모순과 저항의 생생한 현장이자 진정한 해방과 진보의 힘이 형성되는 공간인 '사회'와 그 속에서 일상을 살고 지배에 저항하기도 하며 포섭되기도 하는 '민중'을 새롭게 인식해야 한다"고 주장했다.[2] 그들은 주로 말단 행정조직이나 주민 자치조직을 연구 대상으로 삼아 지배에 포섭되거나 저항하는 민중의 일상을 논구하려고 했다.[3]

이 연구들은 스스로 표방한 전체사로서의 사회사를 충분히 그려내지 못했다. 이들은 전체사로서의 사회사 연구를 주장했지만 이들의 연구는 정치와 괴리된 사회사의 영역에 머물렀다. 즉 말단 행정·자치 조직의 연속과 변화 양상을 논구했지만 민중이 처한 상황과 이들의 삶을 충분히 재현하지는 못한 것이다. 이는 사회사 연구가 일상과 자치의 영역을 강조하여 정치를 배제했기 때문이다. 정치가 배제된 사회에 대한 분석만으로는 포섭과 저항의 양상을 포착할 수 없다. 이러한 사회사 연구의 난점을 해결하기 위해서는 민중의 삶의 양상을 정치적 상황과 연계하여 포착해야 한다. 따라서 미군정 통치정책의 논리 및 한국인 정치세력의 정세 인식과 노선을 파악하는 한편, 각 정치세력의 활동으로 인해 조성된 상황을 민중이 어떻게 인식하는지를 분석할 필요가 있다.

이 글은 1947년 8~9월 트루먼 미국 대통령의 특사로 방한한 웨드마이어사절단Wedemeyer Mission(이하 사절단)의 활동과 그들이 남긴 자료를 통해서 해방 직후 정치와 사회의 접점을 살펴보고자 한다. 사절단에 주목하는 이유는 다음과 같다. 첫째, 사절단이 방한한 시점에 제2차 미소공동위원회의 결렬이 현실화되었고 미국의 대한정책이 미소美蘇 협조에서 미소 대결 노선으로 전환되었기 때문이다.[4] 전환점을 맞이한 미군정 및 남한의 정치세력은 이전까지의 남한 정치 과정을 평가하고 앞으로의 상황에 대처하기 위한 방안을 구상했다.[5] 따라서 사절단에 표명한 미군정 및 각 정치세력의 견해는 이 시기 남한의 여러 정치세력의 정세 판단을 극명하게 보여준다.

둘째, 사절단이 수합한 자료의 활용가치 때문이다. 사절단은 미군정 당국의 각종 보고서를 접수하고 한국인 주요 인사들과 면담을 나누었으며 불특정 다수의 한국인으로부터 편지를 받았다. 따라서 사절단이 수합한 자료를 통해서 미군정 당국과 남한 정치세력의 정세 인식과 대응 방향, 남한 민중의 시각을 분석할 수 있다. 따라서 이 글은 사절단의 활동을 통해 당시 미국의 대한정책과 미군정의 점령정책, 그리고 그에 대한 한국인들의 대응의 일단을 분석할 것이며 새로운 전환점을 맞은 남한 제諸 정파의 정부 수립 구상 및 정치적 현안, 남한 민중의 현실 인식과 그러한 인식의 밑바탕을 이루는 당시 사회상을 기술할 것이다.

이 글은 미국 국립문서관에 소장된 주한미군 《군사실문서철》,[6] 《웨드마이어 문서철》[7]과 주한미군 정보기구의 보고서, 신문 및 잡지 등을 활용한다. 그중에서 《웨드마이어 문서철》을 주로 이용한다. 《웨드마이어 문서철》은 총 11개 문서상자로 구성된다. 이 중에 한국에 관련된 것은 box 2·3·4·10·11이다. box 2·3에는 하지와 브라운이 웨드마이어에게 구두보고한 속기록, 남한의 정치·사회·경제 상황에 대해 미군정 당국이 준비한 자료 및 보고서, 웨드마이어가 남한의 주요 정치·사회 인사들과 면담한 기록이 소장되어 있다. box 4에는 남한 및 중국의 상황에 대한 자료들이 소장되어 있다. box 4의 자료 중 가장 주목되는 것은 웨드마이어가 트루먼 대통령에게 제출한 보고서, 즉 〈웨드마이어 보고서〉이다. 이 보고서는 동북아시아 정세에 대한 총론을 제시하고 중국과 한국에서 취합한 자료를 바탕으로 각국 정세를 정치·경제·군사·문화 부문으로 나누어 서술했다.

이 글이 한국인들의 사회 인식을 기술하기 위해 가장 적극적으로 활용한 것은 box 10·11에 소장된 한국인들의 편지이다. 이 편지들은 450여 통에 2,000여 매 분량으로, 작성자는 사회 저명인사에서 필부까지 다양하다. 게다가 이 편지들은 낱장이 아니라 군群을 이룬다. 편지 한 장 한 장이 보여줄 수 있는 모습은 매우 단편적일 테지만, 낱장의 편지가 모여 이룬 편지군은 이 시기 정치·사회적 변화상과 시대정신을 반영할 수 있을 것이다.[8]

2. 동북아시아 정세의 변화와 웨드마이어사절단의 방한

1947년 7월 9일 트루먼 미국 대통령은 웨드마이어에게 중국과 남한 방문을 지시했다.[9] 태평양전쟁이 종결되자 중국에서는 국공國共 내전이 재개되었다. 미국은 국민당 정부를 군사·경제적으로 원조했지만, 겉으로는 정치·외교적으로 해결하고자 했다. 그러나 중국공산당의 공세는 더욱 강화되었고 국민당 정부는 정치·군사적으로 열세에 놓였다.[10] 국민당 정부는 미국에 경제 지원을 요청했고, 이에 따라 미국 내에서 미국이 중국 문제에 적극적으로 개입해야 한다는 주장이 제기되었다. 이에 국무부는 국민당 정부에 대한 지원을 강화하면 소련도 중국공산당을 적극적으로 지원할 것이라고 우려하여, 국민당 군에 무기를 적절하게 제공하는 선에서 그치려고 했다.[11]

1947년 7월 2일 마셜 국무장관은 이러한 미국 정부의 의도를 중국 정부에 전달하고 현지 사정을 조사하기 위해 웨드마이어 장군을 단장으로 하는 사절단을 파견하기로 했다.[12] 웨드마이어는 친장제스파이자 대중對中 원조 확대를 위해 로비 활동을 펼친 '차이나 로비China Robby'의 일원이었다.[13] 마셜은 웨드마이어를 특사로 파견하여 장제스에게 미국의 의도를 효과적으로 전달하고자 했다.[14] 그것은 국민당 정부가 중국 회복을 위한 효과적인 조치를 취할 수 있다는 증거를 보여줄 때에만 미국이 부흥프로그램에 기초한 원조를 고려할 것이며, 모든 원조가 미국 대표의 감시 아래 운영될 것이라는 것이었다.[15] 이와 같이 사절단의 주요 임무는 중국 정부에 미국의 의도를 알리는 것이었지만, 미소공동위원회 또한 난항을 겪고 있었기 때문에 미국의 정책 결정자들은 한국 사정 조사도 임무에 포함하기로 결정했다.

1946년 5월 이후 미소공동위원회의 휴회가 길어지자 미국의 정책 결정자들은 1947년 초 대한정책의 대안을 검토했다. 삼부조정위원회 SWNCC(State-War-Navy-Coordination Committee)는 1월 말 특별위원회 Special interdepartmental Committee on Korea를 구성하고[16] '철군 제안', '단정單政안', '봉쇄 구상' 등을 검토했지만, 1947년 초까지는 미소 간 협의를 통해 한국 문제를 해결하려고 했다.[17]

대신 특별위원회는 미국이 남한에서 직면한 문제의 원인을 재원 부족과 주민들의 비협조로 파악하고 이를 해결하기 위해 3년간 6억 달러의 경제원조를 제공할 것을 제안했다.[18] 국무부는 이 계획을 승인했지만, 의회는 세금 감면을 이유로 예산안을 대폭 삭감했고, 따라서 의회의 강한 반대가 예상되었다. 이는 국무부 계획의 큰 걸림돌이었다.[19]

사절단은 미국의 대한對韓 경제원조계획에 대한 의회의 지지를 얻어내기 위한 수단이었다. 트루먼은 웨드마이어에게 경제원조계획에 참고하기 위해 한국의 정치·경제 실태를 조사하라고 지시했다.[20] 국무부는 웨드마이어가 대규모 대한 원조계획을 건의한다면 가을 회기에서 대한 원조법안을 통과시킬 수 있을 것으로 전망했다.[21] 또한 웨드마이어의 방한은 '정치적인' 목적 아래 계획되었다.[22] 1947년 5월 21월 재개된 미소공동위원회는 공위共委와의 협의에 참여할 정치·사회단체의 자격 문제로 난항을 겪고 있었다.[23] 미소공위 미국 대표단은

7월 중순 이후 사실상 공위가 결렬되었다고 판단하고 상부에 대비책을 마련할 것을 건의했다.[24] 미군정 당국자들도 1947년 초 미국의 정책 결정자들이 구상했던 여러 대안들을 현실적으로 재검토할 것을 요청했다. 고위 정책결정자들도 남한의 상황 변화를 수렴할 준비를 했다.[25] 따라서 사절단의 임무는 남한 현지의 상황을 조사하고, 점령 당국의 견해를 고위 정책결정자들에게 전달하는 것이었다.

웨드마이어는 중국을 거쳐 1947년 8월 26일 김포비행장에 도착했다. 사절단의 일정에서 가장 중요한 것은 현지 미국인 관리의 견해를 청취하고 자료를 수합하는 것이었다. 현지 관리들의 보고는 27~28일 이틀간 진행되었다. 웨드마이어의 또 다른 주요 일정은 한국인 주요 인사들의 의견을 청취하는 것이었다. 그는 29일 오전에 남조선과도정

〈표 1〉 웨드마이어와 면담한 한국인 주요 인사

일시		명단
8/29	오후	이승만, 권태석(민주한국독립당), 박승호·고황경·이묘묵·헬렌 비 닉슨·김활란·황에스더愛施德(기독교청년회), 이범석(조선민족청년단), 장건상·황진남·조한용(근로인민당)
8/30	오전	김구, 안재홍, 이윤영(조선민주당), 배은희(민족대표자대회), 원세훈(좌우합작위원회), 하경덕(서울신문), 설의식(새한주보), 이선근(한성일보)
9/1	오전	김성수·장덕수(한국민주당), 박흥식(사업가)
9/1	오후	박금(성인교육협회대표), 한경직·김창덕·이인식·권현호(북조선기독인대표), 장면·황태문·오윤환·최태용·이태영·김동원·서상일(임시정부수립대책협의회), 조소앙(국민의회), 전진한(대한노총)

출처: 《조선일보》 1947. 8. 28; 《웨드마이어문서철》 box3, folder: Korea Minutes.

부 민정장관 안재홍을 비롯하여 조선인 각 부장과 회견했고 29일 오후 및 30일 오전에 걸쳐 정치·경제·재정·문화 등 각 분야의 민간인을 개인이나 단체별로 만났다.[26] 웨드마이어와 한국인의 면담은 9월 1일까지 이어졌다.

웨드마이어는 우익·중간파 정치지도자, 언론인, 사업가, 사회단체 대표 등 여러 부류의 인물과 면담했지만, 좌익 인사는 포함될 수 없었다. 허헌, 김원봉 등 좌익 인사들에 대한 체포령이 내려졌기 때문이다.[27] 웨드마이어는 언론을 통해 공개적으로 허헌을 만나고 싶다는 의사를 표명하고[28] 미소공위 대표단 정치고문 버취를 통해 접촉하려 했지만[29] 허헌은 신변 위협을 이유로 이를 거절했다.[30] 웨드마이어는 더 많은 한국인들의 견해를 수렴하기 위해서 참고가 될 만한 사항을 서면으로 사절단에 보내줄 것을 요청했다.[31] 이에 호응하여 각계각층의 한국인들이 웨드마이어에게 편지를 보냈다.

사절단은 지방의 산업시설도 조사했다. 8월 31일 부산 지역 산업을 조사하고[32] 부산 지역 군정관 질레트 및 예하 군정 관리들로부터 보고를 받았다.[33] 9월 2일 웨드마이어 사절단원은 한강 상류 청평댐과 발전시설,[34] 광주·부산의 발전시설을 시찰하고 인천·부평 등지에서 여론을 수렴했다.[35]

사절단 일행은 현지조사를 마치고 1947년 9월 3일 도쿄로 떠났다.[36] 9월 5일 웨드마이어는 하와이로 이동하여 중국과 한국에서 수합한 자료를 정리했다. 그는 중국과 한국 사정을 평가하고 미국의 대처방안을 권고하는 보고서를 작성했다. 1947년 9월 19일 이 보고서는 트루먼 대통령에게 제출되었다.[37]

3. 주한미군정 당국의 대응과 건의

사절단 방한 소식은 7월 7일 맥아더에게 전달되었고,[38] 맥아더 사령부는 이를 바로 주한미군사령부에 알렸다.[39] 한국에는 7월 13일 알려졌다.[40] 8월 중순 웨드마이어는 하지에게 구체적인 준비를 요청했다.[41] 그는 방한 후 하지, 제이콥스와 협의하여 면담할 한국인을 결정할 것이라고 했다.[42]

미군정은 웨드마이어의 요청에 따라 사절단을 위한 자료를 준비했다. 사절단의 방한이 점령정책 평가에 중요하다고 판단한 하지는 자료 준비 과정을 직접 검토했다.[43] 동시에 하지는 사절단의 방한을 정치적으로 활용하려는 우익의 시도를 방지하고자 했다. 이승만이 난징에 주재하던 웨드마이어에게 전보를 보내자[44] 하지는 사절단의 방한을 정치 선전에 활용하려는 한국인의 시도를 모두 막을 수 없으니 한국 방문 날짜를 사전에 공표하지 말아달라고 웨드마이어에게 타전했다.[45]

27일 웨드마이어는 미군정 당국자의 구두보고를 받았다. 이날 오전엔 하지가 보고했다. 하지는 점령군이 직면한 문제점을 정치·미소 관계·경제·군사 등 측면에서 개관했고, 웨드마이어는 좌우 합작과 중간파에 대한 현실적 재평가 문제, 단정 수립 후 한반도 군사 상황 및 북한의 침공 가능성과 그에 대한 대응방안을 중심으로 질문했다. 웨드마이어는 사절단의 임무가 "정치적인 것"임을 강조했다.[46]

먼저 정치 부문에 대해서 살펴보자. 하지는 중간파 활용정책이 더 이상 현실적이지 않다는 점을 강조했다. 그는 좌우 합작의 지도자 여운형이 "결백한 인물이 아니며 공산주의자들과 함께" 활동했고, "공산주의자들과 합작은 결국 공산주의 정부를 만드는 것"이라고 설명했다. 하지는 1947년 2~3월까지는 남조선 과도입법의원이 기능할 수 있고 여운형과 함께 일하는 것이 가능하여 공산주의자로부터 민족주의적인 좌익을 분리할 수 있을 것이라고 생각했지만, 미소공위가 실패하여 남한만을 다루어야 하는 상황에 직면한다면 공산주의를 불법화해야 한다고 언급했다.[47]

이와 관련 미군정이 웨드마이어에게 제출한 간략한 문건이 주목된다. 이 문건에는 세 가지가 고려되어야 한다고 서술되었다. 첫째, 공산주의자가 배제되어야 한다. 공산주의자의 침투는 곧 공산주의자의 지배를 가져올 것이기 때문이었다. 둘째, 남한 극우세력은 자신들이 지배할 수 있는 정부가 아니면 그것에 참여하지 않을 것이다. 셋째, 중간파가 합작을 효과적으로 이끌 수 없다는 것이었다.[48] 따라서 하지는 '극우 정치집단', 즉 이승만 세력에 주목했다. 그는 "그들이 반공의 핵심을 이루고 반공의 보루이기 때문에 남한에서 선거가 실시되면 그들이 권력을 잡을 수 있을 것"이며, 그들에게 "행정적 능력은 없지만 그들을 효과적으로 통제할 수 있다면 그들을 만회의 계기rally point로 이용할 수 있을 것"으로 전망했다.[49]

하지는 미소공위가 실질적으로 의미를 상실했다고 생각했다. 그는 "모스크바 결정은 끝났으며" 소련과의 협의는 더 이상 의미가 없다고 보고했다. 미소공위 미국 대표단장 브라운도 같은 견해를 표명했다. 27일 오후 미소공위에 대한 보고에서 그는 소련의 입장 변화가 없다면 미소공위는 결론에 도달하지 못할 것이며, "북한에 있는 많은 한국인들이 소련의 영향을 기꺼이 받아들이기 때문에 공위를 통해 미국의 목적을 달성할 수 없을 것"이라고 했다.[50] 하지가 제안한 해결책은 "한국인이 선거를 통해 입법기관을 만들고 그 입법기관이 내각을 선출하도록 해야 한다"는 것이었다. 그는 선거 실시에는 정치적 문제가 다소 발생할 것이지만, 기다린다고 문제가 해결되지 않으며 미군을 활용해서 선거를 감시해야 할 것으로 전망했다.[51]

다음으로 군사 분야에 대해서 살펴보자. 웨드마이어의 주요 관심은 군사적 대결 상황이 발생했을 때 소련의 참전 가능성, 소련의 직접적인 군사적 행동에 직면했을 때 미국이 취해야 할 군사적 대응이었다. 하지는 소련군 참전 시 미군이 철수해야 하지만 소련군에 의해 훈련받은 북한군이 소련에서 제공받은 장비로 무장하여 공격한다면 이에 대항할 것이라고 답했다.[52] 하지는 군사적 대비책 수립에 앞서 소련과 전면전을 벌이게 될 경우와 내전의 경우를 명확히 구분했다. 즉, 하지는 이 시기 한반도에서 미국이 대소對蘇 전략의 차원에서가 아니라 한반도에 대한 정치·군사적 이해관계를 바탕으로 한국 내 진보세력과 정치·군사정세에 대응해야 한다고 생각했다.[53]

28일에는 미군정 경제고문들이 남한의 경제 상황에 대해 보고했다. 이날 보고 내용은 〈남한의 현재 경제 상태Present Economic Status of South Korea〉라는 문건으로 남아 있다. 이 보고서에 의하면 남북 분단, 인구의 비정상적인 집중, 농업생산력 하락, 원료 부족 및 기술의 부재로 인해 남한 경제가 위기에 처해 있기 때문에 미국에 의지할 수밖에 없었다. 따라서 미소공위에서 합의가 도출되지 않는다면 미국은 한국 경제 유지의 책임이라는 문제에 직면하게 될 것이었다. 보고서에는 이러한 문제를 해결하기 위해 "농업과 선별된 공업의 부흥, 공업과 정부에 대한 훈련계획의 강력한 실행이 필요하다"고 서술되었다. 그리고 이는 곧 "이데올로기적 공격에 대한 방벽으로서 극동에 상대적으로 안정적인 사회를 건설하는 것"이었다.[54] 하지 또한 전날 진행된 보고에서 소련의 지배로부터 한국을 구하는 방법은 원조밖에 없다는 사실을 강조했고,[55] 미소공위가 결렬될 것이기에 미국은 남한에 대한 책임을 져야 하고, 경제부흥계획을 실시해야 한다고 서한을 통해 건의했다.[56]

4. 기로에 선 한국 정계: 미소공동위원회와 총선거 사이에서

제2차 미소공동위원회 재개는 정계의 구도를 흔들었고 우익의 '반탁 연대連帶' 내부에서 균열이 나타났다. 한국민주당은 미소공위와의 협의에 참가하겠다는 결정을 내리고 6월 17일 임시정부 수립 대책협의회(이하 임협)를 결성했다.[57] 이승만은 이를 비난했지만,[58] 곧 미소공위 참여 여부를 불문하고 "반탁의 신념은 동일하니 호상 화충 협동"할 것을 강조했다.[59] 한편, 한국독립당도 2차 공위 재개로 분열되어 안재홍계와 권태석계가 각각 신한국민당과 민주한국독립당으로 분당했다.[60]

중간파와 좌익 진영에서는 공위 성공에 대한 기대와 희망이 고조되었다. 좌우합작위원회(이하 합위)는 5월 말~6월 초 20여 개의 단체를 포함해 위원회를 개편했다. 또한 여운형은 1947년 5월 24일 근로인민당을 조직했고 7월 3일 김규식, 여운형, 안재홍, 홍명희, 최동오, 원세훈, 박건웅 등이 중심이 되어 시국대책협의회(이하 시협)를 결성했다.[61] 또한 5월 28일 중간우파인 민주주의독립전선의 주도 아래 미소공위대책 각 정당사회단체협의회(이하 공협)가 결성되었다.[62] 합위, 시협, 공협 등은 거의 동일한 입장을 취했다.[63]

임협을 제외한 남한 정파 대부분은 미소공위와 한국 정당·사회단체 간 협의를 통한 임시정부 수립을 주장했다. 이들 내에서 삼권분립제 같은 임시정부 정체政體에 대한 논쟁이 있었지만, 큰 쟁점은 아니었다.[64] 쟁점은 임시정부 수립 절차였다. 한민당은 임협을 통해 '남북한 총선거' 방식을 제안하여 논란을 유발했다. 그들의 주장은 남북한 총선거로 대통령과 부통령을 선출하여 내각을 구성하고, 임시 국회의원 선거를 실시하여 임시국회를 소집하며, 이를 통해 임시헌장과 임시선거법을 추인한다는 것이었다.[65]

다른 세력들도 남북한 총선거 실시 자체를 반대하지는 않았다. 단, 남로당은 선거 시행 시기를 문제시 했다. 임협은 총선거의 즉각 실시를 주장했지만, 남로당은 총선거가 미소공위를 통해 수립될 통일 임시정부 주도로 실시되어야 하기 때문에, 총선거를 즉각 실시하자는 제안은 남북한 총선거를 무기한 연기하려는 것이라고 비판했다.[66]

한편, 이승만과 김구는 미소공위가 재개되자, 1947년 6월 23일 대대적으로 '반탁反託 시위'를 전개했다.[67] 이후 우익의 테러행위가 증가했고,[68] 7월 19일 여운형이 살해되었다.[69] 미소공위 지연, 우익의 '반탁 시위', 여운형 피살 등으로 정계의 주도권은 점차 우익 진영으로 넘어갔다.

혼란한 정국 속에서 7월 13일 사절단 방한 소식이 국내에 알려졌다.[70] 미군정은 사절단 파견이 미국의 대한정책의 변화로 해석되는 것을 꺼렸지만,[71] 국내 언론은 "미국의 중국과 한국에 대한정책을 일층 명백히 하는 지반을 획득하기 위한 데서 나온 것이며 웨드마이어의 임무가 주로 군사적·정치적 부분에 걸칠 것"이라고 관측했다.[72]

웨드마이어 방한 소식에 가장 발 빠르게 움직인 것은 이승만이었다. 7월 17일 올리버Robert T. Oliver는 웨드마이어와의 회담이 한국 문제 해결에 도움이 될 것이라고 진언했고[73] 이승만은 사절단을 정치적으로 이용하려고 했다.[74] 그는 이른바 '밀약설'[75]을 입증하고자 사절단을 활용하고자 했다.[76] 이승만은 웨드마이어와 면담한 자리에서 "총선거의 목적이 민주적 원칙을 따르는 헌법을 작성할 입법기관을 세우기 위한 것"이며, 우선 남한에 정부를 세운 후 38선을 철폐해서, 최종적이고 공식적인 정부가 수립되기 이전에 법률상의 정부를 수립해야 한다고 주장했다.[77] 이어서 그는 이미 북한에서 소련 통제 아래 정부가 운영되고 있기 때문에 남한에서도 정부가 기능할 수 있을 것이라고 말했다. 또한 이승만은 "신탁통치로는 소련에 대항해서 한국의 주권을 보호할 수 없을 것이며 총선거가 실시되어 정부가 수립된다면 소련이 남하할 수 없을 것"이라고 주장했다.[78]

한민당은 미소공위, 중간파, 좌익을 공격하는 데 주력했다. 9월 1일 오전 웨드마이어와 가진 회담에서 한민당의 김성수와 장덕수는 미소공위가 진행되는 동안 좌익이 토지를 무료로 준다는 흑색선전을 전개해서 남한 사회가 혼란스럽다고 주장했다.[79] 이어 그들은 좌우합작운동을 비판했다. 두 열강이 한국을 끌어당기는 한 통일전선은 불가능하고 "민주 정당의 통일전선이 필요하지만 이를 실행하는 것이 어렵기 때문에,[80] 미소공위를 결렬시키고 총선거를 즉각 실시해야 한다"고 주장했다. 그들은 한국 문제가 4강국 또는 유엔총회를 통해 해결되는 동시에 총선거가 실시되어야 한다고 건의했다.[81] 그러나 그들은 선거의 평화적 실시에 대해서는 회의적이었다. 그들은 선거 기간에 사건이 발생할 가능성이 가장 높기 때문에 이를 막기 위해 경찰력을 강화해야 한다고 제안했다.[82]

한편, 김구는 38선 철폐, 행정권 완전 이양을 강조했다. 그는 행정권이 한국인에게 이양되었지만 중요한 권한은 미국인 관리들이 유지하고 있기 때문에 행정권이 한국인에게 완전히 이양되어야 한다고 주장하는 동시에 38선을 가능한 한 빨리 철폐해야 한다고 언급했다. 김구는 또한 공산주의자가 철저히 제거되어야 한다고 말했다. 그는 지방 경찰들이 폭도, 즉 공산주의자들에게 공격을 받고 있지만 대처가 강력하지 않으며, 경찰이 폭도들을 검거했을 때 미국인 관리들이 그들을 석방한다고 주장했다.[83] 이승만, 한민당, 김구는 공통적으로 '반탁' 입장에 섰으나 그 실현 방식에서는 다소 상이한 견해를 보였다. 이승만과 한민당이 총선거 즉시 실시를 제시했다면 김구는 행정권 이양을 주장했다. 하지만 그들 사이에 공통적으로 나타난 반공 성향은 그들이 서로 협력할 수 있게 한 요인이었다.[84] 웨드마이어 방한에 대한 우익의 적극적인 대응은 지방 차원에서도 전개되었다. 지방 우익들은 우익 정당 및 청년단 지부 명의로 서한을 보내거나,[85] 지역 주민들이 서명한 〈반탁결의서〉를 작성하여 웨드마이어에게 전달했다.

한편 중간파는 우익에 비해 자신들의 견해를 웨드마이어에게 전달하기에는 불리했다. 우익이 중앙과 지방에서 조직적으로 '총선의 즉각 실시를 통해 정부를 수립'하자는 주장을 미군정에게 전달하고자 했다면, 중간파는 각 당의 지도자급 인사들이 웨드마이어와 가진 회견이나 개인 서한을 통해 자신들의 견해를 사절단에 전달했다.

남조선과도정부 민정장관 안재홍은 다른 중간파 지도자들에 비해서 유리한 위치에 있었다. 안재홍은 민정장관으로서 제출한 보고서와 개인 서한을 통해 웨드마이어에게 정견을 표명했다. 8월 29일 남조선과도정부의 한국인 수반들은 웨드마이어에게 직접 남한의 정치·사회·경제 실태에 대해 보고했다. 안재홍은 한국 민족의 염원은 "자유롭고 통일된 독립 한국을 건설하는 것"이지만 "국제 협의를 통한 인위적인 한국 정부 건설"로는 달성될 수 없기 때문에, 통일 독립을 위한 "유일한 방법은 그리스에서 실시된 것과 같은 국제 감시하의 총선거[86]"라고 건의했다.[87] 그러나 안재홍은 웨드마이어에게 보낸 개인 서한에서는 이와 다른 주장을 개진했다. 그는 이 서한에서 한국 독립을 위한 최선의 방책은 미·소·영·중에 의해 독립이 보장되는 것이라고 했다. 또 "한국인의 진정한 의견은 미·소 협력에 의해 독립을 이루는 것"이라고 주장했다. 이어서 그는 "미소공위가 실패하면 극우세력의 힘이 우세해질 것이고 이는 커다란 위험을 야기할 것"이기 때문에, 가장 좋은 방책은 인민을 중도세력 주위에 결집시켜 좌익의 유혹으로부터 격리시키는 것이라고 했다.[88]

어느 것이 안재홍의 본심이었을까?[89] 하지만 여기서 중요한 것은 무엇이 안재홍의 본심이었는가가 아니라, 이 시점에서 중간파의 정치적 전망이 안재홍이 보인 바와 같이 엇갈렸다는 것이다. 중간파 지도자 및 지식인들이 웨드마이어에게 제시한 주장은 대개 두 가지로 나뉜다. 먼저 미소 협력을 통해 통일 임시정부를 수립해야 한다는 주장이 있다. 안재홍을 지지한 사설단체인 민족문제연구소[90]는 웨드마이어에게 보낸 제안서를 통해 "행정권이 빠른 시일 내에 완전히 한국인에게 이양되어야" 하며 "군정 내 친일파들이 하루빨리 숙청되어야 한다"라고 주장했다. 또한 그들은 "빠른 시일 내에 남북통일을 달성하기 위해 미소공위가 속개되어야 한다"라고 서술했다.[91]

또한 민주한국독립당의 권태석은 "통일한국을 위한 유일한 해결책은 미·소 간 긴밀한 협의를 통한 것이며 한국 인민은 미소공위가 성공하여 한국에 통일된 민주정부가 수립되기를 바란다"라고 건의했다.[92] 민중동맹의 김덕순은 서한을 통해 한국인들 중에 신탁통치에 반대하지 않는 사람이 없지만 신탁통치 반대가 모스크바 결정에 대한 반대가 되어서는 안 된다고 주장했다. 그는 미소공위를 통해 문제를 해결해야 하며 그것이 불가능할 경우 4강국회의나 유엔을 통해 해결해야 한다고 건의했다.[93]

한편에서는 남한에서 실시될 선거를 현실적으로 받아들이고 있었다. 테러로 당수를 잃은 근로인민당[94]을 대표하여 장건상, 황진남, 조한용이 웨드마이어와 대담했는데, 황진남은 남한 경찰체계를 비판하고 테러가 횡행하고 있다고 지적했고, 자신들이 중도의 입장을 취하고 있으며 총선거가 실시되었을 때 극우세력이 정부를 통제하는 상황을 원하지 않는다고 밝혔다. 장건상은 총선거 일시가 다가오고 있는데 선거가 경찰의 개입 없이 실시되길 바란다고 말했다.[95] 정부 수립 문제 못지않게 근로인민당 대표들은 우익단체에 의한 테러의 중단과 테러를 방조하는 경찰의 개혁을 주장했다. 이는 비단 근로인민당만의 문제가 아니었다.

……우익에서는 청년들이 좌익에 대한 테로는 고만두고 우리들 중간당인 신한민족당의 당원을 본정통本町通에서 백주 테로로 대하며 사회민주당 중앙위원을 타살하여도 그대로 두고……각하께서는 남조선 미군정이 이런 행위로 말미암아 남조선 노동당의 당원이 하나하나 붓고 잇는 줄 모르십니까?……남조선노동당은 한국민주당보다 몇 십 배나 남조선 인민의 지지를 받고 있다는 것을 확언하기를 꺼리지 않습니다…….[96]

마지막으로 좌익의 대응 방식과 주장을 살펴보자. 이들은 사절단 파견이 알려졌을 때 거의 반응을 보이지 않았다. 이들은 그보다는 여운형 피살에 더욱 관심을 집중했다.[97] 중국공산당과 소련은 이를 중국과 조선을 식민지화하려는 제국주의적 기도라고 비판했다.[98] 남한 좌익도 미국의 대한원조를 식민지화 기도로 간주하여 사절단 방한을 비판했다.[99] 하지만 사절단이 방한하자 좌익은 이러한 선전 차원의 대응과 달리 방한 자체를 비난하지는 않았다. 웨드마이어는 허헌, 김원봉과 접촉하고자 했으나 당시 남한 사회의 정치적 분위기에서 이들이 직접 사절단을 만날 수 없었다. 대신, 허헌은 웨드마이어에게 편지를 보내 자신의 의견을 전달했다. 그는 '민주 진영'의 사회단체와 민주인사들이 탄압을 당하는 상황을 기술하고 미소공위를 통한 한국 문제 해결만이 이러한 상황을 끝낼 수 있다고 주장했다. 또한 그는 자신을 포함한 민주적 지도자들에게 내린 경찰의 체포령을 거둘 것을 요구했다.[100] 김원봉도 유사한 편지를 웨드마이어에게 보냈다.[101]

좌익의 처지에서 사절단에 자신들의 견해를 전달할 수 있는 방법은 편지뿐이었다. 그들은 제2차 세계대전 시기 미국이 '해방자' 역할을 수행했다고 강조하면서 남한에 진정한 민주주의가 확립되지 않은 상황에 대한 책임이 미국에게 있다고 비판했다. 그리고 그들은 다음과 같은 사항을 요구했다.

첫째, 정권 형태는 인민위원회로
둘째, 국호는 조선민주인민공화국으로 할 것
셋째, 토지개혁은 전농안全農案대로 무상분배 할 것
넷째, 노동자에게 노동법령안을 실시할 것

다섯째, 민주애국자들을 즉시 무조건 석방할 것

여섯째, 테러와 폭압을 반대함

일곱째, 나날이 물가는 올라서 민생은 도탄에 빠짐

여덟째, 친일파와 민족반역자를 제거하고 미소공위 사업을 정확하게 완수할 것

아홉째, 반삼상反三相 결정 단체와 남조선 단정 수립 음모를 하고 공위 성공을 방해하는 반탁 관계에 가입한 24개 정당 단체를 제외하고 오직 삼상 결정을 정확하고 신속하게 실천할 것[102]

위의 인용문은 제2차 미소공위가 열리던 내내 좌익세력이 제기하던 전형적인 것이지만,[103] 여기에는 당시의 급박한 현실이 반영되어 있었다. 이 편지에서 좌익은 자신들에 대한 탄압을 멈추라고 요구했다. 좌익의 입장에서는 서신을 통한 웨드마이어와의 접촉은 구색 맞추기일 따름이었다. 웨드마이어가 한국을 떠난 직후 부산 지역 좌익은 웨드마이어가 한국에 머무는 동안 우익 인사, 친미 인사, 친일 인사, 반역자들만을 만났다고 비난했다.[104]

5. 웨드마이어에게 보낸 편지로 보는 점령 사회의 민낯

웨드마이어는 한국인들에게 남한의 실태와 그 상황 개선에 관한 건의안을 작성하여 보내달라는 성명을 발표했다. 이에 화답하여 각계각층 한국인들이 자신의 생각이 담긴 편지를 사절단에 보냈다.

해방 직후 한국인들의 가장 큰 과제는 독립 국가 건설이었다.

1) 건국 문제에 대하여 우리들은 연합국의 공약이 실현되기를 갈망하며 외인外人의 내정간섭이나 주권 침해는 절대 배격하는 동시에 민주주의 자주독립을 갈망합니다. 그리고 각국과 호혜 조건하에서 무역을 발달시키는 산업진흥을 계획하니 많은 원조를 바라나이다.[105]

2) 1945년 8월 15일 이후 순간적으로 해방의 맛을 보았으나 이제 와서는 구속과 고통을 새삼스럽게 깨닫게 되었습니다. 다시 말하자면 2인의 강력한 위인이 한가운데에다 어린 아희를 세워두고 줄로 허리를 감아 양끝에서 끌어 갖고서 서로 잡아당김이다. 필경은 두 사람 중에서 어서 한 사람의 질 것은 사실이나 그러는 동안 아희는 시체로 화합니다. 이것이 금일 한국의 사태입니다. 우리는 이 무자비한 사태를 낳게 한 막부莫府(모스크바) 삼상결정을 삼우방三友邦에서 민주주의적으로 취청取淸하든지 불연不然이면 UN에 제의하야 카이로와 포-쓰담에서 선언한 국제공약을 토대로 양심 있는 회의를 열어 죽게 된 한국을 일일一日라도 속히 해방하여 주기 바랍니다.[106]

하지만 독립국가 건설은 지지부진했고 남한의 사회경제적 불안은 날이 갈수록 심각해졌다.[107] 고통스러운 민생은 해결되어야 할 중요한 과제였다. 해방 직후 남한의 경제 사정은 '파국적'이었다.[108] 해방 이후 일제 식민지시대의 재생산 메커니즘이 붕괴하여 물자가 매우 부족했고 미군정의 통화 남발로 고도의 인플레이션이 지속되었다.[109] 혼란한 경제 상황에서 일본제국주의로부터 해방된 기쁨은 잠시 뿐, 가중된 생활고는 민중의 삶을 지속적으로 괴롭혔다.

3) 나는 1943년 6월에 일본 홋카이도로 강제 징용 갔다가 지옥 같은 탄광 굴 속에서 처음 해방 소식을 들었을 때 미칠 듯한 기쁨. 나는 큰 꿈을 품고 고향에 돌아왔더니 현실은 어떻습니까. 팔아서라도 먹을 것이 있을 때는 좋았지요. 이제는 정말 죽을 지경이올시다. 홋카이도에서 같이 돌아온 여러 사람은 도로 일본으로 밀항해 가고 말았습니다. 조선에는 먹고 산다는 사람이 거의 없고 친일파들뿐이지요. 서울 시청에서는 거러지를 시골로 실어 보내고 남은 거러지 떼가 있는 서울거리를 보십시오. 조선에는 거러지가 많다고 합니다. 그러나 이것은 너무나도 피상적으로 본 것입니다. 독립이 필요한 것은 말할 것도 없고 자유니, 해방이니 말로만 외울 것이 아니라, 먹고 살기도 하여야 하지 않겠습니까. 웨드마이어 각하! 이것이 수많은 민중이 부르짖는 호소입니다. 들어주시기를 바랍니다.[110]

일제 식민지시대 대표적 자본가인 박흥식은 웨드마이어에게 남한 경제의 현실에 대한 견해를 적극적으로 제시했다. 그는 당면한 의식주 문제 해결과 장기적인 경제정책이 필요하며, 장기적 경제정책을 위해 경제통제기관을 설치해서 계획경제를 실시해야 한다고 주장했다.[111] 덧붙여 최악의 인플레이션으로 인해 경제가 매우 불안하기 때문에, 계획적인 생필품 생산과 일제시기 있었던 공장의 재가동을 통한 기간산업의 재조직을 주장했다.[112] 또한 그는 고용 문제를 강조했다. 그는 노동자들의 파업으로 인해 경제 회복이 어렵기 때문에 노동법을 한국에 적용하기엔 아직 이르다고 주장했다.[113] 게다가 그는 남한 노동자들의 파업 활동을 공산주의적 행위로 간주했고, 파업을 적극적으로 통제해야 한다고 주장했다.[114]

그러나 웨드마이어에게 전달된 많은 편지는 당시 경제 상황을 박흥식과는 다르게 파악했다.

4) ……첫째, 주지하는 바와 같이 남조선의 경제는 위기에 도달해 있습니다. 모든 생산기관은 모리배들에게 들어가 생산은 두절되고 천정 모르는 물가는 인민의 생활에 극도의 불안을 주고 있습니다. 10여 식구 생활비가 최소한 1만 3천 엔인데 봉급은 2천여 엔에 불과함에 비추어 남조선 인민의 생활을 추측해주십시오. 둘째, 정신적 위협은 테러입니다…….[115]

5) ……악질 군정관리와 모리배의 도량跳梁으로 극도의 생활고에 신음하고 있습니다. 군정 내의 잠입한 과거의 친일파이었던 악질관리들은 모리배와 결탁하야 이권의 부정불하, 적산敵産 공장의 부정관리, 민간배급물자의 부정처분 등, 갖은 악질 행위 감행하야 사리사욕에만 몰입하고 있습니다. 해방 이후 금일까지 악질 군정관리와 모리배의 범죄 사실은 일일이 열거할 수 없을 만치 부지기수이고, 이리하야 공장은 폐쇄되어 생산기관은 수면 상태에 빠지고 실업자는 가두에 범람하며, 농촌은 테로단의 도량으로 황폐되어가고 물가는 천정부지로 폭등하야 인민은 생사의 ○○에서 헤매고 있습니다…….[116]

모리배들의 활개는 경제 사정을 어렵게 하는 주요 요인으로 인식되었다. 한 인사는 폭리 이득의 원천은 바로 적산, 즉 귀속산업체이며, 적산의 부적절한 관리와 그 재고품의 부당한 분배가 경제 혼란을 가중한다고 지적했다.[117] 모리행위는 해방 직후부터 만연했다. 이는 미군정의 취약한 행정력을 틈타 물자 은닉과 매점매석을 통해 초과적인 이윤, 즉 모리를 취하고자 한 상인들의 투기 풍조에서 기인했다.[118] 미군정은 모리행위를 근절하고자 1946년 10월 30일 법령 제19호를 발포하여 "폭리를 취하는 것"을 불법으로 규정했다. 그러나 폭리 기준이 모호했고 미군정의 행정력은 부족했다.[119] 모리행위는 미군정기 내내 지속되었다.[120] 만연한 모리 행위에 더해 체계적이지 못한 배급도 생활고를 가중시켰다.

6) ……둘째, 가정실정입니다. 1개월 월급은 2천여 엔인데 생활비를 대비하면 다음과 같습니다. 식량 배급이 천오백인데 삼분의 이 이상이 보리가루이고 쌀은 1리밖에 안 되므로 조선인에게는 맞지 않는 식량이나마 15일분밖에 안 됩니다. 그러니 15일분은 암시장에서 백미 5승으로 사게 됩니다. 셋째는 전재민戰災民이 고국에 돌아와도 먹고 잘 곳이 없다는 것입니다……[121]

배급 식량이 부족해 암시장에서 식량을 구할 수밖에 없었다. 〈표 2〉에 나타나듯이, 1945~1947년까지 쌀의 암시장 가격은 정부수매가의

〈표 2〉 미군정기 미곡 생산비, 정부 수매가, 암시장가(단위: 180립효 1석石)

	1945. 10. 5	1946 미곡년도	1947 미곡년도
암시장미가 A	750원	6,320원	9,580
정부매입가 B	118원	555원	3,970
생산비	128원	–	–
A/B	6.3	10.5	2.4

출처: 조선은행조사부, 《경제연감》 Ⅲ, 1957, 22~23쪽; 김점숙, 〈미군정과 대한민국 초기 (1945~50년) 물자수급정책 연구〉, 이화여자대학교 박사학위논문, 2000, 90쪽에서 재인용.

최저 2.4배, 최고 10.5배였다. 미곡 정부수매가와 암시장가 사이에 차이가 매우 컸기 때문에 농민들은 추곡수매에 응하는 대신 미곡을 감추고 암시장에 내다 팔았다. 이로 인해 배급미는 미군정기 내내 부족했다.[122]

해방 직후 우익 청년단에서 활동한 인물의 회고에 따르면, 배급 인원을 조작하여 더 많은 배급표를 받고 이를 상인에게 판매하여 자금을 동원했다.[123] 그렇게 관리, 우익 청년단, 모리배는 손을 잡고 사리사욕을 채웠다.[124] 서울에서 배급행정은 원활하지 않았고, 실제로 존재하지 않지만 장부에 등록되어 있는 '유령인구' 문제가 상당했다.[125] 물가고와 만연한 모리 행위는 경제적 혼란을 심화시켰다.[126] 하지만 모리 행위와 부패한 배급행정에 대한 개혁은 요원했다.

> 7) ……나는 남조선의 공장노동자입니다. 공장은 모리배들의 의도적 파괴로 인해서 대부분이 문을 닫고 노동자는 길에서 헤매고 직업이 있다 할지라도 한 달에 불과 2, 3천 엔을 받으니 여하히 생활을 지탱하겠습니까. 죽느냐 사느냐의 길에서 임금을 인상하라 쌀 배급을 해라 요구할 수도 있고 파업할 수도 있는 것이 민주원칙의 뚜렷한 노동자의 기본권리가 아닙니까. 현하 남조선에서는 권력보장은커녕 친일파 테러단들에 야만적 테러를 당하고 있습니다. 세계 어느 나라에서도 볼 수 없는 무법대지가 되고 말았고, 관청에는 탐관오리의 부정사건만 늘어가고……[127]

기본적인 생활을 유지하기 위해 필요한 임금과 쌀을 요구를 제기할 경우 '야만적 테러'를 당할 수 있었다. 이러한 상황은 앞서 살펴본 박

홍식의 주장과 관련이 있다. 임금 인상 요구 및 파업에 대한 박흥식의 대처는 탄압이었다.[128]

8) 1945년 8월 15일 이후 남조선 경제에 대한 민생 상태는 친일파와 모리배의 악질 자본주의 무분별한 개인주의적 태도로 인해 남조선 일대 제 공장, 직장 등은 운영 불능에 떨어지고 실업자는 홍수처럼 거리로 쏟아져 나와 걸인 생활을 할 때, 소위 민주경찰은 가두미화 정리라 하고 거리에서 배가 고파 우는 조선의 불쌍한 주인공들을 트럭에 실어 매일같이 어딘가에 버리고 있습니다. 각하 이것이 민주주의 경찰의 소행입니다. 그나마 목구멍에 풀칠이나 하여보자고 근로자 노동자들은 5, 6인의 가족을 데리고 한 사람도 먹고 살기 힘든 월급 3천 엔 미만을 받으려고 제2의 일본인의 착취 속에 신음하고 있습니다……[129]

위의 편지에서 나타나듯, 생활고 해결을 향한 민중의 호소는 무시되었다. 남한 민중은 착취와 억압의 대상이었다.

이 시기 좌익에 대한 우익단체의 테러는 극에 달했다. 특히, 1947년 5월 미소공위 재개 이후 우익의 대대적인 '반탁 시위'가 전개되는 것과 동시에 우익의 좌익에 대한 테러가 횡행했고 8월 15일을 전후로 정점에 달했다. 다음 사례는 《노력인민》의 직공 김일대가 웨드마이어에게 보낸 편지를 정리한 것이다. 이 편지에서 김일대는 좌익에 대한 우익단체가 행한 테러의 양상을 묘사한다.

9) (1) 1947 7. 18 오후 9시 15분, 정의단이 테러, 파괴

(2) 1947 8. 12 반동반탁테러단 서북청년회원이 밤 11시 20분에 테러

(3) 1947 8. 18 반탁테러단 테러

(4) 1947 8. 19일 오후 6시에 경찰 외 2명이 와서 《노력인민》을 인쇄
하면 죽인다고 위협, 이날 이후 지하로 잠복

(5) 1947 8. 19 종로서에서 와서 불법 검거, 경찰들이 강압적으로 신
문을 발간치 못하게 함[130]

좌익에 대한 공격은 1947년 7월 이후 시작되었고 8월 15일 전후로
집중적으로 전개되었다.[131] 테러는 우익 청년단체뿐만 아니라 경찰에
의해서도 수행되었다.[132] 아래 편지는 테러의 주체인 우익 청년단을
해산하고 경찰에 대한 개혁을 시행해야 한다고 호소한다.

10) 고질적인 테러단, 독청, 광복청년회, 서북청년회, 청총 등 테러단
을 즉시 해산하여 주시오. 좌익이라 하여 집을 접수하며 아버지를
때려 입원가료 중입니다. 저는 어린아이를 데리고 살아갈 길이 아
득합니다. 이승만 김구○○에 테러단을 해산하게 하여주시오……
테러단을 해산하게 하시고 악질경찰관을 지배하는 장택상, 조병옥
을 파면시키어……[133]

우익의 테러는 사절단이 방한한 시점에도 계속되었다. 한 무기명
편지의 말미에는 "테로단이 습격할까 염려되어 주소를 변경"한다고
적음으로써 테러에 대한 공포를 드러냈다.[134] 1947년 들어서자 테러
는 시군市郡 수준에서 그치지 않고 마을 수준에서 자행되었다.[135]

11) ……이 기회를 얻어 각하에게 말하고자 합니다. 어느 날 저녁에 동네 사람들이 한데 몰아서 있으니까 어데선지 '독청獨靑'이란 완장을 찬 청년 오십 명이 트럭을 타고 와서 무조건하고 구타했습니다. 이유는 삐라 붙였다는 것입니다. 우리는 참을 수 없어 대항했습니다. 그랬더니 이네들 테로단은 도망했습니다. 그 후일 전야에서 일하는 우리 농부를 경찰은 무조건하고 트럭에 태워서 유치장에 넣습니다. 현재는 더 심하게 테러단과 경찰은 야합하야 테로·검거를 ○○하고 있으니 우리 농민은 어떻게 살아야 합니까……[136]

그런데 위의 편지 작성자가 청년단들에게 폭력을 당할 구실을 준 그 '삐라'의 내용은 무엇이었을까?

12) 38선 장벽이 형성되어 친척의 생사존멸조차 알지 못하게 되었습니다. 또한 이북으로부터 흘러오는 공산모략으로 파괴 방화 살인 등의 무서운 음모가 침입하여 남조선 각지에 민생생활을 위협하고, 신탁하에 정부를 수립하게 한다는 막부幕府 삼상회의 결정인 신탁이 조선에 유리하다 할지라도 한국 자주독립에 위배되는 조건이므로 군민은 결사 반탁독립○○을 굳게 ○○하고 대한독립촉성회와 청년연맹을 결합하여 경찰과 협력하여 악질공산당을 소청掃淸하여 군내 민심을 안정케 하여 미곡 수집과 하곡 수집을 군정이 정한 기일 내에 완료하고 있습니다.[137]

공산주의자들의 음모로 남한이 혼란하기 때문에 우익 청년단과 경찰이 힘을 합쳐 '악질공산당'을 제거함으로써 미곡 수집을 용이케 한다는 것이다. 여기서 앞의 질문으로 돌아가면, 저 '삐라'는 군정의 미곡 수집을 반대하거나 모스크바 3상회의 결정을 지지하는 내용을 담았을 것이다. 우익단체는 그러한 '삐라'를 소지하거나 배포하려는 자를 '악질공산당'으로 간주하고 그들에게 집단 폭력을 가했을 것이다. 또 "군민은 반탁 독립을 원한다"라는 문구가 주목된다. 1947년 7월경부터 우익 청년단은 지방을 순회했고 반탁 서명을 강요하여 〈반탁결의서〉를 작성했고 서명을 거부한 자를 폭행했다.[138]

편지 12)의 작성자는 자신의 행위를 정당화하기 위해 반공을 내세웠다. 과연 그의 행위는 '악질 공산당'을 제거하는 것이었을까?

> 13) ……또 한 가지 큰 문제는 좌익에 대한 학살과 테러이다. 조선의 좌익은 공산주의자가 아니고 양심적인 애국자의 모임이라 대부분의 사람들이 좌익을 지지하고 우익을 미워하고 있다. 국립경찰은 테러단과 야합하여 법과 질서를 어지럽히고 있다. 반탁 테러단은 좌익 탄압을 경찰로부터 위임받아 무고한 사람들까지 구타하여 죽음에 이르게 하고 있다. 이러한 문제는 결국 군정 당국의 책임이며 미국의 불명예이다. 중국에서 보고 온 것과 같이 이로 인해 민중들은 좌익을 지지하고 조선인의 대부분은 좌익이 될 것이다. 결국 민중들은 미국에 대한 반감을 갖게 될 것이며……[139]

실제로 1947년 8월 15일에 실시된 경찰의 대대적인 좌익 체포에서 체포된 자들은 남로당원만이 아니었다. 우익의 공격은 무차별적으로 전개되었고 좌익 체포에는 경찰의 자의적인 판단이 개입되었다.[140] 편지 13)에 나타나듯, 좌익은 애국자 모임으로 간주되었다. 또한 당시

대표적인 국학자인 정인보는 "조선인은 다른 의견을 가지고 있더라도 조국을 향한 애국심을 바탕으로 놀랍도록 단합하며, 공산주의자들도 일제 치하에서 애국적 민족주의자들과 힘을 합쳤고 그들은 소련에 경도된 것이 아니라 일제를 몰아내기 위해 공산주의자가 되었다"고 했다.[141]

그렇다면 테러 주체인 우익 청년단 및 경찰에 대한 편지 발신자들의 인식은 어떠했을까? 또한 그들은 테러로 인한 사회불안의 근본 원인을 무엇이라고 생각했을까?

14) 우리 민족은 미국민처럼 평화를 사랑하는 민족입니다. 그럼에도 불구하고 남조선의 실정은 도저히 이를 허락지 않고 있습니다. 이는 미군 진주 후 행정기관에 부일附日 협력자와 민족반역자들이 잠입하여 사설단체 또는 자기 자신의 직권기관을 동원하여 백주에 정치요인 암살, 가옥 파괴, 인명 살상, 언론기관 파괴 등 일일이 거론하기도 힘들만큼 무정부 상태입니다. 직장이나 거리에서나 테러 얘기를 하면 언제 죽는지도 모르게 살해당하고 마니 어찌 옳은 정치가 실시된다고 할 수 있겠습니까? 민심은 소란하고 악화하여 해방 후에는 그리도 친미적이든 양심가들이 점점 적어지고 북조선보다 공산주의자가 더 많으니 어찌된 것일까요? 이는 행정기관에서 친일파 민족반역자들을 완전히 몰아내지 않는 까닭이고 불법 탄압과 편파적 정치를 하기 때문입니다.[142]

여전히 행정기관에 남아 있는 '친일파 민족반역자들의 탄압과 편파적인 정치'가 사회불안의 근원으로 지목되었다.

하지만 미군정 당국의 견해는 이와 달랐다. 미군정은 1945년 10월에 승인된 〈삼부조정위원회SWNCC 176/8〉[143]에 따라 행정기관 내 일본인과 한국인 협조자들을 해임했다. 주한미군 공식 사서史書인《주한미군사》에 따르면, 소수 사례를 제외하고 1946년 4월 30일 이전에 모든 친일파는 정부에서 제거되었다.[144] 그러나 행정기관 내 한국인 협조자의 완전한 청산은 지연되었다. 친일파 청산은 유보될 수 있었고, 그것은 행정상 불가피한 것으로 간주되었다. 또한 미군정의 친일파에 대한 인식도 그들에 대한 완전한 청산을 불가능하게 했다. 그들은 "친일파는 무차별적으로 정치적 반대파에게 퍼붓는 비난이 되었다"며 친일파 청산 문제를 당파적인 것으로 인식했다.[145] 또한 남한 내부의 정치적 갈등도 친일 청산을 어렵게 했다. 좌우 갈등 논리는 친일파 청산에도 그대로 적용되었다.

15) ……40년의 일제하에 부일협력자 아닌 사람이 몇이나 있을까. 민전 측에서 친일파 반역자 처단 운운하는 것은 민족적 도의감에서 그러는 것이 아니라 계급독재를 실현하기 위한 수단으로써 자파 세력을 부식하기 위한 것이라는 점을 알려야 한다. 제2차전에 있어서 미국은 파시스트 독, 이伊, 일을 무찌르기 위해 소련과 공동전선을 취했던 것과 같이 조선에 있어서 공산당을 타도하려면 친일파까지도 이용해야 한다……[146]

공산주의에 맞서기 위해서는 친일파와도 손을 잡아야 한다는 것이다. 이는 당시 친일파의 온상으로 간주되던 경찰을 적극적으로 활용해야 한다는 것이었다.[147] 미군정 당국과 우익 인사는 친일파 청산 문제를 당파적인 것으로 간주했으나 민중은 이를 사회혼란의 근원으로 인식하고 하루빨리 친일파 및 민족반역자가 청산되어야 한다고 생각했다.

16) 조선은 해방되었지만, 지금 남조선은 일제가 남기고 간 자손인 친일파 민족반역자들이 일제 이상의 가혹한 방법으로 인민을 탄압하고 있습니다. 남조선 인민은 배가 고파도 감히 배가 고프다고 하지 못하는 것입니다. 배가 고프다고 하면 단번에 감옥으로 끌려가는 것입니다. 각하, 남조선의 공장이란 공장은 모조리 친일파 손에 넘어가고 거기서 일하는 노동자들은 모두 거리로 쫓겨나고 있습니다. 또 농민들은 자기들이 지은 농사를 하나도 남김없이 빼앗기고 있습니다. 이러한 모든 것은 모두 친일파의 탓입니다. 이들은 조선 독립의 유일한 길인 삼상三相 결정을 반탁이라는 애매한 구호로써 방해하고 있으면 삼상 결정을 지지하는 인민을 탄압하고 있습니다. 각하! 조선이 진실로 독립의 길을 찾으려면 사회 각 분야에 뿌리박혀 있는 친일파를 청산하지 않고는 불가능합니다.[148]

지연된 식민잔재 청산은 당시 민중들의 삶을 어렵게 하는 가장 큰 원인으로 지적되었다. 이렇듯 친일파, 민족반역자는 테러와 모리의 주범으로 인식되었다.

6. 웨드마이어보고서, 냉전에 대비한 동북아 정책 지침

미국은 1947년 7월 이후 미소공위 결렬 방침을 정하고 한국 문제를 유엔에 이관하기 위한 조치에 착수했고, 9월 17일 한국 문제는 유엔에 상정되었다.[149] 미국의 정책결정자 집단이 한국 문제의 유엔 이관을 준비하는 동안 웨드마이어는 중국과 한국에서 수합한 자료를 바탕으로 동북아시아 정세를 평가하고 미국의 대처방안을 권고하는 보고서를 작성했다. 이 보고서는 1947년 9월 19일 트루먼 대통령에게 제출되었다.[150] 이 보고서는 남한 현지 상황에 대처하기 위한 미국의 논리를 대변하여 미국 대한정책의 변화를 뒷받침했고, 한국 문제가 유엔에 이관된 이후 미국이 남한에 적용할 구체적인 방침을 예시했다. 미국은 이 보고서를 통해 변화된 대한정책을 추진하기 위한 논리적 근거와 현실적 대비책을 확보했다.

먼저 웨드마이어는 동북아시아 안보 차원에서 중국과 남한에 대한 적극적인 "도덕적·물질적 지원과 고문顧問 제공"을 제안했다. 그는 미국의 세계전략을 염두에 두고 동북아시아에서 소련의 남진과 팽창을 저지할 수 있는 효과적 대안을 찾기 위한 목적으로 이 보고서를 작성했다.[151]

웨드마이어는 공산주의 확산과 침투를 저지하고 이 지역 정치체가 소련 위성국으로 전락하는 것을 방지할 수 있도록 세계적 차원의 정치적·경제적·심리적 계획에 따라 원조의 종류·양·제공 시점이 결정되어야 한다고 서술했다. 중국 국민당 정부와 남한에 "도덕적 지원과 물질적 원조"를 제공해야 하지만 물질적 원조는 미국인들의 철저한 감독 아래 있어야 했다.[152] 그는 남한 정세에 대해 "미국이 경제 지원을 중지한다면 미군 점령 지역 내에 소요와 무질서가 만연할" 것이고, 미군이 한반도에서 철수한다면 소련이나 북한 군대가 남하하여 전 한 반도에 소련 위성국가가 수립될 것이라고 전망했다. 그러한 상황이 벌어진다면 "아시아에서 미국의 도덕적 위신이 실추되고, 일본에 악 영향을 줄 것이며, 소련에게 막대한 이득을 줄 것"이었다. 따라서 그 는 소련이 직간접적으로 한반도 전체를 지배하여 군사기지로 이용하 는 것을 저지하기 위해 38선 이남에 반공 정부를 수립해야 한다고 건 의했다.[153] 반공 정권의 적임자는 우익이었다. 웨드마이어는 "우익단 체가 남한에서 가장 잘 조직된 조직"이기 때문에 "선거가 실시된다면 그들이 승리할 것"이라고 판단했다.[154] 그는 수립될 반공 정부가 한국 인민의 자유의사를 충분히 대표하지 못할 것이지만[155] 그 외에는 대안 이 없다고 생각했다.

그는 미군정이 제안한 경제부흥계획에는 부정적이었고, 구호가 더 욱 현실적이라고 생각했다. 그는 구호를 위해 최소한 연간 1억 5,000 만 달러가 필요하다고 건의했다.[156] 이 액수는 1948년 회계연도의 원 조액보다 6,000만 달러가 많은 것이었다. 향후 수립될 남한 정부가 내 부적 요인으로 인해 붕괴되지 않도록 미국이 경제적 조치를 취해야 한다는 것이었다.

군사적으로 웨드마이어는 원조 확대가 필요하다고 생각했다. 그는 소련의 침략을 제외한 모든 상황에서 질서를 유지할 수 있는 수준으 로 남한과 미국의 병력을 증강해, 공산주의자와 북한 군대가 대량 침 투할 경우 격퇴할 수 있도록 준비해야 한다고 주장했다.[157] 이를 위해 그는 남한 경비대에 조직, 훈련, 장비를 제공하고 이를 강력한 군대로 육성할 것을 제안했다. 또한 궁극적으로 한국인들이 지휘하게 될지라

도 처음에는 이 군대를 미국인 지휘관 휘하에 둘 것을 건의했다.[158]

보고서에는 주한미군정 당국자들의 견해가 대폭 반영되었다. 통일 민족국가를 건설하고자 노력한 남한 제 정치세력의 견해는 대소對蘇 대결 논리가 심화되자 철저히 무시되었다. 그 결과 선택된 것은 이승만 중심의 우익이었다. 이러한 미군정 당국자의 생각은 웨드마이어 보고서를 통해 트루먼 대통령에게 전달되었다.

보고서는 작성 당시에는 공개되지 않았다. 미국 내 친장제스 세력은 보고서를 공개하라고 압박했지만 미국 정부는 공개를 거절했다.[159] 미국은 중국 문제가 민감했기 때문에 이 보고서를 공개하지 않았다.[160] 중국 문제 못지않게 보고서의 한국 관련 내용은 미국 대한정책과 관련하여 불편한 진실을 담았다. 웨드마이어는 우익 주도로 수립될 정부가 남한 민중의 의사를 대변할 수 없을 것이라는 점을 인지하면서도 그들을 남한 반공 정부의 대표자로 선택해야 한다고 제언했다. 이는 '비민주적인' 우익이 통제하는 남한 정부를 미국이 지원한다고 시인하는 것이었다.

웨드마이어보고서의 한국 부분은 트루먼 대통령이 맥아더 장군을 해임한 직후 미국 의회가 그 배경을 조사하는 과정에서 처음으로 공개되었다. 1951년 5월 초 상원 군사외교위원회는 국무부의 승인을 받아 웨드마이어보고서의 한국 편을 발간했다.[161] 하지만 우익이 민중 의사를 대변하지 못한다는 부분은 삭제되었다.[162] 그 부분은《미국 대외정책Foreign Relations of the United States》1947년 편이 간행된 1972년에 가서야 공개되었다.[163] • 정무용

3장

웨드마이어 장군 전상서
-네 지식인이 논한 1947년 8월의 시국과 그 타개책

1. 트루만 대통령 특사 웨드마이어 장군의 방한

1947년 여름, 웨드마이어 장군이 트루만 미국 대통령 특사로 중국과 남한을 방문했다. 웨드마이어 장군이 중국과 남한을 방문한 1947년 8~9월은 미국의 대한정책이나 한국 사회 모두에 중요한 전환점이었다.

이 시기는 미국이 대중對中·대한정책 전반을 재검토하고 새로운 대응책을 모색하던 시점이었다. 중국에서는 국부군이 국공國共 내전에서 패배를 거듭하고, 국민당 정부의 부패와 무능이 드러나면서 장제스의 국민당 정부는 점차 대중적 지지를 잃어갔다. 미국은 국민당 정부에 대한 군사·경제원조를 확대해야 할지 심각한 고민에 빠졌다. 또 한반도와 관련해서는 2차 미소공동위원회가 재차 교착 상태에 빠지면서 미국은 국면 전환을 모색하기 시작했다. 이에 따라 워싱턴의 대한정책 담당자들과 남한 현지의 점령군 당국은 정책 변화를 추구하며 분주하게 움직였다.

웨드마이어사절단은 워싱턴의 정책입안자들을 대신해서 중국과 남한의 현지사정을 조사하고, 나아가 그들과 현지 점령군 당국 사이의 견해를 조율하는 역할을 했다. 미국의 대중·대한정책 변화와 관련하여 웨드마이어사절단은 중요한 의미를 가졌기에, 사절단의 구성 시점부터 귀환 뒤 최종 보고서를 제출할 때까지 미국 국내는 물론 중국, 남한에서도 정계와 여론의 각별한 주목을 받았다.[1]

다른 한편으로 이 시기는 미소공위美蘇共委가 교착에 빠지고, 이승만과 한민당의 단정單政수립운동이 노골적으로 전개되는 상황에서 한국 사회 내부적으로도 신국가건설운동에 대한 전반적 평가나 새로운 방향 모색이 절실한 시점이었다. 이미 해방된 지 2년이 지나, 지식인의 입장에서 이 시기를 객관적으로 평가하고 정리할 수 있는 계기를 부여하기에 충분한 시간이있다. 과연 이 시기 지식인들은 냉전적 대립이 격화하는 과정에서 미·소의 남북한 분할 점령이 초래한 변화를 어떻게 보았고, 또 그 문제점들을 어떻게 타개하려고 했을까?

웨드마이어 장군은 중국 방문을 마치고 1947년 8월 26일 서울에 도착해서 9월 6일까지 11박 12일 간 한국에 머물렀다. 웨드마이어는 남한에 체류하는 동안 한국인들의 의견을 널리 청취한다는 취지로 한국인들에게 서한으로 의견을 보내줄 것을 신문과 방송을 통해 홍보했다. 이에 호응해 많은 한국인들이 그에게 편지를 보냈고, 그 편지들이 미국 국립문서관《웨드마이어사절단 문서철》(이하 문서철)에 고스란히 남아 있다.[2] 발신인은 이승만·김구·김성수·이시영 등 저명한 정치인부터 김연수·박흥식과 같은 경제인, 안재홍 등 군정 관리들, 이선근·설의식 등 언론인까지 다양했는데, 보통사람들이 가장 많았다.

그 편지들 가운데 당대를 대표한다고 할 수 있는 지식인들의 편지 몇 통이 특히 눈길을 끈다. 필자가 주목한 것은 정인보鄭寅普, 강용흘姜鏞訖, 오기영吳基永, 신남철申南哲 네 지식인의 편지다. 세 건은 서한 형식을 취했고, 한 건은 보고서 형식을 취했으며, 그 내용은 시국담 또는 시무책時務策이었다. 이 글은 그들의 편지 내용을 소개하면서 그들의 인식이나 활동과 함께 분석함으로써 그 편지들이 함축한 역사적 의미를 반추하려고 한다.

문서철이 소장한 450여 통 가량의 한국인 편지들 가운데 유독 그들이 쓴 편지에 주목한 이유는 네 지식인이 '점령'이라는 상황, 또는 '해방 공간'의 역사적 의미를 정치가의 주관적 정세 판단과 정파적 이해타산, 일상에 매몰된 보통사람들의 즉자적 반응과는 다른 차원에서, 보다 객관적이고 전체적으로 전해줄 수 있지 않을까 하는 기대 때문이다. 사실 각자의 이력이나 독특한 개성만으로도 네 사람의 편지는 흥미를 불러일으키기에 충분하다. 굳이 분류하자면 네 사람은 식민지기와 해방 이후를 관통해서 각각 문사철文史哲과 언론을 대표하는 지성인들이었고, 사상적 지향에서도 민족주의, 자유주의, 그리고 맑스주의에 이르기까지 해방 직후의 사상적·이념적 스펙트럼의 어느 한 부분을 대표할 만하다. 그리고 해방 직후에는 학자이자 정치가, 문인이자 관리, 교수이자 이론가, 경제인이자 정치평론가로 각자의 영역에서 활발하게 활동했다.

네 지식인은 해방 공간에서 각자 뚜렷한 주관을 가지고 행동했지만 동시에 그들은 자신의 상황구속성을 객관화할 수 있는 능력을 가졌고, 그러한 속성은 그들의 편지에 잘 나타난다. 그들은 서로 다른 삶의 궤적에도 불구하고 일정한 공통의 지향과 소망을 지닌 채 해방을 맞았다. 그러나 미국과 소련의 분할 점령이라는 현실은 그들을 서로 다른 정치적 자장磁場 위에 올려놓았다. 그렇다면 이러한 서로 다른 자장은 그들의 현실 인식과 진단에 어떻게 투영되었을까? 또 그들은 그 자장을 어떻게 헤쳐나갔을까? 그들의 편지에 나타난 인식의 공통점과 차이점은 무엇이었고, 그것이 의미하는 바는 무엇인가? 네 통의 편지는 격동의 시대를 살았던 지식인들의 동시대 증언이자 실천적 고뇌의 산물로 보아도 무방할 것이고, 어쩌면 '해방 직후'라는 시대 상황에 대한 그 시기 지식인의 고투를 보여주는 하나의 전형으로 볼 수 있지 않을까?

이 시기 지성사 연구가 지식인 개인에 대한 연대기적 분석이나 그들이 남긴 지적 산물에 대한 텍스트 분석의 영역을 크게 벗어나지 못하고 있는 상황에서 편지라는 에고ego 도큐먼트를 통해 그들의 현실 인식과 존재구속성을 밝히고, 또 당시의 정치사회적 맥락에서 파악하려는 시도는 나름대로 의미가 있을 것이다.[3]

2. 정인보, 오기영, 강용흘, 신남철의 해방 전후

편지 내용을 살펴보기 전에 네 지식인이 겪은 해방 전후를 먼저 간추려보자.

위당爲堂 정인보鄭寅普는 몰락 경반京班 출신이다. 그의 집안은 외숙 서병수徐丙壽, 양모 경주 이 씨와의 관계로 이회영, 이시영의 형인 이석영李石榮 일가와는 어릴 때부터 가까운 사이였다. 그는 18세인 1910년 강화학파의 일원인 난곡蘭谷 이건방李建芳의 제자가 되었다. 이건방문하에서 양명학과 실학자에 대한 연구를 심화시키는 한편 20세 전후에 만주 등 해외를 다니며 방향을 모색했다. 이때 벌써 한문학 대가란 명성을 들었다. 그 무렵 벽초 홍명희와 교우관계를 맺었다. 1913년 상하이를 다녀왔고, 동제사同濟社에 가입했으며, 김택영金澤榮, 신규식申圭植, 김규식金奎植, 신채호申采浩, 박은식朴殷植, 조소앙趙素昻, 문일평文一平 등과 교류했다. 1913년 상처한 후 곧 재혼하여 아들딸을 낳아 가정적으로도 안정이 되었고, 공부에 전념할 수 있었다.[4]

정인보는 1923년 31세의 나이로 연희전문학교 전임교수가 되었다. 연전延專에서는 주로 한문학을 강의했다. 정규 교육 과정을 거치지 않았음에도 연전 교수가 될 수 있었던 것은 한문학 대가라는 명성 때문이었다. 그가 1920년대 후반부터 시작한 조선 후기 실학자들에 대한 발굴 작업은 1929년《성호새설》교열, 1931년《조선고전해제》간행으로 이어졌다. 특히 1934년 다산 서거 99주기를 맞아《여유당전서》1권이 출간된 것을 계기로 조선학운동을 일으키게 된다. 연전 시절에 그는 단재丹齋와 한말 이래의 사서를 통해서, 또 백남운白南雲과의 교우를 통해서 역사 연구를 진행했고, 1935년 1월 1일부터 1936년 8월 28일까지 동아일보에 〈5천 년간 조선의 얼〉을 연재했는데 이것은 해방 후《조선사연구 상·하》로 간행되었으며, 그의 사상을 잘 보여준다. 그는 또 이 시기에 각종 여행기, 해제, 서문, 비문, 시조 등을《동아일보》,《조선일보》와《개벽》,《동명》,《신동아》등의 잡지에 기고했다. 1938년부터 일어로만 강의를 하게 하자 1937년에 연전을 사직하고 두문불출했다. 1940년 경기도 양주군 노해면 창동으로 이사하여 은둔생활을 계속했고, 53세 때인 1945년에는 다시 전북 익산군 황화면 중기리 윤석오가尹錫五家로 은거했다.[5]

해방 직후 정인보는 그가 원하든 원치 않든 다양한 정치·사회 활동에 연루되었다. 학계에서의 명성으로 인해 여러 정당·사회단체는 앞다투어 그를 고문, 평의원 등으로 추대했다. 1945년 8월 31일 개최된 조선재외전재동포구제회 창립총회에서 김준연金俊淵, 김도연金度演, 고황경高凰京 등과 함께 평의원에 선출됐고, 1945년 9월 9일 개최된 고려청년당 창립총회에서는 고문으로 추대됐다. 1945년 10월에 결성된 순국의열사봉건회에서는 혁명열사급선열전기 편찬위원이 되었다.[6] 1945년 11월 초에 구성된 임시정부 영수 환국 전국환영회 영접부에 여운형, 조만식, 홍명희, 안재홍 등과 함께 이름을 올렸다. 1945년 11월 미 군정청이 조직한 조선교육심의회에는 교육이념위원으로 참여했다. 또 1945년 12월 23일 서울운동장에서 거행한 순국선열추념대회에 참여해서 김구 임시정부 주석의 추념문을 대독했다. 그의 딸 정양완의 회고에 의하면 1945년 11월 22일 자 〈임시정부 환국 봉영사奉迎辭〉와 1946년 3월 1일 발표한 〈순국선열추도문〉은 광복 이후 그가 처음 정성을 다 기울여 지은 명문이다.[7]

그는 해방 이후 정치에도 참여하는데 임정 환국 후에는 대체로 임정계열과 행동을 같이했다. 임정세력의 주도로 1945년 연말에 결성된 신탁통치반대 국민총동원위원회 중앙위원으로 선임된 것을 시작으로 1946년 2월에는 비상국민회의 헌법수정위원회의 분과위원으로 선임되었고, 우익 정치세력의 대표기관으로서 미군정 자문기구 역할을 한 남조선대한국민대표민주의원 의원으로 뽑혔다.[8] 또 1946년 9월 우익세력의 통합기관을 자처한 대한독립촉성국민회 부위원장으로 선임되는데 이때 위원장은 임정계열의 조성환曺成煥이었다. 그러나 정인보는 독촉국민회 부위원장으로 취임한 지 두 달도 되지 않아 1946

년 11월 2일 돌연 정계 은퇴를 발표하고, 민주의원과 독촉국민회 부위원장을 사퇴했다.[9] 그는 학계 대표라는 명망으로 인해 각종 정치단체에도 이름을 올렸으나 그리 적극적으로 활동하지 않은 것으로 보인다. 1946년 3월에 전조선문필가협회장으로도 선임되었고, 정계 은퇴 직후인 1946년 11월 14일 국학대 학장에 취임했다. 1947년 6월에는 문협文協과 아무 관계도 없다는 성명을 발표했다.[10]

정부 수립 이후 그는 감찰위원장으로 임명되어 국학대학장을 사임했다. 그가 감찰위원장으로 나간 것은 이시영李始榮 부통령의 부탁이 있었기 때문이라고 한다. 이시영의 형인 이석영 일가와 그의 집안은 세교로 맺어져 있었기에, 감찰위원장직 수락을 비롯하여 해방 이후 자신의 정치 활동을 이시영에 대한 정치적 지원 또는 국민운동의 일환으로 생각했다는 것이다. 감찰위원장으로 남긴 글은 〈사령私令을 배제하고 공령준행公令遵行의 관기官紀를 세우자〉라는 한 편의 글이 있을 뿐이고, 이 시기에 그는 묘비문, 기념비 제작에 힘썼다. 57세인 1949년 7월 상공부사건을 감사하다가 임영신 상공부장관과 싸우고는 사표를 던지고 나왔다.[11]

정인보가 해방 직후 가장 공을 들였던 것은 순국선열 추모사업, 사상·의식 측면의 일제 잔재 청산 작업이었다. 그가 웨드마이어 장군에게 편지를 보낸 1947년 8월 하순에 모든 정치·사회단체로부터 물러나 국학대학장으로서 교육과 문화 사업에 전념했다.

오기영은 1909년 4월 13일 황해도 배천군 배천읍에서 태어났다. 11세 때인 1919년 3월 30일 배천읍 장날 만세 시위에서 주모자의 한 사람이었던 부친이 일경에 의해 체포되었다. 그는 12월경 창동학교 동급생들과 함께 장날 시위를 모방한 만세 시위를 일으켜서 헌병분견대에 잡혀가기도 했다. 1921년 배재고보에 입학했으나 파산지경에 이른 부친이 황무지를 개간하여 과수원을 경영하기 시작하자 학교를 중퇴하고 형과 함께 부친을 돕는 한편 마을에서 소년회를 조직했다.[12]

오기영은 20세인 1928년 《동아일보》 평양지국 사회부 기자로 입사해서 기자생활을 시작했다. 1929년 10월 평양에서 수양동우회에 입단했다. 1930년 2월 《동아일보》 편집국 학예부로 발령을 받아 서울로 거처를 옮겼다. 그는 29세인 1937년 6월 11일 수양동우회사건으로 검거되었다가 7월 10일 기소유예로 석방되었다. 11월에 수양동우회사건의 여파로 10여 년 동안 재직하던 《동아일보》에서 강제 퇴사당했다. 1938년 3월 10일 도산 안창호의 임종을 지켰다. 도산이 서대문형무소에서 병보석으로 출소하여 5개월 뒤 경성제대 병원에서 임종할 때까지 곁에서 간호했다. 해방 후 잡지 《동광》에 〈도산의 최후〉를 증언했다.[13] 그해 5월 동아일보사에 사회부 사원으로 재입사했다가 다시 퇴사했다. 8월에 《조선일보》에 사회부 기자로 들어갔다. 해방 직전인 1944년에는 화신상사에서 근무했다.[14]

37세에 해방을 맞이했고, 10월 경성전기주식회사京電에 입사하여 1947년 6월까지 초대 인사과장, 초대 총무부장, 2대 감리과장, 초대 업무부장으로 근무했다. 40세인 1948년 4월 남북정치협상을 성원하는 〈문화인 108인 성명〉에 서명했다. 1948년 6월 30일 경전 파업의 책임을 지고 33개월간 근무했던 경전에서 사직했다. 1949년 초에 월북했다. 아마 더 이상 남한에서 활동할 수 없다고 판단했던 것 같다.[15]

그는 해방 직후 주위 동료나 많은 사람의 기대에도 불구하고 신문인의 직업을 가지지 않고 "일인日人의 손에 파괴되어 황폐해진 생산 부문의 재건을 위하여 일졸오—卒伍로서 정신挺身해볼 의욕에 불타" 일—
회사의 '병졸'로 나섰다. 그가 경전에 들어간 데에는 경전 사장 대리
로 취임한 이태환李泰煥의 권유도 작용했겠지만 귀속사업체 운영 참여
를 통해서 황폐해진 생산 부문을 재건하겠다는 그 나름의 충정과 의
욕이 한몫했다. 이태환은 같은 홍사단 단우로 그와 친밀한 사이였다
고 한다.[16] 1946년 3월 경전은 솔선하여 급사에 이르기까지 7,000여
종업원을 전부 보험에 가입시키고 이를 회사 경비로 지출했다. 사장
직무를 맡았던 미군정관 윌슨 대위가 물러나고 사장대리로 일하던 이
태환이 사장으로 부임한 직후 일어난 일로 그가 총무부장 재직 시 일
이었다.[17] 그는 종업원의 복지를 위해서 노력했고, 점차 악화되는 경
영 조건 속에서도 합리적 경영을 통해서 산업 복구와 경제 재건에 열
과 성을 다했다. 그러나 그런 그에게 양극화된 정치적 현실이 돌려준
것은 인민재판과 민족적 모욕이었다. 그는 경전 재직 시절 사장과 사
동의 동등한 대우를 요구하는 좌익 노조원들로부터 인민재판을 받았
고, 우익 노조원들로부터는 좌익으로 몰려 경찰·검찰뿐 아니라 미군
에게까지 심문을 받으며 "민족적으로 비상한 모욕"을 느끼게 된다.[18]

그는 언론인으로 본격적으로 활동하지 않았지만 결국 투필投筆에 실
패하고 신문, 잡지에 두루 평론과 수필을 기고했다. "신문, 잡지의 편집
자로부터 이따금 보내는 호의의 강요를 물리치기도 어려웠고, 또 혼란
한 정계와 동포상잔을 목도하면서 도탄에 우는 인민의 일원으로서 잠
을 이루기 어려웠기 때문"이었다. 또 "기왕 투필에 실패한 바에는 차라
리 기회 있는 때마다 오직 건국 도정에 제회際會한 골육의 지정至情으로
좌에도 우에도 비판과 충고를 보내는 것이 필요하다고 생각했기" 때문
이다.[19] 그는 기회 있을 때마다 《서울신문》, 《경향신문》, 《새한민보》,

《한성일보》 등의 신문과 《신천지》, 《민성》 등의 잡지에 평론과 수필을 기고했고, 이를 《민족의 비원》(서울신문사, 1947), 《자유조국을 위하여》(성각사, 1948), 《삼면불》(성각사, 1948) 세 권의 책으로 출간했다.

한 평자는 그의 평론집 《민족의 비원》에 대해 "해방 전후를 통해서 저자는 항상 민족을 찾았고, 또 그 민족의 웅휘한 발전과 그가 지녀온 문화와 역사를 애틋이 육성하려고 애쓴 것을 그의 문장 속에서 언제나 발견할 수 있고, 민족과 또 그 민족의 문화와 역사를 바로 찾고자 하는 그의 사상의 집대성"이라고 평했다. 또 "종교를 배경으로 한 가정에 태어났고 한동안 왜정하의 사나운 세례와 불의 시련을 옥중에서 겪은 그러한 경력을 통해서 솔직한 가식이 없는 철학적인 인생관을 피력했다"고 평가했다.[20] 이 서평도 지적했듯이 그의 해방 이후 사회비평 활동의 핵심은 이성의 회복을 통한 민족역량의 총결집이었다. 또 그는 이성을 통한 투철한 현실 인식의 확보만이 정치와 이념의 소승적 다툼을 넘어 민족의 생존을 도모하는 유일한 길이라고 생각했다.[21]

강용흘은 1903년 음력 5월 10일에 함경남도 흥원군 운학면 선양리에서 태어났다.[22] 그는 몰락한 잔반 출신의 유학자 집안 소생이었던 것으로 보인다. 어려서부터 국문과 한문 고전에 뛰어난 재능을 보였고, 사서삼경은 말할 것도 없고 《고문진보》 같은 책을 줄줄 외워 신동 소리를 들었다. 그는 미국에 체류 중일 때도 셰익스피어의 작품이나 중국 한시를 줄줄 외워서 주위를 놀라게 한 대단한 기억력의 소유자였다.[23] 그는 1918년 함흥에 있는 영생중학교를 졸업했다. 1919년 초 서울로 올라와 호레이스 G. 언더우드 여사가 영국 작가 존 번연의 《천로역정》을 번역하는 일을 도와주었다. 이 무렵 틈틈이 윌리엄 셰익스

피어의 시를 비롯하여 존 키츠와 로버트 브라우닝 같은 영국 낭만주의와 빅토리아 시대 시인들의 작품을 우리말과 중국어로 번역했다. 그는 번역 일을 도와주면서 종로에 있는 기독교청년회관에서 영어강습을 받았고, 3·1운동 당시에는 군중의 선두에 서서 만세를 부르며 종로 거리를 행진했다. 3·1운동 이후 그는 영생중학교 교장인 루서 L. 영 선교사의 귀국 길에 하인 자격으로 동행하여 미국으로 건너갔다.[24]

1931년 《초당The Grass Roof》을 발표하여 미국 문단뿐만 아니라 전 세계적으로 관심을 받았다. 이 책은 자전적 소설로서 3·1운동의 실상을 구미사회에 널리 알리는 역할도 했다. 아시아 사람으로는 처음으로 구겐하임재단의 펠로우십을 받았고, 이 창작기금으로 1933년부터 1935년까지 2년간 로마와 뮌헨에 머물며 집필 활동을 했다. 1929년부터 뉴욕대학교 비교문학과에서 강사 자격으로 강의를 시작했다. 1928년에는 《브리태니커 백과사전》의 제14판 편집 일에 고용되어 아시아의 풍물과 예술, 문학에 대한 글을 집필하고 편집했다. 이 시기에 동양의 시를 틈틈이 번역하여 《동양 시집Oriental Poetry》(1929)이라는 번역 시집을 내기도 했다. 1937년에는 《초당》의 후속편이라고 할 만한 《동양사람 서양에 가다East Goes West》를 출간했으며, 이해에 뉴욕대학교 호프스트라대학 비교문학과 조교수가 되었다.[25]

그를 아는 많은 사람들이 그를 시정詩情 넘치는 기인으로 기억하는 데에서 알 수 있듯이 그는 재사이자 문필가였고, 동서양의 시와 문화에 대한 해박한 지식에 기초해서 한국은 물론 중국, 일본의 문화와 예술을 미국 사회에 알리는 데 큰 역할을 했다. 그는 그의 문학적 감수성과 창작 열정이 잘 반영된 《초당》과 《동양사람 서양에 가다》를 통해서 미국 문단으로부터 그 문학성을 인정받은 최초의 아시아계 작가가

되었다. 강용흘의 《초당》은 한국 문단에서도 큰 주목을 받았다.[26]

강용흘은 1946년 8월 15일 미군 수송선 씨스타호를 타고 인천항으로 귀국했다. 장리욱, 문장욱, 김활란 등도 그와 같은 배를 타고 들어왔다. 그는 귀국한 지 닷새 만인 8월 19일 기자들과 만난 자리에서 "미국 육군부 파견원으로 촉탁을 받아 귀국했고, 약 1년 동안 머물 계획이며, 조선의 문학을 미국에 소개하기를 나의 책무로 알고 있다"는 취지로 발언했다. 이 자리에서 "정치가는 밋지 못하나 문인만은 미들수가 있다"든지, "정치에 대하야서는 문외한일뿐더러 말하고 싶지도 않다"고 발언한 것에서 알 수 있듯이 그는 자신의 귀국에 대한 정치적 의미 부여를 피했다. 그의 귀국 경위는 자세히 알려져 있지 않으나 그가 귀국한 뒤 미군정청 공보부에서 일했던 점을 감안한다면 그의 얘기대로 미국 육군부가 그를 미군정 공보 업무에 기용하기 위해서 임시로 고용했던 것으로 보인다.[27]

귀국 이후 강용흘은 귀국을 환영하는 문학좌담회에 참여하는 등 자신의 문명文名을 이용해 문화계 인사들과 광범하게 교류했다. 또 애국문화사의 고문으로 취임하는 등 계몽운동에도 참여했다.[28] 공식 직함은 미군정청 공보부 출판과장이었으나 그는 공보부 여론과에서 일하며 남한 사회의 여론을 일상적으로 접할 수 있었다. 미군정청 공보부 여론과는 당시 남한 사회의 여론 동향을 가장 체계적으로 수집, 정리한 곳의 하나였다. 강용흘의 보고서는 그가 이곳에서 일하며 접한 민심, 남한 지식인들과 교유하며 얻은 정보에 입각해서 작성된 셈이다.

신남철은 1907년 경기도 양평에서 태어났다. 아버지는 대한제국 관리였다. 그는 중앙고등보통학교를 거쳐 1926년 경성제국대학 예과 3

회로 입학했다. 동기생으로는 최재서, 현영남(현영섭) 등이 있다. 1928
년 경성제대 학부로 진학했고 철학과에 적을 두었다. 1931년 졸업과
동시에 대학원에 진학하면서 경성제대 문학부 조수로 남아 근무
(1931~32)했다. 이 당시 조선사회사정연구소 회원이 되어 미야케三宅
鹿之助 교수 밑에서 맑스 경제학과 맑시즘을 연구했다.[29]

　그는 경성제대 출신이 중심이 되어 간행된《신흥》과 경성제대 출신
자와 일본 및 구미 유학생 등을 망라한 식민지 조선의 엘리트 철학도
들로 구성된 철학연구회의《철학》에 많은 글을 발표했다. 그가 편집
을 주도한《신흥》7집 편집 후기에서 그는 "양두구육의 시정 잡지"와
《신흥》을 비교하여 "당면한 현실적 제 문제에 대한 과학적 연구에서
그 체계적 해명을 임무로 하는《신흥》이 진정한 학술적 논문의 발표
기관을 가지지 못한 조선에서 과학비판의 주체적 원천이 되고자 하며
그것이 우리의 양심"이라고 표명했다. 이처럼《신흥》에는 본격적인
아카데미즘의 세례를 받은 존재로 자신을 여타 조선 지식인과 구별하
고, 동시에 일본어 학술로 대변되는 일본제국의 학문과도 분리하려는
자의식이 표현되어 있다. 한마디로《신흥》의 학문적 정체성을 구성하
는 주요 배경은 경성제대 출신이라는 자부심과 맑스주의를 매개로 한
연대의식이었다.[30]

　그는 철학을 넘어서 새로운 조선 연구방법론의 탐구로 나아갔다.
1930년대에 들어 정인보, 안재홍을 중심으로 한 비타협적인 민족주의
진영의 '조선학운동'이 등장하여 일본제국의 식민지학을 비판하고 나
섰다. 다른 한편으로 백남운, 신남철을 중심으로 하는 맑스주의 진영
은 '비판적 조선학–과학적 조선 연구'를 제기하며 제국주의 식민학과
민족주의 진영 조선학의 관념성과 특수성론을 모두 비판했다. 신남철

은 백남운의 과학적 조선 연구방법에 의거한 비판적 조선학의 진흥에 동조하면서 조선학 수립을 위한 세 개의 방법론을 제시했다. 그는 (1) '조선학 수립'의 문제는 사회적 구체적 연관성 안에서 그 해결 가능성을 발견할 것, (2) 학문적 연구와 함께 전망을 제공하고 동시에 사회적 제 운동과 밀접하게 관계하는 사회적 실천을 내포하고 있을 것, (3) 문헌적·훈고적·고증적 연구도 필요하지만, 무엇보다도 조선의 사회적·문제사적 연구를 조선 연구의 주제로 할 것, 이 세 가지를 통일적으로 고찰할 때 '조선학'은 새롭게 출발할 것이라고 주장했다.[31]

해방이 되자 신남철은 일제 식민지기의 이론적·실천적 활동과 인맥을 기초로 적극적으로 활동했다. 식민지기 이래 백남운과 이론적 연대를 감안한다면 능히 짐작할 수 있는 일이지만 그는 해방 이후 백남운과 같은 길을 걸었다. 1946년 2월 9일 제1회 조선문학자대회 특별 보고문으로 발표한 〈민주주의와 휴머니즘−조선사상문화의 당면 정세와 그것의 금후의 방향에 대하여〉라는 글에서 '진보적 민주주의 혁명단계'라는 남로당과 일견 공통되는 노선을 제기했지만 남로당보다 더 유연한 좌우합작 노선과 중도파적 입장을 견지했으며, 모택동의 '신민주주의론'을 소개, 원용하며 백남운의 연합성 신민주주의 노선에 공명했다. 그는 당파성을 강조하면서 좌우합작을 기회주의로 몰아붙였던 박헌영과 남로당 노선에 대해서는 비판적이었고, 정치적 신념과 교육이념의 측면에서 교조적 맑스주의와 거리를 두었다. 그는 합리주의적이고 유연한 사고에 기반을 두고 민족국가 수립을 위한 진보적 이념을 지향했다.[32]

해방 후 그의 활동의 가장 중요한 축은 조선학술원과 조선과학자동맹 설립을 주도한 데서 나타나듯이 학계·문화계의 조직화와 신생 국가의 아카데미즘을 확립하려는 노력이었다. 이미 식민지기부터 조선 독자의 학술아카데미를 구성하려는 노력이 백남운 중심의 '중앙아카데미' 창설운동으로 구상된 바 있지만, 그러한 흐름은 해방 직후 바로 결실을 맺게 된다.[33] 1946년 8월 16일 재경인사들을 중심으로 YMCA에서 조선학술원 설립 준비회의를 열었고, 설립준비위원으로 백남운, 신남철 등 17명이 선정되었다. 같은 날 저녁 경성공전에서 조선학술원 설립총회를 개최하여 조선학술원을 창립했다. 백남운이 위원장으로, 신남철이 조직부위원으로 선임되었다. 인문학자, 사회과학자, 자연과학자를 모두 망라한 조선학술원은 불편부당한 민립 아카데미로 출발했지만 이후 정세 변화에 따라 구성원들이 정치적 견해를 달리하게 되면서 무력화되어갔다. 이에 신남철은 자신의 정치적 입장을 명확히 하면서 새로운 과학자 모임을 역설하고, 조선과학자동맹의 결성에 주도적인 역할을 하게 된다.[34] 그는 조선학술원 대표로 민주주의민족전선의 중앙위원, 교육문화대책위원, 지방선거대책위원 등으로 활동했고, 조선문화단체총연맹에도 학술원 대표로 참가했다.

해방 이후 신남철의 활동에서 짚고 넘어가야 할 것 중의 하나가 〈국립 서울종합대학안〉(이하 〈국대안〉)을 둘러싼 논쟁이다. 그는 서울대학교 사범대학 교수로 있으면서 〈국대안〉을 적극적으로 비판했다. 최근의 〈국대안〉 논쟁에 관한 연구들이 강조하듯이 〈국대안〉 비판을 좌우파의 이데올로기 대립과 결부시켜 사고하는 것은 냉전체제 수립 이후의 이념 대립을 해방 직후로 역투사하는 것이다. 당시 비판의 핵심은 〈국대안〉 수립 과정에서 미군정 관료들에 의한 일방적 기안의 비민주성이었다.[35] 신남철 역시 〈국대안〉의 비민주성을 포괄적으로 비판하며 새로운 민족국가의 설립과 함께 이 안을 새롭게 제출할 것을 요구했다.[36]

해방 이후 신남철은 학계·문화계·교육계 대표로 현실 정치에 개입하는 한편으로 과학운동·학술운동을 주도하면서 그에 대한 이론적·철학적 해명을 위해 노력했다. 해방 이후 그는 두 권의 책을 펴냈다. 《역사철학》과 《전환기의 이론》이 그것이다. 전자가 식민지기부터 관심을 가졌던 헤겔 철학과 맑스 철학에 기반한 역사철학의 이론을 저술한 책이라면 후자는 주로 해방 이후 집필한 글로 구성되었으며, 전자의 원론을 구체화한 저술로 해방 이후의 현실적인 사회변화와 직접적으로 관련을 맺고 집필되었다.[37]

네 사람의 경력이나 그들의 교우관계, 인맥에서 알 수 있듯이 그들은 당대의 대표적 학자, 문필가, 저널리스트였고, 정치노선과 사상적 지향에서 차이가 있지만 모두 한국 사회의 최고 엘리트였다. 그러한 사정은 그들로 하여금 해방 공간에서 어떤 식으로든 사회적 발언을 할 수밖에 없게 만들었고, 그들은 당대 사회가 지식인에게 요구하던 그 역할을 기꺼이 수행했다. 그리고 그들은 참여 관찰을 통해서 얻은 소회와 결론을 웨드마이어 장군에게 편지와 보고서로 보냈다.

3. 네 지식인의 편지에 나타난 현실 인식

편지들 가운데 정인보의 편지는 영문 번역만 남아 있고 한글 원본이 없다. 웨드마이어사절단은 내용을 검토할 필요가 있는 주요 인사들의 편지를 미군정 관리들을 통해 모두 영역했다. 보통사람들의 편지는 대부분 한글 원본으로 남아 있고, 간단한 요약만 영문으로 되어 있는 것을 감안한다면 미군정과 웨드마이어사절단은 정인보의 편지를 영어 번역문으로 검토할 필요가 있는 중요한 편지로 간주한 셈이다. 오기영의 편지는 그의 정치평론집 《자유조국을 위하여》에 실려있고, 문서철에는 없다. 《자유조국을 위하여》에 실린 그의 정치평론들은 대부분 《한성일보》, 《새한민보》, 《신천지》 등 당시 신문·잡지에 실렸지만 이 글은 '미발표'로 되어 있다. 오기영이 이 편지를 사절단에 보내지 않은 것인지, 아니면 보냈는데 망실된 것인지 알 수 없다. 그는 당시 인기 있는 정치평론가였던 만큼 공개서한의 형식으로 시국을 진단하고, 웨드마이어사절단에게 자신의 생각을 전달하려 했다고 보는 것이 사실에 가까울 것이다.[38]

강용흘Younghill Kang의 편지는 수신자가 웨드마이어 장군이 아니고 제임스 스튜어트James Stuart 주한미군사령부 공보부장이다. 그의 글은 당시 남한 상황을 전반적으로 분석하고 그 개선책을 담은 보고서 형식이다. 이로 보아 이 보고서는 애초부터 영문으로 작성되었을 것이다. 미군정 공보부장에게 제출한 강용흘의 보고서가 문서철에 포함된 사정을 알려주는 문서를 발견하지 못했지만 웨드마이어 장군은 한국인들뿐만 아니라 주한미군사령부와 남조선주둔 미 육군 군정청US Army Military Government in Korea의 미국인, 한국인 관리들로부터도 의견을 수집했고, 웨드마이어사절단은 이 보고서 외에 다른 한국인 관리들의 보고서도 편지들과 함께 편철해 놓았다. 그의 보고서는 1947년 8월 25일 작성되었고, 공보부장 스튜어트 소령을 경유하여 웨드마이어사절단에 전달된 것으로 보인다. 신남철의 편지는 그 내용이 비교적 간단하고, 편지지에 국한문 혼용의 달필 펜글씨로 적혀 있다.

네 사람의 편지는 다루는 내용에 차이가 있고, 초점도 서로 다르기 때문에 그 내용을 동일 평면에 올려놓고 비교하는 것은 별로 의미가 없어 보인다. 따라서 이 글에서는 네 통의 편지 내용을 세세하게 소개하기보다 편지들의 전반적 내용과 강조점, 분위기를 전달한 뒤 몇 가지 주제에 대한 인식과 진단, 그들이 제시하는 해결책 등을 비교함으로써 네 사람의 생각, 또는 그 생각의 차이를 드러내고자 한다. 1947년 여름 남한 사회의 현안, 그 현안이 제기된 배경과 구조, 그리고 그러한 문제군들에 대한 이해 방식과 각자가 제시한 처방을 살펴볼 것이다.

정인보는 〈미국에 보내는 진정서Appeal to the United States〉라는 제목의 편지를 국학대 학장 명의로 8월 24일 웨드마이어 장군에게 발송했다. 이 편지의 원본을 찾지 못했지만 한글로 번역하면 200자 원고지 43장 분량이다. 이 편지를 영어로 번역한 미국인 관리는 정인보를 "중국 고전, 조선 역사 및 문화에 관한 권위자로 국가적으로 인정받는 교수"라고 소개했다. 그의 〈진정서〉는 5단락으로 되어 있고, 영문 번역으로도 유려한 문체에다 비장미마저 느껴진다. 거칠게 요약하자면 미·소의 점령통치나 신탁통치안은 한국인의 민족적 자존심과 양립할수 없으니 하루라도 빨리 한국인의 손으로 정부를 수립하게 하고, 이를 국제연합으로 하여금 승인하게 하라는 것이다.

정인보는 편지의 서두에서 한국인은 민족적 자존심이 유난히 높은 민족이고, 그것을 미국 시민들에게 설명하기 위해 이 편지를 쓴다고 밝힌다. 그는 이를 미·소 양군 분할 점령 이전 상황과 이후 상황을 비교해서 설명했다. 그에 따르면 점령 이전에는 "가장 외진 마을에서도 도둑과 강도행위가 없었고, 어떤 거리에서도 싸움이 관찰되지 않았다. 이는 모두 대중들의 마음을 지배하는 민족적 자존심 때문"이었다. 그러나 "소생된 나라의 앞날이 흐릿해지고, 미국과 소련의 분할 점령이 현실로 되자 그때까지 그들의 활기를 북돋우던 자존심은 의지할 데가 없어졌고, 그들의 억압된 열정은 터진 둑을 따라 쏟아지는 급류와 같이 통제를 상실"했다. 그는 또 미군의 점령 현실 인식과 그 결과를 매우 부정적으로 묘사했다. 그는 "우리 역사에서 모든 몰락하는 왕조는 혼란하고 왜곡된 모습을 보였으나 현재 혼란은 기록상 유례없는 일이고, 많은 이들이 그것을 미군정의 우유부단하고 되는 대로의 현실 인식 탓이라고 본다"고 설명한다.

둘째 문단에서 그는 분할 점령의 장기화와 미·소 협조에 의한 한국 문제 해결 전망이 어두워지면서 한국인들의 실망감이 커지고 있음을 지적한다. 이어서 넷째 문단에서 "따라서 이 문제는 독립 약속이 처음 제기되었을 때와 같이 4강대국회담에 회부되어야 하고, 조선인 자신의 주도권하에서 정부를 설립할 수 있어야 하며, 그 정부를 유엔이 승인해야 한다"고 주장한다. 특히 그는 둘째 문단에서 신탁통치안에 대한 근본적 불신감을 드러낸다. 그의 표현을 빌리자면 "솔직히 말해서 신탁통치를 포함하는 어떠한 해결책도 국제적으로 보장된 조선 독립의 모조품이거나 매춘행위로 이해되지 않을 수 없다"는 것이다.

다섯째 단락에서 그는 정부 수립 후의 한미관계에 대한 조언을 잊지 않는다. 어떤 사람들은 조선 정부가 설립되면 미국이 조선에 집정관commissioner을 상주시킬 것이라고 말하는데 그것은 어리석은 일이고, 조선인에게 필요한 것은 총독이 아니고 대사라는 것이다. 그는 미군정의 자취가 집정관의 형식으로 남아 모든 조미朝美협정이 그를 통해 간접적으로 이행된다면 조선은 이름에 어울리는 자유국가가 될 수 없을 것이고, 결국 인민의 신임을 잃게 될 것이라고 주장한다. 그는 이어서 조선은 국제연합의 일원이 되어야 하고, 조선 정부가 구성되었을 때 미국은 조선과 군사적 동맹을 맺음으로써 조선에서 모든 전략적 목표를 실현시킬 수 있을 것이라고 보았다.

그의 편지는 해방 이후 미·소관계에 대한 현실주의적 이해를 결여하고 있고, 한반도의 남과 북에서 전개된 정세 변화도 구체적으로 제시하지 않았다. 그의 주장을 한마디로 요약하면 민족적 자존심이 신탁통치를 허용하지 않으니 하루빨리 한국인 손으로 정부를 수립하게 하라는 것이다. 정인보는 민족주의자답게 그것을 한국인이 5,000년 역사를 통해 얻은 민족적 자존심의 발휘로 파악했다.

이 편지에서 흥미로운 것은 공산주의에 대한 그의 인식이다. 그 부분을 직접 살펴보자.

조선인들은 다른 민족과 같이 의견이 다양함에도 불구하고 나라에 대한 애국심이라는 측면에서 놀라울 정도로 단결합니다……예를 들어 공산주의자들도 일제 치하에서 애국적 민족주의자들과 힘을 합했고 대부분의 한국 인민들은 그들을 싫어하지 않았습니다. 우리는 그때 완전히 무력했고 우리의 애국적 활동을 좀처럼 현실화시킬 수 없었습니다. 중국은 매우 좋은 친구였으나 힘이 없었고, 미국은 힘이 있었으나 너무 멀리 떨어져 있었습니다. 러시아만이 우리와 인접했고, 우리와 함께 일본에 대한 증오를 공유했습니다. 그래서 일부 조선인들이 러시아적 방식이 도움이 될 것이라고 생각했습니다. 이는 공산주의가 어떻게 우리 토양에 뿌리내렸는지를 설명합니다. 소련에 경도된 것이 아니라 일제를 몰아내기 위한 것이었습니다. 이와 같이 조선에서 공산주의는 민족주의라는 비료로 풍성해졌습니다. 또 그 추종자들은 무의식적으로 민족적 자존심에 의해서 움직였습니다. 공산주의가 일정 부분의 인민들을 장악할 수 있었던 것은 북쪽으로부터의 도움만큼이나 대중들의 심중에 남아 있는 공산주의자들에 대해 가졌던 오래된 애국주의적 이미지 때문입니다.

위의 인용은 그의 편지의 셋째 단락 앞부분이다. 이와 같이 정인보는 한국 사회에서 공산주의가 독립운동의 한 방략으로 수용되었고, 민중들의 지지가 일정하게 유지되었다는 것을 인정한다. 이 문단의 후반부는 해방 이후 공산주의자들이 인민들과 소원하게 된 것은 그들이 신탁통치를 지지한 뒤부터라고 지적한다. 그리고 신탁통치와 민족적 자존심은 양립할 수 없다는 것을 강조한다. 그의 이러한 인식은 한국에서 공산주의자를 시종일관 소련의 앞잡이로 몰아갔던 이승만·한민당의 인식과는 차이가 있다. 정인보의 공산주의 인식은 해방 이전 한국에서 공산주의의 역사성과 해방 이후 미·소 대립 구도하에서 공산주의 이해의 굴절 현상을 지적한 셈이다.

오기영은 8월 26일 〈조선의 실태—웨더마이어 사절에 보낸 서한〉을 작성했다. 그의 서한은 크게 세 부분으로 구성되었다. 그는 서론에 해당하는 부분에서 그의 방한 의도를 분석하고, 본론 부분에서는 남한의 현 실태를 설명하면서 문제의 근원을 지적하고, 결론 부분에서 문제를 풀 수 있는 처방을 제시했다.

오기영은 먼저 서두에서 "중장의 냉철한 판단을 통하여 이 민족이 제회際會한 미증유의 난국이 우호 미국 조야에 인식되기를 희망하며, 그리하여 우리의 불행한 현 사태를 광구匡救함에 유조有助한 역할을 기대"한다고 편지 작성 의도를 밝힌다. 이어서 그는 트루먼 대통령의 특사 파견 의도가 "과연 조선민족은 원조할 가치가 있느냐 없느냐를 다시 한번 감정하는 것"이고, 그것은 결국 "미국이 조선민족을 원조해줄 가치가 있느냐 없느냐를 감정하는 것보다도 태평양에 돌출한 이 조선반도의 군사적 요해성要害性을 미국으로서 고수할 가치가 있느냐 없느냐를 감정하는 것이 아니냐"고 날카롭게 되묻는다. 그는 "원조자의 우호적인 성의를 다른 각도에서 비판하는 것은 혹은 비례에 속하는 것이라 할 수 있으나, 그러나 우리는 이 원조가 조선민족의 전통 있는 문화를 존중하며, 인민 전체의 복리를 보장하며, 민주주의적 자유를 옹호하는 데 주안을 두었느냐, 군사적 요충으로서의 병참적 가치에 주안을 두었느냐 하는 것을 우리는 우리의 입장에서 우리 자신을 위하여 엄밀히 판단할 자유가 있고 권리가 있고 또 격별히 인식할 필요가 있다"고 주장한다.[39]

그는 공개서한을 이런 지적으로 시작하면서 미·소 분할 점령의 부당성을 지적했다. 그는 "만일 군사적 이유 이상으로 한 민족의 생명이 중시되었던들, 진실로 한 민족의 생명이 중시되었던들 이러한 교수선絞首線의 획정은 그 구상부터 천만부당했어야 마땅할 것이었다. 그런데 이 38선 획정은 아직도 과오로 인정되지 아니했고 한 민족의 생명을 위하여, 그 민족의 통일 자주독립을 위하여 너무나 시급한 이 과오의 시정이 아직도 미지수에 속해 있다"고 쓴다. 그는 38선을 민족의 생명줄을 옭아매는 교수선이라고 부르기를 서슴지 않는다. 그리고 분할 점령의 과오가 한국인 내부의 통합을 막고 지도자들 사이에 외부의 강대국을 동원한 극한 대립을 불러왔기 때문에 더욱 중대하다고 지적한다.[40]

그는 본론 부분에서 남한의 현 사태를 세 가지로 나누어 제시했다. 첫째, 공산주의 이념에 공통되는 것이면 모조리 위험한 적색으로 몰아치는 이성의 경련 상태가 의외에도 많은 '적색분자', 즉 적색이 아닌 적색분자를 양산, 둘째, 아직 친일파 민족반역자를 숙청하지 못했다는 사실, 오히려 미군정은 "사갈과 같은 이 친일파 민족반역자를 등용하고 있다"는 사실, 셋째, 부정부패의 만연으로 그는 이 현상을 "탐욕과 무능으로 유명한 인사가 고위 고관에, 혹은 적산운영자의 지위를 누리고 있는 사실이 더욱 허다하고, 회뢰賄賂와 부정한 상거래가 지금 이때처럼 성행한 적이 없음은 조선민중의 누구나 개탄하는 바"라고 묘사한다. 그리고 이러한 현상에 대해서 웨드마이어 중장이 중국을 방문한 뒤 "국민당 정부의 무능과 부패한 사실을 지적하고 국민의 신뢰를 재획득하려면 근본적으로 광범위의 개혁을 실시할 것"이라고 주장했던 것처럼 정치적·경제적 개혁의 필요를 인식한다면 "약속만으로는 불충분하며 실천이 절대 필요하다"는 것을 강조한다.[41] 웨드마이어의 중국 사태 진단에 대한 공감에서 나타나듯이 오기영이 펜을 든 것은 혹시 웨드마이어를 통해서 미군정의 정책을 바로잡고 남한의 상황을 개선할 수 있지 않을까 하는 기대 때문이었을 것이다. 그는 아울러 남한의 현 사태가 테러를 만연하게 했다는 점을 지적한다.

만일 중장이 조선에 체재 중 가두를 만보할 기회가 있다 하면 백주에 피 흐르는 곤봉을 들고 다니는 폭력단도 목격할 수 있을 것이오, 애국을 빙자하는 협박과 공갈도 볼 수 있으리라는 것이 우리의 상식이다. 언론의 자유를 존중하는 미국의 군정하에서 인민이 언론자유를 폭력단에게 뺏긴다거나, 사유재산을 인정하고 절대 보호하는 미국의 군정하에서 인민의 재산이 약탈된다거나, 확실한 증거 없이는 법으로도조차 구속할 수 없는 인권이 공갈을 받거나 죄 없는 인민으로서 다만 사상이 다르다는 이유로 생명의 협위를 받는다 하면 유감이나마 이러한 사태는 단연코 정부의 위신에 관련되는 불상不祥 사태임에 틀림없는 일이다. 그런데 이러한 사태가 지금 우리에게 있어서는 하나의 상식이 며, 이 서한도 그러한 중압하에서 쓰는 것임을 중장은 이해하기 바라는 바이다.[42]

결론 부분에서 오기영은 "웨드마이어 중장의 조선과 중국의 실태 감정은 미국이 조선과 만주를 포함한 중국을 서구 민주주의 이념에 합치하는 방공지대로서 구상하고 있음을 간취할 수 있는 중대 사실로써 인식할 수 있거니와 그렇다 하면 조선에 있어서 유혈의 폭력혁명을 회피하며 또 소련식 독재정치를 방어하는 방략은 무엇인가" 묻고 있다. 웨드마이어가 귀국해서 트루만 대통령에게 보고서를 제출했으나 그 보고서에 담긴 미묘한 내용들 때문에 제출 당시에는 보고서가 공개될 수 없었다. 특히 웨드마이어는 그 보고서에서 만주의 경제적 가치와 지정학적 중요성을 지적하며 만주 신탁통치안을 제안했고, 그러한 주장은 당시 국제정세를 감안한다면 공개할 수 없는 내용이었다. 그런데 오기영이 그 보고서가 나오기도 전에 웨드마이어의 방중·방한 의도를 꿰뚫어보고 조선과 만주를 미국의 방공防共 정책의 중심지대로 지적한 것은 그의 국제정세를 보는 안목이 동시대 어느 누구보다 탁월함을 보여준다. 그는 이 질문에 대해 아래와 같은 처방전과 헌책을 제시했다.

진보적이라 호칭하는 사상에 대항하는 것은 실제에 있어서 현 사태를 개혁하는 진보적 정책이라야 할 것이다. 그러므로 무엇보다도 이 남조선에 있어서 시급히 시정되어야 할 것이 사회정책이며 경제정책이며 그보다도 더 시급한 것이 많은 지식인, 문화인, 민족적 양심을 가진 사심 없는 애국자를 협력자로 불러 모으는 일이다.

확실히 지금 많은 지식인이, 문화인이, 또는 새 사상을 희구하는 청년들이 우익의 고루한 고집에 싫증이 나고, 그 자본주의적 경제권 독점욕에 실망하고, 부패한 관료와 일본 잔재와의 야합에 분격하여 좌익 산하로 달려가고 있다. 그런데 이들을 다시금 불러 모을 생각을 아니하고 탄압하기에만 열중하는 것은 그들을 점점 더 좌익화시키는 결과를 낳는 것뿐이다. 그들을 다시 불러 모으기 위하여는 이 편의 완명한 고집의 청산과 경제적 독점감의 포기와 일본 잔재와의 부연을 끊어 버리는 자기수정이 필요.(하략)……[43]

오기영이 편지에서 이렇게 웨드마이어의 방한 의도에 대한 분석으로 시작해서, 그 진의를 한반도에 대한 미국의 군사전략적 가치 평가로 본 것은 다른 편지에선 나타나지 않는 것으로, 정치평론가다운 예리한 안목을 보여준다. 이 시기 미국 군부는 주한미군 철군론을 둘러싸고 심각한 논쟁을 벌였는데, 그 논쟁의 초점은 단연 한반도의 군사전략적 가치였다.[44] 그는 그러한 미국의 의도를 관철시키기 위해서도 남한 사회에 대한 정치·사회적 개혁이 절실하다고 주장한 것이다.

강용흘의 보고서는 8월 25일에 작성되었다. 레터 사이즈 타자지 12매 분량의 영문 원고이고, 한글로 번역한 분량이 200자 원고지 84장에 달하는 장문이다. 그 제목은 〈미소공동위원회가 결렬된다면 한국에서 우리의 대외정책은 어떠해야 하는가?〉이다. 보고서는 모두 4절로 구성되었고, 각 절의 제목은 1절 '서론', 2절 '우리는 여기에 있어야 한다', 3절 '한국에서 수행되어야 할 우리의 정책', 4절 '결론'이다. 또 3절은 A. 정치, B. 경제, C. 문화, 세 개의 소절로 되어 있다.

강용흘은 서론에서 남한의 현재 상황을 조목조목 짚어나간다. "2년 전 미군이 한국에 진주했을 때는 환호와 희망의 순간이었지만 오늘날 조선은 통합과 협력이 아닌 분열과 좌우 사이의 전쟁에 직면해 있다. 애초 군사적 분할이 이제 정치적인 분할이 되었다. 이것이 안정적인 경제발전을 방해한다. 또 그의 표현을 빌면 남한은 세계에서 최악의 경찰국가 중의 하나이고, 모든 좌익과 자유주의자들liberals이 체포되었으며, 적절한 토지분배가 이루어지지 않았다. 최대 부일협력자인 박흥식, 김연수 등은 여전히 정부 고위 관료들의 후원을 받아 한국의 핵심 산업을 통제하고, 투자된 은행과 기업체들이 극우정당에 막대한 양의 기부금을 주고 있다는 것은 공공연한 비밀이다. 상황이 직업적 전문성과 훈련된 기술을 요구할 때 많은 책임 있는 미국인 관리들은 아마추어였을 뿐이다. 접시닭이가 대학의 학장이 되고, 마을 선교사가 대학총장이 되었다. 건축기사가 중앙 식량행정처의 장이었다. 한국인들에게 충분한 식량이 공급되지 않았으며, 경찰과 보수적인 정당이 여전히 일본식으로 조선인에게 행진을 강요하고 돈을 강탈한다." 강용흘의 이러한 지적은 미군정 관리의 글이라고 생각할 수 없을 정도로 신랄하고, 앞에서 분석한 오기영의 현실 진단과 통하는 부분이 있다.

2절에서는 대서양헌장 이래 모스크바 3상회의 결정에 이르기까지 미국의 대한공약對韓公約을 상기시키고, 현재 미소공동위원회 성사에 대해 낙관론보다 비관론이 더 많지만 그럼에도 불구하고 미군이 한국에 주둔해야 한다고 주장한다. 강용흘은 그 이유로 독립에 대한 공약,

러시아·중국·일본에 둘러싸인 한국의 지정학적 조건, 아시아에서 평화와 안정을 위해 자유로운 독립 한국이 필요하다는 점을 들고 있다.

3절은 남한에서 추구해야 할 미국의 정책을 정치, 경제, 문화로 나누어 서술했는데 그 가운데 핵심은 단연 정치 분야다. 그는 단도직입적으로 미국이 이승만과 김규식 가운데 누구를 지지할지 결정할 것과 그 결정을 한국인들에게 알려줄 것을 요청했다. 그리고 그의 결론은 김규식을 지지해야 한다는 것이었다. 웨드마이어사절단의 방한 목적 중 하나가 남한 단독정부 수립에 대비한 대책 모색이라고 했을 때 그의 정책 제언은 사절단의 목적을 꿰뚫어 본 것이라 할 수 있다. 그는 그러한 정책 제안을 실행하기 위한 단계적 방안을 구체적으로 제시했다. 그는 먼저 미군정 내 한국인 관리들을 교체할 것, 특히 경찰 개혁을 강하게 요구한다. 그는 구체적으로 송진우, 여운형 암살 혐의로 김구와 이승만을 수감할 것, 여운형 암살의 배후에 장택상과 이승만이 있지만 증거를 확보하지 못하고 있을 뿐이라고 주장한다. 이어서 중간파를 고무할 수 있는 모든 일을 해야 한다고 제안했다. 그는 미군정이 용어를 규정하지 않고 중간파나 자유주의자에게 너무 쉽게 공산주의자라는 꼬리표를 붙이고 있으며, 만약 미군정이 이승만과 김구를 지지한다면 이미 나타나고 있는 폭력 사태를 피할 수 없을 것이라는 점을 지적했다. 또 미국의 정책이 한국의 분단을 이끌었고, 미군정이 지금이나 2년 후에 철수한다면 모든 한국인들은 공산주의자가 될 것이라며, 미국이 중간파를 지지하는 것만이 한국에서 전체주의 국가와 독재국가를 막는 것이라고 주장했다. 그는 이승만·김구와 그들의 부관들이 제거되고, 경찰이 개혁되면 다음에는 청년단체들이 해산되어야 한다고 말한다. 그는 잔혹하고 남을 강탈하는 극우적인 사람들과 훈련받고 교활한 좌익들 사이에 위치한 중간의 방법을 찾아야 하고, 사려 있는 한국인의 많은 부분은 이 중간 그룹에 속하며, 그들이 진실한 미국의 친구라고 단언했다. 그는 미군정이 권력을 주었던 한국인들을 이제는 빗자루로 쓸어버려야 하고, 대신 김규식, 안재홍, 홍명희, 이극로 등 중간파에게 기회를 주어야 한다고 강한 어조로 말했다. 또한 미국이 추구해야 할 경제정책으로 공업 상황에 대한 정확한 조사와 견직공업 육성, 미국의 경제적 원조 제공, 토지개혁의 즉각적 수행, 식량 원조의 필요성, 귀속기업체의 적절한 재분배 등을 제안했다. 물론 이런 제안의 뒤에는 한국의 경제 상황에 대한 그의 비판적 인식이 있다. 그는 한국에서 사회적 투쟁은 지주와 소작농의 싸움이고, 오늘날 잘 먹고 잘 입는 한국인은 모리배와 그들의 협력자인 보수정당의 지도자들뿐이며, 미국인 관리들의 귀속기업체 관리는 실패했다고 단언했다. 그는 문학가답게 적절한 문화정책도 제안했다. 그에 의하면 미국인 관리 또는 미군들이 한국의 역사와 문화에 너무 무지하기 때문에 이들에 대한 교육이 필요하고, 또 한국의 문화인과 예술인을 지원해주어야 하며, 한국의 문학작품들을 영어로 번역할 것을 요구했다. 또 교육 부문에서는 문맹 퇴치와 국립대학의 재조직, 한국 내 미국 대학의 설립 등을 주장한 것이 흥미롭다. 한국 주둔 미군과 한국인들 사이의 관계를 개선할 것과 우편물 검열의 폐지도 요구 사항 중 하나였다.

강용흘의 보고서는 그 제목에 드러나듯이 웨드마이어의 방한 목적을 미소공동위원회 결렬 이후 미국의 새로운 대한정책을 마련하기 위한 것으로 보았다. 그의 보고서는 전체 제목과 절 제목, 또는 내용 서술에서 조동사 'should'와 'have to'를 반복적으로 사용한 것에서 보듯이 나름대로 절박함이 묻어난다. 그는 1946년 8월에 환국했는데 이러한 남한 현실 파악은 귀환 후 1년간 주한미군사령부 공보부 여론과에 근무하면서 나름대로 남한의 여론을 관찰한 결과라고 할 수 있다. 그의 정세 인식이나 그가 정책 대안으로 제시한 중간파 지원책은 버취 Leonard M. Bertsch, 번스Arthur C. Bunce, 미챔Stuart Meacham 등 미군정 내 다른 자유주의적 관리들의 주장과도 상통한다.[45]

신남철의 편지는 비교적 간단하므로 그 전문을 인용한다.

친애하는 웨데마이어 장군 귀하

귀하가 남조선의 사태를 조사하려 내조來朝하심을 환영하는 바입니다. 그리고 남조선에서는 현하現下 일제시대에 일제와 협력하든 자들이 또다시 군정에 기어드러가서 행정과 입법, 사법면에서 온갖 악질적인 매직행위賣職行爲를 자행하고 있습니다. 그럼으로 민생문제는 도탄塗炭에 빠지어 인민은 실직과 기아에서 허덕이고 있습니다. 한편 테로단은 남조선 각지에서 모든 인민을 박해하고 있어 인민은 안심하고 살 수가 없읍니다. 인민은 다만 임정臨政이 스기만 기대하고 있습니다. 그 실례를 들면 광명光明, 중외中外, 각 신문사가 테로단의 습격을 밧는가 하면 7월 27일날 오후 1시 경 광화문 로상에서 부녀들을 서북청년회원이 습격, 수명에 경중상자를 내이고 있습니다. 이러한 수없는 실례가 매일 신문에 보도되고 있읍니다. 이상 참고하야 면밀한 조사를 하야주심을 간절히 바랍니다.

1947년 8월 28일
서울시 서대문 창천동 73
신남철

신남철의 편지는 오기영과 강용흘이 앞에서 지적한 당시 남한 사회의 현실과 문제점을 보다 노골적으로 지적한다. 그러나 이 편지는 그러한 상황이 초래된 원인과 배경을 제시하기보다 1947년 8월 하순 시점의 남한 사회상, 즉 미군정의 부일협력배 재등용과 그들의 권력 농단과 부정부패, 그로 인한 민생 파탄, 테러단의 발호와 언론 탄압을 집중적으로 부각시킨다. 해방 이후 신남철의 정치적, 학문적 위상이나 활발한 활동상에 비추어 보면 그가 웨드마이어 장군에게 보낸 편지는 그의 식견과 경륜을 전혀 느낄 수 없는 무미건조한 내용이다. 그의 활동이 좌익 정치세력의 노선과 연결되어 있던 점을 감안한다면 그의 편지는 웨드마이어사절단에 대한 좌익 정치세력의 행동방침에 따라 작성되었고, 그것이 전달하려는 메시지를 충실하게 따랐음을 어렵지 않게 짐작할 수 있다.

웨드마이어 장군에게 보낸 한국인 민초들의 편지들 가운데 상당수는 각 정치세력이 '조직적인 편지쓰기'를 통해서 '동원한 민심'의 혐의가 짙다.[46] 그런 류의 편지들 가운데에는 우익 청년단체 지회장 또는 분회장의 편지들이 특히 많다. 우익 측이 동원한 편지들은 청년단체의 이름을 공공연하게 내걸고, 주로 좌익세력 척결과 단독정부 수립을 요구했다. 반면 좌익 측이 동원했으리라 짐작되는 편지들은 단체명을 내걸지 못하고 주로 가두街頭의 개인, 또는 무명씨가 보내는 형식을 취했다. 그 편지들의 내용은 신남철의 편지처럼 민생 파탄, 미군정의 친일파 등용, 백색 테러에 대한 비판이 대부분이었고, 미소공위 속개를 주장했다. 이미 좌익단체들이 공개적으로 간판을 내걸고 활동할 수 없었고, 편지에서도 이름을 잘 공개할 수 없을 정도로 궁지에 처했음을 알 수 있다. 신남철의 편지는 그러한 좌우세력 간의 역관계 속에서 좌익 측의 선전노선을 좇아 그 주장을 반복했고, 그런 면에서 당시 지식인이 처했던 현실의 고경苦境을 상징적으로 보여준다.

4. 공통의 현실에서 이산離散의 미래로

네 지식인은 출신과 성장 과정이 서로 달랐고, 교육 배경도 다양했다. 정인보는 몰락한 경반 출신의 명문가 출신이고, 강용흘은 함경도 홍원에서 출생했지만 어린 시절 숙부로부터 한학을 배웠다. 오기영은 기독교적 배경을 지녔고, 신남철의 부친은 대한제국 관리였다. 그리고 이들은 전통적 지식인들처럼 동양의 고전과 사상, 특히 유교사상에 대한 기본적 소양을 갖추었다. 정인보는 말할 것도 없고, 강용흘도 동양고전에 관한 해박한 지식을 갖추었으며, 오기영과 신남철은 신식학문 이전에 한학을 따로 배울 기회가 있었는지 불분명하지만 당시 식자층이 공유했던 한학에 대한 기본적인 지식을 갖추었을 것이다.

그 경로는 모두 달랐지만 이들의 지적 성숙 과정은 근대 서양 학문, 서구사상의 한국 전래 과정과 그 속에서 지식인들이 어떻게 근대성을 획득했는지 보여주는 좋은 사례라고 할 수 있다. 정인보는 양명학 연구, 실학 연구 등 전통사상의 재발견과 국학의 자기 쇄신을 통해서 국학을 근대화했고, 오기영과 신남철은 식민지 교육제도의 틀 속에서 근대적 학문을 접했다. 신남철은 일본인 교수로부터 서구의 철학과 맑스주의를 배웠지만 서양철학의 한국적 수용을 위해 노력하는 과정에서 그것의 재해석과 토착화를 고민했으며, 나아가 세계사적 보편성에 입각한 조선학의 수립이라는 문제의식과 과제를 도출했다. 강용흘은 도미 유학을 통해 서양문학을 배웠으며, 또 스스로의 작품 활동을 통해서 동양문화를 서양에 전파하는 역할을 했다.

네 사람은 성장 배경과 근대성 획득 과정의 다양성만큼이나 한국의 근대 지식인으로서 공통성도 가지고 있다. 네 지식인 가운데 정인보는 청년기에 접어들면서 국망을 겪었고, 나머지 세 사람은 유소년기에 국권 상실을 경험했다. 그리고 강용흘과 오기영은 3·1운동에 직접 참가한 경험이 있다. 정인보는 해방 당시 50대였고, 나머지 세 사람은 30대 후반과 40대 전반의 나이로 가장 왕성하게 사회적 활동을 할 시기였다. 이들은 모두 청년기와 장년기에 식민지 현실을 경험했다. 이들의 소년기, 청년기 경험은 이들로 하여금 자연스럽게 반일 민족의식과 반제의식을 가지게 했다. 정인보의 동제사 가입, 오기영의 3·1운동 참가와 수양동우회 가입, 강용흘의 3·1운동 참가에서 보듯 이들에게 민족해방운동 참여와 민족혁명적 분위기의 체득은 매우 자연스러운 일이었다. 이들은 전체적으로 식민지의 저항적·실천적 지식인으로서 자기정체성을 가졌고, 모두 강한 반제·민족의식을 지녔다.

네 지식인의 실천적 지향성은 해방 이후에도 그대로 유지되었다. 이들은 강한 현실 참여 의지를 가지고 자신의 지적 능력과 정치·사회적 연결망을 활용해 나름대로 건국 사업에 종사했다. 이들이 해방 공간에 편입되는 계기, 그리고 해방 공간에서 각자의 역할과 활동은 다양했다. 정인보는 정치 활동의 표면에 이름을 올릴 수 있는 학계의 대표 인사로 대접을 받았고, 출사와 사퇴를 반복하지만 정치적 입장과 교유관계에 따라 정치 전면에 이름을 걸기도 했다. 강용흘은 미군정 관리의 신분으로 해방된 지 1년 후 귀국했다. 한국에 체류하는 동안 작가로서, 또 미군정 공보부 출판과장으로 문학계와 접촉했고, 남한 사회의 여론을 수집하고 분석하는 역할을 했다. 오기영은 경전의 간부로 산업 재건에 몰두했으나 틈틈이 평론과 수필을 신문, 잡지에 기고하여 당시 현실을 진단하고 새로운 방향을 제시하고자 했다. 신남철은 학술 활동과 학계의 조직화를 통해 새 문화 건설을 위해 노력했으며, 좌익 계열의 정치·사회운동에 동참하기도 했다.

그리고 네 지식인이 쓴 편지와 보고서는 모두 1947년 여름, 한국 사회가 커다란 위기에 처했다고 진단했다. 서로 다른 정치적 입장과 학문적 전통, 활동 영역의 다양성에도 불구하고 그들의 정세 인식과 현실 진단에는 일정한 공통점이 존재한다. 위기의 원인 진단과 관련해서 정인보는 미·소의 분할 점령, 신탁통치안과 같이 연합국의 한국 문제 처리 방안 자체에 대한 근본적 회의와 불신을 나타낸다. 그는 미군 점령 통치가 야기한 혼란이 역사적으로 유례를 찾아보기 어려운 혼란이었다는 점을 지적하고, 정서적으로 점령 자체가 민족적 자존심과 양립할 수 없다는 점을 강조한다. 오기영의 점령 비판은 원칙적으로 분할 점령이 한 민족의 통일 자주독립을 저해하고 있다는 점을 지적했을 뿐만 아니라 그것이 미·소 양국의 한반도에 대한 지정학적 이해관계, 특히 남한에 대해서는 미국의 군사적 이해관계를 반영하고 있다는 점을 예리하게 지적한다.

미국 점령정책의 문제점에 관해서도 네 지식인이 이구동성으로 그 혼란과 실패를 지적한다. 특히 오기영과 강용흘의 비판은 매우 구체적이고, 미군 점령의 혼란과 실패가 남한 사회에 초래한 위기를 하나하나 지적한다. 오기영은 미군의 점령 통치가 남한 사회에서 양민과 자유주의자들을 빨갱이로 내몰고, 친일파 민족반역자의 발호와 부정부패의 만연을 허용했다고 비판한다. 강용흘은 미군정 관리의 신분이었던 만큼 분할 점령 자체를 비판하지는 않았지만 남한에서 미군 점령의 정치·사회적 효과에 대한 비판이라는 측면에서는 오기영과 의견을 같이했고, 매우 신랄했다. 신남철은 미군정을 비판하는 대신 테러가 만연한 남한 사회의 실태를 현상적으로 덤덤하게 지적한다.

당시 남한 사회가 직면한 정치적·이념적 분열, 좌우 대립과 그 성격에 대한 이들의 지적도 흥미롭다. 정인보는 좌우 대립의 시발을 공산주의자들의 신탁통치 지지로부터 비롯된 것으로 보았다. 오기영과 강용흘은 소련 또는 북한에 대해 의구심과 경계심을 표시하면서도 남한 사회 내부의 좌우 대립이 좌익 탄압을 빙자한 친일파 반민족세력의 세력 부식扶植책의 일환일 뿐이고, 이로 인해 적색 아닌 적색분자가 늘어나는 현상, 즉 미군정과 경찰, 청년단체의 폭력에 의해 오히려 빨갱이가 양산되는 것을 강하게 비판한다. 오기영은 심지어 "적색분자를 체포 투옥할 수 있는 권리가 하필 과거 일제 치하에서 애국자를 체포 투옥하던 그 사람들이라야만 한다는 것은 조선민족으로서 결단코 수긍할 수 없는 사실이지만 이것이 남조선의 현실"이라고 지적한다.

이러한 지적과 그들의 현실 인식의 일정한 공통성은 그들 사이에서 이데올로기적 차이는 그리 대수로운 것이 아니었을 것이라는 점을 짐작하게 한다. 강용흘은 1947년 신년 벽두에 '민족문학'에 대한 나름의 소회를 한 일간지에 피력했다. 문학에 관한 이야기이지만 새로운 문화 건설의 도상에 있는 한국 사회가 부딪힌 현실적 상황, 지식인들의 사명과 과제, 그리고 지식인들이 지향했던 방향성과 관련하여 음미할 가치가 있다.

조선에는 문학에도 좌우가 대립된 듯하나 그것이 큰 문제가 될 것은 없다. 미국에는 작가에 따라 자유적Liberal인 사람과 급진적Radical인 사람으로 구별을 하나 커다란 대립 상태는 없다. 결국 과학적이고 객관적인 사람이 역사적으로 보아 조선을 사랑하는 사람이다. 더구나 작품이란 발표 당시에 그 가치를 발견하기보다 수년 후 어떤 시기를 경과해야만 그 진리를 알게 되는 것이다.

민족문학이란 용어가 씌우는 것 같으나 나는 이 민족문학을 민중의 대다수를 포함한 것으로 생각할 때 진정한 조선문학이 생기리라고 생각한다. (중략) 내가 가장 존경하는 시인은 작고하신 한용운 씨이다. 요즘 그의 시집 《님의 침묵》을 영어로 번역하고 있지만 그는 자기의 사상을 심볼(상징象徵)한 붓으로 또 가장 독창적인 솜씨로 보여주어 세계 어느 시인에도 뒤떨어지지 않음을 발견했다. 결국 예술이란 독창적이 아니고 모방이거나 추종이어서는 그 위대성이 발휘되지 못하리라고 생각된다. 나는 조선의 문학가 여러분을 존경한다. 그들의 활동을 많이 기대하는 바이다.

한 가지 끝으로 제언하고 싶은 것은 협소한 민족적 생각을 고집 말고 세계적으로 활동할 준비를 해달라는 것이다. 일본이 우리의 가장 증오하는 적이라 할지라도 그들이 가진 미美가 있다면 우리는 그 미를 아름답다고 시인할 마음자리가 있어야 할 줄 안다.[47]

강용흘은 이 담화에서 미국 문학에서도 리버럴리즘과 래디칼리즘이 있듯이 조선 문학에서 좌우 대립은 문제될 것이 없고, 민족문학이 민중의 대다수를 포함할 때 진정한 문학이 될 것이라는 견해를 피력했다. 그리고 예술의 세계에서 독창성과 개방적 사고의 필요성을 강조했다. 강용흘은 전형적인 자유주의적 지식인이라 할 수 있는데 그가 진정한 문학을 평가하는 기준은 좌우 대립이 아니라 과학성, 객관성, 독창성, 그리고 개방성을 담보하는가 여부이고, 그것들이 조선에 대한 사랑과 민중의 대다수를 포함해야 한다는 것이다.

네 지식인들의 해방 직후 활동은 정치적으로 해석될 수 있는 행위도 없지 않았지만, 전체적으로 식민지적 유산을 극복하고 새로운 문화를 건설하려는 노력의 일환이었다. 그리고 그들이 걸어왔던 식민지 지식인으로서의 자기정향성이나 현실참여 의식으로 볼 때 그들 사이의 사상적 차이나 학문적 차이는 그들이 극복할 수 없는 것이 결코 아니었다. 오히려 그들은 지식인이 가진 예리한 현실 감각과 이성적 사유에 입각해 당시의 현실을 비판하고 나름대로 시무책을 제시했던 것인데, 그들이 제시한 개선책은 어느 것 하나 제대로 실현되지 않았다. 미·소 대립과 그 속에서 좌우의 분열이라는 현실의 강력한 자장은 그들의 나침반이 가리키는 침로를 무기력하고 무색하게 만들었다. 그들의 헌책이 현실적 의미를 잃어가자 그들의 학문과 사상 역시 무기력해졌으며, 자연인으로서 그들은 각자 이산의 길로 들어서게 된다.

강용흘은 1947년 12월 미국으로 돌아갔다. 미군정 관리로서 그의 계약기간이 끝났기 때문이기도 하겠지만, 이승만의 집권이 점차 현실화되자 남한 사회에서 자신의 역할을 찾을 수 없게 되고, 정치적으로도 불안한 처지에 있었던 것이 아닌가 짐작된다. 그가 미국에 돌아가 《연합국세계》지에 기고한 글에서 "소련 지대에는 자유가 없고 식량이 부족하며 세금이 많고, 공포심에 싸여 있다. 이는 매우 불호不好한 사태이다. 그러나 미국 지대에도 동양同樣히 사태는 불량하다. 미군 정부는 초연한 태도로 불순·부정·반동적인 조선인 정부가 사실상의 독재권을 장악하도록 방임하고 있으며 이 정부는 '인프레'를 격화시키고 경찰국가적 수단으로 그의 의사를 강행하고 있다"고 강한 어조로 남한 정부와 미국의 태도를 비판했다.[48]

신남철은 분단이 점차 현실화되자 1948년 4월 남북협상을 지지하는 〈문화인 108인 성명〉에 서명했고, 이후 월북했다. 그는 북한에서 1948년 8월, 남한 대표로 제1기 최고인민회의 대의원으로 뽑혔고, 1952년 김일성대학 철학강좌장을 역임했으며, 1958년 3월 병사했다. 오기영은 1949년 초의 어느 시점에 월북했고, 이후 북에서 조국통일민주주의전선 중앙위원으로 활동하게 된다. 정인보는 한국전쟁 중에 낙원동 한양병원에서 납북되어 북행 중 별세했다고 한다.

5. 단정안의 현실화와 지식인의 대응

웨드마이어가 남한을 방문한 1947년 8월 말은 미국과 소련의 분할 점령이 결국 정치적 분단으로 가는 길목이었다. 미국은 미소공위가 교착 상태에 빠지고, 중국에서 국민당 정부가 내부의 부정부패와 국공내전에서 패배로 위기에 빠진 상황에서 대한·대중정책의 전환을 꾀했고, 그를 위한 현지 실태조사와 정책 전환의 명분이 필요했다. 대한정책의 경우 이 무렵부터 남한 단정 수립을 위한 현실적 대비책을 본격적으로 모색하기 시작하는데 이를 위한 워싱턴 정책입안자들과 현지 미군정 관리들의 조율 역할을 웨드마이어사절단이 담당했다.

웨드마이어사절단은 자신의 방중·방한이 경제원조계획의 작성과 관련되어 있다고 홍보했지만 시절이 시절이었던 만큼 그렇게 해석되지만은 않았고, 그의 방문은 미국은 물론 중국과 한국에서 비상한 관심을 불러일으켰다. 남한의 정치세력들 가운데 웨드마이어의 방한에 가장 조직적으로 대응한 것은 극우세력, 그중에서도 이승만계였다. 그들이 웨드마이어에게 전달하려고 노력한 것은 미·소 대결로 미소공위가 실패할 것이기 때문에 남한에서 하루빨리 총선거를 수립해서 행정권을 한국인들에게 넘길 것, 미국이 군사적·재정적 원조를 제공할 것, 좌익을 불법화 할 것과 중간파는 공산주의 동조자라는 그들의 주장이었다.

현지조사라는 임무에 걸맞게 사절단은 체류 기간 중 많은 시간을 할애하여 한국인들을 만났고, 사절단과 한국인들의 회담에서는 남한의 정치 상황, 특히 경찰의 전횡과 우익 테러가 하나의 논점이 되었다. 사절단은 좌익 대표로 간주되는 허헌과 김원봉을 만나려 했으나 그들은 경찰의 추적과 우익 테러리스트의 살해 위협 때문에 모습을 드러낼 수 없다는 편지로 웨드마이어의 면담 요청을 거부했다. 사절단과 이들의 면담 실패는 당시 남한의 정치 상황을 웅변적으로 보여주었으며, 중간파는 경찰과 우익의 테러행위를 신랄하게 비판했고, 우익은 경찰의 행동을 옹호하는 입장에 있었다. 사절단이 만난 언론계 대표는 하경덕, 설의식, 이선근 세 사람이었는데 이들은 모두 경찰의 극우 친일적 속성과 다른 정파에 대한 정치적 탄압이 대중들을 좌익 측으로 모는 역할을 한다고 보았으며, 남한 총선거 이전에 남북이 통일되어야 한다는 견해를 피력했다. 또 반탁은 신탁통치의 정도를 보아가며 할 것이고, 남북통일은 미소공위를 통해서 해야 한다는 견해를 표명했다. 미군정은 이 세 명의 언론인을 각각 온건 좌파, 보수 우익, 이승만 추종자로 분류했다.[49]

웨드마이어사절단은 한국인과 접촉을 통해서 적어도 한국의 정치 상황을 객관적으로 조망할 수 있는 기회를 가졌다. 이에 대한 그들의 판단은 나중에 웨드마이어가 트루만 대통령에게 제출한 보고서에 이승만과 경찰, 극우단체에 대한 비판으로 수록되었다. 웨드마이어 보고서 가운데 이 부분은 해당 내용이 '위생처리' 된 채 삭제되었다가 1972년이 되어서야 삭제된 부분이 공개되었다. 한국 정치 상황에 대한 보고서의 비판은 미국이 이승만이나 경찰에 대한 지원을 철회하고 이들을 남한 정치에서 배제해야 한다는 의미보다 미국의 대한원조 효과를 높이기 위해서라도 사전에 체제를 정비해야 한다는 의미였다. 보고서는 한반도에서 공산주의자들은 소련의 한반도 지배를 실현하기 위한 도구인 만큼 제거해야 하고, 그를 위해서 이승만 등의 극우세력에 의존할 수밖에 없다는 상황 인식을 가지고 있었다.[50]

웨드마이어에게 보낸 한국인 편지들 가운데 지식인의 편지는 많지 않다. 앞에서 소개한 네 사람의 편지와 보고서 외에 학계와 문예계, 언론계에 종사했던 사람들 가운데 가장 적극적으로 자신의 견해를 웨드마이어에게 전달하려고 노력한 것은 변영태였다. 변영태는 사절단의 방한 이전에 썼던 다섯 편의 글과 한 편의 신문 칼럼을 웨드마이어사절단에 제출했다. 총 6편의 글은 위에서 제시한 이승만계의 주장을 반복적으로 제시했고, 그것이 동북아시아 차원에서 가장 효과적인 반공·반소정책이라고 주장했다. 그는 1947년부터 거의 이승만의 대변인처럼 행동했던 만큼 그의 주장은 당파적 이해관계를 강하게 반영했다.[51]

변영태의 글들과 앞에서 소개한 네 통의 편지들 가운데 당시 남한 정치에 깊이 연루되지 않고 비교적 자유로운 입장에서 자신의 주장을 개진한 것은 오기영과 강용흘이었다. 정인보는 국학대학장의 명의로 편지를 보냈으나 임정계열의 학계 대표로 간주되었고, 초대 정부에서는 감사원장을 지냈던 만큼 그의 행동이 정치적으로 해석될 수도 있다. 신남철 역시 해방 정국에서 그가 했던 활동은 주로 학계의 조직화였지만 그의 편지 내용에서 나타나듯이 어쨌든 좌익계열과 행동노선을 같이했다. 반면 오기영은 해방 이후 주로 경제 활동에 치중하는 한편으로 자유로운 평론가의 입장에서 당대의 정치, 사회, 국제관계, 경제 상황 등을 폭넓게 관찰하고 분석할 기회를 가졌다. 강용흘은 미군정 관리로 일했지만 국내 정치세력들에 연루되지 않은 채 비교적 자유로운 분위기에서 당시 상황을 관찰할 수 있었다. 특히 그는 미군정 공보부 여론과에서 활동하면서 국내 여론을 광범하게 접할 수 있었다.

앞에서 서술했듯이 두 사람의 편지는 꽤나 구체적이고 비판적으로 당시 남한의 정치·사회 상황을 묘사했고, 미군정 점령정책의 문제점에 관해서도 비판을 서슴지 않았다. 하지만 단정의 현실화와 이승만의 집권은 이들로 하여금 지식인으로서 더 이상 자유로운 비판 활동을 할 수 없게 만들었다. 이들은 그다지 급진적이거나 행동적인 지식인은 아니었고, 굳이 분류하자면 강용흘은 자유주의적 지식인, 오기영은 기독교 민족주의자로 자리매김 할 수 있을 것이다. 오기영은 일제 식민지기에 수양동우회사건으로 옥살이를 한 바 있다. 해방 이후에도 그의 입장과 태도는 바뀌지 않았지만, 분할 점령하의 정세 변화는 그를 기독교 민족주의자보다는 중간파로 분류하게 만들었다. 그의 세계관과 정치적 입장이 바뀌지 않았음에도 그에 대한 시중의 평가가 좌선회한 셈이다. 해방 정국에서 이 두 사람의 궤적은 분할 점령이 분단으로 치달으면서 지식인들이 겪게 되는 고경苦境을 그대로 증언하는 듯하다. •정용욱

4장

미군정 여론조사로 읽는 한국 사회

1. 점령 통치의 바로미터, 여론조사

해방과 함께 찾아온 38선의 분단. 당시 누구도 그것이 영구화될 것이라고 생각지 않았지만, 분단은 단순히 땅이 둘로 나눠진 것이 아니었다. 분단은 정치적 문제일 뿐만 아니라 사회적·경제적 문제이기도 했다. 그리고 분단이 가져온 문제들은 당장 사람들의 삶에 직접적인 영향을 끼쳤다.

해방이 되었지만, 무엇보다 중요한 것은 삶을 이어나가는 것이었다. 해방 바로 직전까지, 한반도는 전시경제하에 있었다. 제2차 세계대전의 전시경제에서 식량을 포함한 물자는 우선적으로 군대, 곧 일본군이 소비했다. 조선총독부는 한반도의 물자를 통제했고, 한국인들에게는 최소한의 것만 배급했다. 국가가 식량, 물자를 통제하는 상황에서, 정상적으로 시장이 돌아갈 리 없었다. 일부 식량 등이 단속을 피해 몰래 거래되는 암시장이 있을 뿐이었다.

단지 전시경제체제만 문제되는 것은 아니었다. 해방이 되기 전, 한반도 전체는 '대동아공영권'의 일부였고, 경제 또한 그러했다. 만주, 일본 등과의 무역이 이뤄지지 않으면, 한반도 내에서 필요한 물자들을 다 생산해낼 수 없는 구조였다. 특히 38선 북부와 남부는 전혀 다른 산업들이 발달했다. 38선 이남은 농업 생산이 풍부했지만, 북부의 전력과 비료, 광공업 등이 필요했다. 38선을 기준으로 한 분단은 곧 이 같은 취약점들이 경제에 악영향을 미치는 계기가 되었다. 전시경제로 인해 시장경제가 제대로 돌아가지 않았다. 만주, 북한, 일본 등과의 교역도 중단되었다. 의식주 모든 면에서 물자가 부족해지면서 사람들의 생활은 갈수록 어려워질 수밖에 없었다.

해방 직후 전국에 우후죽순으로 생긴 건국준비위원회, 인민위원회 등의 자치조직이 가장 먼저 취한 조치도 식량을 확보하고 배급하는 것이었다. 서울에서 여운형이 엔도 정무총감과의 협상에서 식량을 확보하여 넘겨줄 것을 요구한 것도 같은 맥락이었다. 그러나 1946년 9월 한반도 진주를 시작한 미군정은 인민위원회를 비롯한 모든 한국인 자치조직들을 부정하고 직접 점령 통치를 시작했다. 이는 곧 미군정이 무수한 문제들을 떠맡게 된다는 것을 뜻했다.

미군정 또한 문제를 부분적으로 인식하고 있었다. 그리고 문제의 상황과 그에 대한 한국인의 인식을 확인하기 위해, '여론조사'라는 방식을 생각해냈다. 미군정은 여론조사를 통해 그들의 점령 통치가 안정적으로 이뤄지고 있는지 확인하려 했다. 다른 한편으로 미군정이 여론조사를 실시하면서 의식한 것은 그들의 라이벌, 곧 38선 이북의 소련 군정이었다. 미군정은 1946년 38선 이북 지역에서 소蘇 군정의 감독하에 북조선임시인민위원회가 소위 '민주개혁'(토지개혁 시행, 중요 산업의 국유화, 노동법령 제정, 남녀평등권법령 제정 등)을 실시하는 것을 주시하고 있었다. 38선 이남 지역에서도 동일한 개혁을 주장하는 여론이 일어나는 것은 바람직하지 않기 때문이었다.

그렇다면 미군정이 여론조사를 통해 발견한 것은 무엇이었을까? 당시의 한국 사회는, 그리고 그 여론은 어떠했을까? 미군정은 그들이 조사한 여론을 정책에 반영했을까? 이 글에서 이러한 문제들에 대한 답을 찾아보고자 한다.

이 글은 미 국립문서청NARA(National Archives and Record Administration)에서 보관하고 있는 자료 가운데, Record Group 554의 미군정 《군사실軍史室 문서철》에 있는 공보기구사, 여론조사 보고서, 《여론동향Opinion Trends》 보고서들을 주된 자료로 활용했다. 이 자료들은 현재 국립중앙도서관과 국사편찬위원회에서 인터넷으로 찾아볼 수 있다. 그밖의 자료로 《동아일보》, 《조선일보》 등의 신문자료와 《주한미군사》, 《주한미군정사》, 《주한미군 정보참모부G-2 일일보고》, 《조선경제연보》1948년판 등도 참고했다.

2. '여론 샘플링 여행'에서 가두조사로

미군정은 1945년 12월 중순 여론조사를 시작했다. 미군정은 조선 총독부 관방 산하 정보과를 접수하여 공보기구를 설치했는데, 이 기구에서 여론조사를 전담하도록 했다. 공보기구 초기 명칭은 정보과였다. 정보과 산하에 정보계와 공보계를 두었는데, 정보계가 여론처로 이름을 바꾸면서 여론조사를 시행하기 시작했다. 이후 정보과가 공보부로 바뀌면서, 여론처는 여론국으로 승격되었다.[1]

미군정의 초창기 여론조사 활동은 소위 '여론 샘플링 여행Opinion Sampling Trip'이라는 명칭으로 이뤄졌다. 여론 샘플링 여행의 구성이나 방식은 매우 단순했다. 담당 부서의 미군장교 2명과 사병 1명(운전사), 통역 1명으로 여론수집팀을 구성했다. 이 팀은 서울에서 멀지 않은 경기도 일대를 차량으로 다니면서 주민들과 대화했다. 여론수집팀과 주민들의 대화는 그다지 체계적이지도 않았지만, 그 내용도 여론을 수집한다고 보기 어려웠다. 대강 어떤 주제들을 가지고 대화하겠다는 정도의 준비가 있었던 것으로 보인다. 다음은 여론수집팀이 경기도 수원 북쪽에서 몇몇 농부들과 대화를 하여 얻은 내용이다.

보리는 아직까지 괜찮지만, 비료와 종자의 부족이 치명적이다. 누구도 《농민주보》를 모른다. 그러나 《주간 다이제스트》는 학교를 통해서 배포되었고, 몇몇은 그것을 보았다……의복이 없다. 너무 비싸다. 암시장의 쌀 가격은 1석당 700원이라고 한다. 쌀 시장에 가격제한이 적용되었다는 이야기를 들었다. 미소공위에 대해서는 모른다.[2]

이를 보면 여론수집팀이 1) 식량, 의복사정 및 쌀 가격(현재 생활), 2) 미군정 공보잡지인 《농민주보》와 《주간 다이제스트》, 3) 미군정의 쌀 가격제한 정책, 4) 미소공동위원회에 대해 한국인들에게 질문했다는 것을 알 수 있다. 이 가운데 쌀에 대한 가격제한을 질문한 것만 미군정의 정책과 관련된 것이었다. 당시 식량을 포함한 주요 생필품에 심각한 인플레이션 현상이 발생하여 미군정이 쌀 가격제한을 설정했는데, 이에 대한 한국인들의 반응을 살핀 것이었다. 또 미소공동위원회는 당시의 중요한 정치적 이슈에 대해 아는지 질문한 것이다. 나머지 주제는 모두 한국인들의 현재 생활, 곧 민생에 대한 것들이었다.

다른 '여론 샘플링 여행'들도 대부분 민생 상황에 대한 정보를 얻는 것에 치중했다. 경기도의 농민들에게 서울로 쌀이 가는 모습을 본 적이 있는지, 가족들이 먹을 식량은 충분한지, 쌀 가격의 변화가 생활에 많은 영향을 끼치는지 등을 질문했다. 이처럼 '여론 샘플링 여행'의 결과들을 보면, 여론 수집보다는 민생 상황을 확인하는 것에 치중되어 있다. 이러한 기조는 그 후에도 이어졌다.

1946년 2월 미군정 산하 공보국 여론처가 공보부 여론국으로 승격되면서, 마침내 본격적인 여론조사를 시작했다. 서울을 비롯한 각 지방에서 한국인 여론조사원들을 고용하면서,[3] 수백에서 수천 명을 대상으로 하는 여론조사를 시행할 조건을 갖추었다. 이 시기부터 미군정 여론국의 여론조사는 가두조사 방식으로 진행되었다. 가두조사는 임의로 지나가는 행인들을 대상으로 의견을 묻는, 임의표본 추출법 Haphazard Sampling이라고 정의하는 방식이다.[4] 이 또한 과학적인 조사 방식은 아니었지만, 이전에 시행된 '여론 샘플링 여행'보다는 개선된 것이었다.

가두조사로 시행된 여론조사는 크게 세 가지를 다루었다. 1) 각종 만족도(미군정, 교통시설, 통신시설, 학교, 식량정책 등), 2) 경제체제 선호도(산업 국유화, 귀속농지·한국인 지주 농지의 처분, 농지 국유화 등), 3) 정치적 이슈였다.

첫 번째 각종 만족도 조사는 미군정의 점령정책에 대한 한국인들의 지지도를 확인하기 위한 것이었다. 이 조사는 단순히 만족/불만족으로만 답변을 받아, 그 변화 추이를 추적했다. 미군정, 미군정 한국인 관리, 교통시설, 학교, 식량정책 등이 만족도 조사의 주제였다. 주제에서 볼 수 있듯이, 만족도 조사는 이전의 '여론 샘플링 여행'과 마찬가지로 민생 문제를 핵심으로 했다. 미군정은 한국인들의 삶이 그럭저럭 무난한지, 그리고 그 결과 미군정의 점령에 만족하는지 알고 싶어했던 듯하다.

두 번째 주제인 경제체제 선호도는 한국인들이 사회주의적 개혁을 지지하는지, 그리고 그 지지도는 어떤 추이를 보이는지 추적하기 위한 것이었다. 이 조사는 38선 이북 지역에서 북조선임시인민위원회가 산업국유화, 토지개혁 등의 조치를 취하고 있어서 시행된 것으로 추정된다. 미군정의 입장에서 남한 지역의 한국인들이 38선 이북 지역의 개혁을 얼마나 지지하는지 신경이 쓰일 수밖에 없었다.

마지막으로 정치적 이슈에 대한 여론조사는 시기별로 중요한 사건이 있을 때 그에 대한 한국인 여론을 확인하기 위한 것이었다. 주로 미군정의 남한 정치 구상과 관련되었는데, 민주의원·입법의원 설치, 미소공동위원회 개최 등이 다뤄졌다. 미군정은 이 같은 여론조사를 시행하면서, 서울과 지방에 차이점을 두었다. 서울 지역에서는 만족도, 경제체제 선호도 조사와 함께 정치적 이슈까지 모든 종류의 여론조사를 시행했다. 반면 지방에서의 여론조사는 만족도와 경제체제 선호도에 그쳤다. 미군정이 정치적 중심지인 서울을 지방보다 더 중시했다는 하나의 증거였다.[5]

이처럼 가두조사 방식의 여론조사가 전국을 대상으로 본격 시행되기 시작했지만, 정작 문제는 다른 곳에 있었다. 미군정 여론조사를 통해 확인된 한국인 여론들이 정책에 반영되지 않을 뿐더러, 매우 극소수의 사례를 제외하고, 여론조사 결과는 언론에 알려지지 않았다.[6] 한국인들의 입장에서는 답답할 수밖에 없었다. 한국인들은 미군정이 여론조사를 시행하고 있다는 사실은 알 수 있었지만, 그 결과인 이른바 '여론'이 어떤 상황인지 알 수 없었다. 또 미군정이 수집한 한국인 여론을 실제 정책에 반영하는지 여부도 확인할 길이 없었다. 《해방일보》는 미군정 여론조사 때, 여론조사원이 특정 응답을 유도한다는 의혹을 제기하기도 했다.[7]

여론조사는 결과가 투명하게 공개될 때, 그리고 조사된 여론이 정부 정책에 반영될 때 의미를 갖는다. 정부가 여론조사를 하되 그 결과를 밝히지도 않고, 정책에도 반영하지 않는다면 그것을 민주적인 조치라고 할 수 있을까? 소통의 부재를 드러낼 뿐이다. 미군정이 여론조사를 다루는 방식에서 바로 소통의 부재를 볼 수 있다. 여론조사라는 방식을 취했지만, 그 결과물은 마치 '정보' 내지는 참고자료처럼 취급되었다.[8] 미군정에게 한국인의 여론은 참고를 해도 그만, 안 해도 그만이었던 셈이다.

그렇다면 미군정이 여론조사를 실시하여 얻어낸 결과는 무엇일까? 그들이 확인한 한국 사회는 어떠했을까?

3. 전국 여론조사: 정책 실패와 미군정 신뢰 하락

해방 직후 가장 중요한 과제 가운데 하나는 식량 확보였다. 38선 철폐와 통일된 독립국가 건설, 친일부역자 청산, 경제발전 등 더 큰 과제들도 있었지만, 식량 확보라는 가장 기본적 문제부터 해결해야 했다.

문제는 해방 이전 식민지 조선이 전시경제하에 있었다는 점이다. 1937년 중일전쟁 발발 이후 조선은 전시경제체제로 전환하기 시작했다. 조선총독부가 식량을 포함한 생필품의 가격, 유통 및 소비를 통제하는 상황이었다.[9] 조선총독부는 농촌의 식량을 공출해서 이를 전국에 배급했다. 전시경제는 경제 전반에 악영향을 주기 마련이다. 생필품 생산 공장들은 군수품 생산시설로 전환되는데, 예컨대 비료공장이 전쟁용 화학물질을 생산하는 형식이었다. 이런 변화는 농업 생산량에도 영향을 미칠 수밖에 없었다. 비료 부족만이 원인은 아니었지만, 해방 직전까지 식민지 조선의 쌀 생산량은 심각하게 감소하는 추세였다.

또 다른 문제는 귀환민의 증가였다. 해방과 함께 만주, 일본, 중국 등지로 징병·징용 또는 이주 등의 원인으로 나갔던 한국인들이 고국으로 돌아오기 시작했다.《조선경제연보》1948년판에 따르면 1944년 5월 38선 이남 지역의 인구는 1,656만 명이었는데, 1946년 8월에는 1,936만 명이었다. 해방 이후 늘어난 인구가 280여 만 명이었다.

그러나 해방 직후 미군정은 식량 문제에 대해서 비교적 가볍게 생

〈표 1〉 해방 직전 식민지 조선의 쌀 생산량·소비량과 인구의 추이

년도	조선미 생산량	소비량 (국내)	국내 인구	소비량 (1인당)
1938	24,138	17,552	22,800	0.770
1939	17,355	13,982	22,890	0.611
1940	21,527	17,345	24,040	0.722
1941	24,885	18,612	25,256	0.737
1942	15,687	15,306	26,461	0.578
1943	18,718	14,597	26,408	0.553
1944	16,051	14,295	25,641	0.558

출처: 조선은행조사부, 《조선경제연보 1948년판》 I, 237~238쪽에서 발췌.

각했다. 미군정은 남한이 곡창지대이기 때문에, 쌀 자체가 부족한 것은 아니라고 판단했다. 전시하 쌀값을 통제하는 공정가격제 때문에 쌀이 암시장에 몰렸던 것이고, 쌀값 통제를 해제하는 자유시장 정책을 펼치면 쌀이 자연스럽게 시장으로 나올 것이라고 보았다.[10] 이에 미군정은 1945년 10월 5일 〈일반고시 1호〉를 발표하여, 쌀에 대한 통제를 폐지하고 자유시장을 허용한다고 밝혔다. 또한 이 때문에 쌀값이 폭락할 것을 우려하여, 조선생활필수품회사를 통해 쌀을 정해진 가격에 구입할 것이라고 알렸다.

미군정의 쌀 자유시장 정책은 완전한 실패였다. 쌀 가격이 폭등하면서, 매점매석이 횡행했다. 심지어 도시 지역에서는 쌀이 자취를 감추는 현상까지 발생했다.[11] 그리고 그 결과는 다음과 같았다.

〈그림 1〉은 미군정 여론조사 기구가 조사한 서울 지역 암시장 쌀값의 추이다. 미군정이 조사를 시작한 3월 9일의 175원은 이미 가격이 상당히 치솟은 것이었다. 그럼에도 쌀값의 상승은 멈추지 않아 1946년 7월에는 500원에 이르기까지 했다. 당시《동아일보》의 한 기사에

〈그림 1〉 1946년 3월 말~1947년 초 서울 암시장 쌀값의 동향

단위: 소말당 원

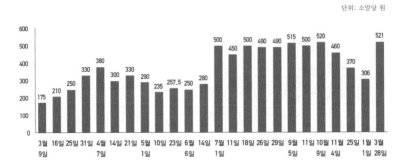

따르면, 5인 가족이 한 달에 소두 10말은 있어야 연명할 수 있다고 했다.[12] 그런데 당시 직장인의 월급은 월 2,000원 남짓이었다. 그렇다면 이미 3월 9일 1말 당 175원인 시점에서, 월급으로는 쌀값을 간신히 댈 정도의 상황이었던 것이다. 심각한 쌀값 폭등은 곧 미군정에 대한 심한 불만으로 이어져 미군정이 조사한 '미군정 만족도'의 변화에 〈그림 2〉와 같이 영향을 주었다.

1946년 3월 초 쌀값이 급격하게 오를 때, 불만족도는 매우 높은 편이었다. 그러나 5월 초에서 6월 중순까지 쌀값이 다소 안정되는 기미가 보이자, 미군정에 대한 만족도도 높아졌다. 7월 초 쌀값이 급등하면서, 미군정에 대한 불만은 심각해졌다. 만족도는 20퍼센트대에 그쳤고, 불만이 40~50퍼센트에 달했다. 미군정에 대한 신뢰가 깨진 것이었다. 흥미로운 것은 1946년 내내 조사한 의약품 및 의료시설, 학교, 광산과 산업 운영, 교통과 통신시설에 대한 만족도 조사가 미군정 만족도에 별다른 영향을 끼치지 못했다는 점이다. 해방 직후 의료, 학

〈그림 2〉 1946년 3월~9월 서울 쌀값의 동향과 군정 만족/불만족도

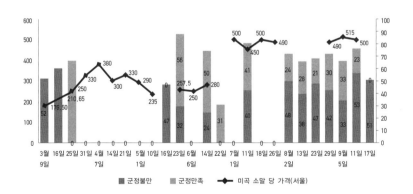

교, 광산, 교통, 통신 모두 어려운 상황이었고, 미군정은 이를 크게 개선시키지 못했다. 따라서 미군정이 실시한 만족도 조사에서, 이 모든 대상에 대해 한국인들이 불만족스러워한다는 점이 드러났다. 그럼에도 이러한 불만이 미군정에 대한 불만으로 이어지지는 않았다. 당시 한국인들은 미군정이 의료, 학교, 산업 등을 개선할 것이라고 기대하지는 않았던 것이다. 한국인들의 미군정에 대한 기대치가 낮았다고 볼 수 있다. 오직 식량이라는 가장 기본적인 문제 정도만 해결해주기를 바랐던 것 같다.

미군정에 대한 신뢰 하락은 한 여론조사에서 극단적으로 나타났다. 미군정이 빨리 나가라는 여론이 등장할 정도였다.

'서울의 정치동향 통계분석' 여론조사는 1946년 3월 16일에서 29일 사이 4,177명을 대상으로 이뤄졌는데, 식량위기가 한창 고조되는

〈표 2〉 '서울의 정치동향 통계분석 여론조사' 문항과 응답률

문항 별 질문	응답지-응답률(1차 조사, 2차 조사)
5.당신은 다음 중 어느 정책을 선호하는가?	미소 양군 철수(한국의 내적 안정성에 대한 고려 없이)-49%, 55% (강조는 필자) 미국인 고문 아래 민주의원이 정부 역할-12%, 8% 미군정이 선거 개최, 정부 수립-6%, 5% 민주의원이 선거 개최, 정부 수립-19%, 13% 남한 정부 수립하지 않음-14%, 19%
6.당신은 미군·소련군이 곧 철수한다면, 내전이 일어날 것이라고 믿는가?	그렇다-39%, 42% 아니다-40%, 33% 모르겠다-21%, 25%
7.당신은 그럼에도 불구하고 미군·소련군 철수를 선호하는가? (6번에서 그렇다 또는 모르겠다를 선택한 사람들에게 질문)	그렇다-70%, 78% 아니다-19%, 16% 모르겠다-11%, 6%

시기였다.[13] 항목 5~7번에서, 미군정은 하나의 질문을 쪼개서 했다. "미·소 양군이 철수하면 내전이 일어날 수 있는데, 그럼에도 불구하고 당신은 미·소 양군 철수를 원하는가?" 그리고 〈표 2〉에서 볼 수 있듯이 한국인들 다수의 답은 "그렇다"였다. 미국이든 소련이든, 일단 나가라는 응답이었다.

이와 같은 미군정에 대한 신뢰 하락은 다른 중요한 여론조사에 큰 영향을 미쳤다. 바로 개혁과 관련된 여론조사였다. 미군정이 북한의 민주개혁을 의식하면서 시행한 여론조사 가운데, 〈일본인 농지의 판매(농지개혁)〉 여론조사는 중요한 의미를 가지고 있었다. 미군정 내부의

〈표 3〉'농지의 처분과 산업, 다른 자산들의 국유화에 대한
　　　　한국인 여론조사' 가운데 농지의 처분 관련 항목들

문항 별 질문	응답지-응답률
1.일본인 농지의 처분 "당신은 일본인이 소유했던 농지와 관련하여, 다음 가운데 어떤 정책이 시행되기를 희망하는가?"	a.가까운 장래에 땅에 살고 있는 소작농들에게 군정이 판매-17.5% b.가까운 장래에 소작농들에게 군정이 분배(무상 분배)-14.5% c.토지의 법적 소유권을 최초로 설립된 한국 정부에 넘기고, 어떤 토지도 현재로서는 군정이 판매하지 않을 것-68%
2.한국인 대지주 농지의 처분 "당신은 한국인 대지주의 농지를 경작하는 소작농들에게 나눠줘야 한다고 믿는가?"	a.그렇다-66.3% b.아니다-33.7%
2-a.'그렇다'를 선택 시 "소작농에게 판매되어야 하는가, 아니면 주어져야 하는가?"	a.판매-72.9% b.분배-27.1%
2-b.'아니다'를 선택 "이 토지는 정부가 인수해야 하는가, 아니면 대지주의 손에 남아 있어야 하는가?"	a.정부-76.9% b.지주들-23.1%

개혁 성향의 관리들이 일본인 농지의 판매(농지개혁)를 추진하여, 북한의 토지개혁에 대응하려는 구상을 했기 때문이다.[14] 일본인 농지의 판매 문제를 처음 거론한 미군정 여론조사의 항목 구성은 〈표 3〉과 같다.[15]

1번 항목에서 볼 수 있듯이, 당시 한국인들은 일본인 농지 처분을 미래의 한국 정부가 시행해야 한다고 믿었다. 미군정의 일본인 농지 판매를 반대하는 입장이 강하게 드러났다. 그러나 한국인들이 개혁 조치 자체를 반대한 것은 아니었다. 한국인 대지주 농지에 대해서도 소작농들에게 판매/분배(무상분배)를 해주거나, 아니면 정부가 인수해야 한다는 입장이 강했다. 이러한 기조는 이후의 여론조사에서도 계속 이어졌다. 미군정은 일본인 농지/한국인 대지주 농지에 대해 판매/분배(무상분배)/보류의 세 조치 중에 어떤 것을 선호하는지, 여론조사를 통해서 주기적으로 확인했다. 그리고 그 결과는 항상 〈그림 3〉에

〈그림 3〉 1946년 일본인 농지의 처분에 관한 여론조사

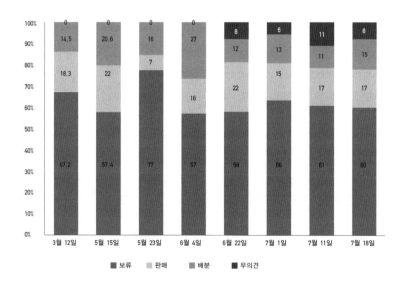

서 보듯이 일정했다. 시기적으로 약간의 변화는 있지만, 보류해야 한다는 의견이 60퍼센트대를 오르내렸다. 일본인 농지건 한국인 대지주 농지건, 이에 대한 개혁은 훗날 세워질 한국 정부가 해야 한다는 입장이었다. 한국인들은 미군정이 농지개혁 등의 개혁 조치를 잘 수행할 것이라고 기대하지 않았지만, 미래의 한국 정부가 여러 개혁 조치를 시행해줄 것을 희망하고 있었다. 미군정 여론조사의 결과물을 보면, 한국인들은 정부가 강력한 권한을 가지고 여러 개혁을 수행해야만 한다고 생각하고 있었다. 그리고 그 개혁은 38선 이북 지역에서 시행된 민주개혁의 내용도 포함하는 것이었다.

〈표 4〉는 1946년 7월 서울 지역에서 무려 1만 명을 대상으로 한 대규모 여론조사 결과 가운데 일부를 정리한 것이다. '미래 한국 정부의 형태와 구조'라는 제목이었는데, 실제 응답자 수는 8,476명이었다. 응답자 가운데 2,497명은 자신을 우익이라고 하고, 1,402명은 좌익, 4,577명은 중립이라고 했다. 그러나 27번 항목을 보면, 우익 조직인 민주의원/임정/독촉에 대한 지지가 총 50.3퍼센트에 달하는 것을 볼 수 있다. 적어도 응답자의 절반은 우익이었던 셈이다.

응답자의 절반이 우익임에도 불구하고, 응답자의 대부분은 강력한 정부 규제를 선호한다는 점이 드러난다. 특히 8번 항목 중 '모든 대규모 산업의 소유', '일상품 가격의 규제', '외국과의 무역 규제' 등이 60퍼센트 이상의 찬성률을 얻은 것이 눈에 띈다. 당시 한국인의 대다수가 국가가 강력한 권한을 가지고 산업을 규제해야 한다고 생각했던 것이다. 심지어 선호하는 경제체제를 질문했을 때, 70퍼센트가 사회주의를 선택했다. 이들이 사회주의가 무엇이고 어떤 것인지 정확하게 이해한 상태에서 응답했는지는 알 수 없지만, 적어도 자본주의나 자유시장을 선호하지는 않았다. 우익 응답자들조차도 69퍼센트가 사회주의를 선호했는데, 좌익 응답자보다 오히려 5퍼센트가량 높았다. 좌익 응답자들은 공산주의(27퍼센트)에 대한 선호도가 꽤 있었기 때문이다. 이처럼 강력한 정부, 강력한 규제를 선호하는 동시에, 38선 이북 지역에서 시행되고 있는 민주개혁과 유사한 개혁이 남한에도 필요하다는 의견

〈표 4〉 '미래 한국 정부의 형태와 구조 여론조사' 주요 항목과 응답률

문항 별 질문	응답지–응답률
3.당신은 어떤 것을 선호하는가?	자본주의-13% 사회주의-70% 공산주의-10% 모르겠다-7%
8.다음의 경제적 권력과 권한 가운데 어떤 것을 한국 정부가 가져야 하는가?	모든 농지의 소유(32%)/한 사람이 소유할 수 있는 농지 양의 제한(62%)/모든 대규모 산업의 소유(62%)/일상품 가격의 규제(60%)/임금의 규제(51%) 외국과의 무역 규제(65%) (이하 생략) (퍼센티지는 찬성률)
16.한국 정부가 수립된 후, 일본인들이 소유했던 토지들이 어떻게 다뤄져야 하는가?	정부의 손에 보유-36% 소작농에게 판매-30% 소작농에게 분배-31% 모르겠다-3%
17.한국 정부가 수립된 후, 한국인 대지주들이 소유했던 토지들이 어떻게 다뤄져야 하는가?	현재 소유자의 손에 남아 있도록 허락-12% 각 지주는 특정한 양의 토지를 제한받고, 나머지는 정부에 적당한 가격에 판매-48% 각 지주는 특정한 양의 토지를 제한받고, 나머지는 정부에 의해 압수-22% 모르겠다-3%
27.당신은 어느 것을 지지하는가?	민주의원-26% (김구의) 임정-13.3% 민전-16.4% 북한임시인민위원회-1.3% (이승만의) 독촉-11% 이 가운데 없음-32%

출처: 신복룡 편, 《한국분단사자료집》 6, 1993, 원주문화사(원전: RG407 Box.2074 "Type and Structure of a Future Korean Government").

〈표 5〉 '노동법/교육/여성 인식에 대한 여론조사' 주요 문항과 응답률

문항 별 질문	응답지-응답률
당신은 여성이 투표하도록 해야 한다고 믿는가?	그렇다-67.9%(남성), 93.5%(여성)
당신은 여성을 위한 대학교육에 찬성하는가?	찬성-94.5%(남성), 99%(여성)
당신은 교육이 의무적인 것이 되어야 한다고 생각하는가?	그렇다-94%(교사), 100%(학생)
당신은 교육에 정부보조금을 주어야 한다고 생각하는가?	그렇다-99%(교사), 93.5%(학생)
당신은 각 지방에 공립대학이 하나씩 설립되어야 한다고 생각하는가?	그렇다-97%(교사), 97%(학생)
중학교 학생들은 외국어를 배우도록 해야만 하는가?	그렇다-98%(교사), 99%(학생)
당신은 북한의 노동법을 찬성하는가? (들어본 적이 있다고 응답한 경우)	그렇다-44% 아니다-34% 모르겠다-22%
당신은 어린이 노동법을 찬성하는가?	그렇다-59% 아니다-6% 모르겠다-35%
당신은 여성이 남성과 같은 비율로 지불받아야 한다고 믿는가?	그렇다-38% 아니다-30% 모르겠다-32%
당신은 최저임금법을 찬성하는가?	그렇다-53% 아니다-14% 모르겠다-33%
정상근무 시간을 넘어서 일하는 것에 대해 어떤 지불을 받아야 하는가?	기본급-10% 1.5배-35% 2배-55%
당신은 정규직을 위한 유급휴가를 찬성하는가?	그렇다-80% 아니다-2% 모르겠다-18%
찬성한다면, 기간은 얼마나?	1주-2% 2주-12% 3주-36% 한 달-50%

이 우세했다. 미군정은 노동법 제정, 공교육 실시, 남녀평등 문제에 대해서도 여론조사를 실시했다. 그리고 그 주요 결과는 〈표 5〉와 같았다.

남녀평등, 공교육, 노동법의 모든 면에서, 한국인들은 상당히 진보적이고 평등한 조치를 지지했다. 여성도 대학교육을 받아야 한다고 생각했고, 동등한 투표권을 갖고 정치에 관여해도 좋다는 입장이 절반을 넘겼다. 공교육이 의무교육으로 시행되면서, 정부보조금을 받아야 한다고 보았다. 노동법과 관련해서는 최저임금과 초과근무수당, 유급휴가 등이 주어져야 하며, 유급휴가는 3주에서 한 달 정도는 되어야 한다는 의견이 압도적으로 높았다.

미군정은 이와 같은 한국인 여론을 확인했지만, 별다른 조치를 취하지는 않았다. 여론조사 결과는 신문에 공개되지 않았고, 따라서 공개적 이슈로 떠오를 수도 없었다. 미군정은 개혁을 시행할 행정력도, 의지도 없었다.[16] 미군정은 이러저러한 문제를 해결하기보다는, 한국인들에게 문제를 적당히 떠넘기고 떠나기를 희망했다. 그러면서 한국의 정계에 정치공작을 시도하여 영향력을 행사하고자 했다. 그들이 원하는 방향으로 한국의 국내정치가 움직이기를 희망했기 때문이었다. 이러한 미군정의 입장은 여론조사에서도 드러났다. 미군정이 시행한 정치 관련 여론조사들은 노골적으로 미군정의 입장을 투영한 것이었다.

4. 서울 여론조사: 정치 공작과 여론

앞서 지적한 바와 같이, 미군정은 서울 지역에서만 정치 여론조사를 시행했다. 서울 지역이 정치의 중심지이자, 지방과는 달리 우익이 상당한 정치적 힘을 발휘할 수 있는 지역이기 때문이었다.

미군정의 정치 여론조사는 세 가지에 초점을 맞췄다. 정당·정치지도자 지지도와 특정 이슈에 대한 여론, 선거권이었다. 세 요소는 선거를 중심으로 맞물렸다. 미군정 정치구상의 핵심이 선거를 통해 대표성을 획득하는 정치세력을 육성하는 것이기 때문이었다. 이를 위해 남조선대한민국대표민주의원(이하 민주의원)과 남조선 과도입법의원(이하 입법의원)이라는 한국인 대표기구를 조직하고, 이를 바탕으로 한국인 권력집단을 육성하고자 했다. 미군정은 이 권력집단에 다양한 세력들이 포괄되기를 희망했지만, 반드시 우익이 주도하는 구도여야 했다.

미군정 정치 여론조사 가운데, 두 개를 가장 주목해볼 필요가 있다. 1946년 3월의 '서울의 정치동향 통계분석'(〈표 6〉) 여론조사와 1946년 7월에 실시된 '미래 한국 정부의 형태와 구조'(〈표 7〉) 여론조사가 그것이다. 두 여론조사는 서울에서 대규모 인원을 대상으로 했고, 항목도 가장 많았다. 그만큼 미군정이 심혈을 기울여서 실시한 여론조사였다.

'서울의 정치동향 통계분석' 여론조사는 '민주의원'을 중요한 조직인 것처럼 항목을 설계했다. 5번에서 볼 수 있듯이, '민주의원'은 미국인 고문 아래 정부 역할을 수행하거나, 선거를 개최하여 정부를 수립할 수 있는 대표성을 띤 조직처럼 그려졌다. 그러나 실제로 '민주의원'은 우익계 반탁세력만이 결집한 자문기구였고, 미군정의 정치공작에 의해 세워진 조직에 불과했다. '민주의원'에 참여한 세력들은 제한적이어서 좌우익과 중도 모두를 아우르지 못했다.

이 여론조사를 통해, 미군정은 '민주의원'의 위상을 살펴보고자 했다. 5번 항목에서 '민주의원'에 중요한 역할을 부여한 것은 이 때문이었다. 그러나 결과를 보면 알 수 있듯이, 이 시기 한국인 여론은 미군

〈표 6〉 '서울의 정치동향 통계분석 여론조사' 주요 문항과 응답률

문항 별 질문	응답지-응답률(1차 조사, 2차 조사)
3.만약 다음 정당에서 후보들이 선거에 참여한다면, 어느 쪽을 지지하겠는가?	한민당, 국민당 등(우익정당)-43%, 40% 인민당, 공산당 등(좌익정당)-33%, 31% 이 중에 없다/모르겠다-24%, 29%
4.당신은 다음 중 누가 인민대중의 복지와 이익을 위해 가장 열심히 일했다고 여기는가?	김구-22%, 20% 김규식-9%, 8% 이승만-32%, 30% 안재홍-5%, 9% 조만식-4%, 3% (우익지도자 총계-72%, 70%) 박헌영-10%, 11% 여운형-13%, 15% 김일성-3%, 2% 김두봉-2%, 2% (좌익지도자 총계-28%, 30%)
5.당신은 다음 중 어느 정책을 선호하는가?	미소 양군 철수(한국의 내적 안정성에 대한 고려 없이)-49%, 55% (강조는 필자) 미국인 고문 아래 민주의원이 정부역할-12%, 8% 미군정이 선거 개최, 정부수립-6%, 5% 민주의원이 선거 개최, 정부수립-19%, 13% 남한정부 수립하지 않음-14%, 19%
6.당신은 미군·소련군이 곧 철수한다면, 내전이 일어날 것이라고 믿는가?	그렇다-39%, 42% 아니다-40%, 33% 모르겠다-21%, 25%
7.당신은 그럼에도 불구하고 미군·소련군 철수를 선호하는가? (6번에서 그렇다 또는 모르겠다를 선택한 사람들에게 질문)	그렇다-70%, 78% 아니다-19%, 16% 모르겠다-11%, 6%
9.만약 선거가 치러진다면, 성인이고, 분별있고, 법을 지키는 모든 시민에게 투표가 허가되어야 하는가?	그렇다-66%, 65% 아니다-27%, 29% 모르겠다-7%, 6%
10.만약 선거가 치러진다면, 성인이고, 분별 있고, 법을 지키는 시민이면서 한국어를 읽고 쓸 줄 아는 이들만 투표가 허가되어야 하는가?(9번 항목에서 '아니다'와 '모르겠다' 선택한 사람들에게만 질문)	그렇다-86%, 87% 아니다-6%, 5% 모르겠다-8%, 8%
11.당신은 어느 쪽을 선호하는가?	민주의원-49%, 51% 민전-33%, 27% 모르겠다-18%, 22%

출처:《군사실 문서철》 Box.34 "Statistical analysis of political trends in Seoul"(1946. 3. 31).

정의 점령 통치에 극히 부정적이었다. '민주의원'이건 선거건, 미·소 양군 철수를 선호하는 비중이 과반수에 달했다. '민주의원' 자체에 대한 지지율은 50퍼센트 남짓 되었지만, 이는 단지 우익 성향에 대한 지지라고 보아야 한다. 민전(좌익)과 '민주의원'의 두 가지 선택지만 있었기 때문에, 좌익 대신 우익조직을 선택한 것이었다. 우익지도자 지지율이 70퍼센트에 달했던 것을 감안하면, 우익 중에서도 '민주의원'을 지지하지 않는 비율이 상당수 존재한다는 점이 드러났다.

〈표 7〉 '미래 한국 정부의 형태와 구조 여론조사' 일부 항목과 응답률

문항 별 질문	응답지-응답률
18. 당신은 현재 남한에서(강조-원문) 의회를 설립하는 것이 바람직하다고 믿는가?	그렇다-45% 아니다-40% 모르겠다-15%
19. 당신은 어떻게 남한의 임시(강조-원문) 의회 의원들이 선출되어야 한다고 믿는가?	주요 정당들에 의해서 임명-11% 사람들에 의해 선출-64% 군정이 선택-7% 모르겠다-18%
20. 당신은 한국 독립의 대의명분이 그러한 의회의 설립으로 도움 받을 것이라고 생각하는가?	그렇다-51% 아니다-28% 모르겠다-21%
21. 당신은 남한의 임시 대통령Provisional Korean President이 어떻게 선택되어야 한다고 믿는가?	의회에 의해서 선택-10% 사람들에 의해서 직접 선출-68% 군정에 의해 임명-4% 모르겠다-18%
24. 당신은 투표하도록 허용되는 나이가 얼마여야 한다고 믿는가?	15~25세 사이 중 선택(응답 생략)
27. 당신은 어느 것을 지지하는가?	민주의원-26% (김구의) 임정-13.3% 민전-16.4% 북한 임시인민위원회-1.3% (이승만의) 독촉-11% 이 가운데 없음-32%

출처: 신복룡 편,《한국분단사자료집》 6, 1993, 원주문화사(원전: RG407 Box.2074 "Type and Structure of a Future Korean Government").

이후 1차 미소공위가 실패로 돌아간 후, 미군정은 다시 '입법의원'이라는 새로운 정치구상을 준비했다. 그리고 '미래 한국 정부의 형태와 구조' 여론조사의 일부 항목을 통해, 이에 대한 한국인들의 반응을 살펴보고자 했다.

항목 가운데, 18번과 21번에 주목해볼 필요가 있다. 의회, 곧 '입법의원'을 설치하는 것이 바람직하다고 묻는 항목에, 찬성 45퍼센트 반대 40퍼센트로 찬성이 약간 높았다. 그런데 21번에서는 의회의 설립과 '한국 독립의 대의명분'을 연결시킴으로써, 찬성 51퍼센트와 반대 28퍼센트를 얻었다. '입법의원' 설립이 한국 독립의 대의명분을 높이는 데 도움이 될 것이라는 인상을 주면서, 찬성률을 끌어올린 것이다. 후자의 여론조사 결과는 정확한 결과는 아니라고 보아야 한다.

결국 '입법의원' 또한 '민주의원'처럼 그다지 많은 지지를 받지 못한 셈이었다. 두 여론조사 모두 우익 지도자, 우익 단체 지지율이 매우 높았음에도, 미군정의 민주의원·입법의원 구상은 절반을 넘기지 못했다. 좌익은 논외로 하더라도, 우익 중에서도 일부는 미군정의 정치구상에 상당한 의구심을 품고 있었음이 드러났다.

여론조사 결과와 상관없이, 미군정은 '민주의원'과 '입법의원'을 조직했다. 그러나 원래의 목표대로 이 조직들이 한국인들의 폭넓은 지지를 획득하지는 못했다. 여기에는 또 다른 문제가 엮여 있었다. 그것은 바로 선거였다. 미군정은 '민주의원'과 '입법의원'에 대한 여론조사를 하면서, 항상 선거 문제를 언급했다. 그리고 선거와 더불어 선거권에 대해서도 질문했다. 모든 시민에게 선거권을 주는 보통선거를 시행해야 하는가 하는 문제였다.

한국인들의 반응은 명확했다. 문맹이나 성별, 재산과 상관없이 모든 시민에게 투표권이 허용되어야 한다는 입장이 절반 이상을 차지해 보통선거를 실시해야 한다는 여론이 확연히 드러났다. 그럼에도 미군 정은 최초로 선거를 통해 '입법의원'을 조직하면서 보통선거를 실시 하지 않았다. 입법의원 선거에서 투표를 할 수 있는 사람은 매우 제

〈표 8〉 '민주의원·입법의원 관련 여론조사'에서 선거권 관련 항목과 응답률

질문	응답지—응답률(민주의원은 2차례 여론조사)
9. 만약 선거가 치러진다면, 성인이고, 분별 있고, 법을 지키는 모든 시민에게 투표가 허가되어야 하는가?	그렇다—66%/65% 아니다—27%/29% 모르겠다—7%/6%
10. 만약 선거가 치러진다면, 성인이고, 분별 있고, 법을 지키는 시민이면서 한국어를 읽고 쓸 줄 아는 이들만 투표가 허가되어야 하는가? (9번 항목에서 '아니다' '모르겠다'를 선택한 사람들에게만 질문)	그렇다—86%/87% 아니다—6%/5% 모르겠다—8%/8%
22. 당신은 읽고 쓸 수 있는 사람만이 투표하도록 허용되어야 한다고 믿는가?	그렇다—37% 아니다—52% 모르겠다—11%
23. 당신은 남자와 여자 모두 투표하도록 허용되어야 한다고 믿는가?	그렇다—71% 아니다—25% 모르겠다—4%
24. 당신은 투표하도록 허용되는 나이가 얼마여야 한다고 믿는가?	15~25세 사이 중 선택(20세가 30.5%가 최다, 이후 25세가 23%, 21세가 17%, 18세가 14%로 높은 응답율.)
25. 당신은 자산을 소유하거나 세금을 내는 사람만 투표하도록 허용되어야 한다고 믿는가?	그렇다—20% 아니다—73% 모르겠다—7%

출처: 《군사실 문서철》 Box.34 "Statistical analysis of political trends in Seoul" (1946.3.31); 신복룡 편, 《한국분단사자료집》 6, 1993, 원주문화사(원진: RG407 Box.2074 "Type and Structure of a Future Korean Government").

한되었다. 세대주만이 투표를 할 수 있었고, 따라서 여성과 납세를 못하는 가난한 사람들은 투표권을 행사할 수 없었다.[17] 이는 미군정이 우익 주도의 입법의원을 만들고자 했기 때문이었다. 미군정의 의도는 실제 선거를 통해 성공적으로 관철되었다. 선거 방식의 유리함과 미군정 관리, 경찰력의 지원을 받은 우익이 입법의원 선거에서 압도적으로 승리했다.[18]

공정하지 못한 선거 시행과 우익의 압도적 승리에 대해 좌익·중간파가 반발했고, 한국인 여론 또한 그리 좋지 못했다. 중간파는 재선거 실시와 '입법의원' 개원 연기를 요구했다. 미군정은 서울 지역의 재선거가 옳은지 여론조사를 했는데, 서울의 여론은 선거 취소와 재선거를 지지했다. 서울 지역에서의 특별 여론조사에서, 응답자의 49퍼센트는 서울 선거의 취소와 재선거를 지지했으며, 반대는 27퍼센트, '모르겠다'는 24퍼센트였다.[19] 결국 미군정은 서울·강원 지역에서 재선거를 실시하는 것으로 중간파의 반발을 무마하고자 했다.

입법의원 선거와 보통선거권 문제에서, 미군정이 한국인 여론을 다루는 방식이 다시 한번 드러났다. 한국인 여론은 참고자료에 불과하다는 태도였다. 미군정의 정치공작으로 세워진 '민주의원', '입법의원'에 대한 한국인들의 반응에 관심은 있었지만, 그렇다고 한국인들의 여론을 반영하겠다는 것은 아니었다. 미군정은 어쨌거나 자신들의 의도를 관철시킬 수 있는 방향으로 정책을 끌고 나갔다.

5. '불통'의 여론조사, 왜곡된 민주주의

여론조사의 시행, 그리고 그 결과 확인할 수 있는 여론은 그것이 소통과 변화를 이끌어낼 때 의미를 갖는다. 시민과 입법·행정·사법권력이 서로 소통하는 가교로 작용할 때, 그리하여 어떤 식으로든 변화를 이끌어낼 때 진정한 의미에서 여론이 역할을 했다고 할 수 있다. 정부가 항상 여론의 추이에 발맞추어 모든 정책을 시행할 수는 없다. 여론은 절대적인 것도, 항상 옳은 것도 아니기 때문이다. 그러나 여론은 존중받아야 한다. 그것이 민주주의의 기본정신이다.

미군정 3년의 점령 통치 가운데 전반부였던 1945~46년 동안에 미군정 여론조사는 진정한 의미의 여론조사였을까? 한국인 여론은 존중받았을까? 그렇지 않았다. 미군정은 한국인 여론을 그다지 존중하지 않았다. 여론이라기보다는, 마치 참고할 만한 정보인 것처럼 취급했다. 한국인들에게 여론조사 결과를 알려주지도 않았다. 소통이 아닌 불통이 이어졌다. 선거도 마찬가지로 다뤄졌다. 입법의원 선거는 한국인의 의사를 묻기 위한 선거가 아니었다. 그것은 특정 세력을 당선시키기 위해 고안된 장치에 불과했다. 선거라는 외피만을 씌웠을 뿐이었다. 미군정 정치공작의 성공을 위해, 한국인들에게 보통선거권은 주어지지 않았다.

여론조사를 시행함으로써, 군정은 보다 '민주적'으로 운영될 수 있었을까? 1946년 초 미군정 여론조사 부서는 그렇게 믿었던 듯하다. 다음과 같은 언론보도를 내고자 했기 때문이다.

미군정은 국가가 직면한 중대한 문제에 대해 한국인 여론을 알고자 모든 노력을 기울이고 있다. 대개 민주주의에서 여론은 사람들이 참여하는 선거를 통해 주기적으로 표현된다. 그러나 남한의 혼란스러운 정치 상황은 일시적으로 선거를 불가능하게 했다. 대신 군정은 남한의 모든 지역에 관찰자들을 조직했는데, 이들의 임무는 식량 문제, 토지 문제, 정치 상황, 그리고 다른 중요한 이슈에 대해 사회 각계각층의 사람들을 인터뷰하고, 의견을 얻고자 하고, 대다수의 사람들이 무엇을 생각하는지 파악하는 것이다. 이러한 방법으로, 군정은 민주정부가 하는 것처럼 사람들의 의지에 응답한다……

이 보도자료는 실제 기사화되지 않았다. 아마도 미군정의 고위층이나 다른 부서가 여론조사 결과를 정책에 반영하려는 의지가 없었기 때문일 것이다. 미군정은 한국인들의 의지에 응답하지 못했다. 해방 직후 한국인들이 경험한 소위 '민주주의'라는 것은 왜곡된 민주주의였다. 한국인들이 요구하는 개혁의 목소리는 여론조사에 담겼으나, 그 자료는 종이쪼가리에 불과했다. 절대권력을 쥔 미군정이 '소통'을 거부했기 때문이었다. •송재경

[5장]
미군정기 후반전,
현지조사와 지방 여론

1. 미군정은 왜 지방에 조사팀을 보냈나

한국 사회에서 정치, 경제, 문화 등 모든 기능이 서울에 과도하게 집중한 사실은 종종 사회 문제로 거론된다. 1960년대 한국 사회를 관찰한 그레고리 핸더슨이 한국의 정치문화에서 오래된 서울 중심성을 지적한 것은 유명하다.[1] 그러나 그가 언급하지 않은 것은 본인이 신생 대한민국의 미 대사관에 근무하기 직전까지 한반도를 점령한 미군정 이야말로 서울 중심성을 강화시킨 장본인 중 하나라는 점이다.

점령군은 한반도에 도착하자 수도 서울부터 점령했고, 철저히 서울을 기준으로 정책을 시행했다.[2] 서울–지방의 관계에서 그들의 우선순위를 가장 극명하게 보여주었던 사례는 미곡 문제였다. 미군정은 일제 대신 남한 통치를 맡자마자 극심한 쌀 부족 사태에 직면했다. 그러자 위기를 모면하는 과정에서 서울 지역 배급부터 유지하기 위해 농촌의 쌀을 헐값으로 사 갔다. 당시 신한공사(동양척식회사의 후신)의 총재였던 미첼C. Clyde Mitchell은 미군정이 농촌보다 도시의 여론에 더욱 신경 쓴 것이 사실이라고 회고했다.[3]

여론정책을 담당하던 미군정 공보부는 가끔 여론조사를 시행하여 현지인들이 점령정책을 어떻게 받아들이는지 타진하곤 했다. 그러나 이런 조사 또한 보통 서울에서 시행했다. 이후에 미군정의 점령정책을 분석한 연구들은 한국인들이 군정에 대해 어떻게 생각했는지 참고하기 위해 종종 이 자료를 활용했다.[4] 자연히 여론조사 자료로 당시 사회 동향을 읽으려 한 연구들도 서울을 중심에 두게 되었다.[5]

지방의 경우 남아 있는 자료는 사건 사고와 관련된 경우가 많다. 치안에 문제가 발생했을 때 점령군이 중앙에 보고한 자료나, 신문보도가 대부분이다. 자연히 미군정기 지방 연구는 돌출된 사건을 중심으로 기술되었다. 주로 인민위원회나 인민항쟁과 같이 지방민들이 표출한 저항에 주목한 것은 그 때문이기도 하다.[6] 1945년부터 많은 지방에서 인민위원회가 미군정과 갈등했고, 1946년에는 '10월 항쟁'이 일어났으며, 1948년에는 단독선거를 앞두고 지방에서 물리적 충돌이 빈번하게 일어났다. 유일하게 1947년만 지방에서 대대적인 물리적 충돌이 일어나지 않은 소강 기간이며, 그만큼 지방에 대한 연구가 적은 시기이기도 하다. 기존 연구에서 이 시기가 중요하게 언급되는 경우는 미국의 대외정책 노선이 전환하면서 한반도에서도 단독정부 수립이 점쳐지는 등 중앙정치에 초점을 맞출 때 정도다.

그러나 1946년 10월 항쟁이 진압되어 좌익조직이 거의 마비된 상황에서도 1948년이 되면 다시 지방에서 4·3사건이나 여순사건 등 규모가 큰 충돌이 연이어 발생한다. 이 사실은 1947년 잠재되어 있던 지방 여론에 대해 보다 적극적인 해석을 요청한다. 이 시기는 군정의 시야 바깥에서 움직이고 있는 여론을 살펴보기에 더 좋은 시기이기도 하다. 그런 점에서 1947년 미군정 공보원이 지부를 준비하기 위해 지방 마을을 직접 관찰하고 여론을 조사한 자료는 지방 여론에 초점을 맞춘 드문 자료이다. 특히 이 '현지조사Field Operation'는 기존의 가두 조사와 달리 개별 마을을 방문하는 방식으로 이루어졌다는 점에서 조사 대상과 방법이 모두 달라진 것이었다. 대상 지역을 도道마다 하나씩 선정하여 비슷한 양식으로 정보를 수집했으므로, 자료와 연구가 희소한 1947년 지방 사회의 모습을 들여다볼 수 있는 하나의 단서이기도 하다.

이 여론조사 자료를 읽을 때는 눈에 보이지 않는 질문자의 존재에 유의해야 한다. 응답자들의 생각은 질문자가 설정한 틀을 통해 비로소 의미를 부여받기 때문이다. 따라서 질문자인 미군정 공보기구의 입장을 알아둘 필요가 있다. 미군정에게 여론조사는 여론을 다루는 일종의 정치기술이었다. 그것은 제스처에 불과하다 하더라도 다수의 의견에 가치를 부여한다는 점에서 분명 일제 시기와 다른 방식이었다.[7] 나아가 미국식 민주주의 제도를 이식한다는 점령 명분과도 관련되었다.[8] 그들은 '여론'이 '공의公義'와 같은 의미라고 홍보하며 민주주의 이론을 내세웠다. 제한적이나마 구성원들의 의견을 통치에 반영할 수 있기 때문에 여론조사가 선거의 대용물까지도 될 수 있다는 논리였다.[9]

그러나 점령지 여론조사는 구성원들의 의견을 민주적으로 수렴하기 위한 과정이 아니라 점령군의 절대적인 통제 아래 시행한 일종의 '작전operation'이었다.[10] 개별 여론조사는 점령군의 여론정책 속에서 만들어졌고, 여론을 다루는 공보정책은 다시 전체 점령정책 속에서 결정되었다. 점령정책의 변화 속에서 특히 중요한 시점은 미국의 대한정책 노선이 대소對蘇 협상에서 단정單政으로 전환하는 1946년 중반이었다.[11] 이 시기 미군정은 한반도 문제에 대해 소련과의 협상 과정에서 우위를 차지하기 위해 지지 기반을 확보하려 했다. 1947년 중반 대소협상 노선에서 손을 떼자[12] 미국의 일방적 노선을 지지받는 일은 더욱 중요해졌다. 단정안案을 절차적으로 정당화하기 위해 채택된 방식은 남한 지역 총선거였다. 이제 남한에서만큼은 최소한 서울을 넘어 지방의 지지를 끌어올 필요가 있었다.[13]

지지가 필요한 상황이건만 지방 여론은 오히려 악화되고 있었다. 그간 서울 위주의 점령정책에 누적된 불만은 10월 항쟁으로 폭발했다. 이것은 공보정책을 결정적으로 변화시킨 또 다른 계기였다.[14] 군정은 10월 항쟁이 발생하고 나서야 지방 여론을 의식했고,[15] 항쟁의 원인을 분석하기 시작했다. 그러나 군정 보고서는 사태가 악화된 이유에 대해 공산주의자들의 선전에 모든 책임을 돌렸다. 지방민들이 반발했던 군정정책에 대해서는 언급하지 않았다. 군정의 책임은 오로지 대응이 적절했느냐에 국한했다.[16]

여론이 좌익 선전 때문에 휘둘린다고 본다면,[17] 상황을 바꾸기 위해 필요한 것은 여기에 대응하는 역선전이다.[18] 공출유세대나[19] 전단으로[20] 공출을 보조하는 정도였던 지방 공보정책을 적극적으로 전환한 것은 이 때문이었다. 1947년 미군정은 한국인화Koreanization가 진행된 군정청 공보부와 별도로 사령부에 직속하는 공보원The Office of Civil Information을 신설했다.[21] 곧이어 각 지방에 공보원 지부를 설립했다.[22] 점령기 후반인 1947년부터 지방 공보정책의 비중을 높여 보겠다는 의미였다.

지부를 설립하려면 현지 상황을 직접 파악해야 했다. 따라서 1947년 7월부터 12월까지 7차에 걸쳐 도마다 한 곳씩 조사팀을 파견하여 현지조사를 시행했다. 원래 미군정 공보부에서 가끔 지방에 순회공연을 보내던 이동교육열차에 정보 수집 활동까지 주문한 것이었다.[23] 조사팀은 기존에 부서별로 분산되어 있던 활동을 통합one-stop한 것에 큰 의미를 부여했다.[24] 자체 평가를 통해 예비답사를 추가하거나 전단 항공 살포를 병행하는 등 신속하게 대응할 수 있었기 때문이다.

통합 활동 중에서 공보원이 가장 강조한 것은 여론조사였다.[25] 1946년 초 공보부의 조사 이후 1년 만에 시행한 대규모 조사이기 때문이었다. 이전의 공보부 여론조사에서 지방까지 포함한 조사는 물가 및 물자, 고용 및 범죄율, 군정 지지도 등을 주기적으로 점검하는 정기조사뿐이었다. 그나마 통행량이 많은 읍내에서 무작위로 표본을 추출한 것이었다.[26] 현지조사에 이르러서야 중앙의 공보기구는 처음으로 개별 마을에 방문조사를 시행한 것이다.

2. 조사팀이 파악하려 했던 것

활동이 진행된 지역과 일정을 정리하면 〈표 1〉과 같다. 조사 지역은 대체로 도마다 한 곳씩 선정되었다. 지부가 설립될 만한 거점을 중심으로 각 지역의 특성을 점검하려는 것이었다. 우선 철도로부터 최소한의 접근성을 가져야 했고,[27] 현지 군정 당국과 논의하여 치안이 불안정한 곳을 우선했다. 7차 조사 지역의 경우 지부가 세워질 대전으

로 결정될 뻔했으나 선발대가 현지 군정 당국과 논의하면서 치안이
불안정한 논산군으로 변경했다. 대규모 항쟁이 일어난 광주 근교, 현
재 좌익 근거지로 경주와 포항,[28] 과거 좌익 근거지로 마산이[29] 각각
선정된 이유도 같았다.

조사팀이 방문한 지역과 회수한 질문지 수는 〈표 2〉와 같다. 조사팀
의 구성을 살펴보면, 예비조사의 경우 총 9명의 인원 가운데 한국인
은 조사분석과의 강용흘[30] 등 5명이었다. 전체 인원이 늘어난 3차 조
사부터는 총 20명 중 12~13명이 한국인이었다. 조사팀은 군정단의
임시 숙소를 사용한 것은 물론 지역 정보를 얻는 단계부터 정규 활동
기간 내내 군정단 직원 대부분과 긴밀하게 협력했다. 접경 지역인 6
차 조사 지역(강원 춘천)처럼 군정단 외에 전술부대와의 소통이 필수

〈표 1〉 1947년 현지조사 시행 지역과 일정

회차	조사 지역(대상 군)	시기	활동
예비	전남 광주(광산군, 나주군, 화순군)	7. 19~26	자료배포, 조사
2차	경남 울산		자료배포, 전시
3차	전북 이리(익산군, 옥구군, 김제군, 완주군)	8. 20~25	자료배포, 전시, 조사
4차	경북 포항(영일군, 경주군)	9. 13~17	자료배포, 전시, 조사
5차	경남 마산(창원군, 함안군)	10. 12~16	자료배포, 전시, 조사
6차	강원 춘천(춘성군, 홍천군)	11. 7~10	자료배포, 조사
7차	충남 논산군	12. 5~8	자료배포, 조사

출처: 〈예비조사(전남 광주) 보고서〉, 1947. 8. 11, 〈제 3차 현지조사(전북 이리) 보고서〉,
1947. 9. 3, 〈제 4차 현지조사(경북 포항) 보고서〉, 〈제 5차 현지조사(경남 마산) 보고서〉,
1947. 11. 4, 〈제 6차 현지조사(강원 춘천) 보고서〉, 1947. 12. 1,
〈제 7차 현지조사(충남 논산) 보고서〉, 1948. 1. 15.

적인 곳도 있었다. 향후 지부 개설을 염두에 둔다면 현지 학교 및 관료들과 지역 연락망을 구축하는 것도 필요했다.[31]

조사팀은 크게 전시 및 상영을 담당한 팀과 자료 배포 및 조사를 담당한 팀으로 나뉘었다. 전자가 중심 마을을 하루 단위로 이동하는 동안 후자는 개별 마을을 차례로 방문했다. 조사 지역을 몇 개 구역으로 나누고, 면담을 담당할 한국인 직원과 자료를 배포할 미국인 직원이 한 조가 되어 날마다 한 구역씩 전담하는 방식이었다. 개별 조는 간선도로를 기준으로 진입 가능한 주변 마을을 모두 방문했다. 마을에 들어간 후에는 선전물을 나누어주고 이장을 비롯한 5~10명의 주민들과 면담했으며, 정해진 양식에 따라 주요 정보를 기록했다. 마을 하나당 이 과정이 대략 1~2시간 소요되었다.

자료를 배포하는 원칙은 최대한 다양한 종류를 분산 배포하는 것이었다.[32] 배포된 자료는 대략 〈표 3〉과 같았다. 특히 활동 후반으로 갈

〈표 2〉 현지조사의 조사 범위

	전남 광주	전북 이리	경북 포항	경남 마산	강원 춘천	충남 논산
군	3	4	2	2	4	1
면	11	20	19	22	10	13
마을	41	60	57	57	34	44
회수 답변	353	378	371	418	290	293
인구	–	285,427	311,410	–	141,524	180,000

출처: 〈예비조사(전남 광주) 보고서〉, 1947. 8. 11, 〈제3차 현지조사(전북 이리) 보고서〉, 1947. 9. 3, 〈제4차 현지조사(경북 포항) 보고서〉, 1947. 10. 8, 〈제5차 현지조사(경남 마산) 보고서〉, 1947. 11. 4, 〈제6차 현지조사(강원 춘천) 보고서〉, 1947. 12. 1, 〈제7차 현지조사(충남 논산) 보고서〉, 1948. 1. 15.

수록《세계신보》의 비율이《농민주보》보다 늘어났다. 이 시기 공보원은 점점《농민주보》의 비중을 줄여 공보부에 맡기고《세계신보》에 집중하고 있었다.[33] 1947년부터 군정이 기존《농민주보》와 별개로, 신문이 닿지 않는 곳에《세계신보》를 배포하기 시작했기 때문이다. 그 내용은 군정의 농민정책을 다루었던《농민주보》와 달리[34] 미국의 대한 정책을 홍보하는 것이었다.[35]

면담은 조사팀이 준비한 질문지에 주민들의 응답을 기록하는 방식이었다. 마을마다 약 10명 미만의 대상자를 선정했는데, 조사 대상의 성비性比 문제는 활동 초기에 심각한 골칫거리였다. 예비조사에 응한 여성이 49명(13.8퍼센트)에 불과했기 때문이다.[36] 그러나 한 달 뒤 3차 조사에서 여성의 비율은 갑자기 115명(30.4퍼센트)으로 늘어났다.[37] 중반부로 가면서 여성의 비율은 175명(47.1퍼센트), 150명(35.8퍼센트)으로 점점 높아졌고, 표본의 절대 규모가 다소 줄어든 후반부에도 42퍼

〈표 3〉 조사팀이 배포한 자료

	전남 광주	전북 이리	경북 포항	경남 마산	강원 춘천	충남 논산
농민주보	10,000	식별불가	300	불명	4,000	4,000
세계신보	10,000	10,000	25,000	불명	20,000	50,000
영어 잡지	약 1,000	–	–	불명	1자루	불명
한국어 잡지	500	–	–	불명	14	불명
벽보/전단	–	28,000	13,000	불명	2,000	불명

출처: 〈예비조사(전남 광주) 보고서〉, 1947. 8. 11, 〈제 3차 현지조사(전북 이리) 보고서〉,
1947. 9. 3, 〈제 4차 현지조사(경북 포항) 보고서〉, 1947. 10. 8,
〈제 5차 현지조사(경남 마산) 보고서〉, 1947. 11. 4, 〈제 6차 현지조사(강원 춘천) 보고서〉,
1947. 12. 1, 〈제 7차 현지조사(충남 논산) 보고서〉, 1948. 1. 15.

센트(122명), 41퍼센트(120명)의 비율을 유지했다.

보고서는 수집한 정보 중 주민들의 여론을 따로 분류했다. 질문지는 지역마다 약간의 수정이 가해졌으나 전체적인 구성이 크게 바뀌지는 않았다. 가장 먼저 공보원이 생산한 홍보자료가 어느 정도 침투했는지, 그에 대한 주민들의 반응은 어떤지를 살폈다. 다음으로 주민들의 교육 수준이나 통신설비와 같이 선전이 수행되는 환경을 점검한후, 주민들 사이에서 최근 가장 많이 오가는 화제가 무엇인지 파악했다. 그리고 나서 몇 가지 쟁점에 대해 주민들의 생각을 물었다. 질문자체는 1년 전 정기 여론조사의 것과 크게 달라지지 않았다. 단정과총선거를 앞두고 시행되었음에도 불구하고 미소공위나 유엔, 단독선거에 대한 견해를 본격적으로 묻지는 않았다. 그렇다/아니다의 단답형 선택지를 기본으로 삼는 구조도 같았고, 몇몇 질문에만 보조적으로 주관식 질문을 추가했다.

의견을 묻는 항목 중 가장 먼저 배치된 것은 미국인에게 느끼는 감정을 묻는 항목이었고, 그다음으로 군정에 대한 의견, 북한에 대해 들은 소문 항목을 차례로 배열했다. 미국인에 대한 태도를 조사한 것은 좌익 중심지로 경계하던 4차 조사 지역(경북 포항)부터였다. 앞뒤 설명 없이 '한국에 미국인이 있는 것이 이득이 된다고 생각하는가?'라고 묻는 방식은 "즉각적이고 감정적인 반응을 이끌어내기 위한 것"이었다.[38] 물론 미군이 점령하고 있는 상황에서 이 질문이 군정 만족도와 완전히 분리된 문제는 아니었다.[39] 그러나 군정은 점령 초기부터 군정과 별도로 '미국'의 인기를 별도로 점검해온 바 있다.[40] 공보 담당자들뿐 아니라 사령부 차원에서도 주민들이 미국과 미국인을 어떻게 받아들이는지 매주 보고서에 따로 항목을 두고 신경 썼다. 주민들의 미국

〈표 4〉 질문지 각 문항의 내용(질문지 양식이 반복된 4차, 5차, 6차 조사 기준)

A. 농민주보
농민주보를 본 적이 있는가? (있다/없다)
본 적이 있다면 좋은가? (예/아니오)
좋았다면 왜 좋았는가? 싫었다면 왜 싫었는가?
  3-1. 좋았던 이유
  3-2. 싫었던 이유

B. 교육과 문맹
학교를 다닌 기간은?
   (없음/독학/1년/2년/3년/4년/5년/6년/7년/8년/9년/10년이상)
한국어를 읽고 쓸 수 있는가?
   (그렇다/아니다) (한글 조금/한글 능숙) (한자 조금/한자 능숙)

C. 주요 관심사
사람들은 요즘 무슨 이야기를 가장 많이 하는가? (자유 답변)

D. 미국인에 대한 태도
한국 내 미국인의 존재가 어떻게든 한국에 이익이 될 것이라 생각하는가?
   (그렇다/아니다/모르겠다)

E. 지방 군정에 대한 태도
1. 지방 군정에 만족하는가? (그렇다/아니다)
2. 만족하지 않는다면 어떻게 개선할 것인가? (자유 답변)

G. 농지 분배에 대한 태도
1. 남조선 과도입법의원이 토지법령을 제정한다면 한국인 대지주가 소유한 토지에
대해 어떤 정책을 취했으면 좋겠는가? (소작인에게 준다/소작인에게 판다)
2. 남조선 과도입법의원이 토지법령을 제정한다면 일본인이 소유한 토지에 대해 어
떤 정책을 취했으면 좋겠는가? (소작인에게 준다/소작인에게 판다)

H. 북한 소식
북한 점령에 대해 어떤 소문을 들었나? (자유 답변)

출처: 〈제4차 현지조사(경북 포항) 보고서〉, 1947. 10. 8, 〈제5차 현지조사(경남 마산) 보고서〉,
1947. 11. 4, 〈제6차 현지조사(강원 춘천) 보고서〉, 1947. 12. 1.

인식이 홍보 활동뿐 아니라 면대면 상호 접촉에도 크게 영향을 받았기 때문이다. 특히 미군 범죄나 자동차 사고의 영향력이 컸다.[41]

군정 만족도는 미국인에 대한 질문 뒤에 배치되었다. 1946년에 시행된 정기 여론조사에서도 이와 비슷하게 주기적으로 만족도를 점검한 바 있다. 그러나 이번에는 주관식 질문으로 건의사항을 구체적으로 수집했다. 주민들의 주요 관심사, 군정에 대한 건의사항, 북한에 대해 들은 소문을 적는 항목은 주관식 질문에 해당했는데, 여기에서 나온 다양한 답변을 통해 해당 지역의 특징을 보여주고 있다. 조사팀은 미국의 이미지뿐 아니라 상대편인 북한이나 소련의 이미지도 파악하려 했다. 3차 조사부터는 북한에 대해 도는 소문도 수집되었다. 38선 부근인 6차 조사 지역(강원 춘천)을 제외하면 수집된 소문은 간접 정보로 이루어진 것이었다. 따라서 주민들의 답변은 각 정치세력이 펼친 구두 선전의 흔적을 보여줄 수 있었다.

질문지 전체에서 특정 쟁점에 대해 견해를 묻는 항목은 '농지 분배에 대한 태도'가 유일했다. 이 항목은 1947년의 정세를 반영할 뿐 아니라 지방 여론조사의 특징을 잘 드러낸다. 농지 분배는 이 시기 농촌에서 가장 관심이 높은 쟁점이었고, 이전부터 꼬박꼬박 점검하던 드문 주제였다. 특히 다른 항목과 달리 미리 준비된 선택지 가운데 답을 선택하는 폐쇄형 질문이라는 점이 특징이다. 말하자면 분배의 주체, 방식, 결과가 이미 정해져 있다. 점령 당국의 통치 아래 과도입법의원이 법령을 제정할 것이고, 개별 농민들은 토지를 소유하게 될 것이다. 선택할 수 있는 부분은 오로지 그 절차를 유상으로 하느냐, 무상으로 하느냐 뿐이다. 여기에서 1번과 2번 질문을 병렬 배치할 경우 응답자는 자연히 둘의 차이점에 주목하게 된다. 의제를 형성하고 쟁점을 지정하여, 대중의 다양한 의견을 일정한 틀로 제한하는 여론조사의 속성이 잘 드러나는 대목이다.

따라서 농지 분배 항목의 형식을 살펴보면 군정이 농민들의 여론을 어떻게 유도하려 했는지 알 수 있다. 1946년 공보부의 정기 여론조사 질문지와 비교하면 현지조사의 질문지는 1947년의 새로운 정세를 반영한다. 기본적으로 북한 토지개혁의 방식을 의식하여 무상분배와 유상분배를 대비시키는 한편, 군정이 고려하던 귀속농지 우선불하 원칙을 염두에 두고[42] 일본인 소유와 한국인 소유를 나누었던 것은 같았다. 그러나 1년 전에는 농지 분배의 주체로 군정과 한국 정부를 고르도록 되어 있고, 세 번째로 '보류' 선택지가 하나 더 있었다.[43] 1946년에는 군정이 신한공사가 접수하고 있던 귀속농지조차 실제로 분배할 수 없었기 때문이었다.[44] 그래서 질문지는 의도적으로 시행 주체를 강조했고, 예상대로 대다수가 '군정이 주도하는' 농지 분배를 반대했다. 그러자 군정은 어디까지나 한국인들이 원하지 않기 때문에 농지 분배를 보류하겠다고 발표했다.[45] 10월 항쟁이 진압된 후 1947년에 농촌이 어느 정도 안정되자, 비로소 군정은 귀속농지 불하에 적극적으로 나서기 시작했다. 이 시점에 시행한 '현지조사'는 본격적으로 농지 분배의 절차에 대한 여론을 조사했던 것이다.

이처럼 조사팀은 마을 하나를 방문할 때마다 질문지에 대한 주민들의 응답, 면담 결과에 대한 논평, 마을에 대해 관찰한 사실을 기록했다. 특히 지방을 구성하는 단위가 마을이라 보고 하나의 마을에 어떤 경로로 정보가 침투하는지 파악하려 했다.[46] 따라서 각 마을에 침투해 있는 정치단체와 선전물을 조사하여 마을 단위로 자세히 기록했다. 반면 여론조사 질문지에 대한 주민들의 답변은 조사 지역 단위로 통계

처리했다. 보고서가 수집한 정보는 미 공군대학 인력연구소HRRI에도 제공되었고[47] 한국전쟁 시기 인민군 치하의 마을이 공산화Sovietization 되는 과정을 연구하는 데에도 쓰였다.[48]

3. 작은 마을은 물정을 몰라 현혹되기 쉽다?

앞서 언급했듯이 미군정은 지방 여론이 악화된 이유를 좌익 활동에서 찾았다. 악화된 지방 여론에 대처하기 위해서는 각 정치세력의 선전이 지방에 침투하는 경로를 알아야 했다. 조사팀은 여론이 마을 단위로 형성된다고 보고 마을의 구조를 파악했다.[49] 조사 결과 가장 두드러지는 특징은 개별 마을의 고립성이었다. 주민들은 외부 소식을 거의 접하지 못했다. 해방 직후 교통 및 통신 사정이 일제시기보다도 열악할 정도였다.[50]

1947년 7월 광주 근교에서는 62퍼센트(233명)의 주민들이 그때까지 미소공위에 대한 선전물을 전혀 접하지 못했다. 한국 문제가 유엔으로 이관된 지 약 두 달이 지난 후에도 논산군에서는 절반이 넘는 62.1퍼센트의 주민들이 유엔의 존재 자체를 몰랐다. 교통 및 통신이 낙후했기 때문만은 아니었다. 개별 마을은 오랫동안 사회경제적으로 자기완결적인 구조를 유지했기 때문에 애초에 외부 정보가 중요하지 않았다.[51]

조사팀이 주목한 것은 바로 이러한 고립성이었다. 특히 마을이 고립될수록 주민들의 정치적 선택지가 한정된다는 사실을 강조했다. 조사 결과에 따르면 정치세력의 편재는 면 단위로 나뉘었다.[52] 4차 조사 지역(경북 포항)을 예로 들면, 독촉국민회가 경주군 천북면을, 인민위원회는 영일군 대송면과 흥해면을 장악했다. 좌우익을 막론하고 단일 조직이 면 단위를 넘어 세력을 확장하는 경우는 거의 없었다. 우익 청년단들이 위세를 떨치던 때라 충돌이 심한 곳에는 서울에서 직접 특공대까지 파견하는 경우도 있었지만,[53] 대부분 읍내에 지부를 세우는 데 그쳤다.[54] 아직 좌우익 어느 쪽도 장악하지 못한 공백 지역도 많았고, 남로당 조직을 유지하는 마을도 있었다. 이때 고립된 마을일수록 좌익조직이 살아남기 유리했다.

군정은 이런 상황에서 좌익들의 선전이 주민들의 견해를 좌우할까 봐 극히 우려했다. 따라서 좌익의 '선전propaganda'에 대항하여 미국의 '정보information'를 전달해야 한다고 주장했다.[55] 그러나 군정이 종전에 배포했던 매체들의 사정은 좋지 않았다. 전체 조사 대상의 28.1

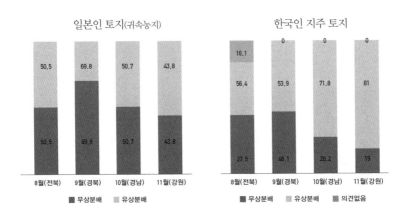

〈그림 1〉 "남조선 과도입법의원이 토지법령을 제정한다면 일본인/한국인 지주가 소유한 토지에 대해 어떤 정책을 취했으면 좋겠는가?"

일본인 토지(귀속농지)

	8월(전북)	9월(경북)	10월(경남)	11월(강원)
유상분배	50.5	69.8	50.7	43.8
무상분배	50.5	69.8	50.7	43.8

■ 무상분배　▨ 유상분배

한국인 지주 토지

	8월(전북)	9월(경북)	10월(경남)	11월(강원)
의견없음	16.1	0	0	0
유상분배	56.4	53.9	71.8	81
무상분배	27.5	46.1	28.2	19

■ 무상분배　▨ 유상분배　■ 의견없음

출처: 〈제 3차 현지조사(전북 이리) 보고서〉, 1947. 9. 3, 〈제 4차 현지조사(경북 포항) 보고서〉, 1947. 10. 8, 〈제 5차 현지조사(경남 마산) 보고서〉, 1947. 11. 4, 〈제 6차 현지조사(강원 춘천) 보고서〉, 1947. 12. 1

퍼센트에 불과한 총 591명만이 《농민주보》를, 507명이 《세계신보》를 보았다. 현지조사를 총합한 국무부 정보조사국 보고서는 고립된 지방 마을에 미국이 외부의 중립자로 시급히 개입해야 한다고 주장했다.[56]

과연 군정의 우려만큼 좌익의 선전이 주민들의 여론을 좌지우지 하고 있었을까. 실제로 1947년 '현지조사' 결과를 취합한 〈그림 1〉을 보면, 좌익 조직들이 공공연하게 활동하고 있는 4차 조사 지역(경북 포항)에서 토지 문제와 관련하여 무상분배 답변을 선택한 비율이 높았다. 무상분배는 북한 토지개혁의 원칙일 뿐 아니라 좌익 진영의 핵심적인 주장이었다. 이곳은 주민들이 좌익 선전에 주로 등장하는 '미소 공위', '미군 철수'와 같은 문구를 유난히 많이 언급한 지역이기도 했다.[57] 반면 무상분배에 대한 지지도가 가장 낮은 곳은 6차 조사 지역(강원 춘천)이다. 이전부터 우익이 우세한 지역인 데다가, 월남민이 유입되면서[58] 기존의 성향이 더욱 강해진 곳이었다.[59]

〈그림 2〉를 보면 미국인이 한국에 있는 게 좋다고 대답한 비율은 대략 50~60퍼센트였는데, 1946년 서울 주민들의 응답과 크게 다르지는 않다.[60] 다만 강원 지역과 경남 지역에서 보다 우호적이고, 경북 지역과 충남 지역은 우호적인 응답이 적다. 앞서 무상분배 지지율이 높았던 경북 지역에서는 이번에도 역시 주민 44.5퍼센트(165명), 특히 남성들 경우엔 52.5퍼센트(102명)가 미국인들이 있어봤자 도움이 되지 않는다고 답변했다. 이 지역에서는 조사팀에 비우호적인 마을의 수도 12곳(21.4퍼센트)으로 비교적 많았다. 반면 우익이 우세한 6차 조사 지역(강원 춘천)에서 미국인에 대한 우호도도 가장 높다. 4차 조사 지역과 6차 조사 지역만을 놓고 보면 좌익 선전에 대한 군정의 우려는 합리적인 것으로 보인다.

따라서 군정은 좌익조직의 영향력을 제거하기 위해 지속적으로 노력했다. 현지조사 자료를 총합한 국무부 보고서는 지방 정치지형에 대해서 관조적인 어조를 유지했지만,[61] 사실 미군정이야말로 그동안 지역 정치에서 누구보다 큰 영향력을 발휘하는 당사자였다. 조사팀은 활동 중에 있었던 우익 단체 및 경찰의 안하무인 격인 태도를 강조했지만,[62] 정작 경찰조직을 강화하여 지역의 정치지형을 재편하려 했던 것은 군정이었다.[63] 이 시기 경찰은 지역의 물리력을 독점하고 우익 청년단과 긴밀하게 협조했으며 자체 선전까지 진행하는 정치 주체였다. 조사팀이 주민들을 의식하여 경찰과 거리를 둘 정도로 반감이 심

〈그림 2〉 "한국 내 미국인의 존재가 어떻게든 한국에 도움이 될 것인가?"

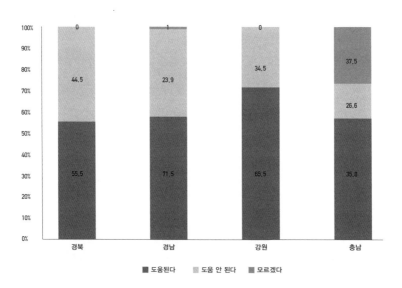

출처: 〈제4차 현지조사(경북 포항) 보고서〉, 1947. 10. 8, 〈제5차 현지조사(경남 마산) 보고서〉, 1947. 11. 4, 〈제6차 현지조사(강원 춘천) 보고서〉, 1947. 12. 1, 〈제7차 현지조사(충남 논산) 보고서〉, 1948. 1. 15.

했다.[64] 우익 청년단은 서울의 정치인들이 대주는 자금뿐 아니라[65] 현지에서 수급하는 기부금으로 운영되었는데, 경찰은 여기에도 밀접하게 관여했다.[66] 현지 군정도 조사팀에게 우익 청년단과 경찰의 유착을 인정했다.[67]

군정의 협조 아래 경찰과 우익 청년단이 적극적으로 활동한 결과, 현지조사가 처음 시작된 1947년 7월에 이미 좌익 활동은 자취를 감추었다. 10월 5차 조사 지역(경남 마산)에서 좌익단체는 거의 지하 활동으로 전환한 반면 마을마다 우익단체들이 난립했다. 6차 조사 지역(강원 춘천)에서는 좌익 조직이 아예 감지되지 않았다. 7차 조사 지역(충남 논산)에서는 우익 단체도 독촉국민회만을 남기고 모두 정리되었다.[68] 그러자 주민들은 더 이상 공개적으로 좌익조직을 지지하지 않았다. 4차 조사 지역(경북 포항)에서도 조사팀을 두려워하는 마을이 많았다. 조사 몇 달 전 큰 소요가 일어났던 경주 안강리 같은 마을은 더욱 그러했다. 좌익조직이 살아남아 있던 영일 덕수동 주민들은 면담자의 질문에 '모른다'고만 대답했다.

그러나 좌익 단체들을 제거했다고 해서 지방 여론을 완전히 장악할 수 있었을까. 아직 좌익이 활동하는 4차 조사 지역(경북 포항)에서 미국인 우호도가 낮고, 우익이 우세한 6차 조사 지역(강원 춘천)에서 미국인 우호도가 높은 것을 보면, 여론에 대한 좌익의 영향력을 완전히 배제할 수는 없다. 그러나 이 두 지역은 조사 지역 중에서 농업인구 비율이 가장 낮은 곳들이다. 따라서 지방민의 대다수를 차지하는 농민들의 여론을 파악하기에는 대표성이 부족하다. 남한의 산업구조에서 농업의 비중은 절대적이었고, 이 시기 개별 지역은 쌀 생산 및 소비를 기준으로 군정정책 속에서 담당하는 역할이 달랐기 때문이다.

현지조사 지역 중 농업인구 비중이 높았던 지역은 예비조사 지역인 전남 영산강 유역, 3차 조사 지역인 전북 만경강 유역, 7차 조사 지역인 논산 금강 유역이었다. 세 지역 모두 식민지시기부터 식량 생산을 담당하고 있던 곡창지대였다.

농업인구 비중이 낮은 6차 조사 지역(강원 춘천)이나[69] 해방 이후 급속히 인구가 유입된 4차 조사 지역(경북 포항)과 5차 조사 지역(경남 마산)의 경우 식량 소비지에 가까웠다.[70] 식량 생산지와 소비지의 차이는 주민들의 답변에서도 드러난다. 쌀 생산지의 화제는 공출이나 식량 확보였던 반면 소비지는 소득이나 물가가 화제였다.[71] 특히 곡창지대인 이들 지역에서 주민들의 관심사는 단연 농지 분배에 쏠렸다.[72]

농지 분배 문제가 한국인의 정치 성향을 보여주는 하나의 지표라고 보는 연구도 있다. 예를 들면 1946년 여론조사에서 정부가 수립될 때

〈표 5〉 현지조사 대상 지역 중 주요 쌀 생산지

회차	자연지리	전근대 중심지	일제시기 중심지	내륙거점	개항장
예비	나주평야	나주군 나주읍	나주군 영산포읍	광주부	목포항
3차	호남평야	익산군 금마면, 완주군 삼례면, 옥구군 임피면	이리부 신흥근접지 (익산군 오산면 목천리, 익산군 춘포면 대장리)	이리부	군산항
7차	논산평야	논산군 강경읍	논산군 논산읍	대전부	군산항

출처: 〈예비조사(전남 광주) 보고서〉, 1947. 8. 11, 〈제3차 현지조사(전북 이리) 보고서〉, 1947. 9. 3, 〈제7차 현지조사(충남 논산) 보고서〉, 1948. 1. 15.

까지 농지 분배를 보류하자는 의견이 전반적으로 많았던 것에 대해서 분배 자체를 반대했다, 나아가 이것이 "농민들의 보수적 성향"을 보여준다고 해석한다.[73] 농민들이 대체로 도시민보다 보류 의견이 적지만 유상분배를 선호한 것도 역시 '보수적'이기 때문으로 해석한다.[74] 이전의 연구들이 농민들의 열망을 지나치게 민족주의적, 사회주의적인 것으로 당위적으로 규정하는 것에 비판하기 위해서였다. 그러나 이번에는 개인의 일상적 이해관계와 정치적 사안을 지나치게 분리하여 대립시킨다는 문제가 발생한다. 과연 개인의 일상적 이해관계는 사회주의적 개혁과 같은 정치적 쟁점과 별개의 것일까.

현지조사의 응답 결과를 보면 쌀 생산지에서는 가장 개인적인 이해관계 또한 농지 분배라는 정치적 쟁점에 달려 있다. 그렇기 때문에 무상분배 항목을 선택했다고 해서 주민들의 정치적 성향을 규정할 수 있는 것은 아니다. 농업인구 비율이 가장 높은 3차 조사 지역(전북 이리)의 경우 주민들의 관심은 토지 중에서도 귀속농지의 향방에 쏠렸다. 일제시기 이 지역은 전남에 비해 동양척식회사보다 개인지주가 소유한 토지가 많았지만,[75] 해방 후에는 이들 토지도 동척 토지와 함께 모두 신한공사에 접수되어 귀속농지가 되었기 때문이다.[76] 주민들은 귀속농지를 물어볼 경우 훨씬 많은 수(50.5퍼센트)가 무상분배를 선택했고, 한국인 소유 토지를 물어보는 경우 61명(16.1퍼센트)이 '의견 없음'을 택했다. 질문지의 형식이 귀속농지와 그 외 토지를 나누고 있기 때문이었다.

이처럼 특정한 사안에 대한 여론에서 가장 큰 변수는 직접적인 이해관계 여부였다. 본인과 직접적인 관련이 없는 한국인 지주 토지에 대해 유상분배 방식을 선택한 사실을 사회주의적 개혁을 거부한 것으로 해석할 수는 없는 노릇이다. 비非서울로 묶일 수 없는 다양한 주민 집단은 지역마다 서로 다른 이해관계를 가졌다. 1946년 초의 농지 분배 여론조사에서 서울뿐 아니라 농업인구가 적은 춘천부가 '보류' 의견이 많았던 것도 직접적인 이해관계가 약했기 때문이었다.[77]

4. 현혹보다 힘이 센 것

직접적 이해관계가 주민들의 견해에 영향을 미친다면, 그 조건은 지역에 따라 달라질 수밖에 없다. 농지 분배 문제에서도 모든 지역에서 최소 30.2퍼센트 이상의 주민들이 유상분배를 선택했지만, 구체적인 비율은 저마다 달랐다. 군정 만족도는 지역마다 군정정책에 대해 다른 이해관계를 갖고 있었음을 보여주는 지표이다.

〈그림 3〉에서는 60퍼센트대의 만족도를 유지하는 다른 지역에 비해 3차 조사 지역(전북 이리)과 7차 조사 지역(충남 논산)의 만족도가 49.2퍼센트(186명)와 42.3퍼센트(124명)에 불과한 점이 주목된다. 이것은 좌익 활동이 비교적 활발했던 예비조사 지역(전남 광주)이나,[78] 4차 조사 지역(경북 포항)보다도 낮은 수치이다. 특히 논산 지역 여성의 경우 만족한다는 답변이 39.2퍼센트(47명)로 40퍼센트대도 되지 않았다. 이들 지역에서는 조사 시기인 8월과 12월에 각각 하곡(보리)과 추곡(쌀) 공출이 진행되던 중이었다.[79] 특히 3차 조사 지역인 만경강 유역은 쌀 생산의 핵심 기지였던 만큼 1946년 추곡 공출에서 갈등이 극심했다.[80] 반면 4차 조사 지역(경북 포항)은 좌익 활동이 활발했음에도 당장 쌀이 반출되는 지역이 아니므로 군정 만족도가 낮지 않았다. 이 지

역 조사팀 역시 식량사정이 좋은 곳에서 좌익 선전이 불리해진다고 분석했다.[81]

결국 서로 다른 이해관계 속에서도 가장 중요한 요인은 식량이었다. 1946년 서울 지역 주민 만족도가 식량사정에 따라 요동쳤던 것과 마찬가지다. 당시 서울의 식량사정은 배급 및 미가에 좌우되었지만,[82] 지방에서 식량 문제를 좌우하는 것은 공출이었다. 모든 지역에서 공출을 철폐하거나 개선하라는 요구가 가장 많았다.

〈그림 4〉에 따르면 성별(性別) 군정 만족도는 식량 문제의 영향력을 더욱 극명하게 드러낸다. 가정 내 재생산을 담당했던 여성들이 식량 문

〈그림 3〉 "지방 군정에 만족하는가?"

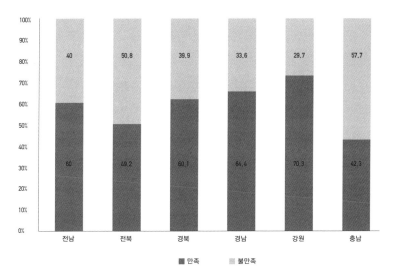

출처: 〈예비조사(전남 광주) 보고서〉, 1947. 8. 11, 〈제3차 현지조사(전북 이리) 보고서〉, 1947. 9. 3, 〈제4차 현지조사(경북 포항) 보고서〉, 1947. 10. 8, 〈제5차 현지조사(경남 마산) 보고서〉, 1947. 11. 4, 〈제6차 현지조사(강원 춘천) 보고서〉, 1947. 12. 1, 〈제7차 현지조사(충남 논산) 보고서〉, 1948. 1. 15.

제에 민감하게 반응했기 때문이다. 해방 직후부터 신문 지상에 표출된 '부녀자'들의 목소리는 대부분 식량 문제와 관련된 경우이다.[83] 일찍이 우익계 여성단체이던 애국부녀동맹도 식량정책과 관련하여 하지에게 건의문을 제출한 바 있다.[84] '현지조사'에서도 식량 문제를 겪고 있는 지역에서 여성들의 만족도는 극도로 낮다. 5차 조사 지역(경남 마산) 여성들의 군정 만족도는 52퍼센트(88명)으로 좌익세력이 강력한 4차 조사 지역(경북 포항)보다도 낮다. 7차 조사 지역(충남 논산) 여성들의 만족도는 최저(39.2퍼센트)였다. 이 시기 논산은 한창 공출을 진행하던 중이었고, 마산에서는 생필품의 물가가 전국 최고 수준이었다.[85]

〈그림 4〉 '현지조사' 질문지 성별 군정 만족도 비교

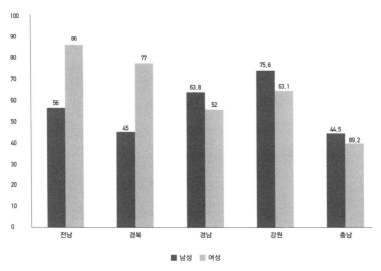

출처: 〈예비조사(전남 광주) 보고서〉, 1947. 8. 11, 〈제 4차 현지조사(경북 포항) 보고서〉, 1947. 10. 8, 〈제 5차 현지조사(경남 마산) 보고서〉, 1947. 11. 4, 〈제 6차 현지조사(강원 춘천) 보고서〉, 1947. 12. 1, 〈제 7차 현지조사(충남 논산) 보고서〉, 1948. 1. 15.

주민들은 북한 소문에 대해서도 식량 문제에 관심을 가질 뿐이었다. 따라서 군정이 좌익 선전의 파급을 극히 우려한 것에 비해, 그 영향력을 나타내는 지표 중 하나인 북한 소문은 언제나 부정적이었다. 전언을 통해 간접적으로 접하는 북한 소문에는 좌익 선전이 개재될 수 있었지만, 대부분의 지역에서 80~90퍼센트가 부정적이었다. 1946년에 '차라리 북한에서 살겠는가?'라는 질문에 서울 지역 주민의 84퍼센트가, 지방 주민의 77퍼센트가 '아니다'라고 대답했던 것과 비슷했다.[86]

특히 38선 근처인 6차 조사 지역(강원 춘천)에서 수집한 북한 소문은 단 2건을 제외한 176건 전부가 북한체제를 비난하는 것이었다. 월남인들의 유입이 많았던 만큼 '당원이 아니면 식량배급이 없다'는 식으로 상당히 구체적이기도 했다. 북한의 식량사정이 좋지 않다는 소문이 파다하던 6차 조사 지역(강원 춘천)은 군정 만족도가 70.3퍼센트(204명)에 달했다. 반면 미군정의 식량정책에 불만이 있고 만족도가 낮은 지역일수록 북한을 비난하기보다 그 식량정책에 대해 궁금해했다.[87]

이처럼 인화성이 높은 식량 문제는 군정 만족도나 미국인에 대한 우호도에 얼마든지 옮겨 붙을 수 있었다. 〈그림 5〉를 보면 3차 조사 지역(전북 이리)에서 조직적인 좌익 활동이 관찰된 마을은 한 군데도 없었지만,[88] 군정 만족도가 매우 낮았고 주민들이 냉소적이었다. 공출의 한가운데에 있던 논산 또한 군정 만족도가 42.3퍼센트(124명)였다. 미국에 우호적인 비율도 35.8퍼센트(105명)로 4차 조사 지역(경북 포항)의 55퍼센트보다 훨씬 낮다. 군정은 좌익 선전 때문에 미국의 이미지가 나빠지고 있다고 경계했지만, 좌익조직이 모두 제거된 것은 물론 우익 조직마저도 독촉국민회만 남기고 정리된 논산 지역 주민들이 오히려 "강한 적개심"을 표출했던 것이다.[89] 이처럼 식량사정이 악화되면 좌익의 선전 없이도 군정과 미국에 대한 지지가 쉽게 낮아졌다.

미군정 또한 1946년 초 식량위기 이후 식량 문제가 여론에 미치는 영향력을 잘 알고 있었다.[90] 10월 항쟁 분석보고서는 항쟁의 배경으로 1946년 초 농촌의 열악한 상황을 상세히 서술했다. 그러나 결론에서는 "요약하자면 공산주의 선동이 교사한 것"이라고 비약했다.[91] 보고서를 공동으로 작성했기 때문에 발생한 모순일 수도 있지만, 중요한 것은 군정 또한 여론이 악화되는 원인을 잘 알았다는 점이다.

〈그림 5〉 '현지조사' 질문지 군정 만족도와 대미 우호도 비교

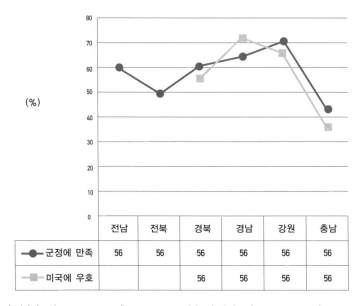

(%)

	전남	전북	경북	경남	강원	충남
군정에 만족	56	56	56	56	56	56
미국에 우호			56	56	56	56

출처: 〈예비조사(전남 광주) 보고서〉, 1947. 8. 11, 〈제3차 현지조사(전북 이리) 보고서〉, 1947. 9. 3, 〈제4차 현지조사(경북 포항) 보고서〉, 1947. 10. 8, 〈제5차 현지조사(경남 마산) 보고서〉, 1947. 11. 4, 〈제6차 현지조사(강원 춘천) 보고서〉, 1947. 12. 1, 〈제7차 현지조사(충남 논산) 보고서〉, 1948. 1. 15.

그러나 식량 유통체계를 전면적으로 수정하지 않는 한 공출 문제를 근본적으로 해결하는 것은 불가능했다. 군정으로서는 비용과 위험을 감수하며 정책 전반을 재구성할 동기도 없었다. 악화된 여론이 물리적인 충돌로 표출되는 상황만 차단하면 되었다. 여기에 좌익 선전이 있어야만 충돌 사태가 촉발된다고 전제하면서 사태를 악화시킨 책임을 좌익에게 전가했다. 따라서 정책을 수정하기보다 좌익 선전에 대응하는 기술을 정교화 했다. 1946년 초의 식량위기를 진단했을 때 공보부가 그나마 홍보를 병행하는 것이 "현재 타당한 미봉책"이라고 제안했던 것과 같았다.[92] 점령정책을 근본적으로 수정할 수 없었으므로 홍보 활동이 다룰 수 있는 '정치적' 문제의 범주는 오로지 좌우익 정치세력들의 활동뿐이었다.[93]

그러나 불과 2~3년 전 점령한 미군들이 한 마을의 여론을 쉽게 좌우할 수 있는 것은 아니었다. 주민들의 견해는 이전부터 축적한 경험을 토대로 만들어졌다.[94] 6차 조사 지역(강원 춘천)의 춘성군 신동면 송암리는 일제시기부터 대지주이자 면장이던 지규문이 직접 소작인을 지휘하여 총독부의 모범부락 조성정책에 부응했던 곳이었다.[95] 1947년에도 이 마을은 여전히 대지주가 우익과 결탁하여 법정 소작료 이상을 강요하고 있다. 반면 4차 조사 지역(경북 포항)의 영일군 포항읍 덕수동처럼 일제시기 항일 운동가를 많이 배출한 동네는 1947년에도 드물게 민청, 남로당, 부녀동맹이 모두 존재하는 저항의 중심지가 되어 있었다. 10월 항쟁 당시 항쟁이 격렬했던 전남 광산군 대촌면 칠석리나[96] 경남 창원군 웅촌면에서는[97] 좌익세가 비교적 강하게 유지되었다.

따라서 3차 조사 지역(전북 이리), 5차 조사 지역(경남 마산), 7차 조사 지역(충남 논산)처럼 식량 문제를 겪는 지역들이라고 해서 모두 같은 방식으로 반응하지는 않았다. 앞의 두 지역은 면담에 다소 소극적이었는데, 각각 나름의 배경을 갖고 있다. 전북 지역의 경우 교육을 통한 계층 이동 가능성이 상대적으로 높았기 때문에 주민들의 계급적인 단결이 약화되었다는 분석이 있다.[98] 실제로 3차 조사 지역(전북 이리) 내 71.9퍼센트(272명)의 주민들이 정규 교육을 경험했다. 일본인 지주들의 영향으로 이리 일대에 학교를 비롯한 사회간접자본이 구비되어 있었기 때문이다.[99] 군정이 마산 지역을 우익 중심으로 재편하기 전에도, 우익 인사들은[100] 점령 이전부터 일정한 기반을 갖추고 준비되어 있었다.[101]

면담에 소극적이던 두 지역에서도 군정정책에 대한 저항이 없지는 않았다.[102] 그러나 강경한 진압 이후 주민들은 의견을 내보이는 것을 더더욱 꺼리게 되었다. 조사팀은 3차 조사 지역(전북 이리)에서 주민들이 "극도로 의심하고 질문지에 대답할 때 말을 아낀다"고 지적했다. 정보참모부 보고에 따르면 1947년 6월 전북 지역은 '경찰이 좌익을 심하게 탄압하여 곧 폭동이 일어날지도 모르는' 상황이었다.[103] 5차 조사 지역(경남 마산) 또한 답변지를 보면 조사 직전에 무언가 공적·사적 물리력의 충돌이 있었음이 감지된다. 마을마다 좌우합작(10건)이나 좌익 탄압(2건), 테러 문제(5건)가 화제였고, 테러를 근절해달라는 건의(14건)가 많았다. 청년단체의 충돌을 지양해야 한다는 의견(7건)을 넘어 아예 해산하라는 요청(9건)도 있었다. 지방군정의 권한을 강화해야 한다는 요청도 이러한 혼란상에서 나온 것으로 보인다. 그 과정에서 우익들의 주도권은 더욱 확고해졌다.

반면 7차 조사 지역(충남 논산)은 10월 항쟁 당시에도 항쟁이 일어나지 않은 군에 속했고, 물리적 충돌이 드물었다.[104] 그러나 조사 당시

89퍼센트의 마을에서 주민들이 적극적으로 모여들었고, "이제 거의 빵만으로 살게 되었다"고 불평했다.[105] 문제 해결 방식도 달랐다. 3차 조사 지역(전북 이리)에서는 적지 않은 수(65명)가 주요 관심사로 식량 확보 문제를 꼽았으면서도 군정에 대해 직접 건의하지는 않았다. 그러나 논산 주민들은 "농민의 식량을 우선 확보하라"고 공출 시스템에 근본적으로 문제를 제기했다. "도시 부자들이 아니라 농촌의 가난한 농민들에게 우선 배급하라"는 요구나 "정부가 농촌의 현실을 이해해야 한다"는 지적은 농촌이라는 지역 정체성을 보여준다. 나아가 군정에 직접 농지 분배를 건의했고, 농민에게 적산敵産을 증여할 것을 주장했다.

1947년이 되자 지방에서 물리적인 충돌사건은 잦아드는 경향을 보였지만, 그간 조용하던 논산군에서 오히려 미군정 및 미국에 대해 가장 적극적으로 저항하기 시작했다. 이 사실은 대중들의 일상 속에서 정치성을 인위적으로 탈색하는 것 또한 역사적 진실과 거리가 있다는 것을 보여준다. 중앙의 정치 문제와 군정의 정책은 개별 마을의 이해관계와도 관련되어 있었고, 여전히 주민들의 여론에 영향을 미쳤다. 결론적으로 군정정책에 대한 농민들의 반감은 10월 항쟁 이후에도 지속되었다. 개별 지역은 정세에 따라 다르게 반응했고, 잠재된 불만은 언제든지 급진화될 수 있었다.

5. 맺음말

1947년 하반기는 한국문제의 유엔 이관이 결정되고 단정 수립 작업이 실행 단계에 들어선 시기였다. 미국의 노선을 전국적으로 홍보하기 위해 군정청 공보부와 별도로 사령부 산하에 신설된 공보원은 향후 지방 홍보를 위한 '현지조사'를 시행했다. 현지조사는 서울을 중심으로 이루어졌던 기존의 여론조사와는 달리 지방 주민들의 여론을 적극적으로 조사했다. 조사 결과는 개별 지방의 여론을 비非서울로 한데 묶을 수 없다는 사실을 보여준다.

지방 여론은 개별 지역의 이해관계에 따라 움직였지만, 공통적으로 가장 중요한 문제는 식량이었다. 지방의 식량사정을 좌우하는 핵심적인 변수는 군정의 공출정책이었으므로, 공출은 군정 만족도뿐 아니라 주민들이 미국이나 북한체제에 대한 태도에까지 영향을 미쳤다. 그것은 배급 및 미가米價가 도시 여론에 미치는 영향력에 비견되었다. 기존의 연구들은 좌우익을 기준으로 하여 지방 여론의 정치적 성향을 평가하는 것에만 초점을 맞추었지만, 개별 지역의 이해관계와 정치적 쟁점은 분리되어 있지 않았다.

미군정 또한 식량 문제가 지방 여론을 좌우하는 핵심적인 요인임을 인식하고 있었다. 그러나 문제에 직접 손대는 대신 여론을 움직이는 기술을 정교화하려 했고, 개별 마을까지 미국의 입장을 가장 잘 홍보할 수 있는 방법을 모색했다. 조사팀이 현지조사를 통해 얻은 지방 여론에 대한 분석 또한 이후 공보원의 홍보 활동에 일정 부분 반영되었다. 조사 결과는 마을의 분산성과 고립성을 강조했고, 정보가 제한된 주민들이 외부세력에 휘둘리지 않도록 미국이 정보를 제공해야 한다는 당위를 부여했다. 나아가 개별 지역마다 가장 적합한 방식으로 홍보를 수행하기 위해 정규적인 기반이 필요하다는 분석으로 공보원 지부 설립의 필요성을 강화해주었다.

현지조사를 통해 얻은 결론이 미군정이 점령 이후 가져온 지방 여론에 대한 인식과 본질적으로 다른 것은 아니었다. 이전부터 군정은 지방 여론의 수동성을 강조하며 여론 악화에 대해 좌익 선전에 그 책임을 돌렸다. 각 지역 군정 당국과 중앙기구 및 전술군은 주민들의 여론을 장악하기 위해 경찰 및 우익 단체와 협력하여 지방 사회를 우익 중심으로 재편했다. 효율적인 지방 홍보를 강조하는 현지조사의 결론은 지방의 좌익을 이미 물리적으로 정리한 위에서 이루어지는 것이었다. 단정이나 총선거와 같이 미국이 결정한 노선은 정치적 논의의 대상이 되지 못했고, 정치 활동은 주어진 틀 속에서 이루어질 때에만 유효했다. 현지조사 이후 본격적으로 이루어진 총선거 선전은 민주주의 이론을 다루는 교양 매체를 대대적으로 동원했지만,[106] 선거 자체에 대한 여론은 조사되지 않았다.

그러나 주요 국면에서 조사 지역의 여론이 직접적인 행동으로 표출된 양상을 살펴보면, 선전과 홍보가 여론에 미치는 영향이 미군정의 인식처럼 평면적이지는 않았다. 특정한 정치세력이 마을을 장악하는 과정은 이전 시기부터 축적된 마을의 경험 속에서 결정되었다. 지역의 역사적 경험은 정세에 따라 서로 다른 요인과 결합하며 여론을 급진화할 수 있었다. 그 과정은 군정 당국의 논리처럼 선전에만 좌우되는 것은 아니었다. 지방에 형성된 우익 우세가 친미, 반탁과 같은 추상적 구호를 일부 심을 수 있었지만 여론을 좌우하는 생존의 문제를 장악하지는 못했기 때문에, 과거 좌익 선전이 침투할 수 있었던 토양 자체에 본질적인 변화를 가져오지는 못했던 것이다. •조민지

6장

점령기 우익 청년단 테러의
양상과 성격

1. 점령기, 테러의 시대

1945~48년은 다양한 정치세력이 민족국가 수립과 사회개혁 달성 방안을 둘러싸고 경쟁한 시기이다. 일제 식민지기 억압적이고 비민주적인 통치를 받아온 조선인에게 민주주의는 국가 수립 과정에서 담보해야 할 이념적·제도적 장치로 인식되었다. 좌익과 우익 모두 내용상의 차이는 있지만 민주주의적 사회개혁을 요구했으며, 미군정도 남한에서 자유민주주의 제도를 확립하고 한국인을 이에 맞게 훈련시키는 것이 자신들의 임무라고 공언했다. 그러나 이들 정치세력의 상호경쟁은 민주적인 정치투쟁 방식에서 벗어나, 정적政敵은 물론이고 때로는 일반 민중을 상대로 한 '정치폭력'의 일상화로 치달았다.

주지하듯이 해방 3년 동안 송진우, 여운형, 장덕수가 암살되었다. 경무부 집계에 따르면 1945년 8월부터 1947년 4월까지 276건의 테러가 발생해 100여 명이 사망했고, 부상자는 1,000여 명에 달해[1] 당시 테러가 정치의 '비공식 영역'을 담당해 빈번하게 일어났음을 짐작할 수 있다.

테러는 '정치적 목적을 달성하기 위해서 폭력을 사용해 공포감을 일으켜 상대방을 제압하는 것'으로 정의된다.[2] 해방 공간에서 발생한 테러는 우익 청년단이 우익 정치세력에 동원되어 좌익과 일반 민중을 공격한 것과 미군정이 동원한 사적 폭력 그리고 좌익이 '자위적 조치'라는 이름으로 경찰, 친일파, 지주, 우익 청년단원에 대항한 것 등 실로 다양하다.[3] 이 시기 테러는 좌우익의 세력관계를 실질적으로 재편해간 수단이었다. 특히 우익 청년단 테러는 미군정기 발생한 테러의 다수를 점하고 있을 뿐 아니라, 당시 테러의 전형적인 양상을 잘 보여준다. 우익 청년단 테러는 우익 정치세력 가운데서도 단정세력의 '반공·반개혁·단정 수립'이라는 정치노선을 전국적으로 관철시킨 수단이었기 때문에, 우익 청년단 테러 연구는 좌익에 비해 조직력이 미비하고 대중적 지지 기반이 협소했던 단정세력이 정치적 목적을 달성할 수 있었던 구체적인 과정을 이해할 수 있게 해준다. 특히 미군정이라는 실질적인 국가권력을 매개로 한 우익 청년단 테러는 정부 수립 이후에도 그 맥을 유지하기 때문에, 이는 미군정 점령의 성격을 이해하고 더 나아가 국가폭력의 원형을 이해하는 데도 필수적인 작업이다.

2. 식민 유산의 또 다른 잔재, 우익 청년단 테러

1945년 8월 해방은 한국인들에게 민족의 독립과 동시에 '대중 참여'를 통한 사회개혁의 기회가 열렸음을 의미했다. 노동자·농민·학생운동은 전국 단위의 대중단체들로 결속되었고 친일파 청산과 토지개혁 등을 골자로 한 대중들의 개혁 요구는 조선인민공화국(이하 '인공人共')이 창설되자 이를 중심으로 조직적으로 분출되었다. 이들 대중단체와 인민위원회를 장악하고 대중들의 지지를 선취한 세력은 좌익이었다.

해방 직후 좌익세력의 약진과 혼란한 사회경제적 상황을 배경으로, 우익 청년단 테러는 미군정·우익 정치세력·우익 청년단의 정치적 이해관계가 맞물려 발생했다. 1945년 9월 8일 남한에 진주한 미24군의 공식적인 군사점령 목표는 일본군을 무장해제하고, 일본으로부터 한국을 분리해 건전한 한국 경제의 발전을 도모하고, 자주독립 국가를 재건하는 것이었다.[4] 그러나 미군정은 점령 직후 대면한 민중의 정치적 요구를 소련과 공산주의자의 사주에 의한 공산화 책동으로 인식했기 때문에,[5] 점령 목표는 이내 남한을 대소對蘇 보루로 만들고 혁명 열기를 거세하는 이른바 '이중봉쇄'로 전환되었다. 이에 미군정은 국가억압기구를 설치해 남한 사회를 통제하고, 지방에서 행정력과 치안력을 장악한 인민위원회를 해체하는 한편, 그 자리를 한국민주당(이하 한민당)·친일파 세력의 우익조직으로 대체했다.

미군정의 점령정책이 우익 청년단 테러가 발생할 수 있는 배경이 되었음은 같은 시기 미국의 일본 점령정책과 비교하면 보다 명확하게 드러난다. 미국은 제2차 세계대전 종전 이후 일본과 남한 점령을 통해 자신의 이익을 실현하고자 했다. 미국의 초기 일본 점령 목표는 일본을 비군사화·민주화해 다시는 자신을 군사적으로 공격하지 못하게 하는 것이었다.[6] 미국은 일본 사회를 개혁하지 않고 기존의 보수 정치세력을 옹호한다면, 군국주의가 부활할 우려가 있으며 민중들의 개혁 열기도 저지할 수 없다고 판단했다. 때문에 일본 점령 초기 미군은 정부 내 군인, 관료세력 및 보수 정치세력을 척결하는 한편, 민주개혁을 실시하고 민주세력을 육성하는 정책을 폈다.[7] 미국의 일본 점령정책이 '역코스 정책'으로 전환되기 이전 이러한 초기 점령정책은 일본 사회의 군국주의를 해체하는 데 일정한 기여를 했다.

반면 남한 점령군은 '좌익 탄압·우익 지원'이란 정책 목표 아래 일본과 달리 좌익 활동을 억압하기 위한 법적 제도를 마련해나갔다. 대표적인 법률로는 〈군정법령 72호〉(1946. 5. 4)와 〈군정법령 97호〉(1946. 7. 23)가 있다. 〈군정법령 72호〉는 군정에 반하는 행동을 하거나 그러한 조직에 참가한 자는 처벌한다는 내용으로 좌익의 활동을 법적으로 제한하는 것이었다.[8] 〈군정법령 97호〉는 '민주주의적 노동조합'의 장려를 표방했지만, 그 의도는 노동조합전국평의회(이하 전평)의 활동을 부정하고 우익 노동조합을 양성하는 데 있었다.[9]

미군정은 좌익을 탄압하기 위해 이러한 법적 수단을 마련하는 동시에 비공식적으로 우익 청년단 테러를 이용했다. 사실 미군정의 우익 청년단 정책과 동원 방식은 이중적이었다. 미군정은 1946년 말 남한 민중의 정치적 소요에 대응하기 위해서 경찰을 보조할 우익 청년단을 조직하고자 했다.[10] 미군정은 경찰 예비조직으로서 조선민족청년단(이하 족청)의 결성을 지원했지만 미 본국의 반대로 인해 저지되었다.[11]

그러나 미군정이 구상한 경찰 보조조직으로서의 활동은 대한민주청년동맹(이하 대한민청), 서북청년단(이하 서청) 등 여타 우익 청년단이 비공식적으로 수행했다. 미군정이 우익 청년단의 비합법적 폭력행위를 점령 통치의 수단으로 이용한 이유는, 첫째 정치 활동의 자유를 보장한다는 자신들의 방침 때문에 좌익에 대한 공격이 자유롭지 않은 상황에서, 우익 청년단 테러로 대행할 수 있었기 때문이다. 둘째는 인민위원회 해체와 10월 항쟁 진압에서 나타나듯이 대중적 봉기는 미군과 경찰력만으로는 진압할 수 없었기 때문에 공권력을 보완하기 위해 이들을 이용했다.[12] 우익 청년단은 미군정 정보기관의 정보원으로 활동하거나, 경찰의 파업 진압·좌익 검거에 동행했고, 1946년 9월 이후 군과 경찰조직으로 충원되었다.[13]

미군정의 점령정책은 식민지시기 경력으로 인해 자중하고 있던 친일파·우익 정치세력들이 활동을 개시할 수 있는 토양이 되었다. 이들은 기득권을 유지하고, 정치적 주도권을 장악하기 위해서 자신들의 뜻에 따라 움직이는 행동대를 동원했고 테러도 불사했다. 먼저 일제 '천황제 파시즘'에 동조한 친일파들은 우익 청년단 테러와 직접적으로 관련된 경우가 많았다.[14] 극우 파시즘에 취한 친일파들은 미군정 치하에서 반공주의자로 거듭나, 친일파 청산 등의 개혁 요구에 맞서기 위해 반공이 곧 애국이란 언설로 테러를 선동했다.

다음으로 한민당으로 결집한 우익 정치세력들은 정계를 자신들에게 유리하게 재편하기 위해 테러를 이용했다. 한민당 세력은 식민지기의 경력과 사회계급적 배경 때문에 미군정과는 우호적인 관계를 형성했지만,[15] 좌익이 제시한 사회개혁 공약에는 소극적으로 대처할 수밖에 없었다. 이는 대중들의 외면과 좌익에 비한 조직력 열세를 가져왔다. 한민당이 처한 조직력 열세는 당시 우익계 단체들이 공통적으로 직면한 문제였다. 때문에 이들은 좌익조직을 파괴시켜 그 자리를 자파 조직으로 대체하고, 이를 기반으로 자신들의 정치노선을 관철하기 위해서, 정치적 행동대를 필요로 했다. 그러나 우익 테러는 좌익만을 그 대상으로 삼지 않았다. 1947년 말 좌익세가 약화되고, 우익 내부의 노선 갈등이 심화되자 우익 테러는 자파 내에서 정적을 제거하는 수단으로 이용되었다. 요컨대 우익 정치세력들은 정권 획득 경쟁에서 우위를 확보하기 위해 테러를 동원했던 것이다.

그렇다면 우익 청년단이 테러에 가담한 배경은 무엇일까? 그 일차적인 요인은 해방 직후 양산된 광범한 실업자군과 해외로부터 유입된 수많은 청년들의 존재에서 찾을 수 있다. 당시 공업 분야에서 총 자산의 90퍼센트 이상을 소유한 일본인 자본가들이 빠져나가면서 대다수의 공장들은 문을 닫았고, 노동자들은 거의 실업자로 전락했다.[16] 또 해방 직후 만주, 일본, 북한에서 엄청난 규모의 인구가 유입되었다. 1945~1949년 사이에 남한 인구는 약 1,614만 명에서 2,017만 명 정도로 늘어났다. 대략 연평균 증가율이 6.1퍼센트 정도 되는데 이는 현재까지 기록에서 가장 가파른 인구성장률로 대개 일본과 만주로부터의 대량 유입에 기인한다.[17] 고국으로 돌아온 청년들은 일정한 직업과 거주지 없이 몰락하는 가운데 생계를 위해 우익 청년단에 가입했다. 특히 북한에서 월남한 청년들은 남한에 연고지가 없는 경우 생활고에 허덕이다 청년단으로 유입되었다.[18]

우익 청년단은 우익 테러에 인력을 제공하는 마르지 않는 샘이 되었고, 종종 한민당 및 우익 정치세력의 자금으로 동원되었다. 현재 우익 청년단의 자금 유입경로를 파악할 수 있는 객관적인 자료를 찾기는 쉽지 않다. 다만 우익 청년단 지도부들의 회고를 통해, 조직 운영 자금은 대체로 한민당과 우익 정치세력·기업가·군정 내 서북 출신 관료로부터 지원받거나, 대공對共 투쟁 대가로 충당되었음을 확인할 수 있다.[19] 우익 청년단은 이러한 자금으로 청년들에게 숙식을 제공했

고, 공갈 협박과 테러를 통해 청년들에게 취업을 알선해주었다.[20] 이
는 우익 청년단 하부 구성원들에게 청년단 운영과 영역 확장은 곧 생
계유지와 관련된 문제였으며, 이들이 이데올로기적·정치적 이유 못
지않게 자금을 충원하기 위해 우익 테러에 가담하는 경우가 많았음을
의미했다. 때문에 우익 청년단이 테러행위에 가담한 이유를 단순히
반공주의라는 요인으로만은 설명할 수 없다.

　이러한 상황은 월남 청년들을 중심으로 가장 유혈적인 반공투쟁을
벌였다고 알려진 서청의 회원 모집과 조직 운영 과정을 통해서 유추
해볼 수 있다. 서청의 경우 조직의 지도부와 하부 대원들 간에는 청년
단 가입 이유와 행동 동기에 차이가 존재했다. 월남민의 이동은 북한
에서 민주개혁이 진행된 1946년 3~6월 급격하게 증가한 후 한동안
소강 상태를 보이다, 1947년 4~6월 다시 증가했다. 초기 월남민의 월
남 동기는 1946년 2월부터 진행된 민주개혁을 피하기 위한 것으로 대
개 정치·사상적인 이유였다. 이들 가운데는 친일파나 부일협력자층
이 다수 포함되었고, 이들은 이른바 적극적 월남파에 속한다. 그러나
1947년경 월남인들의 월남 동기는 사상적 요인보다는 생활난과 귀향
목적이 많았다.[21]

　시기별 월남 동기의 차이는 이들이 청년단에 가입한 동기 변화와도
연관성이 있는 것으로 보인다. 1946년 초 월남한 적극적 월남파들이
우익 정치세력과의 긴밀한 관계를 토대로 청년단을 조직하고 훗날 청
년단 지도부로 활동했다면, 이들 청년단이 조직을 확대하고 정력적으
로 회원을 모집한 1947년에는 생계난 때문에 월남한 청년들이 동향
이라는 기대감과 생계 문제를 해결하기 위해 청년단으로 가입했던 것
으로 보인다. 서청의 경우 이데올로기적인 기준보다는 월남민이라는

기준만으로 월남 청년들을 회원으로 충원했다.[22]

지방에서 이들이 벌인 테러의 수행 방식에서도 지도부와 단원 간의 이원화가 드러난다. 지방에서 서청의 테러는 지령자→중간 지령자→일선 행동원 3단계의 지휘체계로 수행되었다. 지령자는 중간지령자에게 테러를 명하기만 하고 실제 행동은 중간지령자가 직접 행동대원을 선발해 지휘했다.[23] 이러한 상황에서 지도부와 달리 일선 행동원들은 자신들의 테러가 무슨 목적으로 누구의 지시에 의해 이루어지는지도 모른 채 몸을 내맡겼다.

우익 청년단이 테러에 가담한 또 다른 이유는 청년들을 테러에 동원함으로써 자신들의 정치적 야망을 달성하려는 청년단 지도부의 야망이 존재했기 때문이다. 우익 정치세력들에게 막강한 행동력을 가진 우익 청년단을 장악하는 것은 정치적 승리와 직결된 문제였다. 이는 역으로 청년단의 귀속을 결정하는 청년단 지도부에게 정치적 권력이 부여됨을 의미했다. 예컨대 1947년 서청의 분열 이후 '재건서청' 단장을 맡았던 문봉제는, 이승만 지지를 공개적으로 표방하고 서청을 테러에 동원함으로써, 자신의 정치적 지위를 높여나갔다.[24] 청년단 지도자들은 우익 정치세력과 청년단을 연결하는 중간자적 위치에서, 청년들을 테러에 동원하고 이들 정치세력들에게 복종시킴으로써 자금과 정치적 유대를 획득할 수 있었다.[25]

결국, 우익 청년단의 테러는 '반공 의거'라는 명분보다는, 우익 정치세력과 청년단 지도부의 정치적 야망과 하부 단원들의 생계유지라는 이해관계가 맞아 떨어져 일어난 시대적 산물이었다. 미군정은 이러한 우익 청년단 테러가 점령 목표에서 벗어나지 않는 한 묵인했다.

3. 반탁 테러의 발생과 확산

해방 직후 우익 청년단은 처음부터 청년계층의 이해와 요구를 실현시키는 대중조직이 아니라, 우익 정치세력들에 의해 좌익을 공격할 실력 단체로 조직되었다.[26] 우익 청년단 테러와 그에 따른 좌익세 감소 그리고 우익 청년단·우익 정치세력·경찰의 관계 공고화가 우익 청년단의 성장 동력이었다.

우익 청년단의 활동은 처음부터 좌익에 대한 공격으로 시작했다. 한민당으로부터 자금을 지원받은 조선건국청년회(이하 건청建靑),[27] 광복군 국내지대, 양호단, 유학생동맹[28] 소속 500여 명의 우익 청년들은 1945년 11월 20~23일 개최된 인공의 전국인민대표자 대회를 습격했다.[29] 이 사건은 우익 진영이 정치노선 차이를 폭력적인 수단으로 해결하고자 한 시도이자, 우익 청년단이 그 행동대로 활동하기 시작했음을 보여주는 신호탄이었다. 우익 청년단의 인공대회 습격사건은 여론의 비난을 받는 등 우익 진영의 물리적인 좌익 공격은 효과를 거두기 어려웠다. 그러나 1945년 말~1946년 초 신탁통치 결정이 알려지고 그로 인한 좌우 대립의 본격화로 분위기는 일거에 바뀌었다.

주지하듯이 1945년 12월 16일 시작된 모스크바 3상회의의 조선 관련 결정은 국내에 전달되는 과정에서 소련이 신탁통치를 주장한 것으로 왜곡되었다. 여기에 1946년 1월 2일 좌익이 미소공위 결정 지지로 입장을 선회하자, 1월 초 정국은 '모스크바 3상회의 지지' 대 '반탁' 구도로 분화되었다. 좌익의 모스크바 3상회의 지지 결정은 그 정당성 여부에 관계없이 대중들의 정서에 반하는 것이었고, 좌익에 대한 대중적 지지는 일시에 감소되었다. 이에 우익은 즉각 반탁운동을 임시정부 추대운동으로, '친탁=친소=공산주의=매국노'라는 도식의 반공 투쟁으로 전환시켰다. 우익 진영은 반탁운동을 통해 정체성을 부여받았고, 대중들로부터 지지를 조금씩 확보할 수 있었다.[30] 반탁은 좌익을 공격할 수 있는 고갈되지 않는 논리가 되었고, 우익 정치세력은 반탁 테러를 통해 좌익을 물리적으로 공격해나갔다.

우익 청년단의 반탁운동은 처음부터 탁치 반대운동에서 벗어나 좌익에 대한 테러로 일어났다. 모스크바 3상회의 결정 발표 직후인 12월 29일, 건청이 좌익계 신문인 조선인민보사를 습격했다. 건청의《조선인민보》습격은 두 가지 의미에서 중요한데 첫째, 좌익의 선전력 약화를 겨냥해 언론사를 공격 대상으로 삼았다는 점이다. 이후 좌익계 언론사는 우익 청년단의 주요 공격 대상이 되었다. 둘째, 이 사건을 계기로 좌익계 무장력인 국군준비대[31]가 해체되었기 때문이다. 조선인민보사 습격 소식에 출동한 국군준비대는 건청이 광복군 국내지대와 결합해 습격했다는 것을 알고, 29일과 31일 광복군사령부와 건청 본부를 기습해, 결국 유혈충돌로 확대되었다.[32] 미군정은 국군준비대와 건청의 충돌사건을 빌미로 1월 3일 장택상을 위시한 경찰을 파견해 국군준비대 서울 본부를 무장해제시켰고,[33] 1월 8일 〈군정법령 28호〉로 국군준비대 해산명령을 내렸다.[34] 사실 미군정은 진주 직후부터 사설 군사 단체의 해산을 명령했기 때문에 국군준비대의 해체는 당연한 수순이었다. 그러나 미군정은 국군준비대가 정식 허가를 받지 않은 단체로 치안을 문란케 한다는 이유로 해체하면서도,[35] 임정계 광복군은 공식적으로 인가된 군사 단체가 아님에도 불구하고 존속시켜 그 정치적 의도를 드러냈다.[36] 미군정이 정치적 목적에 따라 선별적으로 군사 단체를 해체했음은 1946년 반탁 시위로 양자가 갈등하자, 임

정臨政을 약화시킬 목적으로 광복군을 해산시킨 데서 잘 드러난다.[37]

학생들의 반탁 테러도 본격화되었는데, 반탁전국학생총연맹(이하 반탁학련)은 1월 18일 반탁 성토대회를 개최한 후 소련영사관과 조선인민보사를 습격했다. 이날 반탁학련의 테러는 조선인민당 본부, 서울시 인민위원회로 이어졌다.[38] 그러나 더 심각한 사건은 좌익계 언론사와 정당들이 습격당한 소식을 듣고 출동한 학병동맹[39]이 반탁학련 학생들과 충돌하면서 벌어졌다. 양 진영 학생들의 충돌사건을 빌미로 장택상은 무장경관을 인솔해 19일 새벽 학병동맹 본부를 포위하고 무기를 압수했다. 경찰은 140여 명의 학병동맹원을 체포했고, 체포 과정에서 경찰의 발포로 학병동맹원 3명이 사망했다.[40] 이것이 그 유명한 학병동맹사건이다. 당시 학병동맹은 1월 20일 전국학병대회를 열 예정이었기 때문에, 이 사건은 우익 진영이 정치적 의도를 가지고 일부러 도발한 것으로 짐작된다.[41] 경찰은 반탁학련 학생 49명을 연행했지만, 반탁학련 회장 이철승을 연행 당일 석방해,[42] 학병동맹사건을 대하는 경찰의 입장 차이를 드러냈다.

1945년 12월~1946년 1월에 발생한 우익의 계획적인 선제공격은 결과적으로 좌익을 도발해 대응하게 만들었고, 충돌을 진압한다는 명분으로 출동한 경찰과 미군정은 좌익의 무장력을 해제시켰다. 건청과 반탁학련이 미군정·경찰과 사전에 공모해 좌익을 공격했는지는 알수 없지만, 이들이 좌익계 무장력을 공격한다는 데 상당한 수준의 합의를 하고 있었으며, 최소한 미군정과 경찰이 우익 청년들의 반탁 테러를 방조했다는 점은 사건의 경과로 볼 때 충분히 추측할 수 있다.[43]

반탁 테러는 월남청년들이 3월 5일 개최한 '38선 철폐 요구 국민대회'를 계기로 한층 과격해졌다. 이 대회는 '때려라 부숴라 공산당',

'때려라 부숴라 삼팔선'이란 슬로건 아래, 이북 실정 보고대회로 진행되었다. 당시 38선 철폐 구호가 분할 점령과 신탁통치 방안에 대한 책임을 소련에게 지우는 공격적 수사로 사용되었던 점, 그리고 소련 점령하의 이북 실정을 알리는 것이 반소·반공운동의 일환으로 전개되었던 점을 감안할 때, 이 집회의 근본적인 목표는 반탁·분단 극복에 있지 않았다. 대회를 마친 청년들은 반탁 테러의 틀처럼 소련영사관으로 달려가 시위를 벌였고 《조선인민보》, 《해방일보》, 《자유신문》, 서울시 인민위원회를 습격했다.[44]

그런데 이 사건은 테러행위 자체보다도 대회가 준비되는 과정이 더욱 주목된다. 처음 5~6명의 무명 월남청년들이 대회를 기획했음에도 불구하고, 이들이 상당수의 집회 참여자를 모집하고 서울 시내에서 자유롭게 테러를 일으킬 수 있었던 것은 우익 진영이 총출동해 준비를 도왔고 경찰이 뒤를 봐주었기에 가능했다.[45] 《조선일보》 방응모는 선전삐라를 제작해주었고, 이승만과 조선민주당의 김병연은 자금을 지원했다. 이종형은 《대동신문》에 대회를 선전해주는 등 우익세력의 지원이 총동원되었다. 특히 이종형은 다른 우익 청년단들을 알선해 준비를 돕게 했다.[46] 이 사건은 반탁 테러 과정에서 우익 정치세력이 자금을 지원해주고, 우익 청년단이 실력행동에 나서면 경찰이 비호해주는 방식이 형성되는 과정을 잘 보여준다.

한편 반탁 구호는 1946년 1월을 시점으로 지방에서도 좌익을 공격하는 명분이 되어, 지방의 군소 우익 청년단들이 좌익을 공격하는 사건이 발생하기 시작했다. 1946년 초 지방에서 우익 테러는 반탁을 명목으로 했지만 실상은 독립촉성중앙협의회(이하 독촉중협), 광복군, 지방의 군소 우익 청년단이 지방의 기득권 세력과 연계되어 좌익계 대

중조직을 공격하고 인민위원회가 가진 권위를 해체하는 형태로 진행
되었다.[47] 그러나 이 시기 지방에서 반탁 테러는 강력한 우익 청년단
의 부재로 인해 지역별로 산발적으로 우연하게 일어났다. 3월 하순에
이르러야 독촉연맹이 민전 지도자들의 지방강연을 3차례나 연이어
공격하는 등 조금씩 조직화되는 조짐을 보였다.[48]

〈표 1〉은 1945년 8월~1946년 4월에 발생한 우익 테러의 양상을 정
리한 것이다.

〈표1〉 1945년 8월~1946년 4월 발생한 우익 테러 통계표

일시	발생건수	발생 지역	사건 내용
8월	1건	*서울: 1건	*여운형 피습
9월	1건	*서울: 1건	*여운형 피습
10월	0건	없음	없음
11월	4건	*서울: 2건 *지방: 2건	*좌익단체·대회·요인 공격: 4건
12월	6건	*서울: 5건 *지방: 1건	*좌익단체·대회·요인 공격: 5건 *언론사 습격: 1건
1946년 1월	32건	*서울: 18건 *지방: 14건	*좌익단체·대회·요인 공격: 26건 *여운형 피습: 1건 *언론사 습격: 5건
2월	7건	*서울: 2건 *지방: 5건	*좌익단체·대회·요인 공격 : 7건
3월	10건	*서울: 4건 *지방: 6건	*좌익단체·대회·요인 공격: 10건
4월	6건	*서울: 3건 *지방: 3건	*좌익단체·대회·요인 공격 : 5건 *여운형 피습: 1건
누계	67건	*서울: 36건 *지방: 31건	*좌익단체·대회·요인 공격: 61건 *언론사 습격: 6건

출처: 《조선일보》, 《동아일보》, 《경향신문》, 《독립신보》, 《해방일보》, 《조선인민보》; 민주주
의민족전선, 《조선해방연보》, 문우인서관, 1946; 《G-2 정보일지》; 문봉제, 〈남기고 싶은 이
야기—서북청년단〉, 《중앙일보》 1972년 12월 22일~1973년 2월 12일; 건국청년운동협의회,
《대한민국 건국청년운동사》, 건국청년운동협의회총본부, 1989; 이경남, 《분단시대의 청년
운동》, 삼성문화개발, 1989.

〈표 1〉에서 보듯 1945년 연말까지 우익 테러는 좌익인사를 산발적으로 습격한 것이 대부분이었다. 그러나 1945년 말에서 1946년 초, 서울에서 우익 테러는 반탁 시위에서 출발해 좌익계 단체를 습격하는 등 조직화되었다. 그리고 여기에 미군정의 좌익 무장력 해체 의도가 결합되면서, 좌익은 물리적 공격에 대응할 자위 수단을 잃었다. 또 반탁 테러의 '소련영사관—좌익계 언론사—좌익계 정당' 공격틀은 반탁운동을 반소·반공운동으로 전환시키는 상징성을 가질 수 있었다. 한편 지방에서 테러는 미군정이 통치력을 확대하는 과정에서 발생했다. 이는 좌우 대립의 결과로 나타났다기보다는 해방 직후 분출된 민중들의 사회개혁·정치참여 요구를 거세하기 위해 일어난 것이었다.

4. 1차 미소공위 휴회 이후 테러의 전국적 확산

1946년 1월 급증한 우익 청년단의 반탁 테러는 2월 이후 점차 감소했다. 우익 청년단 테러가 다시 눈에 띄게 증가한 것은 1차 미소공위가 휴회된 직후였다. 3월 10일에 시작된 1차 미소공위는 반탁운동을 반소·반공운동으로 조장한 미군정과 우익 정치세력에게 타격을 주었다. 그러나 1차 미소공위는 끝내 협의 대상 문제로 이견을 좁히지 못한 채 5월 8일 휴회했다. 이는 미군정과 우익 정치세력들에게 다시 한번 좌익을 공격할 수 있는 시간적 여유를 주었다.

미군정은 미소공위가 휴회되자 즉각 좌익 분열공작과 좌익 뿌리 뽑기에 돌입했다. 미군정은 위폐를 찍었다는 것을 빌미로 조선공산당과 박헌영을 공격했는데, 이는 좌익의 도덕성을 훼손하기 위한 정치적 사건이었다.[49] 5월 18일 남로당 기관지《해방일보》가 정간처분되었고, 미 방첩대CIC(Counter Intelligence Corps)는 좌익계 조직이 모여 있던 근택빌딩을 습격해 조공 본부를 제외하고 빌딩 내 모든 사무소를 폐쇄했다. 그리고 얼마 뒤《조선인민보》사장 홍증식洪增植과 편집국장 김오성金午星이 당국을 비방한 혐의로 군정재판에 회부되었다.[50]

미군정의 조공 탄압에 발을 맞추듯, 평안청년회는 정판사와 조공 본부를 공격했고 7월 13일에는《현대일보》에 난입해 인쇄시설을 파괴하고 직원들을 공격했다.[51] 당시《현대일보》인쇄시설은《조선인민보》와《중앙신문》도 함께 사용하고 있어, 세 신문은 며칠간 신문 발행에 차질을 빚었다. 5~7월 서울의 좌익계 언론기관과 조공 중앙본부는 미군정의 체포·불법화 조치라는 합법적 수단과 우익 청년단의 테러라는 비합법 수단이 모두 동원된 공격으로 거의 마비 상태가 되었다. 이는 1946년 여름 좌익 중앙의 지도력이 약화되는 데 큰 영향을 미쳤다.

한편 우익 정치세력도 미소공위 휴회 이후 전국적인 반소·반공운동에 돌입했다. 우익 진영의 테러는 독촉국민회가 5월 12일 개최한 '독립전취국민대회'에서부터 본격화되었다. 이 대회는 '38선 철폐 요구 국민대회'와 같이 38선 분할과 신탁통치의 책임을 소련에게 지우고, 소련이 미소공위에서 우익을 배제시키려 한다며 맹비난했다.[52] 대회를 마친 청년들은《자유신문》,《중앙신문》,《조선인민보》등 언론사를 습격했고 전평, 공산당, 서울시 민청 등을 공격했다.[53] 결국 '독립전취국민대회'는 '반신탁 국민대회'를 표방하고 시작했지만 반소·반공집회로 끝났다.[54]

국민대회 이후 지방에서 독촉국민회와 독촉국민회 산하 대한독립촉성국민회청년단(이하 국청)의 좌익 공격은 한층 강화되었다. 독촉국민회 중앙본부는 5월 안에 38선 철폐대회를 개최하라고 지방지부에 지시했다.[55] 중앙의 지시에 따라 독촉국민회 지부는 〈표 2〉에서 볼 수 있듯이 5월 내내 좌익 공격에 박차를 가했다.

〈표 2〉 1차 미소공위 휴회 직후 독촉국민회의 테러 활동

일시	장소	사건 내용
5월 1~19일	옥천	독촉국민회가 마을을 다니며 좌익 단체 공격
5월 11일	양주	독촉국민회가 청년들 모아 양주 지역 공장과 노동자 공격
5월 11일	금촌	독촉국민회가 좌익 단체 간부들의 사택 공격
5월 12~19일	연기군	독촉 간부들이 무장청년들을 데리고 금동면, 남면, 전의면, 조치원 등을 순회하며 좌익 폭행
5월 17~27일	파주군	독촉국민회가 인민위원회 등 좌익 단체 공격
5월 17일	목포	독촉국민회청년대가 공산당 본부 건물 공격
5월 19일	인천	독촉국민회가 독립전취대회 개최. 집회 후 서울에서 내려온 반탁학련과 인천 노조 공격
5월 20일	제천	독촉국민회 간부들이 민전사무실 공격
5월 23일	진주	광청이 독촉국민회와 함께 반탁시민궐기대회 조직
5월 23일	충주	독촉국민회가 5월 6일 200명의 청년들을 동원해 민청 사무소 공격, 민청원 구타. 10일 국민대회 개최. 23일에는 엄정면 민청을 공격하고 24일 다시 좌익 진영의 가택을 수색하고, 부녀자 납치
5월 27일	영암군	국청이 민청 강연회 습격
5월 27일	울산	독촉국민회 부탁으로 건청이 좌익 구타
5월 27일	장성	독촉국민회청년대가 민전과 인민당을 선제공격. 좌우충돌
5월 중순	강릉	독립전취국민대회 후 좌익 공격
5월 중순	삼척	독촉국민회가 경찰과 합동으로 좌익 공격·검거

출처: 《G-2 정보일지》, 《해방일보》, 《조선인민보》; 민주주의민족전선, 《조선해방연보》 문우인서관, 1946; 《독립신보》.

사실 독촉국민회는 지방에서 좌우익 간의 조직적 대결에서 최초로 성과를 보인 우익조직이었다. 독촉국민회가 지방에서 좌익으로부터 주도권을 탈환하고 지방 지부를 조직할 수 있었던 중요한 계기는 1946년 4~6월 진행된 이승만의 '남선순행南鮮巡行'이었다. 이승만의 남선순행은 좌익에 대한 공격을 지방으로 확산시키고, 좌익조직을 독촉국민회로 대체해 우익 진영을 강화하는 데 목표가 있었다.

이승만의 남선순행 목표는 미군정의 좌익 탄압정책과 배치되지 않았다. 때문에 이승만의 남선순행에는 경찰과 미군정의 호위가 뒤따랐다. 이승만의 방문에 호응해 지방의 우익은 자금과 군중동원을 책임졌고, 강연회가 끝나고 우익 청년들이 좌익계 단체를 공격하는 것이 하나의 행동양식으로 정착했다.[56] 이승만의 강연회에 앞서 경찰의 예비검속으로 좌익 간부들이 대거 검거됨에 따라,[57] 독촉국민회는 순조롭게 지부를 설치할 수 있었다. 결국 지방에서 이승만과 독촉국민회가 지지기반을 형성할 수 있던 것은 이승만 개인의 카리스마도 작용했지만, 미군정과 경찰 그리고 우익과 우익 청년단들이 연합해 좌익을 폭력적으로 제거했기 때문에 가능했다. 이승만의 남선순행을 계기로 좌우 대립은 전국적으로 확산되었다. 지방에서 명맥만 유지하던 한민당, 독촉중협 지부와 군소 우익 청년단들은 독촉국민회와 국청이 결성되자 이를 중심으로 결집했다. 독촉국민회는 지방으로까지 확대된 좌우 간 투쟁에서 우익의 주요한 거점이었고, 좌익에 대한 테러를 주도했다.

1946년 여름 미군정의 좌익 탄압은 본격화되었고, 전국에서 발생하는 우익 청년단 테러는 더 이상 방치할 수 없는 지경에 이르렀다. 이러한 상황에서 조공은 좀 더 적극적이고 공격적인 전술로 전환하지 않을 수 없었다. 7월 말 조공은 '정당방위 역공세'라는 구호 아래 '신전술'로 정책을 전환했다. 조공의 전술 전환은 크게는 조공의 대미 인식의 변화를 반영한 것이었고, 이를 가속화한 것은 미군정의 점령 통치와 미소공위의 실패,[58] 그리고 우익 청년단의 테러였다.

그러나 좌익이 신전술로 전환하자마자 미군정과 우익 진영은 이를 계기로 공격에 박차를 가했다. 1946년 8~9월 서북청년단준비위는 서울 지역 '전국노동자조합전국평의회(이하 전평) 평정' 작전에 나섰다. 8월 21일 서청 준비위는 전평운동의 본산이라고 할 수 있는 영등포 경성방직 고무공장을 습격했다.[59] 이어 이들은 9월 내내 영등포 소재 대소 공장의 전평 조직을 공격해 전평 노조를 약화시키는 데 성공했고, 이어 인천으로 예봉을 돌렸다.[60]

앞서 언급한 〈군정법령 97호〉에서 알 수 있듯이 1946년 여름 미군정도 전평 조직을 대한노총으로 대체시키고자 했으며, 이미 5월부터 대한노총은 경인 지역 전평을 수차례 공격한 바 있다.[61] 미군정과 우익 진영이 전평을 주 공격 대상으로 삼은 것은 노동자들의 조직인 전평은 조공운동의 핵심조직이자, 가장 조직적인 대중동원 단체였기 때문이다. 게다가 전평 중앙의 '산업건설 협력방침'에도 불구하고, 공장에서 자생적으로 발생한 파업은 경찰과 사주社主의 힘만으로는 막기 어려웠다. 게다가 전평 노조를 대체하기 위해 발족한 대한노총은 당시까지만 해도 여전히 조직 확장에 어려움을 겪고 있었다. 때문에 전평 조직을 분쇄하기 위해서 우익 청년단은 '파업깨기꾼'으로 기용되었고, 경찰은 가장 든든한 후원자가 되었다. 이는 1946년 5월 이래 우익 청년단의 활동이 미군정과 우익 정치노선과 동일한 방향으로 진행되고 있음을 시사했다.

좌익은 신전술정책에 따라 9월 23일 부산 철도 파업, 24일 서울—부산 간 철도 파업을 시작으로 전국적인 총파업에 돌입했다. 이 투쟁은 해방 이래 누적돼온 미군정 경제정책의 실패에 대한 민중들의 저항이자, 좌익들이 당면한 정치적 목표를 관철하기 위해 벌인 총력투쟁이었다. 그러나 '9월 총파업'에 대응한 미군정·경찰·우익 청년단·우익 정치세력의 협공은 상상을 초월했다. 우익 진영은 파업을 분쇄하기 위해 자금을 갹출했고,[62] 경찰은 무기를 제공했으며, 우익 청년단은 파업 진압에 나섰다. 대한노총은 9월 26일 이승만을 총재로 추대하고, 40여 우익 청년단이 소속된 '파업대책위원회'와 연합해 '총파업대책협의회'를 조직했다.[63] 총파업대책협의회가 꾸려지자 우익 청년들은 9월 30일 용산구 철도파업장 공격을 시작으로 파업 분쇄에 나섰다. 이 파업 진압에 가장 두각을 나타낸 우익 청년단은 김두한이 이끄는 대한민청이었다. 이날 진압에 참가한 우익 청년들은 경찰이 제공한 무기로 무장한 상태였다.[64] 3,000여 명의 경찰과 우익 청년단의 공동 진압으로 용산구 파업장은 완전히 와해되었고 1,400명이 검거되었다.[65] 우익 청년들은 같은 날 자유신문사와 남로당을 공격했고, 10월 1일에는 민전사무국, 중앙인민위원회, 민청, 전평회관을 습격했다.[66] 며칠 뒤 김두한의 대한민청은 경전 파업 본부도 점령해 간부를 취조한 뒤 경찰서로 넘겼으며, 4일 만에 모든 노조 간부를 대한노총 출신으로 교체했다.[67]

이로써 좌익의 총력 공격은 전평 조직의 전멸이라는 결과만을 남긴 채 진압되었다. 그리고 이 과정에서 우익 청년단과 경찰의 관계는 질적으로 변화했다. 이는 이전에 경찰이 공개적으로 나설 수 없는 일을 우익 청년단이 처리하고, 경찰이 은밀히 이들의 뒤를 봐주는 것과는 차원이 다른 것이었다. 이제 우익 청년단은 경찰의 무기로 무장한 '준국가기구', '경찰 보조기구'로 활동하기 시작한 것이다. 이들의 공식적인 협조관계는 10월 항쟁 진압 과정에서 지방으로 확산되었다. 당시 10월 항쟁은 경북 전역으로 확산되어 대구 경찰의 힘만으로는 진압하기 어려웠다. 항쟁 진압을 위해 미 전술군과 타 지역 경찰까지 동원되었고, 경찰 수를 능가하는 우익 청년단이 대거 투입되었다.[68] 서울에서 출동한 청년단들뿐만 아니라 지방의 군소 우익 청년단들 또한 항쟁 참가자를 색출한다는 명분으로 좌익을 직접 체포하여 구금, 구타했다.[69]

1946년 여름~1947년 봄, 우익 청년단의 테러는 일정한 패턴을 보여주었다. 그것은 첫째, 전평 노조의 파업이 일어나면 경찰 및 사주는 파업 진압을 위해 우익 청년단의 행동을 요청하고 그 대가로 활동비를 지급했다.[70] 둘째, 우익 청년단은 폭력으로 좌익 노조를 분쇄하고 대한노총으로 노조를 전환시켰다. 셋째, 경찰은 진압을 명분으로 출동해 좌익들을 검거하고, 우익 청년단을 비호했다. 요컨대 반탁 테러 과정에서 형성된 '우익 청년단-경찰·미군정-우익 정치세력'의 연결망, 그리고 자본을 매개로 한 '수요-공급'이 바로 우익 청년단 테러의 운영원리였다. 결국, 경찰의 검거와 우익 청년단체의 테러로 인해 서울과 경인 지역의 전평과 좌익단체는 조직이 와해되거나 지하화했다. 〈표 3〉은 1946년 5월~1947년 1월에 발생한 우익 테러의 양상을 정리한 것이다.

결론적으로 이 시기는 우익 테러의 전국화로 전국에서 좌우익 간의 힘 대결이 본격적으로 펼쳐진 시기로 정리할 수 있다. 〈표 3〉에서 보듯, 1946년 우익 청년단의 테러는 전국으로 확산되었고, 하반기에는 군정의 좌익 검거정책에 발맞춰 서울·인천의 좌익 중앙조직과 언론사 그리고 전평 공격에 집중되었다. 서울 지역 좌익세의 약화로 우익 청년단은 활동 방향을 지방으로 전환할 수 있었다. 그리고 9월 총파

〈표 3〉 1946년 5월~1947년 1월 발생한 우익 테러 통계표

일시	발생 건수	발생 지역	사건 내용
5월	35건	*서울: 6건 *지방: 29건	*좌익 단체·대회·요인 공격: 32건 *언론사 습격: 2건 *여운형 피습: 1건
6월	8건	*서울: 2건 *지방: 6건	*좌익 단체·대회·요인 공격: 6건 *좌익 요인 공격: 2건
7월	6건	*서울: 3건 *지방: 3건	*좌익 단체·대회·요인 공격: 5건 *언론사 습격: 1건
8월	6건	*서울: 3건 *지방: 3건	*좌익 단체·대회·요인 공격: 5건 *언론사 습격: 1건
9월	13건	*서울: 6건 *지방: 9건	* '9월 총파업' 진압/ 전평 공격: 13건
10월	25건	*서울: 8건 *지방: 17건	* '10월 항쟁' 진압 / 전평 공격: 21건 *언론사 습격: 2건 *기부금 강요: 1건 *여운형 납치: 1건
11월	4건	*서울: 1건 *지방: 2건	*좌익 단체·대회·요인공격: 3건 *기부금 강요: 1건
12월	4건	*서울: 2건 *지방: 2건	*좌익 단체·대회·요인 공격: 3건 *기부금 강요: 1건
1947년 1월	13건	*서울: 5건 *지방: 8건	*좌익 단체·대회·요인 공격: 11건 *언론사 습격: 1건 *기부금 강요: 1건
누계	114건	*서울: 36건 *지방: 78건	*좌익 단체·대회·요인/ 파업·전평 공격: 103건 *언론사 습격: 7건 *기부금 강요: 4건

출처: 《조선일보》, 《동아일보》, 《경향신문》, 《독립신보》, 《G-2정보일지》; 문봉제, 〈남기고 싶은 이야기—서북청년단〉, 《중앙일보》 1972년 12월 22일~1973년 2월 12일; 건국청년운동협의회, 《대한민국 건국청년운동사》, 건국청년운동협의회총본부, 1989; 이경남, 《분단시대의 청년운동》, 삼성문화개발, 1989.

업과 10월 항쟁 진압 과정에서 우익 청년단은 '공권력의 일부'로 흡수되었다.

5. 1947년 우익 청년단 조직 확대와 테러의 일상화

우익 청년단은 1947년부터 지방으로 지부를 확대하고 활동력을 높였다. 이를 반영하듯 〈그림 1〉과 같이 우익 청년단 테러는 서울보다 지방에서 더욱 빈번하게 일어났다.

그런데 모든 우익 청년단이 전국적인 조직망을 갖춘 것은 아니었다. 9월 총파업과 10월 항쟁 진압 과정에서 가장 강력한 행동대로 성장한 대한민청의 경우 부산, 경기도, 청주 지역으로만 지부를 확장했다.[71] 반면 서청은 1946년 11월에 조직을 결성한 이래 1947년 1월부터 조직을 확대해 9월에는 전국적인 조직망을 갖췄다. 이것이 가능했

〈그림 1〉 1945~47년 서울-지방 간 테러 발생 비율

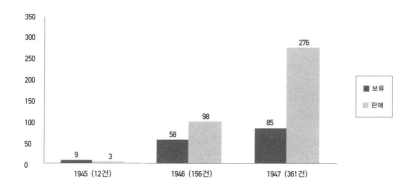

던 이유는 첫째, 1946년 이후 월남민의 증가로 대원 모집에 어려움이 없었기 때문이다. 오히려 서청은 월남청년들을 서울 조직에서 감당하지 못해 지방으로 내려보내야 했다.[72] 둘째, 서청준비위가 서울에서 벌인 격렬한 반공투쟁 덕에 지방의 독촉국민회, 한민당은 서청의 원정 공격을 빈번하게 요청했다.

우익 청년단들은 원정 테러로 지역을 평정하고 지부를 설치했기 때문에, 테러 발생과 이들의 지부 설치는 밀접한 상관관계를 보인다. 그리고 우익 청년단 지부가 조직된 후에는 이를 중심으로 테러가 발생했기 때문에, 지방지부의 존재 여부에 따라 테러 발생 빈도는 차이가 났다. 따라서 1947년 우익 청년단 테러의 전개 양상을 이해하기 위해서는 먼저 우익 청년단 지방지부 조직 과정을 살펴봐야 한다.

〈표 4〉에서 알 수 있듯이 서청의 지방지부 설치는 1월 대전에 남선파견대를 파견하면서 시작되었다. 1~3월, 남선파견대는 대전에서 근

〈표 4〉 1947년 서청의 지방지부 확장 과정

달	1월	2월	3월	4월	5월	6월	7월	8월	9월
지방지부설치경로	*서울지부 확대/인천지부 조직 *남선파견대 대전으로 파견(1월) *38선 접경지역 지부 설치 (청단/연백/개성)			*남선파견대 핵분열 (충남→전북→전남→충북) *경북파견대 대구 파견(5월) *38선 접경 지역 지부 설치(옹진/벽성) *강원도 지부 결성			*경북 군 지부 설치 *경남파견대 부산 파견 (7월 말) *경남파견대 부산지부 설치(8월)		*경남·북군지부 완성

출처: 문봉제, 〈남기고 싶은 이야기—서북청년단〉, 《중앙일보》 1972년 12월 22일~1973년 2월 12일; 이경남, 《분단시대 청년운동》, 삼성문화개발, 1989; 《G-2 정보일지》.

거지를 마련했다. 대전에서 기반을 닦은 남선파견대는 4~6월 서울에서 내려오는 청년들을 유입해, 충남→전북→전남→충북 지역 순으로 조직을 확장했다. 6월에는 호남과 충남 군郡 지역에서도 서청지부가 조직되었다. 동시에 서청은 5월 경북파견대를 대구에 파견해 경북 도道지부를 설치했고, 7월에는 경북 군 지역까지 조직을 확대했다. 그리고 7월 말 부산에 경남파견대를 보내 9월에는 경남 군 지역까지 지부를 확장했다. 이러한 서청의 지방지부 설치 경로는 〈그림 2〉에서 보듯, 1947년 테러 빈발 지역 변화 추이와 유사했다. 우익 테러는 3~6월 충청·호남 지역에서 집중적으로 발생했고, 6~7월 경북 지역에서도 다소 증가하기 시작했다. 8~9월에는 영남 지역에서 빈번하게 일어났다. 이는 서청의 지방지부 설치 경로와 일치했다. 이는 서청이 우익 청년단들 가운데서도 가장 많이 테러를 일으킨 조직이었으며, 이들이 지부를 전국으로 확대함에 따라 테러가 확산되었기 때문이다. 우익 청년단 테러는 정국의 변동에 따라 발생하기도 하지만, 우익 청년단의 조직 확장력에도 영향을 받았음을 알 수 있다.

3~6월 충청·호남 지역에서 빈발한 테러는 당시 사회적으로 큰 문제가 되었다. 실정을 파악하기 위해 파견된 언론과 사회단체들의 조사 내용이 당시의 상황을 생생히 전해준다. 민전은 6월 민전조사단을 전북으로 파견했다. 그러나 이들은 전주와 군산에서 우익 청년단원들에게 폭행을 당해 조사를 중단해야만 했다.[73] 6월 15일에는 일선 신문기자들이 전남북실정특파조사단을 발족해 조사에 착수했고, 조선인권옹호연맹에서도 전남테러사건조사단을 파견했다.[74] 전북실정특파조사단은 보고서에서 "전라도에 테러가 횡행하는 것은 좌익이 강하다는 단순한 이유에서 촉발된 것이며, 테러의 성격은 좌익에 대한 공

격, 독촉국민회 가입 요구에서 점차 기부 강요, 약탈, 사적인 감정에 의한 폭행으로 저질화 되어 간다"고 지적해 당시 우익 청년단 테러가 일반 주민들에게까지 확대되었음을 알 수 있다.[75]

7월 들어 영남에서도 테러가 증가하기 시작했다. 서청의 7월 7일 부산극장 공격을 시작으로 8월 한 달 동안 좌익계 신문《대중신문》, 《민주중보》, 《부산일보》, 《부산신문》과 남로당 경남도당 본부, 민애청 본부 그리고 민전 사무실과 인민공화당이 공격당했다.[76] 서청은 이들 좌익계 조직을 무력화시킨 후 8월 말 경남 도道 본부를 설치했다. 이는 서청의 지방지부 조직 과정을 잘 보여주는데, 1) 도 파견대 파견, 2) 도내 좌익계 단체 무력화 및 언론사 습격, 3) 도 지부 설치, 4) 군으로 지부 확대가 그것이다.

8월 경남도 본부를 설치한 서청은 기세를 몰아 9월 광청·대한노총과 연합해 부산 전평 노조를 공격했다. 우익 청년단들은 15~16일 이틀간 트럭을 타고 부산 시내를 돌아다니며 전평 조직을 파괴했다.[77] 우익 청년단들이 이틀 동안 부산을 점령하다시피 했지만 경찰은 수수

〈그림 2〉1947년 지역별 테러 발생 건수

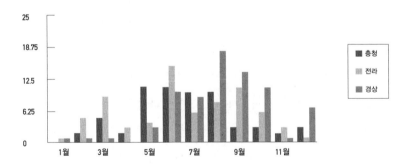

방관했고, 오히려 이들이 검거한 50명의 좌익을 인계받았다. 결국 이 소란은 17일 미군정이 대한노총에 퇴거명령을 내리면서 진압되었다.[78] 8~9월 우익 청년단과 대한노총의 연합 공격 끝에, 서청은 9월 26일 서청 부산시 특별지부를 결성했고, 대한노총은 10월 12일 대한노총 부산지구연맹을 결성했다.[79]

그렇다면 1947년 발생한 테러는 시기별로 어떻게 전개됐을까? 〈표 5〉는 1947년 테러의 시기별 양상과 그 성격을 보여준다.

〈표 5〉를 살펴보면 우익 청년단 테러는 3월에 큰 폭으로 증가한 이후 다시 감소했고, 5월부터 꾸준히 증가하다 7월에 급증했다. 먼저 3월에 테러가 증가한 것은 우익 청년단이 좌익 주최 3·1절 기념행사를 공격한 데 기인한다. 남로당이 3·1절 기념행사를 2차 미소공위 재개 투쟁으로 벌이자, 우익 청년단이 이를 공격한 것이다.[80] 경찰은 3·1절을 앞두고 대대적으로 좌익을 검거함으로써, 이들을 테러로부터 무방비 상태에 놓이게 했다.[81]

우익 청년단 테러가 7월에 급증한 이유는 첫째, 2차 미소공위가 7월에 이르러는 사실상 결렬되었기 때문이다. 5~6월 2차 미소공위는 자문기관 및 참여 단체 문제에 합의하면서 성공 조짐을 보였다. 그러나 1차 미소공위와 마찬가지로 미·소 협조를 통한 정부 수립 문제 해결은 단정 수립을 주장한 이승만에게는 심각한 타격이었다. 게다가 한민당이 6월 10일 미소공위 참여를 결정함으로써, 우익 내부에서 미소공위 참여를 둘러싸고 심각한 분열이 일어났다. 이승만은 다시 한 번 대중적인 반탁 시위를 통해 이 난국을 극복하고자 했다. 6월 23일 개최된 반탁 시위는 미소공위를 파탄내고자 한 반탁세력의 비장의 카드였다. 서울에서 개최된 6·23 반탁 시위를 계기로 2차 미소공위는 사실상 결렬되었고,[82] 이 반탁 시위는 전국으로 확대되었다. 미소공위 파탄이 확실시 되자 기승을 부린 우익 테러로 7월 테러의 빈도는 증가했다.

한편 좌익은 미소공위 결렬을 저지하기 위해 7월 27일 '미소공위 경축 임시정부 수립촉진 인민대회'를 전국적으로 개최했지만, 곳곳에서 경찰과 충돌하거나 우익 청년단의 공격을 받았다.[83] 이 대회에 대한 우익 청년단의 공격이 7월 테러가 증가한 두 번째 요인이다.

8월에 테러가 감소한 것은 경찰이 8·15대회를 앞두고 치안을 대비한다는 명목으로 좌익을 대거 검거함에 따라,[84] 테러 대상 자체가 소멸되었기 때문이었다. 그러나 경찰은 우익 청년단을 대동해 좌익 검거 작업을 벌이거나, 이들에게 좌익 체포리스트를 전달해 직접 검거하게 했기 때문에 그 과정에서 테러가 발생하기도 했다.[85]

마지막으로 살펴볼 것은 1947년 우익 청년단 테러의 공격 대상의 광범위화이다. 기본적으로 우익 청년단의 주요 공격 대상은 좌익 조직과 언론사였다. 그러나 우익 청년단들이 지방의 면까지 그 활동 폭을 넓히면서 동리의 일반 주민들까지 그 대상이 되어 테러는 일상화

〈표 5〉 1947년 2~8월 발생한 우익 테러 통계표

일시	발생 건수	발생 지역	사건 내용
2월	13건	*서울: 4건 *지방: 9건	*좌익 단체·대회·요인 공격: 10건 *언론사 습격: 2건 *주민 공격: 1건
3월	36건	*서울: 18건 *지방: 18건	*좌익 단체·대회·요인 공격: 24건 *주민 공격: 6건 *언론사 습격: 4건 *기부금 강요: 1건 *학원 공격: 1건

4월	12건	*서울: 6건 *지방: 6건	*좌익 단체·대회·요인 공격: 6건 *주민 공격: 2건 *학원 공격: 4건
5월	24건	*서울: 2건 *지방: 22건	*좌익 단체·대회·요인 공격: 14건 *기부금 강요: 3건 *여운형 피습: 1건 *학원 공격: 1건 *주민 공격: 5건
6월	48건	*서울: 8건 *지방: 40건	*좌익 단체·대회·요인 공격: 25건 *주민 공격: 11건 *언론사 습격: 6건 *기부금 강요: 4건 *학원 공격: 2원
7월	66건	*서울: 31건 *지방: 35건	*좌익 단체·대회·요인 공격: 44건 *언론사 습격: 8건 *주민 공격: 6건 *기부금 강요: 1건 *학원공격: 3건 *우익 내 갈등: 3건 *여운형 피살: 1건
8월	46건	*서울:4건 *지방: 42건	*좌익 단체·대회·요인 공격: 27건 *주민 공격: 8건 *기부금 강요: 5건 *언론사 습격: 5건 *우익 내 갈등: 1건
누계	245건	*서울: 73건 *지방: 167건 *38선 인근: 5건	*좌익단체 및 대회 공격: 148건 *언론사 습격: 25건 *주민 공격: 39건 *기부금 강요: 14건 *학원 공격: 11건 *요인 테러: 4건 *우익 내 갈등: 4건

출처: 《조선일보》, 《동아일보》, 《경향신문》, 《독립신보》; 《G-2정보일지》; 《CIC 주간정보통보》; 문봉제, 〈남기고 싶은 이야기—서북청년단〉, 《중앙일보》 1972년 12월 22일~1973년 2월 12일; 건국청년운동협의회, 《대한민국 건국청년운동사》, 건국청년운동협의회총본부, 1989; 이경남, 《분단시대의 청년운동》, 삼성문화개발, 1989.

되었다. 이는 〈표 5〉에서도 확인할 수 있는데, 3월부터 주민을 직접 공격하거나 주민들에게 기부금과 회원 가입 등을 강요하는 테러가 증가하기 시작했다.

전북 전주군 와리에서는 독촉국민회원들이 주민들에게 '사상전환서' 작성을 강요하고, 민청위원장을 납치하려다 이를 말리려는 주민들과 대치하는 일이 벌어졌다. 다음 날 이들은 몽둥이, 죽창, 일본 단도로 무장하고 마을을 습격해 가옥을 파괴하고 임산부를 구타하는 등 만행을 저질렀다.[86] 정읍에서는 우익 청년단이 한 주민의 집을 습격해 "이승만이 쓴 《순국열사》 책이 있느냐", "독촉국민회에 기부했느냐"며 주민을 구타했다.[87] 창평에서는 서청이 "적자赤子 타도"를 외치며 주민들을 구타하는 사건이 일어났는데, 경찰은 오히려 주민들이 경찰서 앞을 통행한 것을 두고 자신들을 공격했다며, 이들 가운데 90여 명을 구속하고 낫, 괭이 등 농기구를 압수했다.[88] 전주에서도 서청이 한 차례 마을을 습격한 이후에 18세 이상 30세 미만의 전 부락민이 독촉국민회에 강제 가입했고, 배당된 쌀 25가마니를 기부금으로 내야 했다.[89] 우익 청년단은 강제로 모은 기금을 자신들의 조직 운영비로 사용하거나, 경찰 활동비로 제공했다. 그리고 이들은 이 기금들을 지방에서 계몽강연회·반탁집회를 개최하고, 단정 수립·이승만 지지운동을 벌이는 데 사용했다.[90]

한편 5월 우익 테러는 38선 접경 지역으로까지 확산되었다. 서청은 북한경비대와 주민을 공격하거나 대북 침투를 감행했고, 남파되는 북한 공작원을 체포했다. 서청 황해도단부는 무장단체로 변해 경찰과 함께 국경선을 순찰하는 업무까지 담당했다.[91] CIC는 북한 정보를 수집하는 데 서청을 적극 활용했고,[92] 이러한 긴밀한 관계로 미루어 서청이 자유롭게 테러를 감행할 수 있는 조건이었음을 짐작할 수 있다.

이상의 분석에서 주목되는 점은 1946년 5월과 1947년 7월 두 차례의 미소공위가 휴회되는 시점에 우익 청년단 테러가 급증했다는 것이다. 2차 미소공위 결렬로 미·소 협조체제가 완전히 와해되고 정부 수립 문제가 단정 수립으로 가닥을 잡아가던 시점에, 우익 청년단 테러는 최고조에 달했다. 그리고 1947년 7월 19일 남북과 좌우익을 잇던 지도자 여운형이 우익 청년들에게 암살당했다. 이는 1946년 여름 우익 청년단이 이승만·한민당 지지를 표방한 이래, 이들의 테러가 단정 노선·반미소공위 노선을 관철하는 절대적인 수단이었음을 의미했다.

6. 단독정부 수립과 테러의 국가폭력화

우익 청년단 테러는 1947년 9월 이래 감소 추세를 보였다. 그런데 〈표 6〉에서 보듯이 이 시기 우익 청년단 내의 테러는 증가하는 현상을 보였다. 이러한 테러는 어떤 성격이며, 증가한 이유는 무엇일까?

1947년 9월 21일 이청천의 주도로 대동청년단(이하 대청)이 결성되었다. 같은 해 4월 중국에서 귀국한 이청천은 우익계 청년단을 통합해, 이들에게 건전한 사상교육과 군사훈련을 시키겠다고 역설했다.[93]

이청천은 5월부터 우익 청년단 통합운동을 벌였고, 임정과 이승만은 서로 다른 목적에서 이를 지지했다. 이승만은 우익 청년단을 통합해 자신의 강력한 전위대로 삼고자 했다. 김구는 이청천이 광복군 총사령관 출신이었기 때문에, 그가 통합한 우익 청년단은 임정을 강화해줄 것으로 믿었다.[94] 임정과 이승만의 지원으로 이청천의 청년단 통합운동은 순조롭게 출발했다.

우익 청년단 내부에서도 청년단을 통합할 필요성을 느끼고 있었다. 그러나 우익 청년단 통합운동이 본격적으로 전개된 5~9월, 이승만이 전격적으로 남한 단정노선을 표명하자 이승만과 임정은 갈등을 빚기 시작했다. 그리고 9월 정부 수립 문제가 유엔으로 이관되면서 이들의 노선 갈등은 전면에 드러났다. 우익 정치세력의 갈등은 우익 청년단에도 영향을 미쳐, 이들은 임정 지지 대 단정노선으로 분열했다.[95] 게다가 이승만은 8월 이청천의 우익계 청년단 통합 작업이 순조롭게 진행되는 것을 보고, 이것이 임정으로 통합되거나 우익 내 이청천의 세력 강화로 연결될까 우려해, '이청천 경계론'을 내세워 이승만계 청년단들이 대청으로 결합하는 것을 만류했다.[96] 결국 9월 대청이 출범할 시점에는 우익 청년단 통합운동에서 서청 및 족청 등 주요 우익 청년단은 결합시키지 못했다.[97]

대청으로 우익 청년단들이 통합되는 문제의 중요한 변수는 우익 청년단들이 자신들의 독자성을 유지하고자 한 것도 중요하게 작동했지만, 보다 근본적인 것은 우익 내 노선 갈등이 전면화된 상황에서 이청

〈표 6〉 1947년 9월~1948년 5월 발생한 우익 테러 통계표

일시	발생 건수	실행 주체와 발생 지역	비고
9월	41건	*서울: 3건 *지방: 38건	*좌익 단체·대회·요인 공격: 20건 *주민 공격: 7건 *강제 회원모집: 2건 *우익 내 갈등: 7건 *기부금 강요: 3건 *언론사 습격: 1건 *대북테러: 1건

10월	33건	*서울: 0건 *지방: 33건	*좌익 단체·대회·요인 공격: 7건 *우익 내 갈등: 10건 *기부금 강요: 9건 *주민 공격: 2건 *강제 회원 모집: 3건 *미곡 수집 강요: 1건 *대북 테러: 1건
11월	13건	*서울: 3건 *지방: 10건	*우익 내 갈등: 7건 *좌익 단체·대회·요인 공격: 2건 *주민 공격: 1건 *기부금 강요: 2건 *언론사 습격: 1건
12월	16건	*서울: 2건 *지방: 14건	*좌익 단체·대회·요인 공격: 4건 *강제 회원 모집: 2건 *언론사 습격: 1건 *우익 내 갈등: 6건 *기부금 강요: 2건 *주민 공격: 1건
1948년 1월	7건	*서울: 0건 *지방: 7건	*좌익 단체·대회·요인 공격: 1건 *기부금 강요: 5건 *우익 내 갈등: 1건
2월	8건	*서울: 2·7 구국투쟁 저지 *지방: 8건/ 전국 각지	*기부금 강요: 5건 *주민 공격: 1건 *좌익 단체·대회·요인 공격: 3건 *2·7 구국투쟁 저지
3월	4건	*서울: 0건 *지방: 4건	*우익 내 공격: 2건 *투표자 등록 강요 *기부금 강요: 2건
4월	5건	*서울: 0건 *서북청년단: 4·3항쟁 진압	*우익 내 갈등: 2건 *투표자 등록 강요 *4·3항쟁 진압
5월	통계불가	*구국청년총연맹, 향 보단: 남한 각지	*투표 강요

출처: 《조선일보》, 《동아일보》, 《경향신문》, 《독립신보》, 《노력인민》; 《G−2정보일지》; 《CIC 주간정보통보》; 문봉제, 〈남기고 싶은 이야기—서북청년단〉, 《중앙일보》 1972년 12월 22일 ~1973년 2월 12일; 건국청년운동협의회, 《대한민국 건국청년운동사》, 건국청년운동협의회총본부, 1989; 이경남, 《분단시대의 청년운동》, 삼성문화개발, 1989.

천의 노선에 대한 평가였다. 이승만의 노선에 동조한 청년단들은 이 승만의 입김에 따라 이청천을 임정계로 간주해 대청으로 합류하지 않았다. 그러나 사실 대청을 임정계로 파악하기에는 무리가 있다. 초기 대청 결성운동을 이끈 인물들은 대개 임정을 지지했고, 이청천 자신도 임정과 밀접한 관계를 부인하지 않았다.[98] 그러나 다른 한편으로 이청천은 귀국 직후부터 이승만 지지를 주장해왔다.[99] 이는 김구와 이승만 중 누가 승리자가 될 것인가가 불명확한 상황에서 두 정치세력 모두에게 선을 대고자 한 이청천의 이중 플레이였다.

이청천의 이중 플레이에도 불구하고, 대청은 줄곧 임정계로 인식되었고, 임정을 지지하는 청년단원들이 대청으로 합류했다. 대청 가입 문제를 둘러싼 우익 청년단 간의 갈등은 각 청년단 내부에서 극단적인 형태로 나타났다. 이러한 혼란은 청년단 중앙조직에만 국한되지 않았다. 각 우익 청년단 중앙은 대청이 결성된 시점에는 합류 여부를 결정했다. 그러나 지방은 중앙의 노선이 지체되어 전달되거나, 지부 내에 노선 분화가 있는 경우 갈등을 쉽사리 극복하지 못했다. 때문에 지방에서는 오히려 9월경부터 우익 청년단 간의 갈등이 복잡하게 전개되었고, 이는 1948년 4월까지 계속됐다.

이 시기 지방에서 발생한 우익 청년단 간의 갈등을 유형별로 정리해 보면 다음과 같다. 먼저 대청 통합 문제를 둘러싸고 우익 청년단 간에 발생한 갈등이 있다. 예컨대 서청 지도부는 대청으로 합류하지 않는 것으로 입장을 정리했지만, 중앙 지도부는 지방지부의 이탈을 제어하지 못했다. 때문에 지방에서는 대청이 조직된 후 청년단원들이 대청으로 이동하거나, 또는 대청으로 이적한 청년들이 다시 본 조직으로 돌아오는 일들이 빈번하게 발생했다. 우익 청년들의 조직 이동은 단순히 소속 조직을 이동하는 수준에서 끝나는 것이 아니라 그에 상응하는 폭력과 테러라는 대가를 치러야 했으며 이는 조직 간에 수시로 반복되었다.[100]

다음은 족청에 대한 다른 우익 청년단의 견제와 공격이었다. 족청에 대한 공격의 상당수는 대청으로 합류하지 않는 족청을 대청이 공격한 경우였다. 대청과 족청의 상호 견제와 충돌은 우익 청년단 내 헤게모니를 장악하기 위한 이청천과 이범석의 갈등이 지방으로 옮겨간 것이었다. 이청천과 이범석은 모두 우익 청년단을 통합해 자신의 정치적 기반이자 건군의 기반으로 육성하고자 했기 때문에, 청년단 내 주도권을 둘러싸고 갈등했다. 족청은 결성 이래 비폭력 노선을 견지했기 때문에 대청에게 물리적 공격을 가하지는 않았지만, 대청은 족청이 가진 권위를 와해하고 이들을 포섭하기 위해 테러를 동원했다.[101] 족청에 대한 또 다른 공격은 지방에 족청 지부가 결성되면서 기존의 우익 청년단원들이 족청으로 이동하는 경우, 이를 저지하기 위해 발생했다.[102] 이외에도 우익 청년단들은 족청이 미군정의 지원을 받은 점, 반공투쟁을 열심히 하지 않는 점, 좌익들을 흡수해 보호한다는 점[103] 등 족청의 노선에 반발심을 갖고 족청을 공격했다.

이러한 현상은 청년단의 위상 변화를 짐작할 수 있게 해준다. 우익 정치세력의 행동대로 출발한 우익 청년단은 해방 3년 동안 정치의 중심에서 성장해왔다. 1947년 말이 되면 이들은 우익 정치세력들이 탐내는 강력한 정치 수단이 되었고, 우익 청년단은 정치력 강화를 기반으로 독자적인 정치세력화를 꿈꾸게 되었다. 요컨대 1947년 하반기 우익 테러를 특징짓는 우익 청년단 간의 공격은 우익 내부의 정치노선 분화를 반영해 일어났다. 그 대립의 한 축은, 미소공위가 결렬된 상황에서 이승만과 김구가 단독정부 수립 방안을 놓고 이견을 보이자 청년단들이 분열하면서 형성되었다. 또 다른 한 축은, 청년단 내부에서 형성된 것으로 청년단 조직을 장악함으로써 이후 수립될 정권의 주도권을 차지하고자 한 청년단 지도부들의 경쟁에서 비롯되었다. 이 복잡한 우익 내부의 투쟁에서 우익 청년단 테러는 자파自派 조직력을 확보하고, 정권의 주도권을 장악하기 위한 수단이었다. 이는 우익 청년단 테러를 단순히 반공 이데올로기로만 설명할 수 없음을 의미한다.

물론 이 시기 우익 내 테러만 발생한 것은 아니었다. 여전히 좌익에 대한 공격은 계속되어 공개적으로 활동하는 좌익조직은 찾아 볼 수 없게 되었다. 뒤늦게 출범한 대청은 회원 모집과 자금 조달을 위해 일반 국민에게 폭력을 행사하는 경우가 다반사였고,[104] 총선거를 예상하고 회원과 선거 자금을 모집하기 위한 국청의 테러도 끊일 날이 없었다.

우익 청년단 간의 갈등은 1948년 2월 남한만의 단정 수립이 기정사실화 되자 어느 정도 정리되었다. 단독정부 수립은 이승만이 지난 3년간의 권력투쟁에서 최후의 승자가 되었음을 의미했고, 우익 청년단들은 이승만 쪽으로 기울 수밖에 없었다. 이승만은 남한 단독선거가 확실시 되자 서청 잔류파와 국청, 청총 외에도 강력한 조직력을 갖춘 대청과 족청을 필요로 했다. 대청과 족청도 현실적 노선에 입각해 이승만 지지로 입장을 정리하고, 단독선거에 대비해 자신들의 정치세력화를 적극적으로 추진했다. 이승만의 단정노선을 지지한 우익 청년단들은 본격적으로 선거 준비 활동에 돌입했다. 이들은 선거 준비를 위해 구국청년총연맹[105]을 조직하고 행동을 통일했다. 이들은 2월부터 남한 총선거를 요청하는 서명운동을 벌였고, 지방에서 총선거 촉진

국민대회를 개최하는 등 단선 실시를 위해 적극적으로 행동했다.

이에 대해 좌익은 단선을 저지하기 위해 전국적인 투쟁을 벌였다. 첫 번째 투쟁은 민전과 남로당이 주축이 되어 일으킨 2·7 구국투쟁이었고 두 번째는 5·10선거 투표 반대투쟁이었다. 남로당은 '남조선 단선반대투쟁 전국위원회'를 조직하고 지하조직으로 백골대, 유격대, 인민청년군 등을 결성해 경찰기관, 통신 및 운수시설, 언론기관을 공격하는 등 5월 내내 시위를 일으켰다. 그리고 선거를 전후 한 5월 8~10일 남로당은 남한 전역의 선거사무소·경찰서를 집중 공격했다. 이 과정에서 남로당은 경찰은 물론 우익 청년단, 향보단鄉保團과 충돌했다.

미군정과 경찰은 단선 반대투쟁을 저지하고, 선거 업무를 완수하기 위해 1948년 4월 향보단을 조직했다. 향보단은 결성 때부터 조직 성격을 둘러싸고 논란을 일으켰다. 언론에서는 향보단이 각 동리의 경찰지서 단위로 조직되어 관구청장이나 경찰서장의 직접 지휘를 받도록 편제된 점을 들어 관제조직이 아니냐고 의문을 제기하거나, 일제 때 운영된 국민의용대의 재판이라고 비난했다.[106] 이러한 비난 여론에 대해 조병옥과 딘 군정장관은 향보단은 경찰이 직접 조직한 단체가 아니며, 관제 동원조직이 아니라고 적극 부인했다.[107] 그러나 향보단은 경찰 보조조직으로, 단독선거를 저지하려는 좌익을 공격하는 데 그 활동이 맞춰졌으며, 그 회원의 대부분은 우익 청년단원으로 충원되었다.[108] 향보단은 10월 항쟁 진압 이후 경찰 보조대로 활동한 우익 청년단이 단정 수립을 앞두고 경찰조직으로 흡수되는 과정을 보여준다.

한편 좌익만이 단선 반대운동을 벌인 것이 아니었다. 김구, 김규식 등은 남북연석회의에 참석해 단정 수립을 저지하고자 분투했다. 단정 수립노선에 충실한 우익 청년단은 남북협상파들까지 공격해[109] 한때 자신들이 지도자로 섬겼던 이들에게까지 테러를 가하는 아이러니를 보였다.

　정부 수립 이후 우익 청년단원들은 정계, 군, 경찰로 진출하거나[110] 대한청년단[111]으로 통합돼 이승만 정권의 취약한 권력을 보완하고 반공체제를 강화하는 역할을 담당했다. 미군정기 시작된 우익 청년단 테러는 정부 수립 이후 국가와 더욱 직접적으로 연계되었고, 더 강력한 '정치 수단'이 되었다.

7. 반공이란 허울을 쓴 국가폭력과의 결별을 위하여

　1945~48년 발생한 우익 청년단 테러의 전개 양상과 성격에 대해 살펴보았다. 해방 정국에서 우익 청년단은 좌익과의 실력 대결을 목적으로 조직되어, 그 활동의 대부분은 청년단 본연의 활동보다는 좌익을 물리적으로 공격하는 데 집중되었다. 1945년 말~1946년 초 신탁통치 문제를 둘러싸고 정국이 분열되면서 시작된 우익 청년단 반탁 테러는 반탁운동에서 벗어나, 좌우 대립을 대중적으로 실현하고 민중들의 사회개혁 요구를 억압하는 수단으로 사용되었다.

　우익 청년단 테러의 효과를 실감한 우익 정치세력과 미군정·경찰은 이들의 성장과 활동을 지원해주었다. 반탁 테러를 계기로 '우익 정치세력의 자금 지원·경찰과 미군정의 비호·우익 청년단의 행동'이라는 우익 청년단 테러의 운영 양식이 마련되었다. 이 네트워크는 미군정기뿐만 아니라 정부 수립 이후에 발생한 우익 청년단 테러의 행동양식의 전범이 되었다는 점에서 시사하는 바가 크다.

1차 미소공위 휴회 이후 미군정과 우익 정치세력의 좌익 탄압과 우익 조직 확장정책에 따라, 우익 청년단 테러는 서울에서 지방으로 확산되었다. 1947년 우익 조직의 전국화와 테러의 일상화로 인해 좌익은 대부분 지하화했고, 테러 대상은 일반 국민으로 확대되었다. 우익 청년단은 테러를 매개로 '반反미소공위' '단정 수립'노선을 관철시켜나갔다.

그러나 우익 청년단 테러는 좌익만을 그 대상으로 삼지 않았다. 2차 미소공위가 결렬되고 정부 수립 문제가 유엔으로 이관된 이후, 우익 청년단 테러는 우익 내부에서 자파세력을 확보하고 정치적 노선을 관철시키는 수단으로 이용되어 남북협상파까지 그 대상으로 삼았다. 특히 해방 3년 동안 정치의 중심에서 성장해온 우익 청년단은 정부 수립이 임박한 시점에서는 독자적인 정치세력화를 추구할 정도가 되었다. 우익 청년단 지도자들은 청년단을 자신의 정치적 기반으로 삼고자 했기 때문에, 우익 청년단 내부의 주도권을 장악하기 위해 테러를 유발했다.

결론적으로 해방 정국에서 우익 청년단 테러는 단정單政 세력의 정권 장악을 가능케 한 수단으로 정의할 수 있다. 좌익뿐 아니라 우익까지 공격 대상으로 삼은 이 테러는 단정세력의 지시에 따라 정적을 제거해줌으로써 그들에게 정치적 권력을 쥐어주었다. 우익 청년단들은 독자적인 건국 이상과 목표가 아닌 권력의 향배와 자금의 출처에 따라 테러를 일으켰다. '반공 의거'는 행동의 명분이 되었지만, 이들의 테러가 반드시 이데올로기적인 이유에서만 발생한 것은 아니었다. 미군정과 경찰은 이들 테러를 근절하기보다는 동원하는 정책을 취했고,

우익 청년단을 경찰 보조조직으로 이용해 이들에게 준국가기구의 위상을 부여했다. 이는 미국의 이익을 실현할 수 있는 정권 수립이라는 미군정의 점령 목표에 우익 청년단의 활동이 부합했기 때문이다. 미군정의 묵인과 방조 아래 일어난 우익 테러는 이후 정권의 출범을 지원하고 불안정한 정권을 유지하는 수단으로 이용됨으로써, 국가폭력으로 완전히 귀속되었다. 대한민국 정부 수립 이후에 나타난 국가폭력의 원형은 미군정기에 형성된 것이다. •임나영

03
점령 이후(1948~1950)

1948년 한반도에 두 개의 정부가 수립되고 난 이후부터 1950년 한국전쟁이 발발하기까지의 약 2년은 한국현대사 연구의 공백기에 해당한다. 오랫동안 이승만 정부 초기는 한국전쟁의 전사前史로만 다루어졌다. 이 시기에 대한 최초의 의미 있는 규정은 서중석에 의해 이루어졌다. 그는 자유민주주의 원리를 담은 헌법 제정이 이루어진 가운데 그 원리에 대립되는 권력과 그것을 뒷받침하는 극우적 정책이 만들어진 이 시기를 '극우 반공체제 형성기'로 규정했다.[1] 보통선거가 실시되고, 제헌헌법이 제정되는 등의 제도화가 이루어졌지만 4·3항쟁과 여순사건이 폭력적으로 진압되고 국가보안법이 만들어지며 '6월 공세'로 체제 내 비판적 역할을 담당했던 소장파가 몰락했기 때문이다. 이 시기를 '48년 체제'라고 명명한 박찬표 또한 그와 비슷한 인식을 공유한다. 정부 수립 이후 자유민주주의의 제도화가 이루어지지만, 그와 동시에 형성된 반공체제는 자유민주주의를 근본적으로 제약하는 역할을 했다. 따라서 그는 1948~1950년을 정치적 대안이 봉쇄된 한국의 보수적 패권체제가 만들어지는 시기로 규정했다.[2]

자유민주주의 제도와 반공체제, 양립할 수 없는 것처럼 보이는 양자가 얽혀 후자가 전자를 근본적으로 제약하는 뿌리가 만들어졌다면, 필시 둘의 만남은 정태적이거나 순탄했을 리 없다. 따라서 이 시기에서 우리가 놓치지 말아야 할 것이 바로 체제적 유동성과 자유민주주의와 반공주의, 그 양자의 만남이 야기하는 모순이라고 할 수 있다. 대한민국 정부를 수립한 5·10선거는 '선거 가능한 지역에서만 총선거를 실시한다'는 유엔 소총회 결의에 의해 실시되었지만, 전 한반도 정부를 수립해야 한다는 유엔 2차총회의 결의안은 여전히 유효한 상태였다. 5·10선거와 남한 단독정부 수립을 반대하는 과정에서는 4·3항쟁과 여순사건이 일어났다. 분단국가가 수립된 이후 이미 정치적 스펙트럼의 상당부분을 차지하던 정치세력이 배제되고 우파 일부가 그 과정을 주도했음에도 불구하고 초기에는 이른바 '소장파'라 불리는 세력들이 체제 내에 유의미한 비판세력으로 존재할 수 있었다. 제2차 세계대전 이후 한반도 문제의 처리가 아직 완전히 종결되지 않은 상황에서 이러한 체제적 유동성은 남한에 만들어진 정부의 안정성과 정당성을 침식할 수 있었다. 38선 이남에 만들어져야 하는 '자유민주주의' 정부는 태생적으로 불완전했기에 그것을 상쇄할 만큼의 폭력이 동원되고 권력이 집중되는 모순이 발생했다. 남한을 점령했고 '자유민주주의' 정부를 수립시킨 미국은 그 모순에 눈을 감았다.

3부에 실린 3개의 글은 서로 다른 주제를 다루고 있지만 공통적으로 정부 수립기 한국 사회에 존재한 유동성과 미국이 당면한 모순을 다룬다. 신승욱의 글이 유엔을 통해 수립된 정부가 유엔에 의해 만들어진

解放

유동성을 당면하는 순간을 보여준다면 김도민과 권혁은의 글은 같은 시기 미국이 자유민주주의적이고 반공적인 대한정책을 펴는 과정에서 마주한 모순을 보여준다. 신승욱은 정부 수립 이후 한국에 파견된 유엔 현지기구인 1·2차 유엔한국위원단의 평화통일 중재 활동을 통해 유엔 내부에 존재했던 다양한 의견들을 짚어주고 그것이 유엔한국위원단의 활동을 어떻게 배태했는지를 보여주었다. 정부 수립 이후 한국에 파견된 유엔한국위원단은 주된 협의 대상인 한국, 북한, 미국 등으로부터 냉대를 받았지만 민족주의 진영과 소통하면서 분단구조에 균열을 내고자 했다. 그러나 유엔한국위원단의 통일 중재 활동은 이승만 정부의 안정성을 중요시한 미국에 의해 좌절되고 만다.

김도민과 권혁은은 각각 주한미사절단을 구성하는 주한미대사관과 주한ECA를 통해 이 시기 한미관계의 성격을 짚어본다. 우선 김도민은 주한미대사관의 활동을 통해 정부 수립 초기 미국이 미친 영향력을 검토했다. 정부 수립 이후 설치된 주한미대사관은 신생 한국 정부의 생존 자체를 가장 중시했기 때문에 이승만 정부의 여러 반민주적 조치들을 묵인·옹호했으나 이승만이 국회의원 선거를 연기하려고 했을 때는 이에 신속 강력히 개입했다. 흥미롭게도 미국의 대한정책이 변화한 까닭은 비록 한국 민주주의 제도 수호를 표방했지만 실제 목적은 통제 불능의 이승만을 견제하여 한국 안정화를 실현하고 이를 통해 반공의 보루를 구축하려는 것이었다. 마지막으로 권혁은은 1949년 말 설치된 한미경제안정위원회의 안정화 정책을 통해 '경제안정' 논리의 이면을 살펴보려고 했다. 대한원조의 현지집행기관인 주한ECA는 1949년 말 인플레이션 위기에 대응하여 한국 정부와 함께 한미경제안정위원회를 설치하였다. 한미경제안정위원회의 목표는 이승만 정부의 경제정책에 적극적으로 개입하여 안정화 정책을 실시하게 만드는 것이었다. 그러나 저자는 안정화 정책이 기실 한국 경제를 3개년 원조계획에 적합하게 만들기 위한 구조조정에 가까웠으며, 강력한 긴축정책을 표방했으면서도 인플레이션을 추동하는 근본 원인이었던 반공국가적인 정치사회구조를 외면하는 것에 불과했다고 평가한다.

이상 세 편의 글은 1948~1950년 신생 분단 정부의 안정성을 위해 다양한 역사적 가능성이 배제되고 반공적이고 반민주주의적인 체제가 형성되는 과정을 미시적으로 보여준다. 세 편의 글이 독자들로 하여금 그동안 구체적으로 알려지지 않았던 정부 수립기의 역사상에 한 발짝 더 다가갈 수 있게 만들어주길 기대해본다.

— 권혁은

1·2차 유엔한국위원단의
평화통일 중재 활동(1948~1950)

유엔은 1947~1975년까지 28년여 동안 한국 독립·통일 문제를 다루었다. 유엔이 한국문제를 맡은 것은 미국의 대한정책과 관련이 있다. 제2차 세계대전 이후 승전국이 주도하는 식민지 관리체제로 '신탁통치'를 구상했던 미국은 한국에도 이를 적용하기 위해 소련과 협상을 벌였다. 그러나 소련과 합의에 이르지 못하자 1947년 말에 이르러 한국 독립 문제를 유엔으로 이관했다. 미국은 유엔의 기능과 권위를 이용하여 남한 단독정부 수립을 합법화하고 한국의 안보를 '국제적 책임'으로 보호하고자 했는데, 이는 동아시아에서 공산 진영을 봉쇄하는 전략의 일환이었다.[1]

유엔은 한국전쟁 발발 이후 스스로 군사적 대결의 한 축에 서서 분단을 '국제화'하고 분단 현상을 유지하는 데 일익을 담당했다. 이러한 경향은 1970년대 초에 이르러 미국과 중국이 관계 개선에 나서면서 통일 문제가 유엔의 관할을 벗어나 남북한 한국인들의 문제로 '내재

화'될 때까지 대체로 지속되었다.[2]

1948년 남북분단 이후 미국과 소련이 주도하는 국제 사회가 한국의 독립·통일 문제를 제대로 해결하지 못하고 오히려 한국인들의 평화통일 열망과 배치되는 행보를 보여주었던 것은 분명한 사실이지만, 각각의 국면에서 긴장이 발생하고 봉합되는 경과를 간과해서는 안 된다고 생각한다. 1948년 분단 현실에 직면한 김구와 김규식이 남북협상에 나서면서 평화통일을 이루기 위해 '국제협조'와 '민족화해' 모두 중요시해야 한다는 원칙을 밝혔지만, 이것은 '6자회담'의 전개에 따라 통일논의가 부침하는 현상을 목도하고 있는 현재의 한국인들에게도 여전히 적용될 수 있다. 따라서 통일 논의에서 '국제협조'의 구체적인 전개 양상과 그것이 '민족화해'와 접목되는 방식에 주목할 필요가 있다.

이 글은 1948~1950년 남북한 분단정부 수립 이후 한국전쟁에 이르는 시기에 전개된 유엔의 한국문제 논의와 한국 현지에서 활동한 부속기구인 유엔한국위원단(이하 위원단)의 활동을 다루고자 한다. 이때는 흔히 미·소 대결에 의한 냉전구조가 형성되는 시기로 여겨지지만, 한편으로 세계대전의 재발을 경계하는 국제주의적 반전평화론이 유럽을 중심으로 크게 확산되는 시기이기도 했다.[3] 국제평화를 모색하기 위해 유엔에 참여한 중견국·약소국들은 미·소의 냉전전략을 맹목적으로 추종하지 않았으며 한국문제에서도 체제경쟁과 무력대결을 감수하기보다는 정치적 타협을 통한 긴장 완화와 평화통일을 추구하는 움직임을 보여주었다.

한편 한국 사회는 분단이 현실화되면서 통일노선을 두고 갈등이 커져갔다. 제주4·3항쟁 등 분단정부 수립에 저항하는 움직임이 거센 가운데 수립된 이승만 정부는 평화통일론을 억압했지만, 5·10 총선거를 통해 적지 않은 민족주의자들이 제헌국회에 진출하는 등 여전히 평화통일을 추구하는 정치세력이 존재했다.[4] 이러한 국내외적 긴장의 틈에서 '국제협조'의 과제를 짊어진 위원단은 '민족화해'를 위한 평화통일 중재를 모색해나갈 수 있었다.

위원단을 정면으로 다룬 연구는 많지 않은데 고든커Leon Gordenker의 박사학위논문이 가장 충실하다.[5] 그는 유엔 현지기구의 효과와 효율성을 분석한다는 취지에서 한국문제 사례를 검토했는데, 위원단이 생산한 유엔 문서에 의존하여 위원단의 내부 논의와 활동상을 구체적으로 서술했다. 그러나 위원단과 관계를 맺은 한국인들과 미국 등 외부 관련자들의 동향에 별다른 관심을 기울이지 않아 위원단 활동의 전후사정을 온전히 파악하기 힘들다. 그는 위원단이 평화통일 달성에 실패한 요인으로 위원단의 내적 한계를 강조했지만, 기실 위원단이 부침을 겪는 과정에서 위원단과 미국·한국인들의 역학관계도 중요하게 작용했다.

위원단과 한국 사회의 관계를 본격적으로 탐구한 연구는 없지만 서중석의 연구에서 간략히 다뤄진 바 있다.[6] 그는 1949년 활동한 1차 위원단이 평화통일론을 견지하여 '중앙정부'를 자임했던 이승만 정부와 갈등을 빚었던 사실을 밝히며 위원단의 활동이 한국 사회의 평화통일론과 공명했던 점을 적확하게 짚었다. 다만 그는 2차 위원단이 평화통일 문제에서 두각을 나타내지 못했던 배경을 살피지 않았다. 1·2차 위원단의 부침은 통일노선을 둘러싼 한국 정치의 전개와 밀접한 관련이 있었다.

위원단과 미국 대한정책의 관계 문제는 서구 학계에서 어느 정도 다루어졌다.[7] 이들 연구에서 유엔과 위원단은 미국 정책의 종속변수로 상정되는 경우가 많았다. 나아가 커밍스Bruce Cumings나 할리데이 Jon Halliday, 콩드David Conde 등 미국의 대한정책에 비판적인 연구자들은 유엔이 오히려 한국인들의 평화통일 요구를 차단하고 분단 고착화에 이바지했다고 혹평하기도 했다. 이러한 연구들은 유엔이 남북분단과 한국전쟁에 직접 관여했던 전력을 지나치게 강조하면서 위원단의 활동을 미국의 대한정책에 꿰맞추는 결과론적 인식을 보여준다.

사실 유엔이 강대국들의 '꼭두각시puppet'에 불과했다고 보는 것은 서구 국제정치학계의 전통적인 입장이기도 했다. 그러나 1980년대 이후 탈냉전의 기류를 타고 유엔의 역할이 점차 확대되는 국면을 맞아 유엔의 '자율성autonomy' 문제를 재평가하는 문제의식에서 강대국의 권력이 유엔 내 영향력으로 이어지는 메커니즘이나 유엔사무국 등 집행기구의 위상과 역할을 구체적으로 조명하는 연구가 이루어지고 있다.[8]

유엔의 자율성을 사고하는 모습은 유엔한국임시위원단(이하 임시위)을 다룬 한국 학계의 연구들에서도 확인된다.[9] 강성천과 최요섭의 연구는 모두 유엔과 임시위가 통일정부 수립을 원조하는 데 실패했다고 비판하면서도 임시위가 한국인들의 평화통일 노력에 자극받아 미국·이승만과 갈등을 벌였던 사실에 주목했다. 특히 최요섭은 임시위를 유엔 결의안의 정신에 따라 활동한 독자성을 지닌 존재로 파악해야 한다고 강조했다. 이러한 국내외 학계의 인식 변화를 반영한다면 1·2차 위원단 역시 일정한 능동성을 지녔던 존재로 상정할 수 있을 것이다.

이상의 유엔·위원단 관련 연구 동향을 정리하면, 먼저 이 시기 유엔의 한국문제 논의가 상세히 분석되지 않았기 때문에 위원단의 임무가 형성되는 경과가 명료하지 않다. 한편 위원단의 구성과 활동상 자체는 어느 정도 밝혀졌지만 위원단과 외부 관련자들이 맺은 역학관계와 그것이 위원단의 활동에 미친 영향은 제대로 구명되지 않았다. 1·2차 위원단은 임무와 조직, 활동 면에서 뚜렷한 부침을 겪었는데, 그 맥락을 정확히 파악하기 위해서는 위원단뿐만 아니라 미국·한국인 등 외부 관련자들의 대응에도 관심을 가져야 한다.

이 글에서 활용한 주된 자료는 미국 국립문서관 문서군Record Group 59(미 국무부 문서군) 중 미 국무부가 생산한 유엔·위원단 관련 문서철이다.[10] 이 문서들은 위원단의 활동과 더불어 미국의 정책과 국내 정치세력의 대응을 상세히 보여준다. 이외에 미 국무부에서 편찬한 《미국 대외정책Foreign Relations of the United States》(FRUS)를 보조 자료로 활용했다. 국문 자료는 위원단과 한국 정부의 동향을 다룬 한국 신문기사들을 주로 이용했다.[11] 한편 위원단의 내부 논의를 파악하기 위해 위원단이 직접 생산한 유엔문서철(UN Doc. A/AC.26)을 검토해야 하는데, 국내에서 아직 구할 수 없으므로 필요한 경우 고든커의 저서에서 재인용했다. 그리고 총회 및 안보리 논의를 분석하는 부분에서 유엔사무국이 편집하여 제공하는 공식기록Official Records을 활용했다.[12]

1. 유엔한국위원단의 임무와 조직 운영

1-1. 3·4차 유엔총회의 한국문제 논의에서
평화통일 기조의 부침

1948년 5월 10일 38선 이남 지역에 한정된 총선거가 치러진 후 미국과 이승만은 임시위에 선거의 효력을 승인하고 곧 수립될 한국 정부를 1947년 2차 총회 결의안에서 규정된 '전국 정부National Govern ment'로 인정하라고 요구했다. 그러나 이전부터 단독선거를 줄곧 반 대했던 호주·캐나다·인도 대표가 반발하면서 갈등이 불거졌다.[13] 결 국 임시위는 논란 끝에 선거의 효력은 승인했지만 한국 정부를 '전국 정부'로 인정하지 않은 채 1948년 9월 초 한국 현지 활동을 종료했다. 이로써 한국 정부의 승인과 남북통일의 실현 문제는 3차 총회로 넘어 갔다.

5·10 총선거가 실질적으로 남북분단에 일조했다는 한계를 인식한 임시위는 1948년 10월 3차 총회에 제출한 2차 종합보고서에서 남북 통일을 이루지 못할 경우 내전이 일어날 수 있다고 경고하며 조속히 평화협상peaceful negotiations을 시작해야 한다고 권고했다.[14] 통일과 독 립이 불가분의 관계이며 분단은 내전으로 이어질 것이므로 남북한 또 는 미·소가 협의에 나서야 한다는 임시위의 시각은 남북협상을 추진 했던 한국인 민족주의 진영의 주장과 일맥상통한 반면 미국·이승만 의 입장과 배치되었다.

미국은 3차 총회 한국문제 결의안을 준비하면서 임시위의 권고에 아랑곳하지 않고 유엔이 신생 한국 정부를 전국 정부로 승인하고 계 속 한국 독립·통일 문제를 책임지도록 만든다는 정책 목표를 고수했 다. 미국은 2차 총회에 이어 유엔의 한국문제 논의 자체를 반대하는 소련과 다시금 대결하리라 예상하고 비非공산 진영 회원국들의 지지 를 최대한 많이 확보하고자 했다. 그 관건은 당시 유엔에서 독자적인 발언권을 행사하던 영연방 진영의 동향이었다.

영국은 제2차 세계대전 종전 이후 소련의 위협에 대항해 서유럽의 안보를 보장하기 위해 미국의 대對 소련 봉쇄정책에 협조하며 동맹관계를 구축했다. 따라서 영국은 그리스 내전 등 유럽 지역의 정치안보 문제에서 미국의 군사적·경제적 개입을 적극 찬성했지만, 다른 지역 문제에서는 긴장 완화를 추구하며 미국과 갈등을 빚기도 했다.[15] 유엔의 한국문제 논의에서 영연방 진영은 미국의 봉쇄정책을 일정하게 제어하면서 한국문제의 평화적 해결을 모색하는 것을 정책 기조로 삼고 유엔에 되도록 광범한 재량권을 부여하려는 행보를 보여주었다.

2차 총회의 한국문제 결의안 논의 과정에서 영연방 국가들의 독자적인 수정안 제안으로 곤란을 겪었던 미국은[16] 이를 거울삼아 처음부터 영연방 진영과 협의하여 공동결의안을 작성했다.[17] 3차 총회 한국문제 결의안의 주요 쟁점은 1) 한국 정부의 위상, 2) 유엔 현지기구의 형태, 3) 유엔 현지기구의 임무였는데, 특히 1)과 3)에서 미국과 영연방 진영의 이견이 불거졌다. 결의안 논의 내용을 단계별로 정리하면 〈표 1〉과 같다.

한국 정부의 위상 문제와 관련하여, 미국은 자신의 결의안 초안들에서 줄곧 대한민국 정부를 "1947년 11월 14일 결의안에서 상정한 정부"라고 규정하여 한국 정부가 한반도 전체를 대표하는 유일하고 합법적인 전국 정부라고 인정했다. 공동결의안 협의 과정에서 호주는 영연방 진영과 임시위의 입장에 따라 이러한 문구에 강력하게 반대했다.[18] 결국 미국은 호주와 의견을 절충하여 공동결의안에서 한국 정부를 '임시위가 선거를 감시한 지역(38선 이남)에서 수립된 유일하고 합법적인 정부'라고 규정했다.

미국은 이러한 수정안이 불만스러웠지만 공동결의안의 다른 '유관 조항'들에 비추어볼 때 수용할 수 있다고 판단했다.[19] 곧 한국 정부가 비록 전국 정부로 명시되지 않았지만 한국 독립·통일 문제에서 주도권을 행사할 수 있는 위상을 부여받았다고 해석할 여지가 있었다.[20] 이승만 정부는 이러한 결의안의 모호성을 활용해 한국 정부가 한반도의 유일 합법정부라고 선전하기 시작했고, 미국은 애매한 태도를 보이며 이를 묵인했다.

유엔 현지기구 형태 문제에서 미국은 임시위와 마찬가지로 단일 대표를 배제하고 위원단 기구를 존속시키되 직접 참가하지 않는 정책을 택했다.[21] 미·소의 직접 대결을 피하면서 한국문제를 전담하는 부담을 줄이고자 했던 미국은 '국제적 책임성'을 담보하는 동시에 비교적 수월하게 영향력을 미칠 수 있는 위원단 형태를 선호했다. 단일 대표의 경우 어느 한 진영에 치우치지 않는 중립적 인사가 지명될 가능성이 컸기 때문에 미국의 입장이 항상 관철되리라는 보장이 없었다.[22]

〈표 1〉 1948년 3차 유엔 총회 한국문제 결의안 논의 비교

	미국 결의안 예비 초안	미국 결의안 최종 초안	미·호·중 공동 결의안 초안
작성 시기 (1948)	~9월 초	9월 초~11월 초	11월 초~11월 말
한국 정부 위상	전국 정부	전국 정부	38선 이남의 유일 합법정부
유엔 현지기구 형태	위원단, 단일대표 모두 상정	위원단	위원단
최우선 임무	점령군 철수 감시	통일 중재	통일 중재
통일 중재 방식	남북협상 (남북한 총선거)	흡수통일 (북한만 선거 실시)	일반적 규정

출처: 미국 결의안 예비초안은 501.BB Korea/9-1048 〈러스크가 국무장관에게〉 1948. 9. 10. 《대한민국사자료집 42》, 180~188쪽; 미국 결의안 최종 초안은 FRUS, 1948, Korea 〈한국문제 결의안 초안〉 1948.11.5. 1,321~1,323쪽; 미·호·중 공동결의안 초안은 501.BB Korea/11-2748 〈마셜이 주한미국대사관에게〉 1948. 11. 27, 《대한민국사자료집 42》 442~446쪽.

미국은 위원단에 더욱 강한 영향력을 행사하기 위해 참가국 구성을 바꾸고 규모도 줄이고자 했다. 미국은 5개국(호주, 브라질, 중화민국, 프랑스, 필리핀) 또는 7개국(앞의 국가에 인도, 터키 추가) 구성안을 구상하여 9개국(호주, 캐나다, 중화민국, 엘살바도르, 프랑스, 인도, 필리핀, 시리아, 우크라이나)으로 구성되었던 임시위에 비해 작은 규모를 설정했다.[23] 미국의 구성안들은 공산 진영 국가를 전혀 포함하지 않았고 임시위에서 미국의 정책에 비판적이었던 캐나다와 시리아를 제외했다. 호주는 임시위 참가국 구성을 그대로 지속하길 바라는 입장이었는데, 미국과 달리 공산 진영 국가가 참여를 원할 경우 받아들여야 한다고 생각했다.[24] 결국 미국과 호주는 합의에 이르지 못하고 공동결의안에서 이 부분을 공란으로 비워두었다.

결의안의 핵심인 위원단의 임무 문제는 논의 과정에서 변동을 거듭했다. 미국이 처음 작성한 결의안 예비 초안은 미국 대한정책의 기조와 맞지 않는 모순된 내용이었다. 통일을 위해 남북한의 '협상agreement'을 추진한다고 명시했고 군대 통합 시 남북한 군대 모두 해산해야 한다고 규정하여 남북한 정부를 동등한 통일 논의의 주체로 상정했다. 누가 이것을 작성했는지 확인하기 힘든데, 아마도 임시위의 주장을 반영한 것 같다. 따라서 미국은 정책 기조에 맞게 예비 초안을 수정할 필요가 있었다.

한국 사정에 밝으면서 강한 반공 성향을 지닌 관리들인 노블Harold J. Noble과 제이콥스Joseph E. Jacobs가 적극 관여한 미국 결의안 최종 초안은 예비 초안에 비해 북한을 압박하는 기조가 강했다.[25] 북한 지역만 선거를 치러 한국 정부에 통합시키는 통일 방안을 상정했고 군대 통합 시 북한군 해산만 규정했다. 곧 미국 결의안 최종 초안에서 규정된 위원단의 임무는 한국이 북한을 흡수통일할 수 있도록 돕는 내용이었다.

영연방 진영은 미국의 입장이 지나치게 과격하다고 우려하면서 위원단에게 평화통일을 추구할 수 있는 재량권을 부여하고자 했다. 호주는 북한 지역만 선거를 치른다고 명시한 문구를 삭제하고 "한국 통일을 달성하는 데 중재한다"는 일반적인 표현으로 대체할 것을 요구했다. 영국은 북한군 해산만 규정한 부분을 삭제하라고 권고했다. 영연방 진영의 확고한 의사를 확인한 미국은 이 요청들을 그대로 수용하여 공동결의안에 반영했다.[26]

3차 총회 막바지인 1948년 11월 말에야 공동결의안을 완성한 미국은 급히 총회에 한국문제를 상정했다. 한국문제 결의안의 채택을 무산 또는 보류시키면 미국에게 타격을 가할 수 있다고 여긴 소련은 임시위의 즉시 해체와 점령군의 동시 철수를 요구하는 결의안을 제출하여 맞불을 놓은 후 공산 진영 국가 대표들의 연이은 장광설로 회의 진행을 방해하는 지연전술을 폈다.[27] 공산 진영은 미국이 남한 단독선거의 실시를 관철하기 위해 1948년 2월 소집했던 소총회가 유엔헌장에 규정되지 않은 불법적인 절차라고 비판하며 선거 자체가 무효라고 주장하는 한편 임시위가 민주적 독립정부를 세우는 데 기여하기는커녕 반민주·반민족적인 분단정부의 수립을 초래했다고 비난했다.[28]

소련은 유엔 총회를 장악한 미국이 유엔의 기능과 권위를 활용하여 한반도에 친미 국가를 수립할 가능성을 우려하며 줄곧 유엔의 한국문제 처리 자체를 반대했다. 소련은 이미 미소공동위원회가 열리던 1946년 중반 무렵부터 미·소 협의에 의한 임시정부 수립이 불가능해질 경우 양국 점령군이 철수하고 조선인 스스로 독립정부를 수립하는 정책으로 전환한다는 방침을 세웠다.[29] 이러한 정책은 한반도에 친소적親蘇的이거나 적어도 중립적인 국가를 수립하여 소련에 군사적 위협을 가하지 않도록 만든다는 소련 대한정책의 기본 목표와 상응했다.[30]

미국이 결의안 표결을 재촉하고 소련이 지연전술을 펴는 가운데 총회 회원국들은 한국문제를 상세히 토의할 여유를 갖지 못했다.[31] 그중 주목할 대목은 참관인 자격으로 출석한 장면張勉 특사의 연설이었다. 그는 유엔이 한국 정부를 전국 정부로 승인해야 하며 북한 지역만 선거를 치러 한국 정부에 통합하면 독립을 달성할 수 있다고 주장했다.[32] 이러한 한국 정부의 입장은 공동결의안의 기조와 배치되었기 때문에 향후 위원단과 한국 정부의 충돌이 예고됐다. 그러나 이 문제 역시 제대로 검토되지 못했다. 3차 총회는 폐막일인 12월 12일 임시위 참가국 중 캐나다와 우크라이나를 제외한 7개국으로 위원단을 구성한다는 캐나다의 수정안이 첨가된 미국 측 공동결의안 초안을 다수결로 채택했다.[33]

3차 총회 결의안에서 1차 위원단의 임무는 크게 세 가지로 규정되었다. 최우선 임무는 남북통일과 군대통합을 중재하고 분단으로 인한 남북교류의 장애를 제거하는 데 원조하는 일이었다. 다음으로 대의정치의 발전을 감시하고 협의하는 일이었다. 마지막으로 점령군 철수를 감시하고 필요할 경우 그 사실을 확인하는 일이었다.

다음으로 1949년 4차 총회의 한국문제 논의를 살펴본다. 자세한 내용을 후술하겠지만, 1차 위원단의 평화통일 중재 활동은 비록 가시적인 성과가 적었음에도 불구하고 한국 사회의 평화통일 여론을 고취시키며 이승만 정부를 불안정하게 만드는 사태를 야기했다. 미국은 유엔을 활용해 한국을 안정화시킨다는 대한정책을 관철하기 위해 4차 총회 한국문제 결의안에서 평화통일 기조를 약화시키는 대신 공산 진영 봉쇄 기조를 강화하고자 했다. 그 주된 수단은 군사감시반military observer teams의 설치였다. 특히 한국 현지에서 1차 위원단의 활동을 접하며 위기감을 가졌던 주한미대사관이 이러한 정책 전환을 주도했다. 주한미대사관은 두 차례에 걸쳐 미 국무부에 건의안을 제출하는 등 4차 총회 결의안을 작성하는 과정에 적극 관여했는데, 미국의 결의안 초안 논의 경과를 단계별로 정리하면 〈표 2〉와 같다.[34]

〈표 2〉 1949년 4차 유엔 총회 한국문제 결의안 논의 비교

	베르트하이머 비망록	주한미대사관 권고안	노블 작성 결의안 초안	주유엔 미국대표단 초안	미·호·중·필 공동결의안
작성 시기 (1949년)	7월 중순	7월 말	8월 중순	9월 중순	9월 말
유엔 현지 기구 형태	단일 대표	단일 대표	위원단	위원단	위원단
위원단 최우선 임무	통일 중재	통일 중재	외국의 대북 군사원조 현황 감시, 북한의 대남 군사 도발 감시	기존 임무 계속 수행	군사 분쟁 감시
통일 중재 방식	일반적 규정	대한민국 체제 기반 통일	통일 중재 임무 삭제	일반적 규정	일반적 규정

출처: 베르트하이머 비망록은 501.BB Korea/7-2149 〈443, 주한미대사관이 국무장관에게〉 1949. 7. 21, 《한국현대사자료집성 44》, 64~67쪽; 주한미대사관 권고안은 501.BB Korea/7-2849 〈463, 무초가 국무장관에게〉 1948. 7. 28, 《한국현대사자료집성 44》, 124~125쪽; 노블이 작성한 결의안 초안은 501.BB Korea/8-2049 〈513, 무초가 국무장관에게〉 1949. 8. 20, 《한국현대사자료집성 44》, 186~203쪽; 주유엔미국대표단 초안은 501.BB Korea/9-1449 〈769, 애치슨이 주한미대사관에게〉 1949. 9. 14, 《한국현대사자료집성 44》, 271~273쪽; 미·호·중·필 공동결의안은 정일형 편, 앞의 책, 1961, 12~19쪽.

주한미대사관은 특이하게도 처음 미 국무부에 제출한 권고안에서 미국의 기존 방침과 달리 위원단을 해산하고 단일 대표인 고등판무관 High Commissioner을 임명하라고 건의했다. 이는 1차 위원단 사무국장 베르트하이머의 제안을 수용한 결과였다. 베르트하이머는 중립적 성향을 지닌 고위급 인사가 적절한 재량권을 가지고 한국문제를 담당한다면 미·소와 남북한을 효과적으로 중재하여 진전을 이끌어낼 가능성이 있다고 전망했다.

주한미대사관은 비록 고등판무관의 임명을 권고했지만 임무 규정은 베르트하이머의 생각과 크게 달랐다. 통일 중재를 최우선 임무로 삼았다는 점에서 둘은 같았지만, 베르트하이머가 일반적인 규정으로 재량권을 부여한 반면 주한미대사관은 대한민국체제를 전제한 통일 기조를 명시했다. 고등판무관이라는 기구 형태와 대북 강경책이라는 임무는 서로 모순되는 면이 있었는데, 아마도 주한미대사관에 유엔에 정통한 외교관이 없어 그것을 제대로 파악하지 못했을 수 있다. 이러한 혼선은 1949년 8월 유엔과 한국 사정에 모두 밝은 노블이 담당관으로 부임하여 한국문제 결의안 초안을 작성하면서 비로소 정리되었다.

노블은 한국의 정세가 그리스와 동일하다고 인식하면서 유엔한국위원단을 유엔발칸특별위원단과 비슷하게 구성해야 한다고 주장했다. 1946년 그리스의 좌·우익세력이 본격적인 내전에 돌입하자 미국은 그리스 정부에 경제·군사원조를 제공하는 한편 유엔을 활용하여 그리스 내전이 발칸반도의 국제전으로 확산되지 않도록 관리하고자 했다.[35] 이러한 미국의 의도에 따라 1947년 2차 유엔 총회는 1차 발칸위원단을 설치하여, 1) 그리스와 알바니아·유고슬라비아·불가리아 등 인근 공산국가 간 국경분쟁의 중단과 관계 정상화를 중재하는 임무와 2) 이들 공산국가가 그리스 좌익에 군사원조를 제공하는 현황을 감시하는 임무를 부여했다. 미국과 영국은 발칸위원단에 직접 참여하여 활동을 주도했다. 소련은 참가 제안을 받았으나 거부했다.

1차 발칸위원단이 1948년 1월 조직한 감시반observation groups은 1)을 최우선 임무로 부여받아 활동했지만 인근 공산국가들은 모두 비협조로 일관했다. 결국 1948년 4월 이후 감시반의 주된 임무는 2)로 바뀌었다.[36] 1948년 3차 총회에서 채택된 그리스 문제 결의안은 2차 총회 결의안보다 더욱 강경한 논조로 인근 공산국가들이 그리스 좌익에 군사원조를 제공하는 것을 규탄하며 2)를 발칸위원단의 최우선 임무로 명시했다.[37] 미국은 유엔의 그리스 문제 처리에서 처음엔 내전의 확산을 방지하는 것을 중시했지만, 1948년 2차 발칸위원단의 설치 시점에 이르러 그리스 정부의 군사적 승리와 공산 진영 봉쇄를 우선하는 방향으로 전환했다. 노블이 주목한 사례가 바로 2차 발칸위원단이었다.

노블은 1948년 3차 총회의 그리스 문제 결의안을 차용하여 2차 위원단의 최우선 임무를 설정했는데, 바로 군사감시반을 설치하여 외국이 북한에 군사원조를 제공하는 현황을 조사하고 북한의 대남 군사도발을 감시하는 일이었다. 발칸위원단의 감시반 활동을 보면 알 수 있듯이 명백하게 소련과 북한을 압박하려는 의도였다. 대소·대북 봉쇄 기조가 강해짐에 따라 자연스레 평화통일 기조는 약해졌다. 노블은 통일 중재 임무를 아예 규정하지도 않았는데, 그는 결의안 서문에서 통일이 유엔의 궁극적 목표라고 선언하는 정도면 충분하다고 생각했다.

미 국무부는 주한미대사관이 제출한 노블의 초안을 곧바로 채택하지 않고 주유엔미국대표단에 따로 결의안 초안을 작성하도록 지시했다. 미국은 지난 3차 총회에서 결의안을 너무 늦게 확정했던 탓에 곤욕을 치른 경험을 상기하며 4차 총회에서 가급적 빨리 결의안을 통과시키고자 했는데,[38] 노블의 초안은 영연방 진영의 반발에 직면할 가능성이 컸다. 따라서 미국은 3차 총회의 공동결의안을 재활용하되 노블 초안의 핵심 내용인 군사감시반 설치 규정을 일반적인 문구로 첨가하는 전략을 택했다.

주유엔미국대표단의 초안은 3차 총회 결의안을 토대로 작성되었기 때문에 노블 초안에 비하면 상당히 중립적인 기조였다. 먼저 최우선 임무가 "이전 결의안들이 부여했던 임무를 계속 수행할 것"이라는 추상적인 문구로 표현되었고 통일 중재 임무 역시 3차 총회 결의안과 동일한 내용으로 따로 규정되었기 때문에 2차 위원단이 통일 중재 활동을 계속 최우선 임무로 삼을 여지가 있었다. 군사감시반 설치 규정은 북한을 도발 주체로 적시하지 않은 일반적인 내용이었다. 주한미대사관은 이 초안을 논평하면서 2차 위원단이 통일 문제에 집중할 여지를 줄이기 위해 군사분쟁 감시를 최우선 임무로 명시해야 한다고 권고했다.[39] 이를 수용한 미 국무부는 주유엔미국대표단 초안을 임무 규정 순서만 바꾸어 공동결의안 초안으로 확정했다.

4차 총회가 시작될 즈음인 1949년 9월 말 일찌감치 공동결의안을 확정한 미국은 총회 초반 한국문제를 상정했다. 토의 과정에서 미국은 한반도의 군사분쟁이 심각해지고 있기 때문에 위원단 산하에 군사감시반을 설치하여 군사분쟁 감시 임무를 부여해야 한다고 주장했다.[40] 참관인 자격으로 연설한 조병옥 특사는 한국 정부의 흡수통일론을 재천명하는 한편 한국의 처지를 '극동의 그리스'에 비유하면서 군사감시반 설치를 호소했다.[41] 미국이 실제 의도를 숨기고 짐짓 분쟁의 평화적 해결 역할을 내세운 반면 한국 정부는 노골적으로 대북 공세 기조를 강조하는 모양새였다.

소련을 비롯한 공산 진영 국가들은 기왕의 입장대로 위원단을 즉시 해체하고 주한미군을 완전히 철수시킨 후 유엔헌장의 민족자결 원칙에 따라 한국인들이 자주적으로 통일정부를 수립할 수 있도록 해야 한다고 주장했다.[42] 비공산 진영 국가들은 대체로 미국의 입장을 지지했지만 평화통일 기조의 축소를 우려하는 견해도 표출되었다. 미국을 지지하는 중남미 국가군의 일원인 과테말라는 인도와 교감을 거친 후 남북통일이 여전히 유엔의 궁극적인 목표라고 주장하면서 통일 중재를 위원단의 최우선 임무로 설정하자는 수정안을 제출했는데, 미국의 반대로 결국 부결되었다.[43] 중동 지역의 대표적인 친미국가인 이스라엘은 안보리에서 중재자를 임명하는 것이 더욱 적합한 해결 방안이라고 주장하면서 한국문제 표결에서 기권한다고 선언했다.[44] 즉 안보리에서 미·소 협상을 통해 남북통일을 중재해야 한다는 견해였다. 일각에서는 남북협상 참여세력을 포용하지 않고 대북 대결노선을 고수하는 이승만 정부를 비판하기도 했다.[45]

4차 총회의 한국문제 논의 과정에서 정치적 타협을 통한 평화통일을 모색하는 국제 사회의 여론이 확인되었지만, 미국은 군사감시반의 설치가 위원단의 '강화'라고 역설하며 공동결의안의 표결을 밀어붙였다. 더욱이 미국은 후임 위원단에 참여하지 않겠다는 의사를 밝힌 시리아 대신 터키를 참가시키는 데 성공하면서 위원단의 구성을 미국 정책에 한층 우호적인 방향으로 바꾸었다. 4차 총회는 위원단 구성까지 확정된 미국 측 공동결의안을 10월 21일 다수결로 채택했다.[46]

4차 총회 한국문제 결의안에서 2차 위원단의 임무는 크게 네 가지로 규정되었다. 최우선 임무는 군사분쟁을 감시하고 보고하는 일이었다. 둘째는 통일 중재 임무였다. 셋째는 '전국 범위의 선거elections of national scope'를 포함하여 대의정치 문제를 감시하고 협의하는 임무였다. 넷째는 소련군 철수를 감시하고 확인하는 일이었다. 한편 군사감시반 설치를 목적으로 첫째와 둘째 임무를 수행하기 위한 감시원을 임명할 권한이 주어졌다.

이미 미소공동위원회 시기부터 한국인들은 독립 문제를 주도할 수 없는 처지였지만, 유엔의 한국문제 논의 역시 한국인들의 참여가 차단된 채 진행되었다는 점에서 본질적인 한계가 있었다. 더욱이 공산진영이 극렬하게 반대하는 가운데 통과된 결의안들은 남북한을 모두 상대해야 하는 위원단의 현지 활동에 암운을 드리웠다. 다만 한반도의 긴장 완화를 원한 임시위와 국제 사회의 여론을 통해 한국인들의 평화통일 여론이 간접적으로 결의안에 반영되었다. 특히 미국이 1948년 3차 총회에서 대한민국 정부 수립에 대한 광범위한 승인을 이끌어내기 위해 '전국 정부' 위상을 포기한 것은 중요한 의미를 지닌다.

3·4차 총회의 한국문제 결의안은 비록 미·소 대결을 극복한 국제협조와 남북한의 민족화해 기조를 명시하지 못한 한계가 있지만, 한국 정부를 전국 정부로 인정하지 않고 통일을 독립의 필수조건으로 상정함으로써 평화통일 논의의 장기적 토대를 마련했다. 만약 유엔이 미국과 이승만 정부의 뜻대로 한국 정부를 전국 정부로 승인하여 한국의 완전독립을 선언했다면 국제법상 평화통일 논의는 정당성을 인정받기 힘들었을 것이다.

미국의 대한정책을 추종하지 않고 한국문제의 평화적 해결을 모색한 영연방 진영 등의 노력 덕분에 위원단은 평화통일을 중재할 수 있는 근거를 확보했지만, 그 권한과 역량을 충분히 갖출 수 없었다. 한국문제를 유엔에 이관한 장본인으로서 위원단의 최대 후원자여야 할 미국은 오히려 이승만 정부의 안정을 위협하는 위원단의 평화통일 중재 활동을 억누르고자 했다. 2차 위원단의 최우선 임무로 군사분쟁 감시를 설정하고 군사감시반의 설치를 규정한 1949년 4차 총회 결의안이 단적인 사례였다. 한편 위원단의 임무 규정은 평화통일을 추진할 재량권을 부여하고자 했던 영연방 진영의 의도대로 중립적이고 포괄적인 내용이었지만, 그 대신 위원단은 독자적으로 구체적인 권한과 임무를 해석해야 하는 부담을 떠안게 되었다. 이미 한국 정부가 노골적으로 흡수통일을 부르짖는 상황에서 그 부담은 위원단의 활동을 제약할 것이 분명했다.

1-2. 유엔한국위원단의 운영과
대표단·사무국·미국의 역학관계

총회의 결의에 따라 설치된 위원단은 참가국이 임명한 대표들로 구성된 대표단과 유엔사무국이 임명한 직원들로 구성된 사무국으로 조직되었다. 따라서 실제 운영에서 각국 대표는 본국 정부의 지휘를, 사무국은 유엔사무국의 통솔을 받았다.

대외관계를 보면 위원단의 공식적인 협의 대상은 유엔에서 합법정부로 승인된 한국 정부였지만, 통일 중재 임무를 고려하면 북한 정부 또한 잠재적인 협의 대상이었다. 한편 유엔의 한국문제 논의를 주도한 미국 역시 위원단과 긴밀히 연락했다. 이를 도식화하면 〈그림 1〉과 같다.

위원단은 조직 특성상 능률성을 담보하기 어려웠다. 참가국들의 다양한 이견들로 인해 자칫 정책 결정과 집행이 지지부진할 수 있었다. 또한 앞에서 이야기했듯이 총회 결의안의 임무 규정이 추상적인 표현이었기 때문에 구체적인 임무와 권한을 해석하는 작업에 많은 시간을 소비하곤 했다.[47] 더욱이 위원단은 각 총회마다 설치되는 한시적 기구여서 활동 기간이 길어야 1년이었다. 그나마 초반에 조직을 정비하거나 후반에 종합보고서를 작성하는 기간을 제외하면 실제 활동기간은 보통 6개월 남짓이었다. 이러한 여건에서 위원단이 최대한 능동적으로 활동하기 위해서는 충분한 조직력을 갖출 필요가 있었지만, 대표단의 침체와 미국의 개입이라는 두 가지 요인으로 인해 난관에 부딪쳤다.

위원단의 대표단은 임시위에 비해 역량과 위상이 약화되었다. 먼저 대표단 규모가 9개국에서 7개국으로 줄어들어 중량감이 다소 떨어졌다. 한편 위원단의 주된 협의 대상이 임시위 때처럼 미국이 아니라 신생 한국 정부였기 때문에 참가국들이 보다 미온적인 태도를 보이는

〈그림 1〉 유엔한국위원단 관계도(실선: 지휘관계, 점선: 협의관계)

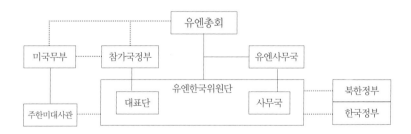

것은 자연스러운 현상이었다. 특히 안보리 상임이사국으로 대표단을 주도할 위치에 있었던 프랑스는 임시위 때와 달리 위원단에 별다른 관심을 보이지 않았다.[48] 시리아·엘살바도르·중화민국 등은 국내 정세의 악화로 인해 위원단에 관여하기 더욱 힘들었다. 시리아와 엘살바도르는 이 시기 군사쿠데타가 일어나는 등 정치적으로 불안정했다. 국공내전에서 패퇴를 거듭하며 궁지에 몰리던 중화민국은 1949년 10월 중화인민공화국이 수립된 후 유엔에서 안보리 상임이사국의 대표성을 둘러싼 시비를 겪으며 발언권이 크게 위축되었다.

그나마 한국문제에 관심을 가지고 대표단에서 두각을 나타낸 국가는 인도와 호주였다. 인도는 1947년 독립한 직후 경제위기를 겪는 상황에서 아시아 지역의 정치·경제적 안정을 대외정책 기조로 설정했고 한국문제 역시 아시아 지역의 평화에 기여하도록 해결하고자 했다. 더욱이 식민통치를 겪은 한국에 유대감을 가졌기 때문에 한국의 평화적인 통일·독립에 부심하는 측면도 있었다.[49] 호주는 주로 안보 측면에서 한국문제에 관심을 가졌다. 제2차 세계대전 때 일본의 군사적 위협에 직면했던 경험으로 인해 전후 대일 평화협정 체결 문제에 커다란 관심을 보였던 호주는 한국의 정세에도 주의를 기울였다. 또한 전후 태평양 지역의 안보를 영국보다 미국에 의존하는 정책으로 전환했기 때문에 미국의 대한정책을 주시했다.[50] 호주는 본래 영국을 대신한 영연방 진영의 대표 자격으로 임시위에 참가했지만, 1·2차 위원단 때에는 미국과 안보 협력을 증진하려는 목적도 중요한 참여 요인이었다. 따라서 호주는 영국의 정책에 따라 한국문제의 평화적 해결을 모색하는 동시에 군사감시반 설치에 호응하는 등 미국의 봉쇄정책에 편승하는 면모도 보여주었다.

위원단 대표들은 참가국의 관심 부족으로 인해 임시위 대표들보다 대체로 직급이 낮고 경력도 일천한 경우가 많았다. 대표단을 이끌 만한 고위급의 대표는 1·2차 위원단을 통틀어 호주 대표 쇼, 중화민국 대표 리우위완, 터키 대표 굴렉이 있었지만, 쇼와 굴렉은 재임기간이 너무 짧았고 리우위완은 전술한 본국 사정으로 인해 내내 소극적인 태도로 일관했다.[51] 프랑스는 미국의 설득에 따라 비도Georges-Augustin Bidault 내각의 장관급 중진이었던 팔래Pierre-Louis Falaize를 1차 위원단의 상임대표로 임명하는 방안을 검토한 바 있으나, 결국 무산되고 주한프랑스대리공사 코스티유가 '임시대표' 직책을 겸임했다.[52] 2차 위원단 때 대표직을 승계한 브리옹발 역시 공사급 외교관이었다. 1·2차 위원단 내내 인도 상임대표직을 역임한 씽은 외교관 경력은 짧았지만 미국 하버드대학에서 정치학 박사학위를 취득한 인텔리이자 인도 독립운동에 참여한 명망가였으며[53] 네루Jawaharlal Nehru 수상과 친분이 있었다.[54] 이들보다 상대적으로 약소국인 참가국들 역시 숙련된 외교 인력을 파견하지 않았다.

참가국들의 무관심과 대표단의 중량감 부족은 대표단의 침체를 야기하는 주된 요인이었다. 직급이 낮았던 대표들은 상부의 구체적인 지시가 없는 상황에서 적극적으로 활동하기 힘들었다.[55] 또한 고위급의 대표가 부재한 상황에서 대표단은 2차 위원단 초기를 제외하고 상임의장을 선출하지 않은 채 순환의장 제도를 운용했기 때문에 정책의 일관성과 책임성을 확보하기 어려웠다. 다만 통일 중재 임무에 한해서는 인도 대표 씽과 호주 대표 쇼와 제이미슨 등이 적극 나섰던 덕분에 대표단의 활동이 어느 정도 활기를 띨 수 있었다.

위원단에서 대표단이 전반적으로 위축되자 사무국이 위원단 활동

| 국가 | 이름 | | 직위 | 이력 | 이승만 정부 |
	1차	2차			에 대한 태도
호주	쇼 Patrick Shaw	·	상임대표	주일본호주사절단장	비판
	제이미슨 A. B. Jamieson		교체대표, 상임대표	언론인, 대일이사회 Allied Council for Japan 영연방 대표	비판
중화 민국	리우위완劉馭萬		상임대표	주한중국총영사 임시위 상임대표	지지
	시시더司徙德		교체대표	정부관리 임시위 교체대표	지지
엘살 바도르	마가냐 Miguel Angel Magaña	·	상임대표	외교관(중견급)	지지
	·	고체스 Angel Gochez Marin	상임대표	외교관(초급)	지지
	산체스Fidel Sanchez Hernandez		교체대표	군인(대위)	지지
프랑스	코스티유Henri Costilhes		임시대표	주한프랑스대리공사	지지
	·	브리옹발 Henri Brionval	상임대표	외교관(중견급)	지지
인도	씽Anup Singh		상임대표	언론인, 외교관(초급)	비판
	·	콘다피 Chenchal Kondapi	교체대표	불명	비판
	·	나야르 M. K. Unni Nayar	교체대표	군인(대령)	불명
필리핀	루나 Rufino Luna	·	상임대표	법률가, 외교관(중견급) 임시위 교체대표	지지
	·	아프리카 Bernabe Africa	상임대표	주일본필리핀공사	지지
	·	부에노 Maximino G. Bueno	교체대표	외교관	불명

시리아	무길 Yasin Mughir	·	상임대표	외교관(초급) 임시위 교체대표· 상임대표	비판
	하킴Yoiriguy Hacim	·	교체대표	불명	지지
터키	·	굴렉 Kasim Gulek	상임대표	상원의원, 외교장관	지지
	·	이딜 Kamil Idil	상임대표	공중보건의사, 외교관	불명

출처: UNCOK Report(1949) Vol.2, pp. 51~52; UNCOK Report(1950), pp. 34~35; Gordenker, Op. cit., 1959, pp. 32~34; 501.BB Korea/7-2849 〈463, 무초가 국무장관에게〉 1949. 7. 28, 《한국현대사자료집성 44》, 100~125쪽(위원단 구성원의 이승만 정부에 대한 태도).

〈표4〉1차 위원단 사무국 명단(주요 임원)

직 위	이 름	국 적	이승만 정부에 대한 태도
사무국장	베르트하이머 Egon Ranshofen Wertheimer	오스트리아	비판
사무국장	슈워츠Sanford Schwarz	미국	비판
사무차장	루카스Graham Lucas	미국	비판
	샤바즈Arsen Shahbaz	스위스	비판
	주훙티朱鴻題	중화민국	불명

출처: UNCOK Report(1949) Vol.2, pp. 51~52; Gordenker, Op. cit., 1959, pp. 45~48; 501.BB Korea/7-2849 〈463, 무초가 국무장관에게〉 1949. 7. 28, 《한국현대사자료집성 44》, 100~125쪽(위원단 구성원의 이승만 정부에 대한 태도).

에 광범하게 개입하면서 주도권을 쥐었다. 이미 임시위 때부터 사무국의 역할은 단순히 대표단의 행정을 보좌하는 수준을 넘어섰다. 사무국은 결의안을 포함한 각종 공문서의 초안을 기초했고 권한을 해석하는 문제에서 대표단에 법률적 조언을 제공했다. 또한 사무국장 등 사무국의 주요 임원들은 대표단 회의에 출석하여 자유롭게 의견을 개진할 수 있었다.[56] 이러한 업무들은 위원단 정책 결정에 충분히 영향을 미칠 수 있었다.

특히 사무국 대표인 사무국장Principal Secretary이 위원단에서 커다란 영향력을 행사했다. 1차 위원단 사무국장 베르트하이머는 풍부한 경력을 갖춘 외교관으로 외교 역량에서 대표들을 압도했다.[57] 열의가 부족한 대표단에 불만이 많았던 그는 사무국장의 직무를 '정치적'이라고 여기며 적극적으로 위원단 정책 결정에 관여했다. 2차 위원단 사무국장 렌보르그도 국제연맹과 유엔에서 잔뼈가 굵은 베테랑 외교관이었다.[58] 그 역시 위원단 활동을 주도하고자 했지만 미국의 압박으로 인해 베르트하이머만큼 인상적인 활약을 보여주지 못했다.

미국은 사무국이 위원단을 주도하는 현상을 달가워하지 않았다. 대부분 비공산 진영 국가 출신으로 구성된 사무국의 활동이 미국의 대한정책과 정면으로 충돌할 가능성은 별로 없었지만, 미국의 입장에서 사무국이 미국이나 한국 정부의 이익을 위협한다고 판단했을 때 효과적으로 개입하기 어렵다는 점이 문제였다. 유엔사무국은 관례상 특별한 경우를 제외하고 현지기구의 사무국을 일일이 통제하지 않았다.[59] 또한 현지기구 사무국의 업무와 인사를 담당하는 주무부서인 안전보장이사회부Department of Security Council Affairs[60]를 지휘하는 사무부총장은 미·소 합의에 따라 항상 소련인이 임명되었다. 이러한 여건들로 인해 미국이 위원단 사무국에 직접 영향력을 행사하기 힘들었다.

1949년 1차 위원단에서 사무국이 이승만 정부의 격렬한 반발을 무릅쓰고 평화통일 중재 활동을 주도하는 동안 별달리 대응하지 못하고 수수방관할 수밖에 없었던 미국은 1950년 초 2차 위원단의 출범을 맞이하여 대표단을 강화하고 사무국을 약화시키는 계획에 착수했다. 그 주된 방법은 새로 참가한 터키를 이용하여 상임의장 제도를 도입하고 사무국을 개혁하는 것이었다. 1차 위원단 사무국이 미국과 한국 정부의 이익을 해쳤다고 맹비판하며 상임의장직의 설치를 처음 제안한 이가 노블이었다는 사실을 감안하면[61] 아마도 그가 이 계획을 입안한 것 같다.

〈표 5〉 2차 위원단 사무국 명단(주요 임원)

직위	이름	국적	비고
사무국장	렌보르그Bertil A. Renborg	스웨덴	통일 중재 임무에 적극적, 이승만 정부에 비판적
사무부국장	코츠Charles L. Coates	영국	군사감시반 업무 담당 위해 발칸위원단 사무국에서 전출. 군사감시반 사무장 역임
사무부국장보	게일라드John P. Gaillard	미국	군사감시반 업무 담당 위해 발칸위원단 사무국에서 전출
사무차장	타오킴하이 Andre Tao-Kim Hai	프랑스 (베트남인)	
	바카이Irshad Baqai	파키스탄	

출처: UNCOK Report(1950), pp. 34~35: 501.BB Korea/11-1149 〈웹이 주한미대사관에게〉 1949. 11. 11, 《대한민국사자료집 44》, 367쪽.

터키는 미국의 요청에 따라 상임의장을 맡을 수 있는 고위급 인사인 중진 정치인 굴렉을 상임대표로 선임했다.[62] 1950년 1월 말 2차 위원단이 활동을 시작하자 굴렉은 미국의 지원을 받으며 상임의장직의 설치를 관철하고, 대표단에게 유세하여 상임의장에 선출되었다.[63] 굴렉은 곧바로 사무국 개혁에 착수하여 사무국이 대표단의 공식 업무뿐만 아니라 대표 개인의 행정 업무까지 보좌해야 한다고 요구했다. 특히 그는 자신의 개인비서로 사무국장 렌보르그를 지명했다. 또한 굴렉은 대표단의 순위를 높이고 사무국 임원의 순위를 낮추는 방향으로 의전 순서를 개정했다.[64] 굴렉의 사무국 개혁은 사무국의 대내외적 위상을 낮추려는 의도였다. 보좌 업무 개혁은 사무국을 마치 대표단의 개인비서 조직처럼 만드는 방향이었고, 의전 순위 개정은 사무국장의 대외적 위상을 깎아내리는 효과가 있었다. 당연히 렌보르그가 강하게 반발하고 나서면서 사무국과 대표단 사이에 갈등이 불거졌지만, 미 국무부까지 나서서 압력을 가한 끝에 결국 개혁이 관철되었다. 다만 렌보르그는 끝내 굴렉의 개인비서 역할을 거부했다.[65]

미국은 2차 위원단이 굴렉의 사무국 개혁을 통해 비로소 권위를 회복해서 한국인들로부터 널리 존경받게 되었다고 호평했지만,[66] 실상은 자화자찬에 불과했다. 굴렉의 개혁은 위원단에서 그나마 활력을 유지하던 사무국을 위축시킨 데다가 대표단과 사무국의 갈등만 증폭시켰다. 더욱이 굴렉이 터키 총선에 참가하기 위해 3월 말 일찌감치 귀국해버림으로써 대표단은 다시 순환의장체제로 복귀했다. 결국 굴렉의 개혁은 위원단 전체를 침체시키는 결과를 초래했을 뿐이다. 하지만 미국의 입장에서는 위원단을 평화통일의 중재자가 아닌 그저 한국에 "머무르기만 하는 존재mere presence"로[67] 만들고자 했던 목표를 어느 정도 달성한 셈이었다.

2. 유엔한국위원단의 평화통일 중재 활동

2-1. 1차 위원단 활동과 민족주의 진영의 대응

1948년 12월 3차 총회에서 한국문제 결의안이 통과되고 1차 위원단이 구성된다는 소식이 들려오자, 한국 사회에서 한동안 소강 상태였던 평화통일 논의가 다시 활발해지기 시작했다.

1948년 9월 '유엔외교'[68]를 벌인 이후 침묵을 지키던 김구·김규식 측은 점령군 조기 철수와 남북협상을 통한 평화통일을 추구하는 노선을 재천명하며 대외 활동을 재개했다.[69] 국회에서는 1차 위원단이 입국한 직후인 1949년 2월 7일 소장파의 주도로 71명의 의원들이 서명한 〈남북 평화통일에 관한 결의안〉이 제출되었다. 평화통일을 실현하기 위해 즉시 점령군 철수 임무에 착수할 것을 위원단에게 요청하는 내용이었다. 통일과 점령군 철수 문제는 이념적인 성격이 강하여 국회에서 소장파가 항상 소수로 밀렸던 사안인데, 이 결의안은 서명자 규모가 큰 편이었다.[70]

1949년 초 1차 위원단의 입국을 전후하여 평화통일 논의가 다시금 고조되었지만, 민족주의 진영은 위원단 활동의 전망을 낙관하지 않았다. 김구는 "위원단에 기대기만 하지 말고 한국인들의 손으로 남북협상을 성사하자"는 민족자주 원칙을 강조하면서, 위원단이 성과를 내기 위해서는 "좀 더 유력한 방법"을 사용해야 한다고 지적했다.[71] 김규식은 더욱 회의적이었는데, 분단을 허용한 책임이 "1947년 결의를

위반하고 소총회 결의를 시행한 임시위에게 있다"고 비판하면서 1차 위원단의 성과를 비관했다.[72]

1차 위원단을 반신반의하는 민족주의 진영의 분위기는 위원단에게 위기이자 기회였다. 주된 협의 대상인 남북한 정부의 협조를 얻기 어려우리라 예상되는 상황에서 그나마 위원단의 우군이라 할 수 있는 세력은 한국인들의 평화통일 여론을 짊어진 민족주의 진영뿐이었다. 위원단은 통일 중재 활동에서 성과를 내기 위해 민족주의 진영과 적극 소통하며 한국인들의 평화통일 여론과 결합해나가야 했다.

1차 위원단은 1949년 2월 초 통일 문제에 관심이 많았던 호주·인도·시리아 대표로 1분과위원회(이하 1분위)를 구성하고 통일 중재를 위한 구체적인 임무들을 부여했는데, 그 내용은 다음과 같다. 1) 위원단의 통일 중재 임무를 라디오 방송 등 모든 수단을 동원해 남북한 한국인들에게 홍보할 것, 2) 38선으로 인한 경제적·사회적 교류 장애 문제를 연구하고, 공식·비공식 경로를 통해 관련 정보를 수집하고, 위원단에 개선 방안을 건의할 것, 3) 남북한 주민 간의 사회적·문화적 교류를 증진시킬 수 있는 방법을 연구할 것, 4) 위원단의 방북 문제를 협의하기 위해 북한과 즉시 접촉할 것.[73]

1분위가 맡은 임무들을 크게 나누면 통일 방안을 연구하는 것과 통일 문제 협의를 위해 방북하는 것 두 가지였는데, 주목할 점은 남북교류의 필요성을 전제함으로써 자연스레 평화통일 기조를 확정했다는 것과 대북접촉을 추진함으로써 사실상 북한 정부의 실체를 인정하고 나아가 남북대화 중재를 의도했다는 것이다. 위원단이 초반부터 민감한 평화통일 중재 임무를 공식화할 수 있었던 이유는 평화통일을 추구했던 호주 대표 쇼가 대표단을 주도했기 때문이다.

1분위는 통일 방안을 연구하기 위해 임시위 때처럼 각종 직책에 있는 한국인들과 회견했다. 1분위가 공식 회견한 인사는 총 14명인데, 그중 한국인은 13명이고 정치세력 별로 분류하면 민족주의 진영이 6명, 민국당이나 이승만 정부 측이 7명이었다.[74] 이외에도 1분위는 대의정치 문제를 다룬 2분위의 공식 회견에 참석하여 통일 문제를 질의하거나 여러 경로로 비공식회견을 갖기도 했다. 자세한 면담 내역은 〈표 6〉과 같다.

1분위는 민족주의 진영 인사들을 만나기 위해 이승만 정부의 반발을 감수해야 했다. 이승만 정부는 언론에 남북협상이나 이북 정권이라는 표현을 쓰지 말라고 엄중히 경고하며 평화통일 여론을 차단하는 한편 위원단의 협의 대상은 오직 정부뿐이라고 강조했다.[75] 나아가 경찰을 동원하여 한국인의 위원단 출입을 통제하고 나섰다.[76] 이승만은 2월 중순 쇼와 회견한 자리에서 위원단은 정부가 허락하지 않은 민간인을 만날 수 없으며 특히 김구·김규식은 '반역자'이므로 회견을 용인하지 않을 것이라고 으름장을 놓았다. 결국 1분위는 양 김의 초청을 당분간 보류할 수밖에 없었다.[77] 그나마 제헌국회 소장파 의원들이 입법부 성원 자격으로 상대적으로 자유롭게 위원단과 접촉하며 평화통일 여론을 전달할 수 있었다.

1차 위원단과 회견한 민족주의 진영 인사들은 평화통일을 옹호하기는 했지만 대개 미·소 협조를 진작해야 한다거나 '민족 진영'의 단결이 통일의 선결 조건이라는 등 추상적인 원칙론을 제기하는 데 그쳤다. 간혹 남북협상을 요구하는 발언이 있었으나 구체적인 내용이 아니었고 언론에 제대로 보도되지도 않았다.[78] 결국 이승만 정부가 평화통일론을 적대시하던 상황에서 민족주의 진영을 대표하여 과감하게 평화통일안을 내놓을 수 있는 이는 김구와 김규식뿐이었다.

양 김을 만나려는 뜻을 굽히지 않던 1분위는 주한미대사관의 중재를 통해 끝내 면담을 할 수 있었다.[79] 김규식은 유엔과 한국 정부가 모두 북한 정부를 인정하지 않으므로 남북한 정부의 협상을 바라기 어렵다고 진술하며 정당·사회단체가 주축이 되는 남북협상을 제안했다. 다만 남북한 정부의 묵인과 협조가 필요한 상황이므로 정부의 비공식 대표가 참관인으로 참여할 수 있다고 언급했다. 이러한 제안은 대한민국을 반대하지 않는다는 평소의 정견과 맞닿아 있었다. 또한 김규식은 위원단이 소수의 한국인으로 구성된 고문단을 조직하여 통일 문제를 협의하길 바란다고 요청했다.[80] 만약 이 제안이 현실화될 경우 고문단은 민족주의 진영의 중요한 정치적 기반이 될 수 있었다.

〈표 6〉 1차 위원단 민족주의 진영 인사 면담 내역(통일 관련 주제)

날짜	면담자	면담 형식	면담 내용
3월 10일	김약수 (국회부의장)	1분위 공식 회견	미·소 협조, 한국 정치지도자 일치단결 필요
3월 12일	김구	주홍티 (사무차장) 비공식 면담	
3월 14일	박건웅(민자련)	1분위 공식 회견	미·소 협조, 한국 정치지도자 일치단결 필요
3월 15일	안재홍(신생회)	2분위 공식 회견	한국 정부의 흡수통일론 반대, 미·소 협조 필요
3월 19일	김약수 외 국회의원 6명(소장파)	'외군 철수 청원서' 제출	자율적인 평화통일 성취 위한 전제 조건으로 점령군 철수가 필요함.
3월 23일	김구, 김규식	무길 비공식 면담	

3월 24일	김구	씽 비공식 면담	
3월 24일	서용길 (소장파 의원)	위원단 비공식 방문	
3월 28일	김약수, 이문원 (소장파 의원)	베르트하이머 비공식 면담	조속한 점령군 철퇴 요구
3월 28일	조소앙(사회당)	주홍티 (사무차장) 비공식 면담	
3월 31일	조소앙	2분위 공식 회견	미·소 협조 필요, 통일 역량 키우기 위해 한국 정치 단결과 민주화 필요, 남북교류 진작 위해 남북통상 합법화·이산가족 상봉 제안.
4월 22일	김규식	1분위 공식 회견	남북협상안 제안, 한국인 고문단 설치 제안
4~5월중	김병회 (소장파 의원)	1분위 공식 회견	조속한 점령군 철수 필요, 이승만의 대미 의존성 비판, 한국 정치의 단결과 민주화 필요, 남북협상 지지, 통일한국의 중립화 주장.
4월 30일	설의식(조선언론협회 회장, 통일독립촉진회)	1분위 공식 회견	무력·흡수통일 반대, 남북협상 통한 평화통일 주장
5월 24일	김구	주홍티 (사무차장) 비공식 면담	
5월 31일	김구	1분위 공식 회견	남북협상안 제안. 한국 정치 민주화 필요, 남북한 군사 충돌 위기 완화 필요
6월 18일	김약수 외 국회의원 5명(소장파)	'외군 철수 진언서' 제출	고문단을 포함하는 미·소 점령군의 완전한 철퇴 요구

출처:《조선일보》1949. 3. 11, 5. 29, 6. 1, 6. 18;《동아일보》1949. 3 .16, 4. 1, 4. 23 ;《서울신문》1949. 3. 16, 3. 20, 3. 25, 3. 31, 5. 1;《독립신문》1949. 3. 31, 3. 29;《경향신문》1949. 1. 13; UNCOK Report(1949) Vol.2, pp. 3~7.

김구는 북한 지역만 총선거를 치른다는 한국 정부의 통일 방안과 대한민국 체제를 전제한 전국 총선거 방안을 모두 부정하고 1947년 2차 총회 결의안에 따라 남북한이 동등한 조건에서 전국 총선거를 치르는 방안이 합당하다고 주장했다. 다만 이미 존립한 남북한 정부를 완전히 부정할 수 없으므로 정부와 정당·사회단체 인사들이 모두 개인 자격으로 참여하는 남북회담을 열자고 제안했다.[81] 김구는 남북한 정부의 정당성을 인정하지 않는 입장이었는데, 이번 제안을 통해 김규식과 비슷하게 현실을 고려한 통일 방안을 모색하는 자세를 보여주었다. 김구는 고문단을 만들자는 김규식의 제안에도 "남북 평화통일을 위한 건설적 의사"라며 적극 찬동했다.[82]

1분위는 5월 31일 김구 면담을 마지막으로 활동을 종료하고 보고서를 작성했다. 그런데 그동안 민족주의 진영이 탄압당하고 평화통일 여론이 수그러드는 이른바 '6월 공세'를 목도하게 되었다.[83] 1분위는 보고서 결론에서 소장파 국회의원 체포사건과 김구 암살사건을 직접 거론하며 통일의 전망을 밝히기 위해서 한국 정치의 분위기 개선, 즉 민주화가 필요하다고 지적했다.[84]

1분위는 보고서에서 평화통일 중재 권고안 두 종류를 제시했다. 하나는 총회를 향한 권고이고 다른 하나는 한국인을 향한 건의였다.

전자는 1) 통일의 전망을 밝히기 위해 한국 정부가 보다 광범위한 국민의 지지를 얻어야 한다는 점, 2) 미국과 소련이 남북통일을 촉진하기 위한 노력을 계속해야 한다는 점을 총회에 주지시켜야 한다는 내용이었다. 후자는 1) 위원단은 남북한 대표자의 회합을 지원할 것, 2) 위원단은 합법적 남북통상 재개를 지원할 것, 3) 위원단은 통일의 전망을 어둡게 만드는 남북한 상호 악선전의 중단을 요청할 것 등이었다.[85] 1차 위원단은 7월 8일 전체회의에서 이것을 채택하고 한국인을 향한 후자의 권고안은 언론에 공표했다.[86]

〈표 7〉 1949년 현재 각 세력별 남북통일 논의 비교

	1차 위원단	민족주의 진영	이승만 정부	미국	북한 조국전선
통일 논의 주체	• 유엔 • 남북한 정부 • 남북한 정치, 사회단체	• 남북한 정치, 사회단체	• 유엔 • 한국 정부	• 유엔 • 한국 정부	• 남북한 정치, 사회단체
통일 논의 관련자에 대한 입장	• 미·소 협조	• 남북한 정부는 남북협상 참여 가능 • 유엔 협조 • 미·소 협조	• 좌익·민족주의 진영 탄압 • 북한 정권 부정 • 미·소 협조 부정	• 북한 정권 부정 • 미·소 협조 부정	• 유엔·미국 개입 배격 • 한국 정부 부정
통일 기조	• 평화통일	• 평화통일	• 흡수통일	• 대한민국 체제 기반 통일	• 평화통일
통일 방안	• 남북대화 통한 모종의 총선거	• 남북협상 통한 남북한 총선거(유엔 협조)	• 북한 지역 선거 통해 한국 정부에 통합	• 북한 지역 선거 통해 한국 정부에 통합	• 남북협상 통한 남북한 총선거(유엔 배격)
통일 여건 마련에 대한 입장	• 남북 경제적 교류 확대 • 남북한 상호 악선전 중지 • 한국 정치 민주화	• 남북 경제·사회적 교류 확대 • 한국 정치 민주화	• 남북 교류 전면 반대	• 남북 경제적 교류 찬성	• 유엔·주한 미군 철퇴 • 한국 정치 민주화

출처: UNCOK Report(1949) Vol. 2, 3쪽; 이신철, 2008, 《북한 민족주의운동 연구》, 132~138쪽; FRUS, 1949, Korea 〈국가안전보장회의가 대통령에게 제출한 NSC 8/2 보고서〉 1949. 3. 22, 969~978쪽; 501.BB Korea/4-2649 〈229, 주한미대사관이 국무장관에게〉 1949. 4. 26, 《한국현대사자료집성 43》, 276~279쪽.

1분위 권고안은 1·2차 위원단을 통틀어 위원단이 공개적으로 발표한 유일한 통일 중재 원칙으로, 국제 사회 차원에서 제시한 첫 통일 문제 접근법이었다. 권고안은 유엔의 한국 독립·통일 문제 해결 방향이 정치적·평화적 타협이라는 것을 명확히 드러냈다. 통일 논의 주체에서 남북한 정부 및 민간단체의 동등한 참여를 상정했고[87] 미·소의 협의를 요청했다. 이는 민족주의 진영의 입장과 동일한 반면 한국 정부와 유엔만 통일 논의 주체로 인정했던 미국·이승만 정부의 정책과 배치되었다.

통일 문제의 핵심인 통일 기조 및 방안에서 위원단은 남북대화를 통한 평화통일 노선을 추구하여 한국 정부의 흡수통일론 내지 북진통일론을 거부했다. 한편 북한 조국통일민주주의전선(이하 조국전선)의 통일 방안은 유엔을 배격하는 민족자주 원칙을 견지했기 때문에 비록 위원단의 그것과 겉모습이 비슷하더라도 본질적인 차이가 있었다. 권고안은 통일 여건의 마련에 관심을 기울인 점에서도 중요한 의미가 있다. 당시 한국인들은 당장 남북통일을 이루기에 앞서 군사충돌로 인해 고조되던 전쟁위기를 해결해야 했다. 권고안대로 남북교류를 진작하고 상호 비방을 줄인다면 전쟁위기를 완화하고 남북대화 여건을 조성하는 데 도움이 될 수 있었다.

처음에 위원단을 반신반의했던 민족주의 진영은 위원단이 평화통일 여론에 적극 호응하는 행보를 보여줌에 따라 점차 기대를 걸기 시작했다. 김규식은 1차 위원단이 막 입국했을 때인 1949년 2월경만 해도 위원단에 비판적이었지만, 불과 2개월여 뒤에는 자진하여 한국인 고문단의 설치를 요청할 정도로 태도가 바뀌었다. 김구 역시 말년에 위원단에 좋은 인상을 가졌다. 그는 유엔의 역할이 남북대화의 환경과 조건을 마련하는 일이라고 지적하면서 "아무리 (남북한이-인용자) 싸우고자 할지라도 옆에서 말리려는 사람의 성의도 고려해보는 것이 좋을 것"이라는 비유를 썼다.[88] 1차 위원단이 적어도 그러한 '성의'는 보였다고 생각했던 것이다.

반면 이승만 정부를 비롯한 극우반공 진영은 위원단의 활동과 한국 사회의 평화통일 여론이 결합해나가는 양상에 위기감을 느끼며 위원단을 '친북세력'으로 몰아붙이는 등 강렬한 적개심을 드러냈다. 1분위 권고안이 발표되자 특히 극우반공 성향의 국회의원들이 이를 비판하고 나섰는데, 민주국민당의 조영규는 위원단이 북한 정권을 승인하고 북한의 통일정책과 보조를 맞춘다고 비난했다. 이승만의 측근인 윤치영은 위원단이 "공산당 제5열"이라며 권고안을 작성한 이들을 추방해야 한다고 일갈했다.[89] 미국 역시 냉소적인 태도로 권고안이 전혀 설득력이 없으며 오히려 소련에게 이용당할 수 있다고 혹평했다.[90]

'6월 공세'를 통해 민족주의 진영을 몰락시킨 이승만 정부는 이윽고 위원단의 활동을 견제하는 수준을 넘어서 노골적으로 탄압하기 시작했다. 엄연한 국제기구인 위원단을 윤치영의 말처럼 '추방'할 수는 없었으므로, 이승만 정부는 위원단 주변의 한국인들을 억압함으로써 위원단과 한국 사회가 결합하는 연결고리를 끊어버리고자 했다.

경찰은 1949년 7월 중순 위원단 출입기자 5명을 전격 체포했다.[91] 공식적인 혐의는 남로당 프락치로 국가보안법을 위반했다는 것이었지만, 이호李澔 치안국장은 미국에게 이들의 혐의가 "위원단과 너무 밀접한 관계를 유지한 사실"이라고 솔직하게 밝혔다.[92] 위원단과 한국인의 긴밀한 결합을 경계하며 좌익세력과 함께 위원단까지 탄압하려고 했던 이승만 정부의 속내가 드러나는 진술이었다. 이승만 정부의 행태에 실망한 1차 위원단은 항의의 표시로 정례 기자회견을 잠정 중단했다.[93] 자체 진상조사를 추진한 사무국은 공안 당국의 비협조로 인해 2주일 여가 지난 뒤에야 피의자들을 면담할 수 있었는데, 그들은 이미 "끈질긴 심문long mediation" 끝에 전향한 상태였다.[94]

뒤이어 경찰은 8월 말 국가보안법 위반 혐의로 사무국의 한국인 직원 2명을 체포했다.[95] 1차 위원단 사무국은 유엔헌장에 규정된 면책특권을 무시한 이승만 정부의 처사에 격분하여 유엔사무국에 체포의 불법성을 주장한 보고서를 제출했다.[96] 유엔사무국은 사안의 중대성을 고려하여 사무총장 명의로 이승만 정부에 항의서한을 보냈다. 이승만 정부는 답신에서 피의자들이 유엔 직무 때문에 체포되지 않았으므로 면책특권을 적용할 수 없다고 반론했지만, 다른 구절에서 피의자들의 혐의가 "유엔 직위를 미끼로 한 행위"라고 진술하여 자신의 주장이 모순임을 자인했다.[97]

미국은 이러한 사태를 달가워하지 않았지만, 좌익세력이 위원단과 한국 정부의 관계를 악화시키려 조장해왔다고 판단하여 이승만 정부의 '과감한 조치'를 옹호했다.[98] 오히려 미국은 정례 기자회견을 중단한 1차 위원단의 조치가 "사태를 예단한 결과"라고 비판하는 등 위원단에게 곱지 않은 시선을 보냈다.[99]

이승만 정부가 1949년 하반기 민족주의 진영과 1차 위원단을 상대로 일련의 탄압을 자행한 결과 평화통일론의 국내외적 기반이 크게 약해졌다. 또한 면책특권 논란에서 단적으로 드러났듯이 북한은 물론이고 한국까지 국제 사회를 무시하는 상황에서 위원단의 위상은 실추되었다. 군사분쟁 감시가 최우선 임무로 설정되고 미국의 개입으로 인해 사무국이 약화된 2차 위원단은 여러모로 평화통일 중재 활동을 펴기 힘든 여건에 놓였다.

1950년 1월 말 활동을 시작한 2차 위원단은 통일 중재 임무를 담당할 1분위를 설치하고 인도·호주·중화민국 대표를 분과위원으로 선임했다. 1분위의 구체적인 임무는 다음과 같았다. 1) 남북교류 및 통일 방안 문제와 관련하여 한국인 지도자들의 의견을 청취할 것, 2) 방송을 통해 남북한 주민들에게 위원단의 통일 중재 의지를 알릴 것.[100] 여기서 규정된 통일 방안 연구 임무는 의견 청취만 포함되었을 뿐 '개선 방안의 건의'는 생략되었기 때문에 불완전한 내용이었다.

1분위는 오직 정부 관리나 민국당 측 인사들만 회견했을 뿐 민족주의 진영 인사들은 단 한 명도 초청할 수 없었다.[101] 민족주의 진영은 1950년에 들어서도 여전히 위축된 상태에서 별다른 대외 활동을 재개하지 못하고 있었다.[102] 또한 사무국의 활력이 떨어져 한국 정부의 견제에 취약했던 2차 위원단이 적극적으로 민족주의 진영 인사들을 초빙하기도 어려웠다. 결국 평화통일 여론을 제대로 수렴하지 못한 데다가 전쟁까지 겪게 된 1분위는 통일 중재 권고안을 작성하지 못했다.[103]

2-2. 대북 접촉 시도를 둘러싼 갈등

미국은 1차 위원단의 출범에 즈음하여 위원단의 대북 접촉을 인정한다는 공식 입장을 정했지만,[104] 이승만 정부의 반발이 익히 예상되는 상황에서 마냥 방관할 수는 없었다. 미국은 일종의 '예방조치'로 1차 위원단이 남북한 정부와 아무런 사전 협의도 하지 않고 전격적으로 방북을 시도하는 방법을 고안했다.[105] 곧, 의도적으로 남북한 정부를 도발하여 위원단의 대북 접촉 가능성을 원천봉쇄한다는 전략이었다. 미국은 1949년 2월 초 1차 위원단이 활동을 시작하자마자 이 방안을 조속히 실행하라고 권유했지만,[106] 사무국장 베르트하이머와 호주 대표 쇼 등은 신중하게 대북 접촉을 추진하겠다는 입장을 밝혔다.[107]

1차 위원단은 첫 사업으로 소련에 서한을 발송하고자 했는데, 문제는 그 서한의 내용이었다. 쇼·무길·씽 등 1분위 대표들은 소련에게 위원단의 방북을 주선해주도록 요청하고자 한 반면 한국 정부에 우호적인 코스티유·루나·리우위완은 대북 접촉에 반대하며 소련과 직접 통일 문제를 협의하자고 주장했다. 1차 위원단은 수차례 논쟁 끝에 전자의 방안을 채택했는데,[108] 이로써 처음부터 북한 정부를 실질적인 협의 대상으로 상정하고 꾸준히 접촉을 시도해나갈 수 있었다.

이승만 정부는 위원단의 대북 접촉 움직임을 경계했다. 정부는 위원단에 공식 서한을 보내 한국 정부가 한반도 전체 통치권을 보유한 유일 합법정부라고 주장하며 위원단에게 주권을 침해하지 말라고 경고했다.[109] 특히 이승만은 1분위 대표들과 회견한 자리에서 위원단의 대북 협상을 용납하지 않겠다고 협박하여 대표들에게 충격을 주었다.[110] 초기에 통일 문제에 열의를 보이며 위원단을 이끌었던 호주 대표 쇼는 이승만의 완고한 태도에 회의를 느끼고 2월 말 사임해버렸다.[111] 대표단의 위상이 타격을 입은 상황에서 베르트하이머가 이끄는 사무국이 대북 접촉 사업을 주도하기 시작했다.

사무국은 다양한 대북 접촉 방법을 고안했는데,[112] 그중 북한의 정보기관이나 상업기구를 통하여 북한 정부와 협의하는 방안을 추진하기 시작했다. 사무국은 이승만 정부의 반발을 우려하여 보안 유지에 부심했는데, 많은 비용을 감수하며 해외의 북한기관과 비밀리에 접선하는 방법을 탐색하고 사업 추진 경과를 대외적으로는 물론이고 1분위를 제외한 다른 대표들에게도 숨겼다.[113]

사무국은 상하이·홍콩 등지로 요원을 파견해 조사한 결과 홍콩에 북한의 '위장기관front'이 존재하며 선박을 통해 북한에 서신을 보낼 수 있다는 사실을 확인하고[114] 비로소 대표단에 정식으로 사업을 보고했다. 필리핀 대표 루나가 사무국의 독단에 불만을 터뜨리며 내홍이 일어났지만, 1분위와 사무국이 적극적으로 설득한 결과 1차 위원단은 이 경로를 이용해 북한 정부에 서신을 보내기로 결정했다. 서한의 수취인은 김일성이었고, 요지는 위원단의 방북을 공식 요청하며 사무국장이나 일부 대표가 사전 협의를 위해 먼저 북행할 수 있다는 내용이었다.[115] 서한은 3월 말 발송되었다.

사무국장 베르트하이머는 사업이 공개되거나 김일성이 응답할 경우 이승만 정부가 격렬하게 반발하리라 예상하고 미국에 추진 경과를 상세히 전달하며 사전 승인을 요청했다. 그러나 미국은 수수방관할 뿐이 사업을 지원하지 않았다.[116] 1949년 5월 중순에 이르러 사업 내용이 언론에 보도되기 시작했다.[117] 여론의 관심이 높아지고 이승만 정부가 위원단에 공식 서한을 보내 대북 접촉 반대 입장을 재천명하며 사실 여부를 확실히 밝히라고 압박하자,[118] 결국 위원단은 그간의 사업 경과를 공식 발표했다.[119] 그런데 때마침 주한미군 철수 일정이 발표되면서 위원단의 당초 우려와 달리 이 사건은 조용히 마무리되었다.

서한은 봉투도 뜯기지 않은 채 6월 초 그대로 반송되었다.[120] 활동 종료를 앞두고 별다른 대안이 없었던 1차 위원단은 인도 대표 씽의 제안으로 6월 29일 라디오 방송을 통해 북한 정부에 방북을 요청했다.[121] 하지만 이러한 공개 제안은 한국에서 논란만 불러일으킬 가능성이 컸거니와 북한의 입장에서 보면 일종의 대북 '평화통일 공세'로 비춰질 여지가 다분했다. 그런데 시기가 절묘하게도 북한의 조국전선이 평화통일안을 발표하면서 양측의 '평화통일 공세'가 맞붙는 모양새가 연출되었다.

조국전선은 1949년 6월 27일 결성대회에서 평화통일안을 채택하고 대대적으로 홍보하기 시작했다. 이것의 골자는 1) 미국과 유엔의 간섭이 없는 자주통일 원칙을 제시하고, 2) 남북한의 애국적 정당·사회단체 대표들로 협의체와 선거지도위원회를 구성하여 오는 9월 총선거를 실시하는 것이었다. 통일 후의 국가정체는 명시하지 않았지만 북한의 '민주개혁'을 한국으로 확장하는 '연립정부'의 수립을 의중에 두었다.[122]

이승만 정부와 반공적 정당·사회 단체들은 조국전선의 제안이 "상투적인 기만이며 선전"이고 "민심을 현혹"시킨다고 맹렬하게 비난했지만,[123] 이에 대응할 만한 다른 평화통일론을 제시하지 못했다. 당시 이승만은 분단정부의 안정을 위협하는 평화통일론을 억압하며 막연하게 북진통일이나 흡수통일을 외칠 뿐이었다.[124]

1차 위원단은 북한의 통일 공세에 대응하여 전술한 1분위의 평화통일 권고안을 발표하는 한편 사무국의 주도로 대북 방송의 정례화를 추진했다.[125] 이승만 정부는 북한의 통일 공세에 맞대응하기 위해 기왕의 태도를 바꾸어 방송국 시설을 제공하겠다고 제안하는 등 위원단의 대북 방송에 호응했다.[126] 그러나 결국 통일노선을 둘러싸고 갈등이 불거졌다.

위원단이 마련한 방송 원고를 직접 검토한 이승만은 "위원단의 임무는 한국의 완전한 독립과 통일을 가져오는 것"이라는 문구에 이의를 제기하며 수정을 요구했다. 3차 총회 결의안을 그대로 인용한 이 표현은 한국 정부를 전국 정부로 인정하지 않는 뜻을 내포했으므로 이승만이 예민하게 반응했던 것이다. 1차 위원단은 위원단 출입기자 체포사건으로 정부와 갈등을 겪던 상황에서 원고의 수정을 거부하고 방송 취소를 통보했다.[127] 1차 위원단의 마지막 대북 접촉 시도였던 대북 방송의 정례화는 위원단을 탄압하는 동시에 편의적으로 이용하려 했던 이승만 정부의 표리부동한 태도로 인해 기획 단계에서 좌초되었다.

터키 대표 굴렉이 주도한 2차 위원단은 전술한 임무 규정을 보면 알 수 있듯이 1분위에 대북 접촉 임무를 부여하지 않았다. 통일 방안의 건의 임무와 마찬가지로 미국과 이승만 정부를 곤란하게 만들 가능성이 있었으므로 배제했던 것이다. 그러나 사무국장 렌보르그는 몇 가지 대북 접촉 방안을 수립하여 대표단에 제안하는 등 대북 접촉 시도를 포기하지 않았다.[128]

렌보르그는 리에Trygve Lie 유엔사무총장이 1950년 5월 말 소련을 방문한다는 소식을 접하고 이 기회를 활용하여 소련에게 대북 접촉 중재를 요청하자고 제안했다. 굴렉이 귀국한 후 발언권이 강해진 인도·호주 대표의 설득도 주효하여 2차 위원단은 유엔사무총장에게 위원단의 대북 접촉 의향을 소련에게 전달해달라고 공식 요청했다.[129] 그러나 리에는 위원단의 요청에 응하지 않았다. 그는 소련을 방문한 목적이 공산 진영이 유엔에 계속 참여하도록 설득하는 것이었기 때문에 민감한 한국문제를 논의하기 힘들었다고 해명했다.[130]

능동적으로 대북 접촉을 시도하기 힘들었던 1분위는 주어진 모든 기회를 활용한다는 측면에서 1950년 5월 두 차례에 걸쳐 평화통일 및 남북교류 방안을 협의하기 위해 방북을 희망한다는 내용으로 라디오 방송을 내보냈다.[131] 이승만도 같은 시기인 5월 6일 정부 수립 이래 처음으로 대북 방송 연설을 행했다. 그는 "국제법상 양해의 신의"를 차마 저버릴 수 없어 북진하지 못했다고 주장하는 등 남북통일이 지연되는 책임을 국제 사회에 돌리면서 평화통일을 배격하고 북진통일을 강조했다.[132]

북한은 여기에 화답이라도 하듯이 5월 초부터 한국군의 38선 도발과 위원단의 군사감시반 설치를 규탄하는 선전 공세를 펴기 시작했다.[133] 한편 조국전선은 6월 7일 두 번째 평화통일안을 채택하고 이것을 남측 정당·사회 단체들과 위원단에 전달하기 위해 대표를 38선상에 위치한 여현역礪峴驛으로 파견하겠다고 발표했다.[134] 북한이 위원단까지 접촉하겠다고 제안한 것은 이례적이었는데, 아마도 남침을 목전에 둔 상황에서 2차 위원단이 회동을 거절하리라 예상하며 유엔을 비난하기 위한 구실로 삼을 요량이었던 것 같다.

2차 위원단은 당초 북한의 제안에 응하지 않으려 했지만, 이승만 정부가 협조 의사를 밝히자 6월 9일 사무국원을 대표로 삼아 여현역에 보내자는 인도 대표 씽의 제안을 전격 채택했다. 북한과 접촉하길 원했던 렌보르그가 위원단 일행이 여현역에 안전하게 갈 수 있는지 알아보기 위해 외무부의 입장을 타진했는데, 뜻밖에도 임병직 외무장관이 이에 호응하며 외무부 요원을 동행시킬 수 있다는 입장을 밝혔다.[135]

이승만 정부의 협조적인 태도는 북한의 행보만큼 이례적이었지만, 통일노선이 변화했다기보다는 북한의 통일 공세에 맞대응하기 위해 지난해처럼 위원단을 편의적으로 이용하려는 계산이었다. 정부는 "북한의 제안에 응하는 한국인은 매국노로 지정하겠다"고 으름장을 놓으면서도[136] 위원단의 접촉은 선뜻 지원함으로써 한국이 통일 문제에서 유엔과 협조한다는 것을 국제 사회에 선전하고자 했다.

이승만 정부의 입장 변화는 미국과 교감을 거친 결과일 가능성이 크다. 미국은 조국전선의 평화통일안이 한국인들에게 호소하는 바가 있다고 인정하면서도 이번 접촉을 통해 위원단과 한국 정부가 더 많은 이득을 얻을 수 있으리라고 전망했다. 위원단은 대북 접촉 선례를 만들 수 있고 한국 정부는 유엔과 협조하여 통일을 이룬다는 정책을 선전할 수 있다는 논리였다.[137] 이 때문에 미국은 나중에 위원단이 한국 정부의 개입 사실을 부인하는 성명을 발표했을 때 "오해의 소지가 있고 정치적으로 불필요한 행동"이라고 불평했다.[138]

2차 위원단을 대표한 사무부국장 게일라드와 조국전선 측 대표의 회동은 38선상의 무력 대치 속에서 우여곡절 끝에 성사되었다. 여현역 근처에서 게일라드 일행은 한국군 병사들에게 제지당했다. 개성지구를 담당했던 1사단의 백선엽白善燁 사단장은 상황을 보고 받고 급히 현장에 나와 월경을 허가할 수 없다고 밝혔다. 결국 외무부 요원이 사태를 책임지겠다는 각서를 쓴 후에야 게일라드 일행은 여현역에 당도할 수 있었다.[139] 여현역을 사이에 두고 남북한 부대 간에 한바탕 총격전이 벌어진 후에야 게일라드는 비로소 북 측 대표들을 만날 수 있었다.[140]

양측의 회합은 2시간여 동안 진행되었으나 별다른 성과는 없었다. 게일라드는 위원단의 방북 문제 등을 질의하는 등 열심히 말을 걸었으나 북 측 대표들은 줄곧 침묵을 지켰다. 또한 그들은 자신들이 단지 '메신저'이기 때문에 문서를 접수할 권한이 없다고 밝히면서 게일라드가 건넨 위원단의 방송 연설문도 받지 않았다. 결국 게일라드는 북

측 대표들이 건넨 평화통일안 문서만 받아든 채 복귀했다.[141]

2차 위원단은 게일라드가 복귀한 직후 외무부 및 군경 당국에 사전 양해를 구하고 "협조 약속"을 받았다고 솔직하게 밝혀 사실상 한국 정부의 승인하에 북한과 접촉했음을 인정했다.[142] 그런데 이러한 발언으로 인해 논란이 불거지자 위원단은 며칠 만에 말을 바꾸어 한국 정부의 승인을 구하지 않고 독자적인 권한으로 접촉했다고 해명했다.[143] 위원단이 정부와 협조했던 사실을 굳이 부정한 이유는 단정하기 어려운데, 전술했듯이 미국은 이를 반기지 않았다.

2차 위원단은 전쟁 발발 직후 유엔에 보낸 전문에서 북한이 벌인 일련의 평화통일 공세가 '연막작전'이었다고 평가했지만,[144] 당초부터 어떠한 가시적인 성과를 기대하며 조국전선의 회동 제안에 응한 것은 아니었다. 이미 1949년부터 북한의 냉소와 비난에 시달리면서도 대북 접촉을 포기하지 않았던 위원단은 "북한인의 대표와 접촉하는 기회"를 활용하여 "한국 통일 달성의 가능성을 편견 없이 토의"하고자 했다.[145] 비록 일회성 사건으로 끝나기는 했으나 위원단이 전쟁 전야에 마지막 기회를 버리지 않고 한국인들의 평화통일 열망을 대변하여 대화를 시도했다는 사실은 과소평가할 수 없다.

3. 유엔한국위원단의 군사 분쟁 감시 활동

3-1. 군사감시반 설치 논의

위원단 산하에 군사감시반을 설치하여 군사 분쟁을 감시하는 방안을 처음 제기한 이는 미국이 아니라 1차 위원단 사무국장 베르트하이머였다. 남북한 군대의 국경 충돌 양상에 주목한 그는 한국에 들어오자마자 38선 지대 시찰을 추진하여, 1차 위원단은 1949년 2월 첫 시찰 일정으로 개성을 방문했다.[146] 유엔 관리로서 다른 현지기구의 군사감시반 운용 사례를 잘 알았을 터인 베르트하이머는 위원단 역시 전쟁위기를 관리하기 위해 군사감시반을 설치해야 한다고 여겼던 것 같다.[147]

베르트하이머는 사안의 중대성을 감안하여 위원단에서 공론화하기 이전에 미국에 먼저 군사감시반 설치 의사를 타진했다.[148] 군사감시반의 설치는 곧 유엔이 한반도를 '비非독립 지역'보다 '군사 분쟁 지역'으로 인식한다는 것을 의미했다. 나아가 유엔의 한국문제 처리 방향이 정치적 타협을 통한 평화통일의 중재에서 군사적 개입을 통한 전쟁위기 관리로 바뀔 가능성도 있었다. 많은 예산이 소요되는 군사감시반의 설치는 현실적으로 위원단의 활동을 군사 문제로 치우치게 만들 터였다.

미국은 베르트하이머의 제안에 즉각 찬성했지만 그 의중은 각기 달랐다. 베르트하이머는 군사감시반이 중립적인 위치에서 전쟁위기를 누그러뜨리고 평화통일 정세를 조성하는 데 기여하길 바랐지만, 미국은 철수할 주한미군을 대신하여 한국의 안보를 보호하는 존재가 될수 있는 가능성에 주목했다.[149] 군사감시반을 바라보는 양자의 태도는 동상이몽이었지만, 아무튼 미국의 동의를 얻은 베르트하이머는 대표단을 설득하기 시작했다. 그러나 성향을 불문하고 거의 모든 대표들이 미온적인 태도를 보이면서 군사감시반 설치 논의는 내내 답보 상태에 머물렀다.[150]

필리핀 대표 루나와 중화민국 대표 리우위완은 한국 정부가 군사감시반을 반대할 가능성을 우려했다.[151] 호주 대표 제이미슨과 인도 대표 씽은 평화통일을 선호하는 입장에서 반대했다. 제이미슨은 군사감시반의 설치가 통일 중재라는 능동적인 임무를 포기하고 그저 현상유지만 추구하는 방향으로 돌아선다는 의미라고 지적했다. 씽 역시 통일 중재 임무가 완전히 실패한 뒤에야 군사감시반을 설치할 수 있다고 주장했다.[152] 프랑스 대표 코스티유 역시 반대했는데, 당시 베트남에 상당한 군사력을 투입했던 프랑스는 아시아 지역에 더 이상 군사적으로 개입하길 기피하며 감군減軍 정책을 추구하던 상황이었다.[153] 베르트하이머는 유엔사무국도 설득하고자 했지만 부정적인 회답을 받았다.[154] 결국 1차 위원단은 1949년 6월 초 군사감시반 설치 논의를 사실상 중단했다.

미국은 노블의 주도로 군사감시반을 공산 진영 봉쇄에 도움이 되도록 운용한다는 방침을 정하고 1949년 4차 총회 결의안에 군사 분쟁 감시 임무를 정식으로 포함시키는 정책을 추진했다.[155] 노블은 군사감시반의 효용성으로 평시에 남침을 억제하며 한국의 안보에 기여할 수 있다는 점 외에 전쟁이 발발할 경우 "쓸모 있는 중립적 보고value of neutral reporting"를 유엔에 제출함으로써 미국에 도움이 될 수 있다는 점을 고려했다.[156] 후자는 곧 군사감시반이 유엔을 군사적으로 동원하기 위한 매개체로 상정된다는 뜻이었고, 실제로 한국전쟁 국면에서 그대로 관철되었다.

미국은 4차 총회에서 군사감시반 설치를 호소하기 위한 포석으로 한국 정부가 북한의 군사 도발로 인해 위기에 처해 있다는 '증거'들을 생산하고자 했다. 먼저 미국은 이승만 정부에 군사감시반 설치를 공식 요청하도록 설득했다.[157] 이승만 정부는 1차 위원단에 공식 서한을 보내 북한군이 38선 이남을 습격한 사례들을 열거하면서 군사감시반이 이를 저지하고 한국 정부를 보호하는 역할을 맡아야 한다고 주장

했다.[158]

한편 미국은 1차 위원단이 총회에 제출한 종합보고서가 북한의 대남 군사 도발을 제대로 강조하지 못했다고 평가하면서 이 문제를 조명하는 부속보고서를 작성할 필요가 있다고 판단했다.[159] 미국의 설득에 따라 1차 위원단은 1949년 8월 부속보고서 작성을 위해 운영위원회(이하 운영위)를 조직했지만, 대표단의 내분과 사무국의 비협조로 인해 파행을 겪었다. 운영위의 당초 임무는 북한의 대남 전복 활동을 조사하는 일이었지만, 이승만 정부의 시민권 탄압에 비판적이었던 인도 대표 씽의 발의로 한국 정부의 전복 활동 대응을 조사하는 임무가 추가되었다.[160] 한편 이승만 정부와 갈등을 벌이던 사무국은 의도적으로 운영위 사무를 방기했다.[161] 결국 운영위는 부속보고서를 작성하지 못한 채 활동을 종료했다.[162] 미국이 위원단의 처지를 고려하지 않고 무리하게 개입하여 혼란을 가중시켰던 또 다른 사례였다.

3-2. 한국전쟁 발발 전후 군사감시반의 활동

1949년 4차 총회 결의안에서 규정한 군사감시반은 명문상 군사 분쟁 감시와 함께 통일 중재 임무도 수행하게끔 되어 있었다.[163] 이것의 해석을 두고 2차 위원단에서 이견이 불거졌다. 인도 대표 씽은 평화통일을 중시하는 지론을 재차 강조하며 두 임무를 동등하게 다루어야 한다고 주장했다. 렌보르그도 군사감시반에 두 임무를 모두 부여하자고 제안했다. 그러나 터키 대표 굴렉이 주도하던 2차 위원단은 군사 분쟁 감시를 최우선 임무로 확정하며 군사감시반이 이 임무만 다루도록 결정했다.[164]

2차 위원단은 1950년 3월 2일 군사감시반 설치안을 공식 채택했다. 그 내용을 보면 위원단 참가국이 직접 감시원을 충당하고 운영비용을 부담하는 원칙을 세웠다. 감시반 규모는 8명으로 시작하되 차차 증원해나가는 방식을 취했다. 활동 구역은 38선 지대와 한국 내 분쟁 지역으로 설정했다.[165] 이 설치안은 규모와 재정 측면에서 상당히 소극적인 내용이었다. 역할이 비슷했던 발칸위원단 감시반이 30명을 넘는 수준이었음을 감안하면 비록 첫 단계라고 하나 8명은 너무 적었다. 한편 위원단 활동에 무심했던 참가국들이 과연 운영비용을 성실하게 지원할지 의문이었다. 설령 유엔이 직접 재정을 책임진다 하더라도 미국·소련·영국 등 주요 강대국이 참여하지 않는 한국위원단의 군사감시반에 충분한 예산을 지원할 가능성은 별로 없었다.[166]

2차 위원단 참가국들은 이렇듯 소극적인 설치안조차 제대로 이행하지 않았는데, 한국전쟁 이전까지 감시원을 임명한 나라는 호주와 엘살바도르뿐이었다. 프랑스가 협조하지 않은 이유는 앞에서 이야기했다. 중화민국은 일찌감치 파견을 제의했지만 유엔사무국과 미국은 당시 논란이 일던 대표성 문제를 고려하여 받아들이지 않았다.[167] 미국은 임시위 참가국이었던 캐나다에게도 감시원 파견을 요청했는데, 캐나다 역시 주저하는 태도를 보였다.[168] 각각 소련·중국과 접경했던 터키[169]·인도나[170] 필리핀 등 아시아 국가들은 안보에 미칠 악영향을 우려하며 군사감시반에 호응하지 않았다.

호주는 대미 안보 협력을 중시하는 관점에서 감시원 파견에 동의하여 1950년 5월 초 주일본영연방점령군에서 복무하던 피치F. S. B. Peach 육군 소령과 랭킨R. J. Rankin 공군 소령을 감시원으로 임명했다.[171] 그러나 군사감시반 대표직을 수행할 장성급 요원도 보내달라는 미국의 요청은 수락하지 않았다.[172] 호주는 한국문제에서 대미 안보 협력과 긴장 완화 기조를 저울질하며 군사적 개입의 수준을 조절하고자 했다. 엘살바도르는 미국의 독촉을 이기지 못하고 두 명의 감시원을 임명했으나 재정 부족 때문에 출발이 지연되어 결국 전쟁 이후 한 명만 한국에 도착했다.[173]

2차 위원단은 38선의 상황을 조사하고 군사감시반의 출범에 필요한 행정 사항을 검토하기 위해 피치와 랭킨에게 38선 지대를 시찰하라고 지시했다.[174] 두 감시원은 6월 9일부터 23일까지 2주일 동안 38선의 주요 전선을 방문한 후 전쟁 발발 하루 전인 6월 24일 〈38선 지대 시찰 보고서〉(이하 시찰보고서)를 작성했다.[175]

시찰보고서는 한국전쟁이 발발한 직후 유엔 안보리가 북한이 남침했다는 판단을 공식화하고 참전을 결의하는 데 중요한 근거를 제공했다.

시찰보고서는 한국군이 대규모 공격에 나설 태세를 갖추지 못했고 북한군의 특별한 동태가 보고되지 않았기 때문에 당장 전면전이 벌어지지 않으리라고 전망했다. 한국군의 현황을 판단한 근거를 대별하면 다음과 같다. 1) 한국군은 모든 전선에서 종심縱深 배치되었고[176] 북한군을 공격하려는 움직임이 없다, 2) 한국군은 선제공격에 필요한 장사정포·전차·공중지원 장비가 없고 탄약·유류 등 보급물자를 충분히 보유하지 않았다.

한국군의 전쟁 수행 능력이 부실하다는 시찰보고서의 판단은 타당했지만 그 근거들까지 모두 정확하지는 않았다. 그중 사실에 부합한 2)는 상대적으로 관찰하기 쉬웠다. 감시원들은 부대를 둘러보기만 해도 대강의 현황을 짐작할 수 있었을 터이고 주한미군사고문단으로부터 한국군의 장비·보급물자와 관련한 개략적인 정보를 제공받았을 수도 있다.

근거 2)와 달리 1)은 세밀한 조사가 필요한 부분이었으나 감시원들에게 그러한 여유가 있었던 것 같지 않다. 활동 일지를 정리한 〈표 8〉을 보면 알 수 있듯이 감시원들은 주로 사단사령부와 연대본부만 방문했고 일선에 배치된 대대급 이하 전술부대들까지 시찰하지 않았다. 또한 감시원들은 주로 사단장이나 연대장 등 부대지휘관이나 정보장교들과 면담했는데,[177] 이들이 과연 초면인 외국 감시원들에게 부대

〈표 8〉 한국전쟁 발발 이전 군사감시반 활동 일지

날 짜	방 문 지	활 동
5월 29일		피치(호주군, 육군 소령) 한국 도착
6월 2일		랭킨(호주군, 공군 소령) 한국 도착
6월 5일		2차 위원단, 피치와 랭킨에게 38선 지대 시찰 명령
6월 9일	서울 → 개성	1사단 사령부 방문. 타워 고지 방문
6월 10일	개성 → 배천, 연안	1사단 산하 연대본부 방문. 여현역에서 위원단 대표와 북한 인사의 회동 참관
6월 11일	배천 → 개성 → 서울	개성 월남인수용소 방문
6월 13일	서울 → 의정부 → 서울	7사단 사령부 방문. 동두천의 연대본부 방문. 38선 시찰
6월 14일	서울 → 춘천 → 원주	6사단 사령부 방문
6월 15일	원주 → 강릉	8사단 사령부 방문
6월 16일	강릉 → 주문진 → 강릉	38선 시찰
6월 17일	강릉 → 서울	서울로 복귀
6월 21일	서울 → 옹진반도	17연대 본부 방문
6월 22일	옹진반도	까치산 시찰. 옹진반도 서북쪽 전선 시찰
6월 23일	옹진반도 → 서울	서울로 복귀
6월 24일		〈38선 지대 시찰 보고서〉 작성

출처: UNCOK Report(1950), p. 40.

배치와 같은 민감한 군사정보를 솔직하게 알려주었을지 의문이다. 특히 한국군이 종심 배치되었다는 기술은 전혀 사실과 달랐는데,[178] 이로 미루어 보건대 감시원들은 직접 관찰한 경험보다는 한국군이나 주한미군사고문단이 제공하는 정보에 의존하여 시찰보고서를 작성했을 가능성이 높다.

한편 시찰보고서가 북한군의 동태를 기술한 부분은 다소 혼란스럽다. 시찰보고서는 조사 기간 동안 38선 전황의 급변을 의미하는 북한군의 특이한 동향은 보고되지 않았다고 정리하면서도 일부러 북한 주민의 소개와 북한군 부대의 활발한 이동을 보고한 두 건의 첩보를 인용했다.[179] 보기에 따라 북한군이 남침 태세를 갖추고 있다고 해석될 수 있는 정보들이었다. 독자적으로 대북 정보를 수집하여 분석할 능력이 없었던 감시원들은 아마도 주한미군사고문단의 관점에 따라 북한군이 당장 남침하지 않으리라고 평가했지만,[180] 시찰 과정에서 입수한 첩보들을 심상찮게 여겨 보고서에 기입했던 것 같다.

당장 전쟁이 발발하지 않으리라는 감시원들의 예측은 하루도 채 지나기 전에 완전히 빗나갔다. 2차 위원단은 6월 25일 오후 1시 30분경 뒤늦게 전쟁 발발 소식을 접하고 대책을 논의한 결과 남북한 군대에 정전을 호소하는 방송을 내보내기로 결정했다. 대표단 의장과 사무국장 등은 오후 3~5시경 이승만을 방문하여 정전 호소 방송과 한국전쟁 문제의 안보리 회부 여부를 문의했다. 이승만은 두 사안 모두 찬성함으로써 유엔이 전쟁에 개입해주길 바란다는 의사를 밝혔다.[181] 위원단은 그날 저녁 라디오 방송을 통해 즉시 정전과 유엔이 중재하는 평화회담의 개최를 제안했다.[182] 위원단의 방송은 유엔사무총장에게 보고하지 않고 독자적으로 실행한 것으로, 비록 당시 정세에서 비현실적 대안이었지만 한국문제의 평화적 해결을 추구하는 위원단의 본분에 맞는 행동이었다.

미국은 국제적 책임으로 한국의 안보를 보호한다는 정책에 따라 유엔을 군사적으로 동원하고자 했다. 한국군이 일방적으로 밀리던 초기 전황에서 미국의 전략이 성공을 거두기 위한 관건은 되도록 많은 국가들이 북한의 기습 남침을 인정하고 조속히 한국 정부를 지원하도록 만드는 것이었다. 그런데 유엔은 각국의 복잡한 이해관계가 충돌하는 장이기 때문에 지역분쟁 문제에서 어떠한 결정을 내리기 전에 사실 확인fact-finding을 거치는 절차를 중시했다.[183] 바로 여기서 미국이 기대했던 바대로 2차 위원단과 군사감시반의 정보 보고가 중요한 역할을 할 수 있었다.

미국의 요청으로 6월 25일(미국 동부 시간) 소집된 안보리 긴급회의에서 2차 위원단의 정보 보고가 회람되었다. 이것은 미국·한국 정부가 제공한 정보와 군사감시반이 수집한 정보를 인용하며 한국군이 기습 남침을 당해 퇴각 중이며 군사력에서 열세에 있다고 진술하는 내용이었다.[184] 미국 대표는 이 보고를 강조하며 북한의 기습 남침을 규탄하고 적대행위 즉각 중지와 북한군의 철수를 요구하는 결의안을 제출했다.

남북한 정부 모두 선제공격을 당했다고 주장하던 상황이었지만 대다수 안보리 이사국 대표들은 위원단의 보고를 "공식적인 사실official report of facts"로 인정하면서 미국 결의안을 지지했다. 오직 유고슬라비아 대표만 보고를 불신하며 남북한 대표를 모두 초청하여 의견을 들어보자고 제안했다. 안보리는 유고슬라비아의 제안을 부결하고 만장일치에 가까운 표결(찬성 9/기권 1/불출석 1)로 미국 결의안을 채택했다.[185]

6월 27일 열린 안보리 회의에서 유엔 회원국들에게 북한의 남침을 격퇴하기 위한 집단행동에 동참할 것을 권고하는 미국의 결의안과 함께 2차 위원단의 전문들도 회람되었다. 그중 군사감시반의 시찰보고서를 요약한 전문은 북한이 계획적인 남침을 감행했고 한국군은 완전히 방어 진형으로 편성된 상태였으며 사전에 정보를 취득하지 못해 기습을 당했다고 지적했다.[186] 한편 정전 호소 방송을 내보낸 바 있던 2차 위원단은 안보리가 즉시 평화협상 중재에 나서야 한다는 내용의 정전 권고안도 제출했다.[187]

유고슬라비아 대표는 위원단의 정전 권고안에 주목하여 같은 기조의 결의안을 제출했다. 그러나 미국은 오직 군사감시반의 보고서만 강조하며 북한의 계획적인 기습 남침을 공식화하고자 했다. 이집트 및 인도 대표는 미국 결의안이 중대한 내용이라며 본국의 지시를 받지 못했다는 이유로 투표에 불참하겠다고 밝혔지만, 다른 대표들은 군사감시반의 보고를 "틀림없는 사실no doubt of the fact"로 인정하며 미국 결의안을 지지했다. 결국 안보리는 유고슬라비아의 결의안을 부결하고 최소 의결정족수인 7표의 찬성(반대 1/투표 불참 2/불출석 1)으로 미국 결의안을 채택했다.[188]

미국은 전쟁 직후 안보리 회의에서 북한의 남침을 공식화하고 북한군 격퇴를 위한 집단행동을 취하는 내용의 민감한 결의안들을 별다른 지연 없이 수월하게 통과시킬 수 있었다. 이는 미국조차 예상하지 못한 바였는데,[189] 소련이 불참 중이어서 거부권을 행사할 수 없었던 것이 주된 요인이기는 했지만 유엔에서 공신력을 가졌던 위원단의 정보보고도 중요한 역할을 했다고 볼 수 있다. 미국은 위원단의 전문들이 인도를 비롯한 중립 성향 국가들의 지지를 얻는 데 도움이 되었다고 평가하면서 "유엔과 미국은 위원단에 큰 신세를 졌다UN and US owes much to UNCOK"고 표현했다.[190] 미국은 전쟁에 맞닥뜨리자 위원단이 2년여 동안 꾸준히 벌여온 평화통일 중재 활동이 아니라 공식 출범하지도 않은 군사감시반의 정보 보고 몇 건에 감사를 표했던 것이다.

4. 남은 과제, 위원단 내부 논의

1948년 3차 총회 결의안은 비록 평화통일을 위한 국제협조와 민족화해 기조를 선명히 드러내지 않았지만 미국과 이승만의 요구와 달리 한국 정부를 전국 정부로 승인하지 않고 통일을 독립의 필수조건으로 상정하여 평화통일 논의의 장기적 토대를 마련했다. 영연방 진영 등 비공산 국가들이 유엔에서 한국문제를 계속 다루되 한반도의 긴장 완화와 평화통일을 추구한 덕분이었다. 유엔을 동원해 공산 진영을 봉쇄하려는 미국의 정책은 물론 한국의 통일·독립을 한국인들 스스로 해결하게 하자는 소련의 정책 역시 현실적으로 한반도의 전쟁위기를 가중시키는 적대적인 태도였다. 그런 점에서 3·4차 총회 결의안에 담긴 모호한 평화통일 기조는 미약하나마 국제협조 정신의 상징이었다.

분단 전후 시점에서 평화통일을 지향하는 유엔의 여론과 한국인들의 노력이 원활히 결합하며 선순환을 이룰 경우 평화통일 논의를 진전시키며 분단체제에 균열을 낼 가능성이 있었지만, 미국·이승만 정부의 견제와 북한의 배격, 한국전쟁의 발발은 그 가능성을 좌절시켰다. 미국과 이승만 정부는 자신의 정책에 순응하지 않는 위원단을 계속 압박하며 무력화하고자 했다. 북한은 일관되게 위원단을 비난하며 대화의 가능성을 차단했고, 급기야 전쟁을 일으키면서 위원단의 활동을 파탄시켰다.

1차 위원단은 한국 사회의 평화통일 여론에 힘입어 평화통일 중재 활동을 펴나갈 수 있었고, 민족주의 진영은 위원단과 소통하면서 이승만에 대항하는 정치적 활로를 찾아나갔다. 1차 위원단이 발표한 통일 중재 권고안은 분단 이후 국제 사회가 제시한 첫 통일 문제 접근법으로, 국제협조를 이루기 힘든 상황에서 민족화해 원칙을 고취하여 평화통일을 모색한다는 취지였다. 한국인들의 평화통일 열망을 적극 수렴한 결과인 이 권고안은 통일 논의의 일차적인 주체가 남북한 한국인이라는 단순하지만 중요한 원칙을 환기했다는 점에서 의의가 있다.

2차 위원단은 1차 위원단의 통일 중재 권고안을 진전시키는 데 실패했으나 전쟁 전야에 남북한이 통일 공세를 주고받는 상황에서 북한과 처음으로 접촉하는 성과를 거두었다. 비록 남북한 정부 모두 진지한 대화 의지가 없었기 때문에 위원단의 대북 접촉은 일회성 사건으로 끝났지만, 국제 사회와 한국인의 평화통일 의지를 대변한 '남북대화의 기원'으로 자리매김할 수 있을 것이다.

유엔의 기능과 권위를 활용하여 한국을 안정화시키고 동아시아 지역의 공산 진영 봉쇄를 강화한다는 미국의 정책은 위원단의 평화통일 중재 활동으로 인해 이승만 정부의 안정이 위협받음으로써 차질을 빚었다. 미국은 유엔의 한국문제 처리에서 평화통일 기조를 억누르고자 했는데, 위원단 임무에서 통일 중재 대신 군사 분쟁 감시를 최우선으로 삼고, 위원단 조직에서 사무국을 위축시키고, 위원단 활동에서 군사감시반을 공산 진영 봉쇄에 기여하도록 운용하는 정책을 추진했다. 그러나 전쟁 이전까지 위원단 참가국들은 평화통일에 미칠 악영향이나 공산 진영을 자극할 가능성을 우려하며 군사감시반에 참여하지 않는 등 미국의 봉쇄정책에 선뜻 협력하지 않았다.

미국에게 위원단은 철수한 주한미군 대신 국제적 책임으로 한국의 안보를 보호하기 위한 '대체물'이었다. 그러나 평화 애호정신을 표방한 유엔에서 그러한 의도를 노골적으로 관철할 수 없었고 '완전한 독립을 위한 평화통일의 추구'라는 외피를 둘러야만 했다. 문제는 반민족·반민주 속성을 띠고 분단구조 위에서 성립한 이승만 정부가 도저히 평화통일론을 포용할 수 없었다는 점이다. 결국 평화통일의 가능성을 배제한 채 편의적으로 유엔을 공산 진영 봉쇄에 이용하고자 했던 미국의 대한정책은 해결하기 힘든 딜레마를 안고 있었다.

이 글은 위원단의 활동을 면밀하게 밝히고자 노력했지만 위원단이 생산한 유엔 문서를 직접 활용하지 못했기 때문에 위원단 내부 논의를 적극적으로 검토하지 못한 한계가 있다. 유엔 문서를 참고한다면 대표들이나 사무국의 입장을 더욱 자세히 파악할 수 있을 터이고 따라서 상부인 참가국 정부나 유엔사무국의 정책도 소상히 구명할 수 있을 것이다. 또한 위원단과 외부 관련자들이 맺은 관계에 주목했지만 북한·소련 등 공산 진영의 대응은 상대적으로 명확히 밝히지 못했다. 한편 위원단의 통일 중재 활동과 군사 분쟁 감시 활동이 가지는 의미를 집중적으로 분석하기 위해 다른 임무들, 곧 대의정치 발전을 감시하고 협의하는 임무와 점령군 철수를 감시하는 임무 등은 일부러 논의에서 배제했다. 이 임무들 역시 민주화와 민족자주라는 한국 현대사의 중요한 화두와 직결된 사안들이므로 자세히 따져볼 필요가 있다. 이 문제들은 추후 보완할 과제로 남겨두고자 한다. •신승욱

2장

주한미대사관을 통해본
초기 한미 외교관계(1948~1950)

1. 수직적 점령관계서 수평적 외교관계로

1948년 8월 15일 대한민국 정부 수립이 선포됐고 공식적으로 이날 밤 0시를 기해 미군의 남조선 점령은 종료됐다. 이제 남조선의 최고 책임자로서 '군림'하던 존 하지John R. Hodge 중장이 물러가고, 한미 간에 새로 수립된 외교관계에 따라 주한미대사관이 설치되어야 했다.[1]

군사적 점령occupation은 한 국가가 타국을 자신의 권력하에 두는 지배–종속이라는 '수직적 관계'인데 반해 외교관계diplomatic relations는 두 국가가 서로를 대등한 주권국가로 인정하는 수평적 관계를 원칙으로 한다. 즉 형식적으로 한미관계는 1948년 대한민국 정부 수립과 미군정 종료를 기점으로 미군의 점령이라는 수직적 관계를 벗어나 새로운 수평적 관계를 수립했다. 그렇다면 한미관계는 얼마나 실질적으로 수평적으로 바뀌었을까?

1948년 대한민국 정부 수립과 함께 이제 한미 양국은 점령과 피점령이라는 수직적 관계를 벗어나 새로운 국가관계를 맺어야 했다. 갓 태어난 한국 정부는 국내외적 불안을 해소하고 국가 안정화를 시급히 달성해야 했다. 특히 미국과 소련 간의 격화하는 냉전하에서 신생 한국 정부는 미군정기 지연된 친일 청산이라는 탈식민 문제와 미국이 이식한 민주주의 제도의 정착이라는 과제를 떠안았다. 한국 정부의 식민 잔재 청산과 민주주의 제도 운영의 결과는 이후 한국 현대사에 지속적으로 영향을 미쳤다. 즉, 한국 현대사는 친일 청산을 넘어 분출하는 다양한 내부의 탈식민적 에너지와 냉전이라는 미소의 양극적 힘이 부딪힌 결과물이었다.[2]

미국은 1945년 조선 해방 이전부터 한국의 독립 능력에 회의적이었다. 미국은 전후 '신세계 질서New World Order' 구상에 따라 과거 제국주의 국가들의 직접적인 식민지배 형태가 아니라 한국을 강대국 관리하에 두는 신탁통치안을 추진했다. 그런데 미국은 1947년 7월 소련과의 협의가 사실상 결렬되자 신탁통치안을 철회하고 유엔을 통한 독자적인 한국 정부 수립이라는 새로운 대한정책을 입안, 실행했다.[3] 미국은 이렇게 수립된 한국 정부의 안정화를 위해 전방위적인 원조를 제공했을 뿐 아니라 대규모 외교사절단을 파견했다. 결국 미군정이 종료하고 대한민국이라는 독립정부가 수립됐음에도 1948~50년 동안 미국은 여전히 한국 사회에 가장 커다란 영향력을 미치는 '외부 규정력'이었다.

미군정 종료 후 한국과 미국은 점령과 피점령 관계에서 벗어나 국가 간 외교관계를 새로 맺었다. 그렇다고 한미 간 군사적 관계가 완전히 단절된 것은 아니었다. 미군정 종료 후에도 주한미군은 10개월 간

주둔했으며 미군 철수 후에도 주한미군사고문단Korean Military Advisory Group(이하 KMAG)이 상주했다. 한국과 미국 사이에 KMAG이라는 군사적 통로가 여전히 존재했지만, 두 국가는 1950년 한국전쟁으로 미군이 한반도에 다시 진주하기까지 주로 외교 채널을 통해 관계를 맺었다.

미국은 1948년 8월 주한미사절단의 일원인 미 대표부를 미국 국무부(이하 미 국무부)의 극동국 동북아시아실 하위 기구로 한국에 설치했다. 미 대표부와 이후 승격된 미 대사관은 주한미사절단을 총괄 지휘했을 뿐 아니라 미군정 권력의 한국 정부 이양이라는 행정권 이양 과정에도 깊이 관여했다. 나아가 미 대사관은 미국의 대한정책이 한국에서 실행되는 데 가장 중요한 현지 외교기구였다.

한국 정부도 미 대사관을 한미관계의 가장 중요한 통로로 인식했다. 한국 정부는 한미관계에서 발생하는 주요 현안을 미 대사관을 거쳐 미국과 협의했다. 심지어 한미관계와 무관해 보이는 한국 내부의 문제까지 미 대사관의 자문을 구했다. 이 시기 미 대사관은 한국과 미국 간 외교 현안을 해결하는 일반적인 대사관의 역할을 넘어 한국 내정에 적극적으로 개입하는 고문기구였다. 한국 정부가 미 대사관에 크게 의존한 것은 초기 신생 한국 정부의 불가피한 선택이기도 했다. 왜냐하면 미국의 경제적·군사적 원조와 정치적 지원은 1948~50년 국내외적 불안에 시달리던 한국 정부의 생존과 안정화에 절대적이었기 때문이다.

이처럼 이 시기 외교 채널을 통해 형성된 미국의 대한 인식과 한국의 대미 인식, 나아가 한미관계의 구조와 논리는 이후 한미관계의 원형을 이루었다.[4] 따라서 정부 수립 전후(1948~50) 시기 한미관계의 구

조와 성격을 오롯이 이해하려면 당시 양 국가 간의 가장 중요한 통로
이자 실제 한국 정부에 가장 큰 영향력을 미친 미 대사관에 주목할 필
요가 있다.

주한미대사관은 이승만 정권 초기(1948~50) 한미관계사에서 매우
중요한 역할을 담당했음에도 지금까지 거의 연구되지 않았다. 이호재
는 이승만의 대미 외교정책을 중심으로 이 시기 미군철수와 군사적
원조를 둘러싼 한국과 미국 간 발생했던 외교적 갈등을 분석했다. 그
는 미국의 군사 관련 대한정책이 이승만 대통령의 대미외교 전개 과
정 속에서 어떻게 충돌했는지를 잘 드러냈다. 그런데 그는 당시 한미
외교관계의 매우 중요한 영역이던 정치적 사안을 다루지 않았다.[5]

커밍스와 박명림은 한국전쟁의 기원을 찾겠다는 목표하에 1948~50
년 시기를 분석했다. 두 연구자 모두 이 시기 미국의 대한정책의 특성
을 밝히는 과정에서 미 대사관 혹은 주한미대사 무초John J. Muccio의
주장을 일부 언급했다.

먼저 커밍스는 한국 정부 수립 이후 한국전쟁 직전까지의 한국 상
황을 전체적으로 개관했다. 그는 이 시기 미국이 주한미군 철수를 완
료했음에도 여전히 한국에서 큰 영향력을 행사했음을 밝혔다. 특히
미국 영향력이 실현되는 새로운 통로 중 하나로 미 대사관을 처음으
로 언급했다. 그런데 그는 주한미대사관의 규모가 세계에서 가장 거
대했다고 언급했을 뿐 그 정확한 규모나 인적 구성을 밝히지 못했다.
나아가 그는 미국의 영향력이 행사된 개별 사례를 소개하는 데 머물
렀기 때문에 미 본국의 대한정책이 현지기구를 통해 한국 정부에 이
르는 전 과정을 밝히기 어려웠다.[6]

기존 연구 중 박명림은 1948~50년 미국과 이승만 사이에 펼쳐진

한미 간의 갈등을 가장 자세히 분석했다. 박명림은 이 시기 한미 간 갈등의 본질을 미국 대한정책의 특성에서 찾았다. 미국이 전체주의 국가화 되어가는 한국을 제어하여 민주주의 토대인 선거제도만큼은 지키려 했고 그 결과 한미 간 충돌이 발생했다는 주장이었다. 그는 이 분석을 통해 선거 개입을 시도한 미국 대한정책의 근본적 목표가 한국 안정화에 기초한 반공 보루 구축이었다는 예리한 분석을 제공했다.[7] 그런데 그는 1949년 당시 상이하던 미국 여론과 미국 정부의 입장을 동일시하는 오류를 범했을 뿐 아니라 1950년 미국이 이승만 대통령의 선거 연기 시도에 개입하게 되는 전체 과정과 맥락을 이해하지 못한 채 미국의 대한정책을 분석했다. 따라서 아쉽게도 이 시기 미국이 표방한 민주주의 수호라는 정책적 수사 이면에 존재하던 '실제 의도'를 드러내기 어려웠다.

이들 주요 연구를 포함해 1948~50년 시기를 다룬 한미관계 관련 연구들은 대체로 미국 여론과 미 국무부, 현지 미 대사관, 한국 정부 같은 다양한 행위주체들의 입장 차와 관계에 주목하지 않았다.[8] 1948~50년 미국 대한정책과 한미관계의 성격은 다양한 행위주체들을 시야에 넣고 분석해야만 명확해질 것이다. 따라서 이 글은 주한미대사관의 정무 활동을 주로 다루면서도, 주한미대사관이 미 국무부와 한국 정부 사이에서 어떤 관계를 맺었는지를 시야에서 놓치지 않으려 노력했다.

기존 연구들은 자료 면에서도 주한미대사관과 미 국무부 간에 주고받은 훈령, 전문, 비망록 등 모든 외교문서들이 망라되어 있는 방대한 자료인 일명《한국내정 문서철Internal Affairs of Korea》보다 이를 선별하여 편집한《자료집Foreign Relations of United States》(FRUS)을 바탕으로 했기 때문에 한계가 있었다.

이 글은《한국내정 문서철》이라는 '밑바닥' 자료를 활용함으로써 미 국무부와 미 대사관이 1949년 말과 1950년 초 한국의 선거 실시와 공정선거 실현을 위해 개입하게 되는 일련의 과정을 자세하게 추적할 수 있었다.[9] 나아가 이 과정에서 미국이 처음으로 맺은 한미 외교관계를 통해 한국에서 실현하고자 했던 '미국식 민주주의'의 성격뿐 아니라 당시 이승만 정권에 거세게 저항했던 한국 국회에 대한 미국의 인식 속에서 한국 민족주의에 대한 미국의 시각도 드러날 것이다.

2. 미국대사관, 한국에 들어서다

미국은 제2차 세계대전에 참전함으로써 외교정책의 방향을 제1차 세계대전 이후 표방해온 고립주의에서 현실주의로 전환했다. 고립주의isolationism란 한 국가가 자국의 이익과 안보에 직접 관련 없는 국제 문제에 개입하기를 꺼려하는 외교정책의 원칙을 의미한다. 미국 대통령 프랭클린 루스벨트Franklin Roosevelt는 미국의 고립주의적 외교정책 때문에 제2차 세계대전이 발생했다고 판단했다. 따라서 그는 세계대전의 재발 방지를 위해 기존의 고립주의에서 탈피하여 현실주의적 외교정책을 펼쳤다. 미국의 현실주의적 외교정책은 강대국들과 협의하에 전후 세계 질서를 구축하고 세계 문제를 해결하는 형태로 구체화됐다.

그런데 민주당의 루스벨트 대통령은 1945년 종전 직전 사망했으며 연방의회를 주도하던 민주당은 1946년 미국 중간선거에서 공화당에 크게 패배했다. 연방의회를 장악한 공화당은 반공주의적 성향이 강했기 때문에 미국 정부는 더 이상 강대국 소련과 협의를 통해 전후 세계 문제를 해결하기 어려웠다. 트루먼 대통령도 예산 확보를 위해 미국 대외정책을 강대국 소련과 협의에서 대소 봉쇄로 전환했다.[10] 결국 미국의 대소 봉쇄정책은 1947년 3월 트루먼 독트린Truman Doctrine 선언을 기점으로 본격화됐다.[11] 냉전의 격화와 함께 각국 외교 대표가 주재하는 유엔이라는 국제기구도 이제 격렬한 냉전의 전장이 되었다.[12]

이 시기 한반도 상황도 변했다.[13] 미국은 1945년 12월 모스크바 3상회의 결정대로 한반도 문제 해결을 논의하기 위해 1946년 3월 제1차 미소공동위원회(이하 미소공위)를 열었다. 제1차 미소공위는 1946년 4월 18일 합의에 이르러 미소공위 5호 성명을 발표했다. 그런데 미국은 의도했던 협상 목표가 실현될 기미가 보이지 않자 1946년 5월 초 조기에 회담을 결렬시켰다. 1947년 5월 제2차 미소공위가 재개됐으나 미국과 소련은 각자의 입장을 고수할 뿐이었다. 결국 미소공위는 재개된 지 5개월 만에 막을 내렸다.[14]

미국은 1947년 7월 중순 이후 미소공위 결렬이 기정사실화되면서 향후 새로운 대한정책을 모색해야만 했다. 이에 따라 미국의 삼부조정위원회SWNCC는 한국문제를 전담할 특별위원회(이하 특위)를 구성했다.[15] 특위에서 논의된 대한정책들은 그대로 〈삼부조정위원회SWNCC 176/30, 한국에 관한 특별위원회 보고서: 한국에서 미국의 정책〉에 반영되었다. 이 보고서를 기점으로 이제 미국은 미소 간 협의에 따른 한국문제 처리라는 모스크바 결정을 폐기하고 한국문제의 유엔 이관이라는 대한정책을 공식화했다.[16]

1947년 9월 16일 미국은 한국 독립 문제를 독자적으로 유엔에 상정한다고 소련에 통보했다. 9월 17일 마셜George C. Marshall 국무장관은 유엔 총회 연설에서 한국문제를 유엔에서 논의할 것을 제안했다. 결국 미국의 제안에 따라 한국문제는 유엔으로 이관됐다.[17] 한국문제의 유엔 이관은 한국이 유엔을 통한 세계질서 모색이라는 미국의 새로운 외교정책의 첫 실습 대상이 되었음을 의미했다.

유엔 총회는 유엔 감시하 한국 총선거 실시를 결의하고 한국에서 선거를 감시할 유엔한국임시위원단UN Temporary Commission on Korea(UNTCOK·이하 임시위원단)을 발족시켰다. 한국에서 활동하던 임시위원단은 1948년 2월 26일 선거 가능 지역만의 총선거 실시 결의안을 가결했다. 이 결의안에 따라 한국 역사상 첫 국회의원 선거가 1948년 5월 10일 실시됐다. 제헌국회는 이승만을 대통령으로 선출했으며 이 대통령은 1948년 8월 6일 한국 정부 수립을 국제연합조사위원단에 통고했고, 최종적으로 8월 15일 대한민국 정부 수립을 선포했다.[18]

대한민국 정부의 탄생과 함께 기존의 미군정은 종료됐으며 민간사무국Civil Affairs Sections으로 전환됐다. 종료 다음 날부터 대한민국 각 정부 부서와 미국 측 대표들은 정권이양과 관련된 협상을 시작했다.[19] 그런데 미국은 군정 종료와 미군 철수 후에도 한국에서 여전히 영향력을 행사하고자 했다. 한국은 극동 지역 대소 봉쇄를 위한 반공의 보루였기 때문이다.

미국은 국가안보회의National Security Council(NSC) 8 문서(이하 〈NSC 8〉)에서 미군 철수에 따른 악영향을 최소화하면서도 제한된 범위 내에서 모든 적절한 수단을 활용해 한국 정부를 지원한다는 두 번째 방안을 대한정책으로 채택했다.[20] 한국 정부가 추구해야 하는 안정화와 방공防共 정책은 곧 미국 대한정책의 목표 자체였다. 만약 미국은 한국 정부가 미국의 정책을 따르지 않는다면 비폭력적 혹은 정치적 전복 수단까지 동원하여 대한정책을 실현하겠다는 강력한 의지를 보였다.[21] 미국 정책을 잘 수행하는 한국 정부를 만들려는 미국의 의도는 〈NSC 8〉의 분석 항목에서 가장 먼저 제시된 대한정책의 전반적인 목표 세 가지에서도 확인된다. 세 가지 목표는 첫째 외국 통제에서 독립적·자립적·자주적 정부를 수립할 것과 둘째 자유 한국인의 의지를 대표하는 국민적 정부를 수립할 것, 셋째 건전한 경제와 교육체계 확립을 위해 한국을 도울 것이었다.[22]

미국은 수립될 한국 정부가 외국 통제에서 벗어난 독립국가이길 원했다. 그런데 독립적·자립적·자주적인 한국 정부 수립이라는 미국 대한정책의 첫째 목표는 모두 미국이 수립, 보장하며 돕는 것을 전제로 했다. 즉 독립적·자립적·자주적인 한국 정부 수립이라는 미국의 대한정책의 목표는 대한정책의 필요조건이었지 충분조건은 아니었다. 왜냐하면 미국이 한국 안정화와 반공 보루 구축을 위해 어떤 훌륭한 정책들을 만들더라도 한국 정부가 이 정책들을 따르지 않으면 무용지물이었기 때문이다. 따라서 미국은 추구하는 바가 일치할 때는 한국 정부를 지원했지만, 한국이 미국의 정책을 따르지 않을 때는 한국 정부에 강제적으로 개입하려 했다.

미국 대한정책의 목표는 주한미사절단의 목표이기도 했다. 주한미사절단은 한국 정부 안정화와 미국 이익 실현이라는 임무를 부여받았다. 여기서 미국 이익은 앞서 대한정책의 목표대로 한국에서 반공 보루의 구축이었다. 이에 따라 주한미사절단의 목표 실현은 한국 정부에 얼마나 영향력을 행사할 수 있느냐에 달려 있었다.

미국은 대한정책의 효과적인 실행을 위해 대규모 미국 외교사절단 U.S. diplomatic mission을 한국에 설치하기로 결정했다.[23] 워싱턴은 주한미사절단 설치 준비를 위해 예산국Bureau of the Budget과 국방부, ECA, 미공보원USIS, 국무부를 대표하는 전문가로 이뤄진 팀을 한국 현지에 보냈다. 국무부 소속의 글렌 울프Glenn Wolfe가 이 팀의 단장이자 주한미사절단 설치의 전체적인 책임을 맡았다. 울프는 1948년 9월부터 1948년 10월까지 한국 현지에서 활동하면서 육군부에서 국무부로 편의시설 이전 업무를 수행했다. 주한미군이 기존에 사용하던 미용실과 신발수선실 같은 모든 편의시설은 차츰 국무부로 이관됐다.[24]

주한미사절단은 미 국무부 극동국Bureau of Far Eastern Affairs 동북아시아실Office of Northeast Affairs의 하위 기구로 한국 현지에 설치됐다. 미 국무부 내 지휘계통은 1951년 1월 작성된 미 국무부 조직도에서 잘 드러난다(〈그림 1〉 참조). 미국 대통령의 명령은 국무장관Secretary과 극동국 차관보Assassistant secretary, 동북아시아실 담당자를 거쳐 미 대사관에 전달됐다. 그런데 실제로 미 대사관은 대부분 국무장관의 직접적인 지휘를 받았으며 미 대사관 또한 미 국무장관에게 직접 보고서를 제출했다.

일반적으로 한 국가는 다른 국가와 외교관계를 수립하기 위한 준비 단계로 먼저 대표부를 상대국에 설치한다. 미 대표부는 주한미사절단의 일원으로 서울 반도호텔에 설치됐다.[25] 미국은 한국에 파견할 주한미특별대표 무초를 특명전권대사Ambassador Extraordinary and Plenipotentiary급으로 임명했다. 특명전권대사는 외교관 서열상 최고였다. 보통 한 국가가 상대국을 얼마나 중요시 하느냐는 어떤 서열의 외교관을 파견하느냐에 따라 판명된다.[26] 따라서 당시 미국이 최고급 외교관을 파견했다는 사실에서 한국의 비중이 미국의 외교관계에서 상당히 컸음을 확인할 수 있다.

〈그림 1〉 미 국무부 조직도(1951년 1월)

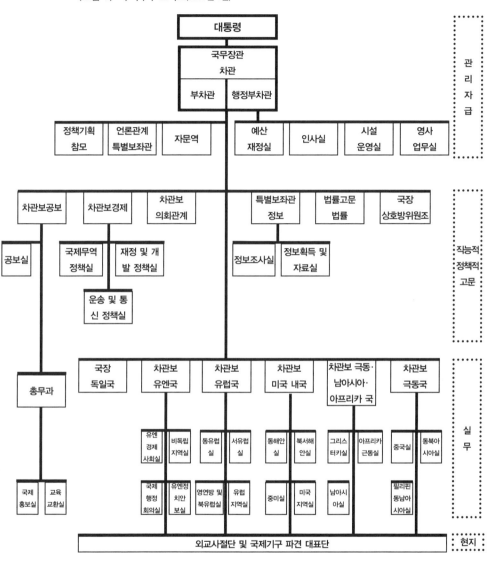

출처: 《미 국무부 인명록》, 599쪽.

미국 정부는 1949년 1월 1일 한국 정부를 법률상 승인de jure recognition 했다.[27] 1948년 12월 12일 유엔이 한국 정부 승인을 발표한 지 한 달이 채 지나지 않은 시점이었다. 미국 정부가 한국을 정식으로 승인했지만 외교 절차에 따라 외교관이 상대국 대통령에게 신임장을 제정한 후에야 비로소 미 대표부는 대사관으로 승격이 가능했다. 무초는 1949년 4월 20일 이승만 대통령에게 신임장을 제정했다. 이날 제정식과 동시에 미 대표부는 미 대사관으로 승격했고 주한미특별대표 무초 또한 대사로 자동 승진했다. 신임장을 건네받은 이 대통령은 무초에게 답례사를 하면서 눈물을 흘렸다.[28]

미 대사관의 인적 규모는 1950년 4월 기준으로 대사와 참사관 각 1명을 포함하여 3등 서기관급 이상이 13명이었고 그 이하 실무직원은 97명으로 총 110명이었다.[29] 미 대사관은 1948년 9월까지 3등 서기관급 이상에 해당하는 주요 실무자를[30] 거의 확보했다. 그런데 하급 실무직원의 대다수는 미국의 한국 정부 정식 승인이 발표된 1949년 1월 1일 이후 한국에 파견됐다. 1949년 1월 미 대사관에 부임한 하급 실무직원은 무려 54명이었다. 그렇다고 모든 직원이 새롭게 충원된 것은 아니었다. 1949년 1월 미 대사관에 새로 들어온 직원 중 1948년부터 군 관련 업무에 종사하던 직원들이 국무부 소속으로 바뀐 비율이 40퍼센트에 달했다.[31] 1949년 2월 이후 약 1년간 늘어난 미 대사관 직원 수는 30명 정도였다. 미 대사관 인적 규모는 1950년 2월 이후 한국전쟁 직전까지 거의 그대로 유지됐다.[32] 결국 미 대사관은 1948년 8월 15일 미 대표부가 설치된 지 약 반년 만에 비로소 본격적인 활동이 가능한 인적 기반을 확보했다.

대한민국 정부 수립 이후 한국에는 "세계에서 가장 큰 미 대사관"이 설치됐다.[33] 미 대사관 내 주요 직원들 대부분은 정치와 경제 관련 영역에서 활동했으며 특히 정무 활동 관련 직원이 가장 많았다. 나아가 미 대사관은 국무부 하위 기구였지만 그 인적 구성은 미군정 혹은 군부와 상당한 연속성을 보였다.

3. 안정화를 위해 민주주의를 희생하다

미 대사관 정무 활동의 일차적 목표는 한국 정부의 안정화였다.[34] 그런데 안정화된 한국 정부가 미국 이익과 상충하는 정책을 실시한다면 이 또한 문제일 수 있었다. 따라서 미국은 한국 정부의 안정화를 추구하면서도 동시에 한국 정부가 미국의 말을 잘 따르게 해야 했다. 미 대사관은 한국 정부의 안정화와 통제라는 두 가지 목표를 동시에 달성하기 위해 다방면의 정무 활동을 펼쳤다. 1949년까지 미 대사관 정무 활동은 대체로 한국 정부 안정화를 위해 다양한 지원을 제공하는 데 집중됐다. 미 대사관은 한국 정부 안정화를 해치는 위기의 발생지에 따라 크게 두 방향에서 한국 정부를 지원했다.

먼저 미 대사관은 한국 내부에서 발생하는 위기를 제거하려 했다. 미 대사관이 판단하기에 한국 내부의 위기는 행정적 비효율성에서 발생했다. 미 대사관은 한국 행정부가 문제투성이라고 생각했다. 미 대사관은 이승만 대통령과 고위 관료들의 '정실인사'에 비판적이었다. 이 대통령과 정부 각료들은 행정적 전문성보다 개인에 대한 충성심과 친분에 따라 인사를 했다. 게다가 이승만 대통령은 남조선 과도정부의 최고 각료들만 교체하고 그 이하 실무관리들은 기능과 자격 여하에 따라 인용한다는 인사 원칙을 지키지 않았다.[35] 미군정기 직원이 대다수 교체됐기 때문에 훈련된 행정관리들은 매우 부족했다. 심지어 미군정하의 직원과 신생 대한민국 직원 간의 마찰도 심각했다. 교체된 한국인 직원은 남아 있는 남조선과도정부 직원들을 냉소했으며 각 부서의 장관과 남조선과도정부의 국장들은 서로 의심하고 질시했다.[36] 미 대사관은 이승만 대통령과 국무총리의 정책 결정력과 추진력도 문제 삼았다. 미 대사관이 판단하기에 이 대통령과 국무총리의 업무 비효율성은 이전의 미군정기 군정장관과 달리 이들이 강력한 역할을 하지 못한 데서 발생했다.[37]

그런데 미 대사관의 정실인사와 업무 장악력 관련 비판은 모순적인 면이 있었다. 사실 대통령은 효율적인 행정 업무 처리와 정책 결정을 위해 자신의 의중을 잘 읽고 수행하는 참모가 필요하다. 즉, 대통령은 강력한 정책 결정력과 추진력을 위해서라도 더더욱 자신에게 충성하는 장관을 뽑아야 한다. 미 대사관조차 1949년 초 대통령에 충성하는 참모가 한국 정부 안정화에 매우 필요하다는 입장을 피력했다.[38] 그런데 1950년 1월 미 대사관의 대통령 비판은 완전히 달라졌다. 1년 만에 미 대사관은 이승만 대통령에게 탈중앙집권적 행정체계를 구축할 것을 권고했다.[39]

미 대사관은 1948~49년까지 한국 행정부의 실무능력 강화를 위해 첫째 기본적인 행정지원을 제공했다. 미 대사관은 한국 정부의 행정적 실무능력에 지속적인 관심과 지원을 기울였다. 왜냐하면 한국 정부의 행정력이 한국 안정화에 매우 중요한 부분이었기 때문이다. 미 대사관은 매달 국무부에 보내는 월간 《한국정세 요약보고서》에 한국 행정력에 대한 현황과 평가를 거의 빠짐없이 다루었다. 미 대사관은

1949년 1월 한국 행정부를 전반적으로 형편없으며 중앙 차원의 행정적 무능뿐 아니라 지방과 하부 차원은 더욱 열악하다고 평가했다.[40] 반년쯤 지난 1949년 중반에도 미 대사관은 여전히 한국 정부의 행정적 무능력을 비판했다.[41]

처음 국가를 운영하는 한국 정부도 안정화에 필요한 행정지원을 미 대사관에 적극적으로 요청했다. 한국 정부는 직원의 직무능력을 높이기 위한 일종의 행정학교를 1949년 9월 15일부터 3개월 과정으로 열었다. 그런데 행정학교 담당자는 학생들을 교육시킬, 경험 있는 인력이 매우 부족함을 토로하며 훈련에 필요한 제안과 자료를 미 대사관 직원에게 요청했다.[42] 또한 한국 정부는 경찰의 현대화를 위해 경찰의 미국 유학을 요청했고 이는 최종적으로 성사됐다.[43]

둘째, 미 대사관은 한국 행정부의 문제를 해결하기 위해 미국인 고문의 파견을 미 국무부에 요청했다. 무초 대사는 미 국무부에 정부 행정과 인사관리, 교육, 재정, 기타 부문에 고위급 미국 고문단을 파견할 것을 요청했다.[44] 이외에도 미 대사관의 1등 서기관이던 노블Harold Joyce Noble은 실제 이승만 대통령의 문서 작성 같은 행정 실무 영역에서 고문 역할을 담당하기도 했다.[45]

셋째, 미 대사관은 한국 내 청년단 지원에 힘썼다. 미 대사관은 청년들을 한국 정부의 근간으로서 중시했다. 이승만 대통령은 새로 조직된 대한청년단을 지원해줄 미국인 파견을 미 대사관에 요청했다. 대한청년단은 1948년 여순사건 이후 공산주의 공격에 대항하기 위해 이승만이 주도하여 만든 통합 우익 청년단이었다.[46] 미 대사관도 이승만의 지원 요청에 동의하며 미 국무부에 특별고문의 파견을 건의했다.[47]

미 국무부는 이승만과 미 대사관의 요청을 받아들여 청년운동 분야에서 뛰어난 경험을 가진 존 래셔John Lasher를 1949년 7월 26일 미 대사관 담당관attaché으로 파견했다.[48] 넉 달 간 활동한 래셔는 한국의 청년 상황을 이해하기 위해 고군분투했다. 그는 매일 대한청년단 지도자들과 모임을 가졌으며 매주 평균 한 번씩 이승만, 정부 각료들과 끊임없이 연락했을 뿐 아니라 많은 시민단체와 토론했다. 래셔는 1949년 7월부터 11월까지 활동한 결과를 〈중간보고서〉와 〈최종보고서〉로 남겼다.[49] 래셔는 자신의 활동이 여러 면에서 괄목할 만한 성과를 냈다고 평가했다. 대한청년단의 건설부가 완전히 재조직됐으며 교체된 기술 숙련자들은 만족스러운 수행 결과를 보였다. 청년실업자 훈련을 위해 개설한 라디오 강좌에 많은 청년들이 참여했다. 그는 ECA의 자금지원이 없어서 더 큰 성과를 내지 못한 것을 아쉬워했다.[50]

미 대사관의 한국 행정부 지원을 위한 정무 활동은 1948~49년 내내 행정부 강화 논리에 기반을 두고 있었다. 미 대사관의 '행정부 우선주의'는 행정 차원의 기술적·인적 지원을 넘어 한국 내 발생했던 국회와 행정부 간의 싸움에서도 잘 드러났다. 1948년 9월 국회에서 반민족행위처벌법(이하 반민법)이 통과되고 1949년부터 반민특위가 활동했다. 국회 반민특위는 미군정기에 처리되지 못한 탈식민 과제인 친일파 청산을 시도했다. 그런데 반민법에 해당하는 인사들 중 상당수가 이승만 행정부의 관료였다. 따라서 반민특위가 활동을 본격화할수록 행정부 관료들은 위축되거나 행정 공백이 발생했다. 미 대사관은 이 시기 한국 국회라는 입법부가 발휘하는 강력한 영향력이 한국 정부의 안정화를 해친다고 생각했다. 따라서 미 대사관은 한국 정부 안정화를 위해 행정부가 입법부의 요구를 거부하는 것이 바람직하다고 판단했다. 실제 이승만 대통령은 1949년 내내 반민특위의 무력화와 국회의원 체포를 통해 입법부의 영향력을 약화시켰다.

물론 미 대사관은 한국의 국회를 첫 민주적 기구이자 한국의 강고한 권위주의 구조에서 벗어나는 데 긍정적 역할을 수행한다고 인식했다. 즉, 행정부 권위에 대항하는 한국인과 국회의 태도는 민주주의의 중요한 토대라고 평가했다. 이처럼 미 대사관은 한국 국회를 긍정적으로 인식했음에도 1949년 내내 이승만 대통령의 입법부 무력화 시도에 적극 동조하며 행정부 우선주의 입장을 견지했다. 미 대사관은 이런 인식과 행동의 모순을 한국적 특수성이라는 논리로 합리화했다. 미 대사관이 판단하기에 강력한 국회는 행정부와 국회 간 불화를 발생시켰고 주요한 두 국가기구의 반목은 대한민국 안정화에 치명적일 수 있었다.[51] 나아가 국회의 저항적 태도는 한국적 특수성의 발로였지 미국의 민주주의와 전혀 다른 것일 뿐이었다.

미 대사관은 미국의 민주주의는 개인주의 같은 개인성 이론에 기반했으며 시민권 투쟁은 법적 근거에 따른 것인 반면 한국 민주주의는 미국 민주주의와 성격이 전혀 다르다고 평가절하 했다. 즉, 겉보기에 권위에 저항하는 한국 국회가 '극동far-east'에서 가장 강력한 민주적 기구인 것처럼 보이지만 실상 이 저항은 "민족적 분노national grudge"의 산물일 뿐이라고 폄하했다.[52] 따라서 미 대사관이 판단하기에 이승만 정권이 국회의 저항을 무력화시키는 정책은 별다른 문제가 없었다. 왜냐하면 한국 국회의 저항은 진정한 민주주의가 아닌 한국적 특수성의 산물에 불과했기 때문이다. 1949년까지 미 대사관은 갓 태어난 한국 행정부의 안정화와 한국의 특수한 역사적 경험을 제시하며 이승만 대통령의 국회 독립성 침해를 옹호할 뿐 그를 제어하기 위한 어떤 시도도 하지 않았다. 결국 반민특위 활동은 행정부의 비협조와 특별경찰 습격사건으로 무력화됐으며[53] 국회의 행정부 비판은 국회 프락치사건을 거치면서 거의 사라졌다.[54]

이승만 대통령은 국회를 무력화했을 뿐 아니라 1949년 내내 비민주적·반인권적 통치체제를 강화했다. 한국 정부는 1949년 6월부터 본격적으로 반민주적인 극우반공체제를 구축했다. 반민특위 해체와 국회 프락치사건, 김구 암살, 국민보도연맹 창설, 언론사 정·폐간, 신문기자 체포, 고희두와 장형두의 고문치사사건 등이 발생했다.[55] 1949년 내내 미국과 세계 여론은 한국 정부의 강압적 통치행위를 점점 더 강하게 비판했다.[56] 일련의 반민주주의적 통치에 대해 유럽과 미국 언론은 비판적 기사를 쏟아냈다. 한국 정부에 대한 비판 기사들은 미국의 《시카고 선타임즈Chicago Sun-Times》 5월 31일 자와 《타임 매거진 Time Magazine》 6월 20일 자, 《네이션The Nation》 8월 13일 자, 영국의 《이코노미스트Economist》 8월 27일 자에 실렸다. 이 신문들은 이승만 정권의 신문 정간을 통한 언론 통제, 반민특위 습격과 해체, 우익 청년단체들의 무자비한 폭력, 비밀경찰 문제 같은 반민주적 조치들을 비판했다. 심지어 한 언론은 한국은 이제 더 이상 민주주의 국가가 아니라 파시즘에 매우 가까운 '가장 우익적인 경찰국가a rightest police-state'라며 이승만 정권을 강력히 비판했다.[57]

미국에서 활동하던 이승만의 사설 고문Kitchen cabinet 올리버Robert T. Oliver도 미국 여론의 악화를 심각하게 생각했다. 올리버는 1949년 12월 26일 이승만에게 보낸 편지에서 한국에 우호적이던 사람들까지 한국 경찰의 행태를 비판하고 있음을 지적했다. 나아가 올리버는 시민권의 보호를 위해 이승만 대통령이 조치를 취할 것을 권고했다. 이전까지 올리버는 항상 이승만의 정책과 조치를 정당화하고 지지했었다. 그런 올리버조차 이승만에게 기존 정책을 바꿀 것을 제안했을 정도로 1949년 하반기 미국과 세계 여론은 한국 정부에 비판적이었다.[58]

유엔한국위원회도 한국 정부를 강력히 비판했다. 유엔한국위원회의 베르트하이머Egon R. Wertheimer 사무국장은 1949년 8월 초 미 국무부 극동정책자문위원회 위원장을 맡고 있는 필립 제섭Philip C. Jessup 무임소無任所 대사Ambassador at Large에게 편지를 보냈다.[59] 그는 편지에서 시민 자유를 없애며 전체주의적totalitarian 방향으로 나아가는 한국 정부를 비판했다. 사무국장은 반민주적인 상황이 지속된다면 한국의 생존은 정당화되기 어려우며 미국 또한 반공이라는 이유만으로 한국을 더 이상 도와서는 안 된다고 주장했다. 나아가 그는 미국 정부가 한국 정부에 적극 개입할 것을 주문했다.[60]

미 대사관은 한국 외부의 이런 비판에 적극적으로 반박했다. 미 대사관의 반박 논리는 1949년 9월 12일 미 국무부의 동북아국 담당자인 나일스 본드Niles Bond에게 제출한 무초의 답변서에 잘 드러난다. 무초는 한국 정부를 비판하는 사람들을 "꿈의 세계에 산다"며 그들의 비현실성을 단호하게 반박했다. 무초가 판단하기에 한국은 당시 매우 불안정한 안보 상황에 처해 있었다. 한국의 수도 서울은 적대적인 적군과 충돌하는 38선에서 30마일(약 48.2km) 정도밖에 떨어져 있지 않으며 공산주의 게릴라들의 공격과 약탈이 한국 전역에서 횡행했다. 나아가 1949년 중반 38선을 둘러싼 군사충돌은 자주 발생했다. 일촉즉발의 위기 상황은 대중의 두려움을 증폭시켰다. 한국 정부는 대중의 두려움을 해소하기 위해 불가피하게 비민주적·반인권적인 극단적 조치들을 수행했다. 즉, 안보 위기 상황에서는 이승만 정부의 안정과 효율성이 가장 중요했다. 따라서 미 대사관은 한국 정부의 비민주적

조치들의 불가피성을 내세우며 국내외 비판에 적극적으로 반박했다.[61]

미 대사관은 인적 차원의 행정지원을 넘어 1949년 내내 커져가는 미국과 세계 여론, 미 국무부의 비판에 대해 이승만 정부의 다양한 통치 행위와 정책 등을 적극적으로 변호하며 외부 비판을 막아내는 '방패' 역할을 수행했다. 1949년 내내 미 대사관은 잦은 38선 충돌과 계속되는 한국 내 공산주의세력의 체제 전복 활동, 8월 소련의 핵실험 성공, 10월 중국 공산화 등 국내외적 안보 불안을 내세우며 적극적으로 이승만 정부를 옹호했다.[62] 미국과 세계 여론은 미국 정부의 적극적인 개입을 요청했으나 미 대사관은 한국 정부 안정화를 위해 불개입을 주장했다. 결국 미 국무부는 한국 상황을 주시할 뿐 미 대사관에 어떤 실질적인 개입을 지시하거나 직접 개입을 시도하지 않았다.

4. 선거를 둘러싼 한국과 미국의 갈등

남한의 안보 위기는 1949년 여름 격화된 38선 군사충돌과 북한의 9월 공세를 지나 49년 말과 50년 초에 이르면서 진정됐다. 38선 군사 충돌이 거의 사라졌으며 한국군은 향상된 능력을 기반으로 대대적인 동계 토벌을 성공적으로 수행했다.[63] 특히 전라남도의 평화와 질서 수준은 여순사건 직후의 혼란스러움을 거의 극복했다. 1949년 9월 약 3,000명에 이르던 빨치산 세력은 이후 군경의 성공적인 토벌의 결과 1950년 3월 후반에 400명 내외로 줄어들었다.[64]

안보 상황이 1949년 하반기부터 지속적으로 향상되던 것과 달리,

한국 행정부의 무능과 비효율성은 그렇게 나아지지 않았다. 특히 미 대사관과 주한ECA는 증대하는 재정 적자에 따른 인플레이션 문제를 심각하게 인식했다. 더구나 미 대사관이 판단하기에 이승만 정권은 경제 문제 해결을 위한 적절한 조치를 취할 능력뿐 아니라 이를 해결할 의지조차 결여되어 있었다.[65] 정부 재정 적자의 대부분은 거대한 국방과 치안 관련 비용에서 발생했다. 1949년 말이 되면 한국 내 안보와 치안 문제는 상당 부분 해소됐다. 이제 한국의 현안은 경제 안정화였다. 그런데 정부기관 및 정부 부처는 주한ECA의 권고를 무시하고 재무부 장관 혹은 대통령의 승인하에 자주 은행 대출을 시행했다. 특히 주한ECA의 대출 검토 절차는 이 대통령의 직접 지시 때문에 수차례 무력화됐다.[66]

당시 ECA와 미 대사관은 한국의 심각한 경제위기가 행정부의 권력 남용에서 발생한다고 판단했다. 미 국무부의 제섭 대사가 한국의 인플레이션 문제에 우려를 표명하고 한국 정부의 적극적인 대응을 촉구하기 위해 1950년 1월 11일에서 14일까지 방한했다. 이승만 대통령은 방한한 제섭 대사의 경제 문제 비판을 외려 과장됐다고 반박했다. 나아가 이 대통령은 현 인플레이션 상황은 한국 정부의 통제하에 있다고 주장했다.[67] 이 같은 이승만의 판단에 대해 무초 대사는 그의 안일한 상황 인식이 바뀌어야 한다고 역설했다. 무초는 한국 정부가 적극적인 조치를 취하지 않는다면 중국 국민당 장제스 정부처럼 붕괴가 우려될 정도로 매우 심각한 위기 수준이라고 생각했다.[68]

미국이 판단하기에 한국에서 인플레이션에 따른 경제위기는 단지 경제적 요인 때문에 발생하는 것이 아니었다. 미국은 한국의 현 경제위기를 정치와 불가분의 관계로 인식했다. 한국의 경제위기는 행정부의 권력 남용이라는 정치적 문제 때문에 더욱 악화됐다. 경제 문제를 담당하는 주한ECA 측은 문제의 근원을 "정상적인 민주적 절차normal democratic processes"가 확립되지 않은 한국의 정치 현실에서 찾았다.

미 국무부는 한국에서 발생하는 문제가 모두 정치적 이유 때문이라는 주한ECA의 입장에 전적으로 동의하지는 않았다. 그렇지만 미 국무부도 한국에서 발생하는 경제 문제가 정치 문제와 불가분하다는 데 주한ECA와 인식을 같이했다. 이미 미 국무부는 1949년 가을부터 한국에서 발생하는 인플레이션의 심각성을 인식하고 있었다. 특히 인플레이션이라는 경제 문제는 한국의 정치적 문제 때문에 더욱 악화된다고 판단했다.[69] 따라서 미국은 한국의 경제 안정화를 위해 이승만 대통령을 견제할 필요가 있었다. 미국의 개입은 1950년 초 국회의원 선거 연기 문제와 공정선거 실현을 둘러싸고 펼쳐졌다.[70]

국회의원 임기 연장 논의는 한국 정치권에서 1949년 9월 처음 등장했다. 혼란스러운 국내 상황과 현역 국회의원들의 재선 실패에 대한 두려움 때문에 선거 연기 논의가 시작됐다. 언론은 선거 연기 논의에 비판적 논평과 논설들을 쏟아냈지만 이 시기 이승만 대통령은 선거 연기 문제를 국회의 업무라며 관망할 뿐이었다.[71] 미 대사관은 선거 연기와 관련한 상황 전개를 주시했다. 미 대사관 직원은 1949년 10월 선거 연기 소문과 관련하여 민주국민당(이하 민국당) 의원들과 대화를 나누기도 했다. 그런데 미 대사관은 이 시기까지는 이와 관련된 별다른 논평을 제시하지 않았다.[72]

1949년 12월 국회의원 임기 연장과 선거 연기가 정치권의 주요 문제로 대두됐다. 12월 6일 이범석 국무총리는 겨울이면 "폭도"들이 모두 섬멸될 것이라며 선거 연기 반대를 주장했다. 반면 이승만 대통령은

12월 9일 기자와의 문답에서 선거 연기 문제는 필요에 따라 결정하겠다며 명확한 입장 표명을 보류했다.[73] 1950년 1월 미 국무장관 애치슨Dean Acheson은 선거 연기와 관련한 한국 정세 평가를 미 대사관에 요청했다.[74] 미 대사관 내 서열 2위에 해당하던 참사관a counsellor 드럼라이트Everett Francis Drumright는 선거 연기가 현실화되기 어렵다는 보고서를 제출했다. 미 대사관은 선거 연기가 불가능한 근거로 첫째, 한국 대중들이 격렬히 반대하고 있으며, 둘째, 한국 내 게릴라가 거의 소멸되었기 때문에 안보 불안을 내세운 선거 연기 주장은 더 이상 근거가 부족하며, 셋째, 선거 연기가 야기할 부정적 세계 여론 등을 제시했다. 동시에 미 대사관은 외국 단체와 함께 한국의 국회의원과 정부 요인들을 물밑 접촉하여 예정된 선거의 실시를 압박했다.[75]

한국 정부는 1950년 2월 25일 예정대로 선거를 실시한다는 공식 발표를 했으며 이에 따라 각 정당의 선거대책위원회는 활동을 개시했다. 그런데 여러 신문들은 이승만 대통령의 숨은 의도가 존재할지 모른다며 이번 발표를 신뢰하지 않았다. 1950년 3월 13일 국회에 제출된 개헌안이 표결 방식을 놓고 표결이 무산됐으며 다음 날 14일에는 최종적으로 부결됐다. 개헌안은 내각책임제와 특별법원 설치, 선거 연기 등을 주요 내용으로 했다.[76] 이승만 대통령은 개헌안이 부결된 상황에서 국회 예산안의 충분한 심의 시간 확보라는 명분을 내세우며 6월 말로 선거 연기를 제안했다가 3월 17일 외신기자와의 문답에서 다시금 5월 30일 이내에 선거를 실시하겠다는 입장을 내비쳤다. 이승만 대통령은 1950년 3월 21일 선거를 예정대로 5월에 실시하겠다고 재차 발표했다.[77] 미 대사관은 이 대통령의 5월 선거 실시 발언이 있었기 때문에 이때 선거가 예정대로 진행되리라 확신했다.[78]

1950년 초 선거 실시에 관한 이승만 대통령의 말 바꾸기가 여러 차례 있은 후, 1950년 3월 31일 이 대통령은 예산안 통과의 충분한 시간 부족과 국회에서 헌법 개정을 통한 선거 연기가 불가능해진 상황을 근거로 제시하며, 선거를 1950년 11월로 연기할 것을 최종 발표했다.[79] 이승만 대통령은 표면적으로 국회의 예산안 심의 시간 부족 등을 내세웠지만 선거 연기의 전격적인 결정은 1949년 말과 1950년 초 한국 정치의 지형 변화와 맞물려 있었다. 1949년 12월 이승만은 자신을 중심으로 하는 대한국민당(이하 국민당)을 발족함으로써 국회 내 세력 개편을 시도했다. 이에 국회 내 최대 세력이던 민국당은 내각제 개헌안을 주장하며 이승만 대통령의 정계 개편에 저항했다. 1950년대 초 민국당을 중심으로 한 반이승만계와 국민당을 중심으로 한 친이승만계가 정치투쟁을 펼쳤다. 그런데 이승만은 민국당보다 강력한 자신의 정당을 확보하는 데 사실상 실패했고 이런 상황에서 곧바로 5월 선거를 실시하는 것은 매우 위험했다.[80] 왜냐하면 당시 대통령은 국회의원들이 뽑는 간선제였는데 이 대통령의 입장에서는 국회의원 선거 결과에서 자신의 우세를 확신할 수 없었기 때문이었다. 따라서 이 대통령은 여러 차례 말 바꾸기 끝에 결국 선거 연기를 전격 발표했을 가능성이 크다.

갑작스럽게 선거 연기가 확정됐지만 미 대사관은 기민하게 대응했다. 선거 연기 발표 다음날인 4월 1일 미 대사관은 한국의 경제 문제와 관련하여 미리 작성해둔 외교각서Aide-Memoire에 선거 연기라는 정치 문제를 경제 문제와 동등하게 취급한다는 내용을 추가하도록 미 국무부에 건의했다.[81] 미 대사관의 건의가 반영된 새로운 외교각서가 4월 3일 주미한국대사 장면에게 수교手交됐다. 이 자리에서 미 국무부 관리는 헌법과 법에 따른 자유롭고 대중적인 선거는 "민주주의 제도의 토대"이기 때문에 이승만 대통령이 대한민국공화국의 법 규정대로 선거를 실시할 것을 강력히 촉구했다.[82]

무초 대사는 미 국무부 관리와 장면 대사의 회담 다음 날 전달 받은 각서를 이승만에게 전달했다. 불과 몇 달 전까지 이승만의 강압적 통치 행위를 옹호하던 무초는 동일한 조치들을 비판하기 시작했다. 먼저 무초는 경찰의 부당한 체포와 국회의원들이 당하는 고문 위협 등을 거론했다. 그는 한국 정부가 여론이 좋지 않은 상황에서 선거까지 연기한다면 문제는 매우 심각해질 것이라고 경고했다. 특히 미 국무장관과 예산국장 호프만을 만족시킬 방법은 국회 계류 중인 법을 통과시키고 5월까지 선거를 실시하는 것뿐이라는 견해를 이승만에게 전달했다.[83]

이승만은 미 본국과 무초 대사의 강력한 경고에 굴복하여 4월 7일 국회에 출석한 자리에서 5월 총선거 실시를 최종 발표했다. 이승만 대통령은 선거 연기 철회의 근거로 공산주의 위협을 들었다. 이승만이 판단하기에 현재 한국 내 공산주의 세력은 여전히 체제 전복을 시도하고 있으며 이런 안보 위기 상황에서 미국의 대한원조 관련 예산은 반공을 위해 매우 중요했다.[84] 결국 이 대통령은 반공과 대한민국 생존에 가장 중요한 미국 원조를 확보하기 위해 선거 연기를 철회했다.

선거 연기를 철회시킨 일련의 과정은 미 국무부의 전략이었으나 그 구체적인 전술은 미 대사관이 입안, 실행했다. 3월 15일 회의에서 미 국무부는 이승만을 견제하기 위해 무초 대사를 소환하고 외교각서를 전달하는 전략을 주장했다. 그런데 이 자리에서 미 국무부 직원은 전략의 최종적인 전술은 주한미사절단에 맡겼다.[85] 실제 미 국무부는 무초 대사의 본국 소환 시점과 이 대통령에게 전달할 외교각서 내용의 언론 공개 여부 등과 관련한 사항을 전적으로 미 대사관의 결정에 따랐다. 예를 들어 미 국무부는 '한미 간의 협력 결여'라는 강력한 문구의 삽입을 바람직하다고 판단했음에도, 한미경제안정위원회의 조치들의 진행 과정을 지켜본 후 결정하자는 무초의 제안을 그대로 수용했다.

가까스로 국회의원 선거가 1950년 5월 30일로 확정되었으나 미국은 한국에서 선거가 민주적으로 시행될 것인지 확신하기 힘들었다. 따라서 미 국무부는 철저한 선거 관련 보고를 미 대사관에 지시했다. 나아가 미 국무부는 좀 더 완벽한 보고와 분석을 위해 주한미군정과 한국 정치국POLIT Section 등에서 다년간 근무한 크리스토퍼 노레드 Christopher Norred를 파견했다.[86] 미국은 선거 진행 상황을 지속적으로 감시했으며 공정선거 실현을 위해 한국 내정에 적극적으로 개입했다.

선거가 다가올수록 이승만은 선거에 개입하려 했고, 미 대사관은 이를 저지하고자 했다. 이승만은 선거의 공정성 증대라는 명분하에 김효석金孝錫 내무장관을 사임시키고 후임으로 백성욱白性郁을 임명했다. 새로 취임한 백 장관은 경찰 간부 등을 전면 개편해 자유선거가 가능토록 하라는 이승만의 지시를 수행했다. 미 대사관 1등 서기관 노블은 이 대통령에게 현재 경찰서장 이동은 경찰의 사기에 나쁜 영향을 미칠 뿐 아니라 해외언론에 악영향을 주기 때문에 예정된 인사이동을 선거 뒤로 미룰 것을 권고했다. 외려 이승만 대통령은 자유로운 선거를 위해 경찰서장 해임을 예정대로 진행하겠다고 답변했다.

당시 대사가 자리를 비운 미 대사관 내 최고 책임자이던 드럼라이트는 노블의 비판에 별다른 반응을 보이지 않는 이 대통령에게 원조와 관련한 강력한 경고 메시지를 노블 편으로 전달했다. 드럼라이트는 공정선거를 해치는 경찰 인사이동은 미 상원에서 진행되는 ECA지출법안 투표를 포함한 미국의 대한정책에 상당한 영향을 미칠 것임을 통고했다.[87] 미 대사관은 선거 연기 철회를 이끌어내던 전술처럼 대한 원조와 연계한 강력한 경고를 이승만 대통령에게 전달했다. 결국 이 대통령은 앞으로는 경찰 간부를 해고하거나 정치 활동의 증거가 없는 경찰 간부의 인사이동도 없을 것임을 노블에게 확언했다. 특히 선거 기간 동안 모든 경찰은 어떤 정치 활동에도 개입하지 않게 만들겠다고 약속했다. 이승만 대통령은 노블의 면전에서 경찰의 선거 불개입 명령을 어기는 자를 형사범으로 처벌하라는 지시를 내무장관에게 전달했다. 나아가 이 대통령은 경찰 인사에 앞서 노블에게 먼저 그 명단을 제출한 후 의논할 것을 약속했다.[88] 그럼에도 미 대사관은 이미 시행된 경찰서장의 인사에는 어떤 수정이나 변경을 이끌어내지 못했다.[89]

선거 개입의 과정에서 드러나듯이 미 국무부와 미 대사관은 한국의 민주주의 수호와 이승만 정부의 전체주의 국가화 방지를 표방하며 한국 내정에 개입했다. 그런데 민주주의를 위해서라는 미국의 정책적 수사 이면에는, 1949년 후반부터 미국의 경제정책을 잘 따르지 않는 이승만 대통령을 견제하려는 의도가 있었다. 즉, 미 대사관의 입장이 1949년 불개입에서 1950년 개입으로 바뀐 실제 이유는 미국 정책을 따르지 않는 한국 정부를 통제하기 위해서였다.[90] 결국 미국은 이승만 대통령 견제를 통해 한국의 안정화를 달성하여 궁극적으로 한국에서 튼튼한 반공 보루를 구축하려 했다.[91]

미국이 '민주주의'를 활용해 한국에서 미국의 영향력을 높이려는 전술은 미군정기 말에 이미 시도된 바 있었다. 미 국무부는 1947년 유엔 감시하에 한국에서 시행될 선거계획안을 마련했다. 이때 미 국무부는 결선투표를 제안했는데 이는 우익의 분화 때문에 좌익 소수파가 당선될 가능성을 '대의민주주의적 절차'를 활용해 미리 차단하려는 의도에서였다.[92] 미국은 1947년에 이어 1950년에도 선거라는 민주주의를 활용해 한국을 통제하고자 했다.

결과적으로 미국은 한국에서 민주주의를 보존하기 위해 선거에 개입했으며 이승만은 반공국가 실현에 가장 필요한 원조를 받아내기 위해 미국에 굴복했다. 미국과 이승만은 한국의 반공 보루 구축이라는 목표에서는 서로 일치했다. 다만 이들은 반공의 구체적 실현 방법론에서 차이를 보였고, 결국 1948~49년과 달리 1950년 초 미국과 이승만은 서로 '충돌'했다.

5. 정부 수립 이후에도 여전했던 미국의 '개입'

1948년 8월 한국과 미국은 미군정 종료와 대한민국 정부 수립으로 외교관계를 새롭게 맺었다. 미국은 1882년 조미수호통상조약을 체결하고 1883년 미국 초대공사 푸트Locius Foote를 첫 외교대표로 조선에 파견했으나, 1905년 특명사절이자 전권공사인 모건Edwin V. Morgan을 끝으로 1948년까지 어떤 미국 외교대표도 한국에 상주하지 않았다.[93] 한국과 미국 간 외교관계는 거의 반세기가 지난 1948년 8월에야 회복됐다.

미국은 미군정이 종료하고 주한미군 철수를 확정했음에도 한국을 포기한 것은 아니었다. 1948년 8월 미국은 미 대사관이 총괄하는 주한미사절단을 한국에 외교기구로 파견했다. 미국은 대규모 주한미사절단을 파견하여 신생 대한민국의 안정화와 반공 보루 구축이라는 목표를 실현하기 위해 노력했다. 주한미사절단의 일부인 미 대표부는 1949년 1월 1일 한국 정부에 대한 미국 정부의 정식 승인이 발표된 이후 본격적인 인적 구성을 갖추었으며 1949년 4월 미 대사관으로 승격했다.

대한민국 정부 수립 이후부터 한국전쟁 이전까지 2년여 기간은 해방 이후 주한미군의 영향력이 가장 낮은 시기였다. 왜냐하면 1949년 6월 주한미군이 완전 철수했고 그 이전부터 이미 상당수 미군이 철수했거나 철수 준비 상태였기 때문이다. 따라서 이 시기에 한미관계에서 외교관계가 가장 중요했으며 한미 간의 가장 중요한 외교 통로는 미 대사관이었다.

1948~49년 미 대사관은 신생 대한민국 안정화에 집중했다. 미군정기 해결되지 못한 친일 청산이라는 탈식민 과제와 행정부 비판이라는 국회의 민주주의 실현 노력은 행정부 안정화보다 중요치 않았을 뿐 아니라 미국의 민주주의와 다른 한국 민족주의의 분노에 불과했다. 따라서 미 대사관은 1949년까지 이승만 정부의 반민주적 조치들을 묵인, 변호했으며 나아가 외부 개입을 적극적으로 차단했다.

불개입이라는 미국의 태도는 1949년 말 급변했다. 불과 몇 달 전까지 식민잔재 청산과 국회 독립성 훼손이 문제시될 때 이승만 정권의 조치들을 방관 혹은 옹호하던 입장을 철회하고 1950년 적극적으로 한국 정치에 개입했다. 미국은 1950년 한국의 선거 문제에 개입하면서 민주주의 수호를 통한 한국 정부의 전체주의 국가화 방지를 표방했다. 그런데 권위주의 정부와 전체주의 국가를 판별하는 미국의 기준점은, 상대국의 지도자가 미국의 통제에 잘 따르는 정권이냐 아니냐에 달려 있었다. 앞서 살펴본 대로 1950년 미국이 적극적으로 한국 선거에 개입한 것은, 주한미사절단의 통제에 따르지 않는 이승만을 견제하기 위한 일련의 과정 중 하나였다. 따라서 이 시기 미국 대한정책의 성격은 민주주의 제도의 수호라기보다 통제 불능의 이승만을 견제하여 한국 안정화를 실현하고 이를 통해 동북아시아에서 소련에 대항하는 냉전적 반공의 보루를 구축하려는 것이었다.

1948년 8월 15일 이후 한미관계는 미군정이 종료하고 대한민국 정부가 수립함으로써 이제 형식적으로는 점령이라는 지배와 복종의 수직적 관계를 탈피하고 국가 간 동등한 외교관계를 새롭게 수립했다. 그러나 실질적으로 초기 한미관계는 수평적 관계이기보다 이승만 정부의 내정에 언제든지 개입할 수 있었고 실제 개입했던 수직적 관계였다. 조선해방 직후 시작된 미국의 '점령의 시간'은 대한민국 정부 수립 이후에도 계속되고 있었다. •김도민

3장

정부 수립 이후 미국의 한국 경제 구조 조정:

-1950년 한미경제안정위원회의 설립과 안정화 정책의 성격

1. 미국이 한국판 마셜 플랜을 실시한 이유

1948년 8월 대한민국 정부 수립은 미·소 협조하에 점령을 종식하고 한반도 임시정부를 수립하기로 한 모스크바 3상회의 결정안의 틀이 파기되고, 미국이 단독으로 유엔에 한국문제를 이관한 결과였다.

일방적으로 점령을 종식하고 남한 단독정부를 수립하기로 한 미국이 가장 우려한 것은 새로 수립된 정부가 필연적으로 겪게 될 정치적·경제적 불안정이었다. 미국은 이승만 정권이 출발부터 정치적으로 고립되어 극히 취약한 기반을 가질 것이고 경제적으로는 미군 철수 후 "2개월 이내에 '우마차 경제'로 돌아가고 900만의 인구가 기아상태에 직면할 것"이라고 우려했다. 이러한 상황에서 정권 붕괴를 막기 위한 예방 수단으로 한국에 대한 군사·경제원조가 결정되었다.[1] 특히 1948년 12월 한미경제원조협정 체결을 통해 미 경제협조처

Economic Cooperation Administration(이하 ECA) 원조가 도입되면서 대한 경제원조가 본격화되었다.

ECA는 원래 유럽에서 마셜 플랜을 책임지기 위해 창설된 대통령 직속 기관이었다.[2] 제2차 세계대전이 끝난 후에도 유럽은 전쟁 직후의 파괴와 참상에서 크게 벗어나지 못했으며 동유럽과 더불어 서유럽에서도 공산주의의 영향력이 확산되었다. 미 국무장관 마셜George C. Marshall은 1947년 6월 하버드대학 졸업식 축하연설에서 유럽 부흥계획, 일명 마셜 플랜의 시작을 알리며 냉전의 포문을 열었다.[3] 유럽을 분할하는 경제적 장벽을 구축한 마셜 플랜 원조는 중국의 국공내전에서 공산군이 우세해지자 중국으로 확대되었고, 한반도에서 분단정부가 수립된 이후에는 막 수립된 신생 대한민국 정부에게 공여되었다. 동아시아에서 한국은 명백히 '반공의 보루'가 된 것이었다.

유럽에서 마셜 플랜이 그러했듯이 한국에서 ECA원조는 자본재·설비 중심으로 전쟁 피해 구호가 아닌 부흥에 더 중점을 두었다. 따라서 그 목표는 장기적으로 한국을 미국의 지원 없이도 생존할 수 있는 '자립경제'로 만드는 것이었다.[4] 미 국무부 점령 지역 담당차관보 슐츠만 Charles E. Saltzman은 1948년 9월 한국의 석탄, 비료, 전력, 어업 생산을 재건하여 생활수준을 일정하게 향상시킴으로써 매년 한국의 무역적자를 줄여나가는 내용의 3개년 원조계획을 입안했다.[5] 따라서 ECA원조는 3년 간 비료, 무연탄, 석유, 고무처럼 한국에서 수입량이 많은 품목의 수입을 최소한으로 줄이고 미곡, 수산물, 광물처럼 수출 잠재력이 있는 상품의 수출을 최대한 늘리는 방향으로 계획되었다.[6]

ECA는 원조를 통해 한국에서 공산주의가 확산되고 정권이 붕괴하여 냉전에서 패배하는 상황을 방지하려고 했다. 그러나 원조가 냉전적 목적만으로 운영된 것은 아니었다. 미국 납세자의 부담을 덜기 위해 원조는 보다 효율적으로 운영될 필요가 있었고 식민지기와 미군정기에 형성된 한국의 경제구조도 원조 운영에 맞게 조정되어야 했다. ECA원조 도입은 그 자체로 이승만 정권 초기 경제구조의 변화에 영향을 미친 '외부 규정력'이었다.

한미경제안정위원회Korean-American Economic Stabilization Committee는 1950년 1월 ECA원조의 현지 운영기관인 주한ECA와 한국 정부가 공동으로 설립한 기구로 바로 그러한 '외부 규정력'이 관철되는 장이었다. 위원회는 산하에 13개 분과를 두어 한국 정부의 경제정책 전반을 검토했으며 각각의 분과위원회가 작성한 권고안을 한국 정부의 경제정책으로 실행하도록 했다.

한미경제안정위원회는 이승만 정권 초기 경제사에서 차지하는 위상으로 인해 한국 정부의 경제정책이나 미국의 ECA원조 정책을 다룬 기존 연구에서 적지 않게 언급되었다.[7] 기존 연구들은 위원회가 1949년 말 발생한 인플레이션에 대응하기 위해 설립되었고 활동 결과 단기적으로 물가상승이 완화되었다는 기초적인 역사상을 제공해주었다. 그렇기 때문에 이들은 위원회가 인플레이션을 단기적으로 극복하기 위한 임시 비상기구였으며 위원회의 안정화 정책이 통화 조절을 통한 '화폐적 안정책'이었다고 평가했다. 그러나 위원회 산하의 분과 편제와 위원회가 입안한 안정화 정책을 구체적으로 살펴보면 그것이 통화 조절을 위한 임시기구 이상의 역할을 했음을 짐작할 수 있다. 식량 배급과 미곡 수출, 원조물자의 가격 책정과 배급, 기부금 제거, 귀속재산 처리 등과 같은 분과 목록은 위원회가 임시대책보다는 한국 경제구조 및 경제정책 전반에 걸친 문제를 다루고자 했음을 보여준다. 그렇다면 주한ECA는 왜 원조 도입 이후 1년이나 지난 시점에서 한국 정부와 공동위원회 형태로 별도 기구를 만든 것일까? 위원회의 안정화 정책이 진짜로 목표한 바는 무엇이며 그것이 한국 경제사에서 갖는 의미는 무엇인가? 위원회의 안정화 정책은 성공했는가, 실패했는가?

이 글은 이상과 같은 질문을 통해 주한ECA가 자신의 영향력을 관철하기 위한 매개체로 한미경제안정위원회를 설립했고, 위원회가 입안한 안정화 정책이 한국 경제의 전반적인 구조 조정을 목표로 했다는 점을 밝히고자 한다. 이를 통해 원조기구와 한국 정부가 어떤 경제 상황에 근거하여 각자의 거시경제 정책을 형성했는지 살펴보고, 이승만 정권 초기 원조기구가 원조액수 이상의 '외부 규제력'으로 작용했음을 보여주고자 한다. 마지막으로 ECA의 구조 조정 시도는 ECA원조의 성격 자체로 인해 실패할 수밖에 없었다는 점을 역설하고자 한다.

2. 삐걱거리는 원조정책과 경제위기 격화

1949년 1월 1일부터 본격적으로 시작된 ECA원조는 처음 반년간 상당히 순탄하게 굴러갔다. 그러나 1949년 하반기가 되면서 여러 가지 문제가 나타나기 시작했다. 1949년 말의 인플레이션 위기는 그것이 가장 극적으로 나타난 결과였다. 〈그림 1〉은 1947년 3월부터 1950년 6월까지 월평균 서울 도매물가지수와 월말 통화발행고를 표시한 것이다. 해방 이후 남한은 지속적인 인플레이션을 겪었지만 1949년 6월부터 그 추세가 격화되었다. 물가상승은 통화발행고가 증가했기 때문이었다. 그림에서 확인할 수 있듯이 통화발행고는 1947~1948년간 일정한 계절적 증감을 보이며 완만히 증가했지만 1949년부터 급격하게 팽창했다. ECA는 이런 추세가 조금만 더 지속되면 초인플레이션을 촉발할 수 있고 ECA원조 계획 자체를 위태롭게 할 것이라고 우려했다.[8]

해방 이래 남한의 인플레이션은 보통 화폐를 찍어내어 재정 적자를 충당함으로써 발생했다.[9] 이는 만성적 문제였지만 정부 수립 이후 재정 지출이 증대됨으로써 1949년 말이 되면 위기 수준에 도달한다. 재정 적자의 근본 원인은 무엇이었을까? 그것은 군과 경찰을 유지, 확충하기 위한 국방 및 치안비였다. 경찰력과 조선경비대라는 국가 물리력은 점령 종식을 준비하면서부터 대대적으로 확충되었다.[10] 정부 수립 이후에도 제주4·3항쟁과 여순사건 진압 등으로 국방 및 치

〈그림 1〉 1947년 3월~1950년 6월 월말 통화발행고 및 월평균 서울 도매물가지수

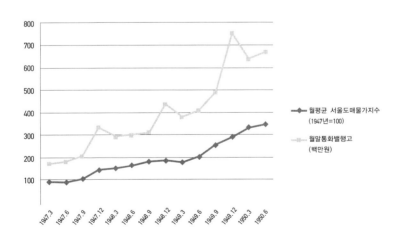

출처: 재무부,《재정금융의 회고: 건국십주년업적》, 1958, 199~201쪽에서 정리.

안비는 증가일로를 걸었다. 실제로 1949회계연도(1949. 4. 1~1950. 3. 31, 이하 '1949년도')의 경우 국방 및 치안비가 일반회계 세출의 47퍼센트에 달했다.[11] 그럼에도 불구하고 ECA는 국방 및 치안비보다는 한국 정부의 재정 관행과 경제정책을 더 크게 비판했다. 귀속기업과 석탄·전력·철도와 같은 관업의 적자를 메우기 위해 제공되는 정부보조금이나 정부보증 대출, 비효율적인 세금 징수, 거대한 관료조직과 다양한 정부 후원 활동을 유지하는 비용, 정부 부처의 무절제한 지출 등이 그 주된 비판 대상이었다.[12]

ECA가 이런 입장을 견지한 첫 번째 이유는 충분한 국방 및 치안력 유지가 민주주의에 필수불가결한 요건이라고 판단했기 때문이었다.[13] 정부 수립 이후에도 불안정 상태가 지속되던 대한민국을 굳건한 '반공의 보루'로 만들기 위해서는 국가 물리력을 유지하는 것이 중요했다. 따라서 4·3항쟁, 여순사건, 빨치산 활동의 진압 등을 위한 국방 및 치안비는 직접적 비판 대상에서 벗어났다. 두 번째 이유는 ECA가 장기적으로 자유시장경제를 지향했고, 경제 운영 주체인 한국 정부를

〈그림 2〉 원조물자 운영 과정

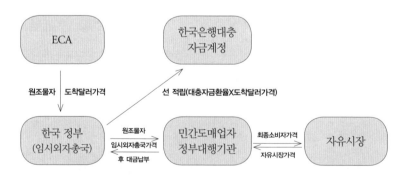

신뢰하지 않았기 때문이었다. 뒤에 이야기할 한국 정부의 재정 관행과 '은폐 보조금'에 대한 ECA의 비판에서 단적으로 드러나듯이, ECA 관료들은 한국 정부가 재정 관리능력이 없으며 경제를 불투명하게 운영한다고 생각했다.

1949년은 주한ECA가 원조운영과 한국 정부의 재정구조 전반에 대한 입장을 정립하는 기간이었다. ECA는 한국의 경제 안정과 원조계획의 효율적 실행이란 목표를 저해하는 여러 가지 문제에 부딪쳤고 그것이 1949년 말 인플레이션 위기를 낳았다고 판단했다.

이제 ECA가 파악한 인플레이션의 원인을 조금 더 구체적으로 살펴보자. 인플레는 우선 원조물자 운용 과정에서 나타났다. ECA 원조물자는 국내에 들어온 이후 배급대행기관을 통해 유통되며 임시외자총국이 배급대행기관을 포함한 수배자受配者에게 원조물자의 판매대금을 징수하는 방식으로 운영되었다.[14] 이때 원조물자의 도착달러가격을 공지받은 한국 정부는 대충자금 환율로 계산한 원화를 대충자금계정에 먼저 적립한다.[15] 이후 임시외자총국은 한국 정부가 정한 국내 판매가격으로 한국의 민간 도매업자나 정부대행기관에게 원조물자를 판매하고[16] 추후에 이들에게서 판매대금을 징수한다. 다소 복잡하지만, 〈그림 2〉에서 볼 수 있듯이 이 과정에서 세 종류의 가격이 형성된다. 도착달러가격을 대충자금 환율로 환산한 대충자금적립액(도착가격), 임시외자총국이 민간 도매업자나 정부대행기관에게 배급하는 원조물자의 국내 판매가격(임시외자총국가격), 그리고 민간 도매업자나 정부대행기관(배급대행기관)이 최종 소비자와 관계하는 자유시장 도매가격이나 최종 소비자가격이 바로 그것이다. 당시 한국은 자유시장경제가 아니었기 때문에 이렇듯 여러 종류의 가격이 형성되었던 것이다. 한국 정부와 ECA는 이 세 가지 가격에 대해 서로 다른 입장을 가졌다.

최초의 문제는 1949년 초 대충자금 환율이 450대 1로 채택되면서 나타났다. 원조물자 중 일부 물자의 도착가격이 미군정기에 비해 상대적으로 고가로 변했기 때문이었다.[17] 미군정기 수입품에 적용되는 환율은 보통 450대 1보다 훨씬 낮았다.[18] 한편으로 저물가 정책을 취했던 이승만 정부는 특정 물자에 대해 원조물자의 도착달러가격보다 낮게 임시외자총국가격을 책정했고, 그 차액은 고스란히 재정 적자가 되었다. 즉 원조물자의 전반적 가격이 상승하는 한편, 가격을 억누른 특정 물자는 재정 적자를 누적시켰던 것이다.

예를 들어 비료의 경우, 농민들에게 지급되는 양곡매입 보상물자였기 때문에 정부는 보상용 비료가를 낮게 책정했고 그에 맞춰 일반용 비료가격 역시 낮은 수준으로 책정되었다.[20] 초안硝安의 경우 수입가는 2,402원이었지만 정부가 결정한 양곡매입 보상가격은 1포대에 1,200원이었고 일반용은 1,500원이었다.[21] 이는 정부가 적립해야 하는 대충자금 금액에 비해 정부가 비료 판매로 받을 수 있는 금액이 적으며 그 차액이 재정 적자가 된다는 것을 의미했다.

한국 정부에게 이것은 일종의 딜레마였다. 수립 초기 조봉암, 강진국 등의 인사가 농림부에 포진되었던 이승만 정부는 양곡 자유시장을 인정하지 않는 양곡의 국가 관리정책을 구상했다. 따라서 정부는 1949년도에 비농가 전체를 대상으로 하는 배급제를 실시하려고 했다.[22] 원활한 양곡 매입을 위해서는 보상용 비료가가 낮아야만 했다. 그러나 낮은 가격을 유지하려면 정부보조금을 제공해야 했고 이는 재정 적자를 늘렸다. 하지만 한편으로 비료가격 인상은 농민층의 희생을 낳을 수 있었고 언론에서도 비료를 위시한 수입품의 가격인상이

물가를 상승시킨다는 비판을 쏟아냈다.[23]

이런 문제가 원조물자의 도착가격과 임시외자총국가격 간의 차이에 의해 발생했다면 1949년 하반기부터는 임시외자총국가격과 자유시장 도매가격의 차이에 의해 문제가 발생했다. 하반기 들어 물가가급격히 상승하면서 임시외자총국가격과 자유시장가격 사이의 괴리가커졌기 때문이다. 한국 정부가 임시외자총국가격을 도착가격이나 자유시장가격보다 낮게 유지하려고 한 반면 ECA는 이를 강하게 비판했다. 월별로 급격히 변하는 자유시장 도매가격에 비해 한 번 결정한 임시외자총국가격은 고정되었기 때문에 두 가격 간의 격차는 점점 더벌어졌다. 이를 잘 보여주는 사례가 〈그림 3〉의 원면 가격 변화이다.

〈그림 3〉 1949년 6~12월 원면의 임시외자총국가격과 자유시장 도매가격

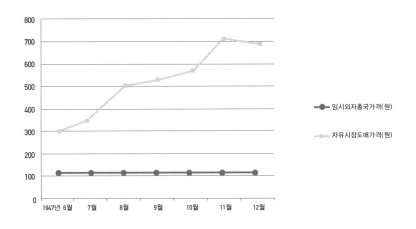

자료: RG469, Entry 80, Box 31, Department of State, Division of Research for Far East, *The counterpart fund exchange rate in Korea* 1950. 3.14.

〈그림 3〉에서 나타나는 것처럼 원면의 도매가격은 1949년 하반기 동안 두 배 이상으로 상승했다. 반면 임시외자총국가격은 6개월 동안 고정되어 있었다. 그에 따라 1949년 11월엔 원면의 도매가격이 임시외자총국의 6배 가까이 치솟았다.

ECA는 가격 차이가 원조물자에 대한 투기와 모리행위를 일으킬 뿐만 아니라 전체 한국 경제에 인플레 압력을 일으켜[24] 국가 경제의 희생 아래 도매업자들이 막대한 이익을 취한다고 파악했다.[25] 도매업자들이 배급받는 가격과 자유시장 판매가격 사이의 차이를 '은폐 보조금'이라고 보았기 때문이다.[26] 실제로 이런 판단은 어느 정도 타당했다. 정부가 저물가 정책을 위해 원조물자의 임시외자총국가격을 낮게 책정한다고 해도 최종 소비자가격은 여전히 높았다. 예를 들어 생고무의 경우 1949년 11월경 톤당 도착가격은 16만 원, 임시외자총국가격은 30만 원, 자유시장 도매가격은 100만 원이었다. 임시외자총국은 생고무의 경우 도착가격에 비해 상대적으로 고가로 판매했다. 그럼에도 이를 배급받은 고무공장이 제조한 고무신은 자유시장가격으로 구입한 생고무의 고무신과 동일한 가격으로 팔렸다.[27] 원조물자가격은 정부 의도와는 다르게 형성되었으며 정부의 저물가 정책을 위한 낮은 가격 사정은 효과를 거둘 수 없었다.[28]

임시외자총국과 최종 소비자 사이에 개재하여 '은폐 보조금'을 받는 도매업자는 누구였을까. 현재로서는 도매업자의 전모를 파악하긴 어렵지만 미군정기부터 활동했던 각종 배급대행기관이라고 생각된다. 배급대행기관은 원조물자의 유통을 맡은 단체들로 이들이 낳은 여러 가지 문제도 원조물자의 효율적 운용을 어렵게 했다.

〈표 1〉은 ECA 원조물자의 주요 배급대행기관을 종류별로 정리한

것이다. 배급대행기관은 세 종류로 구분되어 있지만 크게는 준정부기관적 성격을 지닌 기관과 민간자본으로서의 성격을 지닌 기관으로 나눌 수 있다. 동업자협회와 민간기업은 민간자본적 성격을 지녔다. 동업자협회는 같은 업종의 업자들이 원료나 자금을 획득하거나 새로운 기업의 진출을 견제하기 위해 결성한 단체였다.[29] 배급대행기관은 원조물자뿐만 아니라 국내 통제물자의 유통까지 담당했고 중간수수료를 받았다. 이들에게 물자의 배급권은 큰 이득이었기 때문에 미군정기부터 배급권을 둘러싼 분규가 자주 일어났다.[30] 게다가 이들은 난립과 부패, 모리행위로 많은 비판을 받았다.[31]

민간자본적 성격을 지닌 배급대행기관은 상술한 '은폐 보조금'의 주된 수혜 대상이었다. ECA가 동업자협회의 하나인 대한고무공업연합회에 대해 내린 평가는 민간자본적 배급대행기관의 문제를 단적으로 보여준다. ECA는 대한고무공업연합회가 원조물자 유통에서 효율적 기능을 하지 못하고, 과도한 수수료로 가격을 올리며, 원료를 독점함으로써 비회원들을 배제할 뿐만 아니라 정치권에 유착했다는 판단

〈표 1〉 1949년 8월 현재 ECA원조물자의 주요 배급대행기관

구분	품목	기관명
준정부기관	비료, 양곡	금융조합연합회(금련)
	수산 자재	수산업회
	양곡	대한식량공사
동업자협회	면공업 자재	대한방직협회
	고무공업 원료	대한고무공업연합회
	철강공업원료 및 자재	대한철강상인연합회
민간기업	기타공업원료 자재	대원기업
	기타공업원료 자재	동방상사

출처: 조선은행 조사부, 《경제연감》 Ⅱ, 1949, 20~21쪽(구분은 필자).

하에 이들에게 허가된 정부보증 대출을 비판했다.[32] 〈표 1〉의 대한방직협회 또한 원조로 들어오는 원면과 각종 자재를 독점했기 때문에[33] 대한고무공업연합회에 대한 평가는 다른 동업자협회에도 적용할 수 있을 것으로 보인다.

ECA가 파악한 인플레이션의 두 번째 원인은 정부의 재정구조와 재정 운영방식이었다. 상술했듯이 인플레이션의 직접적인 원인인 재정 적자는 50퍼센트에 달하는 국방 및 치안비 때문이었다. 그러나 ECA는 그보다는 정부 부처들의 무절제한 지출과 낮은 조세 수입, 정부 운영 기업에 대한 보조금 등 정부의 재정 관행과 정책을 더 비판했다. 그러한 비판의 맥락과 한계를 알기 위해 1949년도 예산을 구체적으로 살펴볼 필요가 있다.

〈표 2〉는 1949년도 일반회계 세입세출액을 나타낸 것이다. 우선 본예산의 차입금이 최종 예산에서 두 배 가까이 늘어났다. 이는 본예산을 편성할 때 예상했던 재정 적자가 거의 두 배로 늘어났음을 의미한다. 차입금이 늘어난 이유는 조세 수입이 불충분하고 그에 비해 지출이 많이 늘어났기 때문이었다. 본예산에서 차입금은 세입의 절반에 가까웠던 반면 조세 수입은 20퍼센트 미만이었다. 추경예산 편성을 통해서도 이런 상황은 변하지 않았다. 그리고 세출액 중 가장 많은 비중을 차지하는 부처는 국방과 치안비를 집행하는 국방부와 내무부였다. 이들에게 할당된 예산은 세출의 약 절반에 달했다.

조세 수입이 미약하고 국방과 치안비가 세출의 절반을 차지했지만, ECA는 후자보다는 전자를 더 중요하게 여겼다. 원조를 확대하거나 치안·국방비를 줄이기보다는 조세체계를 재조직하고 귀속재산을 건전히 관리하여 세입을 늘림으로써 재정 안정화를 이루어야 한다고 생각했기 때문이었다.[34] 이런 상황에서 '기부금'이 불충분한 조세 수입의 주요 원인으로 지적되었다.

'기부금'이란 해방 이후 정부 및 준정부 조직이 다양한 명목으로 민간에 징수한 '비공식적 세금'이었다. 특히 군·경찰 등은 대한경무협회, 경찰후생협회와 같은 후원조직을 통해 조직적으로 기부금을 징수했으며[35] 서울시의 행정단위인 동회도 경찰이나 행정 보조비용으로 기부금을 징수하는 등[36] 기부금은 기층부터 상층까지 긴밀히 얽혀 있는 사회적 관행이었다. 주한ECA가 연구한 결과에 따르면 서울시 한 세대주가 동회, 경찰 및 군 후원조직 등에 평균적으로 부담하는 기부

〈표 2〉 1949년도(1949. 4. 1~1950. 3. 31) 일반회계 세입세출예산 개요(백만 원)

구분	본예산		최종 추경예산(3회)	
세입				
구분	금액	구성비	금액	구성비
조세	10,952	19.1	12,019	10.8
관업 및 관유재산 수입	12,496	21.8	13,426	12.1
특별회계전입금	4,382	7.6	16,173	14.5
경제부흥원조자금	0	0	15,418	13.9
차입금	27,487	48.0	51,622	46.4
기타	2,006	3.5	2,540	2.3
합계	57,322	100	111,197	100
세출				
구분	금액	구성비	금액	구성비
내무부	15,102	26.3	23,914	21.5
국방부	13,463	23.5	24,171	21.7
그 외	28,757	50.2	63,112	56.8
합계	57,322	100.0	111,197	100.0

출처: 한국재정40년사편찬위원회, 《한국재정 40년사》 제1권, 한국개발연구원, 1990, 46~55쪽에서 재구성.

금은 매년 6,000원에 달했고 이것이 조세 수입의 부족으로 직결되었다.[37] 그러나 국방 및 치안비로 인한 재정 지출, 군과 경찰에 대한 기부금은 모두 분단과 반공국가라는 동일한 정치사회 구조에서 발생한 사회적 비용이었다.

정부의 예산 관행과 정부 부문 대출도 비판의 대상이었다. 주한ECA는 법적 허가 없이 국무회의와 대통령 승인으로 국방부 및 상공부에 할당된 예산이 1949년 11월 말 40억 원에 이르며[38] 정부사업 운영 적자, 배급대행기관 적자, 정부기관 적자를 메우기 위해 너무 많은 정부 부문 대출이 이루어진다고 지적했다.[39] ECA가 작성한 자료에 따르면 1949년 6월 30일부터 약 4개월간 이루어진 정부 부문 대출 약 120억 원이 대부분 불건전 대출이며, 대통령이 직접 대출 승인을 지시했기 때문에 ECA의 반대 권고는 대부분 무시되었다.[40]

이것이 ECA가 인플레이션의 원인으로 파악한 한국의 경제구조 현황 및 경제정책이었다. 1949년 말 인플레이션 위기에 봉착한 상황에서 ECA는 원조물자가격 인상, 배급대행기관 정비, 균형예산 편성, 정부 부문 대출 통제를 위한 개선책을 관철시킬 필요가 있었다. 주한 ECA는 이를 위해 권한의 한계를 극복하고 경제 전반에 개입하여 구조적인 개선책을 내놓기 위해 한미경제안정위원회의 설치를 한국 정부에 요청했다.

3. 미국, 한국 경제정책에 직접 개입하다: 한미경제안정위원회의 설립

1949년 말부터 주한ECA는 한국의 인플레이션 상황을 심각하게 우려하기 시작했다.[41] 그러나 한국 정부는 당시의 인플레가 계절적인 것이기 때문에 우려할 필요가 없다는 입장이었다.[42] 인플레 대책에 소극적이던 한국 정부를 움직인 결정적 계기는 1월부터 본격화한 '식량 위기'와 미 하원의 대한 경제원조안 부결이었다.

〈그림 4〉는 1949년 8월부터 1950년 4월까지의 서울 자유시장 주말 미가米價 추세를 나타낸 것이다. 11월 초의 미가는 두 달 만에 두 배 가까이 치솟았다. 미가 상승은 전반적인 인플레 경향과 양곡 매입정책의 실패를 반영한 것이었다.

〈그림 4〉 1949년 8월~1950년 4월 서울 자유시장 주말 미가 추세

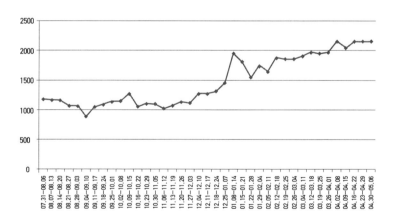

출처: 국사편찬위원회, 《미국의 대한원조관계문서 1》, 《미국의 대한원조관계문서 2》, 2006에서 발췌 및 정리.

여기에 더해 1월 19일에는 미 하원이 1950년 2월 15일 이후의 6,000만 달러 대한 원조안을 부결하는 사태가 발생했다.[43] 국회는 이를 인플레이션 문제와 엮어서 행정부의 책임을 추궁했다.[44] 수립된 지 얼마 안 된 정권에게 이와 같은 사회경제적 불안정은 큰 부담이었다.

한국 정부를 움직이기 위해 ECA는 직접적인 압력을 행사하기 시작했다. 주한미대사관 무초John J. Muccio 대사와 주한ECA 처장 번스 Arthur Bunce는 1월 5일과 15일 두 차례에 걸쳐 이승만과 회담하여 결정적인 조치를 주문했다. 특히나 무초는 1월 15일 회담에서 이승만이 인플레이션을 심각하게 받아들이지 않는다는 점을 비판한 후, 정부정책을 효과적으로 집행하는 데 다음과 같은 관료적 방해가 있다고 지적했다.

대통령과 국무회의가 어떤 정책을 하나 채택하면 장관이 경제협조처 관리들과 의논해서 정책계획을 기초한다. 최종적으로 집행 건의가 대통령에게 전달이 되면 터무니없이 지연된다. 미국 측에서 왜 집행이 되지 않고 지연되느냐고 계속 문의를 하면 대통령 사무실에서 아직도 계류 중이라고 대답한다. 그리고 대부분의 경우 해당 사업은 레이디[대통령의 개인고문 해롤드 레이디Harold Lady]의 책상 위에 놓여 있다[45](괄호는 인용자).

한미경제안정위원회는 이런 상황을 타파하기 위해 설립되었다. 무초는 이 자리에서 대통령이 두세 명의 유능하고 명망 있는 한국인을 선출하고 주한경제협조처장이 두세 명의 미국인을 뽑아 위원회를 만들어서 그 위원회에 인플레이션 억제계획을 집행하는 독자적인 임무를 부여하라고 제안했다.[46] 위원회는 관련 부처와 항시 접촉하며 그 결과와 건의안을 대통령에게 직접 보고할 수 있고[47] 위원회의 권고안은 국무회의 지침으로 실행되는 행정적인 형식으로 작성되게 했다. 한국 정부는 미가 위기와 대한 원조안 부결이라는 악재 속에 미국의 제안을 받아들일 수밖에 없었다. 주한ECA는 위원회를 통해 한국 정부의 경제정책과 재정구조에 직접적으로 개입하여 기존에 지적했던 문제를 ECA의 구상대로 해결하고 인플레를 억누르려고 했다. 그것은 폭넓은 구조 조정을 의미했다.

위원회는 1월 24일 첫 번째 회의를 개최하고 활동을 시작했다.[48] 한국 측 위원들은 인플레 대책 및 원조 운영 방식에 관련된 정부 부처의 장관급 인물이었으며 미국 측 위원들은 재정, 예산 관련 주한ECA 및 주한미사절단의 주요 인사들이었다. 위원회의 정규회의는 1950년 1월 24일부터 한국전쟁 발발 전까지 2~3일에 한 번씩 50차례 이상 개최되었다. 한국전쟁이 발발한 후 주한ECA가 사실상 제대로 활동하지 못했다는 점을 감안하면 위원회 역시 전쟁 발발 이후엔 활발한 활동을 하지 못했을 것이다.

위원회가 산하에 편성한 13개 분과위원회 목록은 〈표 3〉과 같다. 분과위원회는 관련 분과끼리 유기적으로 작업하며 사안을 조사하고 구체적인 정책을 개발하는 역할을 했다.

분과 편성은 위원회의 목표와 임무를 직접적으로 반영했다. 위원회는 일차적으로 통화량 조절을 통해 급박한 인플레를 억제하고 식량위기를 극복하려 했고(제1, 2분과) 그다음으로 재정 적자를 구조적으로 개선하는 작업을 했다. 이는 예산 및 회계를 통제하고 기부금과 정부 보조금을 제거하며 조세 구조를 개편하고 귀속재산 처리와 토지개혁을 통해 증세를 꾀함으로써 달성될 수 있었다(제4, 6, 7, 8, 9, 11분과).
세 번째로 위원회는 원조물자를 경제적으로 운영하여 인플레 억제 효
과를 강화하려고 했다. 이는 원조물자의 배급구조를 개선하고 가격을
인상하며 대충자금 환율을 올리는 작업을 수반했다. 원조물자의 가격
은 곧 환율 문제와 직결되었기 때문에 이는 필연적으로 환율체계 정
비를 필요로 했다(제3, 12, 13분과). 마지막으로 위원회는 ECA의 3개년
계획 실행을 촉진하려 했다. 이는 대일 미곡수출을 결론짓는 작업과
관련되었다(제2분과).

〈표 3〉 한미경제안정위원회의 13개 분과위원회

분과위원회
1. 예산(FY 49–50, FY50–51)
2. 식량 배급 및 미곡 수출
3. 원조물자의 가격 책정과 배급
4. 예산과 회계통제
5. 은행여신과 정부 부채
6. 정부기업과 공공시설에 대한 보조금 제거
7. 세금
8. 기부금 제거
9. 귀속재산 처리
10. 현재 산업시설의 최대한 활용
11. 토지개혁법 완수
12. 외환
13. 가격 통제 및 배급

출처: RG59, 895.10/2–1850, *Minutes of 1st meeting Korean Government–American Mission Economic Stabilization Committee* 1950. 1. 24.

이 같은 위원회의 분과 편제는 위원회가 단순히 긴축 재정을 통한 통화 조절을 목표로 하는 기구가 아니라 경제 전반에 걸친 구조 조정을 목표로 하는 기구라는 점을 보여준다. 후술하겠지만, 위원회가 실시한 안정화 정책의 핵심은 통제가격을 시정하는 가격 현실화와 재정 운영 합리화였다.[49] 그러나 그것이 한국의 경제 현실에 적합한 것이었는가는 좀 더 고찰해볼 필요가 있다.

위원회는 ECA가 한국 정부의 경제정책에 직접적으로 개입하기 위해 설립한 기구였기 때문에, 위원회가 목표로 하는 개혁을 추진하기 위해서는 안정적인 권한이 있어야 했다. 상술했듯이 위원회의 권고안은 국무회의 지침으로 실행될 수 있었고 위원회는 관련 부처와 항시 접촉하며 대통령에게 직접 보고할 수 있는 보고체계를 갖추었다. 이는 기존에 주한ECA의 권고안이 대통령에게 직접 전달되지 않는 문제를 극복하고자 한 것이었다. 그러나 이러한 보고체계만으로 위원회의 영향력이 보장되는 것은 아니었다. 한국 정부와 ECA는 위원회에 서로 다른 위상을 부여했고, 따라서 위원회의 영향력은 ECA가 한국 정부의 협력을 끊임없이 이끌어냄으로써 관철될 수 있었다.

ECA는 위원회의 활동을 상당히 중요하게 생각했지만, 업무의 범위와 성격, 조직의 세부 내용을 논의하는 첫 모임에서 한국 측 위원들은 주한ECA가 위원회에 부과하는 중요성에 동의하지 않는 모습을 보였다.[50] 위원회 설립의 주요 원인이 주한ECA의 영향력을 키우는 것이었기 때문에 한국 정부로서는 위원회의 활동이 정부의 권한을 침해한다고 느낄 소지가 있었다. 또한 한국 정부는 위원회가 정책을 입안하되 그 실행은 한국 정부에게 넘겨줘야 한다고 주장한 반면 ECA는 위원회의 목적이 단순히 정책을 입안하는 것이 아니라 정책의 실행까지

권고하는 것이라고 주장했다.[51]

그럼에도 불구하고 한국 정부는 대한 원조안의 부결과 미국의 지속적인 압력, 그리고 자체적인 인플레 대책의 부재 속에서 위원회의 활동에 협력할 수밖에 없었다. 이러한 과정을 통해 ECA는 좀 더 강력한 권한을 가지고 한국 정부에 구체적인 경제정책을 강제할 수 있었다. 위원회 내에서 ECA의 의견은 거의 관철되었고 대부분의 위원회 권고안이 실행되었다. 그리고 1950년 1월 말부터 6월까지 나타난 거의 모든 한국 정부의 경제정책이 위원회 내에서 만들어졌다.

4. 한미경제안정위원회의 안정화 정책

4-1. 긴축재정과 재정구조 개편

위원회는 1950년 1월 24일 첫 번째 모임을 갖고 활동을 시작했다. 위원회의 첫 번째 의제는 1949년도 4분기 예산을 검토하고 1950년도 예산을 균형예산으로 만드는 것이었다. ECA는 위원회를 통해 한국 정부의 예산 편성에 직접 관여할 수 있었다. 위원회로서는 긴축재정을 통해 급박한 인플레이션 위기를 극복할 필요가 있었기 때문에 활동 초기 이 작업에 많은 시간을 할애했다. 긴축재정의 방향은 '수입 내 지출'을 적용하고 국방·치안비용을 완만하게 삭감하는 것이었다. 재정을 편성할 때 일반적으로는 지출 규모를 예상하고 그에 따른 예산을 책정하지만[52] ECA 위원들이 내세운 방침은 그에 반대되는 극단적인 긴축정책이었다. 또한 비록 ECA가 국방·치안비용을 근본적으로 삭감할 생각은 없었지만 한국 정부에게 그것이 전체 경제를 붕괴

시킬 수 있다는 위기의식을 고양시키고자 했다.[53]

4분기 예산에서 고용 증원, 현금 지출, 시설 및 자재 구매, 비정부 조직 보조금 지출을 전부 억제함으로써 98억 원을 삭감한 위원회는[54] 이후 좀 더 구조적인 개선책을 통해 1950년도 예산 조정 작업에 들어 갔다. 〈표 4〉와 〈표 5〉는 1950년 1월 12일 국무회의가 국회에 제출한 예산과 1950년 4월 22일 위원회의 수정을 통해 국회에서 통과한 순계 총액을 비교한 것이다. 국회통과 예산은 위원회가 수정한 예산과 약

〈표 4〉 정부 원안과 위원회 수정안 세입 항목 비교(단위: 백만 원)

일반회계(총계)*	1950. 1. 12 국회 제출예산		1950. 4. 22 국회 통과예산		차이
일반회계(총계)*	액수	비중(%)	액수	비중(%)	액수
조세	26,668	27.37	37,438	35.46	10,770
인지수입	553	0.57	1,196	1.13	643
관업 및 관유재산수입	16,977	17.42	2,436	2.31	−14,541
특별회계전입금	31,790	32.62	47,181	44.68	15,391
농지대가상환금	0	0.00	15,186	14.38	15,186
기타	21,453	22.02	2,148	2.04	−19,305
계	97,441	100.0	105,585	100.0	8,143
특별회계(순계)	액수	비중	액수	비중	액수
임시관재총국	21,474	22.59	16,635	16.36	−4839
방송국	297	0.31	279	0.27	−18
전매사업	36,283	38.17	46,288	45.53	10,005
귀속농지관리국	5,851	6.16	5,345	5.26	−506
교통사업	17,131	18.02	28,173	27.71	11,042
체신사업	3,815	4.01	4,706	4.63	891
보험및연금	197	0.21	230	0.23	33
국채금	10,000	10.52	0	0.00	−10,000
계	95,048	100.00	101,656	100.00	6608

* 자료상의 한계로 일반회계 세입 내역만 총계로 제시.
출처: 조선은행 조사부, 《조선은행 조사월보》 1950년 4월호; 한국산업은행 조사부, 《한국산업경제십년사(1945~1955)》, 1955, 372~373쪽에서 발췌 및 정리.

60억 원 정도의 차이만 있기 때문에[55] 위원회 수정안과 동일하게 간주해도 무방할 것이다.

〈표 4〉는 정부 원안과 국회통과안의 일반회계 및 특별회계 세입 내역을 비교한 것이다. 두 예산을 비교했을 때 위원회의 수정안은 조세 증수라는 뚜렷한 특징을 지닌다. 우선 일반회계에서 조세는 전체 세입에서 차지하는 비율이 10퍼센트 포인트 가까이 증가했다(27.37퍼센트→35.46퍼센트). 이는 1949년도 본예산에서 조세 수입이 19퍼센트를 차지했던 것에 비해서도 비약적으로 늘어난 것이었다. 조세 증가는 국회에서 소득세·영업세·주류세·직물세 4종의 조세법을 개정 및 신설한 결과였고[56] 조세법 통과는 위원회의 재정 개선 작업에 의한 면이 컸다.[57] 국회가 직물세 수입을 절반으로 삭감한 것을 제외하면 나머지 조세법은 위원회가 제안한 대로 통과되었기 때문이다.[58]

일반회계에서 조세법의 개정 및 신설이 세입의 증가를 이끌었다면 특별회계에서는 각종 관업官業 요금의 인상이 세입 증가를 도모했다. 인상분은 〈표 4〉에서 특별회계의 교통사업, 체신사업, 전매사업의 세입 증가에 주로 반영되었다.[59] 관업요금의 상승은 '가격 현실화'라는 위원회의 입장을 반영한 것이었다. 당시 대부분의 관업이 겪었던 재정난은 정부보조금으로 충당되어 재정 지출을 증가시켰다. ECA는 관업이 가격을 낮은 수준으로 유지하여 생산비에 못 미치는 적자 운영을 하기 때문에 독립채산제로 전환해야 한다고 비판했다.[60]

〈표 5〉는 정부 원안과 국회통과안의 세출경비 조직 중 국방비와 사법경찰비를 나타낸 것이다. 두 예산을 비교했을 때 국방 및 치안비가 일반회계 총액에서 차지하는 비중이 뚜렷하게 감소했다(54.51퍼센트→35.24퍼센트).

예산 재편 방향은 ECA가 한국의 재정구조를 어떻게 개편하려고 했는지를 잘 보여준다. ECA는 재정 인플레이션 국면에서 증세와 국방 및 치안비 지출의 완만한 감소를 통해 재정 적자를 개선하려고 했다. 그럼에도 불구하고 국방비 및 치안비 지출은 여전히 35퍼센트에 달했고 철도·우편·전기 등의 관업이 자립적인 재정 기반을 가져야 한다는 위원회의 입장은 관업이 보조금 없이 지탱될 수 없다는 한국 정부의 입장과 충돌했다.[61] 게다가 제헌헌법 87조에서 중요 산업의 국·공영을 규정했고 1949년 12월에 귀속재산 처리법이 통과되긴 했지만 아직 어디까지 민간에 불하할지에 대한 합의가 되지 않은 상황에서 ECA의 입장은 논의의 여지가 있었다. 이러한 입장 차이는 1950년도 예산에 관업요금 인상안을 포함시킴으로써 일단 정리된 것처럼 보이지만 향후 귀속기업을 처리할 때 민간에 불하할 것이냐 국영기업체로 전환할 것이냐에 대한 한미 간 근본적인 갈등을 내포했다.[62]

1950년도 예산이 위원회가 수정한 대로 통과될 수 있었던 것은 미 본국의 강력한 압력 때문이었다. 위원회의 활동이 한창 진행되던 3월 4일 이범석 국무총리는 호프만Hoffman ECA 장관에게 한국에는 재정 위기가 존재하지 않으며 오히려 디플레이션 위기가 있다는 내용의 편

〈표 5〉 정부원안과 위원회 수정안 비교(단위: 백만원)

순계	1950.1.12 국회제출예산		1950.4.22 국회통과예산	
국방비	35,130	39.37%	25,098	24.52%
사법경찰	13,509	15.14%	10,970	10.72%
일반회계 총액	89,230	100.0%	102,346	100.0%

출처: 조선은행 조사부, 《조선은행 조사월보》 1950년 1월호; 한국산업은행 조사부, 1955 《한국산업경제십년사(1945~1955)》, 1995, 371~373쪽에서 발췌 및 정리.

지를 보냈다. 미국은 이를 매우 심각하게 받아들였다. 호프만은 3월
23일 이범석에게 "한국이 인플레이션 억제를 위해 솔직하고 즉각적
인 노력을 경주하고 있다는 확신을 갖지 못하면 대한 원조액을 축소
시킬 것을 건의하려고 한다"는 경고성 답장을 보냈으며 애치슨
Acheson 국무장관은 4월 3일 러스크Rusk 극동 담당 차관보와 본드
Bond 한국 담당 과장을 통해 최후 통첩성 각서를 장면 주미대사 편으
로 이승만에게 보냈다. 결국 이승만은 4월 7일 국회에 출석하여 위원
회의 예산안 통과를 호소했다.[63]

　미 본국의 압력으로 1950년도 수정예산이 통과되긴 했지만 조세 수
입이 여전히 불충분한 상황에서 추가예산 등으로 차입금을 편성하거
나 정부 부처들이 예산을 초과 지출할 여지가 얼마든지 있었다. 따라
서 이후의 성과는 세입 기반을 얼마나 안정적으로 확보하고 정부 부
처들을 통제할 수 있는지에 따라, 그리고 ECA와 정부의 알력관계와
한국 정부의 협력 정도에 따라 달라질 수 있었다. 위원회는 이를 위해
일정한 제도적 기반을 확립하려 했다.

　제도적으로 한국 정부의 예산 지출을 통제하려고 한 위원회는 정부
예산과 회계를 재무부가 일원적으로 통제하는 권고안을 제출했다. 국
방부와 내무부는 재무부가 지정한 지출관을 두어야 하고, 지금까지
자체적으로 지출을 통제한 특별회계기관도 지출관을 두며, 모든 지출
관들은 자금을 다시 받을 때 허가서를 제출해야 한다는 요지의 권고
안이었다. 국무회의에서 국방부, 운수부, 통신부 등은 권고안에 격렬
하게 반대했지만, 위원회는 이러한 예산 및 회계 통제 없이는 위원회
의 작업이 수포로 돌아갈 것이라고 지적하면서 국무회의의 반대를 무
릅쓰고 대통령에게 이 권고안을 제출했다.[64] 대통령은 이를 승인했고

결국 이 권고안은 6월 1일부터 실행되었다.[65]

위원회의 재정구조 개선 작업은 기부금 문제도 포괄했다. 안정적인 세입 기반을 갖추기 위해서는 가계에 큰 부담이 되는 기부금 관행을 제거할 필요가 있었다. 위원회는 이 작업을 독립된 분과(제8분과)로 편성할 만큼 재정구조 개혁을 위해 중요한 문제라고 생각했다. 〈표 6〉은 분과위원회가 제출한 1949년도 기부금의 비공식적 추정치와 내무부, 국방부, 문교부의 1949년도 최종예산 할당액을 비교한 것이다.

〈표 6〉에서 나타나듯이 내무부, 국방부, 문교부는 한 해 동안 총 예산의 68퍼센트 이상을 기부금으로 충당했다. 이것을 합쳐서 제8분과에서 추정한 1949년도 기부금 총액은 500억 원에 달했다.[66] 이는 1949년도 총 조세 수입의 4배 이상이었다. 그러나 분과나 위원회 차원에서 기부금을 제거하기란 불가능에 가까웠다. 이승만 정권의 반공 체제가 형성되는 과정에서 기부금을 징수하는 군과 경찰, 그리고 각종 사회 단체들이 중요한 역할을 했기 때문이었다.[67] 위원회는 국방부가 모든 종류의 군 기부금 권유 및 징수를 금지하는 명령을 준비하게

〈표 6〉 1949년도 최종예산과 기부금 추정치 비교(단위: 십 억)

부처	(A) 1949년도 최종예산	(B) 1949년 총 기부금	(B)/(A)%
내무부	23.9	9.8	41%
국방부	24.1	4.1	17%
문교부	10.4	26.0	250%
총액	58.4	39.9	68%

출처: 한국재정40년사편찬위원회, 《한국재정 40년사》 제1권, 한국개발연구원, 1990, 47쪽; RG469 Entry80 Box17, *Economic Stabilization Committee Action*, *Interim report of sub-committee no. 8 on elimination of system of contributions (unofficial tax system)* 1950. 3. 18에서 정리.

하고[68] 문교부로 하여금 각급 학교의 후생회비 최고 기준액을 설정하게 했지만[69] 현실적으로 그것을 실행하기에는 한계가 있었다. 분단·반공구조하에서 국방부·내무부·문교부 등이 강력한 권한을 갖고 있었으며, '비공식적 국방 및 치안비'인 기부금은 이들에게 필수적이었기 때문이다. 결국, ECA원조 자체가 지닌 냉전적 성격은 재정구조의 근본적 개혁을 제약하는 한계를 지닐 수밖에 없었다. 따라서 국방 및 치안비 지출을 완만하게 삭감하면서 기부금 제거 등으로 재정 운영의 효율성을 꾀한 위원회의 작업은 모순적인 성격을 가졌다.

4-2. 미곡 자유시장과 대일 미곡수출 추진

위원회는 예산안 수정과 함께 식량정책에도 적극적으로 개입했다. 인플레이션이 미가 상승으로 나타났고, '식량위기'로까지 전화되었기 때문에 당장의 미가를 안정시키고 1949년도에 매입한 양곡을 활용하는 식량계획을 작성하는 것이 한국 정부와 주한ECA 모두에게 정책적 우선순위가 되었다.

한국은 미곡정책의 전환기에 있었다. 이승만 정권은 수립 초기에는 미곡 자유시장을 인정하지 않고 국가가 비농가에게 전면적으로 배급하는 양곡의 국가관리를 구상했으나 1949년도 양곡 매입 실패와 1950년 초의 미가 급등으로 미곡 통제를 포기하는 쪽으로 가닥을 잡아가던 중이었다. 대신 미가 상승을 조절하기 위해 정부 보유미를 서울의 미곡 자유시장에 방출하기 시작했다.[70] 방출 당시 미가가 2,000원에 육박했기 때문에, 정부는 소두 1말 당 1,400원의 정부 보유미로 시장가격을 조절하려고 했다.[71] 정부 보유미 방출로 미가는 일시적으로 떨어졌다.[72] 그럼에도 불구하고 한국 정부와 ECA는 정부 보유미 방출량에 이견을 가졌고, 위원회 내에서 식량정책 논의가 이루어지면서 양자 간의 이견이 자주 표출되었다. ECA는 1일 미곡 방출량이 서울시 1일 미곡 소비량의 50퍼센트 미만이어야 한다고 주장했지만[73] 정부는 위원회의 권고를 무시하고 서울시 1일 미곡 소비량의 80퍼센트를 방출했다.[74] ECA와 한국 정부의 줄다리기 사이에서 미곡 방출량은 오르내렸고[75] 미가는 안정되지 못한 채 4월까지 매주 역대 최고치를 경신했다.[76]

왜 ECA와 한국 정부가 방출량에 대해 이견을 가졌을까. ECA는 기본적으로 미곡이 최대한 자유시장에서 분배되어야 한다는 입장이었기 때문에[77] 미가 조절정책에 회의적이었다. 반면 한국 정부는 미곡의 자유시장 전환은 점진적이어야 하며 정부 보유미를 자유시장에 방출하여 비정상적인 가격 변화에 대응해야 한다고 주장했다.[78] 한국의 경제 질서는 아직 통제경제에서 벗어나는 전환기에 있었으나, ECA는 정부 보유미 양이 자유시장에 실질적으로 장기적인 효과를 미치기에는 불충분하다고 본데다가 기본적으로 가격 통제정책에 부정적인 입장이었기 때문이었다. ECA의 장기적 미곡정책 구상은 정부보조금 제거, 미곡 자유시장 확립, 통제가격과 자유가격 사이의 차이를 줄이는 것이었다.[79]

그러나 미곡정책에 대한 한미 간 이견은 일차적으로는 정부 보유미가 부족한 상태에서 ECA가 대일 수출에 미곡을 우선적으로 할당했기 때문에 발생했다. 1949년산 매입 양곡 350만 석 중 미가 조절을 위한 정부 보유미는 107만 5,000석, 대일 미곡 수출은 70만 석이었다.[80] 대일 미곡 수출은 3개년 안에 무역수지 적자를 줄이기 위한 원조계획의 핵심 정책이었다. ECA에게 무역수지 적자 개선은, 미곡을 점진적으로 자유시장으로 전환하여 국내경제의 충격을 완화하는 것보다 정책적 우선순위에 있었다.

결과적으로 한국전쟁 전까지 위원회의 식량정책은 실패했다. 정부는 방출량을 줄이라는 위원회의 권고에 따랐지만 방출량 감소는 미가 상승으로 이어졌고 한 번 상승한 미가는 4월부터 방출량을 다시 증가시켜도 떨어지지 않았다.[81] 위원회는 미곡 경매안을 선호했지만[82] 이조차도 미곡상들이 비싸게 응찰하여 미가 인하 효과를 볼 수 없었다.[83]

4-3. 원조물자 운영 개편

한미경제안정위원회는 재정구조 개혁, 식량정책 실행과 함께 원조물자의 효율적 이용을 촉진하는 작업에 들어갔다. 이 작업의 목표는 전체 경제에 원조물자를 원활히 공급하고 원조물자의 국내 판매가격을 상승시켜 '은폐 보조금'을 제거하며 대충자금에 가능한 한 많은 돈이 적립되도록 하는 것이었다. 이는 인플레 억제에 기여하면서도 원조비용이 '낭비'되는 것을 막을 수 있는 방책이었다.

위원회가 활동을 시작한 직후 제3분과(원조물자의 가격 책정과 배급)는 원조물자 운영에 대한 중요한 보고서를 위원회에 제출했다.[84] 핵심은 몇 개 부문을 제외한 모든 배급대행기관을 폐지하고 원조물자의 국내 판매가격을 도착가격보다 낮게 책정하는 것을 금지하면서 특정 원조물자의 자유시장이 존재할 경우 임시외자총국이 자유시장가격의 80퍼센트 이상으로 원조물자를 판매해야 한다는 것이었다. 원조물자의 가격정책 개편은 환율체계를 정비하는 작업까지 수반했다. 그러나

1950년 6월 한국전쟁이 발발함에 따라 환율체계 정비는 결실을 보지 못했기 때문에 배급대행기관 정비만이 일정하게 실행될 수 있었다.

ECA는 배급대행기관이 수익을 위해 가격을 인상할 뿐 아무런 경제적 기능을 하지 못하며 기관의 손실을 메우기 위해 과도한 대출이 이루어진다고 판단했다. 이전에 배급대행기관을 폐지하려고 한 임시외자총국의 시도가 상공부 및 관계 부처의 반발로 무산되었기 때문에 위원회는 더 고위급에서 그것을 단행하려 했다.

이 원조물자 운영 개선책에 대해서 위원회와 정부 내에서는 큰 이견이 제기되지 않았다. 상공부 등의 정부 부처와 달리 제3분과의 한국 측 위원인 백두진 임시외자총국장은 배급대행기관에 비판적이었다. 그는 임시외자총국이 있는 이상 배급대행기관의 중간 역할은 필요하지 않다고 보았으며[85] 위원회가 설립되기 이전부터 원조물자의 배급대행기관을 제거하려는 시도를 했다. 게다가 각종 배급기관은 이미 정비되던 추세였다. 정부는 1949년 12월 생고무 배급을 동업자 조직인 대한고무공업연합회에서 금융조합연합회로 이관했고 수산업회 및 각 도 어업조합연합회가 맡았던 수산용 자재 배급을 임시외자총국에서 직접 단위조합인 수산조합 혹은 어업조합으로 이관했다.[86] 이는 정부와 민간 모두 미군정기부터 누적된 배급대행기관의 폐해를 시정할 필요를 느꼈기 때문이었다. 따라서 임시외자총국은 비료, 석유, 의료약품, 자동차 부품, 목재 등을 제외하고 배급대행기관을 전반적으로 폐지하며 폐지된 기관의 재고품은 경매 입찰한다는 등 보고서의 내용과 동일하게 원조물자 배급 방식을 변경한다고 발표했다.[87]

위원회는 1950년 2월 10일 분과 권고안을 승인했으며 대통령과 국무회의도 4월 4일 이를 최종 승인했다.[88] 다만 이를 위해선 원조물자 배급

에서 제외된 기업가 및 상인층의 반발을 잘 무마할 필요가 있었다.[89]

4-4. 단일환율 추진

환율체계의 정비는 위원회가 추진한 안정화 정책에서 핵심 사안이었다. 이는 원조물자가 가지고 있는 여러 가지 가격(도착가격, 임시외자총국가격, 자유시장가격)을 일치시켜 '은폐 보조금'을 제거하는 한편 대충자금에 가능한 한 많은 돈을 적립한다는 점에서 실질적으로 4-3의 원조물자 운영 개선과 맞닿은 문제였다. 그러나 위원회의 환율 작업은 더 넓은 범위의 외환시장 개편을 목표로 했다. 1950년대 외환시장은 소유 주체와 거래 대상에 따라 분산되어 있었고 각각의 경우에 적용되는 다양한 환율이 존재했다.[90] 원조기구와 한국 정부는 1950년대 내내 환율을 둘러싸고 대립하는데 위원회의 작업은 그 초기 양상을 보여준다.[91]

〈표 7〉은 1950년대 존재했던 다양한 환율들을 정리한 것이다. 위원회가 수립되었을 때 정부가 소유하는 외환(정부 외환)과 민간이 소유하는 외환(민간 외환)시장은 서로 분리되어 있었으며 민간과 정부는 서로 외환을 거래하지 않았다. 당시 민간 소유의 외환은 모두 조선환금은행에 예치되어 통제되었고[92] 그로 인해 민간 외환이 거래되는 암시장이 발생했다.

위원회의 환율체계 개편 목표는 단일환율 수립이었다. 그것은 대충자금 환율, 일반 공정환율, 수출불 환율을 일치시키고 정부외환과 민간외환의 구분을 없애는 것을 의미했다. 이는 통화량 조절 이상의 광범위한 경제구조 개혁에 해당했다. 위원회는 이를 위해 두 방향으로

<표 7> 1950년대 환율체계 정리

		관련 외환	적용 대상	설명	1950년 3월 시세
협정 환율*	대충자금 환율	정부외환	대충자금계정 에 적립하는 원 화액	원조물자 국내가격의 기준 대충자금환율이 인상 되면 통화회수 효과가 있음	800:1
	일반 공정 환율	정부외환 민간외환 ***	환금은행에서 민간외환이나 정부외환을 거 래할 때 적용 되는 환율	1949년도에는 암시장 환율을 제거하기 위해 인위적으로 설정, 그 러나 위원회 수립 이 후 외환경매에서 민간 이 정부외환이나 민간 외환을 획득하는 가격 이 일반공정환율이 됨 ECA는 이를 중심으로 단일환율을 수립하려 고 함	900:1
시장 환율**	수출불 환율	민간외환	수출로 획득하 여 수출계정에 예치한 외환 수출계정에서 다른 계정으로 이체할 때 적 용됨	협정환율보다 고율이 었기 때문에 민간 무역 업자에게 수출 유인이 됨	2,100~ 2,500:1
	군표환율	민간외환	암시장에서 거 래되는 군표	정부가 인정하지 않음 암시장 환율	2,680:1
미본토불환율 민간외환 암시장에서 거래되는 미화				작은 시장 규모이나 전 반적인 원화 가치 반영	3,300:1

* 한미간 협정으로 정해짐.
** 자유시장이 결정.
*** 1950년 4월 외환경매 실시 전까지는 민간외환을 민간끼리 거래할 때만 적용.
출처: 한국산업은행 조사부, 《한국산업경제십년사(1945~1955)》, 1955, 1046쪽; RG469,
Entry80, Box31, Department of State, Division of Research for Far East, *The Counterpart
Fund Exchange Rate In Korea*, 1950. 3. 14; 최상오, 〈1950年代 外換制度와 換率政策에 관한 研究〉,
성균관대학교 박사학위논문, 2000.

작업을 진행했다.

첫 번째 방향은 대충자금 환율을 원조물자의 자유시장가격에 맞춰 인상하는 것이었다. ECA는 인플레이션이 격화된 1949년 11월부터 대충자금 환율 인상을 지속적으로 요구하고 있었다.[93] 그로 인해 450 대 1이던 대충자금 환율이 위원회가 설립된 1월에는 800대 1로 인상 되었으나[94] ECA는 그것이 여전히 시장가격에 못 미치며 최소 1,200대 1 이상이어야 하기 때문에[95] 자유시장 환율에 가까워질 때까지 매달 이를 조정해야 한다고 주장하던 상태였다.[96]

이에 위원회 제3분과(원조물자의 가격 책정 및 배급)는 원조물자의 임 시외자총국가격을 자유시장 도매가의 80~100퍼센트로 책정해야 한 다고 결정했고, 제12분과(외환)는 그렇게 결정된 원조물자의 임시외 자총국가격을 기준으로 다음 달의 대충자금 환율을 결정하는 안을 내 놓았다.[97] 예를 들어 만약 4월에 들어온 1달러치 원조물자의 자유시장 가격이 평균적으로 1,500원이라면 임시외자총국가격은 1,200~1,500 원이어야 하며, 다음 달인 5월의 대충자금 환율은 1,200~1,500원이 된다.

두 번째 방향은 정부 외환을 민간에 방출하는 외환경매제를 실시하 여 이 경매에서 형성된 환율을 일반 공정환율로 삼고, 이를 중심으로 단일환율을 삼는 것이었다. 이는 정부-민간 간의 외환거래에서 형성 된 환율이 자유시장 환율에 근접할 것이라고 보았기 때문이었다. 이 때 원조물자의 자유시장가격에 맞춘 대충자금 환율을 참고하도록 권 고했다.

만약 4월에 외환경매에서 결정된 일반 공정환율이 1,500원이었다 면, 이를 참조한 5월의 대충자금 환율은 1,200~1,500원이 아니라

1,500원이 될 것이다. 위원회는 이러한 과정을 반복하여 원조물자의 자유시장가격과 임시외자총국가격을 일치시키고, 이를 대충자금 환율 및 일반 공정환율과 일치시키는 방향으로 원조물자의 운영구조 및 환율구조 개편을 유도하고자 했다. 이렇게 될 때 낮은 대충자금 환율이나 임시외자총국가격이 자유시장가격과 갖는 차이로 민간 도매업자나 정부 대행기관이 받는 '은폐 보조금'은 사라지게 된다. 동시에 대충자금 적립액도 늘어나 통화 회수와 물가안정에 기여할 수 있다. ECA는 재정 안정의 두 가지 전제조건이 균형예산과 단일환율이라고 강조할 만큼[98] 이 과정을 중요하게 생각했다.

한국 정부는 기본적으로 위원회의 정책에 다른 입장을 가졌다. 저물가·저환율 정책기조를 유지했던 한국 정부는 환율을 가파르게 인상하면 수입물자 가격이 올라가기 때문에 국내 물가 수준이 올라갈 것이라고 우려했다.[99] 또한 단일환율은 당시 상대적으로 고평가되었던 수출불 환율을 낮추기 때문에 수출 촉진 효과가 사라진다고 주장했다. 수입의 대부분을 차지하는 원조물자와 정부외환 수입물자에는 저환율을 적용하여 수입품 가격을 낮게 책정하고 규모가 작은 민간무역에는 고환율을 적용하여 수출을 촉진하는 복수환율을 선호했기 때문이다. 한국 정부의 입장에서 가격 수준의 안정은 기본 수입품 가격은 낮게 매기고 수출을 촉진하여 외화벌이를 극대화함으로써 달성될 수 있었다.[100] 이는 환율 상승이 국내 경제에 어떤 영향을 미칠 것인지에 대한 입장 차이에서 비롯되었고 한국전쟁 발발 이후 환율 수준을 둘러싸고 지속적으로 나타나는 한미 간 쟁점이 되었다.[101]

그럼에도 불구하고 '위원회'라는 틀 내에서 한국 정부는 ECA의 안에 대부분 합의했다. 4월 초 이승만이 대통령령 초안에 서명했고 4월

10일 대통령령 제324호 외국환 관리규정으로 공포되었다. 그리고 외환 경매가 4월 29일과 5월 13일 두 차례 실시되었다.

ECA는 두 번의 외환 경매가 단일환율을 수립하고 이전의 가격 왜곡을 제거하기 위한 진전을 이루었다고 평가했으나[102] 정부와 언론은 복수환율제를 주장하며 외환 경매 실시를 거세게 비판했다. 주된 이유는 기존에 무역업자들은 수출로 획득한 외환만 수입에 사용할 수 있었지만 외환 경매가 수출 외에 외환을 획득할 수 있는 경로를 열어주었으며, 고환율이었던 수출환율을 낮춰서 수출 의욕을 저해했다는 것이었다.[103] 그럼에도 ECA는 6월 30일부터 점차적으로 외환 경매 환율의 적용 범위를 늘려 8월 1일부터는 대충자금 환율을 포함하여 모든 무역 및 재정 거래에 단일환율을 적용하는 공식적인 안을 계획했다.

5. 단기적 안정화 성공, 장기적 구조조정 실패

지금까지 한미경제안정위원회의 설립 배경과 설립 과정 및 조직, 활동을 살펴보았다. 1950년 6월 말까지 위원회가 추진한 안정화 정책은 거의 대부분 실행되거나, 실행할 준비를 했다.

우선 환율이 1월에서 6월 사이 두 배 이상 올랐고 각종 관업요금이 올랐지만 한국에서 우려하던 것과 달리 물가 수준에 악영향을 미치지 않았다. 〈그림 5〉는 1950년 1월부터 6월까지의 월말 통화발행고와 서울 도매물가지수를 비교한 것이다. 1950년 상반기 인플레이션 추세는 현저히 줄어들었다. 월말 통화발행고는 5월까지 계속 감소했고 서울 도매물가지수도 완만한 수준에서 머물렀다. 1947년부터의 장기

추세를 나타낸 〈그림 1〉과 비교해보면 이 기간 중 특히나 물가상승 추세가 완만했다는 것을 알 수 있다. 즉 한국은 위원회의 활동으로 ECA가 우려했던 초인플레이션 위기를 벗어날 수 있었다. 이로써 위원회의 단기적 목표는 성취했다고 볼 수 있다.

물가가 하락한 것과는 달리 미가는 지속적으로 역대 최고치를 갱신했다. 〈그림 6〉은 1950년 1~6월 서울 자유시장 주말 미가 추세를 나타낸 것이다. 그림이 보여주듯이 위원회의 안정화 정책에도 불구하고 미가는 지속적으로 최고치를 갱신했다. 통화량 감소로 여타 물가가 하락세로 접어든 것과는 정반대 상황이었다.[104] 그만큼 당시 미곡시장은 다른 시장과는 구분되는 특수성을 가졌다. 명확한 이유는 파악할 수 없지만 미가 상승엔 정부 보유미 방출뿐만 아니라 배급 지체, 수송난, 모리행위 등 여러 가지 원인이 얽혀 있었다.[105] 이 시기 미곡시장

<그림 5> 1950년 1~6월 월말 통화발행고 및 월평균 서울 도매물가지수

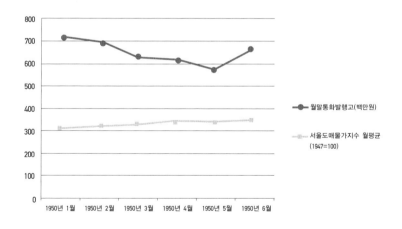

출처: 재무부,《재정금융의 회고》, 1958, 199~200쪽에서 발췌 및 정리.

은 근본적으로 미숙했고 위원회와 한국 정부의 의견 충돌이 가져온 잦은 정책 변화는 미가 안정에 기여하지 못했다. 안정화 정책에도 불구하고 미가가 지속적으로 올랐다는 사실은 미곡을 전면적인 자유시장으로 전환하기엔 한국 경제의 상황이 여의치 않았다는 점을 시사해주며, ECA의 장기적인 미곡정책 구상이 실패로 돌아갈 여지가 많았음을 보여준다.

그뿐만이 아니었다. 긴축정책과 환율 현실화는 자금력이 없는 중소상공업자와 수출업자들의 자금난과 파산을 낳았고 민간에서는 안정화 정책에 대한 비판적인 목소리가 높아졌다.[106] 그러나 한국 정부와 ECA는 실질적으로 이에 대한 대책을 세우지는 않았다. 한국 정부는 채산성이 있는 기업체에게는 은행을 통해 계속 대부할 계획이지만 현재로서는 중소기업 자금난을 완화할 여유가 없다는 입장이었고[107] ECA는 경제 안정을 위한 '최초의 희생'이 필요하다는 점을 강조했기 때문이다.[108]

〈그림 6〉 1950년 1~6월 서울 자유시장 주말 미가 추세

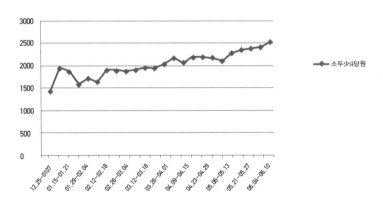

출처: 국사편찬위원회, 《미국의 대한원조관계문서 2》, 2006에서 발췌 및 정리.

ECA에게 이런 '안정화 정책'은 어디까지나 3개년 원조계획을 완수하기 위한 경제구조 조정의 첫걸음이었다. 앞에서 설명했듯이 그 계획이란 농업생산력을 증대시켜 미곡을 수출하고, 광산 및 철도 등 기간시설을 건설하며, 시멘트와 비료공장을 설립해 국제수지 적자를 줄이는 것을 목표로 했다. 중소상공업자나 수출업자를 육성하거나 적극적인 생산부흥을 꾀하는 것은 정책적 우선순위가 아니었다. 이는 미곡 문제에도 동일하게 적용되었다. 미곡 자유시장은 단기적인 희생을 동반할 수 있지만 미곡 수출과 가격 현실화라는 ECA원조계획의 목표 및 지향을 위해 필요한 조정이었다. 즉 한미경제안정위원회의 안정화 정책은 기본적으로 국제수지 균형을 3년 만에 달성하기 위한 급속한 대내 조정적인 성격을 가졌다.

물가상승 추세 둔화로 위원회의 단기적 목표는 성취했다고 볼 수 있지만 한국 정부의 재정구조와 전반적인 경제 상황 속의 근본적인 인플레 요인이 사라진 것은 아니었으며, 위원회가 지향했던 장기적 경제구조 조정이 완수된 것도 아니었다. 한국 정치·경제구조의 특수성으로 인해 미곡의 자유시장 전환이나 기부금 폐지는 요원하거나 불가능했고, 위원회가 권고한 재정지출 통제나 배급대행기관 폐지가 제도적으로 정착한 것도 아니었다. 단일환율을 수립하는 과정이었지만, 더 장기간의 노력이 필요했고 한국 정부와의 이견도 여전히 남아 있었다.

그러나 설립 직후 위원회가 취한 극단적인 긴축정책을 계속할 수는 없었다. 이미 설명한 것처럼 시중의 자금난으로 비판적 여론이 고조된 데다가 긴축정책으로 중단된 부흥계획을 계속할 필요가 있었기 때문이다. 예를 들어 탄광 개발을 위해 미국인 기술자가 이미 한국에 도착해서 대충자금 지출만을 기다리고 있었다.[109] 따라서 대충자금을 방출할 필요성이 대두되었고, 위원회가 추진한 경제적 개혁들을 장기적으로 지속하기 위해서도 대충자금 방출을 수단으로 하여 위원회의 위상을 유지할 필요가 있었다. 대충자금 계정의 운영 권한은 원조 당국이 가졌기 때문에 한국 정부를 통제하는 효과적인 수단이 될 수 있었고[110] ECA는 그것을 통해 위원회의 영향력을 유지하려고 했다.

1950년 3월 중순, 안정위원회의 초기 의제들이 어느 정도 논의된 후 주한ECA는 워싱턴 ECA 본부에 대충자금 인출을 요청하는 비망록을 보낸다.[111] 1950년 5월 마침내 1950년도 1분기에 대충자금 98억원의 방출이 승인되었다.[112] 이 대충자금 지출 승인은 위원회 활동의 성과이자 주한ECA가 위원회를 통해 향후 안정화 계획을 계속 추진하기 위한 동력이었다. 이 시기에도 워싱턴은 여전히 한국의 재정 안정성과 한국 정부의 경각심 부족을 우려하고 있었다. 그럼에도 워싱턴은 안정위원회가 노력하고 있고, 균형예산이 통과되어 앞으로 필요한 조치들이 행해질 것이며 워싱턴이 1950년도의 전체 계획을 고려할 때까지 한국 정부의 재정 및 회계정책에 대한 주한미사절단의 영향력을 유지하기 위해 대충자금 방출이 필요하다는 주한ECA의 주장을 받아들였다.[113] 즉 98억 원의 대충자금 방출은 어디까지나 과도기적 방출이었고 ECA는 이를 통해 한국 정부가 안정화 정책을 계속 수행해야 한다는 압력을 넣고자 했다.

또한 이때 기존에 확립되지 않았던 대충자금 지출 절차도 논의되었다. 주한ECA 처장 번스는 대충자금 지출 절차를 확립하고 사용 목적에 따라 보조금과 대출금 형태로 취급하며, 회계 통제를 강화하여 지출된 대충자금에 대한 ECA의 통제력을 확보하고자 했다.[114] 이 제안은 대충자금 지출에 대한 주한ECA의 향후 구상을 보여준다. 무엇보다도 ECA는 한미경제안정위원회를 국무총리와 함께 대충자금 전체 사용계획을 심사하고 통과시키는 기구로 자리매김 하려고 했다.[115] 대충자금 지출절차 확립과 함께 기존의 분과위원회 체제가 9개 상임위원회로 개편되었다. 9개 상임위원회 목록은 예산 및 조세(기부금 제거 포함), 은행 여신 및 정부 부채, 농림, 가격 및 배급, 외국환 외국무역 및 외자 도입, 광공업 및 귀속재산 처리, 교통 및 체신, 계획(통계포함), 행정조직이었다.[116]

일련의 제도 개편은 말할 것도 없이 위원회에 대충자금과 관련한 권한을 부여하여 위상을 유지하고 장기적으로 안정화 정책을 관철하려는 의도였다고 생각된다. 장기적인 안정화 정책이란 곧 앞서 서술한 바와 같은 경제구조 조정을 의미했다. 그러나 이와 같은 장기적 전망은 곧 한국전쟁의 발발로 무산되어버리며 ECA가 한미경제안정위원회를 통해 관철시키려고 했던 안정화 정책의 과제는 전쟁이 끝난 후로 넘어가게 된다.

이처럼 위원회는 주한ECA가 한국 정부의 경제정책에 직접적으로 개입하기 위한 매개체로 설립한 기구였다. 위원회는 1950년 1월 말부터 6월 사이 실행된 한국 정부의 모든 경제정책을 실질적으로 작성할 만큼 중요한 위상을 가졌다. ECA는 위원회의 활동에 원조계획의 성패가 달려 있다고 생각할 만큼 그것을 중요하게 생각했다. 한국 정부는 위원회의 역할을 ECA만큼 중요하게 생각하지 않았지만, 물가 상승과 미가 위기 속에서 자체적인 인플레 대책이 부재했기 때문에 위원회의 활동에 협력할 수밖에 없었다. 무엇보다도, 위원회의 위상을 유지시킨 것은 미본국의 강력한 압력이었다. 위원회는 이를 통해 한국 정부의 거의 모든 경제정책을 '안정화 정책'이란 이름으로 작성하고 실행했다.

위원회를 통해 실행된 안정화 정책은 재정 합리화와 가격 현실화로 요약할 수 있으며 그것은 3년 안에 국제수지 적자를 해소하기 위한 대내 조정적 성격을 가졌다. 이는 한국의 구체적 경제 현실에 대한 ECA의 판단에서 기인했다. 안정화 정책에서 통화량 조절을 통한 화폐 안정책은 초기 정책 수단이었다. ECA는 치안 및 국방비를 극적으로 삭감할 수 없고, 한국 정부의 가격통제가 재정 적자를 키우며 특정 집단에게 '은폐 보조금'을 제공한다고 판단했다. 그러나 위원회의 안정화 정책은 당시 인플레이션의 최대 원인이 치안 및 국방비라는 현실을 그대로 인정했다는 모순을 지녔다. 이승만 정권 때 재정 운영의 불합리성은 상당 부분 분단과 반공국가라는 정치사회적 구조에서 발생했기 때문에 국방 및 치안비 지출의 필요성을 그대로 인정하면서 재정 운영을 완벽히 합리화할 수는 없었다. 즉, ECA 원조가 가진 정치적 목표는 위원회가 안정화 정책을 추진해나가는 과정에서 한국의 경제 안정과 국제수지 균형 달성이라는 원조의 경제적 목표를 근본적으로 제약하는 조건으로 작동했다.

한편 가격 현실화 등 자유시장 정책의 효과와 한계는 더 면밀히 따져볼 필요가 있다. 안정화 정책으로 인플레이션 경향은 완만히 줄어들었다. 그러나 한국전쟁의 발발로 안정화 정책이 장기적으로 경제에 미칠 영향을 판단할 만한 절대적 시간이 부족했다. 명확한 것은 안정화 정책이 인플레이션 해결이란 명목 아래 3년 안에 원조계획의 목표를 달성하기 위한 대내 조정적 성격을 가졌다는 점이다. 그것을 위해서는 한국 경제의 구조를 급속히 개편할 필요가 있었다. 그러나 이는 중소상공업자, 수출업자, 도시 서민층 및 농민의 희생을 가져올 수 있었다. 또한 당시 대부분의 한국인들은 전면적인 자유시장 정책보다는 일정 정도의 가격통제와 생산통제를 원했고, 전기·가스·석탄 등과 같은 중요 산업의 국·공영과 귀속재산 처리의 공공성 등이 광범위한 사회적 합의를 이루고 있었기 때문에 위원회의 안정화 정책은 당시의 사회적 요구와 거리가 있었다는 한계를 가졌다.

1960년대까지 한국의 경제정책은 미국의 강한 영향력 아래 만들어졌다. 한미경제안정위원회는 한국 경제에 체계적으로 개입하려는 미국의 최초 시도이자 경제 운영에 대한 한미 간 이견이 처음으로 드러난 장이었다. 무엇보다도 한미경제안정위원회는 단기간에 경제 전반에 걸친 한미 간 입장이 압축적으로 표출된 공간이었다. 위원회에서 논의된 개별 사안은 독립적이 아니라 서로 긴밀히 연관되어 양측의 거시경제적 입장을 형성했다. 따라서 한미경제안정위원회가 설립된 배경과 그것이 실행한 정책의 맥락을 살펴봄으로써, 구체적 실상에 근거한 미국의 거시경제적 요구와 한국 정부의 딜레마를 이해할 수 있다. 이 시기 위원회를 통해 나타난 재정구조, 가격 수준, 외환 통제권, 환율 등의 쟁점과 미국의 안정화 요구는 전쟁 발발 이후에도 계속되었다. 한국 정부는 때로는 미국의 요구를 수용하고 때로는 거부하면서 경제정책을 형성했다. 결국 위원회를 통한 정책 조정 시도는 1953년 12월 한미 간 〈경제재건과 재정안정계획에 관한 합동경제위원회 협정〉 체결을 통한 합동경제위원회의 설치로 귀결되었으며 합동경제위원회 내부에서 나타난 한미 간 쟁점은 한국전쟁 이전과 유사한 양상을 보인다. 이 글에서 살펴본 한미경제안정위원회의 정치·경제적 맥락이 1950~60년대 한국의 발전 전략과 한미관계의 본질을 해명하는 데 일정 정도 기여하기를 기대해본다. •권혁은

주석

1부 점령정책(1945~1948)

1장 주한미군정의 점령정책과 법률심의국의 활동

[1] USAMGIK, HQ, Selected Legal Opinion of the Department of Justice; Opinion rendered in the role of Legal Adviser to the Military Government of Korea, and covering a period from March 1946, to August 1948, 1948. 12.

[2] 대다수 국제법학자들은 헤이그규약의 43조는 점령국에 대한 '광범한 일반금지조항'이라는 점에 동의하고 있다. 이에 관해서는 Eyal Benvenisti, *The International Law of Occupation*, Princeton Univ. Press, 1993, 제2장 〈The Framework of the Law of Occupation〉 참조.

[3] 헤이그규약은 비준국들이 자국의 군대에 대해 새로운 전쟁법을 배포, 교육시킬 의무를 부과하고 있다. 이에 따라 미 육군부에서 발간한 '야전교범 27-10 Field Manual 27-10 Rules of Land Warfare, 1940'(이하 FM 27-10으로 표기)에 그 내용이 반영되었다. 한편 헤이그규약과 군사 점령 경험에 따른 점령군의 민사업무 수행에 관한 '야전교범 27-5Field Manual 17-5 U.S Army and Navy Military Government and Civil Affairs, 1940'(이하 FM 27-5로 표기)이 1940년에 발간되었고 1943년 12월 수정판이 나왔다.

[4] 미국의 남한 점령에 관한 법률적 분석을 담고 있는 이 짤막한 문서는 유엔한국임시

위원단에는 제출되지 못했다. Ernst Frankel, 〈Structure of United States Army Military Government in Korea〉, 정용욱 편, 《해방 직후 정치사회사 자료집》 2권, 다락방, 1994, 200쪽.

5 〈한국의 미군 점령지역 내 민간 행정업무에 대하여 태평양 방면 미군 최고사령관에게 보내는 기초지령〉(이하 〈기초지령〉으로 표기), 1945. 10. 13. 김국태, 《해방 3년과 미국》, 돌베개, 1984, 85쪽.

6 정병준은 이 결정을 "인공 부인, 총독부 체제의 부활"이라고 평가했다. 정병준, 〈남한 진주를 전후한 주한미군의 대한 정보와 초기 점령정책의 수립〉, 《사학연구》 51호, 3장.

7 정용욱, 앞의 자료집, 198쪽.

8 김국태, 앞의 책, 78, 133, 147쪽. 국무장관 번스는 11월 21일 앳치슨에게 보내는 전문에서 탁치 및 소련의 극동자문위와 함께 고려되어야 하기 때문에 현 시점에서 공동선언은 고려될 수 없다고 통보했다. 국무부는 앳치슨의 요청이 있기 전부터 이 문제에 대해 다각도로 준비를 해왔는데, 11월 21일 돌연 이 문제를 전면 보류시킨 이유는 확인할 수 없다. 895.01/11−1645, 〈Termination of Japan's Sovereignty over Korea〉.

9 프랭켈, 앞의 글; 정용욱, 앞의 자료집, 206~267쪽.

10 1941년 8월 14일의 대서양헌장은 '영토 비합병의 원칙'을 천명했다. 대서양헌장의 원칙은 1942년 1월 1일에 연합국 공동선언으로 계승되어 미·영·소·중을 포함 47개국이 참가했다. 高野雄一, 〈領土〉, 《平和條約の綜合研究》, 國際法學會 編, 有斐閣, 1952, 113~114쪽.

11 점령국의 권한을 비교적 제한적으로 해석하는 것은 주로 국제법학자들의 입장이다. 이에 관해서는 벤베니스티의 앞의 책 제2장 〈The Framework of the Law of Occupation〉 참조.

12 점령 초기 점령 당국의 자유재량권 문제를 구체적인 점령정책에 적용한 대표적인 연구자는 이혜숙이다. 이혜숙, 〈미군정의 경제정책에 대한 정치사회학적 연구〉, 서울대 사회학과 박사학위논문, 1992, 151, 121~124쪽.

13 Wilbur L. William & William Wall O'hearn, *History of United States Army Military Government in Korea*, Part II. p. 22(이하 《미군정사》로 표기).

14 신복룡 편, 《한국분단사 자료집》 III-2, 원주문화사, 1991.에 수록된 〈Manual of Military Government Organization and Function〉의 1쪽(이하 〈군정 매뉴얼〉로 표기).

15 《미군정사》 Part II. p. 10.

16 기획처는 군정법령 81호에 의해 1946년 5월 17일 공식적으로 폐지되었다. 미군정청, 《미군정청 관보》(이하 《관보》로 표기) 1권, 원주문화사, 1992, 305쪽.

17 관방Secretariat의 부서들은 점령 당국이 인수할 시점에서는 과課section로 불리다가 법령 64호(46. 3. 29)에 따라 처處office로 변경되었다. 《관보》 1권, 242쪽.

18 《주한미군사》 3권 2장, 93~100쪽.

19 《미군정사》 Part II, p. 21.

20 46년 초반 군정기구 개편의 특징에 대해서 김운태는 "행정기능의 확대와 군정청의 점진적인 권력 집중 및 복잡한 중앙집권적 관료제 형성을 의미"한다고 평가하는데, 이는 바꾸어 말한다면 전 사회에 대한 국가의 강력한 통제력 확보를 위한 체제 개편이라고 할 수 있을 것이다. 김운태, 《미군정의 한국통치》, 박영사, 1992, 196쪽.

21 〈군정 매뉴얼〉, 49~50쪽.

22 177호 〈총무처의 역사〉(46. 4. 3), 《선집》, 38쪽.

23 《선집》, 134쪽.

24 〈견해〉 382, 420, 674, 718, 786, 503, 610, 1038, 1391, 1560호.

25 489호 〈Vesting of Property of Korean Agriculture Association Distinction between National and Property of Local Authorities〉(46. 7. 15), 《선집》, 129쪽.

26 47년 3월 중앙경제위원회의 〈Vested Property in Korea〉는 심의국의 이러한 법리 창출이 그대로 적용되고 있음을 보여준다. 이혜숙, 앞의 논문, 157쪽.

27 김국태, 앞의 책, 95~103쪽.

28 "귀속재산에 관하여 불변의 원칙을 정할 수 없는 법적·정치적 문제점으로 인해, 원칙에 입각한 행정이라기보다는 조령모개식의 편의적 수단에 의존하게 만들었다." 〈견해〉 1126호(47. 8. 11), 《선집》, 337쪽.

29 599호 〈귀속재산에 대한 부채를 지불해야 할 의무〉(46. 9. 10), 《선집》, 165쪽.

30 지령의 제목은 〈Payment of Obligations by Juridical Persons Affected by Vesting of Japanese Property under Ordinance No. 33〉(46. 4. 27), 《관보》 1권, 773쪽.

31 귀속재산에 대한 채무변제 가능성을 검토하고 있는 〈견해〉들은 이외에도 37·139

호가 있는데 모두 불가능함을 판정하고 있다.《선집》, 9·29쪽.

32 군정법령 33호 〈일본 재산, 권리의 군정에로의 귀속〉(45. 12. 6).

33 1038호,《선집》, 301쪽.

34 1069호에서는 소청 문제가 이미 군정 관리들의 의무조항이 되었으며, 이를 위해 군정 관리들이 거쳐야 할 절차가 내부 지침(47년 4월 15일자 Circular #48) 형태로 확정되었음을 지적하고 있다.

35 실제 소청에 필요한 비용을 점령비용으로 처리하여 일본으로부터 배상받는 일은 발생하지 않았다. 박원순, 〈일본의 전후 배상정책과 그 실제〉,《한일협정을 다시 본다》, 민족문제연구소, 아세아문화사, 1995, 263쪽.

36 남한 단정론이 구체화되는 시점에서 전술군과 군정 사이의 손해배상 문제가 심도 깊게 논의되고 또한 가급적 소청이 허용되는 방향으로 판단되었다는 사실은 이후 수립될 남한 정부와의 마찰을 염두에 두었을 가능성을 배제할 수 없다. 1947년 5월 이후 미국의 '단정안單政案' 대두에 관해서는 정용욱, 앞의 논문 4장 〈미소공위의 결렬과 단정안의 현실화〉 참조.

37 2)-④에 대한 〈견해〉 1004호는 소청 문제와 관련하여 '군정 대 피고용인'과 '전술군 대 피고용인'의 관계가 다르다는 것을 강조하고 있다.《선집》, 293쪽.

38 전체 〈견해〉 가운데 국적 판정을 다루고 있는 것은 모두 22건이 확인된다.

39 67호 〈법령 33호. 일본인과 일본법인 혹은 일본인이 통제하는 법인의 정의〉(46. 4. 25),《선집》, 13쪽.

40 〈견해〉 923호에는 "전쟁 기간 동안 '적국 국민'에게 부과되는 모든 제한으로부터 한국인들은 면제되었다"라는 언급이 나오는데, 이는 아마도 태평양전쟁 개전 이후 미국 내 일본인의 재산을 동결한 조치에서 한국인들이 제외되었던 점을 지칭하는 것으로 보인다.《선집》, 261쪽; 구대열, 앞의 책, 50쪽.

41 미국의 일본 점령 당시 재일한국인들은 외국인(비적국민)으로 취급되지 않고, 패전 국민으로 취급받았는데, 그렇다고 해도 이들은 완전한 일본국민으로서 권리를 인정받지도 못했다. 일본 내 조선인에 대한 연합군 최고사령부의 정책에 대해서는 정인섭,《재일교포의 법적 지위》, 서울대학교출판부, 1996, 21~31쪽.

42 1269호 〈일본 내 한국인들의 지위. 카이로 협정과 포츠담 선언의 영향〉(47. 10. 22),《선집》, 376쪽.

43 《선집》, 54쪽.

44 군사위원회는 자질 있는 법률가 1인을 포함한 3인 이상으로 구성되는 데에 반해, 헌병재판소는 1인 이상의 장교만으로 구성이 가능하기 때문에 법원으로서 헌병재판소의 자질은 믿을 수 없는 것이었다. 심의국에서 '상세하고 예측 가능한 세부 법령'이 필요하다고 한 것은 재량권을 위임할 하부 기관이 그러한 전문적 능력을 갖추고 있는지 회의적이었기 때문이었다. Records of the U. S Department of State Relating to the Internal Affairs of Korea, 1945~1949. Reel No. 6에 수록된 〈Draft of Study on the Administration of Justice in Korea under the Japanese and in South Korea under the United States Army Military Government in Korea to 15 August 1948〉(이하 《초고》로 표기), 25쪽.

45 국제법상 주권정부로 인정받는 '법률상de jure의 정부'와 '사실상de facto의 정부'는 구분되는데, 심의국에서는 주권정부로서의 주한미군정의 지위를 법률상의 정부가 아닌 사실상의 정부라는 표현으로 대신했다. 점령 기간 동안 한반도에는 법률상의 정부는 존재하지 않았다.

46 대표적인 것이 바로 행정구역의 변경, 조약(차관 도입 문제 등) 체결, 군대 창설 등을 들 수 있다. 주권정부의 권한에 대해서는 핵워스, 앞의 책, 109~115쪽을 참조.

47 〈표 1〉 외에도 주한미군정의 주권정부로서의 권한과 관련되지만 직접 그러한 내용을 언급하지 않는 〈견해〉는 302호(제주도의 신설), 548호(정부의 민간재산 몰수권한), 1373호(북한을 비롯한 외국과의 무역허가) 등이 있다.

48 커밍스는 상부 정책과 구분되는 의미에서 현지 점령 당국의 정책을 '하위 정책low policy'으로 표현하고 있는데, 이는 신탁통치계획과 대비되는 현지 군정의 '봉쇄적 조치'들을 의미하는 것이다. 이에 관해서는 브루스 커밍스, 박의경 옮김, 〈서론: 한미관계의 경과, 1943~1953〉, 《한국전쟁과 한미관계 1943~1953》, 청사, 1987, 187쪽 참조.

49 군정 지휘부의 정책 결정 요청과 하부 기관의 행정재량권 사이에 대한 심의국 판단은 종종 모호한 경우가 많다. 필자는 이를 구분하는 기준으로 첫째, '정책 승인policy approval' 혹은 '정책 결정policy decision'이란 용어가 포함된 경우와 이 용어가 사용되지 않더라도 내용상 동일한 결론을 내리는 경우, 둘째, 질의자가 군정 지휘부(군정장관－군정장관대리－민정장관)이면서 답변 내용에 '법률적 문제가 아님'이라고 판단한 경우, 셋째, 특정 기관의 재량권을 인정하지 않으며, 또한 내용상 질의기

관에 대한 재량권 부여로도 볼 수 없으며, 관련 기관을 추론할 수 없는 경우 등은 모두 '군정 지휘부의 정책 결정 요청MOP'에 포함시키기로 한다.

50 필자가 점령 당국의 '자유재량권'으로 포괄하고자 하는 범위는 식민지시기 총독부가 보유했던 통치기구로서의 권한과는 구분된다. 즉, 심의국이 식민지시대의 직무규정, 관례를 들어 해당 사건의 관할권을 특정 기관에게 주거나, 특정 기관의 처분에 전적으로 맡기더라도 이 경우는 '자유재량권'의 범위에서 제외했다.

2장 '10월 항쟁'과 '조미朝美공동회담'

1 정해구, 《10월 인민항쟁 연구》, 열음사, 1988, 89쪽.

2 조선은행조사부, 《경제연감》 1, 1949, 298~304쪽.

3 허수, 〈1945~46년 미군정의 생필품 통제정책〉, 《한국사론》 31, 1995, 291~312쪽.

4 정해구, 앞의 책, 144~147쪽.

5 허종, 〈해방 직후 경남지방의 민족국가 수립운동과 10월 항쟁〉, 《경남사학》 20집, 1997, 69쪽.

6 《조선일보》 1946. 10. 3.

7 《서울신문》 1946. 10. 5.

8 정해구, 앞의 책, 147쪽.

9 서중석, 《한국 현대민족운동 연구》, 역사비평사, 1991, 459쪽.

10 미군정청 중앙 행정기구의 고위관리들 중 유억겸兪億兼, 조병옥趙炳玉, 이훈구李勳求, 이용설李容卨은 일제의 식민지 지배정책과 침략전쟁을 지지, 옹호했던 조선임전보국단, 시국대응전선사상보국연맹 등의 친일단체에서 활동했다. 친일관리의 기용은 중하위직으로 내려갈수록 더욱 많았는데 사법부, 검찰, 경찰, 군은 오히려 고위직일수록 일제강점기 관리의 비율이 현저히 높았다. 1946년 5월 현재, 경위 이상 경찰간부 1,153명 가운데 945명이 일제강점기 경찰 출신으로 전체의 82퍼센트를 차지했다(허종, 《반민특위의 조직과 활동》, 선인, 2003, 31~52쪽).

11 미군정의 관리 충원 원칙에 대해서는 박태균, 〈8·15 직후 미군정의 관리 충원과 친일파〉, 《역사와 현실》 10, 1993. 참조.

12 《시카고 선Chicago Sun》지 기자 마크 게인Mark Gain은 "적극적으로 개입했는데도 불구하고 단 한 명의 미국인도 피해를 보지 않았다는 것은 놀라운 일이었다"고 회

고했다(마크 게인, 《해방과 미군정》, 까치, 1986, 65쪽).

13 《동아일보》 1946. 10. 15.

14 조사는 10월 4일부터 10월 30일 사이에 대구와 경북 지역, 그리고 서울에서 이루어졌다(심지연, 《대구 10월 항쟁 연구》, 청계연구소, 1991, 24~25쪽). 이들 보고서는 심지연, 앞의 책, 125~418쪽에 전문 번역되어 실려 있다.

15 WNRC, RG 332, Records of U. S. Theaters of War, WWⅡ, U. S. Army Forces in Korea, ⅩⅩⅣ Corps, G-2, Historical Section(이하 〈군사실 문서철〉), 상자번호 62, 〈입법의원 구성에 관한 사건일지〉(날짜 미상).

16 알버트 E. 브라운, 〈1946년 10월 4일 알버트 E. 브라운 소장이 행한 대구 소요사태 조사보고서〉, 1946. 10. 5; 알버트 E. 브라운, 〈1946년 10월 1~10일 사이에 한국 내 보병 제6사단 지역에서 발생한 폭동과 무질서〉, 1946. 10. 14(심지연, 앞의 책, 179~190쪽; 125~138쪽). 브라운이 2차 조사에서 확보한 16개 항목의 소요 원인은 2장 1절에서 조미공동회담의 14개 의제와 비교하여 상세히 살펴볼 것이다.

17 24군사령부 헌병참모실, 〈대구사태 보고서〉, 1946. 10. 26; 24군 사령부 감찰참모실, 〈한국 대구에서 발생한 소요사태에 관한 조사보고서〉, 1946. 11. 22(심지연, 앞의 책, 138~116, 163~418쪽).

18 각 정당 간담회는 10월 항쟁의 진상규명과 대책 수립을 위해 1946년 10월 16일 이래 신진당新進黨, 청우당靑友黨, 인민당人民黨(31인 측), 한국독립당, 신민당新民黨(대회파), 공산당(대회파), 사회민주당, 독립노동당, 민족혁명당 등 9개 정당이 중심이 되어 결성되었다. 10월 23일에는 기왕의 9개 정당 외에 새로이 재미한족연합회와 한국민주당 탈당파에서도 참가하여 11개 정당·단체의 간담회로 확대되었다(《조선일보》 1946. 10. 24; 《서울신문》 1946. 10. 24).

19 《서울신문》 1946. 10. 5; 《동아일보》 1946. 10. 18.

20 조헌영, 〈영남소요의 진상-원인-대책〉, 《재건》, 1947. 2.

21 《독립신보》 1946. 11. 1.

22 《경향신문》 1946. 11. 2.

23 《조선일보》 1946. 10. 23.

24 《조선일보》 1946. 10. 26.

25 《조선일보》 1946. 10. 25.

26 〈군사실 문서철〉, 상자번호 62, 〈입법의원 구성에 관한 사건일지〉(날짜 미상).

27 《조선일보》 1946. 10. 26.

28 《조선일보》 1946. 10. 24.

29 이상이 회담 구성원으로 초기부터 지속적으로 참가하고, 회의록에 출석 여부가 기록되는 인물들이다. 여운형 대리 이임수李林洙와 좌우합작위원회 비서 황진남黃鎭南, 송남헌宋南憲 등도 참석했지만 이들 모두를 대표로 볼 수는 없다(《조선일보》 1946. 10. 24; 송남헌, 《해방삼년사 Ⅱ》, 까치, 1985, 384쪽).

30 1946년 10월 9일, 여운형은 인민당 서기장을 통해 좌우합작에 대해 "개인 자격으로 교섭하여 오던 것이 당 확대위원회의 지지를 받았으므로 이제부터는 개인 문제가 아니요 인민당의 노선으로 삼고 적극 추진하겠다"고 밝혔고(《동아일보》 1946. 10. 10), 같은 달 12일 김성숙金星淑은 조선민족해방동맹 중앙서기장의 명의로 "박건웅朴建雄 동지는 처음부터 개인 자격으로 합작을 추진시켰고 좌익을 대표한 일은 없다. 그러나 지금 와서 본 동맹은 박 동지의 합작에 관한 활동을 승인하고 지지한다"는 성명을 발표했다(《조선일보》 1946. 10. 13).

31 《서울신문》 1946. 11. 6.

32 《서울신문》 1946. 9. 15.

33 《서울신문》 1946. 9. 5; 1946. 10. 23.

34 군정청 설립 후 군정 수반은 군정장관Military Governor을 정점으로 군정장관대리 Deputy Military Governor, 민정장관Civil Administrator, 그리고 국장-과장 순으로 이어졌다(국방부 군사편찬연구소, 《韓美軍事關係史》, 2002, 213쪽). 따라서 러취, 헬믹, 존슨은 당시 군정청 직급상 서열 1, 2, 3위의 핵심 인물들이었다.

35 정용욱, 〈미군정의 중도정책과 군정 내 추진기반〉, 《동양학》 25, 1995, 162~163쪽.

36 여운형은 10월 7일 8번째 납치사건 이후, 서울대학병원에 입원한 상태였다. 여운형은 회담 1차 회의부터 신병을 이유로 불참했고, 11월 8일 있었던 12차 회의에 처음으로 모습을 드러내 11월 18일 16차 회의까지 다섯 차례 회담에 참석했다. 이러한 여운형의 행보는 신병 문제도 있었지만, 앞서 살펴본 것처럼 입법의원 법령 발표 이후 좌우합작위원회에서 이탈한 것과 관련이 깊다(《동아일보》 1946. 10. 10; 《조선일보》 1946. 10. 17).

37 〈조미공동회담 회의록〉, 1946. 10. 23(《자료집》 12권, 7~346쪽. 이하 〈회의록〉으로 약칭).

38 박헌영, 〈10월 인민항쟁〉, 《동학농민란과 그 교훈》, 해방사, 1946(심지연, 앞의 책, 57~77쪽).

39 〈회의록〉 1946. 10. 28.

40 〈회의록〉 1946. 10. 29.

41 〈회의록〉 1946. 10. 30.

42 〈회의록〉 1946. 10. 31.

43 〈회의록〉 1946. 11. 1.

44 〈회의록〉 1946. 11. 4.

45 《서울신문》 1946. 11. 3.

46 경남 군정장관 질레트Francis E. Gillette에 따르면, 군정의 감독하에 시행된 선거는 보수파에 대한 지지율이 80퍼센트가량 되었으나, 군정의 감독이 없으면 항상 공산주의자에 대한 지지율이 80퍼센트가량 되었다(740.00119 Control(Korea) 〈경남 군정장관 질레트와 국무성 관리의 대담 비망록〉, 1946. 7. 2).

47 법령 118호 8조, '동의원 의원의 선거방법'은 "각 리里, 정町은 대표 2명씩을 선거하고 자玆 리, 정 대표들은 각 소속 면, 읍 또는 구區 대표 2명씩을 선거하며 자玆 면, 읍, 구 대표들은 각 소속 군郡 또는 부府의 대표 2명씩을 선거하고 자玆 군 또는 부 대표들은 각 소속 도道 인구 할당에 의하여 의원 도道 대표들을 선거"하는 4단계의 간접선거 방식을 규정했다.

48 마크 게인, 앞의 책, 69~70, 92~95쪽.

49 10월 26일, 버취는 마크 게인에게 다음과 같이 말했다. "선거 자체의 성격으로 봐서 45명의 민선의원은 늙고 반동적인 인물들일 것입니다. 나머지 45명의 관선의원들이 전체적인 균형을 이루게 할 것입니다"(마크 게인, 앞의 책, 70쪽). 선거 결과가 나온 다음 랭던이 국무장관에게 보낸 전문에는 다음과 같은 내용이 들어 있었다. "행정관리들은 압도적으로 우파이다. 그리하여 선거를 위한 행정적 준비는 그들 수중에 달려 있었다. 그리고 그들의 편파적 경향을 일면으로 하고 이 선거에 대한 지방 좌파들의 무조직과 무관심을 다른 일면으로 하여, 우파의 압도적 다수 선출은 기정사실이었다"(740.00119 Control(Korea) 〈랭던이 국무장관에게〉 1946. 11. 3).

50 〈회의록〉 1946. 10. 28.

51 〈회의록〉 1946. 10. 30.

52 〈회의록〉1946. 11. 1.

53 〈회의록〉1946. 11. 4.

54 《경향신문》《서울신문》《조선일보》《동아일보》1946. 11. 3; 1946. 11. 4.

55 〈회의록〉1946. 11. 1.

56 맥그린의 증언에 따르면, 당시 전체 경찰 수는 2만 4,964명으로, 이는 맥그린이 경찰 책임자로 부임한 45년 11월의 1만 7,000명에 비해 1년 만에 50퍼센트 가까이 증가한 수치였다. 해방 직후 일본인을 포함한 경찰 수가 약 2만 3,000명이었고, 이 중 9,000명가량이 한국인이었으며 이들 중 5,000명가량이 45년 11월, 경찰에 남아 있었기 때문에 46년 11월 현재 약 2만 5,000명의 경찰 중 적어도 20퍼센트인 5,000명이 일제 경찰 출신임을 알 수 있다. 그러나 일제 경찰 출신 비율은 고위직으로 갈수록 높아져 139명의 서장 중 75퍼센트에 달하는 104명이 일제 경찰 출신이었다(〈회의록〉1946. 11. 5).

57 마크 게인, 앞의 책, 68쪽.

58 12차 회의가 있던 11월 8일, 조병옥은 사안을 극비로 하고 무장경관 50명과 강릉으로 떠남으로써 강릉 지역에 중요한 사건이 발생한 느낌을 주었다. 그러나 다음날 경무부는 "강릉 지방 산속에 많은 폭도가 잠복하고 있다는 말은 일종의 유언이었으므로 아무런 일도 없이 당일로 돌아왔다"며 "조 부장만은 기위 출장한 김에 강원도를 순시하고 4, 5일 후에 돌아올 예정"이라고 밝혔다(《서울신문》1946. 11. 9; 1946. 11. 10).

59 내무부 치안국, 《한국경찰사 Ⅰ》, 1972, 950쪽; 《조선일보》1946. 9. 21; 〈Who's who in Korea, 1948. 1. 1〉《자료집》3권, 13~14쪽).

60 〈회의록〉1946. 11. 12. 장택상의 이러한 태도는 11차 회의에 제출한, 경무부 비평에 대한 답변서에서 예견된 것이었다. 장택상은 경찰의 일제하 전력에 대하여 "1919년 3월 19일에 모스크바에서 열린 공산주의 회의에서도 전직 제국주의 군軍 관리들을 적군赤軍의 훈련을 위해 고용하기로 결정했다"고 변호하면서, "왜 우리는 단지 빵과 버터의 필요 때문에 일본인에게 협력하도록 강요받았던 한국인 경찰들을 용서하지 못할까?"라고 반문했다. 또한 "경찰은 어떤 정당과도 제휴하지 않는다"며 "경찰의 몇몇 개인들은 나쁠 수 있지만 체제 자체는 완전히 민주적이고 반일적反日的"이라고 주장했다(〈회의록〉1946. 11. 7).

61 조병옥은 1946년 4월 30일에 확보한 통계에 따라, 경찰 전체로 보면 일제 경찰 출

신이 23퍼센트이지만 관리자급은 그 비율이 60퍼센트에 달한다며 경찰 내에 일제 경찰 출신이 많음을 인정해야 한다고 말했다(〈회의록〉 1946. 11. 14).

62 〈회의록〉 1946. 11. 14.

63 조병옥, 《나의 회고록》, 민교사, 1959, 172쪽.

64 최능진에 대해서는 안진, 〈미군정청 경무부 수사국장 최능진〉, 《미군정기 억압기구 연구》, 새길, 1996, 245~269쪽 참조.

65 〈회의록〉 1946. 11. 15; 《서울신문》 1946. 12. 5; 1946. 12. 24.

66 〈회의록〉 1946. 11. 15.

67 〈회의록〉 1946. 11. 18. "보고서는 현재 있어서는 안 될 민간인 폭동civil fighting에 대한 선동이 있다는 것을 지적한다"는 원세훈의 발언으로 미루어, 로빈슨 대령의 보고는 10월 항쟁이 소련의 선동과 관련 있다는 내용을 담고 있었을 것으로 추정된다.

68 〈회의록〉 1946. 11. 19; 1946. 11. 21.

69 건의안 전문은 HUSAFIK 3, pp. 382~385 참조.

70 〈회의록〉 1946. 11. 21; 11. 22; 11. 25; 11. 26.

71 WNRC, RG 338, Records of U.S. Army Field Commands, 1940~1952, U.S. Army Forces in Korea File and Lt. Gen. John R. Hodge Official File, 1944~1948, Entry 11071(이하 〈주한미군사령부 하지장군 문서철〉), 상자번호 4, 〈브라운이 하지에게 보내는 비망록〉 1946. 11. 20.

72 장택상 해임 투표 결과 8대 2로 해임 건의가 결정되었는데, 기존 의견으로 미루어 이날 참석자 10명 중 반대표를 던진 2명은 헬믹과 존슨이 분명했다. 러취는 11월 15일부터 신병 문제로 회의에 불참했기 때문에 투표에 참여하지 못했다. 브라운, 번스, 웨커링, 그리고 원세훈, 안재홍, 최동오, 장권, 박건웅은 모두 장택상 해임에 찬성하는 입장이었다(〈회의록〉 1946. 11. 26).

73 〈회의록〉 1946. 11. 29.

74 최봉대, 앞의 책, 102~106쪽.

75 〈회의록〉 1946. 11. 29.

76 〈회의록〉 1946. 12. 3.

77 〈회의록〉 1946. 12. 10.

78 《조선일보》 1946. 12. 2.

79 《경향신문》 1946. 12. 8.

80 〈회의록〉 1946. 12. 9.

81 〈회의록〉 1946. 12. 10.

82 〈군사실 문서철〉, 상자번호 83, 〈하지가 웨드마이어에게 보내는 비망록〉(날짜 미상).

83 〈주한미군사령부 하지 장군 문서철〉, 상자번호 4, 〈브라운이 하지에게 보내는 비망록〉 1946. 11. 20.

84 정용욱, 《미군정자료연구》, 선인, 2003, 331쪽.

85 조병옥, 《나의 회고록》, 민교사, 1959, 143~152쪽.

86 군정청 인물이었던 헬믹과 존슨은 조병옥과 장택상 해임에 모두 반대했다. 장택상도 자서전에서 하지가 자신과 조병옥이 김규식보다 이승만을 지지하는 데 큰 불만을 갖고 있었으나, 다른 인물로 갈아치운다면 치안을 유지하기 어려우리라는 사실을 잘 알고 있었다고 회고했다(장병혜·장병초 편, 《대한민국 건국과 나》, 창랑 장택상 기념사업회, 1992, 74~79쪽).

87 《경향신문》 1947. 3. 5; 1947. 3. 9.

88 《경향신문》 1947. 5. 9.

89 《서울신문》 1947. 5. 14.

90 '친일파 등 처벌법'의 수정 과정에 대해서는 김영미, 〈미군정기 남조선과도입법의원의 성립과 활동〉, 《한국사론》 32, 1994, 284~288쪽 참조.

91 《경향신문》 1947. 11. 28.

92 김영미, 앞의 논문, 291쪽.

93 《경향신문》 1947. 11. 29.

94 민족자주연맹에 대해서는 도진순, 〈1947년 중간파의 결집과정과 민족자주연맹〉, 《한국사학논총》 하, 1992, 499~528쪽 참조.

3장 점령과 분단의 설득기구—미군정 공보기구의 변천

1 일본에서는 이를 '패전'이 아닌 '종전 선언'이라 부른다. 이는 일본이 전쟁에서 패했다는 사실을 드러내지 않으면서, 미국의 원폭 투하로 인해 히로히토 천황이 전쟁을 끝내기로 결단, 즉 '성단聖斷'을 내렸다는 의미를 부여하기 위한 것이다. 이 방송에서 히로히토가 읽은 '종전 조서'는 실제 항복 선언문이지만, 이 조서에 패전이

나 항복이라는 단어는 나오지 않는다. 이러한 인식은 일본이 전쟁 가해자로서보다는 원폭 피해자로서 스스로를 인식하고 그 기억을 재생산하는 데 일조하고 있다.

2 "공보"와 "선전"의 의미 및 정의에 대해서는 Laura A. Belmonte, *Selling the American Way*, University of Pennsylvania Press, 2008, p. 7, pp. 9~49; Leonard William Doob, *Public Opinion and Propaganda*, Holt, 1948, pp. 231~232; 안토니 R. 프랫 카니스, 엘리엇 아론슨 저, 윤선길 외 역, 《프로파간다 시대의 설득전략》, 커뮤니케이션북스, 2005, 10~11쪽 참고. 주한미군 군사실 문서철, 상자번호 42, Office of Civil Information 〈Purpose and Function of OCI〉, 1948. 3. 17. 문서에는 "한국인들에게 정보를 알리는 일은 중요한 일이다. 우리의 프로그램은 public information, civil information, 재교육reorientation, 성인교육, 프로파간다 등으로 다양하게 불린다. 그러나 나는 이를 프로파간다로 부르는 것을 두려워하지 않으며, 아주 효과적이고, 사실적으로 정직한 미국 선전캠페인을 실시하려 한다"는 언급이 있다.

3 Laura A. Belmonte, 위의 책, p. 7.

4 당시 한반도 북쪽은 소련이, 남쪽은 미군이 점령했지만 이것이 분단국가 수립을 의도한 것은 아니었다. 1947년 7월 냉전이 본격화되기 전까지 미국의 대한정책 기조는 분단국가 수립이 아니라 신탁통치 실시였다. 제2차 세계대전이 끝나기 직전 미국의 대한정책은 한반도의 행정을 담당하는 국제 민간행정기구를 만들고 미·소 등의 강대국이 한동안 신탁통치를 실시한다는 것이었다. 이는 1945년 12월 미국·영국·소련 외무상이 회합한 모스크바 3상회의에서 국제 민간행정기구를 설립하는 대신, 한반도에 조선임시정부를 수립하고 한동안 미·영·중·소가 신탁통치를 실시한다는 것으로 바뀌었다. 즉, 1945년 12월 모스크바 3상회의 이후부터 1947년 7월 이전까지 미국 대한정책의 핵심은 조선에 임시정부를 수립하고 신탁통치를 실시한다는 것이었으나, 남북한 내 정치세력이 분열, 대립하여 조선임시정부 수립에 실패했고, 그 이후에는 냉전으로 미·소 협조가 불가능해져 미국의 대한정책은 남한 단독정부 수립으로 선회했다. 신탁통치 및 해방 전후 미국의 대한정책의 기조에 대해서는 정용욱, 《해방 전후 미국의 대한정책: 과도정부 구상과 중간파 정책을 중심으로》, 서울대출판부, 2003, 1장 참조.

5 주한미군 군사실 문서철, 상자번호 39, 〈History of the Department of Public Information (An Outline)〉(이하 〈History of DPI〉로 표기), 1948, 4, pp. 18~19.

6 "국사편찬위원회 한국사데이터베이스 한국근현대인물자료http://db.History.go.kr/"에서 '공보부' 및 성명으로 검색; 미 군정청, 《미군정청관보》 1~4권, 원주문화사, 1992; 안진, 《미군정기 억압기구 연구》, 새길, 1996, 164쪽; 허은, 〈미국의 대한문화 활동과 한국 사회의 반응〉, 고려대학교 사학과 박사학위논문, 2004, 44~48쪽; 〈설정식군 미국유학〉, 《동아일보》 1937. 7. 8; 〈공보부 기구 확충〉, 《동아일보》 1946. 10. 9; 〈김길준씨 輪禍로 별세〉, 《동아일보》 1951. 7. 18; 〈박종만씨 충남지사 김길준씨 공보국장으로〉, 《동아일보》 1946. 7. 12.

7 〈History of DPI〉, 1948, pp. 8~10.

8 전라남도 공보과의 경우 1946년한 해 동안 정당과 단체 263개를 등록했고, 70건의 모임을 허가했다. 또한 정당들의 모임에 관해 81건, 강연회에 대해 50건, 정당과 단체의 개시에 대해 67건, 정치단체의 전단배포에 대해 54건, 입법의원 선거에 대해 52건 등을 보고했다. 이러한 정보들은 공보담당자들이 관공리들 및 여러 정당의 지도자들과 최대한 여러 차례 회의를 열어 수집했으며, 이를 도 군정장관에게 제출해 서울로 보고했다. 국사편찬위원회 편, 《한국현대사 자료집성: 미군정기 군정단 · 군정중대 문서》 51, 2000~2001, 539~541쪽.

9 모스크바 3상회의 결정 소식이 국내에 전달된 후 이에 대한 김구와 중경 임시정부, 이승만과 한민당, 중도우파, 중도좌파, 조선공산당 등 주요 정치세력의 입장과 목적에 대해서는 서중석, 《사진과 그림으로 보는 한국현대사》, 웅진지식하우스, 2006, 40~44쪽 참조.

10 신탁통치 파동과 관련한 미군정의 언론조작은 정용욱, 〈1945년 말 1946년 초 신탁통치 파동과 미군정—미군정의 여론과 공작을 중심으로〉, 《역사비평》 62, 2003. 참조.

11 김영희, 〈미군정기 미디어 접촉의 성격과 영향〉, 한국언론학회 광복60주년기념학술회의, 2005, 100~115쪽.

12 1947년 2월 19일자 《동아일보》 기사에는 공보부 고문으로 스튜어트 및 민간인 공보전문가들이 발령되었다는 기사가 실렸는데, 이들은 1946년 말 스튜어트와 함께 내한한 것으로 보인다. 이 기사에서는 '찰쓰 엘 컬트멘스' 가 미국 정부에서 보도 관계 사무에 종사했고 중국 각지에 있어 동북아시아 사정에 밝았으며, '윌리암 헨리 라이안' 은 뉴욕 아메리칸과 허스트계 신문의 주필을 역임했고 맥아더사령부에서 라디오와 영화 관계 업무의 최고 책임자로 있었다고 밝혔다. 〈뉴맨 대좌 승진, 후임

에 신문인 출신인 육씨六氏가 부임〉, 《동아일보》 1947. 2. 19.

13 〈History of DPI〉, pp. 8~16; 〈공보부 기구 확충〉, 《서울신문》 1946. 10. 9.

14 이 전단은 농민들에게 도시노동자와 같이 쌀을 생산하지 않는 사람들도 먹어야 한다 는 점을 상기시켜 그들이 미곡수집 및 배급 정책에 협조하도록 의도한 것이었다. 어 떤 전단은 유토피아를 약속하던 '선동가들'에게(강조는 필자) 속은 사람들이 그들의 행동이 어리석은 것이었음을 깨달았다는 내용을 선전했다. 이 보고서는 전단을 이용 한 이러한 역선전이 선동가들의 파괴적인 활동을 공격하는 데에 필요하고 적합하다 고 보았다. 주요 도로에서 떨어져 있어서 전술부대가 자주 들리지 못하는 많은 농촌 들에는 미곡수집계획에 대한 정보가 매우 부족하기 때문이라는 것이다. 또한 무지한 자들은 쉽게 공산주의 '노선'에 빠지므로 군정 정책의 참뜻이 널리 살포되어야 하 며, 이는 현재 진행 중이라고 보고되었다. 〈G-2 Weekly Report〉 No. 63, p. 395.

15 주한미군 군사실 문서철, 상자번호 42, 〈Public Relations: Relations with Korean〉(이 하 〈Public Relations〉로 표기), p. 11.

16 주한미군 군사실 문서철, 상자번호 42, From James L. Stewart, PRO, USAFIK To CG, XXIV Corps 〈Propaganda Plan〉, 1947. 4. 14; 〈History of DPI〉, 1948, p. 18.

17 주한미군 군사실 문서철, 상자번호 42, 〈Report on the History and Growth of the Office of Civil Information〉, 1947. 11. 10.

18 1947년 12월 초부터 공보원은 문교부에 성인교육을 위한 교재를 제공했다. 교재의 내용은 미국의 이데올로기가 반영된 것으로서, 강의 주제는 '민주주의의 에센스', '유엔은 무엇인가', '미곡수집', '투표', '공동체 문제 해결하기' 등과 '가마니' '향 상된 농산물 생산' 'James' Brave Deed(첫 전염병 예방접종에 대한 기사를 담은 잡지)' 등 군정 정책 홍보를 위한 것이었다. 이러한 공보원의 성인교육 교재 공급 활동은 선 거공보가 본격화하면서 축소되었다.

19 하지 장군 문서철, 상자번호 74, To Hodge, 〈A Combined Report of the Office of Civil Information (USAFIK) and the Department of Public Information (USAMGIK)〉, 1947. 12. 23.

20 주한미군 군사실 문서철, 상자번호 42, 〈Purpose and Function of OCI〉, 1948. 3. 17.

21 인원, 간행물 수, 공보원이 도달한 한국인 수 등의 지표로 측정했을 때, 1947년 11 월 1일의 활동 규모를 100이라고 한다면 1948년 5월 10일의 규모는 250 이상이었

다. 〈Public Relations〉, 1948, p. 37.

22 부산지부 활동 내용은 질레트 문서, From John Newman, DAC Manager, Pusan Branch Office of Civil Information To Director, Office of Civil Information, USAFIK 〈Special Report on Election Publicity in Kyongsang Namdo by Office of Civil Information, Pusan Branch〉, 1948. 5. 12.

4장 미군정의 면방직 공업정책과 그 영향

1 면방직공업은 동력을 사용하는 기계를 갖춘 공장에서 면사·면직물 등의 면제품을 생산하는 것을 의미한다. 면방직공업은 실을 뽑는 방적Spinning공업과 실을 엮어 직물을 만드는 직조·직포Weaving공업으로 나뉜다.

2 일제 식민지기 섬유공업의 발달과 변천에 관해서는 다음의 연구 성과를 참조. 권태억, 《한국 근대 면업사 연구》, 일조각, 1989; 김경남, 〈1920·30년대 면방직공업의 일관생산체계의 완성과 노동조건의 변화: 4대 면방직회사를 중심으로〉, 부산대학교 사학과 석사학위논문, 1992; 김경남, 〈1930·40년대 면방직공업 재편성의 본질〉, 《지역과 역사》 2호, 1996; 김형모, 〈한국의 면작棉作 면업경제에 관한 연구: 일제하 전남 지역을 중심으로〉, 전남대학교 농업경제학과 박사학위논문, 1991; 배성준, 〈1930년대 일제 섬유자본의 침투와 조선 직물업의 재편〉, 《한국사론》 29호, 1993.

3 해방 당시 남한에는 14개의 대규모 면방직공장 외에도 수백 개에 달하는 중소 면방직공장이 존재했다. 그렇기에 대공장의 상황이 곧 면방직업계 전반의 상황을 보여주는 것이라고 단정하기는 어렵다. 그러나 자료의 제약으로 중소 공장의 현황을 파악하기 어렵고, 식민지기 이래 대공장이 면사와 면포 같은 주요 면제품의 대부분을 생산했다. 여기서는 이를 고려하여 대공장을 중심으로 미군정기 면방직공업계의 상황을 분석한다.

4 조선은행 조사부, 《경제연감》, 1949, 45쪽; 대한방직협회, 《협회창립 10주년 기념지》 I, 1957, 64~65쪽.

5 기료품은 방직 설비에 쓰이는 특수한 부속 자재다. 일반적인 기계 부속품이나 생산 보조 자재와는 달리 소모되기 때문에 정기적인 교체가 필요하다.

6 김국태 역, 〈한국의 미군 점령 지역 내 민간 행정업무에 대하여 태평양 방면 미군최고사령관에게 보내는 최초 기초지령SWNCC 176/8: Basic Initial Directive to the

Commander in Chief, U. S. Army Forces, Pacific, For The Administration of Civil Affairs in Those Areas of Korea Occupied by U. S. Forces 1945.10.13.〉,《해방 3년과 미국》 I, 돌베개, 1984, 94~95쪽.

7 미국의 대한정책에 대해서는 다음 책 참조. 정용욱,《미국의 대한정책》, 서울대학교 출판부, 2003; 이혜숙,《미군정기 지배구조와 한국사회》, 선인, 2009.

8 RG 332, box 44, 〈The Present Economic Status of South Korea〉, 1~3쪽(국사편찬위원회 소장 자료, 이하 '국편'으로 표기).

9 본고에서 미군정이 발표한 각종 법령의 공표 일시와 내용은 다음의 책을 참고했다. 한국법제연구회 편,《미군정 법령 총람》, 1971.

10 미군정은 다른 적산에 비해 비교적 일찍 면방직공장을 접수했다. 이는 당시 일본인 소유 기업에서 활발히 벌어지고 있는 노동자들의 자주관리운동과 이를 주도하는 좌파세력에 대응하기 위한 것으로 보인다. 자주관리운동에 참여한 노동자들은 일제가 남긴 물적 유산을 한국인이 운영해야 한다고 생각했기에 미군정의 귀속재산 정책과 마찰을 빚었다. 미군정의 귀속재산정책과 노동자 자주관리운동에 대해서는 다음을 참조. 김기원,《미군정기의 경제구조》, 푸른산, 1990; 김무용, 〈해방 직후 노동자 공장관리위원회의 조직과 성격〉,《역사연구》 3, 1994.

11 《동아일보》 1946. 3. 20.

12 대한방직협회, 앞의 책, 1957, 61쪽; 조선은행 조사부, 1949, 앞의 책, I ~113쪽.

13 대한방직협회, 앞의 책, 1957, 61쪽.

14 미군정의 식량정책과 1946년 초 식량위기에 대해서는 다음을 참고. 김점숙, 〈미군정의 식량정책과 도시민의 삶〉,《사학연구》 61호, 2000; 최영묵, 〈미군정의 식량생산과 수급정책〉,《역사와 현실》 22호, 1996.

15 《동아일보》 1945. 12. 19;《동아일보》 1945. 12. 31;《동아일보》 1946. 3. 30~31.

16 RG 332, box 34, 〈Special Seoul Supplement〉 1946. 3. 18(국편).

17 SCAP(Supreme Commander for Allied Powers·연합군 최고사령부), *Summation of Non-Military Activities in Japan and Korea*(일본과 한국에 있어서 비군사적 활동에 관한 요약) 4호(1946. 1), 1946(이하 *Summation*으로 표기).

18 RG 554, Department of Commerce: Administrative & Miscellaneous, 〈General Summary Report〉 1946. 2. 28, p. 1.

19 1946년 10월 16일에 작성된 문서는 미곡 수집에 성공하기 위해 미군정이 취해야 할 행동을 제안했는데, 보상물자 지급은 두 번째 항목이었다. RG 338, Entry 11070, box 71, ⟨Critical Economic Weaknesses Requiring Immediate Action/ Programs Designed to Increase the Economic Self−Sufficiency of South Korea⟩, 3쪽(국편).

20 미군정기의 물가상승을 불러온 근본 원인은 통화량 팽창이었다. 해방 직후 일본인과 조선인의 예금 인출이 증가했고 청산자금이 필요했던 일제는 통화를 남발했다. 조선은행권 발행고는 8월 15일 49억에서 8월 말에는 79억, 9월 말에는 86억으로 급증했다(조선은행조사부, 《조선경제연보》Ⅰ, 1948, 228쪽). 다만 전반적인 물가상승 추세 속에서 직물가의 상승률은 무척 높았다. 따라서 직물 가격이 상승한 데에는 통화량 팽창 이외의 다른 원인도 작용했다고 봐야 할 것이다.

21 조선은행 조사부, 《조선경제연보》Ⅲ, 1948, 119쪽.

22 《서울신문》 1946. 2. 3.

23 조선은행 조사부, 《조선경제연보》Ⅰ, 1949, 45쪽.

24 《동아일보》 1945. 12. 25; 《동아일보》 1946. 2. 5; 《서울신문》 1946. 3. 9.

25 미군정은 1946년 하순 포괄적인 경제안정화계획을 시행했다. 면방직공업 정책 또한 경제안정화계획의 일환이었다. 김점숙은 미군정이 재정 적자와 미군 주둔비를 통화 발행으로 충당하는 상황에서 통화가치나 재정을 안정시키기 위한 계획은 실행할 수 없었다고 지적하며, 경제안정화계획이 물가 안정을 중심으로 진행되었고 구체적으로는 물자수급정책이었다고 보았다. 경제안정화정책 및 물자수급정책의 시행 배경과 구체적인 내용에 대해서는 다음을 참조. 김점숙, ⟨미군정과 대한민국 초기 물자수급정책 연구⟩, 이화여대 사학과 박사학위논문, 2000, 14~17쪽.

26 Wilbur L William & William W. O'Hearn, *History of United States Army Military Government in Korea, Period of September 1945 to 30 June 1946*(이하 History of USAMGIK으로 표기), The Statistical Research Division, The Office of Administration, USAMGIK, 1946 Part Ⅰ, 160쪽.

27 김점숙, 앞의 논문, 37쪽.

28 *History of USAMGIK*, Part Ⅰ, p. 165.

29 김국태 역, ⟨트루먼 대통령이 육군성 장관(패터슨)에게 보낸 서한 1946. 6. 6⟩, 앞의 책, 1984, 327~328쪽.

[30] *History of USAMGIK*, Part Ⅰ, p. 165.

[31] RG 554, Bureau of Commerce, 〈Import-Export program 1 July 1946 to march 1947〉, Memorandum From Archer L. Lerch To Supreme Commander for the Allied Powers, 1946. 4. 25. 동봉문서, 〈Economic Plan for Korea〉, p. 1(국중).

[32] 운영부가 상무부 소속 기관으로 설립되었다는 것 외에 운영부의 정확한 편제를 알려주는 자료는 없었다. 운영부 자료는 방직과Section of Textile 문서철에 포함돼 있고, 운영부 책임자는 방직과의 미국인 고문이었다. 또한 운영부의 영문명은 Sub section으로 과Section의 하위 부서를 의미한다. 이러한 사실로 미루어 볼 때 운영부는 방직과의 하위 조직으로 보는 것이 타당할 것이다. 지금까지 미군정의 귀속재산 정책과 관련해 귀속재산 운영권이 일차적으로 관재처에 있었고, 관련국局에서 대리 운영했음이 밝혀졌다. 다만 구체적으로 공업국에서 귀속기업체나 공장을 어떻게 운영했는지는 규명되지 않았다. 방직공장 운영부는 귀속기업체가 관리되는 구체적인 양상을 보여주는 사례이다.

[33] RG 554, History of Textile Bureau-Dept. Commerce, 〈History of Bureau of Textile〉, p. 5(국중); RG 554, Department of Commerce: LaPlante's Final Draft, 〈Department of Commerce〉, p. 56(국중).

[34] 경제 통제정책의 시행 배경과 관련 기구의 정비 등에 대해서는 다음 논문 참조. 허수, 〈1945~46년 미군정의 생필품 통제정책〉, 서울대학교 국사학과 석사학위논문, 1995, 33~44쪽.

[35] 조선은행 조사부, 《경제연감》 Ⅱ, 1949, 34쪽.

[36] RG 554, Dept. of Commerce-Early File: Industry Bureau, 〈Telegram to SCAP〉, 1946. 12. 9(국중).

[37] GARIOA 원조는 2차 세계대전 이후 독일·일본·남한 등 미국 점령 지역에서 기아·질병·사회불안 등을 방지하여 민생 안정과 경제부흥을 도모하기 위해 제공되었다. 원조는 물품 형태로 제공되었으며 비료나 식료품이 주종을 이루었다. 미군정이 필요한 물자를 본국에 청구하고 수입품의 대금결제는 미국 정부가 대신 지불했다. 정용욱, 2003, 앞의 책, 417쪽.

[38] 서문석, 〈해방 직후 섬유업계 고급기술자들의 활동 연구〉, 《경영사학》 21, 2006, 5쪽.

[39] 《동아일보》 1946. 2. 5.

[40] RG554, History of Textile Bureau−Dept. Commerce, 〈History of Kanebo〉, p. 1 (국중).

[41] 《동아일보》, 1946. 8. 7; RG554, Outline: History of Commerce Dept. Part I , 〈Outline of History of Commerce〉, p. 8(국중).

[42] RG554, History of Textile Bureau−Dept. Commerce, 〈History of Bureau of Textile〉, p. 8~10.

[43] 미군정이 면화 수집가격을 인하한 이유로는 재정 부족, 수집자금 방출로 인한 통화 팽창 외에도 면제품의 생산가격을 낮추기 위한 의도가 있었다. 1946년 당시 미군정 내에서 면화가격 인하를 강하게 주장한 것은 방직과의 미국인 고문이었다. 운영부 소속 공장은 국내산 면화로 면제품을 생산했고, 이는 국가기구를 통해 낮은 가격으로 배급되었다. 이러한 구조 속에서 면화 수집가격의 인상은 면제품 가격의 인상을 불러오고, 방직공장의 이윤을 저하시키게 된다. 이에 방직과를 중심으로 가격 인하 논의가 시작됐다. 수집가격 인하에 대해 농무부는 강하게 반발하며, 수집가격을 18원으로 인상할 것을 요구했지만 면화 수집가격은 인상되지 않았다. 《동아일보》 1946. 12. 17.

[44] 미군정의 면화 수집정책이 실패한 데에는 10월 항쟁의 영향도 무시할 수 없다. 항쟁으로 면화 수집이 연기되었고 농민들이 미군정에 호의적이지 않았다. 조선은행 조사부, 《조선경제연보》 I , 1948, 305쪽.

[45] 미군정은 농민이 직접 소비한 면화량을 전체 수확량의 30~40퍼센트 정도로 추산했다. United States Armed Forces in Korea, History of th United States Armed Foreces in Korea, Manuscript in Office of the Choef of the Military History, Washington D. C.(《주한미군사》 1~4권, 돌베개 영인 간행, 1988. 이하 《주한미군사》로 표기) 4, Part Ⅲ, Chapter Ⅵ, p. 224.

[46] RG 554, History of Textile Bureau−Dept. Commerce, 〈History of Bureau of Textile〉, p. 8(국중); 한국일보사, 《재계회고》 3권, 1981, 132쪽.

[47] 김기원, 《미군정기의 경제구조》, 푸른산, 1990, 118쪽.

[48] RG 332, box 41, 〈The Economic Objectives of the Occupation〉, p. 9(국편); RG 332, B0x 41, 〈The Present Economic Status of South Korea〉, p. 20~21; RG 554, Dept. of Commerce−Early File: Industry Bureau, 〈No. 97: Industry: Records〉, 1947. 7. p. 4, p. 1(국중).

49 남조선과도정부 상무부, 앞의 책, 1947, 172쪽.

50 조선방직협회, 앞의 책, 1957, 11쪽.

51 이혜숙은 점령 초기의 현상유지정책이 1947년 2차 미소공동위원회 결렬을 계기로 적극적인 경제원조와 자본주의체제를 확립하려는 정책으로 변화했다고 본다(이혜숙, 2009, 앞의 책, 71~75, 83~99쪽). 하지만 실제 미군정의 경제정책은 군사적·경제적 원조를 통해 남한 사회의 안정을 추구하는 정책으로 나타났다. 따라서 1947년의 경제정책의 변화는 대한정책의 전반적 기조가 바뀌었음을 의미하는 것은 아니다(정용욱, 〈1947년의 철군 논의와 미국의 남한 점령정책〉, 《역사와 현실》 14, 1994, 224쪽). 면방직공업에 있어서도 본문의 내용처럼 신규 설비의 수입과 설치보다는 미설치 상태였던 설비들을 설치하는 것으로 나타났다.

52 이들 공장 외에 직포 생산량을 확인할 수 있는 것은 1958년의 통계밖에 없다. 방적공장에서 판매된 면사는 양말과 장갑, 타월 등을 생산한 업체에서 60퍼센트를 소비했고, 직포 부문에서는 28퍼센트만이 소비되었다. 대한방직협회, 《방협월보》 1월호, 1949, 126쪽.

2부: 점령기 한국사회(1945~48)

1장 '조선정판사사건'을 보는 또 다른 시각

1 이 글은 2005년 10월 15일, 서울대학교 현대사자료연구회에서 발표한 발표문을 수정한 것이다.

2 정판사사건은 경제 관련 통사류 및 언론사 연구 등에서 간략히 언급되는 것을 제외하면, 2000년 이전까지 본격적인 연구는 석사학위논문 한 편(김경란, 〈조선정판사 위조지폐사건〉, 성신여자대학교, 1999)이 유일하다. 이 외에 르포성이지만 〈국제첩략: 위폐공작〉, 《국제문제》 44, 극동문제연구소, 1974; 조풍연, 〈위조지폐의 금석수昔〉, 《동아춘추》, 1962. 등이 있다. 2015년 박사학위논문이 출간되기도 했다. 임성욱, 〈미군정기 조선정판사 위조지폐사건 연구〉, 2015, 한국외국어대 박사학위논문.

3 상대적으로 학문적 접근이 소홀한 '정판사사건'의 개요는 소설가 겸 현대사 저술가 안재성이 가장 잘 정리하고 있다. 안재성, 〈이관술: 1920~1950〉, 《사회평론》, 2006.

안재성은 이 책에서 '정판사사건'이 우익의 정치적 목적에 따라 조작되었다는 점을, 〈석명서〉와 좌익지인 《현대일보》에 게재된 관련 기사들을 중심으로 재구성했다. 구체적인 전거와 각주를 생략하고 있다는 점 외에는 '정판사사건'에 관한 가장 상세한 내용을 담고 있다. 최근에 출간된 임성욱의 박사학위논문도 정판사사건의 개요를 주요 일간지를 따라 잘 정리해놓고 있다.

4 5월 8일 근택빌딩 수색과 함께 관련 공산당원들의 체포가 이뤄졌기 때문에, 최초의 보도가 나온 것은 5월 10일이었다. 이때만 하더라도 '조선공산당'이라는 당명은 명시되지 않았고, 신문보도 역시 '뚝섬 위폐사건'과 함께 처리되었기 때문에 《동아일보》를 제외한 다른 신문들에서는 정치적 의미를 크게 부각하지 않았다.

5 이유를 알 수 없지만, 체포된 14인 가운데 이한영, 안순규, 이정상, 김영관, 이정환 등 5인은 기소 단계에서 제외되었다. 안순규는 공판 과정에서 고문에 따른 강제 증언 논란을 불러일으킨 끝에 위증죄로 정판사사건 판결이 끝나기도 전에 실형을 선고받았다.

6 《서울신문》 5월 10일 자에 따르면 뚝섬 위폐사건으로 체포된 용의자는 이원재 외 3인으로 나와 있는데, 이후 정판사사건과 함께 송국送局될 당시 뚝섬 위폐사건 관련 피의자 명단에서 이원재는 제외되어 있다.

7 《동아일보》는 공보부의 특별성명으로 '정판사사건'이 공개되기 닷새 전에 이미 구체적인 물증과 조공朝共 관련 사건이라는 점을 명시하는 특종을 했다(〈대규모의 위조지폐사건 발각〉, 《동아일보》 1946. 5. 10). 모스크바 3상회의 관련 오보에서 이미 확인된 바 있듯, 《동아일보》는 당대의 여타 신문들과는 다른 '고위급 취재원'을 갖고 있음이 이 사건에서도 확인된다.

8 공보부 발표 다음날인 16일, 1관구 경찰청에서는 위폐 액수의 규모를 900만 원으로 정정, 발표했다.

9 이 가운데에는 경기도 공산당위원회Communist Committee 명의로 각 군郡에 발송된 1946년 3월 10일 자 〈긴급명령 1호〉도 포함되어 있다. CIC는 비슷한 시기 좌익지 《인천신문》에 대해서도 압수·수색을 진행, 재정 장부를 통해 차입된 자금의 출처를 파악하고자 시도했다. G-2 Periodic Report, No. 228, 1946. 5. 15.

10 공소 제기 당시 제출된 전체 기록 2,279쪽에 달하는 분량을 매 공판 시 검토한 날짜와 그날그날 검토된 문서의 분량, 재판부, 검사, 서기 등의 명칭과 함께 표로 정리

한 것이라고 설명되어 있다.

11 선고 공판의 내용을 기록한 것이다.

12 이 자료는 "1947년 6월"이라고만 되어 있고 수신자가 누구인지 표기되어 있지 않다.

13 RG 554, Records of General Headquarters, Far East Command, Supreme Commander, Allied Powers and United Nations Command, Unites States Army in Korea, Adjutant General, General Correspondence(Decimal Files), 1945~1949, Entry 1370, box 50.

14 법원 연락장교court liaison officer는 미군정 사법부Dept of Justice 소속으로 중앙의 사법부가 지방 및 각급 법원의 운영을 통제, 감독할 수 있는 유력한 수단 가운데 하나였다. 기본적으로 법원은 한국인 법원과 미군 법원(헌병재판소, 군사법원 등)으로 구성되어 있었는데, 한국인 법원에 대한 군정의 통제 수단은 재판을 한국 법원에 배정할 것인가 미 군사법원에 맡길 것인가의 판단에서부터, 재판부 교체까지 다양했다. 따라서 현재까지의 자료로는 확인할 수 없지만, 정판사사건을 포함하여 모든 형사사건의 경우 수사 과정에서의 미국의 작용(경무국·CIC)은 물론이고 재판 과정에서의 군정의 역할(법원 연락장교 및 사법부 관리)까지 고려해야만 온전한 의미를 파악할 수 있을 것이다.

15 아울러 〈석명서〉가 "대법원 상고 과정에서 제기되었던 쟁점들을 단순히 정리해놓고 있을 뿐"이라는 설명도 달아놓고 있다. '정판사사건'의 변호인단이 대법원에 상고를 제기한 것은 앞에서도 본 것처럼 공판 직후였지만, 대법원에서 이 상고가 어떻게 검토, 기각되었는지 자세한 내막은 거의 보도되지 않았다.

16 한영욱, 백석황, 강혁선, 이경혁, 강중인, 조평재, 김용암, 윤학기(이상 타이핑, 이하는 자필서명) 유영윤, 한영욱, 백석황, 강혁선, 강중인, 김용암, 이경용, 유영윤. 이 가운데 강중인, 백석황 등은 '법원 프락치사건'으로 검찰에 체포되어 재판을 받았고, 조평재는 월북했다.

17 정판사사건의 재판이 진행되던 1946년 10월의 심급제도는 일제의 전시戰時 특례가 여전히 적용되어 2심제로 운영되고 있었다. 주한미군정은 선거를 앞둔 48년 4월 1일 공포한 〈군정법령의 폐지 및 관계 법령의 개정〉을 통해 3심제를 회복시켰다.

18 이와 관련해서는 검찰의 경찰 출장조사가 불법이냐 아니냐를 두고 법률적 다툼이 있었는데, 보다 정확한 사항은 식민지시기 경찰–검찰의 수사체제와 관행에 대한 검토

가 뒤따라야만 할 것이다. 다만 미군정은 정판사사건이 발생하기 두 달 전이던 1946년 3월 11일, 경찰지령을 통해 "도주 우려가 없는 경우는 48시간, 도주 우려가 있는 경우는 10일 동안 영장 없이 피의자를 감금할 수 있고, 그 외에는 즉각 석방해야 할 것"이라는 내용의 명령을 하달한 바 있다. Police Directive, 〈Detention of Suspects and Accused Persons〉, *History of United States Army Forces in Korea III*, pp. 309~310.

19 흥미로운 것은 피고들은 경찰에 의해 이미 고문을 받은 다음에는 검찰의 조사에서도 "경찰이 옆방에 있었기 때문"에 범죄사실 자백을 번복하지 못했다고 주장하며, 나아가서 담당 검사들 역시 고문을 했다고 주장한다는 점이다. 이 사건의 담당 검사는 일찍부터 반공검사로 이름을 날린 조재천과 '사도법관'이란 별칭을 갖고 있는 김홍섭이었다. 한데 김홍섭은 정판사사건이 끝난 직후 돌연 검사복을 벗었다.

20 〈석명서〉는 경찰과 검찰이 작성한 피의자 심문조서 27건을 인용하고 있지만, 현재 이 심문조서의 실물은 발견되지 않았다. 아울러 30여 회에 걸친 공판기록이 전부 남아 있지 않기 때문에, 변호인 측의 이 같은 심문조서 요약이 정확한지 여부를 확인하기는 어려울 것이다. 그러나 〈석명서〉가 제출된 시점에서는 언제라도 확인 가능한 심문조서 관련 사항을 조작하거나 왜곡했다고 짐작하기는 어렵다.

21 검찰은 논고 요지를 통해서 "없는 범죄사실을 고문에 의하여 허위 자백하게 되는 경우도 있겠지만, 있는 범죄사실을 용이히 명백하지 않음으로 고문의 방편에 의하여 진실을 자백시키는 경우가 보통일 것이다.……고문행위 자체가 별개의 형사 문제가 될 뿐이지, 엄존한 범죄사실이 없어지는 것은 아니다"고 하여, 설혹 고문이 있었다고 하더라도 재판에 문제될 것이 없다는 입장을 취했다(《위폐사건 공판기록》, 대건인쇄소, 1947, 24쪽). 기록에 따르면 이 논고 요지를 읽은 것은 김홍섭이지만, 조재천이 작성했으리라 추측된다.

22 〈석명서〉에 따르면 15회 공판에 증인으로 출석한 매글린Maglin 경무부장 고문은 "만약 증거로 제시된 100원권 징크판이 증거 효력을 상실하게 된다면 이 사건은 완전히 다른 문제를 제기할 것"이라고 답변했다고 한다. 여기서 〈석명서〉가 사건의 정치적 성격이 아니라 증거로 제출된 물건들의 증거 효력 여부에 집중하는 이유를 짐작할 수 있다.

23 증거로 제출된 징크판 9장의 발견 장소가 어디인지 현재로서는 정확하지 않다. 〈석명서〉는 징크판들이 김창선의 집에서 발견되었다고 하지만, 당시 경찰의 발표로는

징크판 1벌(3장)만 김창선의 집에서 발견된 것으로 되어 있다. 당시 신문이나 현재 확인할 수 있는 간략한 재판기록에 의하면 징크판이 정판사 압수수색 과정에서 발견된 것인지의 여부는 불확실하다. 1946년 5월 10일 작성된 CIC의 문서는 이 징크판들이 뚝섬사건의 주모자 중 한 명인 양승구楊承九의 집에서 발견된 것이라고 기록하고 있다(HQ CIC, 〈Counterfeiting, Communist Ties With〉, 10 May 1945. RG 554, box 16).

24 이 위폐 33장의 출처가 어디인지, 〈석명서〉에서는 정확히 설명하고 있지 않고 공판기록에도 자세하지가 않다.

25 재판부는 압수된 33장의 정판사 위폐와 수사 기간에 경찰과 검찰이 시험적으로 정판사에서 직접 인쇄한 지폐(분량은 불명)를 서로 비교하기 위해서 모두 증거로 인정했다.

26 위조지폐 제작 과정 및 제작된 위폐의 진위 문제를 판별하면서, 〈석명서〉는 당시 인쇄기술의 세부적인 사항을 인용하며 길고 복잡하게 설명하고 있다. 이 부분은 해당 인쇄술에 대한 전문적인 식견 없이는 쉽사리 판단하기 어렵고, 필자 역시 최종적인 판단은 유보할 수밖에 없다.

27 필사로 액수를 적으려는 의도인지 알 수 없지만, 원문에는 액수를 적을 수 있을 정도의 공간을 비워 놓고 실제 써 넣지는 않았다. 혹은 〈석명서〉를 통해서 조선공산당의 비밀 회계장부의 내용 및 수입 규모가 노출되는 것을 우려한 결과일 수도 있다.

28 강진은 공판에 출두하여 "조공의 회계 문제는 전적으로 박헌영 계열들이 독점해 중앙위원인 자신마저 알 수 없었다"고 진술한 바 있다.

29 이 점은 〈석명서〉가 소홀히 다루고 있지만 당시의 경제규모와 관련하여 좀 더 구체적인 조사가 필요한 부분이다. 1,200만 원 상당의 위폐가 거금이었음은 분명하지만, 살인적 인플레를 감안한다면 이 정도 규모로 경제 교란이 가능했을지는 다른 문제이다.

30 미군 정보참모부에서는 사건 초기부터 '정판사사건'의 범행 동기 혹은 간접 정황 가운데 하나로 북한으로부터 차입되는 조선은행권의 존재에 주목하면서 남한 내 좌익의 활동자금 출처에 촉각을 곤두세우고 있었다. 이는 미군정 정보계통의 대소관對蘇觀을 잘 반영하는 것으로, 남한 내 좌익 활동을 범죄시할 뿐 아니라 그 배후를 북한(소련)으로 의심한 것이다(G-2 Periodic Report, No. 226, 5월 13일; No. 244, 6월 4일; No. 247, 6월 7일; No. 284, 7월 22일).

31 〈석명서〉는 뚝섬사건의 실체와, 김창선이 이 사건과 관련되어 있는 것을 인정하였

다. 김창선은 뚝섬사건 관련자들에게 징크판을 판매한 사실을 공판에서 인정하기도 했는데, 〈석명서〉에서는 결국 재판부에 제출된 모든 증거는 '뚝섬 위폐사건'의 증거라고 주장하는 셈이다.

32 이관술과 박낙종, 송언필을 제외하면 나머지는 위폐제조 모의 및 인쇄 당시(45년 10월 및 12월경)까지도 조선공산당의 정식 당원이 아니었다.

33 1945년 9월 30일 현재 조선은행권 발행 잔액은 86억 8,000만 원이었다. 불과 한 달 보름 전인 8월 14일(46억 3,900만 원) 대비 80퍼센트나 증가한 액수였다. 이 같은 사상 초유의 조선은행권 증발의 원인은 종전 후 일본인들의 예금 인출 사태와 일본 정부 청산자금 지급이 격증했기 때문이었다. 한국은행 편, 《한국금융경제연표 (1945~2000)》, 한국은행, 2000, 45쪽. 조선은행권의 발행 잔액은 1946년 말에 177억 원, 1947년 연말에는 334억 원에 달했다.

34 1945년 연말 서울의 도매물가는 동년 6월 대비 17.2배로 폭등했다. 한국은행, 앞의 책, 47쪽.

35 G-2 Periodic Report, No. 315, 1946. 8. 28.

36 G-2 Periodic Report, No. 248, 1946. 6. 8.

37 HQ CIC, 〈Counterfeiting, Communist Ties With〉, 10 May 1945. RG 554, box 16.

38 이호룡, 〈신채호, 민족해방을 꿈꾼 아나키스트〉, 《내일을 여는 역사》 15호, 236쪽. 세계사에서도 위조지폐를 비정규전의 일환으로, 심리전의 수단으로 삼아 조직적이고 대규모로 시도한 사례는 없지 않았다. 러시아혁명 당시 백군과 1930년대 중국의 주요 은행권 등에서 주로 선전과 선동을 목적으로 지폐 형태의 선전물을 제작 배포한 사례가 있었고, 독일 역시 공중살포용 삐라를 파운드화와 달러화 등으로 제조해서 살포한 바 있다. 영국과 미국 역시 이탈리아·독일·일본을 상대로 심리전의 일환으로 지폐 형태의 삐라를 살포했다. OSS는 말레이, 미얀마 등지의 작전에서 사용하기 위해서 상당 규모의 위조지폐를 제작하여 작전경비 등으로 지출한 바도 있다. 다음 사이트 참조. http://currency_den.tripod.com/War_Counterfeits/war.html#2

2장 점령시대를 보는 엇갈린 시선

1 해방 직후 정치사 연구 경향에 대해서는 다음의 글들을 참고. 역사문제연구소 해방 3년사 연구모임, 《해방 3년사 연구 입문》, 까치, 1989; 한국역사연구회 편, 《한국역

사입문》 3, 까치, 1996, 제7편; 정용욱, 〈미·소의 대한정책과 군정 연구〉, 《한국사론》 27, 국사편찬위원회, 1997.

2 이용기, 〈미군정기의 새로운 이해와 '사회사'적 접근의 모색〉, 《역사와 현실》 35호, 2000.

3 김영미, 《동원과 저항: 해방 전후 서울의 주민사회사》, 푸른역사, 2009; 이용기, 〈19세기 후반~20세기 중반 동계洞契와 마을자치─전남 장흥군 용산면 어서리 사례를 중심으로〉, 서울대학교 박사학위논문, 2007.

4 정용욱, 《해방 전후 미국의 대한정책》, 서울대학교출판부, 2003, 9장 참고.

5 남한 정치세력의 활동에 대해서는 다음 연구 참고. 도진순, 《한국 민족주의와 남북관계》, 서울대학교출판부, 1997; 서중석, 《한국 현대 민족운동연구》, 역사비평사, 1991.

6 RG 332, United States Armed Forces in Korea XXIV Corps, G-2 Historical Section, Records Regarding USAMGIK, U. S.-U. S. S. R. Relation in Korea, and Korean Political Affairs, 1945~1948(국사편찬위원회 소장).

7 RG 59, Records of the Wedemeyer Mission to China.

8 Sodei Ringiro(袖井林二郎), *Dear General MacAthur: Letters from the Japanese during the American Occupation*, Rowman & Littlefield Publishers, Inc., 2001, p. 11.

9 〈Directive to General Wedemeyer(1947. 7. 9)〉, Foreign Relations of United States(이하 FRUS) 1947 vol. Ⅶ, p. 640; 이하 중국 정세와 〈사절단〉의 중국 방문에 관해서는 스튜억의 연구를 주로 참고했다. Steuck, 1984, Op. cit.; William Steuck, *The Road to Confrontation: American Policy toward China and Korea, 1947~1950*, The University of North Carolina Press, 1981.

10 姬田光義·阿部治平, 편집부 옮김, 《중국근현대사》, 일월서각, 1984, 402쪽.

11 Steuck, Op. cit., 1981, pp. 42~46.

12 Steuck, Op. cit., 1984, pp. 7~8.

13 정용욱, 앞의 논문, 3쪽.

14 Steuck, Op. cit., 1984, p. 14.

15 〈Directive to General Wedemeyer(1947. 7. 9)〉, FRUS 1947 vol. Ⅶ, pp. 640~641.

16 매트레이, 앞의 책, 130쪽.

17 정용욱, 2000, 앞의 책, 366~381쪽.

18 〈Report of Special Interdepartmental Committee on Korea〉, 《웨드마이어 문서철》 box 2, folder: Korea.

19 매트레이, 앞의 책, 132~135쪽.

20 〈Directive to General Wedemeyer(1947. 7. 9)〉, FRUS 1947 vol. Ⅶ, p. 641.

21 Steuck, 1984, Op. cit., pp. 25~27.

22 웨드마이어는 하지 및 미군정 관리들과 가진 회담 자리에서 방문 목적이 정치적인 것이라고 발언했다. 〈Conference: Lieutenant General Wedemeyer and Staff and with Lieutenant General Hodge〉, 《웨드마이어 문서철》 box 2, folder: Korea, Hodge Briefing (이하 Conference), p. 44.

23 심지연, 《미·소공동위원회연구》, 청계연구소, 1989, 17~21쪽.

24 〈The Political Adviser in Korea (Jacobs) to the Secretary of State (1947. 7. 16)〉, FRUS 1947 vol. Ⅵ, p. 707.

25 정용욱, 2000, 앞의 논문, 211쪽.

26 《조선일보》 1947. 8. 31.

27 《서울신문》 1947. 8. 12; 〈CIC Weekly Information Bulletin No. 18(1947. 8. 21)〉, 정용욱 편, 《해방 직후 정치사회사 자료집》 8, 다락방, 1994.

28 《조선일보》 1947. 8. 30.

29 〈Memorandum for Lt. Colonel Hutchin(1947. 8. 30)〉, 《웨드마이어 문서철》 box 3, folder: Korea Minutes.

30 〈Huh, Hun→Wedemeyer(1947. 8. 29)〉, 《웨드마이어 문서철》 box 3, folder: Korea Minutes.

31 《조선일보》 1947. 8. 29.

32 《경향신문》 1947. 9. 3.

33 《웨드마이어 문서철》 box 3, folder: Korea−Report of American Advisors, Kyong Sang Nam Do Provin(Pusan).

34 《경향신문》 1947. 9. 3; 《조선일보》 1947. 9. 3.

35 《경향신문》 1947. 9. 4; 《동아일보》 1947. 9. 4; 《조선일보》 1947. 9. 4.

36 앞의 자료.

37 〈Wedemeyer→President (1947. 9. 19)〉, Report to the President: China-Korea (September 1947), 《웨드마이어 문서철》 box 4.

38 〈The Secretary of State to General of the Army Douglas MacArthur, at Tokyo (1947. 7. 7)〉, FRUS 1947 vol. Ⅵ, p. 690.

39 정용욱, 2000, 앞의 논문, 211쪽.

40 《서울신문》 1947. 7. 13.

41 〈JADE 70(1947. 8. 12)〉, 《군사실 문서철》 box 44.

42 〈JADE 72(1947. 8. 12)〉, 《군사실 문서철》 box 44.

43 〈Minutes of Meeting(1947. 8. 19)〉, 《군사실 문서철》 box 44.

44 〈G-2 Periodic Report No. 596(1947. 8. 1)〉, 한림대 아시아문화연구소 편, 《주한미군 일일정보 요약》, 1989.

45 〈J. W. Baird→Wedemeyer(1947. 8. 22)〉, 《군사실 문서철》 box 44.

46 〈Conference〉, p. 44.

47 Ibid., pp. 13~16.

48 〈Coalition Trends in Korean Politics〉, 《웨드마이어 문서철》 box 3, folder: Political Notes on Korea.

49 〈Conference〉, pp. 27~30.

50 〈Verbatim Transcript of Gen. Brown's Discussion with Wedemeyer Mission〉, 《해방 전후 미국의 대한정책사 자료집》 10, 다락방, 57~90쪽.

51 〈Conference〉, pp. 30~31.

52 Ibid., p. 34.

53 정용욱, 2000, 앞의 논문, 214쪽.

54 〈Present Economic Status of South Korea〉, 《웨드마이어 문서철》 box 2, folder: Economic Conditions in S. Korea, pp. 28~29.

55 〈Conference〉, pp. 18~19.

56 〈Hodge→Wedemeyer(1947. 9. 1)〉, 《웨드마이어 문서철》 box 3, folder: Korea Economy.

57 《한성일보》 1947. 6. 20; 《한성일보》 1947. 7. 3.

58 《서울신문》 1947. 6. 10.

59 《한성일보》1947. 6. 19.

60 안재홍의 신한국민당과 권태석의 민주한국독립당은 각각 중도우파와 중도좌파의 주요 정당으로 중간파의 미소공위 참여를 주도했다. 도진순, 앞의 책, 153쪽.

61 정병준, 〈해방 직후 각 정파의 정부 수립 구상과 그 특징: 제2차 미소공위 답신안 분석을 중심으로〉, 《통일문제연구》 제10권 2호, 통일문제연구, 1998, 15쪽.

62 《조선일보》1947. 6. 22.

63 정병준, 앞의 논문, 1998, 16쪽; 한국문제가 유엔으로 이관된 후인 1947년 12월 이들 은 중간파 연합단체인 민족자유연맹으로 통합되었다. 도진순, 앞의 책, 186~198쪽.

64 정병준, 앞의 논문, 29~31쪽.

65 정규현 편, 〈임협의 답신안〉, 《임시정부수립 대강》, 새한민보사, 1947, 16~40쪽; 정병준, 앞의 논문, 30~31쪽.

66 심지연 편, 〈남로당 답신안〉, 《미·소공동위원회연구》, 청계연구소, 1989, 276쪽.

67 도진순, 앞의 책, 153~154쪽.

68 임나영, 〈1945~1948년 우익 청년단 테러의 전개 양상과 성격〉, 서울대학교 석사 학위논문, 2008, 66쪽.

69 《서울신문》1947. 7. 20.

70 《서울신문》1947. 7. 13.

71 《서울신문》1947. 8. 22.

72 《서울신문》1947. 7. 15; 《조선일보》1947. 7. 15.

73 〈G−2 Weekly Summary No. 97(1947. 7. 24)〉; 로버트 티. 올리버, 박일영 옮김, 《대 한민국 건국의 내막 상》, 계명사, 1998, 158~159쪽.

74 〈CIC Weekly Information Bulletin No. 16(1947. 8. 7)〉

75 이승만은 '단정안'을 미국 정계에 선전하기 위해 1946년 12월 4일 도미하여 4월 21 일 귀국했다. 귀국 후 이승만은 국무부 점령 지역 차관보 힐드링, 맥아더, 하지가 자신의 '과도정부안'에 동의했다는 밀약설을 퍼뜨렸다. 정병준, 《우남 이승만 연 구》, 역사비평사, 2005, 635~641쪽; 정용욱, 〈미군정기 이승만의 방미외교와 미국 의 대응〉, 《역사비평》32, 1995.

76 〈G−2 Weekly Summary No. 102(1947. 8. 28)〉

77 〈Interview with Dr. Rhee, Syngman〉, 《웨드마이어 문서철》box 3. folder: Korea

Minutes.

[78] Ibid.; 이승만은 변영태, 임병직, 이기붕 같은 로비스트들을 통해 자신의 주장을 개진했다. 〈What Does Korea Want(1947. 2. 1)〉; 〈The Epistle(1947. 7. 7)〉; 〈Data for Formulating the American Policy in Korea(1947 7. 24)〉; 〈What Does to Be the Next American Move in Korea(1947. 7. 24)〉; 〈America and Orient(1947. 8. 21)〉, 〈K. P. Lee→General Wedemeyer〉, 《웨드마이어 문서철》 box 10, vol. 2.

[79] 〈Talks with Korean Democratic Party Leaders〉, 《웨드마이어 문서철》 box 2, folder: Korea Minutes.

[80] Ibid.

[81] Korean Democratic Party, 〈A Brief Survey of the Present Condition of Korea Submitted to Lt. Gen. Wedemeyer(1947. 9. 1)〉, 《웨드마이어 문서철》 box 10, vol. 6.

[82] 〈Talks with the Representatives of United Council〉, 《웨드마이어 문서철》 box 3, folder: Korea Minutes.

[83] 〈Talks with Mr. Kim Koo〉, 《웨드마이어 문서철》 box 3, folder: Korea Minutes.

[84] 이승만은 웨드마이어에게 가장 유능한 인사들로 김구, 김성수 등을 제시하며 우익 단체들의 협력관계를 암시했다. 〈Interview with Dr. Rhee, Syngman〉.

[85] 충남 천안군 성환면과 경남 진주 지역 우익 단체들이 조직적으로 보낸 편지들이 수합되어 있다. 《웨드마이어 문서철》 box 10, vol. 2, vol. 5, vol. 6.

[86] 그리스 총선은 1946년 3월에 실시되었다. 이 선거는 내전 종식을 위해 공산주의자와 국왕파가 바르키자Varkiza 협정에 합의함으로써 실시되었다. 그러나 국왕파의 백색 테러로 인해 선거는 공정하게 실시되지 않았다. 총선 후 우익 정당이 집권하여 1946년 6월 국왕이 다시 권좌를 회복했고, 내전이 재발되었다. David H. Close, *The Origins of The Greek Civil War*, Longman, 1995, pp. 165~175.

[87] The Directorate of South Korea Interim Government, 〈A Report to the Wedemeyer Mission on the Political Situation in South Korea〉, 《웨드마이어 문서철》 box 3, folder: Korean Interim Government Briefing.

[88] 〈Ahn Chai Hong→Wedemeyer(1947. 9. 2)〉, 《웨드마이어 문서철》 box 3, folder: Korean Interim Government Briefing.

[89] 김인식은 1947년 9월을 전후하여 안재홍이 정세 변화를 현실적으로 받아들였다고

서술했다. 김인식, 《안재홍의 신국가건설운동 1944~1948》, 선인, 2005, 535~541쪽.

90 민족문제연구소는 1946년 3월 9일 "약소민족 문제와 조선민족의 당면한 여러 가지 문제를 연구조사하기 위하여" 이선근李瑄根을 소장으로 하여 창립되었다. 《조선일보》 1946. 3. 9; 한편 미군정은 이 단체를 중도파로 분류했다. 〈List of all Korean Political Parties and Social Organizations Applying for Consultation in South and North Korea〉, 《웨드마이어 문서철》 box 3, folder: Political Notes on Korea.

91 The Institute for Study of National Problem, 〈Real Political, Economic, Financial and Social Conditions in Korea, Especially South Korea, and Some Questions(1947. 8. 28)〉, 《웨드마이어 문서철》 box 3, folder: Korean Interim Government Briefing.

92 〈Interview with Mr. Kwon, Tai Suk〉, 《웨드마이어 문서철》 box 3, folder: Korea Minutes.

93 〈김덕순이 보낸 편지〉, 《웨드마이어 문서철》 box 10, vol. 4.

94 근로인민당은 1947년 9월 27일부터 10월 5일까지 중앙위원회를 개최하여 지도부를 개편했다. 심지연, 《인민당연구》, 경남대학교극동문제연구소, 1991, 195~196쪽.

95 〈Interview with the Representatives of Working Peoples Party〉, 《웨드마이어 문서철》 box 3, folder: Korea Minutes.

96 〈안석호가 보낸 편지〉, 《웨드마이어 문서철》 box 10, vol. 1.

97 〈G-2 Weekly Summary No. 97(1947. 7. 24)〉

98 아키라 이리에, 〈얄타체제의 붕괴와 냉전의 출현〉, 《분단전후의 현대사》, 일월서각, 1983, 125쪽; 전현수 편, 《쉬띄꼬프 일기 1946~1948》, 국사편찬위원회, 2004, 152~154쪽.

99 이런 내용을 담은 여러 무기명 편지가 소장되어 있다. 《웨드마이어 문서철》 box 11, vol. 9.

100 〈Huh, Hun→Wedemeyer(1947. 8. 29)〉, 《웨드마이어 문서철》 box 3, folder: Korea Minutes.

101 〈Kim, Won Bong→Wedemeyer(1947. 8. 30)〉, 《웨드마이어 문서철》 box 3, folder: Korea Minutes.

102 《웨드마이어 문서철》 box 11, vol. 8-1; box 11, vol. 8-8 .

103 《노력인민》 1947. 7. 20; 1947. 7. 22; 1947. 7. 28; 김남식, 《남로당연구》 Ⅱ (자료편),

돌베개, 1988, 285~298쪽.

104 〈G-2 Periodic Report No. 63 (1947. 9. 12)〉.

105 〈송우식이 보낸 편지〉, 《웨드마이어 문서철》 box 10, vol. 8-1.

106 〈심창흠이 보낸 편지〉, 《웨드마이어 문서철》 box 10, vol. 1.

107 〈국내경제〉, 《조선경제》 3권 1호, 1948. 1, 43쪽.

108 〈현하 조선경제의 동향〉, 《조선경제》 2권 2호, 1947. 3, 40쪽.

109 이대근, 《해방 후~1950년대의 경제: 공업화의 사적 배경 연구》, 삼성경제연구소, 2002, 135~136쪽.

110 〈이창진이 보낸 편지〉, 《웨드마이어 문서철》 box 11, vol. 8-1.

111 〈Talks with Businessman〉, 《웨드마이어 문서철》 box 3, folder: Korea Minutes.

112 〈Heung Sik Park→Wedemeyer(1947. 9. 1)〉, 《웨드마이어 문서철》 box 10, vol. 6.

113 Ibid.

114 〈Talks with Businessman〉, 《웨드마이어 문서철》 box 3, folder: Korea Minutes.

115 〈유팔용이 보낸 편지〉, 《웨드마이어 문서철》 box 11, vol. 8-1.

116 〈곽태오郭太吾가 보낸 편지〉, 《웨드마이어 문서철》 box 11, vol. 9-2.

117 〈Chung Yi-Hyung→Wedemeyer〉, 《웨드마이어 문서철》 box 11, vol. 9-2.

118 조선은행조사부, 〈남조선 인프레숀의 특상분석〉, 《조선경제연보》 I, 1948, 326~333쪽.

119 김점숙, 〈미군정과 대한민국 초기(1945~50년) 물자수급정책연구〉, 이화여자대학교 박사학위논문, 2000, 13~14쪽.

120 1947년 1월부터 12월 21일 현재까지 '모리배'와 '간상도배'를 적발하여 처벌한 건수는 총 952건이었고 그에 대한 벌금은 약 3억 원이었다. 《조선일보》 1947. 12. 25; 《경향신문》 1947. 12. 25.

121 〈한경일이 보낸 편지〉, 《웨드마이어 문서철》 box 11, vol. 8-1.

122 김점숙, 앞의 논문, 91쪽.

123 이경남, 《분단시대의 청년운동 상》, 삼성문화개발, 1989, 78~79쪽.

124 조호림, 〈모리배론〉, 《협동》 1권 1호, 1946. 8, 63쪽.

125 김영미, 《동원과 저항》, 푸른역사, 2009, 286~287쪽.

126 〈현하 조선경제의 동향〉, 《조선경제》 2권 2호, 1947. 3, 40쪽.

127 〈무기명 편지〉, 《웨드마이어 문서철》 box 11, vol. 9.

128 박흥식은 배급물자를 부정매매하여 폭리를 취한 혐의로 기소되어 징역 3년, 벌금 200만 원의 구형을 받았으나 증거 불충분으로 무죄판결을 받았다. 이후 그가 화신 백화점 물자 은닉행위를 계속하고 직원들을 착취하자, 직원들은 시정을 요구했다. 그러나 화신은 다른 직원을 선동했다며 40여 명을 해고했다. 《서울신문》 1946. 2. 28; 《서울신문》 1946. 4. 27; 《동아일보》 1947. 6. 10.

129 〈무기명 편지〉, 《웨드마이어 문서철》 box 11, vol. 8-1.

130 〈김일대가 보낸 편지〉, 《웨드마이어 문서철》 box 10, vol. 3에서 정리; 《노력인민》 은 남로당 기관지로 1947년 3월 21일에 발행되었다. 윤덕영, 〈해방 직후 신문 자료 현황〉, 《역사와 현실》 16, 1995, 363~364쪽.

131 임나영, 앞의 논문, 67~69쪽.

132 한편 우익 일각에서는 경찰이 발표한 통계를 인용하여 좌익이 테러의 주범이라고 주장했다. 그 통계에 의하면 해방된 이후부터 1947년 4월까지 총 311건의 테러가 발생했는데, 그 중 좌익이 행한 테러가 214건이었다. 〈테로의 상습범은 누구?: 계수 計數가 말하기는 좌익이라고 한다〉, 《신태평양》 6호, 1947. 7. 26, 10쪽.

133 〈안단심이 보낸 편지〉, 《웨드마이어 문서철》 box 10, vol. 2.

134 〈무기명 편지(1947. 8. 31)〉, 《웨드마이어 문서철》 box 11, vol. 8-8.

135 Comings, Op. cit., pp. 242~250.

136 〈무기명 편지〉, 《웨드마이어 문서철》 box 11, vol. 8-8.

137 〈최형묵崔衡默이 보낸 편지〉, 《웨드마이어 문서철》 box 11, vol. 9.

138 〈G-2 Periodic Report No. 571(1947. 7. 2)〉; 〈G-2 Periodic Report No. 581(1947. 7. 15)〉.

139 〈이득신이 보낸 편지〉, 《웨드마이어 문서철》 box 10, vol. 2.

140 〈CIC Weekly Information Bulletin No. 18(1947. 8. 21)〉.

141 Chung In-bo, 〈Appeal to the United States〉, 《웨드마이어 문서철》 box 2, vol. 2.

142 〈박준이 보낸 편지〉, 《웨드마이어 문서철》 box 11, vol. 8-8.

143 김국태 옮김, 〈한국의 미군 점령 지역 내 민간 행정업무에 대하여 태평양 방면 미군최고사령관에게 보내는 최초 기본훈령〉, 《해방 3년과 미국: 미국의 대한정책 1945~1948》, 돌베개, 1984, 86~87쪽.

144 〈Provincial and Local Government〉, *History of the United States Armed Forces in Korea*, Part Ⅲ, p. 190(《주한미군사》, 돌베개 영인, 1989).

145 Ibid., pp. 188~189.

146 〈이장용이 보낸 편지〉, 《웨드마이어 문서철》 box 11, vol. 9.

147 주한미군 방첩대는 경찰 민주화 문제가 친일파를 청산하지 않은 데에서 비롯되었다고 파악하기도 했다. 〈The Pro-Japanese Issue(1947. 6. 18)〉, 정용욱 편, 《해방직후 정치사회사 자료집》 10, 다락방, 1994.

148 〈무기명 편지〉, 《웨드마이어 문서철》 box 11, vol. 8-1.

149 정용욱, 2003, 앞의 책, 423~426쪽.

150 〈Wedemeyer→President(1947. 9. 19)〉, Report to the President: China-Korea(September 1947), 《웨드마이어 문서철》 box 4.

151 Albert C. Wedemeyer, 〈Report to the President: China-Korea(September 1947)〉, pp. 4~5, 《웨드마이어 문서철》.

152 Ibid., pp. 6~7.

153 Ibid., pp. 83~84.

154 Ibid., pp. 80~81.

155 〈Report to the President: China-Korea(September 1947)〉, FRUS 1947 vol. Ⅵ, p. 802; 이 부분은 《웨드마이어 문서철》에 소장된 웨드마이어보고서에는 삭제되었다.

156 Albert C. Wedemeyer, Op. cit., pp. 94~95.

157 Ibid., pp. 100~101.

158 Ibid., pp. 102~103.

159 《조선일보》 1947. 9. 27; 10. 22.

160 웨드마이어는 만주가 공산화되는 것을 방지하기 위해 만주 국제신탁을 건의했다. 그의 건의는 국민당 정부의 무능력을 시인한 것이었고 심각한 국제정치적 문제를 일으킬 수 있었다. 그의 제안은 국무부 내에서도 격렬한 논쟁을 일으켰다. Stueck, 1984, Op. cit., pp. 86~88.

161 Ibid., p. 108.

162 미국 국립문서관에 소장된 웨드마이어보고서는 오려져 있는데, 이는 1951년에 한국편을 발간하는 과정에서 실시되었던 것으로 보인다.

163 〈Report to the President: China−Korea (September 1947)〉, FRUS 1947 vol. Ⅵ, pp. 796~803.

3장 웨드마이어 장군 전상서

1 졸고, 〈미군정기 웨드마이어사절단의 방한과 미국의 대한정책 변화〉, 《동양학》 30, 단국대학교 동양학연구소, 2000, 207~208쪽.

2 National Archives II, RG 59, Records of the Wedemeyer Mission to China and Korea, 1947. 한국 관련 자료는 상자번호 2~4, 10, 11에 수장되어 있다. 10, 11번 상자는 한국인들이 보낸 편지를 모아놓았고, 2~4번은 미군정이 작성한 각종 보고서, 웨드마이어사절단과 한국인 지도자들의 회견기 등 사절단의 방한 활동에 관한 기록들을 담고 있다. 1947년 8월 시점의 남한 정치, 사회, 경제와 미군정 점령정책의 도달점을 여과 없이 보여준다.

3 일기, 편지, 자서전과 같은 에고 도큐먼트의 역사인식론적 기여는 개인의 회상을 한 사회의 문화적 기억으로 승화시킬 수 있다는 점일 것이다. 에고 도큐먼트(자기서사)의 정의, 출현 배경, 자료적 특성, 역사인식론적 기여 등에 대해서는 다음의 글들 참고. 니시카와 유코, 서민교 옮김, 〈근대에 일기를 쓴다는 것의 의미〉, 《역사비평》 100, 2012; 클라우디아 울브리히, 박성윤 옮김, 〈역사적 시각으로 본 유럽의 자기증언〉, 《역사비평》 100, 2012; 한성훈, 〈개인의 편지에 나타난 북한 인민의 전쟁서사〉, 《경제와 사회》 94, 2012.

4 조동걸, 역사문제연구소 편, 〈정인보와 백남운〉, 《한국현대사의 라이벌》, 역사비평사, 1992, 131~137쪽; 조동걸, 〈연보를 통해 본 정인보와 백남운〉, 《한국독립운동사연구》 5, 독립기념관 한국독립운동사연구소, 1991, 389~400쪽. 해방 이전 정인보의 경력에 대해서는 이 두 편의 글에 의지했다.

5 조동걸, 1992, 앞의 논문, 137~140쪽; 정양완, 김태준·소재영 편, 〈나의 아버지 나의 스승 담원 정인보 선생〉, 《스승》, 논형, 2008, 107쪽.

6 《매일신보》 1945. 9. 2, 9. 13, 10. 28.

7 《동아일보》 1945. 11. 9; 《자유신문》 1945. 11. 9, 11. 15, 12. 24. 정양완, 앞의 논문, 109쪽.

8 《서울신문》 1946. 1. 1; 《조선일보》 1946. 2. 12; 《자유신문》 1945. 2. 15.

9 《자유신문》 1946. 9. 18, 11. 3.

10 《자유신문》 1946. 3. 14, 11. 14; 《동아일보》 1947. 7. 1.

11 조동걸, 앞의 논문, 141쪽; 《자유신문》 1949. 7. 23.

12 한기형, 〈동전 오기영 연보〉, 《사슬이 풀린 뒤》, 성균관대학교출판부, 2002, 201~ 202쪽.

13 오기영, 〈도산 선생의 최후〉, 《동광》 제6권 1호(속간 41호), 5월호. 1947. 이 글은 이 후 오기영, 《민족의 비원》, 서울신문사, 1947.에 재수록되었다.

14 한기형, 앞의 글, 202~205쪽.

15 한기형, 앞의 글, 205~206쪽.

16 오기영, 〈자서自序에 대하여—투필의 실패〉, 《민족의 비원/자유조국을 위하여》, 성 균관대학교출판부, 2002(복각본), 12쪽; 장규식, 〈해방정국기 중간파 지식인 오기영 의 현실인식과 국가건설론〉, 《한국 근현대의 민족문제와 신국가건설》, 지식산업사, 1997, 688~689쪽; 《자유신문》 1945. 11. 3.

17 《동아일보》 1946. 3. 3.

18 오기영, 〈인욕忍辱〉, 《진짜 무궁화: 해방 경성의 풍자와 기개》, 성균관대학교출판부, 2002. 이 책은 1948년 성각사醒覺社에서 출간한 그의 수필집 《삼면불三面佛》의 복각 본이다.

19 오기영, 〈자서自序에 대代하여—투필의 실패〉, 12, 14쪽.

20 서정생西庭生, 〈신간평: 조국은 하나, 《민족의 비원》을 읽고〉, 《자유신문》 1947. 12. 29.

21 한기형, 〈오기영의 해방 직후 사회비평 활동〉, 《창작과비평》 제30권 제4호(통권 118 호), 2002, 375쪽.

22 그의 출생년도에 대해서는 1903년 외에 1896년, 1989년 등 여러 설이 있다. 이에 대해서는 김욱동, 《강용흘—그의 삶과 문학》, 서울대학교출판부, 2002, 6~11쪽.

23 김상필, 〈대통령 지망생 강용흘 씨〉, 《신동아》 4월호, 1973, 204~206쪽.

24 김욱동, 앞의 책, 22~25쪽.

25 김욱동, 앞의 책, 37~64쪽; 한흑구, 〈초당 강용흘 씨의 출세 비화〉, 《민성》 6권 1호, 1950, 84~85쪽.

26 작가로부터 책을 증정 받은 이유도 있지만 이광수는 1931년 12월 10일 자 《동아일

보》에 〈강용흘씨와 《초당》〉이라는 서평을 발표하여 그를 극찬했다. 김욱동, 〈강용흘과 한국문학〉, 《세계문학비교연구》 10, 2004, 6~10쪽.

27 《동아일보》 1946. 8. 17, 8. 20; 《자유신문》 1946. 8. 20.

28 《동아일보》 1946. 9. 30. 애국문화사는 오세창을 명예회장, 정인보를 회장, 설의식을 부의장으로 하는 일종의 계몽운동 단체였다. 선열초상전례先烈肖像展禮와 애국열사 전기 간행 등의 사업을 계획했다. 《동아일보》 1946. 9. 24.

29 강만길·성대경 엮음, 《한국사회주의운동 인명사전》, 창작과비평사, 1996; 손정수, 〈신남철·박치우의 사상과 그 해석에 작용하는 경성제국대학이라는 장〉, 《한국학연구》 14, 2005, 199쪽; 김재현, 〈일제하, 해방 직후의 맑시즘 수용〉, 《철학연구》 24집, 철학연구회, 1988, 13~14쪽; 정종현, 〈신남철과 '대학' 제도의 안과 밖〉, 《한국어문학연구》 제54집, 한국어문학연구학회, 2010, 388~394쪽.

30 정종현, 앞의 논문, 396~399쪽.

31 권용혁, 〈역사적 현실과 사회철학—신남철을 중심으로〉, 《동방학지》 112, 2001, 342~356쪽.

32 권용혁, 앞의 논문, 353~356쪽; 정종현, 앞의 논문, 421쪽.

33 식민지기 백남운을 중심으로 한 민립 조선학술원 설립 구상에 대해서는 김용섭, 《남북 학술원과 과학원의 발달》, 지식산업사, 2005, 18~27쪽 참고.

34 정종현, 앞의 논문, 419~421쪽.

35 최혜월, 〈'국대안' 파동〉, 《논쟁으로 본 한국사회 100년》, 역사비평사, 2000; 김기석, 《일란성 쌍생아의 탄생, 1946: 국립서울대학교와 김일성종합대학의 창설》, 교육과학사, 2001; 윤영도, 〈탈식민, 냉전, 그리고 고등교육〉, 《냉전 아시아의 문화풍경》 1, 현실문화, 2008.

36 신남철, 〈국립대학과 교육의 위기〉 상하, 《독립신보》 1947. 2. 13, 2. 14.

37 정종현, 앞의 논문, 412쪽; 신남철, 《역사철학》, 서울출판사, 1946; 신남철, 《전환기의 이론》, 백양당, 1948.

38 정인보의 편지는 웨드마이어사절단 문서철, box 10, Vol. 2, 강용흘의 보고서는 box 10, Vol. 1, 그리고 신남철의 편지는 box 11, Vol. 8-8에 각각 들어 있다. 오기영의 편지는 오기영, 《자유조국을 위하여》, 성균관대학교출판부, 2002(복간), 378~389쪽에 수록되었다.

[39] 오기영, 앞의 글, 379~380쪽.

[40] 오기영, 앞의 글, 381쪽.

[41] 오기영, 앞의 글, 382~386쪽.

[42] 오기영, 앞의 글, 387쪽.

[43] 오기영, 앞의 글, 388쪽.

[44] 졸저, 《해방 전후 미국의 대한정책》, 서울대학교출판부, 2003, 426~432쪽 참고.

[45] 미군정 내 뉴딜러들의 점령정책 개혁 구상과 노력에 대해서는 위의 책, 259~286쪽 참고.

[46] 웨드마이어에게 보낸 민중들의 편지에 대한 분석은 정무용, 〈1947년 웨드마이어사절단의 방한과 한국인의 대응〉, 《한국사론》 57집, 2011, 2장 2절 참고.

[47] 〈새 날의 조선문화를 위하야 객관적인 문학의 독창獨創을, 강용흘〉, 《경향신문》 1947. 1. 1.

[48] 〈남북조선의 현 사태 비난, 강용흘 씨〉, 《자유신문》 1948. 5. 1.

[49] 정용욱, 앞의 책, 452~453쪽.

[50] 웨드마이어보고서 내용과 공개 경위에 대한 분석은 앞의 책, 455~467쪽 참고.

[51] 변영태의 글은 모두 영문으로 작성되었고, 웨드마이어사절단 문서철, box 10, Vol. 2에 실려 있다.

4장 미군정 여론조사를 통해 본 한국 사회

[1] 미군정 공보기구와 관련해서는 박수현, 〈미군정 공보기구 조직의 변천(1945. 8~1948. 5)〉, 《한국사론》 56, 서울대학교 국사학과, 2009. 참고.

[2] RG 554 〈군사실 문서철〉 box 33, 〈Report on Public Opinion Sampling Trip to Suwon(1946. 2. 11)〉.

[3] 〈군사실 문서철〉 box 29, 〈Report of Conditions in Kangwon-Do and Kyongsang-pukto(1946. 3. 29)〉; box 44, 〈Report of trip to the Province of CHEJU during the period 4~6 December 1946(1946. 12. 9)〉.

[4] 임의표본 추출은 거리에서 지나가는 사람이나 전화번호부에서 임의로 번호를 선택하는 것처럼 우연이나 자의에 의해 조사 대상을 선택하는 방식이다. 과학적인 방식이 아니며, 이 방식으로 얻은 결과는 전체 집단의 의견을 대표한다고 볼 수 없다. 프

랭크 뉴포트, 《여론조사》, 휴먼비즈니스, 2004, 213~214쪽.

5 이와 같은 미군정의 태도는 1947년 하반기부터 바뀌기 시작했다. 이에 대해서는 다음 장 조민지의 글을 참고할 것.

6 미군정 여론조사 결과가 언론화 된 것은 2건만 확인되고 있다. 군정장관 러취가 일본인 농지의 매각(농지개혁)에 대한 여론조사 결과를 한 차례 언급한 것과 〈미래 한국정부의 형태와 구조 여론조사〉(1946년 7월 시행)의 결과물 중 극히 일부가 《동아일보》 1946년 8월 13일 자에 실린 것이 그것이다.

7 좌익지인 《해방일보》는 1946년 3월 15일 자 기사를 통해 군정이 〈귀속농지 처분 여론조사〉를 시행하는 과정에서, 여론조사원이 특정한 응답을 유도했다는 의혹을 제기했다. 《해방일보》 기자의 목격에 따르면, 여론조사원은 "우리가 일본인의 토지를 무상몰수했는데 이것으로 자작농을 창정하는 것이 좋겠소?"라고 군중들에게 질문하여 유상분배(자작농 창정)쪽으로 응답을 유도했다고 한다. 실제 항목은 자작농/무상분배의 두 가지로 구성되어 있었는데, 여론조사원이 무상분배 쪽은 아예 언급하지 않았다는 주장이었다.

8 미군정은 한국인 여론조사원들을 정보수집원으로도 간주했다. 예컨대 1946년 4월 초 쌀 배급을 요구하는 시위가 서울에서 발생했을 때, 그리고 4월 중순 서울의 각 학교에서 동맹휴학이 발생했을 때 미군정은 여론조사원들을 파견하여 상황을 확인하도록 했다. 〈군사실 문서철〉 box 44, 〈Coverage of demonstration in front of the City Hall on 1 April 1946(1946. 4. 1)〉, box 36 "Student strikes"(1946. 4. 11).

9 이송순, 〈일제하 전시체제기 식량배급정책의 실시와 그 실태〉, 《사림》 16, 2001, 31~32쪽.

10 부미선, 〈1945~46년 미군정의 미곡시장 자유정책〉, 서강대학교 석사학위논문, 2002. 참고.

11 최영묵, 〈미군정기 서울시 식량배급의 실제〉, 《향토서울》 71, 2008. 참고.

12 《동아일보》 1946. 6. 13.

13 〈군사실 문서철〉 box 34. 〈Statistical Analysis of Political Trends in Seoul(1946. 3. 31)〉.

14 38선 이북 지역에서는 일본인 농지와 한국인 대지주 농지를 몰수하여 농민들에게 무상으로 토지를 분배했지만(토지개혁), 미군정의 관리들은 일본인 농지만을 대상으로 농민들에게 판매하는 조치를 고려했다. 일본인 농지의 판매를 추진한 주요 인물

은 당시 미군정 경제고문으로 파견된 번스Arthur C. Bunce였다. 그러나 미군정 고위층은 일본인 농지의 판매에 부정적인 입장이었고, 양자 간에는 대립이 있었다고 한다. 당시 기자로 한국을 방문했던 마크 게인에 따르면, 〈일본인 농지의 판매 여론조사〉는 번스의 판매안을 좌절시키기 위해 시행되었다고 한다. 마크 게인, 《해방과 미군정》, 까치, 1986, 115쪽. 번스의 일본인 농지 판매계획 작성에 관해서는 황윤희, 〈번스Arthur C. Bunce의 내한 활동과 한국문제 인식〉, 《숭실사학》 23, 2010. 참고.

15 〈군사실 문서철〉 box 19. "Survey of Korean public opinion on the disposition of farmlands and the nationalization of industry and other properties"(1946. 3. 12).

16 미군정 내 자유주의 성향의 관리들은 개혁을 추진할 의지를 가지고 있었다. 농지개혁을 추진한 번스나, 노동개혁을 추진한 미챔이 그러한 예였다. 그러나 하지 등 미군정 고위층은 개혁에 적대적이어서 개혁안을 좌절시켰다. 정용욱, 《존 하지와 미군 점령 통치 3년》, 중심, 2003, 137~140쪽.

17 김영미, 〈미군정기 남조선 과도입법의원의 성립과 활동〉, 《한국사론》 32, 서울대학교 국사학과, 1994, 265~268쪽.

18 당선된 민선의원은 한민당 14명, 독촉국민회 17명, 한독당 3명, 인민위원회 2명, 무소속 9명이었다. 제주도에서 당선된 인민위원회 소속 의원 2명을 제외하면 모두 우익이었다. 김영미, 앞의 글, 269~272쪽.

19 《여론동향》 31호, 1947. 1. 1.

5장 미군정기 후반전, 현지조사와 지방 여론

1 그레고리 헨더슨, 《소용돌이의 한국정치》, 한울, 2000, 55쪽.

2 미군정기 점령정책의 중심은 서울이었다. 이 사실은 점령 직후 미 국무부 정보조사국 보고서에서 명시적으로 인정하고 있다. Department of State, Office of Intelligence Research, Division of Research for Far East, 〈Social And Political Forces In Small Communities In South Korea(OIR Report No. 4698)〉, 1948. 6. 10, p. 1; 한림대학교 아시아문화연구소 편, 《시민소요 여론조사보고서 2(1945. 9~1948. 6)》, 633~653쪽. (이하 〈OIR Report No. 4698〉로 표기).

3 C. Clyde Mitchell, 〈New Korea Company, Land Management and Tenancy Reform in Korea Against Background of United States Army Occupation 1945~1948〉, Ph. D.

dissertation, Harvard University, 1949, p. 4; 최영묵, 〈미군정의 식량생산과 수급정책〉, 《역사와 현실》 22호, 1996, 74쪽에서 재인용.

4 신병식, 〈토지개혁을 통해 본 미군정의 국가성격─'국가주의적 접근'〉, 《역사비평》 1호, 1988; 최봉대, 〈미군정의 농민정책에 관한 연구〉, 《경제와 사회》 24호, 1994; 함한희, 〈미군정의 농지개혁과 한국 농민의 대응〉, 《한국문화인류학》 제31권 2호.

5 전상인, 〈1946년경 남한 주민들의 사회의식〉, 《사회와 역사》 제52권, 1997; 송재경, 〈미군정 여론조사로 본 한국의 정치·사회동향(1945~1947)〉, 서울대학교 석사학위논문, 2014.

6 브루스 커밍스, 《한국전쟁의 기원》, 일월서각, 1986; 안종철, 《광주 전남 지방 현대사 연구》, 한울아카데미, 1991; 정해구, 《10월 인민항쟁 연구》, 열음사, 1988.

7 김보미, 〈미군정기 여론조사에 관한 정치사회학적 연구〉, 서울대학교 석사학위논문, 2012; 김보미, 〈미군정기 정치적 의사소통 구조와 여론조사〉, 《사회와 역사》 제103권, 2014.

8 자유민주주의 이념의 이식이 점령정책 속에서 구체화되는 과정에 관하여는 박찬표, 앞의 책, 360~381쪽 참고.

9 김보미, 2012, 앞의 글, 42쪽; 현대 여론조사의 형태를 정립한 조지 갤럽은 여론조사가 대의민주주의의 한계를 보완할 수 있다고 주장했다. 프랭크 뉴포트, 《여론조사: 대중의 지혜를 읽는 핵심 키워드》, 휴먼비즈니스, 2007, 95~102쪽.

10 여론조사를 민주주의 이론으로 설명하려면 조사 결과가 언론을 매개로 공개되어 정책 결정에 압력을 끼치는 과정이 중요하다. 선우동훈·윤석홍, 《여론조사》, 커뮤니케이션북스, 1999. 참고.

11 김민환, 〈미군정의 언론정책〉, 《언론과 사회》 8호, 1995; 김균, 〈미국의 대외문화정책을 통해 본 미군정 문화정책〉, 《한국언론학보》 제44권 3호, 2000; 장영민, 〈미군정기 미국의 대한 선전정책〉, 《한국 근현대사 연구》 제16권, 2001.

12 정용욱, 《해방 전후 미국의 대한정책》, 서울대학교출판부, 2003, 419쪽.

13 박찬표, 《한국의 국가형성과 민주주의》, 후마니타스, 2007, 271쪽.

14 박수현, 〈미군정 공보기구 조직의 변천(1945. 8~1948. 5)〉, 서울대학교 석사학위논문, 2009.

15 이혜숙, 《미군정기 지배구조와 한국사회》, 선인, 2008, 340~342쪽.

16 돌베개 편,《주한미군사HUSAFIK》3권, 367쪽.

17 돌베개 편, 앞의 책, 345쪽. Ch. IV-Part2〈The Quasi-Revolt of October 1946〉참고.

18 1946년 10월 18일 이루어진 공보부의 조직 개편에는 지방 공보 활동을 강화하려는 의도가 반영되어 있다. 박수현, 앞의 글, 36~37쪽.

19 정병준,《우남 이승만 연구》, 역사비평사, 2005, 591~592쪽;〈미곡수집 촉성 위해 각 도에 독려 유세대 파견〉,《동아일보》1946. 10. 26;〈쌀 내월에 충분 배급 할 터〉, 《경향신문》1946. 11. 5;〈쌀 수집 유세대〉,《동아일보》1946. 12. 4.

20 박수현, 앞의 글, 37~38쪽; 전남 광주에 주둔한 제101군정단이 전남 지역에 뿌린 전단만 약 20만 장이었다. RG 94, box 21887, MGGP-101st-0.1 History-101st MC group(Jan-Dec 1946), Headquarters, 101st Military Government Group, Department of Commerce, Kwangju, Cholla Namdo, Korea,〈Subject: Public Information〉, 국사편찬위원회 편,《미군정기 군정단·군정중대 문서》5, 2000, 539~541쪽.

21 박수현, 앞의 글, 42~45쪽.

22 이 시기 공보원의 최우선 과제는 지방 지부 설립이었다. 박수현, 앞의 글, 35쪽.

23 공보부 소속 시절 이동교육열차는 지방을 순회하며 군정정책을 홍보했다. The Office of Civil Information, *Public Relations*, 1948, p. 47; 이회수,〈미군정기 노동자 성인교육 역사에 관한 연구〉, *Andragogy Today: International Journal of Adult & Continuing Education* 제1권 1호, 1998; 장영민,〈미국공보원의 5·10 총선거 선전에 관한 고찰〉,《한국 근현대사 연구》제41권, 2007, 149쪽.

24〈예비조사(전남 광주) 보고서〉1947. 8. 11.

25 The Office of Civil Information, *Public Relations*, 1948, p. 26.

26 공보부 여론조사의 시행 방식 변화에 관하여는 송재경, 앞의 글, 1장〈미군정 여론 조사의 시행 대상과 시행 방식〉참고.

27 1차 조사는 광주 근교 송정리역, 3차는 이리역, 4차는 포항역, 5차는 마산역, 6차는 춘천역, 7차는 논산역에 도착하여 그곳을 거점으로 삼았다.

28〈제4차 현지조사(경북 포항) 보고서〉, 1947. 10. 8.

29〈제5차 현지조사(경남 마산) 보고서〉, 1947. 11. 4.

30 영문학자 강용흘은 군정청 공보부 출판과 및 공보원 조사분석과에 있었다. 정용욱, 〈웨드마이어 장군 전상서—네 지식인이 논한 1947년 8월의 시국과 그 타개책〉,《한

국문화》 제64권, 2013, 13~14쪽.

31 〈제5차 현지조사(경남 마산) 보고서〉, 1947. 11. 4.

32 조사팀은 춘천에서만 같은 종류를 한 곳에 집중적으로 배포했다. 북한 지역까지 침투시킬 수 있는지 실험하려 했기 때문이다. 〈제6차 현지조사(강원 춘천) 보고서〉, 1947. 12. 1.

33 박수현, 앞의 글, 48~49쪽.

34 정다운, 〈주한미군의 선전활동과 《농민주보》〉, 서강대학교 석사학위논문, 2005, 7~9쪽; 박수현, 앞의 글, 29쪽.

35 박수현, 〈미군정기 《세계신보》와 한국인의 대미인식〉, 제1회 서울대-미시건대 대학원생 학술교류 발표문, 2012, 29쪽.

36 〈예비조사(전남 광주) 보고서〉, 1947. 8. 11.

37 갑작스레 확보한 여성 데이터의 신뢰도를 의심하게 하는 대목이다. 현장에서 무작위로 선정하는 방식 대신, 인적 연결망을 이용했을 가능성이 있다. 혹은 여성들의 답변이 가부장에 의해 대리 작성되었을 가능성도 있다.

38 〈제4차 현지조사(경북 포항) 보고서〉, 1947. 10. 8: 이 질문은 주민들의 견해를 묻는 항목 중 가장 먼저 배치되었다. 군정에 대한 불만을 먼저 토로한 뒤 이 질문을 접한다면 결과가 달라질 수도 있기 때문이다.

39 1946년 4월에도 군정에 대한 불만은 미국인들에 대한 감정에 영향을 미쳤다. 《여론동향》 제6호, 1946. 4. 7.

40 《여론동향》 제3호, 1946. 3. 16.

41 미군 범죄는 한국인들에게 쉽게 공분을 불러일으켰다. 허은은 이와 관련하여 '인격적 지배'라는 개념을 사용하고 있다. 허은, 앞의 책, 48~49쪽; 해방 이후 급증한 자동차사고 사망자 중 상당수가 미군 자동차에 사망했다. 한국은행 조사부 편, 앞의 책, I-7쪽.

42 지주계급에게 의존하고 있던 현지 미군정으로서는 일단 신한공사가 관리하고 있던 귀속농지부터 점진적으로 불하하는 방안을 고려했다. 신병식, 앞의 글, 196~197쪽; 최봉대, 앞의 글, 241쪽.

43 1946년 농지분배에 관한 여론조사 결과와 분석은 송재경, 앞의 글, 30~34쪽 참고.

44 귀속농지를 불하하는 것은 이를 관리하던 신한공사를 해체한다는 의미였다. 그러

나 군정은 취약한 지방행정체계를 보완하고 있던 신한공사를 해체할 수는 없었다. 해체를 감수한다 해도 불하가 지지율을 올릴 수 있을지조차 불투명했다. 최봉대, 앞의 글, 246쪽. 군정 만족도가 최저였기 때문이다. 《여론동향》 3호, 1946. 3. 16.

45 〈일인 소유 농지 매매를 임정 수립 시까지 보류〉, 《동아일보》 1946. 6. 16.

46 〈예비조사(전남 광주) 보고서〉, 1947. 8. 11.

47 From. USAF Hqs Air University, Maxwell AFB, Ala, To. Civil Affairs Report Section, Operations Branch, US Army Hqs, 〈Request for Special Reports Prepared by the Research and Analysis Section, Office of Civil Information, Seoul Korea, November 1947 to January 1948〉, 한림대학교 아시아문화연구소 편, 앞의 책, 460쪽.

48 조사 경위와 내용에 관하여는 정용욱, 〈6·25전쟁기 미군의 삐라 심리전과 냉전 이데올로기〉, 《역사와 현실》 51호, 2004, 126~129쪽 참고.

49 〈예비조사(전남 광주) 보고서〉, 1947. 8. 11; 〈제3차 현지조사(전북 이리) 보고서〉, 1947. 9. 3.

50 〈예비조사(전남 광주) 보고서〉, 1947. 8. 11.

51 조사팀의 관찰은 조선시대부터 여러 개의 자연촌이 모여 지역촌 혹은 행정촌인 동리洞里를 구성하는 구조가 잔존하고 있음을 보여준다. 〈예비조사(전남 광주) 보고서〉, 1947. 8. 11; 일제 또한 조선 촌락의 자급자족적 성격을 지적했다. 김민철, 《기로에 선 촌락》, 혜안, 2012, 100쪽.

52 〈제3차 현지조사(전북 이리) 보고서〉, 1947. 9. 3.

53 대대적인 저항이 일어났던 경주 안강리에 서북청년단이 체류하는 경우가 대표적이다. 1947년 5월 안강리에서 발생한 저항은 〈제6사단 G-2 일일보고서〉, 1947. 4. 30, 1947. 5. 1, 1947. 5. 8, 1947. 5. 26, 1947. 6. 1; 《미군정 정보보고서》 7권, 563, 566, 579, 594, 633, 662쪽.

54 3차 조사 지역에서는 춘포면이 우익 거점이었다. 조사팀은 이 지역 우익 청년들이 고압적이라고 기록했다. 제3차 현지조사(전북 이리) 보고서〉, 1947. 9. 3.

55 〈제7차 현지조사(충남 논산) 보고서〉, 1948. 1. 15.

56 〈OIR Report No. 4698〉, pp. 15~17.

57 〈제4차 현지조사(경북 포항) 보고서〉, 1947. 10. 8.

58 월남민들의 경우 북한체제에 반감을 갖는 경우가 많았다. 김귀옥, 《월남민의 생활

경험과 정체성: 밑으로부터의 월남민 연구〉, 서울대학교출판부, 2000, 42~47쪽.

59 강원도를 담당하던 제100군정단은 이전부터 춘천이 상대적으로 조용한 편이라고 보고했다. 조사팀은 주민들이 월남민들과 직접 접촉하면서 북한에 대해 반감을 가졌다는 점을 강조했다. 〈제6차 현지조사(강원 춘천) 보고서〉, 1947. 12. 1.

60 《여론동향》 제10호, 1946. 5. 10; 《여론동향》 제11호, 1946. 5. 15; 《여론동향》 제12호, 1946. 5. 23.

61 〈OIR Report No. 4698〉, p. 11.

62 우익 단체들이 조사팀에게 무례하게 대하거나, 조사팀이 경찰에 체포되는 경우도 있었다. 〈제3차 현지조사(전북 이리) 보고서〉, 1947. 9. 3; 〈제5차 현지조사(경남 마산) 보고서〉, 1947. 11. 4.

63 안진, 《미군정과 한국의 민주주의》, 2005, 제4장 〈미군정 경찰의 재편과 그 성격〉 참조.

64 〈제5차 현지조사 보고서(경남 마산)〉.

65 임나영, 〈1945~1948년 우익 청년단 테러의 전개 양상과 성격〉, 서울대학교 석사학위논문, 2008, 17~18쪽.

66 1947년 12월 전라북도 지역의 한 농민은 공출 이외에도 경찰과 독촉국민회가 걷어가는 기부금 때문에 농사일을 포기하고 서울로 이주하기로 했다고 토로했다. 〈주한 미군사령부 G-2보고서〉(1948. 1. 8), 《미군정 정보보고서》 제5권, 293쪽.

67 〈제3차 현지조사(전북 이리) 보고서〉, 1947. 9. 3.

68 이상의 정치세력 편재 상황은 〈제4차 현지조사(경북 포항) 보고서〉, 1947. 10 .8; 〈제5차 현지조사(경남 마산) 보고서〉, 1947. 11. 4; 〈제6차 현지조사(강원 춘천) 보고서〉, 1947. 12. 1; 〈제7차 현지조사(충남 논산) 보고서〉, 1948. 1. 15.

69 〈제6차 현지조사(강원 춘천) 보고서〉, 1947. 12. 1; 강원도 자체가 농업인구 비중이 상대적으로 낮아 식량 소비지에 가까웠다. 한국은행 조사부 편, 앞의 책, I-240~241쪽, I-5쪽.

70 1947년 11월 경상북도와 경상남도에서 배급대상자는 각각 130만 명과 140만 명이 었는데, 충청남도와 전라북도의 배급대상자를 합친 150만 명에 육박하는 수준이었다. 한국은행 조사부 편, 앞의 책, I-4쪽.

71 〈예비조사(전남 광주) 보고서〉, 1947. 8. 11; 〈제3차 현지조사(전북 이리) 보고서〉,

1947. 9. 3; 〈제4차 현지조사(경북 포항) 보고서〉, 〈제5차 현지조사(경남 마산) 보고서〉, 1947. 11. 4.

72 최근 가장 많이 하는 이야기가 농지 분배라고 하는 답변이 14건이었고, 북한 소문 중에서도 토지개혁을 끝냈다는 소문이 30건으로 가장 많았다. 〈제3차 현지조사(전북 이리) 보고서〉, 1947. 9. 3.

73 전상인, 앞의 글, 309쪽; 같은 자료를 검토한 많은 연구들이 '보류' 답변은 시행 주체로 나선 군정을 불신했기 때문이라고 지적한 바 있다. 신병식, 앞의 글, 192쪽; 최봉대, 앞의 글, 246쪽; 함한희, 〈미군정의 농지개혁과 한국 농민의 대응〉, 《한국문화인류학》 제31권 2호, 416쪽.

74 1946년의 여론조사는 보류/유상분배/무상분배라는 세 가지 선택지를 동시에 제시했으므로 분배 방식에 대한 의견을 알 수는 없다. 송재경, 앞의 글; 군정 또한 여론이 이 주제에 나뉘어 있다는 것 말고는 명백한 결론을 낼 수 없다고 판단했다. RG 332 box 37, Dept of Transportation: Railroads of Korea, etc.(2 of 3), Control and Disposition of Japanese Property, 〈38선 이남 귀속농지 불하 법령과 관련하여 예상되는 반대〉, 1946. 4. 6.

75 커밍스의 경우 전북 지역 소작인들이 전남에 비해 결집하지 못하고 보수적이었다고 평가하며 그 이유를 여기에서 찾는다. 브루스 커밍스, 앞의 책, 164쪽.

76 이 지역은 1948년 3월 귀속농지 불하 대상인 농지가 1950년 농지개혁 대상인 개인 지주 농지를 2배 이상 상회했다. 정승진·마츠모토 다케노리, 〈토지대장에 나타난 농지개혁의 실상(1945~1970): 전북 익산군 춘포면 토지대장의 분석〉, 《한국경제연구》 제17권, 2006, 49쪽.

77 주민들은 통일정부가 수립되기를 기다려야 한다는 이유로 북한의 농지 분배와 군정의 귀속재산 불하 둘 다 반대했다. RG 332 box 29, General Administration of Provincial & Local Govt. Binder#1, Bureau of Public Information, 〈강원도와 경상북도의 상황에 대한 보고〉, 1946. 3. 22~27쪽.

78 전남에서는 좌익조직에 대한 보고가 끊이지 않았다. 심지어 1947년 4월에는 나주에서 교사들이 비밀조직을 결성하기 위해 국민학생들에게 선전을 유포하고 있다고 보고했다. 〈제6사단 G-2 일일보고서〉(1947. 4. 14), 《미군정 정보보고서》 7권, 515쪽: '현지조사'에서 남평면 면장은 지역에서 가장 활발한 단체가 남조선노동당(이하 남

로당)이라고 보고했다.

79 논산 지역 보고서는 '조사에 영향을 미치는 비정치적 요소'라는 별도의 장에서 '공출에 대한 분노'를 다루었다. 〈제7차 현지조사(충남 논산) 보고서〉, 1948. 1. 15.

80 무장한 전술부대가 투입되면서 주민을 적군과 다름없이 현장에서 사살했다. 〈제6사단 G–2 일일보고서〉(1947. 1. 22), 《미군정 정보보고서》 7권, 278, 282쪽; 저항은 3월까지 지속했고, 6사단은 곡창지대일수록 좌익적이라고 평가했다. 〈제6사단 G–2 일일보고서〉(1947. 3. 5), 《미군정 정보보고서》 7권, 219, 288, 395, 405, 432, 441, 456쪽.

81 "포항의 좌익은 '공출 반대'라는 유용한 선전 소재를 활용할 수 없었다." 〈제4차 현지조사(경북 포항)〉, 1947. 10. 8; 1947년 3월 삼천포에서도 식량사정이 좋아진 후로 남로당의 상황이 어려워졌다고 보고되었다. 〈제6사단 G–2 일일보고서〉(1947. 4. 2), 《미군정 정보보고서》 7권, 485쪽.

82 송재경, 앞의 글, 17~21쪽.

83 1946년 4월과 5월에도, 2년 후인 1948년 4월에도 부녀자들이 배급 증대를 요구하며 시청을 포위했다. 〈기근! "쌀" 다오 "쌀" 어제도 시청에 쇄도한 시민〉, 《동아일보》 1946. 4. 2; 〈계속되는 쌀 진정에 골치만 알코 있는 시청 당국〉, 《경향신문》 1948. 4. 17.

84 김종범, 〈조선 식량문제와 그 대책〉, 《현대사 자료집 10》, 돌베개, 1984.

85 〈제5차 현지조사(경남 마산) 보고서〉, 1947. 11. 4; 〈제7차 현지조사(충남 논산) 보고서〉, 1948. 1. 15.

86 허은, 앞의 책, 67~71쪽.

87 〈제3차 현지조사(전북 이리) 보고서〉, 1947. 9. 3; 〈제7차 현지조사(충남 논산) 보고서〉, 1948. 1. 15.

88 대한독립청년단(이하 독청), 대한독립촉성국민회(이하 독촉국민회), 조선건국청년회(이하 건청)만이 지역의 세력을 삼분했다. 〈제3차 현지조사(전북 이리)〉, 1947. 9. 3.

89 조용한 충남에서 논산은 유일하게 불안 요소를 가졌다고 지적받았다. 〈제7차 현지조사(충남 논산) 보고서〉, 1948. 1. 15.

90 1946년 공보부가 발간하던 《여론동향》도 같은 사실을 지적하고 있다. "여전히 가장 널리 토론되고, 한국인들이 가장 깊이 우려하는 주제는 쌀 문제이다. 배가 비거나 거의 비었을 때, 모든 다른 관심은 뒤로 사라진다." 《여론동향》 2호, 1946. 3. 9;

1946년 4월 도시민들의 불만이 줄어든 것은 "군정이 식량 문제를 해결하리라 기대한 것이 아니라, 쌀이 도시로 들어오는 것을 목격했기 때문"이었다. 《여론동향》 7호, 1946. 4. 14.

91 돌베개 편, 1988, 앞의 책, 370~371쪽.

92 RG 332 box 33, Public Opinion Trends, Department of Public Information, 〈군정 대민정책 제안(리처드 로빈슨 작성)〉, 1946. 3. 18; 〈제6사단 G-2 일일보고서〉(1947. 1. 26), 《미군정 정보보고서》 7권, 292쪽.

93 '현지조사' 보고서는 여론에 영향을 미치는 요소 중 공출 문제를 비정치적 요소로 분리했다. 〈제7차 현지조사(충남 논산) 보고서〉, 1948. 1. 15.

94 특히 일제시기 농민조합운동이나 신간회운동은 해방 직후 인민위원회의 중요한 인적 기반이 되었다. 조사 지역이었던 영일군의 인민위원장 정학선과 간부 박순조, 전농결성대회 대표인 김순종을 비롯한 경북 지역 인민위원회 간부 다수가 일제시기 신간회 활동에 참여한 인물들이었다. 정해구, 앞의 책, 39쪽.

95 김민철, 앞의 책, 197, 256쪽.

96 정해구, 앞의 책, 181쪽.

97 정해구, 앞의 책, 168쪽.

98 커밍스, 앞의 책, 164쪽.

99 정승진, 〈일제시대 식민 "신도시"의 출현과 주변 농촌―전북 이리와 대장촌의 사례를 중심으로〉, 《쌀 삶 문명 연구》 제1권, 2008, 206~209쪽.

100 건준을 탈퇴하고 한민회를 결성한 이들은 손문기, 손형업처럼 이후 마산 지역 독촉에서 활동하거나 이일래처럼 방첩대 통역으로 군정에 직접 고용되기도 했다. 박철규, 〈해방 직후 마산 지역의 사회운동〉, 《역사 연구》 5호, 1997, 172~173쪽.

101 박철규, 앞의 글, 177~178쪽.

102 〈제6사단 G-2 일일보고서〉, 《미군정 정보보고서》 제7권, 292, 449, 456, 462, 477쪽; 〈마산에 또 소요사건 사死자 10명 중경상 16명〉, 《동아일보》 1947. 8. 10; 〈부락민 만 명이 경찰 습격 경남 창원군 하에 불상사〉, 《경향신문》 1947. 8. 10.

103 〈주한미군사령부 G-2 보고서〉(1947. 6. 2), 《미군정 정보보고서》 제5권, 160쪽; 전북에서는 1947년 초반의 저항이 진압되는 과정에서 경찰업무를 대행한 광청이 상황 정리 후에도 경찰의 묵인하에 적산을 점거하고 기부금을 강요했다. 〈제6사단

G-2 일일보고서〉(1947. 4. 2),《미군정 정보보고서》제7권, 484쪽.

104 충남의 항쟁은 도의 중심부에서 멀리 떨어진 서북부 지역에서 주로 발생했다. 정
해구, 앞의 책, 169~170쪽.

105 〈제7차 현지조사(충남 논산) 보고서〉, 1948. 1. 15.

106 장영민, 앞의 글, 2007, 147~161쪽 참고.

6장 점령기 우익 청년단 테러의 양상과 성격

1 《독립신보》1947. 5. 31.

2 테러는 폭력과 구분되는 용어로, 양자의 차이는 행동의 동기에서 '정치적 목적'의
개입 여부로 결정된다. 테러는 행동 주체에 따라 개인테러·집단테러·국가테러로
구분되며, 그 형태로는 폭행·암살·습격·폭파 등을 모두 포함한다. 테러 관련 연구
서는 다음을 참고할 수 있다. 모리카와 테츠로森川哲郎, 김동철 옮김,《테러리즘》,
역민사, 1984; 조너선 바커, 이광수 옮김,《테러리즘 폭력인가 저항인가?》, 이후,
1998; 예브게니 프리마코프, 김석환 옮김,《테러리즘과 세계정치》, 랜덤하우스중
앙, 2005.

3 해방 정국에서 테러라는 용어는 빈번하게 사용되었다. 각 정치세력의 테러 정의는
계급적·사상적 인식 차이를 반영해 조금의 차이는 보였지만, 테러를 '정치폭력'으
로 규정함은 공통적이었고, 본문에서 언급한 행위들이 일반적으로 테러로 명명되었
다. 김기동, 〈테로의 본질〉,《민주주의》10월호, 1947(김남식·이정식·한홍구,《한국 현
대사자료 총서》7, 돌베개, 1994);《조선인민보》1946. 7. 17;《조선일보》1946. 11. 27.

4 김국태,《해방 3년과 미국》, 돌베개, 1984, 85쪽.

5 일본 총독부와 한민당계 인사들이 제공한 정보는 미 점령군의 대소 경계심을 자극
하고 남한 내 개혁세력에 대한 왜곡된 선입견을 조장하는 것이었다. 정용욱,《해방
직후 미국의 대한정책》, 서울대학교출판부, 2003, 130~131쪽.

6 남기정,《남한과 일본에서의 미국의 점령정책 비교연구》, 서울대학교 외교학과 석사
학위논문, 1991, 37쪽.

7 민주개혁의 내용으로는 치안유지법 등 탄압법규 폐지, 정치범 석방, 내무성의 경찰
기능과 특별고등경찰제의 폐지, 노동자의 단결권·단체교섭권·파업권을 보장한
〈노동조합법〉제정 등을 들 수 있다. 강창일·하종문,《일본사 101 장면》, 가람기획,

1998, 404~406쪽.

8 〈군정법령 72호〉는 일제 식민지기의 치안유지법과 유사하며, 언론·집회의 자유를 침해한다는 비난으로 인해 1946년 6월 17일 자로 정지되었다. 《서울신문》 1946. 6. 19.

9 정해구, 《10월 인민항쟁 연구》, 열음사, 1988, 29쪽.

10 임종명, 《조선민족청년단 연구》, 고려대학교 사학과 석사학위논문, 1994, 4~6쪽.

11 미 본국은 우익 청년단을 조직하지 말고 경찰력을 증강시켜 치안을 안정시키라고 미군정에 지시했다. 이는 미소공동위원회(이하 미소공위)가 완전히 결렬되지 않은 상황에서 공개적으로 우익 청년단을 조직하는 것은 미·소관계를 악화시킬 수 있으며, 좌익들로부터 비난을 받을 것이라는 판단 때문이었다. 김국태, 앞의 책, 366쪽; 안상정, 《조선민족청년단의 조직 과정과 활동》, 성균관대학교 정치외교학과 석사학위논문, 1991, 37쪽.

12 점령 초기 미군정은 지방의 인민위원회를 해체하는 데 미 전술군뿐 아니라 우익 청년단, 일본 군부대를 동원했다. 1946년 8월 전국적으로 자생적인 치안대, 사설 군사단체가 완전히 해체되고 경찰조직이 확립되었다. 그러나 당시 경무국장이었던 조병옥은 경찰조직이 확립된 이후에도 경찰력만으로 남한의 치안을 유지할 수가 없었으며, 우익 청년단이 경찰 보조조직으로 활동했음을 회고한 바 있다. 류상영, 〈초창기 한국경찰의 성장 과정과 그 성격에 관한 연구〉, 연세대학교 정치학과 석사학위논문, 1987, 67쪽; 커밍스, 〈미군정하의 지방정치 연구〉, 《한국현대사의 재조명》, 돌베개, 1982, 326쪽; 조병옥, 《나의 회고록》, 선진, 2003, 150쪽.

13 1946년 9월 경찰의 물리력 확장이 시작되면서 우익 청년단 대원들은 경찰로 임용되었다. 대한민청과 서청 단원은 '9월 항쟁' '10월 총파업' 진압 이후 철도경찰에 투입되었다. 류상영, 앞의 논문, 112~115쪽; 김두한, 《김두한 자서전》 하권, 메트로신문사, 2003, 34~36쪽.

14 대표적인 인물로는 염동진, 이종형, 이선근 등이 있다. 이들은 해방 직후 우익 청년들에게 무기 및 자금을 지원해주어 여운형 등을 비롯한 좌익계 인사에 대한 테러를 사주하곤 했다. 이영신, 《비밀결사 백의사》, 알림문, 1993; 김무용, 〈이종형: 독립운동가 체포로 악명 높았던 밀정〉, 《친일파 99인》 2, 돌베개, 1993, 85~94쪽; 《독립신보》 1946. 5. 11; 문봉제, 〈남기고 싶은 이야기—서북청년단〉, 《중앙일보》 1973. 2. 5; 김삼웅, 《친일파 100인 100문》, 돌베개, 1995, 147쪽.

15 심지연, 《한국민주당 연구》, 풀빛, 1982, 58쪽.

16 1946년 8월 현재 배출된 실업자 수는 상무국·광공국 조사에 의하면 공업 7만 5,306 명, 운수 1만 7,450명, 광업 13만 3,120명, 사무 5만 2,103명, 기타 70만 2,177명 등 총 98만 156명에 이르렀다. 김태승, 〈미군정기 노동운동과 전평의 운동노선〉, 《해방 전후사의 인식》 3, 한길사, 1987, 310쪽; 류상영, 앞의 글, 60쪽.

17 권태환·김두섭, 《인구의 이해》, 서울대학교출판부, 1990, 228쪽.

18 《백의사》의 저자 이영신은 월남청년들이 청년회에 가담한 이유를 다음과 같이 설명했다. "이북 청년들이 생계 대책을 내팽개치고 청년회로 몰려든 첫째 이유는 두말할 것도 없이 현실적인 문제였다. 생계 대책을 세우려 해도 마땅한 일자리도 없는 시기였고, 그나마 무슨 단체에든 발을 들여놓고 있어야 자신의 입만이라도 풀칠을 할 수 있는 게 당시의 실상이었다." 이영신, 앞의 책 중권, 218쪽.

19 이경남, 앞의 책, 72쪽; 문봉제, 《중앙일보》, 앞의 기사, 1973. 1. 30; 김두한, 앞의 책 상권, 197~205쪽.

20 예컨대 서청은 서울 지역에 50여 개의 합숙소를 운영해 청년들에게 숙식을 제공했으며, 하부 단원들을 공장관리인, 대학 등으로 편입시켰다. 문봉제, 《중앙일보》, 앞의 기사, 1972. 12. 21, 29, 1973. 1. 26.

21 1947년 북한은 심각한 식량난을 겪었다. 이는 일제 식민지기 남농북공南農北工 정책과 1946년 말부터 취해진 미군정의 남북 교역제한 조치로 식량 사정이 급속히 악화된 데 기인한다. 김귀옥, 《월남민의 생활 경험과 정체성》, 서울대학교출판부, 2000, 42~47쪽.

22 선우기성·김판석, 앞의 책, 33쪽.

23 문봉제, 《중앙일보》, 앞의 기사, 1973. 1. 20.

24 문봉제는 "경찰이 서청 행동의 배후라고 한다면 돈암장은 정신적 배후"라고 회고했다. 정부 수립 이후 문봉제는 대한청년단 부단장, 내무부 치안국장, 교통부 장관을 맡았다. 그리고 대한독립촉성청년총연맹 단장 전진한은 대한노동총연맹 결성 이후 단장을 역임하다 정부 수립 이후 제헌국회 의원과 초대 사회부 장관을 지냈다. 이외에도 우익 청년단 지도부에서 활동한 인물들은 대개 정부 수립 이후 정계로 진출했는데, 대표적 인물이 대한민주청년단의 유진산, 대한독립청년단의 서상천이다. 문봉제, 《중앙일보》, 앞의 기사, 1973. 1. 4; 하유식, 〈이승만 정권 초기 정

치기반 연구—대한청년단을 중심으로〉, 《지역과 역사》 3호, 1997, 228쪽.

25 우익 청년단 지도부의 리더십에서 자금 동원 능력은 중요한 요소였으며, 이들이 청년단의 자금을 책임졌다. 예컨대 대한민청의 자금은 유진산이 한민당 및 호남 지주들로부터 받아 오거나, 김두한이 기업가들로부터 공갈을 통해 받아왔다. 서청도 초대 회장이었던 선우기성을 중심으로 조직이 구성되었다가 1947년 5월 문봉제 체제로 개편되었는데, 이는 문봉제가 이승만계 정치세력들과 협력을 강화하면서 자금을 끌어왔기 때문이었다. 이경남, 앞의 책 상권, 258쪽; 문봉제, 《중앙일보》, 앞의 기사, 1973. 2. 1.

26 우익계 최초의 연맹조직으로 탄생한 대한독립촉성청년총연맹은 좌익계 청년단체인 조선청년총동맹(이하 청총靑總)에 대항해 결성되었다. 대한독립촉성총연맹의 결성은 한민당이 주도했고, 한민당 발기위원이자 노동부위원인 전진한이 단장으로 파견되었다. 선우기성, 《한국청년운동사》, 금문사, 1973, 653~654쪽.

27 조선건국청년회는 1945년 9월 29일에 조직되었다. 조선건국청년회는 우익계 최초의 치안단체인 조선건설치안총본부가 미군정의 치안단체 해산 명령에 따라 재조직된 단체로 해방 직후 가장 적극적으로 좌익을 공격했다. 건국청년운동협의회, 《대한민국 건국청년운동사》, 건국청년운동협의회총본부, 1989. 참조.

28 해방 직후 유학생대가 조직되었다. 유학생대는 조직 초기에는 당시 가장 광범한 학생층을 망라한 조선학도대(1946. 8. 5)에 편입되었다. 그러나 조선학도대가 인공人共 수립을 앞두고 좌익 지지를 표명하자 일부 유학생들이 탈퇴해 9월 1일 유학생동맹을 조직했다. 유학생동맹은 해방 후 반공적 색채를 공개적으로 선언한 최초의 학생단체였다. 이철승, 《한국학생건국운동사》, 한국반탁반공학생운동기념사업회, 1986, 116~118쪽.

29 민주주의민족전선, 《조선해방연보》, 문우인서관, 1946, 219쪽.

30 서중석, 앞의 책, 316쪽.

31 국군준비대는 정부 수립 이후 국군의 모체가 될 것을 자임하고 조직된 단체이다. 이 단체는 건준의 후원 아래 제대군인이 중심이 되어 8월 17일 조직된 귀환장병대가 미군의 진주를 앞두고 국군준비대로 명칭을 바꾼 것이다. 국군준비대는 제대군인 외에 군인을 희망하는 청년들을 모집해 대원을 확보했고, 이들 중 일부는 무장을 하고 있었기 때문에 좌익계의 주요 무장력이 되었다. 《매일신보》 1945. 9. 17; 김

행선, 앞의 책, 43~44쪽.

[32] 《G-2 정보일지》 113호, 1946. 1. 3.

[33] 《G-2 정보일지》 116호, 1946. 1. 6.

[34] 《동아일보》 1946. 1. 9.

[35] 《동아일보》 1946. 1. 9.

[36] 《서울신문》 1946. 1. 11.

[37] 광복군 국내지대의 정확한 해체 날짜는 알 수 없다. 1월 14일 국방경비대가 창설되면서 1월 21일 미군정이 모든 군사 단체의 해산을 명령한 점을 고려할 때, 그 즈음이었을 것으로 추측된다. 그러나 광복군이 해산된 보다 중요한 이유는 1월 15일 미군정 정보부G-2에서 작성한 보고서에 나타나듯이, 미군정이 임정에 대한 지지를 철회하면서, 그 첫 번째 조치로 임정 휘하의 무장력을 해체하고자 한 데 있었다. *HUSAFIK*, Part 2, Chapter 2, pp. 88~89; 《조선일보》 1946. 1. 12, 22.

[38] 이철승, 앞의 책, 138~148쪽.

[39] 학병동맹은 일제의 학도특별지원병에 징집된 전문·대학생 및 졸업생과 학병거부자, 출옥 청년들을 중심으로 치안을 담당하기 위해 1945년 9월 1일 조직되었다. 학병동맹도 국군준비대와 마찬가지로 좌익의 주요한 무장력 가운데 하나였다. 학병동맹은 전국적으로 지부를 조직했고, 그 규모는 서울에 2,000명, 부산·대구에 1,500명, 기타에 약간 명을 모집한 규모였다. 김행선, 앞의 책, 43쪽.

[40] 《조선일보》 1946. 1. 20.

[41] 《동아일보》 1946. 1. 7; 서중석, 앞의 책, 330쪽.

[42] 현장에서 체포된 49명 가운데 대부분은 며칠 만에 석방되었고, 4명만이 구속되었다. 이철승, 앞의 책, 144~145쪽.

[43] 우익 단체들의 테러가 계속되자 각 도 인민위원회대표자회의에서는 하지에게 반탁 테러를 근절시켜줄 것을 요청했다. 그러나 하지는 "반탁운동이라도 민주주의 국가의 방침으로 탄압할 수 없다"고 응답해, 미군정이 반탁 시위와 반탁 테러를 적극적으로 근절할 의사가 없음을 시사했다. 《조선인민보》 1946. 1. 12.

[44] 문봉제, 《중앙일보》, 앞의 기사, 1972. 12. 25; 《동아일보》 1946. 3. 6.

[45] 이경남, 앞의 책 상권, 36~37쪽.

[46] 문봉제, 《중앙일보》, 앞의 기사, 1972. 12. 25.

47 2월 1일 나주에서 무장경찰과 미 헌병이 출동해 인민위원회·보안서·청총·농민조합·노동조합을 습격하고 인민위원회에서 추대한 군수, 보안서장, 농조 책임자를 검거했다. 검거 이유는 이들이 전 일본인 소유의 양조장 술을 함부로 매각해 부정이득을 취했다는 것이다. 그런데 그 이전부터 나주 인민위원회는 지주들과 양조장 관리권 문제로 갈등해왔다. 이 사건은 지방의 경찰-지주세력-미군정이 나름의 네트워크를 형성하고 인민위원회의 적산처리권을 부정해나간 것이었다. 《해방일보》 1946. 2. 26.

48 1차 미소공위가 시작되자 민전 지도부는 미소공위 개최와 그 의의를 해설하기 위해 지방 순회강연을 다녔다. 그러나 세 차례의 강연회가 전주, 남원, 김제에서 진행되는 동안 강연장은 매번 독촉연맹의 공격을 받았다. 김성숙과 안기성은 강연 내용 중 미국을 비난하는 내용이 포함되었다는 이유로 경찰에 체포되었고, 3월 29일 군정재판에서 군정포고 위반으로 실형을 언도 받았다. 《조선인민보》 1946년 4월 2, 4일; 건국청년운동협의회, 앞의 책, 690~693쪽.

49 고지훈, 〈해방 직후 조선공산당의 대미인식〉, 《역사문제연구》 17호, 2007, 226쪽.

50 《독립신보》 1946. 7. 18; 《동아일보》 1946. 9. 8.

51 《독립신보》 1946. 7. 14; 단경丹耕, 〈내가 본 '테로' 이야기〉, 《민주주의》 15호, 1947 (《한국 현대사자료 총서》 7, 124쪽).

52 《동아일보》 1946. 5. 13.

53 《해방일보》 1946. 5. 14; 《서울신문》 1946. 5. 14.

54 경찰은 집회를 주도한 혐의로 독촉국민회 대표 오하영 외 4명을 구속했지만, 별다른 처벌 없이 며칠 뒤 석방조치했다. HUSAFIK, Part 2 Chapter 2, 66쪽; 《중앙신문》 1956. 5. 16; 《동아일보》 1946. 5. 19.

55 HUSAFIK, Part 2 Chapter 2, p. 157; 《조선일보》 1946. 5. 12.

56 이승만이 지방순회를 가는 곳은 내전을 방불케 하는 우익 테러가 발생했다. 《조선인민보》 1946. 6. 15; 정병준, 앞의 책(2005a), 556쪽.

57 순천에서는 이승만의 방문에 앞서 경찰이 조공, 농조, 민청원 170명을 예비검속했다. 《청년해방일보》 1946. 5. 30.

58 고지훈, 앞의 논문, 227쪽.

59 신전술로 전환한 이후 경성방직의 전평노조가 파업투쟁을 본격화하자 사주 김연수

와 상무 이준목이 "공장을 없애도 좋으니 노조를 쫓아달라"고 평청에 요청했다. 문
봉제, 《중앙일보》, 앞의 기사, 1972. 12. 28.

60 문봉제, 《중앙일보》, 앞의 기사, 1972. 12. 27, 29.

61 《조선인민보》 1946. 6. 3.

62 경성방직, 박흥식, 경성상공회의소가 파업 진압비용으로 우익 청년단들에게 사례
금을 지불했다. 정병준, 앞의 책(2005a), 621쪽.

63 《조선일보》 1946. 10. 2.

64 장택상은 대한민청 단원들에게 경찰전문학교의 실습용 총 300여 정과 수류탄 3상
자 등 무기를 넘겨줘 무장시켰고, 이들 청년들은 술을 먹고 파업 분쇄에 나섰다. 김
두한, 앞의 책 상권, 237쪽.

65 《조선일보》 1946. 10. 3; 성한표, 앞의 책, 430쪽.

66 《서울신문》 1946. 10. 5.

67 김두한, 앞의 책 상권, 249쪽.

68 대한민청은 60명을 1대대로 편성해서 50개의 특공대를 조직해, 대원 전원이 작업복
과 특공대 완장을 착용하고, 장총에 단검으로 무장해 '10월 항쟁' 진압에 나섰다. 이
들은 예천, 영천, 왜관, 청도, 고령, 성주 지역의 항쟁을 진압했다. 이들 외에도 80여
명의 '파업깨기꾼'이 동원되었다. 김두한, 앞의 책 하권, 30쪽; 정해구, 앞의 책, 153쪽.

69 정해구, 앞의 책, 154쪽.

70 우익 청년단은 하루에 300~500원을 받고 동원되었다. 당시 산업노동자의 하루 평
균 임금이 61원이었음을 감안할 때 상당히 큰 액수라고 할 수 있다. 유팔무, 〈미군
정기 남한사회의 '삶의 질'과 일상생활〉, 《미군정기 한국의 사회변동과 사회사》, 한
림대학교 아시아문화연구소, 1996, 281쪽.

71 건국청년운동협의회, 앞의 책, 800~804쪽.

72 이경남, 앞의 책 상권, 81쪽.

73 《독립신보》 1947. 6. 18.

74 《동아일보》 1947. 6. 15.

75 《독립신보》 1947. 7. 11.

76 이경남, 앞의 책 상권, 107~108쪽.

77 부산 전평 본부, 부산 철도기관차고, 삼화고무공장 등이 공격받았다. 《G-2 정보일

지》697호, 1947. 9. 14.

78 《G-2 정보일지》697~698호, 1947. 9. 14, 15.

79 김행선, 앞의 책, 410쪽.

80 김남식, 《남로당연구》, 돌베개, 1984, 276쪽; 《독립신보》1947. 4. 16.

81 2월 24일 경찰은 서울에서만 250명의 민청원을 체포했고, 며칠 뒤 용산, 강릉, 홍제리에서도 100여 명의 민청원을 체포했다. 이에 대해 좌익은 3·1절을 기해 우익 청년단의 테러가 예상되는 상황에서 자신들을 검거하는 것은 경찰이 반동테러를 비호·방조하는 것이라고 비난했다. 《독립신보》1947. 2. 26.

82 6·23 반탁 시위 이후 시위대는 덕수궁으로 들어가던 미소공위 소련 측 대표 스티코프를 공격했다. 이 사건을 계기로 소련 측은 다시 미소공위 협의 대상에서 반탁 단체를 제외할 것을 주장했다. 그러나 미국이 이에 반대함으로써 2차 미소공위는 실질적으로 결렬되었고, 미국은 그동안 복안으로 고려해왔던 단정 수립으로 정책을 전환했다. 도진순, 《한국민족주의와 남북관계》, 서울대학교출판부, 1998, 156쪽.

83 《독립신보》1947. 8. 12.

84 '8·15 좌익폭동 미연 방지'를 명목으로 11~12일 수도청 산하 경찰들이 총동원되어 좌익 100여 명을 검거했고, 14일까지 전국에서 수천 명이 검거되었다. 《서울신문》1947. 8. 12; 김남식, 앞의 책, 297쪽; 《CIC 주간 정보통보》1947. 8. 21.

85 《CIC 주간 정보통보》1947. 8. 21.

86 《독립신보》1947. 7. 5.

87 《독립신보》1947. 7. 8.

88 《독립신보》1947. 7. 9.

89 우익 청년단의 강제 회원모집으로 독촉 전북 지부는 1947년 9월에 이르면 동년 4월에 비해 회원이 100퍼센트 증가했다. 《독립신보》1947. 7. 11; 《G-2 정보일지》630호, 1947. 9. 10.

90 《G-2 정보일지》554호, 1947. 6. 12; 555호 1947. 6. 13; 560호 1947. 6. 19; 564호 1947. 6. 24.

91 이경남, 앞의 책 상권, 140쪽.

92 CIC는 1947년 개성, 옹진, 삼척에 지부를 설치하고 첩보 수집을 위해 월남민을 조사했는데 이들은 CIC가 원하는 고급정보를 제공하지 못했다. 때문에 CIC는 서청

원을 활용해 정보를 입수했고, 이들이 제공하는 정보에 상당히 만족스러워 했다. 이 외에 CIC는 서청을 서울 내 좌익의 활동을 감시하거나 일반 주민의 전출입 동향과 여론을 파악하는 데도 활용했다. 서청은 수집한 정보를 CIC에 정기적으로 보고했다. 《CIC 주간 정보통보》1947. 4. 23, 5. 1, 5. 22, 11. 6; 정용욱, 〈해방 직후 주한미군 방첩대의 조직체계와 활동〉, 《한국사론》53집, 2007, 455~456쪽.

93 〈CIC와 이청천의 인터뷰〉, 《CIC 주간 정보통보》1947. 6. 12.

94 김수자, 앞의 논문, 166쪽.

95 이경남, 앞의 책 상권, 112~113쪽.

96 이승만은 우익 청년단 간부들을 만나 대청으로의 통합 움직임을 저지했다. 문봉제, 《중앙일보》, 앞의 기사, 1973. 2. 6.

97 족청은 처음부터 대청으로의 통합을 거부했다. 족청은 결성 이래 미군정의 지원을 받으며 다른 청년단과는 달리 독자적인 행보를 걸어왔고, 1947년 조직을 급속도로 확대했기 때문에 대청에 합류함으로써 자신의 기반을 잃으려 하지 않았다. 안상정, 앞의 논문, 29쪽.

98 김수자, 앞의 논문, 182쪽.

99 《CIC 주간 정보통보》1947. 5. 1.

100 미군정 보고서는 '조선 정치인의 무기인 테러는 청년들이 반대 진영으로 흩어지는 것을 막기 위해 사용된다'고 기록했다. 《G-2 정보일지》650호, 1947. 10. 4.

101 《G-2 정보일지》705호, 1947. 12. 10.

102 《G-2 정보일지》640호, 1947. 9. 23; 650호 1947. 10. 4; 652호 1947. 10. 7; 718호 1947. 12. 26.

103 족청은 좌익도 받아들여 개량시킨다는 입장을 취했다. 나주 족청의 경우, 민청이 불법화된 이후 대거 족청으로 잠입해 활동해, 오히려 기존 우익 단원들이 탈퇴하기까지 했다. 《G-2 일일정보》718호, 1947. 12. 26.

104 대청 제주지부는 결성된 지 한 달 만에 테러 단체로 기소되었다. 《G-2 정보일지》664호, 1947. 10. 21; 668호 1947. 10. 24.

105 구국청년총연맹은 1948년 2월 5일 이승만을 지지하는 청년 단체들로 결성되었다. 이 단체는 총선거 촉구운동을 벌이고, 대청을 견제하기 위해 결성되었다. 이경남, 앞의 책 상권, 198쪽.

[106] 《서울신문》 1948. 4. 16; 《경향신문》 1948. 4. 17.

[107] 《조선일보》 1948. 4. 17; 《서울신문》 1948. 4. 21.

[108] 향보단원은 체포, 구타의 사법권은 없었지만, 경찰과 협력해 현행범을 잡을 수 있는 권한을 가졌다. 《경향신문》 1948. 5. 18; 이경남, 앞의 책 상권, 199~200쪽.

[109] CIC가 얻은 정보B-3에 의하면 김구가 유엔한위韓委를 만나 남북 총선거를 주장하자, 우익 청년단들은 김구에게 왜 유엔한위에 이승만을 반대하는 말을 했는지 추궁하기로 결정했다. 그리고 우익 청년단들은 김구에게 이전의 성명들을 취소하고 사과하라고 할 것이며, 만약 그가 거부할 시에는 그를 '비난'하기로 결의했다. 대부분의 우익 청년단은 김구를 "빨갱이"라고 비난했다. 《CIC 주간 정보통보》 1948. 2. 2.

[110] 1947년 10월 23일 경비사관학교에 입교한 학생 가운데 3분의 2가량이 서청단원이었다. 이들은 1948년 4월 6일 육군 소위로 임관된다. 이들은 4·3항쟁과 여순사건 진압에 투입됐으며 한국전쟁이 발발하자 고위급 군인으로 임명되었다. 이경남, 앞의 책 상권, 125쪽.

[111] 1948년 12월 19일 조직된 대한청년단은 여순사건 이후 위기의식을 느낀 이승만이 좌익 탄압과 대민對民 통제를 위해 경찰 및 정부기구와 유기적으로 활동할 물리력을 확보하기 위해 조직한 관제 청년단체이다. 하유식, 앞의 논문, 1997. 참고.

3부 점령 이후(1948~1950)

[1] 서중석, 《한국 현대민족운동연구 2》, 역사비평사, 2002.

[2] 박찬표, 《한국의 48년체제》, 후마니타스, 2010.

1장 1·2차 유엔한국위원단의 평화통일 중재 활동

[1] 정용욱, 《해방 전후 미국의 대한정책》, 서울대학교출판부, 2003, 19~62, 417~471쪽.

[2] 홍석률은 한반도 분단체제의 전개에서 분단의 '국제화'와 '내재화' 양상을 구명했다. 유엔과 강대국들이 개입한 한국전쟁을 통해 분단체제가 형성되며 오랫동안 분단의 '국제화' 양상이 지속되었다. 미국과 중국은 1970년대 초에 이르러 관계 개선에 나서면서 한반도에서 대치하는 부담을 덜기 위해 분단의 '국제화' 기조를 포기하는 데 합의하고 유엔 한국통일부흥위원단 해체에 공조했다. 그는 이렇게 분단체

제가 '내재화'되는 과정이 남북분단이 더욱 원숙한 형태로 자리 잡는 계기였다고 평가했다. 홍석률, 《분단의 히스테리》, 창비, 2012.

3 2차 세계대전 이후 국제주의적 반전평화론의 형성과 그 의미에 관해서는 다음 참조. 김태우, 〈냉전 초기 사회주의진영 내부의 전쟁·평화담론의 충돌과 북한의 한국전 쟁 인식 변화〉, 《역사와 현실》 83, 한국역사연구회, 2012.

4 본고는 1948~1950년 시기 한국의 정치세력을 이승만 정부(한국 정부), 민주국민당(민 국당), 좌익(남조선노동당), 민족주의 진영으로 대별했다. '민족주의 진영'은 김구가 이끄는 한국독립당(임시정부계열), 김규식이 이끄는 민족자주연맹을 비롯한 중도파 세력, 제헌국회에서 활동한 이른바 '소장파' 의원들을 아우르는 범주이다. 이 시기 한국 정치사를 다룬 기존 연구들은 대체로 김구·김규식과 국회 소장파 의원들을 한데 묶었다. 서중석은 '우익 민족주의자'의 구성 요소로 ① 일제 때 비타협노선을 걸은 자, ② 친일파 숙청을 요구한 자, ③ 토지개혁 등 민주개혁에 찬동한 자, ④ 단 독정부 수립을 반대하고 민족통일을 지향한 자를 꼽았다. 그는 미군정기부터 이런 조건을 갖춘 세력은 김규식을 비롯한 중도우파 성향의 좌우합작위원회 우측 대표 들이라고 규정하면서, 1948년 이후에는 김구와 한독당도 포함할 수 있다고 보았다. 도진순은 1947년 말 김구와 이승만을 정점으로 했던 우익 진영이 분화한 후 단독정 부를 반대하고 남북협상을 추진한 김구와 김규식 세력을 묶어 '남한 민족주의자'로 지칭했다. 본고는 이러한 구분법을 수용하여 위원단의 활동과 관련하여 평화통일 (남북협상), 민주화, 점령군 조기 철수 등을 추구한 이들을 '민족주의 진영'으로 통칭 한다. 서중석, 《배반당한 한국민족주의》, 성균관대학교출판부, 2004, 146~150쪽; 도진순, 《한국민족주의와 남북관계》, 서울대학교출판부, 1997.

5 1923년 미국에서 출생한 고든커는 젊은 시절부터 유엔사무국 관리로 근무했는데, 특히 1950~1951년 한국통일부흥위원단에서 공보관을 역임하여 한국문제에 식견 이 있었다. Leon Gordenker, *The United Nations and the Peaceful Unification of Korea*: *The Politics of Field Operations*, 1947~1950, The Hague: Martinus Nijhoff, 1959.

6 서중석, 《한국 현대민족운동 연구 2》, 역사비평사, 1996; 서중석, 《남북협상—김규 식의 길, 김구의 길》, 한울, 2000.

7 제임스 매트레이, 구대열 옮김, 《한반도의 분단과 미국》, 을유문화사, 1989; Bruce Cumings, *The Origins of the Korean War, vol.2*: *The Roaring of the Cataract, 1947~1950*,

Princeton, N. J.: Princeton University Press, 1981; 존 할리데이, 〈유엔과 한국〉; 프랭크 볼드윈 외, 편집부 옮김, 《한국현대사》, 사계절(Frank Baldwin ed., *Without Parallel*, New York: Pantheon Books, 1973), 1984; 릴랜드 굿리치, 국회도서관 입법조사국 옮김, 《국제연합과 한국문제 I》, 국회도서관 입법조사국, 1969(Leland Goodrich, *Korea*: *A Study of U.S. Policy in the United Nations*, New York: Council on Foreign Relations, 1956); 데이비드 콩드, 최지연 옮김, 《한국전쟁, 또 하나의 시각》 1 · 2, 과학과 사상, 1988.

[8] Michael Barnett and Martha Finnemore, 〈Political Approaches〉, Thomas G. Weiss and Sam Daws ed., *The Oxford Handbook on the United Nations*, New York: Oxford University Press, 2007, pp. 41~57.

[9] 강성천, 〈1947~1948년 UN 조선위원단과 '통일정부' 문제〉, 서울대학교 국사학과 석사학위논문, 1994; 최요섭, 〈1947~1948년 유엔 한국임시위원단의 성립과 활동〉, 서울대학교 국사학과 석사학위논문, 2005.

[10] 해당 문서철은 1949년까지는 분류번호가 501. BB Korea이고 1950년 이후는 357. AD이다. 전자는 국사편찬위원회에서 《대한민국사 자료집(한국현대사자료집성): UN의 한국문제 처리에 관한 미 국무부문서》 38~44권으로 출간했다. 후자는 국사편찬위원회 전자사료관http://archive.history.go.kr에서 이용할 수 있다. 소장 제목은 RG 59, General Records of the Department of State, Decimal File, 1950-54, Entry A1 205K, 357.AD이고, 1950년 2차 위원단의 활동이 담긴 자료상자 번호는 No. 1375이다.

[11] 신문기사는 주로 《자료 대한민국사》와 네이버 뉴스라이브러리http://newslibrary.naver.com를 활용했다. 전자는 국사편찬위원회 한국사 데이터베이스http://db.history.go.kr에 등록된 기사를 이용했다. 디지털자료 인용 방식을 따라야 하겠으나 편의상 생략했다.

[12] 유엔 문서 중 총회 및 안보리의 공식기록은 유엔 디지털아카이브http://documents.un.org에서 제공한다.

[13] 최요섭, 2005, 앞의 논문, 58~63쪽.

[14] UN Doc. A/575/Add.3 〈Second Part of the Report of the United Nations Temporary Commission on Korea〉 Vol. 1, 1948, pp. 13~14.

[15] 김명섭, 〈한국전쟁이 냉전체제의 구성에 미친 영향〉, 《국제정치논총》 43집 1호, 한국국제정치학회, 2003, 120쪽.

16 최요섭, 앞의 논문, 2005, 7~21쪽.

17 영연방 진영을 대표하여 임시위 참가국인 호주가 공동제안국으로 참여했다. 또한 미국은 아시아 지역의 대표성을 고려하여 임시위 참가국이자 안보리 상임이사국인 중화민국도 참가시켰다.

18 501.BB Korea/11-1648 〈781, 제이콥스가 국무장관에게〉(1948. 11. 16), 《대한민국사 자료집 42》, 401~403쪽.

19 Ibid.

20 이를테면 위원단은 "대한민국 정부의 지위를 유념"하면서 활동해야 했다. 또한 유엔 회원국이 한국과 외교관계를 수립할 때 결의안에 명시된 한국 정부의 지위를 고려하라고 권고하는 내용도 있었다. 결의안의 원문과 번역은 다음 참조. 정일형 편, 《유엔과 한국문제》, 신문명화사, 1961.

21 유엔 현지기구의 형태는 위원단Commission과 단일 대표Single Representative로 대별된다. 전자는 유엔의 위임을 받은 복수의 국가가 대표를 파견하여 구성하는 기구이고, 후자는 유엔이 직접 중립적인 인사를 지명하여 재량권을 부여하는 기구이다. 양자는 서로 대비되는 특성을 지닌다. 위원단은 여러 국가가 지역 문제에 관여함으로써 국제적 책임성을 부각시키는 장점이 있는 반면, 참가국들의 정책이 서로 충돌하게 마련이므로 신속하고 유연한 정책 집행이 어려울 수 있는 단점이 있다. 단일 대표는 한 인물이 전권을 가지고 유연하게 정책을 조정할 수 있는 장점이 있지만, 국제적 책임성은 상대적으로 부족하다. 유엔 설립 초기에 활동한 현지기구는 대부분 위원단 형태로, 발칸특별위원단, 인도-파키스탄위원단, 인도네시아위원단, 한국위원단 등이 있었다. 단일 대표는 팔레스타인 분쟁을 조정하기 위한 중재자 Mediator for Palestine였던 베르나도트Count Bernadotte 국제적십자사 총재가 있었다. Gordenker, Op. cit., 1959, pp. 255~266.

22 미국은 소련이 완전히 협조하는 경우에 한하여 단일 대표 임명을 고려할 수 있다는 입장을 가졌는데, 사실상 단일 대표 임명 가능성을 배제하는 태도였다. 501. BB Korea/10-948 〈제이콥스가 나일스에게〉(1948. 10. 9), 《대한민국사 자료집 42》, 218~223쪽.

23 501. BB Korea/11-2548 〈929, 제이콥스가 국무장관에게〉(1948. 11. 25), 《대한민국사 자료집 42》, 437쪽; 501. BB Korea/11-2548 〈665, 러벳이 주유엔 미국대표단에

게〉(1948. 12. 3),《대한민국사 자료집 42》, 452쪽.

24 501. BB Korea/11-1648 〈781, 제이콥스가 국무장관에게〉(1948. 11. 16),《대한민국
사 자료집 42》, 401~403쪽; 501. BB Korea/11-2548 〈929, 제이콥스가 국무장관에
게〉(1948. 11. 25),《대한민국사 자료집 42》, 437쪽.

25 둘은 모두 주한미군정에서 정치고문으로 일한 경력이 있다. 노블은 주한미대사관
에서 근무하기도 했다. 이들은 3차 총회 당시 주유엔미국대표단의 고문으로서 한국
문제를 담당하여 결의안 초안 기초 작업을 주도했다. 미군정에서 제이콥스의 활동
에 대해서는 정용욱, 2003, 앞의 책, 265쪽 참고. 주한미대사관에서 노블의 활동에
대해서는 김도민, 〈1948~50년 주한미대사관의 설치와 정무 활동〉, 서울대학교 국
사학과 석사학위논문, 2012, 20~22쪽 참고.

26 501. BB Korea/11-1648 〈781, 제이콥스가 국무장관에게〉(1948. 11. 16),《대한민국
사 자료집 42》, 401~403쪽; 501. BB Korea/11-1848 〈829, 제이콥스가 국무장관에
게〉(1948. 11. 18),《대한민국사 자료집 42》, 415쪽.

27 《자유신문》 1948. 12. 13.

28 최요섭, 앞의 논문, 2005, 73~74쪽.

29 기광서, 〈훈령으로 본 소련의 미소공동위원회 전략〉,《역사문제연구》 24, 역사문제
연구소, 2010, 321쪽.

30 양영조,《한국전쟁과 동북아 국가정책》, 선인, 2007, 423~424쪽.

31 Gordenker, Op. cit., 1959, pp. 146~147.

32 외무부 편,《유엔총회 한국대표 연설문집(1948~1975)》, 1977, 1~16쪽.

33 미국 측 공동결의안은 찬성 48/반대 6/기권 1표로 통과되었다. 소련의 결의안은 찬
성 6/반대 46/기권 0표로 부결되었다. UN Doc. A/PV.187, 1948. 12. 12.

34 미국은 호주·중화민국·필리핀을 참가시켜 공동결의안을 작성했는데, 아시아 지역
의 위원단 참가국을 하나 더 포함시키는 것이 바람직하다고 판단하여 필리핀을 추
가했다. 501. BB Korea/7-2849 〈463, 무초가 국무장관에게〉(1948. 7. 28),《한국현대
사 자료집성 44》, 124~125쪽.

35 Amikam Nachmani, "Civil War and Foreign Intervention in Greece: 1946~49",
Journal of Contemporary History, Vol. 25, No. 4, 1990, pp. 500~501.

36 UN Doc. A/574, "Report of the United Nations Special Committee on Balkans"

1948, pp. 1~3.

[37] UN Doc. A/935, "Report of the United Nations Special Committee on Balkans" 1949, pp. 1~2.

[38] 501. BB Korea/7-2849 〈463, 무초가 국무장관에게〉(1948. 7. 28),《한국현대사 자료집성 44》, 124~125쪽.

[39] 501. BB Korea/9-2049 〈1169, 무초가 국무장관에게〉(1949. 9. 20),《한국현대사 자료집성 44》, 290~292쪽.

[40] Department of State, Department of State bulletin, Vol. 21, 1949. 7~9, pp. 625~626.

[41] 외무부 편, 앞의 책, 1977, 17~31쪽.

[42] United Nations, *Department of Public Information*, Yearbook of the United Nations, 1948~1949, pp. 292~293.

[43] Gordenker, Op. cit., 1959, p. 203; 501. BB Korea/12-1049 〈789, 주한미대사관이 국무장관에게〉(1949. 12. 10),《한국현대사 자료집성 44》, 382~383쪽.

[44] UN Doc. S-0922 Series, Records of Secretary-General Trygve Lie, General Assembly meeting files, "Daily General Assembly Report to the Secretary-General" No. 7, 1949. 10. 1.

[45] United Nations, *Department of Public Information*, Yearbook of the United Nations, 1948~1949, p. 292.

[46] 미국 측 공동결의안은 찬성 46/반대 6/기권 3표로 통과되었다. 위원단의 즉시 해체를 요구한 소련의 결의안은 반대 42/찬성 6/기권 5표로 부결되었다. UN Doc. OR, A/PV.233, 1949. 10. 21.

[47] Gordenker, Op. cit., 1959, pp. 26~30.

[48] 501. BB Korea/7-2849 〈463, 무초가 국무장관에게〉(1949. 7. 28),《한국현대사 자료집성 44》, 117쪽; 프랑스는 이미 임시위 활동 종료 이후 위원단에서 철수하고자 했으나 미국의 설득으로 계속 참가하게 되었다. 501. BB Korea/8-2049 〈513, 무초가 국무장관에게〉(1949. 8. 20),《한국현대사 자료집성 44》, 197쪽.

[49] 김경수,《인도와 한국전쟁》, 한국학술정보, 2006, 127~136쪽; Indian Council of World Affairs, India and the United Nations, New York: Manhattan Pub., 1957, pp. 29~30.

50 Robert O'Neill, *Australia in the Korean War, 1950~1953: Vol. 1, Strategy and Diplomacy*, Canberra: Australian Government Publishing Service, 1981, p. 8, 21.

51 501. BB Korea/7-2849 〈463, 무초가 국무장관에게〉(1949. 7. 28),《한국현대사 자료집성 44》, 118쪽.

52 501. BB Korea/2-849 〈532, 캐퍼리가 국무장관에게〉(1949. 2. 8),《한국현대사 자료집성 43》, 46쪽; 501. BB Korea/3-1249 〈No. 141, 드럼라이트가 국무장관에게〉(1949. 3. 12),《한국현대사 자료집성 43》, 160~161쪽.

53 Inder Singh, 〈Indian Americans Role in India's Independence Movement〉, SikhSpectrum.com Quarterly No. 29, 2007. 8. http://sikhspectrum.com/2007/08/indian-americans-role-in-indias-independence-movement/,(검색일 2012. 5. 20).

54 501. BB Korea/8-2049 〈513, 무초가 국무장관에게〉(1949. 8. 20),《한국현대사 자료집성 44》, 199쪽.

55 이를테면 코스티유는 1차 위원단 초기 프랑스 정부로부터 별다른 활동 방침을 지시받지 못한 채 임시위 때의 지침을 활용하고 있었다. 501. BB Korea/3-1249 〈141, 드럼라이트가 국무장관에게〉(1949. 3. 12),《한국현대사 자료집성 43》, 160~161쪽; 마가냐 역시 엘살바도르 정부에 위원단 활동을 자주 보고했으나 지시는 거의 받지 못했다. 501. BB Korea/7-2849 〈463, 무초가 국무장관에게〉(1948. 7. 28),《한국현대사 자료집성 44》, 120쪽.

56 Gordenker, Op. cit., 1959, pp. 45~48.

57 베르트하이머는 1894년 오스트리아에서 태어났다. 1차 세계대전 때 오스트리아군 장교로 복무했다. 독일 하이델베르크대학에서 박사학위를 취득하고 1924~1930년 영국과 독일에서 대학 강사와 저널리스트로 일했다. 1930~1939년 국제연맹사무국에서 일했고, 1939~1946년 2차 세계대전을 피해 미국으로 건너가 대학 강사, 카네기 국제평화재단 특별자문으로 활동하며 반나치운동에 참여하기도 했다. 1946년 이후 유엔사무국에서 근무했다. 1945~1946년 미 국무부 국제기구과의 고문을 맡기도 했다. 501. BB Korea/2-2249 〈국무장관이 주한미대사관에게〉(1949. 2. 22),《한국현대사 자료집성 43》, 102~103쪽.

58 렌보르그는 1892년 스웨덴에서 출생했다. 외교관으로서 워싱턴, 도쿄, 상하이, 톈진, 몬트리올 등지에서 근무하다가 1929년 국제연맹 사무에 합류했다. 국제연맹

아편자문위원회에서 일하는 등 마약 통제 분야의 전문가이기도 했다. 1946~49년 유엔 통신기록과 과장을 역임했다. 501. BB Korea/11-149 〈931, 애치슨이 주한미대사관에게〉(1949. 11. 2), 《한국현대사 자료집성 44》, 350쪽.

59 Gordenker, Op. cit., 1959, pp. 259~260.

60 United Nations, *Department of Public Information*, Yearbook of the United Nations, 1948~1949, pp. 153~155.

61 501. BB Korea/8-2049 〈513, 무초가 국무장관에게〉(1949. 8. 20), 《한국현대사 자료집성 44》, 197~198쪽.

62 357.AD/1-1250 〈27, 애치슨이 주한미대사관에게〉(1950. 1. 12); 357. AD/3-3050 〈333, 드럼라이트가 국무부에게〉(1950. 3. 30).

63 357.AD/1-3050 〈115, 무초가 국무장관에게〉(1950. 1. 30); 357. AD/2-250 〈141, 무초가 국무장관에게〉(1950. 2. 2); 357. AD/3-3050 〈333, 드럼라이트가 국무부에게〉(1950. 3. 30).

64 1차 위원단의 의전 순위는 의장-사무국장-각국 대표-사무부국장 순이었는데, 굴렉은 상임의장-각국 상임대표-사무국장-각국 교체대표-사무부국장 순으로 개정했다. 즉 사무국장의 의전 순위가 2위에서 8위로 급락했다. 357.AD/2-650 〈157, 드럼라이트가 국무장관에게〉(1950. 2. 6); 357.AD/3-2550 〈322, 드럼라이트가 국무장관에게〉(1950. 3. 25).

65 357.AD/2-450 〈130, 그로스가 국무장관에게〉(1950. 2. 4); 357. AD/2-850 〈142, 그로스가 국무장관에게〉(1950. 2. 8).

66 357.AD/3-2550 〈322, 드럼라이트가 국무장관에게〉(1950. 3. 25).

67 501. BB Korea/3-2149 〈156, 주한미대사관이 국무장관에게〉(1949. 3. 21), 《한국현대사 자료집성 43》, 187쪽.

68 김구와 김규식은 3차 총회에 즈음한 1948년 9월 말 유엔 사무총장에게 서한을 발송하여, 남북한 총선거를 실시하여 통일정부를 수립해야 한다고 주장하며 통일독립촉진회 대표의 총회 출석을 요청했다. 그러나 총회는 이 서한에 별다른 반응을 보이지 않았다. 도진순, 앞의 책, 1997, 318~321쪽.

69 《서울신문》 1948. 12. 17; 《독립신문》 1948. 12. 17; 김구, 도진순 엮고 보탬, 《백범어록》, 돌베개, 2007, 335~347쪽; 《부산신문》 1948. 12. 19.

70 서중석, 1996, 앞의 책, 153~155쪽. 이 결의안은 찬성 37/반대 95/기권 27표로 부
결되었다. 주한미대사관은 이승만의 강경한 반대연설 후 결의안에 찬성하는 분위
기가 꺾였다고 논평했지만, 이승만의 노골적인 비판에도 불구하고 적어도 64명이
나 되는 의원이 반대하지 않았다는 사실을 감안하면 당시 1차 위원단의 입국으로
인해 평화통일 여론이 고무되었던 정황을 짐작할 수 있다. 501. BB Korea/2-749
〈122, 무초가 국무장관에게〉(1949. 2. 7),《한국현대사 자료집성 43》, 44쪽.

71 김구, 앞의 책, 2007, 335~347쪽.

72 《조선일보》 1949. 2. 9.

73 UN Doc. A/936/Add.1 〈Report of the United Nations Commission on Korea〉 Vol. 2,
1949(이하 UNCOK Report(1949)로 표기), p. 1.

74 민족주의 진영 인사의 명단은 〈표 6〉 참조. 이승만 정부 및 민국당 측 인사 명단은
다음과 같다. 권연호權然鎬 장로교 목사, 김도연金度演 재무장관, 김병연金炳淵 평안
남도 지사, 이범석李範奭 국무총리 겸 국방장관, 이응준李應俊 육군총참모장, 임영
신任永信 상공장관, 지대형池大亨 국회의원. 외국인은 번스A. C. Bunce 주한경제협
조처장. UNCOK Report(1949) Vol. 2, pp. 3~4.

75 《서울신문》 1949. 1. 14.

76 501. BB Korea/2-2349 〈91, 주한미대사관이 국무장관에게〉(1949. 2. 23),《한국현대
사 자료집성 43》, 109~111쪽; 501. BB Korea/3-349 〈112, 주한미대사관이 국무장
관에게〉(1949. 3. 3),《한국현대사 자료집성 43》, 129~131쪽.

77 501.BB Korea/2-2249 〈181, 드럼라이트가 국무장관에게〉(1949. 2. 22),《한국현대
사 자료집성 43》, 98~99쪽; 501. BB Korea/3-349 〈112, 주한미대사관이 국무장관
에게〉(1949. 3. 3),《한국현대사 자료집성 43》, 129~131쪽.

78 이승만 정부는 위원단에게 민간인과 협의한 내용을 언론에 공표한다면 여론이 분
열되리라고 경고하며 전부 비공개를 요구한 바 있었다. UNCOK Report(1949) Vol.
2, pp. 46~48.

79 서중석, 앞의 책, 2000, 285~286쪽.

80 《동아일보》 1949. 4. 23.

81 501. BB Korea/6-649 〈327, 주한미대사관이 국무장관에게〉(1949. 6. 6),《한국현대
사 자료집성 43》, 431~435쪽; 김구, 앞의 책, 2007, 380~384쪽.

82 《서울신문》 1949. 4. 28.

83 '6월 공세'는 이승만 정부를 비롯한 극우 반공세력이 1949년 6월 일으킨 각종 반대 세력 탄압사건을 통칭하는 표현이다. 이때 반민족행위특별조사위원회(반민특위) 탄압, 소장파 국회의원 체포(국회프락치사건), 김구 암살사건 등이 연이어 전개되었다. 서중석, 앞의 책, 1996, 201~257쪽.

84 UNCOK Report(1949) Vol. 2, p. 3.

85 Ibid.

86 《조선중앙일보》 1949. 7. 12.

87 위원단은 권고안을 공표하는 공보에서 "(위원단은) 남북한에서 다양한 견해를 가진 대표들이 참석한다는 보장이 있을 경우에 한해 중재를 제공할 것"이라고 언명했다. 또한 남북대화는 "화해와 이해심conciliation and understanding"에 기초를 두어야 한다고 강조했다. 501. BB Korea/7-1149 〈855, 주한미대사관이 국무장관에게〉 (1949. 7. 11), 《한국현대사 자료집성 44》, 30쪽.

88 김구, 앞의 책, 2007, 392~396쪽.

89 《국회속기록》, 1949. 7. 12; 《경향신문》 1949. 7. 14; 501. BB Korea/7-1549 〈875, 무초가 국무장관에게〉(1949. 7. 15), 《한국현대사 자료집성 44》, 44쪽.

90 501. BB Korea/8-2049 〈513, 무초가 국무장관에게〉(1949. 8. 20), 《한국현대사 자료집성 44》, 189~193쪽.

91 《경향신문》 1949. 7. 19; 《조선중앙일보》 1949. 8. 4.

92 501. BB Korea/7-1849 〈881, 무초가 국무장관에게〉(1949. 7. 18), 《한국현대사 자료집성 44》, 46쪽.

93 501. BB Korea/7-2549 〈무초가 본드에게〉(1949. 7. 25), 《한국현대사 자료집성 44》, 87~88쪽; 《경향신문》 1949. 7. 24.

94 501. BB Korea/7-2849 〈465, 주한미대사관이 국무장관에게〉(1949. 7. 28), 《한국현대사 자료집성 44》, 126~131쪽; 501. BB Korea/8-249 〈470, 드럼라이트가 국무장관에게〉(1949. 8. 2), 《한국현대사 자료집성 44》, 142~153쪽.

95 《경향신문》 1949. 9. 6.

96 501. BB Korea/9-1249 〈555, 주한미대사관이 국무장관에게〉(1949. 9. 12), 《한국현대사 자료집성 44》, 260~269쪽.

97 《동아일보》 1949. 9. 25.

98 501. BB Korea/7-2149 〈899, 무초가 국무장관에게〉(1949. 7. 21), 《한국현대사 자료집성 44》, 60~61쪽.

99 FRUS, 1949, Korea 〈무초가 국무장관에게〉(1949. 7. 23), pp. 1, 65~66.

100 UN Doc. A/1350 〈Report of the United Nations Commission on Korea〉 1950, p. 15(이하 UNCOK Report(1950)로 표기).

101 1분위가 공식 면담한 인사 명단은 다음과 같다. 신익희申翼熙 국회의장, 임병직林炳稷 외무장관, 김성수金性洙 민국당 대표, 지대형 국회의원, 윤치영 국회의원, 김활란金活蘭 이화여대 총장, 이범석 국무총리, 김도연 재무장관, 박순천朴順天 부인신문 대표, 전용순全用淳 대한상공회의소 대표, 윤보선尹潽善 상공장관, 번스 주한미경제협조처장. 357.AD/5-2550 〈551, 드럼라이트가 국무장관에게〉(1950. 5. 25).

102 서중석, 앞의 책, 2000, 300~313쪽.

103 의견 청취 과정에서 평화 통일·남북교류 방안을 적극 제기한 이들은 오히려 사무국장 렌보르그와 1분위 대표들이었다. 일례로 인도 교체대표 콘다피는 김성수와 회견하던 중 일종의 연방제 통일방안을 제안했으나 김성수는 이를 반대했다. 《동아일보》 1950. 3. 1; 《국도신문》 1950. 3. 9.

104 FRUS, Korea 〈국무장관이 무초에게〉(1949. 2. 15), 1949, p. 961.

105 501. BB Korea/12-1848 〈294, 무초가 국무장관에게〉(1948. 12. 18), 《대한민국사 자료집 42》, 505~506쪽.

106 FRUS, Korea 〈가디너가 작성한 대화록〉(1949. 2. 7), 1949, pp. 953~955.

107 501. BB Korea/2-949 〈59, 주한미대사관이 국무장관에게〉(1949. 2. 9), 《한국현대사 자료집성 43》, 48쪽; 501. BB Korea/3-2149 〈157, 주한미대사관이 국무장관에게〉(1948. 3. 21), 《한국현대사 자료집성 43》, 193~194쪽.

108 1차 위원단은 2월 18일 소련에 서한을 발송했다. 소련은 이 서한에 내내 반응을 보이지 않았다. 501. BB Korea/2-1549 〈74, 주한미대사관이 국무장관에게〉(1949. 2. 15), 《한국현대사 자료집성 43》, 77~81쪽; 501. BB Korea/3-2149 〈157, 주한미대사관이 국무장관에게〉 (1948. 3. 21), 《한국현대사 자료집성 43》, 193~194쪽; Gordenker, Op. cit., 1959, p. 222.

109 《서울신문》 1949. 2. 9.

110 Gordenker, Op. cit., 1959, p. 221.

111 501. BB Korea/2-2249 〈181, 드럼라이트가 국무장관에게〉(1949. 2. 22),《한국현대사 자료집성 43》, 98~99쪽.

112 사무국이 고안했던 대북 접촉 방안들은 다음과 같다. ① 남북한의 지도자가 중립지역(상하이나 홍콩)에서 회합하도록 주선하는 것, ② 선박으로 전권대사를 입북시켜 북한 정부와 협의하는 것, ③ 소련 정부에 위원단의 방북을 주선해주도록 요청하는 것, ④ 북한 정보기관이나 상업기구를 통해 북한 정부와 방북 문제를 협의하는 것, ⑤ 위원단 대표가 개인 자격으로 방북하여 북한 정부와 협의하는 것, ⑥ 통일정부 수립을 위한 남북한 총선거를 요청하는 것. 501. BB Korea/2-1649 〈157, 드럼라이트가 국무장관에게〉(1949. 2. 16),《한국현대사 자료집성 43》, 85쪽.

113 501. BB Korea/3-1249 〈235, 드럼라이트가 국무장관에게〉(1949. 3. 12),《한국현대사 자료집성 43》, 152~154쪽.

114 501. BB Korea/3-349 〈112, 주한미대사관이 국무장관에게〉(1949. 3. 3),《한국현대사 자료집성 43》, 129~131쪽; 501. BB Korea/3-2149 〈157, 주한미대사관이 국무장관에게〉(1949. 3. 21),《한국현대사 자료집성 43》, 195쪽; 북한의 '위장기관'은 북조선노동당이 직영하던 조선상사朝鮮商社 홍콩사무소였을 가능성이 높다. 홍콩을 통한 남북한 교역상들 간의 밀무역에서 북한 측 창구가 조선상사였다고 한다. 조규하·이경문·강성재,《남북의 대화》, 고려원, 1987, 460~469쪽.

115 501. BB Korea/3-2149 〈157, 주한미대사관이 국무장관에게〉(1948. 3. 21),《한국현대사 자료집성 43》, 193~197쪽; 501. BB Korea/4-1649 〈401, 무초가 국무장관에게〉(1949. 4. 16),《한국현대사 자료집성 43》, 257쪽.

116 501. BB Korea/3-2149 〈157, 주한미대사관이 국무장관에게〉(1948. 3. 21),《한국현대사 자료집성 43》, 193~197쪽.

117 《연합신문》1949. 5. 13;《동아일보》1949. 5. 16.

118 《연합신문》1949. 5. 20.

119 Gordenker, Op. cit., 1959, p. 228;《연합신문》1949. 5. 21.

120 501. BB Korea/6-1349 〈696, 무초가 국무장관에게〉(1949. 6. 13),《한국현대사 자료집성 43》, 463쪽.

121 《경향신문》1949. 7. 1.

[122] 이신철, 《북한 민족주의운동 연구》, 역사비평사, 2008, 105~162쪽.

[123] 《경향신문》 1949. 7. 10; 《경향신문》 1949. 7. 12.

[124] 서중석, 앞의 책, 2004, 175~178쪽.

[125] Gordenker, Op. cit., 1959, pp. 234~236.

[126] 501. BB Korea/7-2549 〈무초가 본드에게〉(1949. 7. 25), 《한국현대사 자료집성 44》, 87~88쪽.

[127] 501. BB Korea/7-2849 〈466, 주한미대사관이 국무장관에게〉(1949. 7. 28), 《한국현대사 자료집성 44》, 132~135쪽; Gordenker, Op. cit., 1959, pp. 234~236.

[128] 렌보르그가 고안했던 방안들은 다음과 같다. ① 홍콩을 경유해 북한에 서신을 보내는 방법을 재시도하는 것, ② 국제적십자사에 중재를 요청하는 방법, ③ 물물교역 기관을 38선상에 설치하여 접촉을 시도하는 방법, ④ 소련에 중재를 요청하는 방법. Gordenker, Op. cit., 1959, p. 229.

[129] FRUS, 1950, Korea, Vol. 2 〈드럼라이트가 국무장관에게〉(1950. 5. 5), pp. 68~76.

[130] Gordenker, Op. cit., 1959, pp. 223~224.

[131] 《서울신문》 1950. 5. 3; 《연합신문》 1950. 5. 5; Gordenker, Op. cit., 1959, pp. 236~237.

[132] 《연합신문》 1950. 5. 7.

[133] 정병준, 《한국전쟁: 38선 충돌과 전쟁의 형성》, 돌베개, 2006, 459~460쪽.

[134] 조국전선의 두 번째 평화통일안은 1949년의 첫 번째 방안과 세부적인 사항에서 차이점이 있었으나 유엔과 미국의 개입을 배격하는 민족자주 원칙은 변함없었다. 이신철, 2008, 앞의 책, 148~152쪽.

[135] Gordenker, Op. cit., 1959, pp. 230~231; FRUS, Korea, Vol. 2 〈무초가 국무장관에게〉(1950. 6. 9), 1950, pp. 99~101.

[136] 《서울신문》 1950. 6. 10.

[137] FRUS, Korea, Vol. 2 〈무초가 국무장관에게〉(1950. 6. 9), 1950, pp. 99~101; FRUS, Korea, Vol. 2 〈무초가 국무장관에게〉(1950. 6. 11), 1950, pp. 102~103.

[138] 357. AD/6-1650 〈874, 무초가 국무장관에게〉(1950. 6. 16).

[139] Gordenker, Op. cit., 1959, pp. 231~232; FRUS, Korea, Vol. 2 〈무초가 국무장관에게〉(1950. 6. 11), 1950, pp. 102~103.

[140] 조국전선이 파견한 대표는 이인규李寅奎, 김태홍金泰弘, 김재창金在昌 3인이었다. 김재창은 조국전선 기관지인《조국전선》의 기자였고, 다른 두 명은 확실치 않으나 조국전선 서기국 소속이었으리라 짐작된다. 아무튼 중요한 협상을 맡을 수 있는 고위급 인사들은 아니었다. 이신철, 2008, 앞의 책, 153, 158쪽.

[141] Gordenker, Op. cit., 1959, pp. 232~233;《동아일보》1950. 6. 13.

[142]《동아일보》1950. 6. 13.

[143]《동아일보》1950. 6. 15.

[144] UN Doc. S/1505, 1950. 6. 26.

[145]《동아일보》1950. 6. 11.

[146] 501. BB Korea/2−2349〈91, 주한미대사관이 국무장관에게〉(1949. 2. 23).《한국현대사 자료집성 43》, 108~111쪽.

[147] 군사감시반은 주로 무력충돌을 조사하고 중재하거나 휴전협정의 이행을 관리하는 역할을 수행했다. 당시의 사례를 보면 인도네시아위원단과 인도−파키스탄위원단, 발칸특별위원단 등이 군사감시반을 운용했고, 이스라엘과 아랍 국가들이 체결한 휴전협정의 이행을 감시하기 위한 독립기구로 휴전감시단이 설치되기도 했다.

[148] FRUS, Korea〈드럼라이트가 국무장관에게〉(1949. 2. 18), 1949, p. 963.

[149] Ibid.; 501. BB Korea/2−1849〈172, 애치슨이 주한미대사관에게〉(1949. 3. 22),《한국현대사 자료집성 43》, 91~92쪽.

[150] 501. BB Korea/4−2649〈229, 주한미대사관이 국무장관에게〉(1949. 4. 26),《한국현대사 자료집성 43》, 276~279쪽.

[151] 루나는 한국 정부가 '전국 정부'를 자임하는 상황에서 군사감시반이 38선상에 체류한다면 주권을 침해하는 결과를 빚게 된다는 논리를 폈다. Gordenker, Op. cit., 1959, pp. 202~203; 501. BB Korea/5−2449〈292, 주한미대사관이 국무장관에게〉(1949. 5. 24),《한국현대사 자료집성 43》, 385쪽.

[152] Gordenker, Op. cit., 1959, pp. 200~201.

[153] 쟈끄 베르네, 한국정치외교사학회 편,〈프랑스와 한국전쟁〉,《韓佛外交史, 1886~1986》, 평민사, 1987, 170~173쪽.

[154] FRUS, Korea〈가디너가 작성한 대화록〉(1949. 5. 6), 1949 , pp. 1,010~1,011.

[155] 501. BB Korea/7−1949〈607, 애치슨이 주한미대사관에게〉(1949. 7. 19),《한국현대

사 자료집성 44》, 51쪽.

156 501. BB Korea/8-2049 〈513, 무초가 국무장관에게〉(1949. 8. 20), 《한국현대사 자료집성 44》, 186~188쪽; FRUS, 1949, Korea 〈애치슨이 주한미대사관에게〉(1949. 12. 14), p. 1,108.

157 501. BB Korea/7-1449 〈869, 무초가 국무장관에게〉(1949. 7. 14), 《한국현대사 자료집성 44》, 35~36쪽.

158 UNCOK Report(1949) Vol. 2, p. 46.

159 501. BB Korea/8-449 〈969, 무초가 국무장관에게〉(1949. 8. 4), 《한국현대사 자료집성 44》, 154쪽.

160 《경향신문》 1949. 8. 17; 501. BB Korea/9-2249 〈587, 주한미대사관이 국무장관에게〉 (1949. 9. 22), 《한국현대사 자료집성 44》, 309~318쪽.

161 501. BB Korea/4-2649 〈231, 주한미대사관이 국무장관에게〉(1949. 4. 26), 《한국현대사 자료집성 43》, 271쪽; 501. BB Korea/7-2849 〈465, 주한미대사관이 국무장관에게〉 (1949. 7. 28), 《한국현대사 자료집성 44》, 121~122쪽.

162 501. BB Korea/8-3049 〈531, 주한미대사관이 국무장관에게〉(1949. 8. 30), 《한국현대사 자료집성 44》, 235~236쪽; 501. BB Korea/9-3049 〈A-295, 무초가 국무장관에게〉(1949. 9. 30), 《한국현대사 자료집성 44》, 331~334쪽.

163 결의안의 해당 문구는 다음과 같다. "…… 본 절 (a) 및 (b)항이 규정한 목표를 달성할 수 있도록 감시원들을 임명할 재량권을 가지고, ……" 여기서 (a)와 (b)는 각각 군사 분쟁 감시와 통일 중재 임무였다. 정일형 편, 1961, 앞의 책, 16~17쪽.

164 357.AD/5-2550 〈551, 드럼라이트가 국무장관에게〉(1950. 5. 25); Gordenker, Op. cit., 1959, pp. 205~206.

165 《국도신문》 1950. 3. 4.

166 한국위원단은 당시 유엔 현지기구들 중 예산이 가장 적은 축에 속했다. 1949년도 예산을 비교해보면 한국위원단의 예산은 강대국들이 참여한 발칸위원단, 인도-파키스탄위원단, 팔레스타인중재위원단 등에 비해 3분의 1 내지 2분의 1 수준에 불과했다. 한편 총 7명이 활동한 1950년도 2차 위원단 군사감시반의 운영비용은 2만 3,258달러로 1인당 약 3,323달러가 소요되었다. 반면 총 34명이 활동한 1948년도 발칸위원단 감시반의 운영비용은 38만 1,742달러로 1인당 약 1만 1,228달러가 소

요되었다. 현지의 환율을 고려해야 정확한 비교가 가능하겠지만, 2차 위원단 군사 감시반의 재정 형편이 상대적으로 열악했다는 정황은 알 수 있다. UN Doc. A/1267 〈Budget Estimates for the Financial Year 1951〉, 1950, pp. 8~10; UN Doc. A/1812 〈Budget Estimates for the Financial Year 1952 and Information Annex〉, 1951, p. 9.

[167] 357. AD/5-2550 〈551, 드럼라이트가 국무장관에게〉(1950. 5. 25); 357.AD/7-750 〈31, 오스틴이 국무장관에게〉(1950. 7. 7).

[168] 357. AD/5-650 〈644, 드럼라이트가 국무장관에게〉(1950. 5. 6).

[169] 357. AD/2-2250 〈퍼킨스가 국무장관에게〉(1950. 2. 22); 357. AD/6-2650 〈330, 워즈워스가 국무장관에게〉(1950. 6. 26).

[170] 인도는 당시 중국의 강력한 군사력에 위협을 느끼며 유화정책을 추구하던 상황이 었다. 김경수, 앞의 책, 2006, 37~43쪽.

[171] 357.AD/5-2550 〈551, 드럼라이트가 국무장관에게〉(1950. 5. 25); 357. AD/6-650 〈814, 무초가 국무장관에게〉(1950. 6. 6).

[172] Robert O'Neill, Op. cit., 1981, p. 12.

[173] 357. AD/4-2650 〈265, 쇼가 국무장관에게〉(1950. 4. 26); 357. AD/5-1750 〈324, 쇼가 국무장관에게〉(1950. 5. 17).

[174] 《자유신문》 1950. 6. 7; 감시원들은 시찰에 들어가기 전에 주한미군사고문단의 브리핑을 받았다. 아마도 주한미군사고문단이 시찰 일정을 안내했을 것이다. 357. AD/6-650 〈814, 무초가 국무장관에게〉(1950. 6. 6).

[175] UNCOK Report(1950), pp. 40~42.

[176] 종심배치란 부대 진지들이 전방에서 후방으로 일렬로 배치되었다는 뜻으로 곧 방어 진형을 의미한다.

[177] Robert O'Neill, Op. cit., 1981, p. 13.

[178] 전쟁 직전 한국군은 종심방어 진형을 전혀 구축하지 않았다. 따라서 전쟁 발발 직후 38선상에서 첫 방어선이 뚫리자 그대로 서울로 향하는 진격로가 무방비 상태에 놓였다. 정병준, 앞의 책, 2006, 676~677쪽.

[179] 첩보 두 건의 구체적인 내용은 다음과 같다. ① 최근 38선 부근에 거주하던 북한 주민들이 38선 북방 4~8km 지역으로 소개되었다는 정보, ② 옹진반도 취야翠野시 근방에서 북한군의 이동이 활발해졌다는 정보.

180 주한미군사고문단은 1950년 초부터 북한군이 전쟁을 준비하는 징후들을 포착했지만 당장 전면전이 일어나리라고 생각하지 않았다. 미국은 소련이 북한을 완벽히 통제한다고 여겼는데, 소련이 미 군사고문단과 위원단이 주둔하는 한국을 쉽사리 침공하지 못하리라고 예상했다. 박동찬, 〈주한미군사고문단KMAG의 조직과 활동(1948~53)〉, 한양대학교 박사학위논문, 2011, 114~121쪽; 정병준, 앞의 책, 2006, 661~672쪽.

181 UNCOK Report(1950), pp. 23~25.

182 357.AD/6-2550 〈939, 무초가 국무장관에게〉(1950. 6. 25);《민주신보》1950. 6. 27.

183 Leland Goodrich and Anne Simons, *The United Nations and the Maintenance of International Peace and Security*, Washington, D.C.: The Brookings Institution, 1957, 제8장 〈Fact-finding Committees and Commissions〉 참조.

184 UN Doc. S/1496, 1950. 6. 25.

185 UN Doc. S/PV.473, 1950. 6. 25. 당시 안보리 이사국은 미국, 영국, 소련, 프랑스, 중화민국, 유고슬라비아, 쿠바, 에콰도르, 이집트, 인도, 노르웨이 11개국이었다. 소련은 중화민국 대신 중화인민공화국이 유엔 대표 자격을 가져야 한다고 요구하며 1950년 초부터 유엔에 불참하고 있었다.

186 UN Doc. S/1507, 1950. 6. 26.

187 UN Doc. S/1503, 1950. 6. 26.

188 UN Doc. S/PV.474, 1950. 6. 27.

189 미국은 한반도에서 전쟁이 발발할 경우 이 문제를 유엔 안보리에 상정하는 방안이 합리적이라고 평가하면서도 지연 및 논쟁, 비난이 수반될 가능성이 있다고 우려했다. FRUS, 1949, Korea 〈육군부가 국무부에 보내는 비망록〉(1949. 6. 27), pp. 1,046~1,057.

190 357.AD/6-3050 〈애치슨이 연합군 최고사령부SCAP에게〉(1950. 7. 1).

2장 주한미대사관을 통해본 초기 한미관계(1948~1950)

1 미국은 한국과 정식 외교관계 수립을 위해 먼저 주한미특별대표부the Mission of the United States Special Representative in Korea(이하 미 대표부)를 설치했다. 1949년 1월 1일 미국 정부의 대한민국 승인이 이뤄졌고, 1949년 4월 미 대표부는 주한미대사관

United States Embassy in Korea(이하 미 대사관)으로 승격했다. 이 글에서 일반적 의미를 지칭할 때는 시기와 무관하게 미 대사관으로 썼다.

2 인류학자 권헌익은 한국 현대사를 '탈식민과 냉전의 교차'라는 관점에서 바라볼 것을 본격적으로 제의했다. 권헌익, 《또 하나의 냉전》, 민음사, 2014.

3 정용욱, 《해방 전후 미국의 대한정책》, 서울대학교출판부, 2003, 8·9장 참조.

4 미국은 미 대사관의 전신前身인 미 대표부와 KMAG, 주한ECA, 합동행정국Joint Administration Services으로 구성된 주한미사절단American Mission in Korea(AMIK)을 1948년 8월 한국에 파견했다. KMAG은 군사를, 주한ECA는 경제를, 미 대사관은 정치와 문화 영역을, 합동행정국은 사절단의 시설관리와 서비스 관련 업무를 주로 담당했다. 관련 연구는 다음과 같다. 이원덕, 〈주한미군철수에 관한 연구: 1947~1949의 경우를 중심으로〉, 서울대학교 석사학위논문, 1987; 이현진, 《미국의 대한 경제원조정책 1948~60》, 혜안, 2009; 조이현, 〈1948~1949년 駐韓美軍의 철수와 駐韓美軍事顧問團의 활동〉, 서울대학교 석사학위논문, 1995; 박동찬, 〈주한미군사고문단KMAG의 조직과 활동(1948~53)〉, 한양대학교 박사학위논문, 2011.

5 이호재, 《한국외교정책의 이상과 현실: 이승만 외교와 미국정책의 반성》, 법문사, 2000(초판 1969), 7~8장.

6 커밍스는 "세계에서 가장 큰 미대사관"과 "가장 다수의 군사고문단"이 한국에서 활동했을 뿐 아니라 대규모 대한원조 등으로 정부 수립 이후 1950년까지 미국의 영향력은 "새로운 고도"에 도달했다고 평가했다. Bruce Cummings, *The origins of the Korean war v.2: The roaring of the cataract* 1947~1950, 역사비평사, 2002, 15장.

7 박명림, 앞의 책, 8, 10장.

8 김태기가 거의 유일하게 한국 정부의 대일 강화회담 참여 여부를 분석하면서 무초 대사의 주장이 미국 대한정책의 결정 과정에서 결정적 영향력을 미쳤음을 밝혔다. 김태기, 〈1950년대초 미국의 대한 외교정책: 대일 강화조약에서 한국의 배제 및 제1차 한일회담에 대한 미국의 정치적 입장을 중심으로〉, 《한국정치학회보》 33집 1호, 1999.

9 《한국내정 문서철》(NARA, RG 59, Records of the U.S. Department of States relating to the Internal Affairs of Korea, 1945~1949, Department of State Decimal File 895, 이하 '내정문서A, 롤 번호 #, 문서제목, 고유번호'로 인용; Records of the U.S. Department of State relating to the internal affairs of Korea, 1950~1954, 이하 '내정문서B, 롤 번호 #, 문서제목, 고유번호'로 인용)

은 Scholarly Resources, inc.에서 제작한 마이크로필름을 이용했다. 여기서 '생산번호'
란 아키비스트archivist가 문서를 생산일자와 성격별로 정리하면서 붙인 고유번호를
말한다. 예를 들어 '895.00/11-2249'에서 895에서 8은 내정 관련된 것을, 95는 한국
을 의미하며 00은 정치관계Political Affairs를, '11-2249'는 1949년 11월 22일 생산된
문서임을 의미한다(국무부 일반 문서인 RG59의 문서분류는 다음의 논문을 참조했다. 정병준,
〈미 국립문서기록관리청 소장 RG 59(국무부 일반문서) 내 한국관련 문서〉,《미국 소재 한국
사 자료조사 보고 1, NARA 소장 R 59, RG 84, 외》, 국사편찬위원회, (2002)《한국내
정 문서철》은 1940년대와 50년대 분류 방식에 약간의 차이가 있다. 40년대까지는 정
치 문제political Affairs and Conditions와 통신communications·교통Transportation·과
학science이 각각 895.00과 895.70으로 분류되어 895시리즈에 포함되었으나, 50년대
는 이들이 각각 795와 995 시리즈로 따로 분류되었다. 그 외 미 국무부 공보국Office
of Public Affairs Department of State에서 생산한 직원 명부를 기록한 REGISTER of
the Department of State APRIL 1, 1950(이하《미 국무부 인명록》)도 활용했다.

10 권용립,《미국외교의 역사》, 삼인, 2010, 10·11장 참조.

11 조이현, 앞의 논문, 1995, 4쪽.

12 김홍철,《외교제도사》, 민음사, 1985, 245~247쪽.

13 미국의 세계전략과 실제 대한정책의 '간극' 혹은 '긴장'을 간과해서는 안 될 것이
다. 관련하여 정용욱은 세계체제론에 입각한 커밍스의 논리를 비판하며 "미국 대한
정책 자체의 내적 논리나 정책에 반영된 현실을 제대로 해명해야 한다"고 주장했다
(정용욱, 2003, 앞의 책, 3~8쪽).

14 정용욱, 앞의 책, 2003, 417~426쪽.

15 삼부조정위원회State-War-Navy Coordination Committee(SWNCC)와 사부조정위
원회State-Army- Navy-Air Coordinating Committee(SANACC)에 관해서는 다음의
책을 참조. 정용욱, 앞의 책, 2003, 28쪽; 박태균,《우방과 제국, 한미관계의 두 신
화》, 창비, 2006, 386~387쪽.

16 정용욱, 앞의 책, 2003, 417~426쪽.

17 조이현, 앞의 논문, 1995, 6~8쪽.

18 《서울신문》1948. 7. 18; 1948. 8. 14.

19 내정문서A, 롤 번호 3, 〈Muccio To Secretary of State: Political Summary for August

1949〉895.00/9−1448, 5쪽.

20 국방군사연구소, 《6·25전쟁 자료총서》 1, 〈A REPORT to the PRESIDENT by the NATIONAL SECURITY COUNCIL on THE POSITION OF THE UNITED STATES WITH RESPECT TO KOREA THE PROBLEM, April 2, 1948〉(이하 〈NSC 8〉), 1996, 12쪽(삼보인쇄공사 영인본).

21 국방군사연구소, 앞의 책, 1996, 11쪽. 이 두 가지 목표는 남한정권 붕괴 방지와 공산주의 침투 차단이라는 미국의 대한원조 목표와도 일치한다. 이현진, 앞의 책, 2009, 44~66쪽.

22 국방군사연구소, 앞의 책, 1996, 2쪽.

23 국방군사연구소, 앞의 책, 1996, 13쪽.

24 〈Oral History Interview with Ambassador John J. Muccio〉(Washington D.C. February 10 & 18, 1971), Jerry N. Hess and Harry S. Truman, Library Independent, Missouri, 1972, p. 24(이하 《무초 구술》로 약칭); 《미 국무부 인명록》의 'Glenn Wolfe' 항목을 참조. 글렌 울프는 초기 주한미사절단의 설치를 준비하는 사절단의 단장이었다. 주한미사절단의 총괄책임과 한미 간 정권이양 관련 협상의 대표는 주한미특별대표 무초가 맡았다.

25 일반적으로 한 국가가 다른 국가와 외교관계를 수립하고자 할 때, 외교 및 재외국민의 보호와 계도 업무 등을 수행할 목적으로 재외공관이라는 기관을 상대국 현지에 설치한다. 해외에 설치되는 상주공관에는 대사관大使館embassy과 대표부代表部 representative, 총영사관領事館 등이 있다. 최병구, 《외교, 외교관》, 평민사, 2004, 189쪽.

26 최병구, 2004, 앞의 책, 208쪽. 상대국에 파견되는 외교관 대표의 직명은 다음과 같다.

〈표 1〉 직명에 따른 외교관 분류

직명	내용
전권위원Commissioner Plenipotentiary	임시사절단
대리공사Chargé d' Affaire	외무부 장관에게 파견된 상주 공관장
전권공사Minister Plenipotentiary, 특명사절Envoy Extraordinary	국가원수에게 파견된 공사
특명전권대사Ambassador Extraordinary and Plenipotentiary	국가원수에게 파견된 대사

출처: 《미 국무부 인명록》과 외교사절의 직무·특권과 면제 등에 관하여 1961년 4월 18일 빈에서 채택된 〈외교관계에 관한 빈 협약Vienna Convention on Diplomatic Relations〉을 참조하여 정리했다. 이 협약은 유엔조약집 홈페이지http://treaties.un.org에서 확인할 수 있다.

27 법률상 승인은 형식상 승인de facto recognition과 달리 상대국 승인 철회가 불가능한 최종적 정식 승인이다(이병태, 《법률용어사전》, 법률북스, 2010).

28 《경향신문》 1949. 4. 21.

29 Foreign Service List에 따르면 1950년 7월 1일 기준으로 미 대사관은 108명의 직원이 있었다고 한다. Noble, 1974 Op.cit., p. 240, 주 2번. 이로 미루어 보아 1950년 4월 이후 석 달 동안 미 대사관 직원 수의 변화는 거의 없었다고 판단된다.

30 노블과 스튜어트는 미군정에 근무하면서 서울에 있었기 때문에 이미 미 대사관 업무를 맡고 있었다고 판단하여 이 숫자에서 제외했다.

31 1950년 4월에 작성된 《미 국무부 인명록》을 활용하여 당시까지 미 국무부 직원들의 한국 파견 시점에 따른 숫자를 정리했는데, 이 시기 이전에 잠시 근무하고 떠난 사람들은 통계에 포함되지 않았다. 그러나 한국 현지직원을 증파하는 추세였기 때문에 1950년 4월 전에 떠난 직원은 많지 않으리라 판단하며 따라서 전체적인 직원들의 파견 추이를 확인하는 데는 무리가 없다고 생각한다. 미 대사관에는 이러한 국무부 소속의 직원 외에도 육군의 J. W. 프레이저와 해군의 조지 E. 리차드슨 같은 무관military attache 등이 상주했으며 한국에서 고용된 한국인 직원들도 미 대사관에서 함께 근무했다(《평화일보》 1949. 4. 21; 김정기, 《국회프락치사건의 재발견 1》, 한울, 2008, 15, 20쪽). 당시 한국인 직원 명단을 확보하고자 미 대사관과 한국 외교통상부에 문의했으나 한국전쟁 때 직원 명단이 소실되어 현재 기록된 문서는 남아 있지 않았다.

32 1950년 초 미 대사관과 KMAG, 주한ECA, JAS로 구성된 주한사절단AMIK의 전체 인적 규모는 약 1,000명이었다. Noble, 1974 Op. cit., p. 7; 노블·해롤드, 박실 옮김, 《전화 속의 대사관: 6·25 당시 미 대사관원이 치른 한국동란 비록》, 한섬사, 1980, 14쪽에는 서울 대사관이라 번역됐지만, 원문에 해당하는 'mission'은 미 대사관뿐 아니라 주한ECA와 군사고문단, JAS 등을 모두 포함한 사절단 전체 인원을 의미한다.

33 Cummings, 2002, Op. cit., ch. 15 참조. 그러나 실제 정확한 각 국가별 대사관 인적 규모는 추후 연구가 필요하다.

34 〈NSC 8〉, FRUS 6, p. 1,169.

35 도널드 스턴 맥도널드Macdonald, Donald Stone, 한국역사연구회 1950년대반 옮김, 《한미관계 20년사(1945~1965)》(U.S.-Korean relations from liberation to self-reliance), 한

울아카데미, 2001, 239~240쪽.

36 《무초 구술》, pp. 6~7; 맥도널드, 2001, 앞의 책, 239쪽.

37 내정문서A, 롤 번호 4, 〈1948년 12월 한국정세 요약보고서〉 895.00/12-1748.

38 내정문서A, 롤 번호 5, 〈Drumright To Secretary of State: The Composition of the Present Korean Government〉 895.01/3-2449, p. 4.

39 〈The Ambassador in Korea (Muccio) to the Secretary of State(1950.1.18.)〉, FRUS 7, pp. 8~11. 미 대사관의 일관성이 결여된 비판은 한국 정부 안정화와 한국 정부 통제라는 정무 활동의 두 목표의 간극에서 발생했다.

40 내정문서A, 롤 번호 3, 〈1949년 1월 한국정세 요약보고서〉 895.00/1-1049.

41 미 대사관은 한국 고위관료들의 행정 무능력을 자신의 가족 이상의 범위를 운영해 본 경험이 없는 데서 발생한다고 생각했다. 내정문서A, 롤 번호 3, 〈1949년 6월 한국정세 요약보고서〉 895.00/6-1349.

42 실제 인적·물적 지원이 어떻게 이뤄졌는지는 문서상으로 확인하지는 못했으나 다른 지원들이 대체로 이뤄졌던 것에 미루어 어떠한 형태로든 지원이 있었으리라 추정한다. 내정문서A, 롤 번호 5, 〈Airgram: Muccio to Secretary of State(1949.10.6)〉 895.01/10-649.

43 무초에게 현대 경찰 조사 방법들을 훈련시키기 위해 FBI가 운영하는 국립학교에 서울시 경찰국의 박보양PAAK Bor Yang(영문 이름 Joseph F. Parker)이 파견될 수 있는 방안을 알아봐주기를 요청했다. 결국 수업료는 없지만 숙식이 제공되지 않는 조건 하에 파견되었다(내정문서A, 롤 번호 6, 〈Chief, Division of Securtiy(D. L. Nicholson) to Director, FBI(J. Edgar Hoover): Admission of Captain Joseph F. PARKER(PAAK Bor Yang) to the National Police Academy(1949.3.29.)〉 895.105/2-2849; 내정문서A, 롤 번호 6, 〈Police Commissioner(William P. O'Brien to Chief of Protocol Department of State)〉 895.105/5-1949).

44 〈The Special Representative in Korea(Muccio) to the Secretary of State(1949. 1. 27)〉, FRUS 7, pp. 951~952.

45 로버트 올리버, 앞의 책, 2008, 239쪽.

46 내정문서A, 롤 번호 7, 〈Muccio to Secretary of State: The Establishment of the "Great Korean Youth Corp" in Connection with the Korean Cabinet Crisis〉 895.4089/12-3048. 대한청년단의 결성 과정에 대해서는 다음의 책을 참조. 김행선, 《해방정국

청년운동사》, 선인, 2004, 507~508쪽.

47 내정문서A, 롤 번호 7, 〈Seoul(Muccio) to Secretary of State: Incoming Telegram〉 895.4089/2-549.

48 〈Memorandum of Conversation, by Ambassador in Korea(Muccio)(1949. 5. 4.)〉, FRUS 7, p. 1,002.

49 내정문서A, 롤 번호 7, 〈Seoul(Drumright) to Secretary of State: Transmitting report by John H. Lasher on Korean Youth Crops(1949. 9. 27)〉 895.4089/9-2749(이하 〈중간보고서〉); 내정문서A, 롤 번호 7, 〈Seoul(Muccio) to Secretary of State: Transmittal of Final Report to President Rhee by John H. Lasher on Korean Youth Crops Activities(1949. 11. 22)〉 895.4089/11-2249)(이하 〈최종보고서〉).

50 〈최종보고서〉.

51 내정문서A, 롤 번호 6, 〈Drumright to Secretary of State: Developments Relative to Implementation of the National Traitor's Act〉 895.04417/2-1849, pp. 4~5.

52 내정문서A, 롤 번호 5, 〈Drumright To Secretary of State: The Composition of the Present Korean Government〉 895.01/3-2449, pp. 6~7.

53 반민특위가 무력화되는 과정과 원인은 허종, 《반민특위의 조직과 활동: 친일파 청산 그 좌절의 역사》, 선인, 2003, 4장 참조.

54 미 대사 무초는 1949년 12월에 한국 국회 독립의 위험성을 지적했다. 내정문서A, 롤 번호 6, 〈Muccio To Secretary of Department: Assembly Activities in the Final Week of the Fifth Special Session〉 895.032/12-949.

55 《서울신문》 정간 관련해서는 내정문서A, 롤 번호 12, 〈Further Development in the Government Press Politics〉 895.918/6-2549; 고문치사사건은 내정문서A, 롤 번호 6, 〈Trial of the Murderer of KO Hi Too〉 895.0441/10-3149 참조.

56 서중석은 1949년 5, 6월경부터 이승만 정권이 반공체제 강화를 두드러지게 나타냈으며 이러한 움직임 속에서 극우반공체제를 확고히 하기 위한 일련의 조치들을 '6월 공세'로 개념화했다. 서중석, 《한국 현대민족운동연구 2》, 역사비평사, 1996, 203~204쪽.

57 내정문서A, 롤 번호 3, 〈1944년 5월 한국정세요약보고서〉 895.00/6-1349, pp. 7~8; 내정문서A, 롤 번호 12, 〈Webb to Ambassy Seoul: Outgoing Telegram〉

895.918/6−1749; 내정문서A, 롤 번호 4, 〈Korea's Impending Explosion by Andrew Roth〉 FW895.00/8−1949; 내정문서A 롤 번호 3, 〈Counselor of Embassy(Eale R. Dickover), London to Secretary of State: Korea, British Views and Opinions〉 895.00/9−849.

58 로버트 올리버, 앞의 책, 2008, 321~322쪽; 박명림, 앞의 책, 1996, 533쪽.

59 이 시기 베르트하이머 사무국장의 한국 내에서의 자세한 활동은 3부 1장의 신승욱의 글에서 자세히 다뤄졌다.

60 내정문서A, 롤 번호 3, 〈UNCOK Principal Secretary(Egon Ranshofen−Wertheimer) to Department of State(Ambassador Phillip C. Jessup)〉 895.00/8−449;《국도신문》1950. 1. 11.

61 내정문서A, 롤 번호 4, 〈Muccio to Niles(1949.9.12)〉 FW895.00/8−3149.

62 미 대사관은 서울시 경찰국 사찰과의 김호익 경감 암살사건을 서울에서 경찰에 대항한 공산주의의 시도로 처음 성공한 것으로 평가했다. 내정문서A, 롤 번호 3, 〈Muccio to Secretary of State: Incoming Airgram〉 895.00/8−1049. 1949년 10월 한국 정부 직원과의 대화에서 미 대사관 직원 헨더슨은 소련의 핵실험 성공이 한국 내 공산주의자의 사기를 강화했다고 판단했다. 내정문서A, 롤 번호 5, 〈Drumright To Secretary of State: Rumors and Reactions on the Possible Extension of Assembly Member's Terms〉 895.03/10−749의 첨부 문서 5번째, p. 3.

63 이 시기 한국 내 안보 상황은 1949년 1월~1950년 5월의 〈한국 정세 요약보고서〉와 존 R. 메릴,《침략인가, 해방전쟁인가》, 과학과사상, 1988, 6장을 참조했다.

64 국방군사연구소, 앞의 책, 1999, 184쪽.

65 내정문서A, 롤 번호 3, 〈1949년 10월 한국 정세 요약보고서〉 895.00/11−749. 심지어 미 대사관은 북한의 관료체제가 더 잘 규율화되어 있으며 정직하다는 한국 내 평가를 보고서에 인용할 정도였다.

66 권혁은, 〈1950년 한미경제안정위원회의 설립과 안정화정책의 성격〉, 서울대학교 국사학과 석사학위논문, 2012, 16, 29쪽.

67 국방군사연구소, 앞의 책, 〈1950년 1월 한국 정세 보고〉, 1999, 110쪽; 국방군사연구소, 앞의 책, 〈1949년 12월 한국 정세 보고〉, 1999, 17쪽.

68 〈The Ambassador in Korea (Muccio) to the Secretary of State(1950. 1. 18)〉, FRUS 7, pp. 8~11.

69 Ibid., p. 32.

70 이 시기 미국의 개입은 선거 문제에만 한정되지 않고 다방면에서 진행된 것으로 판단된다. 국가보안법 개정 관련한 미 대사관의 개입은 다음을 참조. 강성현, 〈한국 사상통제 기제의 역사적 형성과 '보도연맹 사건', 1925~50〉, 서울대학교 사회학과 박사학위논문, 2012, 230~231쪽. 1949년 내내 한국의 인권 상황에 문제 제기를 하던 그레고리 헨더슨의 주장이 1949년 말에 가서야 받아들여진 것은 이 시기 미 대사관과 미국이 이승만 대통령을 견제하려는 시도와 맞아떨어진다.

71 내정문서A, 롤 번호 3, 〈1949년 9월 한국정세 보고〉 895.00/10-749.

72 내정문서A, 롤 번호 5, 〈Drumright to Secretary of State: Rumors and Reactios on the Possible Extension of Assembly Members' Terms〉 895.03/10-749.

73 《자유신문》 1949. 12. 7; 《자유신문》 1949. 12. 10.

74 내정문서B, 롤 번호 29, 〈Outgoing Airgram: Acheson to AMEMBASSY Seoul (1950. 1. 10)〉 795.2/1-1150.

75 내정문서B, 롤 번호 29, 〈Drumright to Department of State: Movement to Extend Terms of Members of the National Assembly(1950. 1. 25)〉 795.2/1-2550.

76 《평화신문》 1950. 2. 28; 《자유신문》 1950. 3. 15; 《한성일보》 1950. 3. 18.

77 《서울신문》 1950. 3. 1; 《자유신문》 1950. 3. 18; 《조선일보》 1950. 3. 22.

78 〈The Embassador in Korea(Muccio) to the Secretary of State(1950. 3. 29)〉, FRUS 7, p. 36.

79 《자유신문》 1950. 4. 1.

80 강성현, 앞의 논문, 2012, 231쪽. 당시 한국 정치 상황은 김수자, 《이승만 집권 초기 권력기반 연구》, 경인문화사, 2005, 4장 참조.

81 〈The Embassador in Korea(Muccio) to the Secretary of State(1950. 4. 1)〉, FRUS 7, pp. 39~40.

82 Ibid., 편집자 주 3번; 〈Memorandum of Conversation, by the Officer in Charge of Korean Affairs (Bond)(1950. 3. 15)〉, FRUS 7, pp. 40~44.

83 〈The Embassador in Korea(Muccio) to the Secretary of State(1950. 4. 4)〉, FRUS 7, pp. 44~45.

84 《서울신문》 1950. 4. 8.

85 〈Memorandum of Conversation, by the Officer in Charge of Korean Affairs (Bond)(1950.

3. 15)〉, FRUS 7, pp. 30~33.

[86] 국방군사연구소, 앞의 책, 〈Outgoing Telegram: Acheson to AMEBASSY〉, 1999, 175쪽; 국방군사연구소, 앞의 책, 1999, 194쪽.

[87] 〈The Charge in Korea(Drumright) to the Secretary of State(1950. 5. 2)〉, FRUS 7, pp. 59~62.

[88] Ibid., pp. 62~63.

[89] 이렇게 진행된 선거에 대하여 미 대사관은 대체로 공정한 것이었다고 평가했다. 〈Muccio to Secretary of Department(1950. 5. 27)〉, FRUS 7, pp. 89~92.

[90] 미국의 선거 개입 과정으로 판단컨대, 박명림의 '미국의 범위American Boundary'라는 개념은 이 시기 미국의 대한정책의 본질을 설명하기 어렵다. 박명림, 앞의 책, 1996, 527쪽. 특히 1950년 미국이 예정된 선거 실시를 위해 개입한 이유를 한국의 "민주주의 외양"만큼은 지켜주려는 미국의 의도에서 비롯된 것이라는 박명림의 해석은, 미국 정부가 내세우는 대한정책의 '수사修辭'의 이면에 존재하던 '고집불통의 이승만에 대한 견제'라는 또 하나의 대한정책의 본질을 간과한 설명이다.

[91] 실제 1950년 초 미국이 한국의 선거에 개입하여 이승만 정권을 통제하고자 했던 이유는 경제위기에 적절히 대응하지 못하는 한국 정부가 장제스 정부처럼 붕괴하여 공산화될 것을 우려했기 때문이었다. 〈The Ambassador in Korea(Muccio) to the Secretary of State(1950. 1. 18)〉, FRUS 7, pp. 8~11.

[92] 정용욱, 앞의 책, 2003, 425쪽.

[93] 《미 국무부 인명록》, 586쪽.

3장 정부 수립 이후 미국의 한국 경제 구조 조정

[1] 정용욱, 《해방 전후 미국의 대한정책》, 서울대학교출판부, 2004, 417~471쪽.

[2] 박태균, 《우방과 제국, 한미관계의 두 신화》, 창비, 2006, 80쪽.

[3] 양동휴, 〈마셜플랜의 경제적 성과와 의의: 서독의 재건과 유럽통합의 추진〉, 《경제사학》 37, 2004, 169~170쪽.

[4] 이때의 '자립경제'란 산업구조의 완결성을 지니는 '자립경제'가 아니라 국제수지가 균형을 이루는 상태를 지칭했다. ECA원조의 목표에 대해서는 이현진, 《미국의 대한 경제원조정책(1948~1960)》, 혜안, 2009, 44~66쪽 참조.

5 Memorandum by the Assistant Secretary of State for Occupied Areas(Saltzman), 1948. 9. 7, *Foreign Relations of United States* 1948, vol. VI, pp. 1,292~1,298(이하 FRUS).

6 RG 469, Entry 80, box 92, Robert A. Kinney, Comments on Mr. David Bane's Analysis of "Korean-Japanese Economic Relations", pp. 7~9.

7 김동욱, 〈1940~1950년대 한국의 인플레이션과 안정화 정책〉, 연세대학교 박사학위 논문, 1994; 박태균, 〈미국의 대한 경제부흥정책의 성격(1948~1950)〉, 《역사와 현실》 제27호, 1998; 이현진, 앞의 책; 김점숙, 〈미군정과 대한민국 초기(1945~1950) 물자수급정책〉, 이화여자대학교 박사학위논문, 2000.

8 Arthur I. Bloomfield and John P. Jensen, *Banking reform in South Korea*, Federal Reserve Bank of New York, Reprinted by Research Department, The Bank of Korea, 1963, p. 21; 몇 퍼센트 이상의 물가상승이 일어났을 때를 초인플레이션이라 부르 는지에 대한 정확한 기준은 없다. 그러나 한 달 동안의 물가상승률이 50퍼센트 이 상일 경우를 가리켜 초인플레이션이라고 부르는 것이 보통이다. 이준구·이창용, 《경제학원론》, 법문사, 2011, 704쪽. 이 시기 한국의 물가상승률은 6개월에 50퍼센 트 정도였지만 ECA는 이것을 초인플레이션 전단계라고 판단했다.

9 김동욱, 앞의 논문, 76쪽.

10 박찬표, 《한국의 국가형성과 민주주의》, 후마니타스, 2007, 305~308쪽.

11 조선은행 조사부, 《조선은행 조사월보》 1950년 4월호, 1950, 97쪽.

12 RG469, Entry80, box 17, 〈Arthur C. Bunce Comments on the present economic situation〉.

13 앞의 자료.

14 원용석, 〈외자운영의 해설 (2)〉, 대한민국 기획처, 《시정월보》 1950년 2월호, 1950.

15 〈한미 경제원조협정〉 제5조 2항.

16 RG 469, Entry 80, box 31, Department of State, Division of Research for Far East, *The counterpart fund exchange rate in Korea*, 1950. 3. 14.

17 조선은행 조사부, 《경제연감》 II-14, 1949.

18 《연합신문》 1949년 4월 8일 자에 따르면 이전 수입품에 적용한 환율은 300대 1 내 외였다.

19 《동아일보》 1948. 12. 9.

20 비료는 한국 정부가 국내 판매가격을 낮게 설정한 대표적인 품목이었다. 모든 원조 물자의 임시외자총국가격이 도착가격보다 낮은 것은 아니었다. 정부는 비료, 원면, 시멘트, 고무와 같은 특정 상품을 도착가격보다 낮게 팔았고 차액을 보충하기 위해 다른 원조물자는 도착가격보다 높게 팔았다. RG 469, Entry 80, box 31, Department of State, Division of Research for Far East, *The counterpart fund exchange rate in Korea*, 1950. 3. 14. 그러나 이들 상품이 원조물자에서 많은 양을 차지했기 때문에 전체적으로는 적자가 발생했을 것으로 추정된다.

21 《자유신문》1948. 11. 26;《조선중앙일보》1949. 6. 8.

22 정부 수립 초기 양곡 국가관리정책의 전개와 실패에 대해서는 김성보, 〈이승만정권 기(1948. 8~1960. 4) 양곡유통정책의 추이와 농가경제 변화〉,《한국사연구》108, 2000.

23 대표적으로《동아일보》1949. 8. 5.

24 《미국의 대한원조 관계문서 1》, Supplement to No. 36, 1949. 10. 20.

25 RG 469, Entry 80, box 31, Department of State, Division of Research for Far East, The counterpart fund exchange rate in Korea, 1950. 3. 14.

26 《미국의 대한원조 관계문서 2》 No. 62, 1950. 4. 24.

27 완제품인 의약품의 경우에도 임시외자총국의 배급가격은 382대 1로 환산한 가격이었 지만 최종 소비자가격은 600대 1에서 700대 1의 가격이었다.《동아일보》1949. 11. 6.

28 김점숙, 앞의 논문, 152쪽.

29 이정은, 〈1950년대 대한방직협회의 활동과 성격: 원조경제하 조직을 통한 대자본 가의 이윤추구 방식과 한계〉, 고려대학교 석사학위논문, 2006, 8쪽.

30 대표적으로 국내산 통제생필품의 배급을 둘러싼 물자운영조합연합회(물련)과 금융 조합연합회(금련)의 싸움이 있었다. 조선은행 조사부,《조선은행 조사월보》1949년 9월호.

31 《연합신문》1949. 3. 24.

32 《미국의 대한원조 관계문서 1》 Supplement to No. 33, 1949. 10. 1.

33 대한방직협회는 ECA원조로 들어오는 원면과 각종 자재의 독점을 보장받았다. 방 협, 〈창립관계자 좌담회 기록〉,《방협 창립10주년 기념지》Ⅲ, 1957, 8~20쪽(이정은, 앞의 논문, 11쪽에서 재인용).

34 RG 59, 895.50/9-749, 〈Semi-Annual Economic Report(January~June, 1949)〉 1949. 9.

7, p. 31.

35 RG 59, 895.10/1-1850 〈Compulsory collections of "voluntary contributions" Republic of Korea〉.

36 김영미, 《동원과 저항》, 푸른역사, 2009, 308~309쪽.

37 RG 59, 895.10/1-1850, 앞의 자료.

38 《미국의 대한원조 관계문서 1》 Supplement to No. 41, 1949. 11. 29.

39 《미국의 대한원조 관계문서 1》 Supplement to No. 40, 1949. 11. 19.

40 《미국의 대한원조 관계문서 1》 Supplement to No. 40, 1949. 11. 19; 《미국의 대한 원조관계문서 1》 No. 24, 1949. 8. 5.

41 주한ECA가 작성한 월간보고서와 주간보고서 모두 인플레이션 상황에 대한 심각한 우려를 표출했다. RG 59 895.00/1-750 〈Monthly Economic Report, December 1949〉, 1950. 1. 7; RG 59 895.00/2-1150, 〈Montly Economic Report, January 1950〉, 1950. 2. 11.

42 RG 469, Entry 80, box 17, 〈Enclosure 1 to Inflation and the Korean budget FY1949/50, Letter dated January 20, 1950 addressed to the Ambassador by Kim Do Yun, Minister of Finance〉.

43 《연합신문》 1950. 1. 2.

44 대한민국국회 편, 《제헌국회속기록 8》 제6회 제10차, 선인문화사, 1999, 184~197쪽.

45 앞의 자료.

46 앞의 자료.

47 895.00R/1-1850, 앞의 자료.

48 《미국의 대한원조 관계문서 2》 Supplement to No. 50, 1950. 1. 28.

49 이러한 안정화 정책의 방향은 ECA가 전반적으로 자유화를 지향했음을 보여준다. 서유럽에서도 ECA원조의 제공 조건엔 통제와 규제완화, 자유화가 포함되었고, ECA는 긴축적 신용정책을 요구했다. Reichlin, L., 〈The Marshall Plan Reconsidered〉 B. J. Eichengreen ed., Europe's Post-war Recovery, Cambridge University Press, 1995(양동휴, 〈마셜 플랜의 경제적 성과와 의의: 서독의 재건과 유럽통합의 추진〉, 《경제사학》 37, 2004, 209~211쪽에서 재인용).

50 RG 59, 895.10/2-1850 〈Minutes of 1st meeting Korean Government-American

Mission Economic Stabilization Committee〉1950. 1. 24(이하 RG 59, 〈한미경제안정위원회 회의록〉1st meeting으로 표기).

51 《미국의 대한원조 관계문서 2》No. 57, 1950. 3. 17.

52 정진아, 〈6.25전쟁기 '백재정'의 성립과 전개〉, 《역사와 현실》51, 2004, 268쪽.

53 RG 59, 〈한미경제안정위원회 회의록〉6th meeting, 1950. 2. 3

54 RG 59, 〈한미경제안정위원회 회의록〉Enclosure no.1 to 6th meeting, 1950. 2. 3;
   RG 469, 〈한미경제안정위원회 회의록〉Enclosure no.1 to 10th meeting, 1950. 2. 15.

55 《한성일보》1950. 4. 23.

56 《미국의 대한원조 관계문서 2》No. 63, 1950. 5. 2.

57 《미국의 대한원조 관계문서 2》No. 60, 1950. 4. 10.

58 국회는 위원회가 수정한 직물세 81억 원을 40억 원으로 삭감했다.《미국의 대한원조 관계문서 2》No. 62, 1950. 4. 24.

59 1950년 국회통과 예산에선 여객차 요금 100퍼센트, 화물차 요금 40퍼센트, 여객선 및 화물선 요금 80퍼센트, 전화요금 51퍼센트, 우편요금 100퍼센트 전기요금 50퍼센트, 연초 요금 50퍼센트가 인상되었다.《미국의 대한원조 관계문서 2》No. 63, 1950. 5. 2.

60 1949년 말 번스는 한국 경제를 진단하며 인플레이션의 원인 중 하나로 관업과 귀속기업에 대한 정부보조금과 정부 대출을 꼽았다. RG 469, Entry 80, box 17, Arthur C. Bunce, 앞의 자료.

61 《미국의 대한원조 관계문서 2》Supplement to No. 50, 1950. 1. 28.

62 제헌헌법 경제조항의 변화 과정과 1950년대 원조기구가 귀속재산의 민간 불하에 미친 영향에 대해서는 신용옥, 〈대한민국 헌법상 경제질서의 기원과 전개(1945~54년)〉, 고려대학교 박사학위논문, 2006.

63 이철순, 〈이승만정권기 미국의 대한정책 연구(1948~1960)〉, 서울대학교 박사학위논문, 2000, 135~137쪽.

64 《미국의 대한원조 관계문서 2》No. 61, 1950. 4. 17.

65 《미국의 대한원조 관계문서 2》No. 67, 1950. 5. 31.

66 RG 469, Entry 80, box 17, 〈Economic Stabilization Committee Action, Interim report of sub-committee no. 8 on elimination of system of contributions(unofficial tax

system)〉1950. 3. 18.

67 이승만 정권의 극우 반공체제 형성 과정에 대해서는 서중석, 《한국 현대민족운동 연구 2: 1948~1950 민주주의·민족주의 그리고 반공주의》, 역사비평사, 2002.

68 《미국의 대한원조 관계문서 2》No. 61, 1950. 4. 17.

69 《자유신문》1950. 4. 7.

70 《서울신문》1950. 1. 17.

71 《서울신문》1950. 1. 14.

72 〈그림 3〉에서 1월 15일부터 미가가 일시적으로 폭락한 것을 확인할 수 있다.

73 《미국의 대한원조 관계문서 2》No. 51, 1950. 1. 28.

74 《미국의 대한원조 관계문서 2》No. 52, 1950. 2. 10. 1일 서울시 미곡 소비량은 5,000 석이었고 정부는 4,000석씩을 방출하려고 했다. 《국도신문》1950. 1. 27.

75 한국 정부는 1월 14일부터 하루 4,000석씩 방출하던 미곡을 2월 7일부터는 2,640 석으로 감소시켰다. 그러나 〈그림 3〉에서 볼 수 있듯이 미가는 1월 말 일시적으로 폭락한 이후 계속 상승 추세였다. 이에 정부는 4월 12일부터는 다시 방출량을 4,000 석으로 증가시켰다. 《미국의 대한원조 관계문서 2》No. 52, 1950. 2. 10; No. 53, 1950. 2. 17; 《자유신문》1950. 4. 13.

76 미가는 4월 초에는 2,150원, 4월 말에는 2,350원을 기록했다. 《미국의 대한원조 관계문서 2》No. 61, 1950. 4. 17; No. 62, 1950. 4. 24.

77 《미국의 대한원조 관계문서 2》No. 59, 1950. 3. 31.

78 《미국의 대한원조 관계문서 2》No. 59, 1950. 3. 31.

79 《미국의 대한원조 관계문서 2》No. 54, 1950. 2. 24.

80 RG 59, 〈한미경제안정위원회 회의록〉2nd meeting, 1950. 1. 25; Enclosure no. 1, to 5th meeting, 1950. 2. 1.

81 《미국의 대한원조 관계문서 2》No. 62, 1950. 4. 24.

82 앞의 자료.

83 《경향신문》1950. 6. 8.

84 RG 469, Entry 80, box 17, 〈Korean Government–American Mission Economic Stabilization Committee Subcommittee for price and distribution of aid supplies〉, 1950. 2. 9.

[85] 백두진, 《백두진회고록》, 대한공론사, 1975, 89쪽.

[86] 《동아일보》 1949. 12. 14.

[87] 《조선일보》 1950. 2. 5. 국무회의와 대통령 승인은 4월에 이루어졌지만 그 전에 임시외자총국이 배급대행기관 관련한 사안만 먼저 발표하고 추진한 것으로 보인다.

[88] RG 469, Entry 80, box 31, 〈Pricing of ECA imports and the counterpart fund exchange rate〉.

[89] 생고무 배급권이 금련으로 이관되자 고무공업연합회는 대책회의를 열고 정부에 진정서를 넣는 등 반대 활동을 전개했다. 《산업신문》 1950. 1. 7; 《동아일보》 1950. 1. 14. 이 같은 기업가 및 상인층의 반발은 원조물자 배급권이 이윤 창출의 주요한 수단이었음을 보여준다. 1950년대 원조물자 배급권과 동업자조합의 관계를 보여주는 연구로는 김양화, 〈1950년대 제조업 대자본의 자본축적에 관한 연구: 면방, 소모방, 제분공업을 중심으로〉, 서울대학교 박사학위논문, 1990.

[90] 최상오, 〈1950년대 한국의 외환시장에 관한 연구〉, 《한국경제》 제29권, 2002, 253쪽.

[91] 환율을 둘러싼 원조기구와 한국 정부 간의 갈등에 대해서는 이현진, 앞의 책; 최상오, 앞의 논문 참조.

[92] 최상오, 〈1950년대 외환제도와 환율정책에 관한 연구〉, 성균관대학교 박사학위논문, 2000, 40~41쪽.

[93] 《미국의 대한원조 관계문서 2》 No. 55, 1950. 3. 13.

[94] 《경향신문》 1949. 11. 2.

[95] 《한국산업경제 십년사》, 1,046쪽.

[96] RG 469, Entry 80, box 31, 〈The counterpart fund exchange rate in Korea〉, 1950. 3. 14. 1200대 1이란 수치는 1949년 12월의 서울의 미곡 도매가와 대일 수출미곡 달러가를 비교하여 계산한 결과였다.

[97] 《미국의 대한원조 관계문서 2》 No. 51, 1950. 1. 28.

[98] 《미국의 대한원조 관계문서 2》 No. 53, 1950. 2. 17.

[99] 《미국의 대한원조 관계문서 2》 No. 55, 1950. 3. 13.

[100] 《미국의 대한원조 관계문서 2》 No. 55, 1950. 3. 13.

[101] 최상오는 1950년대 한미 간 환율논쟁은 한미 간에 환율이 물가 수준에 미치는 영향과 관련하여 나타났다고 보았다.

[102] RG 469, Entry 80, box 31, ⟨Foreign exchange auction and counterpart rate⟩, 1950. 5. 19.

[103] 《경향신문》 1950. 5. 2; 《동아일보》 1950. 5. 25.

[104] 《조선일보》 1950. 3. 29.

[105] 1950년 초 언론은 미가 상승의 원인으로 수송난 체화, 모리배, 도시민 배급난 등을 꼽았다.

[106] 《서울신문》 1950. 4. 13; 《연합신문》 1950. 4. 27; 《동아일보》 1950. 5. 25; 《동아일보》 1950. 6. 12; 《미국의 대한원조 관계문서 2》 No. 67, 1950. 5. 31.

[107] 《자유신문》 1950. 5. 30.

[108] 《미국의 대한원조 관계문서 2》 No. 62, 1950. 4. 24. 위원회 회의에서 기획처장은 "위원회가 너무 급하게 많은 경제적 개혁을 시도하고 있진 않은가"라는 우려를 표출하며 위원회가 다양한 가격의 인상을 권고하며 경제 상황의 모든 측면을 고려하는지 의심스럽고, 기업과 여론의 의견을 들을 필요가 있다고 주장했다. 이에 대해 ECA위원은 많은 경제적 개혁이 10주 만에 이루어진 데에는 동의하지만 어쩔 수 없는 선택이었고 최초의 희생이 필요하다는 점을 강조했다.

[109] RG 469, Entry 80, box 31, TOECA, A-17, 1950. 3. 21.

[110] 이현진, 앞의 책, 108쪽.

[111] 앞의 자료.

[112] RG 469, ⟨한미경제안정위원회 회의록⟩ 45th meeting, 1950. 5. 19.

[113] RG 469, Entry 80, box 31, ECATO 647 ⟨Counterpart program⟩, 1950. 5. 16.

[114] RG 469, ⟨한미경제안정위원회 회의록⟩ 45th meeting, 1950. 5. 19.; ECA는 대충자금을 1년 이상의 장기융자와 1년 미만의 단기융자로 대출할 계획을 가졌다. RG 469, Entry 80, box 31, Enclosure 2 to ECA A-44 ⟨Plan for utilization of counterpart deposits for loan financing⟩, 1950. 6. 2.

[115] 《미국의 대한원조 관계문서 2》 No. 68, 1950. 6. 6.

[116] 《국도신문》 1950. 6. 24.

찾아보기

[ㄱ]

강용흘 157, 288, 220, 221, 227, 229, 234, 242~45, 247~253, 259

건국준비위원회 14, 259

겔러Seymour A Geller 57

경무국 167

경제협조처Economic Cooperation Administration 441, 456

고든커, 레온Gordenker, Leon 167, 357, 359

고등판무관High Commissioner 367

고체스Angel Gochez Marin 376

공보public information 14, 15, 91~7

공보부DPI(Department of Public Information) 82, 92~127

공보원OCI(Office of Civil Information) 109~127, 285~87, 290, 310, 420

공출 62, 63, 68, 85, 286, 300, 302~305, 307, 309, 310

관업요금 462, 463, 474

관재령 146, 147, 149, 152, 153

관재처 36, 38, 56, 57

9월 총파업 106, 166, 183, 330, 332, 333

국가안보회의National Security Council(NSC) 418

군사감시반military observer teams 366, 368, 369~372, 374, 379, 396, 398, 399~404, 406~410

굴렉Kasim Gulek 375, 377, 380, 395, 401

굿맨Goodman 57

권오직 162, 163, 180

귀속재산 14, 15, 34~38, 42, 42, 46, 54~58, 134, 140, 443, 452, 457, 458, 463, 479, 481

근택빌딩 163, 164, 173, 326

기부금 56, 175, 243, 299, 332, 340, 342, 443, 453, 454, 457, 458, 465, 466, 477, 479

김구 158, 190, 196, 198, 209, 219, 223, 244, 272, 341, 344, 346, 347, 356, 381, 383~386, 388, 428

김규식 69~73, 75~78, 87~89, 195, 222, 244, 245, 276, 347, 356, 381, 383~386, 388

김병회 385

김붕준 72, 72, 84, 85, 87

김상선 162, 171

김약수 384, 385

김영관 162, 171

김우용 162, 171

김창선 162~165, 170~175, 178, 182, 183

김홍섭 172

[ㄴ]

나야르M. K. Unni Nayar 376

남북협상 89, 254, 348, 349, 356, 360, 362, 370, 381, 383~385, 387

남조선과도입법의원(입법의원) 193, 175, 292, 296

남조선노동당 183, 200

남조선대한민국대표민주의원(민주의원) 275

노블, 해롤드Noble, Harold J. 363, 366~

369, 379, 400, 425, 436, 437

《농민주보》 105, 114, 116, 124, 261, 290, 292, 297

농지개혁 269~271

[ㄷ]

단일환율 470~475, 477

대건인쇄소 166

《대동신문》 161, 323

대동청년단(대청) 341

대충자금 446~447, 458, 468, 470, 471~474, 478, 479

대한독립촉성국민회 223

대한독촉청년회 180

대한민주청년동맹(대한민청) 315

독립촉성국민회 183, 223

독립촉성중앙협의회 163, 323

《동아일보》 99, 103, 104, 161, 163, 182, 183, 222, 225, 260, 266

드럼라이트, 에버리트Drumright, Everett Francis 466, 436

[ㄹ]

라스커Lasker 56

라이만Albert Lyman 50, 56, 57

래셔, 존Lasher, John 426

러취, 아서Lerch, Archer L. 65, 67, 71~ 73, 75, 76, 79, 81, 88, 183

렌보르그, 베르틸Renborg, Bertil A. 378~

380, 395, 396, 401

루나Rufino Luna 376, 392, 393, 399

리우위완劉馭萬 375, 376, 392, 399

린너루스W. K. Linnerooth 57

[ㅁ]

마셜 플랜 115, 441, 442

맥그린, 윌리엄Maglin, William H. 79~
81

머레이Arthur R. Murray 56

머피Arthur. R. Murphy 56, 57

모나간Walter E. Monagan 50, 57

모스크바 3상회의 24, 27, 61, 103, 109,
180, 211, 243, 320, 321, 417, 441

무길Yasin Mughir 377, 384, 392

무초, 존Muccio, John J. 414, 420, 422,
425, 429, 431, 435, 436, 456

미 육군 제24군단 20, 23~25, 40, 41,
59, 62, 101, 167

미곡수집령 134

《미국 대외정책*Foreign Relations of the
United States*》(FRUS) 217, 359

《미군정 군사실 문서철*USAFIK 24 Corps
G-2 Historical Section*》 187, 260

미소공동위원회(미소공위) 25, 27, 53, 72,
73, 75, 83, 87, 89, 159, 160, 168,
180, 183, 184, 189, 191, 193~197,
199~202, 208, 215, 219, 247, 254,
255, 261, 278, 291, 295, 320,

325~327, 329, 337, 338, 341, 345,
349, 417

민간물자보급계획Civilian Supply Prog
ram 138

민정장관Civil Administrator 26~28,
55~57, 72, 73, 79, 82, 191, 198

민족자주연맹 89

민주주의민족전선(민전) 66, 232

[ㅂ]

박건웅 71~73, 78, 87, 195, 384

박락종 162

박상근 162, 171

박헌영 74, 75, 83, 156, 166, 171, 180,
181, 183, 231, 276, 325

반민족행위특별조사위원회(반민특위)
171, 426~427

반탁 테러 211, 320~325, 331, 348

방직공장 운영부Textile operating sub
section 133, 140

방첩대CIC 109, 121, 326

배급대행기관 447, 450, 451, 454, 468,
469, 477

배재룡 165, 173

백선엽 397

번스, 아서Bunce, Arthur 71~73, 78,
83~85, 246, 456, 478

법률기초국Drafting Bureau 28, 29

법률심의국Legal Opinion Bureau 17, 28,

29, 34, 35, 60

법률조사국Researching Bureau 19, 28

법제서法制署 28, 29

베르트하이머, 에곤Wertheimer, Egon
Ranshofen 367, 377, 378, 385, 392,
393, 398, 399, 400, 429

복수환율 473, 474

본드, 나일스Bond, Niles 429, 464

본정서本町署 163, 164, 172~174

부에노Maximino G. Bueno 376

브라운, 알버트Brown, Albert E. 65, 66,
69, 71~75, 78, 81, 83, 87, 187, 193

브리옹발Henri Brionval 375, 376

[ㅅ]

산체스Fidel Sanchez Hernandez 376

삼부조정위원회SWNCC(State-War-Navy
Coordinating Committee) 19, 23, 29, 37,
189, 213, 417

상무부 36, 56, 72, 140, 142, 146~148,
151

서북청년단(서청) 315, 318, 319, 329,
333~337, 340, 342, 344, 346

서용길 385

서울지방법원 172

설의식 190, 219, 255, 385

《세계신보》 116, 118, 123~125, 290,
297

송언필 162, 164, 165, 178

쇼, 패트릭Shaw, Patrick 375, 376, 382,
383, 392

슐츠만, 찰스Saltzman, Charles E. 442

스캇Denny F. Scott 31, 57

스타일스Roy C. Stiles 31

10월 항쟁 63~89, 105, 106, 166, 284,
286, 294, 306~309, 316, 331~333,
347

시시더司徒德 376 마가냐Miguel Angel
Magaña 376

신광범 162

신남철 80, 113, 150, 157, 220, 221,
229~234, 246~248, 250, 251, 254,
257

신한공사 36, 76, 284, 294, 301

씽Anup Singh 376

[ㅇ]

아프리카Bernabe Africa 376

안순규 162, 171, 173

안재홍 71, 72, 76, 83, 87, 190, 191,
195, 198, 199, 219, 223, 230, 245,
276, 384

애국부녀동맹 304

애플턴Richard B. Appleton 50, 56

야전규범 27-10(FM 27-10) 32

야전규범 27-5(FM 27-5) 42

여론조사 7, 97, 101, 114, 118, 121,
157, 258~264, 266, 268~282, 284,

285, 287, 291, 293, 294, 300, 302, 310

여운형 64, 69~73, 87, 156, 192, 193, 195, 196, 201, 223, 244, 259, 276, 312, 324, 341

여현역礪峴驛 396, 397, 404

연합군 최고사령부SCAP(Supreme Commander for the Allied Powers) 45, 46, 94

오기영 157, 220, 221, 224, 225, 234, 238, 240~243, 247~249, 250, 251, 254, 256, 257

오펜하임Oppenheim 32

외교관계diplomatic relations 8, 411, 412, 414, 416, 420, 438, 439, 440

외무처Office of Foreign Affairs 56

외환 경매 474,

운수부 36, 56, 464,

원세훈 71, 72, 73, 75, 76, 87, 190, 195

원조물자 138, 139, 443, 446~451, 454, 458, 468~473

웨드마이어Wedemeyer, Albert C. 7, 157, 187~194, 196~202, 204, 205, 208, 215~219, 224, 233~235, 237, 240~242, 245, 247, 254, 255, 256

웨드마이어사절단 Wedemeyer Mission 157, 185, 186, 188, 219, 233, 234, 244, 247, 254

유엔·위원단 관련 문서철 359

유엔총회(총회)General Assembly 117, 197, 352, 359, 362, 364, 366, 367

유엔한국위원단(위원단)UN Commission on Korea: 1차위원단, 2차위원단 7, 8, 353, 355, 356, 359, 367, 372, 373, 376, 381, 398

유엔한국임시위원단(임시위) UN Temporary Commission on Korea 358, 418

육군규약집Army Regulation 42

윤경옥 172

은폐 보조금 447, 450, 451, 468, 470, 473, 480

이강국 166

이딜Kamil Idil 377

이문원 385

이범구 173

이승만 6, 83, 94, 126, 156, 180, 190, 192, 193, 195~198, 209, 217, 219, 238, 244, 253, 255~257, 272, 276, 277, 319, 323, 328, 330, 337, 340~342, 344, 346, 348, 352, 353, 356~360, 362, 365, 370~372, 376, 377, 379, 383, 385, 387~397, 400, 401, 405, 408~410, 414~416, 418, 422~441, 443, 444, 448, 456, 464~466, 473, 480

이영개 172

이원재 163

이정상 162

이정환 162

이필상 171

이한영 162

인민위원회 64, 77, 201, 259, 284, 314, 316, 322~324, 327

인플레이션 85, 183, 203, 204, 261, 353, 431, 432, 443~445, 447, 452, 454~456, 460, 463, 464, 466, 472, 474, 475, 480

임시외자총국 446~450, 469, 470, 472, 473

입법의원 52, 57, 66, 70, 71, 73, 76~79, 83, 84~89, 166, 263, 275, 278~281, 292

[ㅈ]

자유시장 62, 85, 134, 135, 180, 266, 271, 446~450, 455, 466~468, 470~473, 475~477, 480, 481

장면 190, 365, 434, 435, 464

장창해 172

장택상 63, 76, 79~82, 86, 87, 162, 163, 209, 244, 321, 322

재산관리인 36, 39, 55, 56, 58

점령 지역 구제 원조Government Appropriation Relief in Occupied Areas (GARIOA) 143

정명환 162, 171, 172

정보참모부G-2 101, 161, 180, 260, 308

정인보 157, 212, 220~224, 230, 233~

235, 237, 238, 248~251, 254, 256

제24군단 20, 23~25, 40, 41, 59, 62, 101

필립 제섭 Philip C. Jessup 429

제이미슨A. B. Jamieson

조국통일민주주의전선(조국전선) 254, 387, 388, 394, 396~398

조미공동회담 66, 69, 70~79, 81, 82, 85~89

조병옥 63, 76, 79~83, 86, 87, 182, 209, 347, 369

조선공산당 67, 102, 156, 157, 161~166, 168~170, 177~184

조선농회 34

조선민족청년단(족청) 190, 315

조선방직협회 146, 147

조선은행 165, 174, 175, 179, 451, 461, 463

조선정판사 159, 162

조선총독부 14, 63, 93, 258, 260, 265

조소앙 190, 222, 385

조재천 172

좌우합작위원회 15, 68, 69, 70~72, 74, 76~78, 81~89, 190, 195

《주한미군사》 27, 213, 260

중경 임시정부 51

중앙경제위원회National Economic Board 72, 84, 120, 138, 139, 142

[ㅊ]

최능진 79, 81

[ㅋ]

캠프벨Thomas Campbell 57

코넬리John W. Connelly Jr. 31

코스티유Henri Costilhes 375, 376, 392, 400

콘다피Chenchal Kondapi 376

크라머John Krammer 56

[ㅌ]

태평양사령부 29

토지개혁 14, 68, 201, 245, 260, 263, 270, 294, 297, 314, 457, 458,

[ㅍ]

퍼글러Charles Pergler 31, 50, 56, 57

평화통일 353, 355~359, 364~366, 370~372, 379, 380, 381~391, 394~399, 401, 403, 408~410

포츠담선언 22

프랭켈Ernst Fraenkel 19, 21, 31, 56, 57

필립스Draper W. Phillips 56, 57

[ㅎ]

하지Hodge, John Reed 25, 66, 69, 71, 72, 74, 78, 82, 86, 87, 93, 98, 102, 105, 111, 115, 119, 120, 187, 192~194, 304, 411

하킴Yoiriguy Hacim 377

《한국내정 문서철Internal Affairs of Korea》 415, 416

한국민주당(한민당) 64, 67, 73, 77, 80, 83, 86, 87, 167, 196~198, 219, 238, 276, 314, 316, 317, 320, 328, 334, 337, 341

한미경제안정위원회 436, 443, 444~456, 458, 468, 474, 477, 479, 481

한미경제원조협정 441

《해방일보》 161, 162, 165, 264, 323, 324, 326, 327

핵워스Green Haywood Hackworth 32

허헌 191, 201, 255

헤이그평화회의Hague Convention 18

헬믹, 찰스Helmick, Charles G. 71~73, 83, 87, 88

《현대일보》 161, 165, 311

현지조사Field Operation 117, 191, 255, 283, 285, 287~289, 292, 294, 295, 297~300, 301, 303, 304, 306, 310, 311

홍계훈 162, 171

해방의 공간, 점령의 시간

- ⊙ 2018년 4월 19일 초판 1쇄 발행
- ⊙ 2020년 9월 22일 초판 3쇄 발행
- ⊙ 엮은이   정용욱
- ⊙ 펴낸이   박혜숙
- ⊙ 디자인   이보용
- ⊙ 펴낸곳   도서출판 푸른역사
  우) 03044 서울시 종로구 자하문로8길 13
  전화: 02) 720−8921(편집부) 02) 720−8920(영업부)
  팩스: 02) 720−9887
  전자우편: 2013history@naver.com
  등록: 1997년 2월 14일 제13−483호

ⓒ 정용욱 외, 2020

ISBN   979−11−5612−111−4   93900